경제원론

CPA

객관식 문제집

회계사
1차

시대에듀

2025 시대에듀 공인회계사 1차
객관식 경제원론

Always **with you**

사람의 인연은 길에서 우연하게 만나거나 함께 살아가는 것만을 의미하지는 않습니다.
책을 펴내는 출판사와 그 책을 읽는 독자의 만남도 소중한 인연입니다.
시대에듀는 항상 독자의 마음을 헤아리기 위해 노력하고 있습니다. 늘 독자와 함께하겠습니다.

머리말

이론을 통해 학습한 내용을 문제를 통해 확인하는 것은 수험 공부를 함에 있어 반드시 거쳐야 하는 과정입니다. 이에 국가자격 전문출판사인 시대에듀가 수험생의 입장에서 효율적인 공인회계사 1차 시험 대비를 위한 수험서로서 본서를 출간하게 되었습니다.

외견상 경제원론이 차지하는 비중은 크다고 볼 수는 없습니다. 다른 주요과목과 달리 경제원론은 1차 시험에만 포함되어 있기 때문입니다. 그러나 실질은 그와 정반대입니다. 사실상 전체 과목 중에서 최고 난이도를 자랑하는 과목이기에 경제원론에서의 과락 여부가 전체 시험의 합격 여부를 좌우합니다.

이 책에 수록된 문제들은 공인회계사 시험뿐만 아니라 경제학을 시험 과목으로 가지고 있는 여타 시험의 문제들 중에서 선별된 것들이며, 이를 통해 광범위한 경제학의 내용들을 정리할 수 있도록 구성되었습니다. 따라서 기본 이론서와 함께 복습용도로 활용하거나 시험에 임박하여 최종 정리용으로 활용하면 좋을 것입니다.

도서의 특징

❶ 가장 쉬운 난이도의 문제부터 실제 출제 가능한 난이도의 문제들까지를 골고루 수록하여 경제학의 전체 내용을 개관할 수 있게 하였습니다.

❷ 기본서의 내용을 그대로 옮겨놓아 분량만 많은 비효율적인 해설을 지양하고, 실전에서 바로 사용할 수 있는 풀이법을 위주로 압축적으로 해설하였습니다.

❸ 한정된 시간 내에 모든 문제들을 그래프를 그려가며 풀이하는 것은 불가능한 것이 현실이므로 가능한한 대부분 수식으로 풀이하였습니다.

아무쪼록 이 책으로 공부하는 수험생들에게 조금이나마 도움이 되었으면 합니다.

합격과 건승을 기원합니다.

대표 편저자 씀

이 책의 구성 및 특징

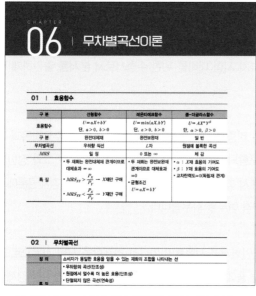

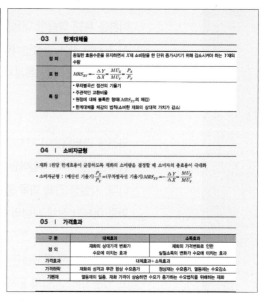

▶ 문제풀이 전 기출문제와 관련된 핵심이론 학습

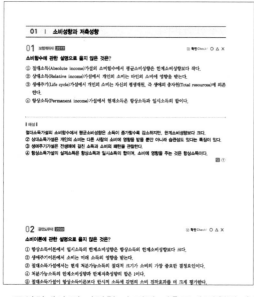

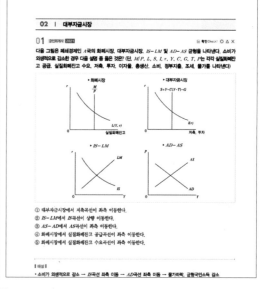

▶ 공인회계사 및 다양한 타 직렬 기출문제 단원별 수록

STEP 3 상세한 해설

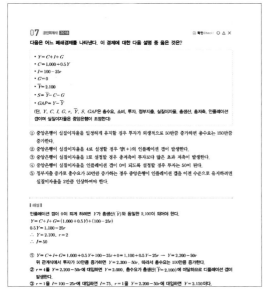

▶ 문제풀이에 도움을 주는 상세한 해설

STEP 4 핵심체크 & 그래프

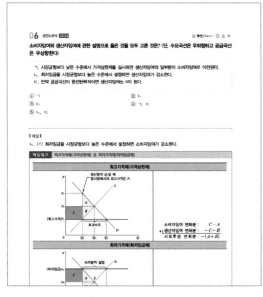
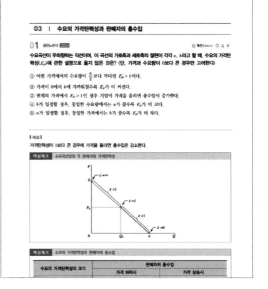

▶ 심화학습에 도움이 되는 핵심체크와 문제풀이에 도움이 되는 그래프 수록

공인회계사 1차 시험 소개

⬠ 공인회계사 시험제도 개편

	현 행		개 선	
사전학점 이수제도	과목별 최소 이수학점(총 24학점) ❶ 회계학 : 12학점 ❷ 경영학 : 9학점 ❸ 경제학 : 3학점		과목별 최소 이수학점(총 24학점) ❶ 회계학 : 12학점 ❷ 경영학 : 6학점 ❸ 정보기술(IT) : 3학점 ❹ 경제학 : 3학점	
출제범위 사전 예고제	별도의 사전안내 없음		시험 공고시 대강의 과목별 시험 출제범위 사전 안내	
1차 시험	5개 과목(상대평가) ❶ 회계학 : 150점(시험시간 : 80분) ❷ 경영학 : 100점 ❸ 경제원론 : 100점 ❹ 상법 : 100점 ❺ 세법개론 : 100점		5개 과목(상대평가) ❶ 회계학 : 150점(시험시간 : 90분) ❷ 경영학 : 80점(생산관리, 마케팅 제외) ❸ 경제원론 : 80점 ❹ 기업법 : 100점(상법에서 어음수표법 제외, 공인회계사법, 외부감사법 포함) ❺ 세법개론 : 100점	

⬠ 경제원론 출제범위 사전예고

구 분	내 용	비 중
	미시경제	
분야 1	1. 수요 · 공급모형	40%~50%
	2. 소비자이론	
	3. 생산자이론	
	4. 시장조직이론과 게임이론	
	5. 생산요소시장과 소득분배이론	
	6. 일반균형이론 및 후생경제학(시장실패 포함)	
	7. 정보경제학 및 행동경제학	
	거시경제	
분야 2	1. 거시경제변수 기초개념	35%~45%
	2. 실업과 물가	
	3. 화폐시장, 이자율 및 중앙은행	
	4. 국민소득결정이론	
	5. 경기변동과 안정화 정책	
	6. 경제성장	
	7. 개방거시경제	
	8. 거시경제학의 미시적 기초	
	국제경제	
분야 3	1. 국제무역론	10%~20%
	2. 국제금융론	

⬡ 영어성적인정 신청서류

❶ 영어시험의 종류 및 합격에 필요한 점수

구 분	토 플(TOEFL)		토 익 (TOEIC)	텝 스 (TEPS)	지텔프 (G-TELP)	플렉스 (FLEX)	아이엘츠 (IELTS)
	PBT	iBT					
일반응시자	530점 이상	71점 이상	700점 이상	340점 이상	Level2 65점 이상	625점 이상	4.5점이상
청각장애인 응시자	352점 이상	35점 이상	350점 이상	204점 이상	Level2 43점 이상	375점 이상	–

※ 청각장애인 응시자의 합격에 필요한 점수는 해당 영어능력검정시험(지텔프는 제외)에서 듣기 부분을 제외한 나머지 부분에서 취득한 점수임

❷ 영어성적인정 신청

- 공인회계사시험 홈페이지(이하 '홈페이지', https://cpa.fss.or.kr) '영어성적인정 신청'란에서 해당 공인어학시험 종류를 선택하고 응시일자, 취득점수 등을 정확하게 입력한 후 제출합니다.
- 영어시험기관의 홈페이지를 통한 성적 확인 가능 여부에 따라 영어시험 종류별로 신청 시기를 다르게 운영하고 있사오니, 본인이 응시한 영어시험 종류를 확인한 후 신청 가능 시기에 맞추어 신청합니다.
- 유효기간이 경과된 경우 시험성적에 대한 진위를 확인할 수 없으므로, 유효기간 만료 전 영어성적인정 신청 후 '합격인정'을 받아야 합니다.

  ※ 유효기간 만료 전 신청이 아닌, 유효기간 만료 전 '합격인정'을 받은 경우임에 유의

- 영어성적인정 신청 당시 공인 영어시험기관의 유효기간이 경과하여 성적에 대한 진위확인을 할 수 없는 경우 영어성적신청 기간 내에 신청하더라도 영어성적을 인정할 수 없습니다. 유효기간(시험일 후 2년간)이 경과하기 전에 영어성적신청을 하여야 합니다.
- 국내외 공인영어시험기관의 전산 오류 등으로 발생하는 불이익(유효기간 경과, 당해 연도 영어성적 불인정 등)에 대한 책임은 신청인 본인에게 있으므로, 유효기간 만료 3개월 전까지 인정 신청할 것을 권고합니다.
- 영어성적인정 신청의 경우 성적표와 신청서는 별도로 제출하지 않습니다. 다만, 성적조회 결과 이상이 있는 경우에는 소명자료로 성적표 원본 제출을 요구할 수 있습니다.
- 영어시험성적은 국내외 공인 영어시험기관의 정규시험 성적만 인정됩니다. 수시시험 또는 특별시험에서 취득한 성적은 인정되지 아니하며, 토익의 경우 국외에서 취득한 성적은 일본에서 취득한 정규시험의 성적만 인정됩니다(성적확인동의서 1부 제출).

⬡ 시험서류의 허위기재 행위에 대한 제재

❶ 학점인정 신청서류, 영어시험성적표 등 시험서류를 위조·변조하거나 허위 기재한 응시자는 부정행위자로 제재합니다.

❷ 부정행위자에 대하여는 해당 시험을 정지시키거나 합격 결정을 취소하고 그 처분이 있는 날로부터 5년간 시험의 응시자격을 정지합니다. 또한 업무집행 방해로 고발조치 될 수 있습니다.

공인회계사 1차 시험 소개

⬠ IT 출제(회계감사) 비중 확대

❶ 출제비중

제도 도입 초기 2년간(2025년, 2026년)은 데이터 분석을 포함한 IT 문제 비중을 15%를 상회(최대 25%)하는 수준으로 유지할 예정

❷ 데이터 분석 출제분야

회계정보시스템, 데이터베이스 등에 대한 이해를 바탕으로, 회계감사 중 필요한 데이터 분석 능력을 평가
- 데이터 형성에 대한 이해를 기반으로 한 데이터 준비와 데이터 구조 이해
- 데이터와 정보의 신뢰도 분석
- 데이터 분석의 활용

❸ DB 용어

회계감사 문제에 포함(2025년, 2026년)될 수 있는 데이터베이스(DB) 기본 용어(14개)를 안내

❹ 모의문제

회계감사 중 필요한 데이터 분석 능력에 대한 모의문제(4개)를 안내

⬠ 공인회계사 1차 시험 통계자료

1차 시험 과목별 평균점수

구 분		경영학	경제원론	상 법	세법개론	회계학	전과목	최저 합격점수
2024년	전 체	54.10	45.60	56.60	42.60	50.60	49.90	384.5
	합격자	78.20	64.90	85.50	68.00	79.00	75.50	
2023년	전 체	47.90	42.50	54.90	46.50	38.90	45.50	351.0
	합격자	73.50	60.90	83.60	75.50	59.80	69.70	
2022년	전 체	62.00	47.30	57.90	46.20	48.10	51.90	396.0
	합격자	85.70	69.40	80.90	76.00	75.10	77.20	
2021년	전 체	51.37	41.15	60.86	44.06	47.13	48.75	368.5
	합격자	71.95	58.09	88.85	71.08	73.23	72.69	
2020년	전 체	58.50	46.30	62.52	50.89	50.16	53.35	383.5
	합격자	79.35	61.16	86.70	77.55	74.39	75.69	
2019년	전 체	55.63	53.40	58.83	46.93	47.23	81.93	368.5
	합격자	75.07	72.95	81.85	70.80	67.20	73.00	

※ 회계학(150점 만점)은 100점 만점으로 환산한 점수

연도별 합격자 현황

연 도	2024년	2023년	2022년	2021년	2020년	2019년
접 수	16,910	15,940	15,413	13,458	10,874	9,677
응 시	14,472	13,733	13,123	11,654	9,054	8,512
합 격	3,022	2,624	2,217	2,213	2,201	2,008

이 책의 차례

이 책의 차례

이 책의 차례

공인회계사 1차 객관식

경제원론

PART 1

미시경제학

01 | 경제학의 기초

01 | 생산가능곡선(PPC ; Production Possibility Curve)

정 의	경제 내에 존재하는 모든 생산요소를 가장 효율적으로 투입했을 때 최대로 생산가능한 생산물의 조합을 나타내는 곡선
형 태	일반적인 형태는 우하향(자원의 희소성)하고, 원점에 대해 오목(기회비용의 체증)한 형태
한계변환율 (MRT_{XY})	• $MRT_{XY} = -\dfrac{\triangle Y}{\triangle X} = \dfrac{MC_X}{MC_Y}$ • 생산가능곡선의 기울기 • X재를 한 단위 증가시키기 위해 포기한 Y재의 감소 수량 • Y재로 표시한 X재 생산의 기회비용
기술진보	X재 산업 기술진보 → X재 기회비용 감소 → 생산가능곡선 바깥 이동

02 | 기회비용과 매몰비용

기회비용	매몰비용
어떤 선택을 함으로써 포기한 대안들 중 가장 가치가 큰 것	이미 지출이 되어서 더 이상은 회수가 불가능한 비용
합리적 선택을 위해 반드시 고려해야 하는 비용	회수가 불가능하기 때문에 합리적 선택을 위해 고려해서는 안 되는 비용
기회비용이 체감하면 생산가능곡선은 우하향하며, 원점에 대하여 볼록한 형태	

01 감정평가사 2021

☑ 확인 Check! ○ △ ✕

원점에 대해 오목한 생산가능곡선에 관한 설명으로 옳지 않은 것은?

① X축 상품생산이 늘어나면 기울기가 더 가팔라진다.

② 생산기술이 향상되면 생산가능곡선이 원점에서 더 멀어진다.

③ 기회비용 체증의 법칙이 성립한다.

④ 생산가능곡선 기울기의 절댓값이 한계변환율이다.

⑤ 생산가능곡선 상의 점에서 파레토 개선이 가능하다.

▌해설▐

생산가능곡선 상에서 한 재화를 증가시키기 위해선 다른 재화를 감소시켜야 하므로 파레토 개선이 불가능하다.

 ⑤

PART 1

미시경제학

다음은 생산가능곡선에 대한 설명이다. (가)와 (나)를 바르게 짝지은 것은?

하루에 생산할 수 있는 X재와 Y재의 조합을 나타내는 생산가능곡선은 갑의 경우 $2Q_X + Q_Y = 16$, 을의 경우 $Q_X + 2Q_Y = 16$이다. 이때 갑에 있어서 Y재의 기회비용은 (가)이고, 을에 있어서 X재의 기회비용은 (나)이다. (단, Q_X는 X재의 생산량, Q_Y는 Y재의 생산량을 의미한다)

	(가)	(나)
①	X재 2개	Y재 $\frac{1}{2}$개
②	X재 2개	Y재 2개
③	X재 1개	Y재 1개
④	X재 $\frac{1}{2}$개	Y재 $\frac{1}{2}$개
⑤	X재 $\frac{1}{2}$개	Y재 2개

┃해설┃

- 생산가능곡선의 기울기(절댓값)는 X재 생산의 기회비용을 나타내고, 생산가능곡선의 기울기의 역수(절댓값)는 Y재 생산의 기회비용을 나타낸다.

- 갑의 생산가능곡선은 $Q_Y = 16 - 2Q_X$이므로 갑의 Y재 생산의 기회비용은 X재 $\frac{1}{2}$개이다.

- 을은 $Q_Y = 8 - \frac{1}{2}Q_X$의 생산가능곡선을 가지고 있으므로, X재 생산의 기회비용은 Y재 $\frac{1}{2}$개이다.

답 ④

01 감정평가사 2017

☑ 확인 Check! ○ △ ✕

비용에 관한 설명으로 옳은 것을 모두 고른 것은?

> ㄱ. 기회비용은 어떤 선택을 함에 따라 포기해야 하는 여러 대안들 중에 가치가 가장 큰 것이다.
> ㄴ. 생산이 증가할수록 기회비용이 체감하는 경우에는 두 재화의 생산가능곡선이 원점에 대해 볼록한 형태이다.
> ㄷ. 모든 고정비용은 매몰비용이다.
> ㄹ. 동일한 수입이 기대되는 경우, 기회비용이 가장 작은 대안을 선택하는 것이 합리적이다.

① ㄱ, ㄴ
② ㄱ, ㄹ
③ ㄴ, ㄷ
④ ㄱ, ㄴ, ㄹ
⑤ ㄴ, ㄷ, ㄹ

┃해설┃

ㄱ. (○) 기회비용은 합리적인 선택을 위해 반드시 고려하여야 하는 비용이며, 생산 가능곡선의 기울기로 측정된다.

ㄴ. (○) 원점에 대하여 볼록한 모양의 생산가능곡선은 X재 생산량이 증가할수록, X재 한 단위를 더 생산하는데 포기해야 하는 Y재의 양이 감소하므로 기울기가 점차 작아진다. 그러므로 기회비용이 점점 체감하는 것이다.

ㄷ. (✕) 매몰비용은 이미 지출하여 다시 회수가 불가능한 비용이다. 생산라인을 중단하거나 폐업 시에 기계를 재판매할 수 있다면, 일부 회수가 가능하므로 모든 고정비용을 매몰비용이라 할 수 없다.

ㄹ. (○) 합리적인 선택은 가장 적은 비용으로 가장 큰 편익을 얻을 수 있도록 선택하는 것을 말한다. 경제학에서 말하는 비용은 기회비용도 포함된 개념이므로, 여러 가지 대안이 있다면 기회비용이 가장 작은 대안을 선택하는 것이 가장 합리적인 선택이다.

답 ④

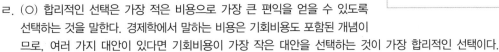

PART 1

미시경제학

02 | 수요 · 공급의 이론

01 | 수요곡선

정 의	개별 소비자들이 각각의 가격에서 구입하고자 하는 재화와 서비스 수량을 나타낸 곡선
이 동	소득수준의 향상, 대체재 가격의 상승, 선호의 증가, 보완재의 가격 하락 → 수요곡선 우측 이동(가격의 변화 시에는 수요곡선상에서 이동)
시장수요곡선	• 일반적인 개별수요곡선은 우하향의 직선의 형태 • 개별수요곡선이 우하향한 직선인 경우 동일한 소비자가 n명 존재한다면, 시장수요곡선의 절편은 개별수요곡선과 동일 → 기울기에 $\dfrac{1}{n}$을 곱한 값
	시장수요곡선은 개별수요곡선의 수평의 합으로 도출
수요곡선의 높이	소비자의 지불용의가 있는 최대금액

02 | 노동수요

• 임금은 노동력을 공급하는 근로자들과 노동력을 수요하는 기업의 균형에 의해 결정된다.
• 노동공급이 증가하는데 기업의 고용이 일정하면 실업이 발생하고, 임금도 하락한다.
• 노동공급이 감소하는데 기업의 고용이 일정하면 실업이 줄어들고, 임금도 상승한다.

03 | 시장균형

균형의 결정	수요곡선과 공급곡선이 교차하는 한 점에서 균형거래량과 균형가격이 달성 ※ 일반적으로 문제에서는 함수식으로 주어지므로, 수요함수와 공급함수를 같다고 연립하여 균형가격과 거래량을 계산
균형의 변화	수요나 공급이 변화하면 균형거래량과 균형가격이 변화

01 공인노무사 2022

☑ 확인Check! ○ △ ✕

(   )에 들어갈 내용으로 옳은 것은? (단, 두 재화의 수요곡선은 우하향하고 공급곡선은 우상향한다)

> X재의 가격이 상승할 때, X재와 대체 관계에 있는 Y재의 (ㄱ)곡선은 (ㄴ)으로 이동하고, 그 결과 Y재의 균형가격은 (ㄷ)한다.

	ㄱ	ㄴ	ㄷ
①	수 요	우 측	상 승
②	수 요	좌 측	상 승
③	수 요	좌 측	하 락
④	공 급	우 측	상 승
⑤	공 급	좌 측	하 락

| 해설 |

X재 가격 상승 → X재 소비량 감소 → Y재 소비 증가 → Y재 수요곡선 우측이동 → Y재 균형가격 상승

답 ①

02 감정평가사 2021

☑ 확인Check! ○ △ ✕

수요곡선에 관한 설명으로 옳지 않은 것은?

① 우하향하는 수요곡선의 경우 수요의 법칙이 성립한다.
② 기펜재(Giffen goods)의 수요곡선은 대체효과보다 소득효과가 크기 때문에 우하향한다.
③ 사적재화의 시장수요는 개별수요의 수평 합이다.
④ 우하향하는 수요곡선의 높이는 한계편익이다.
⑤ 소비자의 소득이 변하면 수요곡선이 이동한다.

| 해설 |

기펜재(Giffen goods)는 소득효과의 크기가 대체효과보다 크다. 따라서 기펜재(Giffen goods)의 수요곡선의 형태는 우상향 형태를 갖는다.

답 ②

PART 1

미시경제학

시장수요이론에 관한 설명으로 옳지 않은 것을 모두 고른 것은?

> ㄱ. 네트워크효과가 있는 경우 시장수요곡선은 개별수요곡선의 수평합이다.
> ㄴ. 상품 소비자의 수가 증가함에 따라 그 상품 수요가 증가하는 효과를 속물효과(snob effect)라고 한다.
> ㄷ. 열등재라도 대체효과의 절대적 크기가 소득효과의 절대적 크기보다 크면 수요곡선은 우하향한다.
> ㄹ. 소득이 증가할 때 소비가 증가하는 재화는 정상재이다.

① ㄱ, ㄴ   ② ㄱ, ㄷ
③ ㄱ, ㄹ   ④ ㄴ, ㄷ
⑤ ㄴ, ㄹ

━━━

▌해설▌

ㄱ. (×) 일반적으로 시장수요곡선은 개별수요곡선을 수평합으로 구하지만 네트워크효과가 발생할 경우에는 개별수요곡선 수평합과 차이가 있다. 다른 소비자의 수요량이 증가함에 따라 개인의 수요량이 증가하는 양의 네트워크효과가 발생하는 경우에 시장수요곡선은 개별수요곡선을 단순히 합한 것보다 완만한 형태로 도출되며, 다른 소비자의 수요량이 증가함에 따라 개인의 수요량이 감소하는 음의 네트워크효과가 발생하는 경우에 시장수요곡선은 개별수요곡선을 단순히 합한 것보다 급경사로 도출된다.

ㄴ. (×) 상품 소비자의 수가 증가함에 따라 그 상품 수요가 증가하는 효과를 편승효과(bandwagon effect)라 한다.

답 ①

정상재인 커피의 수요곡선을 좌측으로 이동(Shift)시키는 요인으로 옳은 것은?

① 커피의 가격이 하락한다.

② 소비자의 소득이 증가한다.

③ 소비자의 커피에 대한 선호도가 높아진다.

④ 대체재인 홍차의 가격이 상승한다.

⑤ 보완재인 설탕의 가격이 상승한다.

▌해설▐

보완재 관계인 설탕과 커피의 수요의 교차탄력성은 음수이다. 따라서 설탕의 가격이 상승할 경우 커피의 수요량은 줄어든다. 수요량이 줄어들면, 수요곡선은 왼쪽으로 이동한다.

① 정상재인 커피의 가격이 하락하면, 커피의 수요량은 증가한다. 그러므로 커피의 수요곡선은 우측으로 이동한다.

② 소비자의 소득이 증가하면, 정상재인 커피의 수요량은 증가한다. 그러므로 커피의 수요곡선은 우측으로 이동한다.

③ 소비자의 커피에 대한 선호도가 높아지면, 커피의 수요량은 증가한다. 그러므로 커피의 수요곡선은 우측으로 이동한다.

④ 대체재 관계인 홍차와 커피의 수요의 교차탄력성은 양수이다. 따라서 홍차의 가격이 상승하면 홍차의 수요량은 줄어들고, 커피의 수요량은 증가한다. 커피의 수요량이 증가하면 수요곡선은 우측으로 이동한다.

답 ⑤

01 공인회계사 2020

☑ 확인Check! ○ △ ✕

시간만을 부존(endowments)으로 하는 여가–노동공급 결정 모형을 가정하자. 〈표〉는 정부가 저소득층 소득 증대와 노동참여 활성화를 위해 도입한 정책을 나타낸다. 이 정책에 따라 예산선은 다음 〈그림〉의 가는 실선에서 굵은 실선으로 변경되었다.

〈표〉

소 득	보조금 지급액
100만원 미만	소득 1원당 50%
100만원 이상~300만원 미만	50만원
300만원 이상~500만원 미만	50만원−소득 1원당 10%

〈그림〉

여가는 정상재라고 가정할 때, 정책시행에 따른 노동공급 변화에 대한 다음 설명 중 옳은 것만을 모두 고르면? (단, 무차별곡선은 원점에 대해 강볼록하다)

가. 정책시행 전 Ⅰ구간에 속한 사람에게는 대체효과와 소득효과가 노동공급에 대해 반대방향으로 작용하므로, 노동공급이 증가할지 감소할지 명확하지 않다.
나. 정책시행 전 Ⅱ구간에 속한 사람에게는 대체효과와 소득효과 모두 노동공급에 대해 같은 방향으로 작용하므로, 노동공급은 감소할 것이다.
다. 정책시행 전 Ⅲ구간에 속한 사람에게는 대체효과와 소득효과 모두 노동공급에 대해 같은 방향으로 작용하므로, 노동공급은 감소할 것이다.

① 가
② 가, 나
③ 가, 다
④ 나, 다
⑤ 가, 나, 다

가. (○) 예산선의 기울기가 정책시행으로 더 가팔라졌으므로 대체효과는 노동공급을 증가시킨다. 하지만 소득 증가로 인한 소득효과는 노동공급을 감소시킨다. 대체효과와 소득효과의 상반된 결과로 노동공급의 증가 · 감소 여부는 명확하게 알 수 없다.

나. (✕) 정책시행 전과 후의 예산선의 기울기는 동일하므로 대체효과가 존재하지 않는 상황에서 소득 증가로 인한 소득효과로 노동공급이 감소함을 알 수 있다.

다. (○) 예산선의 기울기가 정책시행으로 더 완만해졌으므로 대체효과는 노동공급을 감소시키며 소득 증가로 인한 소득효과 또한 노동공급을 감소시킨다. 따라서 두 효과 모두 노동공급을 감소시키므로 정책시행으로 노동공급이 감소함을 알 수 있다.

답 ③

---

02 보험계리사 2020

☑ 확인 Check! ○ △ ✕

갑의 효용함수는 $U(m,\ l) = ml$ 이고, 예산제약식은 $w(24-l)+A = m$ 이다. 갑이 효용을 극대화할 때 이에 관한 설명으로 옳지 않은 것은? (단, m은 소득, l은 여가, $(24-l) \geq 0$는 근로시간, A는 보조금, w는 시간당 임금이다)

① 보조금이 증가하면 근로시간은 감소한다.
② 보조금이 시간당 임금의 두 배이면 최적 여가는 13이다.
③ 보조금이 존재할 때, 시간당 임금이 상승하면 여가는 감소한다.
④ 보조금이 없을 때 근로시간은 시간당 임금에 비례하여 증가한다.

해설

- $MU_l = M, \ MU_m = l$
- $MRS_{l,\ m} = \dfrac{MU_l}{MU_m} = \dfrac{m}{l} = \dfrac{P_l}{P_m} = w, \quad \therefore \ m = lw$
- $lw = w(24-l) + A$
- $2lw = 24w + A$
- $l = 12 + \dfrac{A}{2w}$

보조금 유무는 시간당 임금에 영향을 주지 않는다.

① $l = 12 + \dfrac{A}{2w}$ 을 확인해보면 보조금 증가시 여가가 증가함을 알 수 있다. 여가의 증가는 근로시간의 감소를 가져온다.

② $l = 12 + \dfrac{A}{2w} = 12 + \dfrac{2w}{2w} = 13$

③ $l = 12 + \dfrac{A}{2w}$ 을 확인해보면 시간당 임금이 상승하면 여가가 감소됨을 알 수 있다.

답 ④

밑줄 친 변화에 따라 각국의 노동시장에서 예상되는 현상으로 옳은 것은? (단, 노동수요곡선은 우하향, 노동공급곡선은 우상향하고, 다른 조건은 일정하다)

- 甲국에서는 (A) 인구 감소로 노동시장에 참여하고자 하는 사람들이 감소하였다.
- 乙국의 정부는 (B) 규제가 없는 노동시장에 균형임금보다 높은 수준에서 최저임금제를 도입하려고 한다.

	(A)	(B)
①	노동수요 감소	초과수요 발생
②	노동수요 증가	초과공급 발생
③	노동공급 감소	초과수요 발생
④	노동공급 증가	초과공급 발생
⑤	노동공급 감소	초과공급 발생

┃해설┃
- 甲국에서는 노동할 수 있는 인구가 감소하였으므로, 노동시장에서 노동의 공급이 줄어들 것이다.
- 최저임금제는 균형임금보다 낮은 수준으로 설정하면 효과가 없으므로, 균형임금보다 높은 수준에서 임금이 결정될 것이다. 乙국에서 균형임금보다 높은 임금이 지급되면, 노동시장에 노동을 공급하려는 노동자가 모여들어서 초과공급이 발생할 것이다.

답 ⑤

01 공인회계사 2022

X재 시장은 완전경쟁시장이고 수요자는 A, B, C만 존재한다. 아래는 X재 수요표이다.

구 분	A	B	C
2,000원/개	3개	5개	3개
4,000원/개	2개	3개	1개

시장공급함수가 $Q = \dfrac{1}{500}P$(P는 가격, Q는 공급량)일 때 다음 설명 중 옳은 것을 모두 고르면?

가. $P = 2,000$인 경우 1개의 초과수요가 발생하며, 가격은 상승할 것이다.
나. $P = 4,000$인 경우 2개의 초과공급이 발생하며, 가격은 하락할 것이다.
다. X재가 거래되는 시장에서 공급의 법칙은 성립하나 수요의 법칙은 성립하지 않는다.
라. X재 가격에 대한 공급탄력성은 1이다.

① 가, 나
② 가, 다
③ 가, 라
④ 나, 다
⑤ 나, 라

┃해설┃

가. (✕) $P = 2,000$인 경우 수요량은 11이고, 공급량은 4이므로 초과수요가 발생한다. 따라서 가격은 상승한다.
나. (○) $P = 4,000$인 경우 수요량은 6이고, 공급량은 8이므로 초과공급이 발생한다. 따라서 가격은 하락한다.
다. (✕) A, B, C 모두 가격이 상승할 때 수요량이 감소하므로 수요의 법칙이 성립한다.
라. (○) 원점을 통과하는 공급곡선의 공급탄력성은 1이다.

답 ⑤

02 공인노무사 2024

☑ 확인 Check! ○ △ ✕

재화 X의 시장균형에 관한 설명으로 옳지 않은 것은? (단, 수요곡선은 우하향하고 공급곡선은 우상향한다)

① 수요의 감소와 공급의 증가가 발생하면 거래량이 증가한다.
② 수요와 공급이 동일한 폭으로 감소하면 가격은 변하지 않는다.
③ 생산요소의 가격하락은 재화 X의 거래량을 증가시킨다.
④ 수요의 증가와 공급의 감소가 발생하면 가격이 상승한다.
⑤ 수요와 공급이 동시에 증가하면 거래량이 증가한다.

┃해설┃

수요의 감소와 공급의 증가가 발생하면 거래량은 수요곡선과 공급곡선의 상대적인 이동폭에 따라 다르므로 증감을 알 수 없다.

답 ①

03 공인회계사 2015

☑ 확인 Check! ○ △ ✕

세계경제의 불황으로 원유 수요가 감소하였다. 그 결과 원유가격은 대폭 하락하였지만 거래량은 원유가격 하락폭에 비해 소폭 감소하였다고 한다. 그 이유에 대한 설명으로 타당한 것을 모두 고르면?

> 가. 원유 수요곡선의 기울기가 완만하다.
> 나. 원유 수요곡선의 이동 정도가 크다.
> 다. 원유 공급곡선의 기울기가 가파르다.
> 라. 원유 공급곡선의 이동 정도가 크다.

① 가, 나　　　　　　　　　　② 가, 라
③ 나, 다　　　　　　　　　　④ 나, 라
⑤ 다, 라

┃해설┃

가. (✕) 원유 수요곡선의 기울기가 완만하면 가격탄력성이 크기 때문에, 가격하락에 비해 늘어나는 거래량이 크다. 따라서 옳지 않다.
나. (○) 원유 수요곡선의 이동이 클수록 가격 변화폭이 크다.
다. (○) 원유 공급곡선의 기울기가 가파르다면, 공급의 가격탄력성이 작기 때문에 거래량에 큰 변화가 없다.
라. (✕) 원유 공급곡선의 이동 정도가 크면 원유 공급 거래량의 변화도 크다. 따라서 옳지 않다.

답 ③

시장균형에서 X재의 가격을 상승시키는 요인이 아닌 것은? (단, 모든 재화는 정상재이다)

① 인구의 증가
② 소득수준의 상승
③ X재 생산기술의 향상
④ X재의 대체재 가격 상승
⑤ X재 생산에 사용되는 원료가격 상승

⸳⸳

∥ 해설 ∥

수요와 공급이 균형인 상태에서 생산기술의 향상이 이루어진다면 공급곡선이 우측으로 이동하여 생산량이 증가하므로 가격은 하락한다.

① · ② X재가 정상재이므로 인구가 증가하거나, 소득이 증가하면 수요도 증가하게 된다. 수요가 늘어나면 수요곡선이 우측으로 이동하여 균형가격이 상승한다.

④ 대체재의 가격이 상승하면 그 재화의 수요량이 줄고, 그 줄어든 수요량만큼 X재의 수요가 증가한다. X재의 수요가 증가하면 X재의 수요곡선이 우측으로 이동하여 X재의 가격이 상승한다.

⑤ 생산요소의 원가가 상승하면 생산비용이 증가하게 되므로, 공급곡선이 좌측으로 이동하여 균형가격이 상승한다.

답 ③

사적재화 X재의 개별수요함수가 $p = 7 - q$인 소비자가 10명이 있고, 개별공급함수가 $p = 2 + q$인 공급자가 15명 있다. X재 생산의 기술진보 이후 모든 공급자의 단위당 생산비가 1만큼 하락하는 경우, 새로운 시장균형가격 및 시장균형거래량은? (단, P는 가격, Q는 수량이다)

① 3.4, 36

② 3.8, 38

③ 4.0, 40

④ 4.5, 42

⑤ 5.0, 45

┃해설┃

- 개별수요함수가 $p = 7 - q$인 소비자가 10명 있다면, 시장전체 수요함수는 기울기에 $\dfrac{1}{10}$ 을 곱해주면 된다.

  그 결과 시장전체 수요함수 $P = 7 - 0.1Q$가 나온다.

- 개별공급곡선도 마찬가지이다. 기울기에 $\dfrac{1}{15}$ 을 곱해주면 시장전체 공급곡선이 계산된다.

  따라서 시장전체 공급함수는 $P = 2 + \dfrac{1}{15}Q$이다.

- 여기서 생산비가 1 하락했다고 하였으므로 시장전체 공급곡선은 $P = 1 + \dfrac{1}{15}Q$가 된다.

- 이제 구해진 시장전체 수요곡선 $P = 7 - 0.1Q$와 공급곡선 $P = 1 + \dfrac{1}{15}Q$를 연립해서 계산하면 $Q = 36$, $P = 3.4$가 나온다.

답 ①

밑줄 친 변화에 따라 2018년 *Y*재 시장에서 예상되는 현상으로 옳지 않은 것은? (단, 수요곡선은 우하향, 공급곡선은 우상향하며, 다른 조건은 일정하다)

> 2017년 *Y*재 시장의 균형가격은 70만원이며, 균형거래량은 500만이다. 2018년에 <u>*Y*재 생산에 필요한 부품 가격이 상승</u>하였다.

① 공급곡선은 왼쪽으로 이동한다.
② 균형가격은 낮아진다.
③ 균형거래량은 줄어든다.
④ 소비자잉여는 감소한다.
⑤ 사회적 후생은 감소한다.

┃해설┃
①・②・③ 생산요소가격이 증가하면 공급곡선은 왼쪽으로 이동하면서 균형가격은 상승하고, 균형거래량은 줄어든다.
④ 균형가격이 상승하면서 소비자들의 소비자잉여가 줄어든다.
⑤ 균형거래량이 줄어들면 사회 전체의 총잉여도 감소하고 그에 따라 사회적 후생도 감소한다.

답 ②

07 보험계리사 2016

어떤 섬나라의 전통공예품에 대한 수요곡선은 $Q = 380 - 2P$, 공급곡선은 $Q = 3P - 5W - 20$이다. Q는 전통공예품의 수량, P는 가격, 그리고 W는 종업원의 시간당 임금을 나타내며, 이 나라의 화폐단위는 "론도"이다. 5론도이던 시간당 임금이 7론도로 상승하는 경우 이 나라 전통공예품의 시장균형량의 변화는?

① 4단위 감소한다.

② 6단위 감소한다.

③ 8단위 감소한다.

④ 10단위 감소한다.

| 해설 |

• 시장균형가격을 구하기 위해 수요함수와 공급함수를 연립한다.

• 연립하면 $380 - 2P = 3P - 5W - 20$이 도출된다.

• 여기 지문에서 주어진 대로 W에 5를 대입하면 균형가격은 85가 계산된다.

• $P = 85$를 수요함수에 대입하면 균형거래량(Q)은 210이다.

• 같은 방법으로 W에 7을 넣으면 균형가격은 87이 도출된다. 이를 수요함수에 넣으면 균형거래량(Q)은 206이다.

• 따라서 임금이 5론도에 7론도로 상승하게 되면 균형거래량은 210에서 206으로 4단위 감소한다.

답 ①

08 감정평가사 2018

재화 X에 대한 시장수요함수, 시장공급함수가 각각 $Q_D = -4P + 1,600$, $Q_S = 8P - 800$일 때, 균형가격(P^*)과 균형거래량(Q^*)은? (단, Q_D는 수요량, Q_S는 공급량, P는 가격이다)

① $P^* = 190$, $Q^* = 840$

② $P^* = 195$, $Q^* = 820$

③ $P^* = 200$, $Q^* = 800$

④ $P^* = 205$, $Q^* = 780$

⑤ $P^* = 210$, $Q^* = 760$

| 해설 |

• 수요곡선과 공급곡선이 접하는 점에서 균형가격과 균형거래량이 결정된다.

• 시장수요함수 $Q_D = -4P + 1,600$과 시장공급함수 $Q_S = 8P - 800$을 연립하여 계산한다.

• $Q_D = Q_S$

　$-4P + 1,600 = 8P - 800$

∴ $P = 200$, $Q = 800$

답 ③

CHAPTER
03 | 수요와 공급의 탄력성

01 | 수요의 가격탄력성

탄력성	독립변수의 변화율에 따른 종속변수의 변화율의 정도			
수요의 가격탄력성	• 가격이 변화할 때 수요량의 변화 정도 • $\epsilon = -\dfrac{\text{수요량 변화율}}{\text{가격 변화율}} = -\dfrac{\triangle Q}{\triangle P} \times \dfrac{P}{Q}$			
수요의 가격탄력성의 크기	구 분	탄력성	수요곡선의 모형	유 형
	$\epsilon = 0$	완전비탄력적	수직선의 수요곡선	–
	$0 < \epsilon < 1$	비탄력적	우하향의 가파른 수요곡선	대부분 필수재
	$\epsilon = 1$	단위탄력적	직각쌍곡선의 수요곡선	한 재화에 일정액 지출
	$1 < \epsilon < \infty$	탄력적	우하향의 완만한 수요곡선	대부분 사치재
	$\epsilon = \infty$	완전탄력적	수평선의 수요곡선	–

02 | 공급의 가격탄력성

공급의 가격탄력성	• 가격이 변화할 때 공급량의 변화 정도율의 정도 • $\eta = \dfrac{\text{공급량의 변화율}}{\text{가격의 변화율}} = \dfrac{\triangle Q}{\triangle P} \times \dfrac{P}{Q}$			
공급의 가격탄력성의 크기	구 분	탄력성	공급곡선의 모형	유 형
	$\eta = 0$	완전비탄력적	수직선의 공급곡선	토 지
	$0 < \eta < 1$	비탄력적	가격축을 지나는 공급곡선	농산물 등
	$\eta = 1$	단위탄력적	원점을 통과하는 직선	–
	$1 < \eta < \infty$	탄력적	수량축을 지나는 공급곡선	일반 공산품 등
	$\eta = \infty$	완전탄력적	수평선의 공급곡선	

판매자 총수입	• $P \times Q = TR$ • 가격과 판매량을 곱한 값		
가격탄력성과 총수입 변화	가격탄력성	가격 하락시	가격 상승시
	$0 < \epsilon < 1$	총수입 감소	총수입 증가
	$\epsilon = 1$	불 변	불 변
	$\epsilon > 1$	총수입 증가	총수입 감소

04 | 수요의 교차탄력성

수요의 교차탄력성	• Y재 가격이 변화할 때, X재 수요량의 변화 정도 • $\epsilon_{XY} = \dfrac{X재\ 수요량의\ 변화율}{Y재\ 가격\ 변화율} = \dfrac{\triangle Q_X}{\triangle P_Y} \times \dfrac{P_Y}{Q_X}$		
유형 구분	교차탄력성	유 형	수요의 변화
	$\epsilon_{XY} > 0$	대체재	Y재 가격 상승 → X재 수요량 증가
	$\epsilon_{XY} = 0$	독립재	Y재 가격 상승 → X재 수요량 무관
	$\epsilon_{XY} < 0$	보완재	Y재 가격 상승 → X재 수요량 감소

05 | 수요의 소득탄력성

수요의 소득탄력성	• 소득의 변화에 따른 수요량의 변화 정도 • $\epsilon_M = \dfrac{수요량의\ 변화율}{소득의\ 변화율} = \dfrac{\triangle Q}{\triangle M} \times \dfrac{M}{Q}$				
소득탄력성의 구분	$\epsilon_M > 0$	정상재	$0 < \epsilon_M < 1$	필수재	소득이 증가하면 수요량이 증가하는 재화
			$\epsilon_M > 1$	사치재	
	$\epsilon_M < 0$	열등재	소득이 증가하면 수요량이 감소하는 재화		

01 공인노무사 2021

☑ 확인 Check! ○ △ ✕

수요의 가격탄력성에 관한 설명으로 옳지 않은 것은? (단, Q는 수량, P는 가격이다)

① 상품가격이 변화할 때 상품수요가 얼마나 변하는가를 측정하는 척도이다.

② 수요곡선이 수직선이면 언제나 일정하다.

③ 수요곡선이 $Q = 5/P$인 경우, 수요의 가격탄력성(절댓값)은 수요곡선상 모든 점에서 항상 1이다.

④ 정상재인 경우 수요의 가격탄력성이 1보다 클 때 가격이 하락하면 기업의 총수입은 증가한다.

⑤ 사치재에 비하여 생활필수품은 수요의 가격탄력성이 작다.

┃해설┃

수요의 가격탄력성은 가격변화에 따른 수요량 변화의 정도를 측정하는 지표이다.

② 수요곡선이 수직선이면 수요의 가격탄력성은 항상 0이다.

③ 수요곡선이 직각쌍곡선의 형태일 때에는 수요의 가격탄력성은 수요곡선상 모든 점에서 항상 1이다.

④ 정상재인 경우 수요의 가격탄력성이 1보다 클 때 가격이 하락하면 총수입은 증가하고, 반대로 가격이 상승하면 총수입은 감소한다.

⑤ 생필품은 가격변화에 따른 수요량 변화가 사치재보다 작으므로, 수요의 가격탄력성이 상대적으로 작다.

핵심체크 **가격탄력성에 따른 총수입의 변화(정상재)**

가격탄력성의 크기	총수입	
	가격 하락시	가격 상승시
$0 < \varepsilon < 1$	감 소	증 가
$\varepsilon = 1$	불 변	불 변
$\varepsilon > 1$	증 가	감 소

핵심체크 **수요 vs 수요량**

- 수요 : 소비자가 어떤 재화나 서비스를 일정한 가격으로 사려는 욕구
- 수요량 : 특정한 가격 수준에서 소비자들이 구매하고자 하는 재화나 서비스의 수량

답 ①

PART 1

미시경제학

다음 세 가지 경우의 가격탄력성(절댓값 기준) A, B, C 크기를 올바르게 비교한 것은? (단, Q_D는 수요량, P는 가격을 나타낸다)

〈경우 1〉

한계비용이 10으로 일정한 독점기업이 이윤극대화를 위해 가격을 20으로 책정하였다. 이윤극대화 가격에서 시장수요의 가격탄력성(A)

〈경우 2〉

시장수요가 $Q_D = 50 - 2P$인 시장에서 $P = 10$이다. 이 가격에서 시장수요의 가격탄력성(B)

〈경우 3〉

소비자 갑의 X재에 대한 지출액은 X재 가격에 관계없이 일정하다. X재에 대한 소비자 갑의 수요의 가격탄력성(C)

---

① $A > B > C$

② $A > C > B$

③ $B > A > C$

④ $B > C > A$

⑤ $C > B > A$

┃해설┃

• 경우 1 : $10 = 20\left(1 - \dfrac{1}{e_P}\right)$, ∴ $e_P = 2$

• 경우 2 : $\epsilon_P = -\dfrac{dQ}{dP} \times \dfrac{P}{Q} = -(-2) \times \dfrac{10}{30} = \dfrac{2}{3}$

• 경우 3 : 가격에 관계없이 X재에 대한 지출액이 일정하다면 갑의 수요의 가격탄력성은 1이다.

∴ $A > C > B$

답 ②

03 보험계리사 2021

X재의 가격이 10% 상승할 때 X재의 매출액은 전혀 증가하지 않은 반면, Y재의 가격이 10% 상승할 때 Y재의 매출액은 6% 증가하였다면 각 재화의 수요의 가격탄력성으로 옳은 것은?

	X재	Y재
①	완전탄력적	단위탄력적
②	단위탄력적	탄력적
③	단위탄력적	비탄력적
④	완전비탄력적	단위탄력적

┃해설┃

- X재의 가격이 10% 상승할 때 X재의 매출액은 전혀 증가하지 않았다는 것은 가격 상승분인 10%만큼 판매량이 감소하였다는 것이다.
  가격 상승분과 판매량 감소분이 동일하기 때문에 X재의 수요의 가격탄력성은 1, 즉 단위탄력적이다.
- Y재의 가격이 10% 상승할 때 Y재의 매출액은 6% 증가하였다는 것은 가격 상승보다 6% 적게 판매량이 감소하였다는 것으로 Y재의 수요의 가격탄력성은 비탄력적임을 알 수 있다.

답 ③

04 공인노무사 2021

상품 A의 수요함수가 $Q = 4P^{-2}Y^{0.4}$일 때, 이에 관한 설명으로 옳은 것은? (단, Q는 수요량, P는 가격, Y는 소득이다)

① 가격이 상승하면, 총수입은 증가한다.
② 소득이 2% 감소하면, 수요량은 0.4% 감소한다.
③ 소득탄력성의 부호는 음(−)이다.
④ 가격이 상승함에 따라 수요의 가격탄력성도 증가한다.
⑤ 수요의 가격탄력성(절댓값)은 2이다.

┃해설┃

$$\varepsilon = -\frac{dQ}{dP} \cdot \frac{P}{Q} = 8P^{-3}Y^{0.4} \times \frac{P}{4P^{-2}Y^{0.4}} = 2$$

① 수요의 가격탄력성이 1보다 큰 경우에는 가격이 상승하면 총수입은 감소한다.

② $\varepsilon_M = \frac{dQ}{dY} \times \frac{Y}{Q} = 1.6P^{-2}Y^{-0.6} \times \frac{Y}{4P^{-2}Y^{0.4}} = 0.4$이므로, 소득이 2% 감소하면 수요량은 0.8% 감소한다.

③ 소득탄력성의 부호는 양(+)이다.

④ 가격에 상관없이 수요의 가격탄력성은 2로 동일하다.

답 ⑤

X재의 수요곡선은 $Q^d = 150 - P$이고, 공급곡선은 $Q^s = P$이다. 시장 균형에서 수요의 가격탄력성과 공급의 가격탄력성은? (단, P는 가격이다)

① 0, 0

② 1, 1

③ 5, 1

④ 5, 5

━━

❚ 해설 ❚

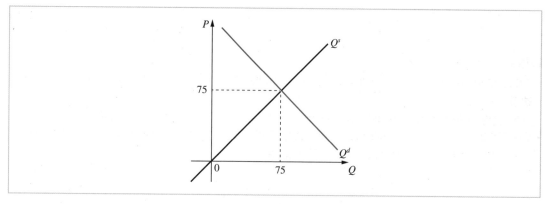

- 공급의 가격탄력성은 공급곡선이 원점을 통과하는 직선이므로 1이다.

- 수요의 가격탄력성 $= -\dfrac{dP}{dQ} \times \dfrac{Q}{P} = -(-1) \times \dfrac{75}{75} = 1$

답 ②

수요의 탄력성에 관한 설명으로 옳은 것은?

① 재화가 기펜재라면 수요의 소득탄력성은 양(+)의 값을 갖는다.

② 두 재화가 서로 대체재의 관계에 있다면 수요의 교차탄력성은 음(−)의 값을 갖는다.

③ 우하향하는 직선의 수요곡선상에 위치한 두 점에서 수요의 가격탄력성은 동일하다.

④ 수요의 가격탄력성이 '1'이면 가격변화에 따른 판매총액은 증가한다.

⑤ 수요곡선이 수직선일 때 모든 점에서 수요의 가격탄력성은 '0'이다.

┃ 해설 ┃

수요곡선이 수직선일 경우에는 아래의 그림에서 보듯이 모든 가격수준에서 동일한 양의 재화를 소비하기 때문에 가격탄력성은 0이다.

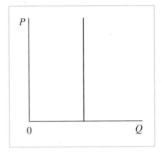

① 기펜재는 열등재의 일종으로 가격이 상승할수록 수요량이 증가하고 소득이 증가할수록 수요가 감소한다. 따라서 기펜재의 수요의 소득탄력성은 음(−)의 값을 갖는다.

② 대체재란 한 재화의 가격이 상승할 때 그 재화의 수요량은 줄어들고, 대체가 가능한 상품의 수요가 늘어나는 관계를 갖는 재화이기 때문에, 수요의 교차탄력성은 양(+)의 값을 갖는다.

③ 수요곡선이 우하향하는 직선인 경우 수요곡선상에서의 수요의 가격탄력성은 동일하지 않다.

④ 수요의 가격탄력성이 1이라면 가격변화에 따른 판매총액은 불변이다. 왜냐하면 가격이 상승하면 상승한 만큼 수요가 줄 것이고, 가격이 하락하면 하락한 만큼 수요가 늘 것이기 때문이다.

답 ⑤

07 보험계리사 2018

☑ 확인Check! ○ △ ✕

상품수요가 $Q_d = 5,000 - 2P$이다. $P = 2,000$에서 수요의 가격탄력성과 소비자의 지출액은?

① 0.25 ; 2,000

② 0.25 ; 2,000,000

③ 1 ; 1,000,000

④ 4 ; 2,000,000

───────────────────────────

┃해설┃

• 가격 2,000을 수요함수에 넣어보면 $Q = 1,000$이 계산된다.

• 수요의 가격탄력성 $= -\dfrac{dQ}{dP} \times \dfrac{P}{Q} = -(-2) \times \dfrac{2,000}{1,000} = 4$

• 소비자의 지출액 $= P \times Q = 2,000 \times 1,000 = 2,000,000$

답 ④

08 감정평가사 2016

☑ 확인Check! ○ △ ✕

X재 시장에 소비자는 甲과 乙만이 존재하고, X재에 대한 甲과 乙의 개별 수요함수가 각각 $Q_D = 10 - 2P$, $Q_D = 15 - 3P$이다. X재의 가격이 2.5일 때, 시장 수요의 가격탄력성은? (단, Q_D는 수요량, P는 가격이고, 수요의 가격탄력성은 절댓값으로 표시한다)

① 0.5   ② 0.75

③ 1   ④ 1.25

⑤ 1.5

───────────────────────────

┃해설┃

• X재 시장에 소비자 甲과 乙만 존재하므로 두 사람의 수요함수의 합이 시장 전체의 수요함수이다. 두 사람 甲의 수요함수 $Q_D = 10 - 2P$와 乙의 수요함수 $Q_D = 15 - 3P$를 서로 더하면 시장 전체의 수요함수 $Q = 25 - 5P$가 나온다. Q를 구하기 위해 시장 수요함수 P에 2.5를 대입해보면 12.5가 계산된다.

• 수요의 가격탄력성 $= -\dfrac{dQ}{dP} \times \dfrac{P}{Q}$

• 시장 수요함수를 P에 대해 미분하면 $\dfrac{dQ}{dP} = -5$

• 수요의 가격탄력성 $= -\dfrac{dQ}{dP} \times \dfrac{P}{Q} = -(-5) \times \dfrac{2.5}{12.5} = 1$

답 ③

X재를 생산하며 이윤극대화를 추구하는 어느 기업은, X의 단위당 생산비용이 10% 증가하여 가격 인상을 고려하고 있다. 다음 설명 중 옳지 않은 것은?

① X재의 수요의 가격탄력성이 비탄력적인 경우, 가격을 인상하면 X재의 판매수입이 증가한다.
② X재의 수요의 가격탄력성이 탄력적인 경우, 가격을 인상하면 X재의 판매수입이 감소한다.
③ X재의 수요의 가격탄력성이 단위탄력적인 경우, 가격을 인상하면 X재로부터 얻는 이윤은 변화하지 않으나 판매수입은 증가한다.
④ X재의 수요의 가격탄력성이 무한대인 경우, 가격을 인상하면 X재에 대한 수요가 0이 된다.
⑤ X재의 수요의 가격탄력성이 0인 경우, 가격을 인상하면 X재의 판매수입이 증가한다.

┃해설┃

수요의 가격탄력성이 단위탄력적이라면 가격을 인상하면 그 인상액만큼 판매량이 감소한다. 따라서 기업의 판매수입은 증가하지도 감소하지도 않는다.

① X재의 수요의 가격탄력성이 비탄력적인 경우에는, 가격 인상으로 증가하는 매출액이 가격 인상으로 인한 판매량의 감소액보다 크기 때문에 가격을 인상하는 전략은 기업의 판매수입을 올릴 수 있다.
② X재의 수요의 가격탄력성이 탄력적인 경우에는, 가격 인상으로 증가하는 매출액이 가격 인상으로 감소하는 판매액보다 작기 때문에 가격을 인상하는 전략은 기업의 판매수입을 줄어들게 한다.
④ X재의 수요의 가격탄력성이 탄력적일수록 가격을 인상하는 전략은 효과적이지 않다. 그런데 수요의 가격탄력성이 무한대라면 가격을 아주 조금만 인상해도 X재의 수요는 완전히 없어질 것이다.
⑤ X재의 수요의 가격탄력성이 0이라면, 가격을 인상해도 판매량은 전혀 감소하지 않을 것이다. 따라서 수요의 가격탄력성이 0일 경우, 가격을 인상하면 X재의 판매수입은 증가한다.

답 ③

수요의 가격탄력성에 관한 설명으로 옳은 것은?

① 재화가격이 1% 상승할 때 그 재화 수요량의 변화의 크기를 나타낸다.

② 대체효과가 소득효과보다 크면 가격탄력성이 1보다 크다.

③ 수요곡선이 직선이면 수요의 가격탄력성은 일정하다.

④ 가격탄력성이 1보다 큰 재화의 경우 재화가격이 상승하면 이 재화에 대한 지출액은 감소한다.

┃해설┃

수요의 가격탄력성이 1보다 큰 재화의 가격이 상승하면, 가격상승으로 인한 매출액의 증가보다 가격인상으로 인해 줄어드는 판매량의 금액이 더 크다.

① 수요의 가격탄력성이란 가격이 변화할 때, 수요량의 변화 정도를 나타내는 지표이다. 재화의 가격이 상승할 때만 측정하는 것이 아니다.

② 대체효과와 소득효과는 수요의 가격탄력성과는 무관하다.

③ 수요곡선이 우하향의 직선이라면 수요곡선을 따라 우하방으로 이동할수록 수요의 가격탄력성은 점점 작아진다.

답 ④

소비자 甲은 담배 가격의 변화에 관계없이 담배 구매에 일정한 금액을 지출한다. 甲의 담배에 대한 수요의 가격탄력성 e는? (단, 담배에 대한 수요의 법칙이 성립하고, 수요의 가격탄력성 e는 절댓값으로 표시한다)

① $e = 0$

② $0 < e < 1$

③ $e = 1$

④ $1 < e < \infty$

⑤ $e = \infty$

┃해설┃

담배 구매에 일정한 금액을 지출한다는 것은 가격이 오르면 구매량을 줄이고, 가격이 내려가면 구매량을 늘린다는 의미이며, 구매량의 변화량은 가격의 변화량과 같다. 예를 들면 가격이 5% 하락했을 때, 구매량이 5% 증가하여야 같은 금액을 지출하게 되는 것이다. 그렇기 때문에 가격탄력성은 1이라고 할 수 있다.

답 ③

수요의 가격탄력성에 관한 설명으로 옳은 것은? (단, 수요곡선은 우하향한다)

① 수요의 가격탄력성이 1보다 작은 경우, 가격이 하락하면 총수입은 증가한다.

② 수요의 가격탄력성이 작아질수록, 물품세 부과로 인한 경제적 순손실(Deadweight loss)은 커진다.

③ 소비자 전체 지출에서 차지하는 비중이 큰 상품일수록, 수요의 가격탄력성은 작아진다.

④ 직선인 수요곡선상에서 수요량이 많아질수록 수요의 가격탄력성은 작아진다.

⑤ 좋은 대체재가 많을수록 수요의 가격탄력성은 작아진다.

┃해설┃

우하향하는 직선인 수요곡선상에서 수요량이 많아질수록 수요의 가격탄력성은 작아진다.

① 수요의 가격탄력성이 1보다 작다면, 가격을 내려서 증가하는 수요량보다 가격을 내림으로써 감소하는 매출액이 더 크기 때문에 총수입은 감소한다.

② 수요의 가격탄력성이 작아야 물품세 부과로 상승한 가격으로 인한 수요량의 감소가 적기 때문에 경제적 순손실이 작아진다.

③ 소비자의 전체 지출에서 차지하는 비중이 큰 상품일수록 가격탄력성은 커진다.

⑤ 대체재가 많을수록 그 재화를 대체할 수 있는 다른 재화들이 있기 때문에 수요의 가격탄력성은 커진다.

핵심체크	수요의 가격탄력성 결정요인	
대체재	대체재의 수가 많을수록 탄력적	대체재의 수가 적을수록 비탄력적
소비의 비중	비중이 클수록 탄력적	비중이 작을수록 비탄력적
측정기간	기간이 길수록 탄력적	기간이 짧을수록 비탄력적
재화의 범위	범위가 좁을수록 탄력적	범위가 넓을수록 비탄력적

답 ④

PART 1

미시경제학

13 보험계리사 2018

K시네마가 극장 입장료를 5에서 9로 인상하였더니 매출액이 1,500에서 1,800으로 증가하였다. 중간점공식 (호탄력도)을 이용하여 수요의 가격탄력성을 구하면? (단, 소수점 셋째 자리에서 반올림)

① 0.32
② 0.42
③ 0.70
④ 1.13

― ―

┃해설┃

- P가 5일 때 매출액이 1,500이므로 판매수량은 300이 된다.
- P가 9일 때 매출액이 1,800이므로 판매수량은 200이 된다.
- P가 4 상승시 판매수량은 100 감소한다.
- 수요의 가격탄력성 $= -\dfrac{\dfrac{\Delta Q}{(Q_1 + Q_2)/2}}{\dfrac{\Delta P}{(P_1 + P_2)/2}} = -\dfrac{\dfrac{-100}{(300 + 200)/2}}{\dfrac{4}{(5 + 9)/2}} = 0.7$

탑 ③

14 감정평가사 2019

정상재 A, B의 가격이 각각 2% 상승할 때 A재의 소비지출액은 변화가 없었지만, B재의 소비지출액은 1% 감소한다. 이때 두 재화에 대한 수요의 가격탄력성 ε_A, ε_B에 관한 설명으로 옳은 것은? (단, ε_A, ε_B는 절댓값으로 표시한다)

① $\varepsilon_A > 1$, $\varepsilon_B > 1$
② $\varepsilon_A = 1$, $\varepsilon_B > 1$
③ $\varepsilon_A = 0$, $\varepsilon_B < 1$
④ $\varepsilon_A = 1$, $\varepsilon_B < 1$
⑤ $\varepsilon_A < 1$, $\varepsilon_B < 1$

― ―

┃해설┃

- A의 경우 가격이 2% 상승하였는데 소비지출액의 변화가 없었다는 것은 판매량이 2% 감소하였다는 것이다. 따라서 $\varepsilon_A = 1$이다.
- B의 경우 가격이 2% 상승하였을 때 소비지출액이 1% 감소하였다는 것은 판매량이 3% 감소했다는 것으로 수요의 가격탄력성이 1보다 크다는 의미이다.

탑 ②

01 감정평가사 2021

☑ 확인Check! ○ △ ✕

수요와 공급의 탄력성에 관한 설명으로 옳은 것은?

① 수요곡선이 수직이면 가격탄력성이 무한대이다.
② 우하향하는 직선의 수요곡선 상 모든 점에서 가격탄력성은 같다.
③ 가격탄력성이 1보다 크면 비탄력적이다.
④ 우상향 직선의 공급곡선 Y축 절편이 0보다 크면 가격탄력성은 무조건 1보다 크다.
⑤ 수요의 교차탄력성이 1보다 크면 두 상품은 보완재 관계이다.

┃해설┃

① 수요곡선이 수직이면 가격탄력성은 0이다.
② 수요곡선이 우하향의 직선 형태이면 우하방으로 이동할수록 가격탄력성은 작아진다.
③ 가격탄력성이 1보다 크면 탄력적이다.
⑤ 수요의 교차탄력성이 0보다 크면 두 상품은 대체재이다.

답 ④

02 공인노무사 2017

☑ 확인Check! ○ △ ✕

완전경쟁시장에서 수요곡선과 공급곡선이 다음과 같을 때 시장균형에서 공급의 가격탄력성은? (단, P는 가격, Q는 수량이다)

> • 수요곡선 : $P = 7 - 0.5Q$
> • 공급곡선 : $P = 2 + 2Q$

① 0.75
② 1
③ 1.25
④ 1.5
⑤ 2

┃해설┃

• 수요곡선과 공급곡선의 식을 연립해서 $P = 6$과 $Q = 2$를 구할 수 있다.
• 공급함수를 Q로 정리하면 $Q = \frac{1}{2}P - 1$, P에 대해 미분하면 $\frac{dQ}{dP} = \frac{1}{2}$
• 공급의 가격탄력성 $= \frac{dQ}{dP} \times \frac{P}{Q} = \frac{1}{2} \times \frac{6}{2} = 1.5$

답 ④

재화 X의 공급함수가 $Q = 10P - 4$이다. $P = 2$일 때, 공급의 가격탄력성은? (단, Q는 공급량, P는 가격이다)

① 0.5

② 0.75

③ 1

④ 1.25

⑤ 2.5

┃해설┃

- 공급의 가격탄력성 : $\dfrac{dQ}{dP} \times \dfrac{P}{Q}$

- $\dfrac{dQ}{dP}$ 는 공급함수를 P에 대하여 미분한 것으로 10이다. 또한, $P = 2$를 공급함수 $Q = 10P - 4$에 대입하여 보면 $Q = 16$이 계산된다. 따라서 공급의 가격탄력성 $= 10 \times \dfrac{2}{16} = 1.25$

답 ④

A기업의 공급곡선은 $Q_s^A = P$이고 B기업의 공급곡선은 $Q_s^B = 2P$이다. 가격 P의 변화에 따른 공급의 가격탄력성에 관한 설명으로 옳지 않은 것은?

① P가 상승하면 A기업의 공급의 가격탄력성은 상승한다.

② $P = 100$에서 A기업의 공급의 가격탄력성은 1이다.

③ B기업의 공급의 가격탄력성은 공급량 수준과 관련 없이 항상 동일하다.

④ $P = 100$에서 A기업의 가격탄력성과 $P = 200$에서 B기업의 가격탄력성은 동일하다.

┃해설┃

A기업의 공급곡선은 $Q_s^A = P$이므로 원점을 통과한다. 원점을 통과하는 공급곡선은 어느 점에서나 공급의 가격탄력성은 1이다.

② A기업의 공급의 가격탄력성은 어느 점에서나 1이다.

③ B기업의 공급곡선도 $Q_s^B = 2P$으로 원점을 통과하므로, 공급의 가격탄력성은 동일하다.

④ 두 경우 모두 공급의 가격탄력성은 1이다.

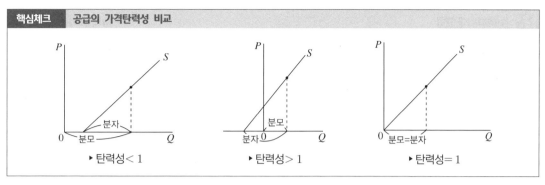

답 ①

05 감정평가사 **2019**　　　　　　　　☑ 확인Check! ○ △ ✕

수요와 공급의 가격탄력성에 관한 설명으로 옳은 것을 모두 고른 것은?

> ㄱ. 대체재를 쉽게 찾을 수 있을수록 수요의 가격탄력성은 작아진다.
> ㄴ. 동일한 수요곡선상에서 가격이 높을수록 수요의 가격탄력성은 항상 커진다.
> ㄷ. 상품의 저장에 드는 비용이 클수록 공급의 가격탄력성은 작아진다.
> ㄹ. 공급곡선이 원점을 지나고 우상향하는 직선형태일 경우, 공급의 가격탄력성은 항상 1이다.

① ㄱ, ㄴ　　　　　　　　　　　　　　② ㄱ, ㄷ
③ ㄴ, ㄷ　　　　　　　　　　　　　　④ ㄴ, ㄹ
⑤ ㄷ, ㄹ

⎯⎯

▌해설▌

ㄱ. (✕) 대체재를 찾기 쉬우면 해당 재화의 가격이 변화하였을 때, 다른 재화로 대체할 수 있기 때문에 수요의 가격탄력성
은 커진다.

ㄴ. (✕) 수요곡선이 수직선 형태이면 가격변화와 상관없이 수요의 가격탄력성은 0이고, 수요곡선이 직각쌍곡선 형태이
면 가격변화와 상관없이 수요의 가격탄력성은 1이다. 즉 수요곡선의 형태에 따라서 가격변화에 대한 수요의 가격탄
력성 변화는 동일하지 않다.

ㄷ. (○) 상품의 저장 비용이 크다면 가격변화에 신축적으로 대응하기가 힘들어 공급의 가격탄력성은 작아진다.

ㄹ. (○) 공급곡선이 원점을 통과하는 직선일 때에는 기울기에 상관없이 공급의 가격탄력성은 1이다.

답 ⑤

주유소에서 휘발유를 구입하는 모든 소비자들은 항상 "5만원어치 넣어주세요"라고 하는 반면, 경유를 구입하는 모든 소비자들은 항상 "40리터 넣어주세요"라고 한다. 현재의 균형상태에서 휘발유의 공급은 감소하고, 경유의 공급이 증가한다면, 휘발유 시장과 경유 시장에 나타나는 균형가격의 변화는? (단, 휘발유 시장과 경유 시장은 완전경쟁시장이며, 각 시장의 공급곡선은 우상향하고, 다른 조건은 일정하다)

	휘발유 시장	경유 시장
①	상승	상승
②	상승	하락
③	하락	불변
④	하락	하락
⑤	불변	불변

┃해설┃

• 휘발유 시장의 소비자들은 거래량과 상관없이 무조건 5만원어치의 양만 구입하기 때문에, 가격이 상승하면 거래량이 줄고, 가격이 하락하면 거래량이 늘어난다. 즉 수요의 가격탄력성이 1인 직각쌍곡선의 수요곡선을 보이므로 공급이 줄면 가격은 상승한다.

• 경유 시장의 소비자들은 가격에 상관없이 무조건 40리터만 주문하므로, 수요의 가격탄력성이 완전비탄력적으로 수요곡선이 수직선의 형태를 보인다. 수요곡선이 수직인 상태에서 공급이 늘어나서 공급곡선이 오른쪽으로 이동하면 균형거래량은 40리터로 변함없고, 균형가격은 하락한다.

답 ②

공급곡선이 다음과 같이 주어져 있다고 하자. 다음 중 옳은 것은? (단, Q_S는 공급량, P는 가격, $a > 0$, $b < 0$)

$$Q_S = aP + b$$

① 공급의 가격탄력성은 항상 1보다 크며 원점에서 멀어질수록 커진다.
② 공급의 가격탄력성은 항상 1보다 작으며 원점에서 멀어질수록 커진다.
③ 공급의 가격탄력성은 항상 1보다 크며 원점에서 멀어질수록 작아진다.
④ 공급의 가격탄력성은 항상 1이다.

┃해설┃

공급곡선을 P에 대해 정리해보면 $P = -\dfrac{b}{a} + \dfrac{1}{a}Q$이다. 즉, 공급곡선이 가격축을 통과하는 우상향의 직선이다. 가격축을 통과한다면, 공급의 가격탄력성은 1보다 크다.

답 ③

01 공인노무사 2024   ☑ 확인 Check! ○ △ ✕

수요곡선이 우하향하는 직선이며, 이 곡선의 가로축과 세로축의 절편이 각각 a, b라고 할 때, 수요의 가격탄력성(E_p)에 관한 설명으로 옳지 않은 것은? (단, 가격과 수요량이 0보다 큰 경우만 고려한다)

① 어떤 가격에서의 수요량이 $\dfrac{a}{2}$ 보다 작다면 $E_P > 1$ 이다.

② 가격이 0에서 b에 가까워질수록 E_P가 더 커진다.

③ 현재의 가격에서 $E_P > 1$인 경우 기업이 가격을 올리면 총수입이 증가한다.

④ b가 일정할 경우, 동일한 수요량에서는 a가 클수록 E_P가 더 크다.

⑤ a가 일정할 경우, 동일한 가격에서는 b가 클수록 E_P가 더 작다.

┃해설┃

가격탄력성이 1보다 큰 경우에 가격을 올리면 총수입은 감소한다.

핵심체크   **수요곡선상의 각 점에서의 가격탄력성**

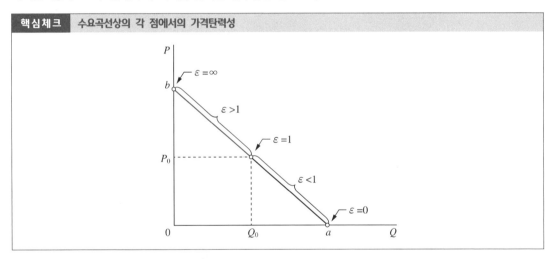

핵심체크   **수요의 가격탄력성과 판매자의 총수입**

수요의 가격탄력성의 크기	판매자의 총수입	
	가격 하락시	가격 상승시
0 < 수요의 가격탄력성 < 1	감 소	증 가
수요의 가격탄력성 = 1	불 변	불 변
수요의 가격탄력성 > 1	증 가	감 소

답 ③

PART 1

미시경제학

( )에 들어갈 내용으로 옳은 것은? (단, P는 가격, Q는 수요량이다)

> 독점기업의 수요곡선은 $P = 30 - 2Q$이고 현재 가격이 10이다. 이때 수요의 가격탄력성은 (ㄱ)이고, 총수입을 증대시키기 위해 가격을 (ㄴ)해야 한다.

	ㄱ	ㄴ
①	비탄력적	인 하
②	비탄력적	인 상
③	단위탄력적	유 지
④	탄력적	인 하
⑤	탄력적	인 상

▌해설▌

수요함수 $P = 30 - 2Q$는 $Q = 15 - \dfrac{1}{2}P$이다.

가격이 10일 때 수요의 가격탄력성 $e = -\dfrac{dQ}{dP} \times \dfrac{P}{Q} = -\left(-\dfrac{1}{2}\right) \times \dfrac{10}{10} = 0.5$이다.

따라서 수요의 가격탄력성은 비탄력적이고 이 경우 총수입($TR = P \times Q$)을 증가시키려면 가격을 인상해야 한다.

답 ②

04 | 수요의 교차탄력성

01 보험계리사 2019

☑ 확인Check! ○ △ ✕

재화의 분류에 관한 설명으로 옳지 않은 것은?

① 정상재의 경우, 수요의 소득탄력성은 0보다 크다.

② 사치재의 경우, 수요의 소득탄력성은 1보다 크다.

③ 열등재의 경우, 가격이 하락하면 언제나 수요량이 증가한다.

④ 정상재의 경우, 가격이 상승할 때의 소득효과는 수요량을 감소시킨다.

┃해설┃

가격이 하락하면 대체효과의 경우 재화의 종류와 무관하게 수요량이 늘어난다. 소득효과의 경우 열등재는 수요량이 감소한다. 따라서 열등재의 경우 소득효과가 대체효과보다 크다면 수요량은 감소한다.

① 정상재의 경우, 수요의 소득탄력성은 0보다 크다.

② 정상재 중 필수재는 수요의 소득탄력성이 0보다 크고 1보다 작다. 사치재는 수요의 소득탄력성이 1보다 크다.

④ 재화의 가격이 상승하면 실질소득이 감소하게 되므로, 정상재의 수요량은 감소한다.

답 ③

PART 1

미시경제학

02 감정평가사 2017

☑ 확인Check! ○ △ ✕

사과 수요의 가격탄력성은 1.4, 사과 수요의 감귤 가격에 대한 교차탄력성은 0.9, 사과 수요의 배 가격에 대한 교차탄력성은 −1.5, 사과 수요의 소득탄력성은 1.2이다. 다음 설명 중 옳은 것을 모두 고른 것은? (단, 수요의 가격탄력성은 절댓값으로 표시한다)

> ㄱ. 사과는 정상재이다.
> ㄴ. 사과는 배와 대체재이다.
> ㄷ. 사과는 감귤과 보완재이다.
> ㄹ. 다른 조건이 불변일 때 사과 가격이 상승하면 사과 판매자의 총수입은 감소한다.

① ㄱ, ㄴ

② ㄱ, ㄷ

③ ㄱ, ㄹ

④ ㄴ, ㄹ

⑤ ㄷ, ㄹ

ㄱ. (○) 한 재화의 수요의 소득탄력성이 양수라면 그 재화는 정상재라고 볼 수 있는데, 사과 수요의 소득탄력성이 1.2로 양수이므로 사과는 정상재이다. 수요의 소득탄력성이 1을 초과하므로 정상재 중에서 사치재로 볼 수 있다.

ㄴ. (×) 두 재화의 수요의 교차탄력성이 음수라면 두 재화는 보완재 관계이고, 양수라면 대체재 관계라고 볼 수 있는데, 사과와 배의 수요의 교차탄력성이 −1.5로 음수이므로 사과와 배의 관계는 보완재이다.

ㄷ. (×) 사과와 감귤의 수요의 교차탄력성이 0.9로 양수이므로 사과와 감귤의 관계는 대체재이다.

ㄹ. (○) 사과 수요의 가격탄력성이 1.4이므로 사과 가격이 상승하면, 가격 상승으로 인한 매출액 증가보다 인상된 가격으로 인한 판매량 감소가 더 많을 것이다. 즉, 가격을 인상하면 사과 판매자의 총수입은 감소한다.

답 ③

03 7급 공무원 2016

다음은 사과와 배의 수요함수를 추정한 식이다. 이에 대한 설명으로 옳지 않은 것은?

- 사과의 수요함수 : $Q_A = 0.8 - 0.8P_A - 0.2P_B + 0.6I$
- 배의 수요함수 : $Q_B = 1.1 - 1.3P_B - 0.25P_A + 0.7I$

(단, Q_A는 사과 수요량, Q_B는 배 수요량, P_A는 사과 가격, P_B는 배 가격, I는 소득을 나타낸다)

① 사과와 배는 보완재이다.
② 사과와 배는 모두 정상재이다.
③ 사과와 배 모두 수요법칙이 성립한다.
④ 사과와 배 모두 가격 및 소득과 무관한 수요량은 없다.

가격 및 소득과 관련이 없는 수요량으로 사과는 0.8, 배는 1.1이 존재한다.

① 사과의 수요함수와 배의 수요함수를 보면 배의 가격이 상승하면 사과의 수요량이 줄어들고, 사과의 가격이 상승하면 배의 수요량이 줄어든다. 따라서 사과와 배는 보완재 관계에 있다는 것을 알 수 있다.

② 두 재화의 수요함수를 보면 둘 다 소득이 증가하면 수요량이 증가하는 것을 알 수 있다. 따라서 두 재화는 정상재이다.

③ 사과와 배 모두 재화의 가격이 상승하면 수요량이 줄어드는 수요의 법칙을 보인다.

답 ④

01 공인회계사 2020

☑ 확인 Check! ○ △ ✕

다음은 X재 수요에 대한 분석 결과이다.

- Y재 가격 변화에 대한 수요의 교차가격 탄력성 : -0.5
- Z재 가격 변화에 대한 수요의 교차가격 탄력성 : 0.6
- 수요의 소득 탄력성 : -0.5

다음 중 X재 수요를 가장 크게 증가시키는 경우는? (단, Y재 가격 변화시 Z재 가격은 불변이고, Z재 가격 변화시 Y재 가격은 불변이다)

① Y재 가격 1% 인상과 소득 1% 증가
② Y재 가격 1% 인상과 소득 1% 감소
③ Y재 가격 1% 인하와 소득 1% 증가
④ Z재 가격 1% 인상과 소득 1% 감소
⑤ Z재 가격 1% 인하와 소득 1% 감소

▌해설▐

X재 수요에 대한 분석 결과
- Y재 가격 변화에 대한 수요의 교차가격 탄력성 : -0.5 → Y재 가격 1% 증가시 X재 수요 0.5% 감소
- Z재 가격 변화에 대한 수요의 교차가격 탄력성 : 0.6 → Z재 가격 1% 증가시 X재 수요 0.6% 증가
- 수요의 소득 탄력성 : -0.5 → 소득 1% 증가시 X재 수요 0.5% 감소 따라서 X재는 열등재

① Y재 가격 1% 인상과 소득 1% 증가 → $-0.5\%-0.5\%=-1\%$
② Y재 가격 1% 인상과 소득 1% 감소 → $-0.5\%+0.5\%=0\%$
③ Y재 가격 1% 인하와 소득 1% 증가 → $0.5\%-0.5\%=0\%$
④ Z재 가격 1% 인상과 소득 1% 감소 → $0.6\%+0.5\%=1.\%$
⑤ Z재 가격 1% 인하와 소득 1% 감소 → $-0.6\%+0.5\%=-0.1\%$

답 ④

진영이는 고정된 소득으로 X재와 Y재만을 소비한다. 두 재화의 가격이 동일하게 10% 하락할 때, 진영이의 X재 소비량은 변하지 않는 반면, Y재 소비량은 증가한다. 다음 설명 중 옳은 것은?

① 진영이에게 X재는 정상재이다.

② 진영이에게 X재는 열등재이다.

③ 진영이에게 Y재는 정상재이다.

④ 진영이에게 X재와 Y재는 완전대체재이다.

⑤ 진영이에게 X재와 Y재는 완전보완재이다.

┃해설┃

Y재 가격 하락시 Y재 소비량이 증가하므로 Y재는 정상재이다. 또한 Y재 가격의 변화와 상관없이 X재 소비량은 불변이므로 X재와 Y재는 독립재라 할 수 있다.

답 ③

X재는 소비자 1과 소비자 2만 소비하며, Y재는 이 두 소비자를 포함하여 많은 소비자들이 소비한다. 소비자 1, 2의 소득은 각각 M으로 동일하고, X재에 대한 소비자 1의 수요함수(x_1)와 소비자 2의 수요함수(x_2)가 다음과 같을 때, 이에 대한 설명 중 옳은 것은?

> • 소비자 1의 수요함수 : $x_1 = 70 - 8P_X - 2P_Y + M$
>
> • 소비자 2의 수요함수 : $x_2 = 60 - 10P_X + 4P_Y + 0.5M$
>
> (단, P_X와 P_Y는 X재와 Y재의 가격을 나타낸다)

① P_Y가 5이고 M이 100인 경우, X재의 시장수요함수(Q)는 $Q = 290 - 18P_X$이다.

② X재는 소비자 1에게 열등재이다.

③ X재는 소비자 2에게 기펜재(Giffen good)이다.

④ 소비자 2에게 X재와 Y재는 보완관계에 있다.

⑤ 동일한 양의 X재를 소비하는 경우, X재에 대한 소비자 1의 수요가 소비자 2의 수요보다 X재 가격에 더 탄력적이다.

──────────────────────────────

┃해설┃

시장의 수요함수는 소비자 1, 2의 수요함수 $x_1 = 70 - 8P_X - 2P_Y + M$과 $x_2 = 60 - 10P_X + 4P_Y + 0.5M$의 합으로 구할 수 있다. 두 수요함수를 합하고, $P_Y = 5$, $M = 100$를 대입하여 보면 $Q = 290 - 18P_X$이 도출된다.

② · ③ 소비자 1의 수요함수와 소비자 2의 수요함수를 보면 M이 상승할 때 수요가 증가한다. 따라서 X재는 정상재이다.

④ Y재의 가격이 상승하면 소비자 2의 X재의 수요량도 증가한다. 따라서 소비자 2에게 X재와 Y재는 대체재이다.

⑤ Y재의 가격과 소득에 따라 수요곡선의 위치가 바뀌므로 수요의 가격탄력성은 구할 수 없다.

답 ①

01 | 소비자잉여와 생산자잉여

구 분	소비자잉여	생산자잉여
정 의	재화를 구입하기 위해 지불할 용의가 있는 금액과 실제 지불액의 차이	재화 판매로 인해 실제로 획득한 금액과 최소한 받고자하는 금액의 차이
사회적잉여	소비자잉여와 생산자잉여의 합	
수요곡선 수평	0	생산자잉여 = 사회적잉여
공급곡선 수평	소비자잉여 = 사회적잉여	0

02 | 최고가격제(가격상한제)

정 의	• 소비자 보호 목적 • 정부가 설정한 가격 이하로만 거래하도록 규제하는 제도
특 징	• 초과수요 발생 • 암시장 출현(규제 전보다 높은 가격 수준) • 사회적 자중손실 발생
효 과	설정된 가격이 시장균형가격보다 낮아야 효과적

03 | 최저가격제(가격하한제)

정 의	• 공급자 보호 목적 • 정부가 설정한 가격 이상으로만 거래하도록 규제하는 제도
특 징	• 초과공급 발생 • 암시장 출현(규제 전보다 낮은 가격 수준) • 사회적 자중손실 발생
효 과	설정된 가격이 시장균형가격보다 높아야 효과적

04 | 최저임금제

정부가 노동시장에 개입 하여 임금의 최저수준을 정하는 가격하한제의 한 예이다. 최저임금은 보통 시장가격보다 높은 수준에서 설정해야 효과 있음

05 | 조세부과

종 류	종가세	종량세(단위세)
방 식	구입액에 세율을 곱한 만큼 조세 부과	구입한 물품의 단위마다 조세를 부과
특 징	• 가격이 높을수록 조세액이 증가 • 공급곡선이 회전하면서 상방 이동	• 구입량에 따라 일정하게 증가 • 공급곡선이 평행하게 상방 이동

06 | 조세부담

• 탄력성과 조세부담의 크기는 반비례
• 수요과 공급이 탄력적일수록 조세를 부과할 때 거래량이 크게 감소하여 사회적인 자중손실이 증가

07 | 보조금 지급

주 체	소비자	공급자
효 과	보조금을 누구에게 지급하여도 실질적인 효과는 동일	
특 징	• 소비자 가격 하락 • 소비자잉여 증가	• 생산자 가격 상승 • 생산자잉여 증가

08 | 자중손실(조세부과시)

• 공급자에게 조세부과시 공급곡선 상방으로 이동
• 소비자에게 조세부과시 수요곡선 하방으로 이동
 → 조세부과로 인한 가격 상승으로 거래량이 감소하므로 자중손실 발생

01 공인회계사 2024 ☑ 확인Check! ○ △ ✕

완전경쟁시장에서 거래되는 어느 재화의 전년도 수요함수와 공급함수가 각각 다음과 같았다.

> • $Q_D = 120 - P$
>
> • $Q_S = P$

생산 여건 악화로 올해 공급량이 모든 가격대에서 전년의 절반으로 감소하였다. 이에 따른 전년 대비 생산자잉여의 감소분은? (단, Q_D는 수요량, Q_S는 공급량, P는 가격이고, 수요는 전년과 같다)

① 200 ② 300
③ 400 ④ 600
⑤ 1,000

┃해설┃
• 전년도 생산자잉여 : $(60 \times 60) - 1,800 = 1,800$
• 당해 연도 생산자잉여 : $(80 \times 40) - 1,600 = 1,600$
• 생산자잉여 감소분 : $1,800 - 1,600 = 200$

답 ①

02 보험계리사 2020 ☑ 확인Check! ○ △ ✕

표는 갑이 X재와 Y재의 소비로 얻는 한계효용을 나타낸다. X재와 Y재의 가격은 각각 개당 3과 1이다. 갑이 14의 예산으로 두 재화를 소비함으로써 얻을 수 있는 최대의 소비자잉여는?

수 량	X재 한계효용	Y재 한계효용
1	18	10
2	12	8
3	6	6
4	3	4
5	1	2
6	0.6	1

① 8 ② 14
③ 52 ④ 66

┃해설┃

- 소비자잉여＝소비자가 지불할 수 있는 최대금액－실제 지불금액

- 한계효용 균등의 원리 : $\dfrac{MU_X}{P_X}=\dfrac{MU_Y}{P_Y}$

- 예산제약 : $P_X \cdot X + P_Y \cdot Y = M$

- 예산제약 조건하에서의 X재와 Y재의 수량은 (1, 3), (2, 4), (3, 5)이다.

- 예산제약 조건하에서 구한 수량 중 한계효용 균등의 원리를 성립하는 수량은 (3, 5)이다.

- X재 3개일 때 한계효용＝18＋12＋6＝36

- Y재 5개일 때 한계효용＝10＋8＋6＋4＋2＝30

- 소비자가 지불할 수 있는 최대금액은 X재와 Y재의 한계효용 합이므로 66

- 소비자가 실제 지불한 금액은 14

- 소비자잉여＝66－14＝52

답 ③

---

03 공인노무사 **2018**
☑ 확인Check! ○ △ ✕

완전경쟁시장에서 수요곡선은 $Q_d = 8 - 0.5P$이고 공급곡선은 $Q_s = P - 4$라고 할 때, 균형가격(P)과 소비자 잉여(CS)의 크기는? (단, Q_d는 수요량, Q_s는 공급량이다)

① $P=4$, $CS=8$

② $P=4$, $CS=16$

③ $P=8$, $CS=8$

④ $P=8$, $CS=16$

⑤ $P=10$, $CS=8$

┃해설┃

- 완전경쟁시장에서는 수요곡선과 공급곡선이 접하는 점에서 가격과 거래량이 결정된다.

- 수요곡선과 공급곡선을 연립해보면 $Q_d = 8 - 0.5P = P - 4 = Q_s$, 균형가격은 8이 나오고, 균형거래량은 4가 나온다.

- 수요곡선은 가격인 세로축의 16을 지나는 우하향의 직선이고, 공급곡선은 세로축 4를 지나는 우상향의 직선이다.

- 균형가격 8의 상방 면적은 소비자잉여이다.

- 따라서 소비자잉여는 4(수량)×8(가격차이)×$\dfrac{1}{2}$＝16이 나온다.

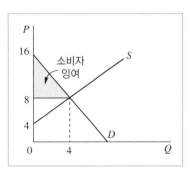

답 ④

04

04 감정평가사 2015　　　　　　　　　　　　　　　　☑ 확인Check! ○ △ X

X재의 수요함수와 공급함수가 각각 $Q_D = 100 - 2P$, $Q_S = -80 + 4P$이다. 시장균형에서 소비자잉여(CS)와 생산자잉여(PS)는? (단, Q_D는 수요량, Q_S는 공급량, P는 가격이다)

① $CS = 200$, $PS = 400$

② $CS = 400$, $PS = 200$

③ $CS = 600$, $PS = 200$

④ $CS = 600$, $PS = 300$

⑤ $CS = 800$, $PS = 400$

┃해설┃

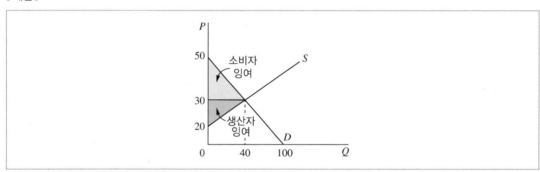

• 주어진 수요함수와 공급함수를 연립해보면 균형가격 30, 균형거래량 40이 계산된다.

• 소비자잉여 : $20 \times 40 \times \dfrac{1}{2} = 400$

• 생산자잉여 : $10 \times 40 \times \dfrac{1}{2} = 200$

답 ②

05 공인회계사 2016　　　　　　　　　　　　　　　　☑ 확인Check! ○ △ X

한 시장에서 각 소비자의 수요곡선은 $D = 30 - P(P < 30)$, $D = 0(P \geq 30)$ 이고, 소비자는 5명이다. 그리고 공급곡선은 $S = 20P$이다. 다음 설명 중 옳지 않은 것은? (단, D는 각 소비자의 수요량, S는 공급량, P는 가격이다)

① $P = 4$일 때, 초과수요가 발생한다.

② $P = 5$일 때, 소비자잉여와 생산자잉여의 합은 최대가 된다.

③ $P = 20$일 때, 초과공급이 발생한다.

④ $P = 60$때, 소비는 발생하지 않는다.

⑤ 공급곡선이 $S = P$로 바뀌면 시장의 균형거래량은 변화한다.

┃해설┃

소비자의 수요함수가 $D = 30 - P$ 이고, 소비자가 5명이므로 사장수요함수는 $D = 150 - 5P$ 이다. 시장수요함수와 공급함수 $S = 20P$ 를 연립해서 계산해보면 $P = 6$ 이다. 따라서 시장균형이 이루어져 소비자잉여와 생산자잉여가 최대가되는 가격은 $P = 5$ 가 아니라 $P = 6$ 이다.

① $P = 4$ 라면 수요는 130 이고, 공급은 80 이기 때문에 초과수요가 발생한다.

③ $P = 20$ 일 때, 수요는 50 이고, 공급은 60 이다. 따라서 초과공급이 발생한다.

④ $P = 60$ 일 경우, $D = 0 (P \geq 30)$ 이기 때문에 수요가 발생하지 않는다.

⑤ 공급곡선이 $S = P$ 로 바뀌면 시장의 균형거래량은 25로 변화한다.

답 ②

06 감정평가사 2015   ☑ 확인Check! ○ △ ✕

베이글과 크림치즈는 서로 보완재이고 베이글과 베이컨은 서로 대체재이다. 베이글의 원료인 밀가루 가격의 급등에 따라 베이글의 생산비용이 상승하였을 때 각 시장의 변화로 옳지 않은 것은? (단, 베이글 크림치즈 베이컨 모두 수요와 공급의 법칙을 따르며 다른 조건은 일정하다)

① 베이글의 가격은 상승한다.

② 크림치즈의 거래량은 감소한다.

③ 크림치즈 시장의 생산자잉여는 감소한다.

④ 베이컨의 판매수입은 증가한다.

⑤ 베이컨 시장의 총잉여는 변함이 없다.

┃해설┃

베이컨의 수요곡선이 우측 이동하면, 생산자잉여와 소비자잉여 둘 다 늘어나므로 시장 전체의 총잉여도 증가한다.

① 베이글의 원재료 밀가루 값이 상승하여, 생산비용의 상승에 따라 공급곡선이 좌측으로 이동하게 되므로 베이글의 가격이 상승하게 된다.

② 베이글의 수요량이 줄어들면, 보완재인 크림치즈의 거래량도 줄어든다.

③ 크림치즈의 수요감소로 인해 생산량이 감소하면 생산자잉여도 감소한다.

④ 베이글에 비해 상대적으로 저렴한 대체재인 베이컨의 수요량은 늘어나게 된다. 수요량이 늘어나면, 가격도 오르고 판매량도 늘어 판매수입도 증가한다.

답 ⑤

소비자잉여와 생산자잉여에 관한 설명으로 옳은 것을 모두 고른 것은? (단, 수요곡선은 우하향하고 공급곡선은 우상향한다)

ㄱ. 시장균형보다 낮은 수준에서 가격상한제를 실시하면 생산자잉여의 일부분이 소비자잉여로 이전된다.

ㄴ. 최저임금을 시장균형보다 높은 수준에서 설정하면 생산자잉여가 감소한다.

ㄷ. 만약 공급곡선이 완전탄력적이면 생산자잉여는 0이 된다.

---

① ㄱ

② ㄴ

③ ㄷ

④ ㄱ, ㄷ

⑤ ㄴ, ㄷ

┃해설┃

ㄴ. (✕) 최저임금을 시장균형보다 높은 수준에서 설정하면 소비자잉여가 감소한다.

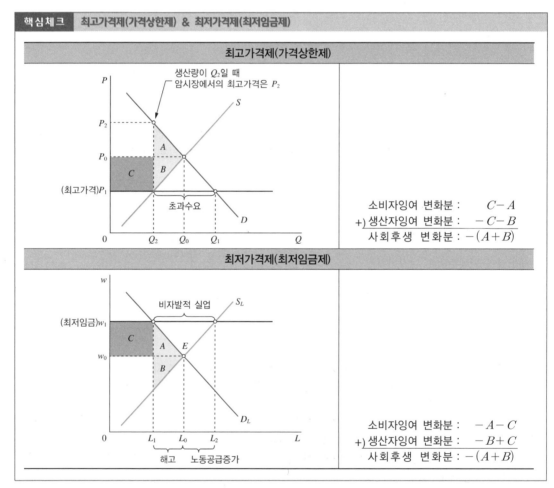

핵심체크	최고가격제(가격상한제) & 최저가격제(최저임금제)

답 ④

02 | 최고가격제(가격상한제)

01 공인노무사 2018

정부의 가격통제에 관한 설명으로 옳지 않은 것은? (단, 시장은 완전경쟁이며 암시장은 존재하지 않는다)

① 가격상한제란 정부가 설정한 최고가격보다 낮은 가격으로 거래하지 못하도록 하는 제도이다.

② 가격하한제는 시장의 균형가격보다 높은 수준에서 설정되어야 효력을 가진다.

③ 최저임금제는 저임금근로자의 소득을 유지하기 위해 도입하지만 실업을 유발할 수 있는 단점이 있다.

④ 전쟁 시에 식료품 가격안정을 위해서 시장균형보다 낮은 수준에서 최고가격을 설정하여야 효력을 가진다.

⑤ 시장 균형가격보다 낮은 아파트 분양가 상한제를 실시하면 아파트 수요량은 증가하고, 공급량은 감소한다.

❚ 해설 ❚

가격상한제란 소비자 보호를 목적으로 정부가 설정한 가격보다 높은 가격으로 거래하지 못하도록 하는 제도이다.

② 가격하한제란 생산자 보호를 목적으로 정보가 설정한 가격보다 낮은 가격으로 거래하지 못하도록 하는 제도이므로, 시장의 균형가격보다 높은 수준으로 설정되어야 한다. 이 경우는 일반적으로 초과공급이 발생한다.

③ 최저임금은 노동시장의 균형임금보다 높은 수준으로 설정되기 때문에 노동의 초과공급이 발생하여 실업을 유발할 것이다.

④ 전쟁이 발생한 경우라면, 상품의 공급이 부족하여 초과수요가 일어날 것이다. 시장 자율에 맡기면 가격이 크게 상승할 것이므로 시장의 균형가격보다 낮은 수준에서 가격상한제를 시행하여야 한다.

⑤ 시장 균형가격보다 낮은 아파트 분양가 상한제를 실시하면 아파트 수요량은 증가하고, 공급량은 감소한다.

답 ①

02 공인노무사 2017

최고가격제에 관한 설명으로 옳은 것을 모두 고른 것은?

> ㄱ. 암시장을 출현시킬 가능성이 있다.
> ㄴ. 초과수요를 야기한다.
> ㄷ. 사회적 후생을 증대시킨다.
> ㄹ. 최고가격은 시장의 균형가격보다 높은 수준에서 설정되어야 한다.

① ㄱ, ㄴ   ② ㄱ, ㄷ
③ ㄱ, ㄹ   ④ ㄴ, ㄷ
⑤ ㄷ, ㄹ

┃해설┃

최고가격제 하에서의 최고가격은 균형가격보다 낮기 때문에 생산량은 감소하고 수요량은 증가하게 되어 초과수요가 발생한다. 초과수요의 발생으로 인해 암시장이 출현할 가능성이 높아진다.

답 ①

03 감정평가사 2015

완전경쟁시장에서 거래되는 X재에 대해 시장 균형가격보다 낮은 수준에서 가격상한제를 실시하였다. 이로 인해 나타날 수 있는 일반적인 현상으로 옳은 것을 모두 고른 것은? (단, X재는 수요와 공급의 법칙을 따른다)

> ㄱ. X재의 품귀현상이 일어난다.
> ㄴ. X재의 공급과잉이 발생한다.
> ㄷ. X재의 암시장이 발생할 수 있다.
> ㄹ. X재의 품질이 좋아진다.

① ㄱ, ㄴ   ② ㄱ, ㄷ
③ ㄴ, ㄷ   ④ ㄴ, ㄷ, ㄹ
⑤ ㄱ, ㄴ, ㄷ, ㄹ

┃ 해설 ┃

┃ 해설 ┃

ㄱ. (○) 시장의 균형가격보다 낮기 때문에 초과수요가 발생한다.

ㄴ. (×) 균형가격보다 낮은 수준으로 거래되기 때문에 생산자는 생산량을 줄인다.

ㄷ. (○) 초과수요가 발생하면, 최고가격제가 시행되기 전보다도 높은 가격을 지불하여야 구입할 수 있는 암시장이 출현할 가능성이 높다.

ㄹ. (×) 가격상한제로 인해 재화의 가격이 낮아지므로, 생산자는 이윤을 늘리기 위해 품질을 저하시킬 가능성이 있다.

답 ②

04 공인노무사 2023

☑ 확인 Check! ○ △ ✕

원룸 임대시장의 공급곡선과 수요곡선은 각각 $Q_s = 20 + 4P$, $Q_d = 420 - 6P$이다. 정부는 원룸의 임대료(P)가 너무 높다고 판단하여 상한을 30으로 규정하였다. 원룸 부족현상을 피하기 위해 수요량(Q_d)에 따라 공급량(Q_s)이 일치되도록 할 경우, 정부가 원룸당 지원해야 할 보조금은?

① 10

② 15

③ 20

④ 25

⑤ 30

┃ 해설 ┃

임대료(P)가 30일 경우 수요량은 240, 공급량은 140으로 100만큼 초과수요가 발생한다.

초과수요를 해소하기 위해 보조금(S)을 지급하면 공급곡선이 원룸당 보조금 크기만큼 하방이동한다.

공급곡선 식을 P에 대하여 정리하면 $P = \frac{1}{4}Q - 5$이므로

원룸당 보조금(S)만큼 지급하면 공급곡선 식은 $P = \frac{1}{4}Q - 5 - S$로 바뀌게 된다.

변경된 공급곡선 식을 Q에 대하여 정리하면 $Q = 4P + 20 + 4S$이다.

임대료(P)가 30일 때 공급량이 240이 되는 보조금을 구하기 위해 보조금 지급 이후 공급곡선 식에 대입하면 $240 = (4 \times 30) + 20 + 4S$로 $S = 25$가 된다.

따라서 원룸당 25의 보조금을 지급하면 가격상한으로 인한 초과수요를 해결할 수 있다.

답 ④

03 | 최저가격제(가격하한제)

01 보험계리사 2019 ☑ 확인Check! ○ △ ✕

X재에 대한 수요곡선은 $Q_D = 10,000 - P$, 공급곡선은 $Q_s = -2,000 + P$이다. 현재의 시장균형에서 정부가 최저가격을 8,000으로 정하는 경우 최저가격제 도입으로 인한 거래량 감소분과 초과공급량은? (P는 X재의 가격이다)

① 2,000, 2,000
② 2,000, 4,000
③ 4,000, 4,000
④ 4,000, 6,000

┃해설┃

- 최저가격제 실시 전 균형가격과 거래량을 구하기 위해 수요곡선 $Q_D = 10,000 - P$과 공급곡선 $Q_s = -2,000 + P$을 연립해서 계산하면 균형가격은 6,000이고 수요량과 공급량은 4,000이 되므로 거래량은 4,000이 된다.
- 최저가격이 8,000으로 정해지면 공급량은 6,000이 되며 수요량은 2,000이 된다.
- 거래는 수요량 2,000에서 결정되므로 초과공급은 4,000이 된다.
- 따라서 최저가격 설정으로 인하여 거래량은 2,000감소하고 초과공급은 4,000이 된다.

답 ②

04 | 최저임금제

01 보험계리사 **2021**

노동수요는 $E^D = 1,000 - 50w$ 이고 노동공급은 $E^S = 100w - 800$ 이다. 최저임금을 16으로 설정할 경우에 발생하는 경제적 순손실은 얼마인가? (단, w 는 임금이다)

① 200

② 400

③ 600

④ 1,400

∥해설∥

노동수요와 노동공급을 연립하면

$1,000 - 50w = 100w - 800$

$\therefore w = 12$

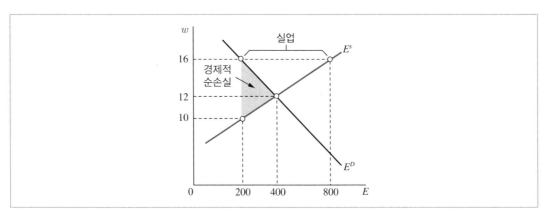

- $w = 12$ 를 노동수요 또는 노동공급에 대입하면 균형고용량은 400
- 최저임금 16을 노동수요에 대입하면 노동수요량은 200
- 노동공급량이 200일 때의 임금은 10

$\therefore$ 경제적 순손실 $= \dfrac{1}{2} \times (16-10) \times (400-200) = 600$

답 ③

다음은 어느 노동시장의 수요와 공급곡선을 나타낸다. 최저임금제를 실시할 경우 최저임금제를 실시하지 않을 경우에 비하여 노동자가 받는 총임금(Total wage)은 얼마나 변화하는가?

- 노동공급곡선 : $L_s = 100 + w$
- 노동수요곡선 : $L_d = 500 - w$
- 최저임금 : 300

(단, L_s, L_d, w는 각각 노동공급량, 노동수요량, 임금(Wage)을 나타낸다)

① 10,000 증가
② 10,000 감소
③ 변화 없음
④ 20,000 증가
⑤ 20,000 감소

┃해설┃

균형임금과 고용량을 구하기 위해 노동공급곡선 $L_s = 100 + w$과 노동수요곡선 $L_d = 500 - w$을 연립해 계산하면 $L = 300$, $w = 200$이다. 따라서 최저임금제 시행하기 전 노동자의 총임금 $L \times w = 60,000$이다. 최저임금제가 $w = 300$ 수준으로 시행되면 노동공급량은 400인데 비해 노동수요량은 200이므로 고용량은 200명으로 결정된다. 최저임금제 시행으로 인한 노동자의 총임금 $L \times w = 60,000$이므로 최저임금제 시행 전 후의 노동자의 총임금은 변화가 없다.

답 ③

최저임금에 관한 설명으로 옳지 않은 것은? (단, 노동공급곡선은 우상향, 노동수요곡선은 우하향)

① 최저임금은 시장균형임금 이상에서 설정되어야 실효성이 있다.
② 최저임금은 생산요소간 상대가격을 왜곡할 수 있다.
③ 노동수요의 임금탄력성이 작을수록 최저임금으로 인한 실업발생 효과가 커진다.
④ 노동공급의 임금탄력성이 작을수록 최저임금으로 인한 실업발생 효과가 작아진다.

┃해설┃

노동수요의 임금탄력성이 클수록 최저임금으로 인한 비자발적 실업발생 효과가 커진다.

① 최저임금은 정부가 일정한 최저임금을 설정하고, 그 이하로 임금을 지급하지 못하게 하는 것이다. 그러므로 최저임금이 시장균형임금 이하로 설정되면 최저임금제의 의미가 없다.
② 노동시장에 정부가 개입하여 임금을 설정하면, 시장의 균형으로 적용되는 가격이 왜곡된다.
④ 노동공급의 임금탄력성이 작을수록 노동공급량이 크게 변화하지 않으므로, 실업발생 효과가 작아진다.

답 ③

01 공인노무사 **2019**　　　　　　　　　　　　　　　　　　　☑ 확인 Check! ○ △ ✕

정부가 제품 1개당 10만큼의 종량세를 부과할 때 나타나는 현상에 관한 설명으로 옳지 않은 것은? (단, 수요곡선은 우하향하고 공급곡선은 우상향한다)

① 공급자에게 종량세를 부과하면 균형가격은 상승한다.

② 수요자에게 종량세를 부과하면 균형가격은 하락한다.

③ 종량세를 공급자에게 부과하든 수요자에게 부과하든 정부의 조세수입은 같다.

④ 종량세를 공급자에게 부과하든 수요자에게 부과하든 경제적 순손실(Deadweight loss)은 같다.

⑤ 수요의 가격탄력성이 공급의 가격탄력성보다 클 경우 공급자보다 수요자의 조세부담이 크다.

┃해설┃

종량세가 수요자나 공급자 누구에게 부과되어도 동일한 조세수입을 가져오지만, 누가 더 많은 조세를 부과하는지는 수요와 공급의 탄력성에 의해 결정된다. 보기에서 수요자의 가격탄력성이 더 크다고 하였으므로, 공급자가 더 많은 조세를 부담한다. 상대적으로 가격탄력성이 낮은 쪽의 조세부담이 커지는 것은 조세부과로 인한 가격상승에도 수요량의 감소가 적기 때문이다.

① 종량세를 공급자에게 부과하면 공급곡선이 10원만큼 상방으로 이동하므로, 균형가격은 상승한다.

② 종량세를 수요자에게 부과하면 수요곡선이 10원만큼 하방으로 이동하므로, 균형가격은 하락한다.

③ 종량세가 공급자에게 부과되든, 수요자에게 부과되든 균형가격의 변화만 있을 뿐, 정부의 조세수입은 동일하다.

④ 정부의 수입이 동일하므로, 경제적 순손실도 동일하다.

답 ⑤

수요곡선은 $Q^D = 400 - 2P$이고 공급곡선은 $Q^S = 100 + 3P$이다. 종량세를 소비자에게 부과하여 발생한 사회적 후생손실(Deadweight Loss)이 135라면, 부과한 종량세의 크기는 얼마인가?

① 15

② 32

③ 44

④ 50

▌해설▐

종량세 부과전 균형가격과 균형거래량을 구하면

$400 - 2P = 100 + 3P,$ ∴ $P = 60,$ $Q = 280$

• 종량세 부과전 수요곡선 : $P = 200 - \dfrac{1}{2}Q$

• 단위당 조세 T 부과에 따른 수요곡선 : $P = (200 - T) - \dfrac{1}{2}Q$

단위당 조세 T 부과에 따른 수요곡선과 공급곡선을 연립하면

$400 - 2T - 2P = 100 + 3P$

$5P = 300 - 2T,$ ∴ $P = 60 - \dfrac{2}{5}T$

위에서 구한 가격을 단위당 조세 T 부과에 따른 수요곡선에 대입하면

$60 - \dfrac{2}{5}T = (200 - T) - \dfrac{1}{2}Q,$ ∴ $Q = 280 - \dfrac{2}{5}T$

종량세 부과 전과 후를 그래프로 그려보면 다음과 같다.

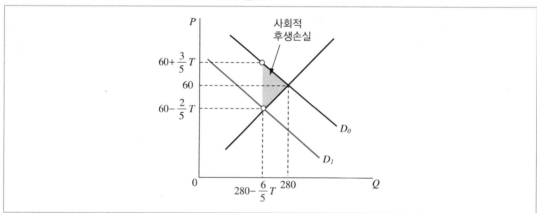

사회적 후생손실(Deadweight Loss) $= \dfrac{1}{2} \times T \times \dfrac{6}{5}T = \dfrac{3}{5}T^2 = 135,$ ∴ $T = 15$

답 ①

어느 완전경쟁시장에서 수요 및 공급곡선이 모두 직선이며 공급곡선은 원점을 지난다. 이 시장에 정부가 단위당 t의 종량세를 공급자에게 부과하자 소비자 가격이 단위당 $0.6t$만큼 상승하였다. 종량세 부과와 관련된 다음 설명 중 옳은 것을 모두 고르면? (단, 수요의 가격탄력성은 절댓값을 기준으로 하며, $t > 0$이다)

> 가. 종량세 부과 이전의 균형점에서 수요는 가격에 비탄력적이다.
> 나. 종량세 부과 이전의 균형점에서 공급의 가격탄력성은 1보다 크다.
> 다. 종량세 부과 이후 새로운 균형점에서의 수요의 가격탄력성은 종량세 부과 이전의 균형점에서의 수요의 가격
>   탄력성보다 크다.

① 가   ② 나
③ 다   ④ 가, 나
⑤ 가, 다

▌해설▐

가. (○) 공급곡선이 원점을 통과하는 직선이므로 공급의 가격탄력성은 1이다. 그런데 조세 부과후 소비자에 전가되는 부분이 더 많으므로 수요의 가격탄력성은 공급의 가격탄력성에 비해 작다. 따라서 수요는 가격에 비탄력적이다.
나. (✕) 원점을 통과하는 공급곡선의 공급탄력성은 1이다.
다. (○) 직선형태의 수요곡선에서 가격탄력성은 좌상방으로 갈수록 더 탄력적이 되므로 종량세 부과 이후의 가격탄력성이 더 크다.

답 ⑤

다음 그림은 세금이 부과되기 전의 X재와 Y재 시장을 나타낸 것이다. 두 시장에 각각 단위당 2원이 생산자에게 부과되었을 때, 다음 설명 중 옳은 것은?

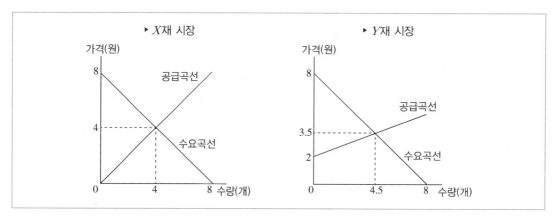

① 조세수입은 X재 시장이 Y재 시장보다 많다.
② 소비자잉여는 X재 시장이 Y재 시장보다 작다.
③ 생산자잉여는 X재 시장이 Y재 시장보다 작다.
④ 경제적 순손실(Deadweight loss)은 X재 시장이 Y재 시장보다 작다.
⑤ X재 시장과 Y재 시장 모두 소비자와 생산자에게 귀착되는 조세 부담의 크기는 동일하다.

┃해설┃

Y재 시장이 상대적으로 더 탄력적이므로 Y재 시장의 경제적 순손실이 더 크다.
① Y재 시장의 공급곡선은 탄력적이다. 단위당 조세가 부과된다면 공급탄력성이 낮은 X재 시장보다 Y재 시장에 높은 가격을 부과할 것이다. 그러므로 Y재 시장의 조세수입이 많을 것이다.
② X재 시장의 소비자잉여는 $4 \times 4 \times 0.5 = 8$, Y재 시장의 소비자잉여는 $4.5 \times 4.5 \times 0.5 = 10.125$이다.
③ X재 시장의 생산자잉여는 $4 \times 4 \times 0.5 = 8$, Y재 시장의 생산자잉여는 $4.5 \times 1.5 \times 0.5 = 3.375$이다.
⑤ 조세부과에 대한 부담의 크기는 수요와 공급의 탄력성으로 결정된다. X재 시장에서는 생산자, 소비자가 절반씩 조세를 부담하지만 Y재 시장에서는 공급곡선이 탄력적이므로 생산자보다 소비자에게 조세부담이 더 많이 부과된다.

핵심체크	조세의 상대적 부담
$$\frac{\text{수요의 가격탄력성}}{\text{공급의 가격탄력성}} = \frac{\text{생산자 부담}}{\text{소비자 부담}}$$	

답 ④

X재에 부과되던 물품세가 단위당 t에서 $2t$로 증가하였다. X재에 대한 수요 곡선은 우하향하는 직선이며, 공급곡선은 수평일 때 설명으로 옳은 것은?

① 조세수입이 2배 증가한다.

② 조세수입이 2배보다 더 증가한다.

③ 자중손실(Deadweight loss)의 크기가 2배 증가한다.

④ 자중손실의 크기가 2배보다 더 증가한다.

⑤ 새로운 균형에서 수요의 가격탄력성은 작아진다.

┃**해설**┃

단위당 조세액이 2배가 되면 자중손실은 2배 이상으로 커진다(조세부과로 인한 자중손실은 세율의 제곱에 비례해 증가하는 특성이 있다. 세율이 두 배 증가하면 자중손실은 네 배 늘어나는 식이다).

① · ② X재에 단위당 물품세가 2배가 되면, 거래량이 이전보다 감소하므로 정부의 조세수입은 2배보다 적게 증가한다. 물품세액이 증가하면서 기존의 조세수입이었던 b가 자중손실로 제외되고, a가 추가로 자중손실이 되기 때문이다.

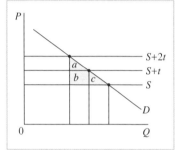

③ 단위당 조세액이 2배가 되면 자중손실은 2배 이상으로 커진다.

⑤ 새로운 균형에서의 수요의 가격탄력성은 동일하다. 공급곡선이 완전수평인 상태로 2배만큼 그대로 상방 이동했을 뿐, 수요곡선은 기울기 변화가 없기 때문이다.

答 ④

어느 재화에 대한 시장수요함수는 $Q_D = 1,400 - 120P$이며, 시장공급함수는 $Q_S = -400 + 200P(Q_D$는 수요량, Q_S는 공급량, P는 가격)이다. 이 재화에 대해 정부가 공급자들에게 10%의 판매세를 부과함에 따라 공급자들은 시장에서 받은 판매수입의 10%를 정부에 납부해야 한다고 하자. 다음 설명 중 옳지 않은 것은?

① 세금부과 전 균형에서 시장가격은 $5\frac{5}{8}$, 거래량은 725이다.

② 세금부과로 이 시장의 공급곡선은 상향 이동하나, 기존의 공급곡선과 평행하지는 않다.

③ 공급자가 정부에 세금을 납부한 후 받는 가격은 하락한다.

④ 세금이 부과될 때 균형 거래량은 680이다.

⑤ 소비자가 실질적으로 부담하는 단위당 세금은 공급자가 실질적으로 부담하는 단위당 세금보다 적다.

┃해설┃

조세의 부담은 가격탄력성의 상대적인 크기에 의해 결정된다. 공급곡선이 수요곡선보다 더 탄력적이므로 소비자에게 더 많은 조세를 부과한다.

① 시장의 균형은 수요곡선과 공급곡선이 교차하는 점에서 이루어진다.

　수요곡선 $Q_D = 1,400 - 120P$와 공급곡선 $Q_S = -400 + 200P$를 연립하여 계산하면,

　$1,400 - 120P = -400 + 200P$이므로, 세금부과 전 균형가격은 $5\frac{5}{8} = 5.625$, 균형거래량은 725가 나온다.

② 판매세가 부과되기 때문에 상방으로 평행이동하지 않고, 회전하면서 상방으로 이동한다.

③·④ 조세부과 후의 공급곡선식은 $Q_S = -400 + 180P$이다. 바뀐 공급곡선에 수요곡선 $Q_D = 1,400 - 120P$를 연립해서 계산하면, 조세부과 후의 가격은 6이고, 거래량은 680이 나온다. 따라서 공급자가 세금을 납부한 후 받는 가격은 $6 - (6 \times 0.1) = 5.4$로 조세부과 전보다 하락하였다.

답 ⑤

07 보험계리사 2018

☑ 확인Check! ○ △ ×

A재화에 종가세를 부과할 경우 다음의 조세부담과 관련된 내용 중 옳은 것을 모두 고르면?

> 가. 수요곡선이 공급곡선보다 더 비탄력적일 경우 소비자가 생산자보다 더 많이 부담
> 나. 공급곡선이 수평인 경우 생산자가 모두 부담
> 다. 수요곡선이 수직인 경우 소비자가 모두 부담

① 가
② 나
③ 가, 다
④ 나, 다

▮해설▮

가. (○) 수요와 공급의 탄력성에 의해서 조세부담의 크기가 결정된다. 수요곡선이 비탄력적이라고 하였으므로 소비자가 생산자보다 더 많이 부담한다.

나. (×) 공급곡선이 수평이라면 탄력성이 무한대라는 의미이므로, 소비자가 조세를 전액 부담한다.

다. (○) 수요곡선이 수직이라면 탄력성이 0이라는 의미이다. 따라서 소비자가 조세를 전액 부담한다.

답 ③

08 보험계리사 2018

☑ 확인Check! ○ △ ×

노동수요는 $L_d = 19,000 - w$, 노동공급은 $L_s = -4,000 + w$ 이고 정부가 근로시간당 $1,000$의 세금을 부과할 때, 근로자가 받을 세후 임금과 정부의 조세수입을 각각 순서대로 올바로 나열한 것은? (단, w는 시간당 임금)

① $11,000$; $7,000,000$
② $11,000$; $7,500,000$
③ $11,500$; $7,000,000$
④ $12,000$; $7,500,000$

▮해설▮

- 정부가 근로시간당 $1,000$의 세금을 부과하면 공급곡선이 상방이동한다.
- 공급곡선의 식을 w에 관해 정리하면, 세금을 부과하지 않을 경우에는 $w = 4,000 + L_s$인데, 세금을 부과할 때에는 $w = 5,000 + L_s$이다.
- 노동수요곡선과 세금을 부과할 경우의 노동공급곡선을 연립해서 풀면 $L = 7,000$, $w = 12,000$이다.
- $w = 12,000$에서 근로시간당 세금 $1,000$을 부과하면 세후 임금은 $w = 11,000$이 된다.
- 조세수입은 $1,000 \times 7,000 = 7,000,000$이 된다.

답 ①

01 보험계리사 **2020**   ☑ 확인Check! ○ △ ✕

X재의 수요함수는 $Q^d = 100 - P$이고, 공급함수는 $Q^s = P$이다. 소비자에게 단위당 10의 세금이 부과될 경우 소비자에게 귀착되는 세금의 총액은? (단, P는 가격이다)

① 225   ② 250

③ 450   ④ 500

❙해설❙

- X재 수요함수 $Q^d = 100 - P$와 공급함수 $Q^s = P$를 연립해서 풀면 수량은 50, 가격은 50이 된다.
- 수량 50, 가격 50에서의 수요의 가격탄력성과 공급의 가격탄력성은 모두 1이다.
- 수요의 가격탄력성과 공급의 가격탄력성의 크기가 동일하므로 소비자와 공급자 각각 단위당 5의 세금의 귀착이 발생한다.
- 소비자에게 단위당 10의 세금이 부과되면 수요함수는 $Q^d = 100 - P$에서 $Q^d = 90 - P$로 변경된다. 변경된 수요함수 $Q^d = 90 - P$와 공급함수 $Q^s = P$를 연립해서 풀면 수량은 45, 가격은 45가 된다.
- 소비자에게 귀착되는 세금 $= 5 \times 45 = 225$

답 ①

02 보험계리사 **2017**   ☑ 확인Check! ○ △ ✕

아파트의 수요곡선은 우하향하지만 공급곡선이 완전비탄력적이다. 아파트 매도자에게 부과하는 양도소득 세액을 20% 인상한다고 할 때, 이로 인한 조세부담에 관한 설명으로 옳은 것은?

① 매입자와 매도자가 인상분을 반씩 부담한다.

② 매도자가 인상분의 반을 부담하고 매입자는 부담이 없다.

③ 매도자가 인상분 모두를 부담한다.

④ 매입자와 매도자 모두 추가적 조세부담이 없다.

❙해설❙

공급곡선 완전비탄력적이라면 양도세액은 공급자 즉, 매도자가 모두 부담한다.

답 ③

☑ 확인Check! ○ △ ✕

수요의 가격탄력성이 0이면서 공급곡선은 우상향하고 있는 재화에 대해 조세가 부과될 경우, 조세부담의 귀착에 관한 설명으로 옳은 것은?

① 조세부담은 모두 소비자에게 귀착된다.

② 조세부담은 모두 판매자에게 귀착된다.

③ 조세부담은 양측에 귀착되지만 소비자에게 더 귀착된다.

④ 조세부담은 양측에 귀착되지만 판매자에게 더 귀착된다.

⑤ 조세부담은 소비자와 판매자에게 똑같이 귀착된다.

❚해설❚

문제에서 수요가 완전비탄력적이라고 주어졌으므로 조세부담은 모두 소비자에게 귀착된다.

 답 ①

☑ 확인Check! ○ △ ✕

아프리카의 어떤 부족마을에서 거래되는 향료의 수요곡선은 $P = 110 - Q$, 공급곡선은 $P = 20 + 0.5Q$이다. P는 향료의 가격, Q는 향료의 수량을 나타내며 이 마을의 화폐단위는 "카추"이다. 부족의 족장이 향료에 단위당 3카추의 세금을 부과하는 경우의 세금부담에 관한 설명으로 옳은 것은?

① 족장의 조세수입 중 소비자가 부담하는 몫이 공급자가 부담하는 몫보다 크다.

② 족장의 조세수입 중 공급자가 부담하는 몫이 소비자가 부담하는 몫보다 크다.

③ 소비자와 공급자가 절반씩 부담한다.

④ 소비자가 족장의 조세수입 전액을 부담한다.

❚해설❚

조세의 상대적 부담은 수요곡선 공급곡선의 탄력성으로 결정된다. 소비자 수요곡선의 기울기가 1이고 공급곡선의 기울기가 0.5이다. 따라서 공급곡선의 탄력성이 2배 더 크다. 단위당 조세가 부과되어도 그대로 상방으로 평행이동하므로 기울기의 변화, 즉 탄력성은 그대로이다. 따라서 수요의 탄력성이 더 작으므로 소비자가 더 많은 세금을 부담한다.

 답 ①

정부는 물가급등에 따른 소비자 부담을 줄여주기 위해 X재에 부과하는 물품세를 단위당 100원만큼 인하하였다. 이에 관한 설명으로 옳은 것은? (단, X재의 수요곡선은 우하향하고 공급곡선은 우상향한다)

① 소비자의 부담은 100원만큼 줄어든다.

② 조세 인하 혜택의 일정 부분은 생산자에게 귀착된다.

③ 조세 인하로 인해 X재 가격은 하락하지만, 소비량은 영향을 받지 않는다.

④ 조세 인하로 인해 후생손실이 늘어난다.

⑤ X재에 부과되는 물품세는 중립세여서 경제주체들에게 아무런 영향을 주지 않는다.

┃해설┃

① 소비자의 부담이 100원만큼 줄어들기 위해서는 수요의 가격탄력성이 완전탄력적이어야 한다. 하지만 수요곡선이 우하향 형태로 수요의 가격탄력성이 완전탄력적이라 할 수 없으므로 소비자의 부담은 100원보다 적게 줄어든다.

③ 조세 인하로 인한 X재 가격 하락으로 소비량은 증가한다.

④ 조세 인하로 인해 후생손실은 감소한다.

⑤ 물품세는 중립세가 아니다.

핵심체크	중립세

중립세는 민간부분의 의사결정에 영향을 미치지 않기 때문에 초과부담을 유발하지 않는 조세로, 현실에서 중립세에 가장 근접한 조세는 인두세라고 할 수 있으나 완벽한 중립세는 존재하지 않는다.

답 ②

01 공인노무사 2018

☑ 확인Check! ○ △ ✕

우유의 수요곡선은 $Q_d = 100 - P$, 공급곡선은 $Q_s = P$이다. 정부가 우유 소비를 늘리기 위해 소비자에게 개당 2의 보조금을 지급할 때, 다음 설명으로 옳은 것은? (단, P는 가격, Q_d는 수요량, Q_s는 공급량이다)

① 정부의 보조금 지급액은 101이다.

② 보조금 지급 후 판매량은 52이다.

③ 보조금의 수혜규모는 소비자가 생산자보다 크다.

④ 보조금으로 인한 경제적 순손실(Deadweight loss)은 1이다.

⑤ 보조금 지급 후 소비자가 실질적으로 부담하는 우유 가격은 50이다.

┃해설┃

• 두 식을 연립하면 $100 - P = P$ → $100 = 2P$ 보조금 지급 전의 가격과 공급량은 50, 50이다.

• 보조금을 지급한다면 $100 - P + 2 = P$ → $102 = 2P$ 보조금 지급 후 가격과 공급량은 51, 51이다.

• 보조금 지급 후 소비자가 실제로 부담하는 가격은 $51 - 2 = 49$이다.

경제적 순손실은 $2 \times 1 \times \dfrac{1}{2} = 1$이다.

① 보조금 지급액은 $51 \times 2 = 102$이다.

② 보조금 지급 후 판매량은 51이다.

③ 보조금의 수혜규모는 $50.5(= 50 + 0.5)$으로 동일하다.

⑤ 보조금 지급 후 소비자가 실질적으로 부담하는 우유 가격은 49이다.

답 ④

소득 1,200만원으로 X재와 Y재만을 소비하는 소비자가 있다. 이 소비자의 효용함수는 $U(X, Y) = \sqrt{XY}$ 이고, 각 재화의 가격은 각각 1만원이다. 정부는 이 소비자의 생계를 보조하기 위해 다음 세 가지 지원정책을 계획하고 있다. 이 소비자가 선호하는 지원정책 순서는? (단, > 는 소비자가 부호의 왼쪽에 있는 정책을 부호의 오른쪽에 있는 것보다 더 선호하고 있다는 의미이며, ~ 는 소비자가 두 정책 사이에 무차별하다는 의미이다)

가. 300만원의 현금을 보조하는 경우
나. 300만원어치 X재를 현물로 보조하는 경우
다. 30만원어치 X재를 15만원에 구입할 수 있는 쿠폰을 20매 제공하는 경우

① 가~나~다
② 가>나>다
③ 가~나>다
④ 다~나>가
⑤ 다>나>가

┃해설┃

X재와 Y재의 수요함수가 $\frac{1}{2} \times M$으로 동일하므로 효용극대화 점에서 X재와 Y재의 수요량은 600개로 동일하며, 따라서 보조가 이루어지기 전 이 소비자의 효용은 600이다.

가. X재와 Y재의 수요량이 $\frac{1}{2} \times (1,200 + 300) = 750$으로 동일하며, 보조가 이루어진 후 이 소비자의 효용은 750이다.

나. X재의 경우는 보조받은 300개에 더해 450개를 추가로 수요하게 되어 총 750개를 소비하게 되며 남은 금액으로 모두 Y재를 구입하므로 Y재의 소비액은 750개가 된다. 따라서 이때의 소비자의 효용은 750이다.

다. 받은 쿠폰으로 X재 300만원어치인 600개를 구입하게 되며, 남은 금액으로 X재를 150개, Y재를 750개 추가로 구입하게 된다. 따라서 이때의 소비자의 효용은 750이다.

∴ 가~나~다

답 ①

01 보험계리사 **2019**   ☑ 확인 Check! ○ △ ✕

X재의 가격은 P, 수요곡선은 $Q_d = 1,000 - P$, 공급곡선은 $Q_s = P$이다. 소비자에게 개당 100의 세금을 부과했다. 세금으로 인한 경제적 순손실(Deadweight loss)은?

① 2,000

② 2,500

③ 3,000

④ 3,500

┃해설┃

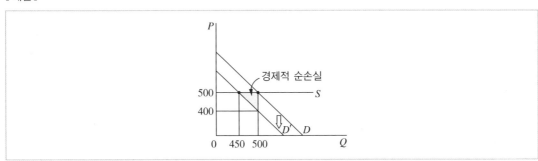

- 세금부과 전의 균형가격과 거래량은 수요곡선 $Q_d = 1,000 - P$과 공급곡선 $Q_s = P$이 교차하는 점에서 이루어지므로, 두 식을 연립해서 계산하면 균형가격은 500, 거래량도 500이 계산된다.
- 소비자에게 100의 세금을 부과하면 소비자의 수요곡선이 100만큼 하방으로 이동한다.
- 수요곡선이 $Q_d = 900 - P$로 바뀌므로 균형거래량은 450으로 줄어든다.
- 경제적 순손실은 $100 \times 50 \times \dfrac{1}{2} = 2,500$이다.

답 ②

PART 1

미시경제학

02 공인회계사 2023

확인 Check! ○ △ ✕

X재 시장의 수요함수와 공급함수가 각각 다음과 같다.

- $Q_D = 150 - \dfrac{5}{3}P$
- $Q_S = -50 + P$

소비자가 X재를 구매하기 위해 지출한 금액의 10%를 정부가 소비자에게 보조금으로 지급한다고 할 때, 자중손실(deadweight loss)의 크기는? (단, Q_D, Q_S, P는 각각 수요량, 공급량, 가격을 나타낸다)

① 20 ② 24
③ 35 ④ 40
⑤ 42

┃해설┃

먼저 최초의 균형점을 구하면 $150 - \dfrac{5}{3}P = -50 + P$에서 $P = 75$를 구할 수 있으며, 이를 공급곡선식에 대입하면 $Q = 25$임을 알 수 있다. 문제에서 지출한 금액의 10%를 소비자에게 보조금으로 지급한다고 하였으므로 수요곡선이 $150 - 1.5P$로 바뀌게 되며 이 식과 기존의 공급곡선식을 통해 변화후의 P는 80, Q는 30임을 알 수 있다. 이를 이용해 자중손실을 구하면 $\dfrac{1}{2} \times 8 \times 5 = 20$이다.

답 ①

03 감정평가사 2016

확인 Check! ○ △ ✕

X재의 시장수요함수와 시장공급함수가 각각 $Q_D = 3,600 - 20P$, $Q_S = 300$이다. 정부가 X재 한 단위당 100원의 세금을 소비자에게 부과할 때 자중손실(Deadweight loss)은? (단, Q_D는 수요량, Q_S는 공급량, P는 가격이다)

① 0원 ② 10,000원
③ 20,000원 ④ 30,000원
⑤ 40,000원

┃해설┃

공급이 완전비탄력적이기 때문에 조세가 부과되더라도 재화가격이 전혀 변하지 않으므로, 소비자에게 전혀 조세전가가 이루어지지 않는다. 이런 경우 조세는 모두 생산자가 부담하고, 자중손실은 발생하지 않는다.

답 ①

70 공인회계사 1차 객관식 경제원론

05 | 한계효용이론

01 | 한계효용균등의 법칙

구 분	예산제약식	한계대체율(MRS_{XY})
정 의	주어진 소득으로 구입한 재화의 구입량	무차별곡선의 기울기
표 현	$P_X X + P_Y Y = M \rightarrow Y = -\dfrac{P_X}{P_Y}X + \dfrac{M}{P_Y}$	$-\dfrac{\triangle Y}{\triangle X} = \dfrac{MU_X}{MU_Y}$
의 미	기울기 $\dfrac{P_X}{P_Y}$는 X재와 Y재의 가격 비율로 시장에서 결정된 객관적 가치	$\dfrac{MU_X}{MU_Y}$는 소비자가 느끼는 X재와 Y재의 주관적 가치
소비자균형	소비자균형은 무차별곡선과 예산선이 접하는 점에서 결정	
한계효용균등의 법칙	$\dfrac{P_X}{P_Y} = \dfrac{MU_X}{MU_Y} \rightarrow \dfrac{MU_X}{P_X} = \dfrac{MU_Y}{P_Y}$	

02 | 수요곡선의 도출

- 소비자균형에서는 $\dfrac{MU_X}{P_X} = \dfrac{MU_Y}{P_Y} \rightarrow \dfrac{MU_X}{P_X} = \dfrac{MU_Y}{P_Y} = m$ (m : 한계효용)

- $\dfrac{MU_X}{P_X} = m \rightarrow X$재 수요곡선 : $P_X = \dfrac{1}{m}MU_X$

- $\dfrac{MU_Y}{P_Y} = m \rightarrow Y$재 수요곡선 : $P_Y = \dfrac{1}{m}MU_Y$

03 | 한계효용

정 의	• 재화소비량이 한 단위 증가할 때 추가적으로 증가하는 총효용의 증가분 • 총효용곡선의 기울기
특 징	• 소비량이 증가할 때 그 재화의 한계효용은 지속적으로 감소(한계효용체감의 법칙) • 한계효용>0 → 총효용 증가 • 한계효용<0 → 총효용 감소 • 한계효용=0 → 총효용 극대
총효용과의 관계 그래프	
한계효용 체감의 법칙	한계효용체감의 법칙은 재화의 소비량이 증가함에 따라서 추가적인 소비로부터 얻게 되는 한계효용은 점점 감소한다는 법칙이다. 이는 한계효용곡선이 우하향함을 의미한다.

01 공인노무사 2021
☑ 확인 Check! ○ △ ✕

효용극대화를 추구하는 소비자 A의 효용함수가 $U=4X^{\frac{1}{2}}Y^{\frac{1}{2}}$일 때, 이에 관한 설명으로 옳지 않은 것은? (단, A는 모든 소득을 X재와 Y재의 소비에 지출한다. P_X와 P_Y는 각각 X재와 Y재의 가격, MU_X와 MU_Y는 각각 X재와 Y재의 한계효용이다)

① X재와 Y재는 모두 정상재이다.

② $P_X = 2P_Y$일 때, 최적 소비조합점에서 $MU_X = 0.5MU_Y$를 충족한다.

③ $P_X = 2P_Y$일 때, 최적 소비조합점은 $Y = 2X$의 관계식을 충족한다.

④ 한계대체율은 체감한다.

⑤ Y재 가격이 상승하여도 X재 소비는 불변이다.

┃해설┃

- $\dfrac{MU_X}{P_X} = \dfrac{MU_Y}{P_Y}$ (한계효용균등의 법칙)

②·③ $P_X = 2P_Y$인 경우

- $MU_X = \dfrac{dU}{dX} = 2\sqrt{\dfrac{Y}{X}}$, $MU_Y = \dfrac{dU}{dY} = 2\sqrt{\dfrac{X}{Y}}$

- $\dfrac{2\sqrt{\dfrac{Y}{X}}}{P_X} = \dfrac{2\sqrt{\dfrac{X}{Y}}}{P_Y}$ → $\dfrac{2\sqrt{\dfrac{Y}{X}}}{2P_Y} = \dfrac{2\sqrt{\dfrac{X}{Y}}}{P_Y}$ → $\sqrt{\dfrac{Y}{X}} = 2\sqrt{\dfrac{X}{Y}}$, $\therefore Y = 2X$

- $MU_X = 2\sqrt{\dfrac{Y}{X}} = 2\sqrt{\dfrac{2X}{X}} = 2\sqrt{2}$, $MU_Y = 2\sqrt{\dfrac{X}{Y}} = 2\sqrt{\dfrac{X}{2X}} = \sqrt{2}$, $\therefore MU_X = 2MU_Y$

① X재의 소비가 증가할수록 X재의 한계효용이 감소하고, Y재의 소비가 증가할수록 Y재의 한계효용이 감소하므로, X재와 Y재 모두 정상재이다.

④ $MRS_{XY} = \dfrac{MU_X}{MU_Y} = \dfrac{Y}{X}$ 이므로 동일한 효용을 유지하면서 X재 소비 증가로 Y재 소비가 감소하기 때문에 한계대체율이 체감함을 알 수 있다.

⑤ 콥-더글라스 효용함수의 경우 X재와 Y재 간의 교차탄력성은 0이므로, Y재의 가격변화는 X재의 소비에 영향을 미치지 않는다.

답 ②

PART 1

미시경제학

02 보험계리사 2019

☑ 확인 Check! ○ △ ✕

소비자 갑은 X재와 Y재만을 소비하여 예산 범위 내에서 효용을 극대화하였다. 이때 X재의 가격은 10원, Y재의 가격은 2원, 예산은 50원, X재의 한계효용은 100, Y재의 한계효용은 20이다. 예산 1원이 추가적으로 증가할 때, 소비자 갑의 효용 증가분은?

① 5   ② 10

③ 20   ④ 500

┃해설┃

재화 1원당 한계효용을 구해보면

$\dfrac{MU_X}{P_X} = \dfrac{100}{10} = 10$, $\dfrac{MU_Y}{P_Y} = \dfrac{20}{2} = 10$ 으로 X재와 Y재 모두 동일하게 10으로 같다.

따라서 예산 1원 증가시 소비자의 효용 증가분은 10이 된다.

답 ②

03 공인노무사 2017

☑ 확인 Check! ○ △ ✕

주어진 예산으로 효용극대화를 추구하는 어떤 사람이 일정 기간에 두 재화 X와 Y만 소비한다고 하자. X의 가격은 200원이고, 그가 얻는 한계효용이 600이 되는 수량까지 X를 소비한다. 아래 표는 Y의 가격이 300원일 때 그가 소비하는 Y의 수량과 한계효용 사이의 관계를 보여준다. 효용이 극대화되는 Y의 소비량은?

Y의 수량	1개	2개	3개	4개	5개
한계효용	2,600	1,900	1,300	900	800

① 1개   ② 2개

③ 3개   ④ 4개

⑤ 5개

┃해설┃

- 효용극대화 조건 : $\dfrac{MU_X}{P_X} = \dfrac{MU_Y}{P_Y}$

- P_X는 200, MU_X는 600, $\dfrac{MU_X}{P_X} = 3$이고, P_Y가 300이므로 MU_Y는 900이 나와야 한다.

답 ④

74 공인회계사 1차 객관식 경제원론

현재 소비자 甲은 주어진 소득 3,000원을 모두 사용하여 가격이 60원인 X재 20단위와 가격이 100원인 Y재 18단위를 소비하려고 한다. 이때 X재와 Y재의 한계효용이 각각 20으로 동일하다면 효용극대화를 위한 甲의 선택으로 옳은 것은? (단, 소비자 甲의 X재와 Y재에 대한 무차별곡선은 우하향하고 원점에 대하여 볼록하다)

① 현재 계획하고 있는 소비조합을 선택한다.

② X재 18단위와 Y재 18단위를 소비한다.

③ X재 20단위와 Y재 20단위를 소비한다.

④ X재의 소비량은 감소시키고 Y재의 소비량은 증가시켜야 한다.

⑤ X재의 소비량은 증가시키고 Y재의 소비량은 감소시켜야 한다.

┃해설┃

• 예산식 : $M = P_X \times X + P_Y \times Y = 60 \times 20 + 100 \times 18 = 3,000$, $MU_X = MU_Y = 20$

• 효용극대화를 위해서라면 한계효용균등의 법칙 $\dfrac{MU_X}{P_X} = \dfrac{MU_Y}{P_Y}$ 가 성립해야 한다.

• 그런데 주어진 값을 넣어보면 $\dfrac{MU_X}{P_X}\left(=\dfrac{1}{3}\right) > \dfrac{MU_Y}{P_Y}\left(=\dfrac{1}{5}\right)$ 로 X재를 소비했을 때의 단위당 효용이 Y재를 소비했을 때의 단위당 효용보다 크므로, X재의 소비량을 늘리고 Y재 소비량을 감소시켜 효용극대화 조건을 만족시켜야 한다.

탑 ⑤

05 공인노무사 2016 ☑ 확인Check! ○ △ ✕

소비자 A의 효용함수는 $U = X \times Y$이고, X재, Y재 가격은 모두 10이며, A의 소득은 200이다. 소비자 A의 효용을 극대화하는 X재, Y재의 소비조합은? (단, $X > 0$, $Y > 0$이다)

① 8, 12

② 9, 11

③ 10, 10

④ 10, 20

⑤ 20, 10

┃해설┃

- 소비자 효용의 극대화(= 한계효용균등의 법칙) : $\dfrac{MU_X}{P_X} = \dfrac{MU_Y}{P_Y}$인데 P_X와 P_Y가 10으로 동일하므로, MU_X와 MU_Y도 동일하다.

- 한편 $MU_X = \dfrac{dU}{dX} = Y$이고, $MU_Y = \dfrac{dU}{dY} = X$인데 서로 동일하므로 $X = Y$이다.

- 예산제약식 : $P_X \cdot X + P_Y \cdot Y = M \rightarrow 10X + 10Y = 200$, X재와 Y재의 수량이 서로 동일하다.

답 ③

---

06 감정평가사 2015 ☑ 확인Check! ○ △ ✕

甲의 효용함수는 $U(x, y) = xy$이고, X재와 Y재의 가격이 각각 1과 2이며, 甲의 소득은 100이다. 예산제약 하에서 甲의 효용을 극대화시키는 X와 Y재의 소비량은? (단, 甲은 X재와 Y재만 소비하고 x는 X재의 소비량, y는 Y재의 소비량이다)

① $x = 20$, $y = 40$

② $x = 30$, $y = 35$

③ $x = 40$, $y = 30$

④ $x = 50$, $y = 25$

⑤ $x = 60$, $y = 20$

┃해설┃

- 甲의 효용이 극대화되기 위한 조건 : $\dfrac{MU_X}{P_X} = \dfrac{MU_Y}{P_Y}$

- $MU_X = \dfrac{dU}{dX} = y$, $MU_Y = \dfrac{dU}{dY} = x$, $P_X = 1$, $P_Y = 2 \rightarrow \dfrac{MU_X}{P_X} = \dfrac{MU_Y}{P_Y} \rightarrow y = \dfrac{x}{2} \rightarrow x = 2y$

- 예산식 : $M = P_X \times x + P_Y \times y \rightarrow 2y + 2y = 100 \rightarrow 4y = 100 \rightarrow y = 25$

- x, y가 각각 50, 25가 산출된다.

답 ④

01 공인노무사 2015

☑ 확인Check! ○ △ ✕

X재와 Y재에 대한 효용함수가 $U = \min(X, Y)$인 소비자가 있다. 소득이 100이고 Y재의 가격(P_Y)이 10일 때, 이 소비자가 효용극대화를 추구한다면 X재의 수요함수는? (단, P_X는 X재의 가격임)

① $X = 10 + 100/P_X$

② $X = 100/(P_X + 10)$

③ $X = 100/P_X$

④ $X = 50/(P_X + 10)$

⑤ $X = 10/P_X$

▌해설▐

• 소비자 효용극대화를 위한 소비자균형에서는 효용함수가 $U = \min(X, Y)$이라면 소비자는 X재와 Y재를 1:1로 소비할 것이므로 $X = Y$가 성립한다.

• 이를 예산식 $P_X \times X + P_Y \times Y = M \rightarrow X(P_X + P_Y) = M$에 대입한다.

• $X = \dfrac{M}{P_X + P_Y} \rightarrow X = \dfrac{100}{P_X + 10}$

답 ②

02 감정평가사 2020

☑ 확인Check! ○ △ ✕

효용을 극대화하는 甲의 효용함수는 $U(x, y) = xy$이고, 甲의 소득은 96이다. X재 가격이 12, Y재 가격이 1이다. X재 가격만 3으로 하락할 때, (ㄱ) X재의 소비 변화와 (ㄴ) Y재의 소비 변화는? (단, x는 X재 소비량, y는 Y재 소비량)

	ㄱ	ㄴ
①	증 가	증 가
②	증 가	불 변
③	증 가	감 소
④	감 소	불 변
⑤	감 소	증 가

▌해설▐

효용을 극대화하는 甲의 효용함수 $U(x, y) = xy$는 콥–더글라스 효용함수로 각 재화에 대한 지출액이 일정하게 유지된다. 따라서 X재 가격이 하락하게 되면 X재 소비는 증가하지만 Y재 소비는 변화하지 않는다.

답 ②

소득 m으로 두 재화를 소비하는 한 소비자의 효용함수는 $u(x,\ y) = \min(x,\ y)$이다. (단, $0 < m < \infty$) y재의 가격은 1로 고정되어 있을 때, x재의 수요곡선에 대한 설명 중 옳은 것은?

> 가. 45° 선을 기준으로 대칭이다.
> 나. 모든 점에서 연속이다.
> 다. 가격탄력성이 무한인 점이 존재한다.
> 라. 우하향한다.

① 가, 나   ② 가, 다
③ 나, 다   ④ 나, 라
⑤ 다, 라

┃해설┃

나 · 라. (○) 효용함수가 $u(x,\ y) = \min(x,\ y)$이면 균형에서 $x = y$이고, 예산선이 $P_x \times x + P_y \times y = M$이므로 예산선은 다시 $P_x \times x + P_y \times x = M$으로 정리된다. 따라서 수요함수는 $x = \dfrac{M}{P_x + P_y}$이다. 그러므로 수요곡선은 모든 점에서 연속인 우하향하는 곡선의 형태로 그려진다.

가. (✕) 효용함수가 $u(x,\ y) = \min(x,\ y)$이므로, 효용함수가 아니고 무차별곡선이 45° 선을 기준으로 대칭하는 L자 형태가 도출된다.

다. (✕) 수요곡선이 우하향하는 곡선의 형태이므로, 수요의 가격탄력성이 무한인 점은 존재하지 않는다. 수요의 가격탄력성이 무한대가 되려면, 수요곡선이 수평선의 형태가 되어야 한다.

답 ④

01 보험계리사 2021

☑ 확인Check! ○ △ ✕

이윤을 극대화하는 甲은 동네에서 사진관을 독점적으로 운영하고 있다. 사진을 찍으려는 수요자 8명, $A \sim H$ 의 유보가격은 다음과 같으며 사진의 제작비용은 1명당 12로 일정하다. 다음 중 옳지 않은 것은? (단, 甲은 단일가격을 책정한다)

수요자	유보가격	수요자	유보가격
A	50	E	34
B	46	F	30
C	42	G	26
D	38	H	22

① 甲은 5명까지 사진을 제작한다.
② 8명의 사진을 제작하는 것이 사회적으로 최적이다.
③ 이윤을 극대화하기 위해 甲이 책정하는 가격은 34이다.
④ 甲이 이윤을 극대화할 때 소비자잉여는 45이다.

┃해설┃

수요자	유보가격	총수입	한계수입
A	50	50	50
B	46	$46 \times 2 = 92$	42
C	42	$42 \times 3 = 126$	34
D	38	$38 \times 4 = 152$	26
E	34	$34 \times 5 = 170$	18
F	30	$30 \times 6 = 180$	10
G	26	$26 \times 7 = 182$	2
H	22	$22 \times 8 = 186$	-6

※ 유보가격 : 소비자가 재화를 소비할 때 얻는 한계편익
※ 가격은 단일가격으로 책정되므로 최종소비자의 유보가격에 의해 가격이 책정됨

사회적으로는 유보가격이 제작비용보다 모두 크기 때문에 8명의 사진을 제작하는 것이 최적이지만 甲은 한계수입이 제작비용보다 크게 되는 경우만 사진을 제작할 것이고, 5명 까지만 제작할 것이므로, 5번 소비자인 E의 유보가격이 최종가격이 된다.
가격이 34인 경우에 E까지의 소비자잉여를 구해보면
소비자잉여 $= (50-34) + (46-34) + (42-34) + (38-34) + (34-34) = 40$
따라서 甲이 이윤을 극대화할 때 소비자잉여는 40이다.

답 ④

두 재화만을 소비하는 소비자 T의 각 재화에 대한 한계효용은 항상 0보다 크다. 효용을 극대화하는 소비자 T의 최적소비에 관한 옳은 설명만을 〈보기〉에서 고른 것은?

가. 모든 소비점에서 한계대체율의 절댓값이 1로 동일할 때 가격이 싼 재화만을 소비한다.

나. 한 재화가 열등재라면 다른 재화의 소득탄력성은 1보다 크다.

다. 한 재화의 가격이 상승하고, 다른 재화의 가격이 하락한 후, 변화 이전의 최적소비묶음을 구입할 수 없다면, 이 소비자의 효용은 반드시 감소한다.

---

① 가

② 가, 나

③ 나, 다

④ 가, 나, 다

┃해설┃

가. (○) 모든 소비점에서 한계대체율이 1이라는 것은 무차별곡선의 기울기가 −1인 우하향의 직선임을 의미한다. 무차별곡선의 기울기가 −1인 우하향 직선이므로 두 재화의 가격을 비교해보고 가격이 싼 재화만을 소비하는 것이 최적의 소비이다.

나. (○) 가격이 하락하여 줄어든 열등재의 구입량 이상을 다른 재화로 구입해야 하므로 다른 재화의 소득탄력성은 1보다 크다.

다. (✕) 두 재화의 가격비율 변화로 예산선이 변화하므로 이전에는 선택할 수 없었던 영역이 가능할 수 있어서, 다른 묶음의 소비묶음을 선택했을 때 오히려 효용이 증가할 수도 있다.

답 ②

효용을 극대화하는 갑(甲)의 효용함수는 $U = C \times L$, 시간당 임금은 2만원이고, 주당 40시간을 일하거나 여가를 사용할 수 있다. 한편 정부는 근로자 한 명당 주당 32만원의 보조금을 주지만 근로소득의 20%를 소득세로 징수하는 제도를 시행 중이다. 이때 갑(甲)의 주당 근로시간은? (단, C는 상품에 지출하는 금액, L은 여가시간이다)

① 10   ② 24

③ 30   ④ 36

⑤ 40

┃해설┃

• 근무시간을 x라 할 경우 여가시간 : $40 - x$

• 상품에 지출하는 금액 : $[32만원 + \{(2만원 \times x) \times (1 - 0.2)\}]$

$$U = C \times L = [32만원 + \{(2만원 \times x) \times (1 - 0.2)\}] \times (40 - x) = -1.6만원x^2 + 32만원x + 1,280만원$$

효용의 극댓값을 구하기 위해 U를 x에 대하여 미분한 후 0이 되는 x를 구하면

$$\frac{dU}{dx} = -3.2만원x + 32만원 = 0$$

$$\therefore \ x = 10$$

답 ①

01 | 효용함수

구 분	선형함수	레온티에프함수	콥-더글라스함수
효용함수	$U = aX + bY$ 단, $a > 0$, $b > 0$	$U = \min(aX, bY)$ 단, $a > 0$, $b > 0$	$U = AX^{\alpha} Y^{\beta}$ 단, $\alpha > 0$, $\beta > 0$
구 분	완전대체재	완전보완재	일 반
무차별곡선	우하향 직선	L자	원점에 볼록한 곡선
MRS	일 정	0 또는 ∞	체 감
특 징	• 두 재화는 완전대체재 관계이므로 대체효과 $= \infty$ • $MRS_{XY} > \dfrac{P_X}{P_Y} \rightarrow X$재만 구매 • $MRS_{XY} < \dfrac{P_X}{P_Y} \rightarrow Y$재만 구매	• 두 재화는 완전보완재 관계이므로 대체효과 $= 0$ • 균형조건 $\quad U = aX = bY$	• α : X재 효용의 기여도 • β : Y재 효용의 기여도 • 교차탄력도$=0$(독립재 관계)

02 | 무차별곡선

정 의	소비자가 동일한 효용을 얻을 수 있는 재화의 조합을 나타내는 선
특 징	• 우하향의 곡선(단조성) • 원점에서 멀수록 더 높은 효용(단조성) • 단절되지 않은 곡선(연속성) • 교차하지 않음(이행성) • 원점에 대해 볼록한 형태(볼록성) • 서수적 효용이론

03 │ 한계대체율

정 의	동일한 효용수준을 유지하면서 X재 소비량을 한 단위 증가시키기 위해 감소시켜야 하는 Y재의 수량
표 현	$$MRS_{XY} = -\frac{\triangle Y}{\triangle X} = \frac{MU_X}{MU_Y} = \frac{P_X}{P_Y}$$
특 징	• 무차별곡선 접선의 기울기 • 주관적인 교환비율 • 원점에 대해 볼록한 형태(MRS_{XY}의 체감) • 한계대체율 체감의 법칙(소비한 재화의 상대적 가치가 감소)

04 │ 소비자균형

• 재화 1원당 한계효용이 균등하도록 재화의 소비량을 결정할 때 소비자의 총효용이 극대화

• 소비자균형 : (예산선 기울기)$\dfrac{P_X}{P_Y} =$ (무차별곡선 기울기)$MRS_{XY} = -\dfrac{\triangle Y}{\triangle X} = \dfrac{MU_X}{MU_Y}$

05 │ 가격효과

구 분	대체효과	소득효과
정 의	재화의 상대가격 변화가 수요에 미치는 효과	재화의 가격변화로 인한 실질소득의 변화가 수요에 미치는 효과
가격효과	대체효과+소득효과	
가격하락	재화의 성격과 무관 항상 수요증가	정상재는 수요증가, 열등재는 수요감소
기펜재	열등재의 일종. 재화 가격이 상승하면 수요가 증가하는 수요법칙을 위배하는 재화	

구 분	대체효과	보상수요곡선의 기울기	소득효과	가격효과	(마샬)수요곡선의 기울기
정상재	−	우하향	−	−	우하향
열등재	−	우하향	+	−	우하향
기펜재	−	우하향	+	+	우상향

06 | 가격소비곡선과 소득소비곡선

구 분	가격소비곡선	소득소비곡선
정 의	재화의 가격변화에 따른 소비자균형의 변화를 연결한 곡선(가격효과)	소득의 변화에 따른 소비자균형의 변화를 연결한 곡선(소득효과)
곡선형태결정요인	수요의 가격탄력성	수요의 소득탄력성

07 | 보상수요곡선

정 의	수요곡선에서 소득효과를 제거하고 대체효과만을 나타내는 수요곡선
특 징	• 소득효과가 없는 수요곡선은 보상수요곡선과 일치 • 소비자잉여나 초과부담 등의 정확한 측정 가능 • 재화의 종류와 무관하게 항상 우하향의 형태

08 | 수요함수의 도출

- 효용함수가 $U = X \times Y$로 주어졌을 때, 효용함수를 미분하면 $MRS_{XY} = \dfrac{MU_X}{MU_Y} = \dfrac{Y}{X}$

- 소비자균형조건에서 $\dfrac{Y}{X} = \dfrac{P_X}{P_Y}$이 성립 → $P_X \cdot X = P_Y \cdot Y$

- $P_X \cdot X + P_Y \cdot Y = M \rightarrow 2(P_X \cdot X) = M$ and $2(P_Y \cdot Y) = M$

- X재의 수요함수 : $X = \dfrac{M}{2P_X}$

- Y재의 수요함수 : $Y = \dfrac{M}{2P_Y}$

01 | 효용함수

01 감정평가사 2021

☑ 확인 Check! ○ △ ✕

무차별곡선에 관한 설명으로 옳지 않은 것은?

① 무차별곡선은 동일한 효용 수준을 제공하는 상품묶음들의 궤적이다.
② 무차별곡선의 기울기는 한계대체율이며 두 재화의 교환비율이다.
③ 무차별곡선이 원점에 대해 오목하면 한계대체율은 체감한다.
④ 완전대체재 관계인 두 재화에 대한 무차별곡선은 직선의 형태이다.
⑤ 모서리해를 제외하면 무차별곡선과 예산선이 접하는 점이 소비자의 최적이다.

▌해설▐

일반적인 무차별곡선의 형태인 원점에 대하여 볼록한 형태는 한계대체율이 체감하지만 무차별곡선이 원점에 대해 오목하면 한계대체율은 체증한다.

답 ③

02 보험계리사 2020

☑ 확인 Check! ○ △ ✕

X재와 Y재를 소비하는 갑의 효용함수는 $U(X, Y) = \min(X, Y)$ 이다. 갑이 예산제약 하에서 효용을 극대화할 때, 이에 관한 설명으로 옳지 않은 것은?

① X재의 가격이 상승하면 Y재의 소비량이 증가한다.
② X재의 소비량만 증가시키면 효용이 증가하지 않는다.
③ Y재의 소비량만 증가시키면 효용이 증가하지 않는다.
④ 소득이 증가하면 X재와 Y재의 소비량은 동일한 비율로 증가한다.

▌해설▐

• 효용함수는 $U(X, Y) = \min(X, Y)$는 완전보완재 효용함수로 두 재화는 동일하게 소비한다.
• 두 재화의 소비는 동일하므로 X재 가격이 상승하면 X재와 Y재 모두 소비가 감소한다.

답 ①

두 재화 맥주(B)와 커피(C)를 소비하는 두 명의 소비자 1과 2가 존재하는 순수교환경제를 가정한다. 소비자 1의 효용함수는 $U_1(B_1,\ C_1)=\min(B_1,\ C_1)$, 소비자 2의 효용함수는 $U_2(B_2,\ C_2)=B_2+C_2$이다. 소비자 1의 초기 부존자원은 (10, 20), 소비자 2의 초기 부존자원은 (20, 10)이고, 커피의 가격은 1이다. 일반균형(General equilibrium)에서 맥주의 가격은? (단, 초기 부존자원에서 앞의 숫자는 맥주의 보유량, 뒤의 숫자는 커피의 보유량이다)

① $\dfrac{1}{3}$　　　　　　　　　　　② $\dfrac{1}{2}$

③ 1　　　　　　　　　　　　　　④ 2

⑤ 3

┃해설┃

- 소비자 1의 효용함수가 $U_1(B_1,\ C_1)=\min(B_1,\ C_1)$이므로 무차별곡선은 L자 형태로 나타난다.
- 소비자 2의 효용함수는 $U_2(B_2,\ C_2)=B_2+C_2$로 무차별곡선의 곡선의 기울기가 -1인 우하향의 직선이다.
- 균형을 이루기 위해서는 두 사람의 무차별곡선이 접해야 하므로 기울기가 1인 점에서 접하게 된다.
- 일반균형에서 재화의 상대가격비율이 1이므로 맥주가격은 1이 된다.

답 ③

소비자 이론에 관한 설명으로 옳은 것은? (단, 소비자는 X재와 Y재만 소비한다)

① 소비자의 효용함수가 $U=2XY$일 때, 한계대체율은 체감한다.

② 소비자의 효용함수가 $U=\sqrt{XY}$일 때, X재의 한계효용은 체증한다.

③ 소비자의 효용함수가 $U=\min(X,\ Y)$일 때, 수요의 교차탄력성은 0이다.

④ 소비자의 효용함수가 $U=\min(X,\ Y)$일 때, 소득소비곡선의 기울기는 음($-$)이다.

⑤ 소비자의 효용함수가 $U=X+Y$일 때, X재의 가격이 Y재의 가격보다 크더라도 X재와 Y재를 동일 비율로 소비한다.

┃ 해설 ┃

$MU_X = 2Y$, $MU_Y = 2X$, $MRS_{XY} = \dfrac{MU_X}{MU_Y} = \dfrac{Y}{X}$ 이므로, 무차별곡선을 따라 우하방으로 이동함에 따라 X재 소비량이 증가하고 Y재 소비량은 감소하기 때문에 한계대체율은 체감한다.

② $MU_X = \dfrac{1}{2} X^{-\frac{1}{2}} Y^{\frac{1}{2}} = \dfrac{1}{2} \sqrt{\dfrac{Y}{X}}$, X재의 소비량이 늘어나면 한계효용이 체감한다.

③ 효용함수가 $U = \min(X,\ Y)$라면 두 재화의 관계가 완전보완재일 경우로, 완전보완재 관계 재화의 수요의 교차탄력성은 음($-$)의 값을 가진다.

④ 효용함수가 $U = \min(X,\ Y)$이면 소비자가 X재와 Y재 두 재화를 1 : 1의 비율로 소비하므로, 소득소비곡선은 원점을 지나는 기울기가 1인 우상향의 직선이다.

⑤ 효용함수가 $U = X + Y$일 때는 두 재화의 관계가 완전대체재이기 때문에, X재가 가격이 높다면 소비자는 X재 대신에 Y재만 사용할 것이다.

답 ①

---

05 공인회계사 2023

☑ 확인Check! ○ △ ✕

로빈슨 크루소는 자급자족할 목적으로 두 재화 X와 Y를 생산한다. 각 재화의 생산함수는 $X = \dfrac{1}{2}\sqrt{L_X}$, $Y = \sqrt{L_Y}$이며, 로빈슨 크루소의 효용함수는 $U(X,\ Y) = \min\left\{ \dfrac{1}{2}X,\ Y \right\}$이다. 로빈슨 크루소가 최대로 이용할 수 있는 시간이 612시간일 때, 로빈슨 크루소의 극대화된 효용은? (단, L_X와 L_Y는 각각 X재와 Y재를 생산하는데 투입된 노동시간이다)

① 2
② 4
③ 6
④ 8
⑤ 12

┃ 해설 ┃

로빈슨 크루소의 효용함수가 레온티에프 함수이므로 $\dfrac{1}{2}X = Y$가 되는 점에서 균형이 달성된다.

따라서 이 식에 각각의 생산함수를 대입하면, $\dfrac{1}{2} \times \dfrac{1}{2}\sqrt{L_X} = \sqrt{L_Y}$ 이 되므로 여기서 $L_X = 16L_Y$의 관계가 성립한다.

이를 예산(시간)제약식이 $L_X + L_Y = 612$이므로 여기에 앞서의 관계식을 대입하면 $17L_Y = 612$의 관계가 성립하며, 여기서 $L_Y = 36$, $L_X = 576$을 구할 수 있다.

이제 극대화된 효용을 구하기 위해 이를 효용함수에 대입해보면 $U = \min\left[\dfrac{1}{2} \times \dfrac{1}{2}\sqrt{576},\ \sqrt{36} \right]$ 가 되어 효용은 6이 된다.

답 ③

X재와 Y재 소비에 대한 乙의 효용함수는 $U = 12x + 10y$이고, 소득은 1,500이다. X재의 가격이 15일 때 乙은 효용극대화를 위해 X재만 소비한다. 만약 乙이 Y재를 공동구매하는 클럽에 가입하면 Y재를 단위당 10에 구매할 수 있다. 乙이 클럽에 가입하기 위해 지불할 용의가 있는 최대금액은? (단, x는 X재 소비량, y는 Y재 소비량이다)

① 120
② 200
③ 300
④ 400
⑤ 600

⎮해설⎮

• 효용함수를 이용하여 현재 소득한도 내에서 X재만 100단위 소비하였을 경우 乙의 효용은 1,200이 된다.
• 만약 乙이 공동구매클럽에 가입하여 Y재를 단위당 10에 구입할 수 있다면, 乙이 1,200의 효용을 얻기 위해서는 Y재 120단위를 구입해야 하고, 이를 위해서는 1,200이 든다.
• 乙의 예산은 1,500이기 때문에 지불할 용의가 있는 최대액은 300이다.

답 ③

주어진 소득과 이자율하에서 효용을 극대화하는 소비자의 효용함수가 다음과 같다.

$$U(C_1, \ C_2) = \sqrt{C_1} + \sqrt{C_2}$$

C_1과 C_2는 각각 1기와 2기의 소비를 나타낸다. 이 소비자의 소득은 1기에 0이고 2기에 1,300이다. 만약 이 소비자가 1기에 400까지만 차입할 수 있다면, 이 소비자의 효용은? (단, 이자율은 0이다)

① 38
② 40
③ 45
④ 48
⑤ 50

⎮해설⎮

• 1기에 400을 차입하면, 2기에 소비에 사용가능한 소득이 900으로 줄어든다.
• $U(C_1, \ C_2) = \sqrt{C_1} + \sqrt{C_2}$ 이므로 → $\sqrt{400} + \sqrt{900} = 20 + 30 = 50$

답 ⑤

01 보험계리사 2019
☑ 확인 Check! ○ △ ✕

두 재화 X, Y를 소비하는 갑의 효용함수 $U(X, Y) = XY$일 때, 이에 대한 설명으로 옳지 못한 것은?

① 서로 다른 무차별곡선은 교차하지 않는다.
② 한 무차별곡선상의 두 점은 동일한 효용을 준다.
③ 무차별곡선은 우하향하는 직선이다.
④ X재의 한계효용은 X재 소비가 증가함에 따라 일정하다.

▮ **해설** ▮

효용함수가 $U(X, Y) = XY$라면 무차별곡선은 우하향의 곡선으로 도출된다.
① 무차별곡선은 이행성의 공리를 만족하기 때문에 서로 교차하지 않는다.
② 무차별곡선은 개인이 동일한 효용을 얻을 수 있는 소비의 조합을 연결한 선이므로, 무차별곡선의 어느 점에서도 동일한 효용을 준다.
④ X재의 한계효용은 $MU_X = Y$로 일정하다.

답 ③

02 보험계리사 2018
☑ 확인 Check! ○ △ ✕

채식주의자인 A는 감자섭취로는 효용이 증가하나 고기섭취로는 효용이 감소한다. 가로축에 고기, 세로축에 감자를 표시한 평면에서 A의 무차별곡선은?

① 우하향한다.
② 수직이다.
③ 우상향한다.
④ 수평이다.

▮ **해설** ▮

• 무차별곡선(indifference curve)은 일반적으로는 우하향하지만, 한 재화가 비재화(음의 효용을 갖는 재화)일 때는 곡선이 우상향한다.
• 감자를 섭취하면 효용이 증가하므로 재화이고, 고기를 섭취하면 효용이 감소하므로 비재화이다.
• 고기를 섭취할 때, 동일한 수준의 효용이 유지되려면 감자의 섭취량을 늘려야 하므로 우상향의 무차별곡선이 도출되는 것이다.

답 ③

효용극대화를 추구하는 소비자 甲의 효용함수는 $U = (x, y) = x + y$이다. 甲의 무차별곡선에 관한 설명으로 옳지 않은 것은? (단, 甲은 X재와 Y재만 소비하고 x는 X재의 소비량, y는 Y재의 소비량이며, x, y는 양수이다)

① 원점에서 멀리 있는 무차별곡선은 원점에서 가까이 있는 무차별곡선보다 선호된다.

② 무차별곡선은 우하향한다.

③ 무차별곡선들은 서로 교차하지 않는다.

④ 동일한 무차별곡선 상에서 한계대체율은 체감한다.

⑤ 무차별곡선의 기울기는 모든 소비조합(Consumption bundle)에서 동일하다.

┃해설┃

무차별곡선이 직선의 형태이므로 한계대체율은 체감하지 않고 일정하다.

① 무차별곡선이 원점에서 멀어질수록 x, y의 소비량이 많아진다. 따라서 원점에서 더 멀리 떨어진 무차별곡선일수록 더욱 높은 효용수준을 나타낸다. 더 높은 효용수준을 얻을 수 있는 원점에서 멀리 있는 무차별곡선이 더 선호된다.

② 동일한 효용수준을 유지하기 위해 한 재화의 소비량이 증가할 때, 다른 재화의 소비량은 감소해야 하므로 무차별곡선은 우하향한다.

③ 무차별곡선은 이행성의 공리를 충족하므로, 서로 교차하지 않는다.

⑤ 우하향하는 직선이므로 기울기(=한계대체율)는 동일하다.

답 ④

소비자 甲이 두 재화 X, Y를 소비하고 효용함수는 $U(x, y) = \min(x+2y, 2x+y)$이다. 소비점 $(3, 3)$을 지나는 무차별곡선의 형태는? (단, x는 X의 소비량, y는 Y의 소비량이다)

①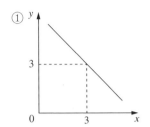

②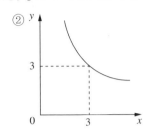

③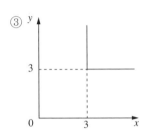

④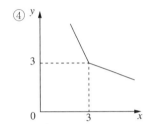

⑤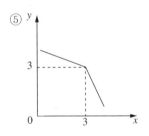

❚ 해설 ❚

- 효용함수 $u(x, y) = \min(x+2y, 2x+y)$에서 재화 x, y는 대체재 관계이고, $(3, 3)$지점에서 꺾어지는 형태의 무차별곡선을 갖는다는 것을 알 수 있다.

- 효용함수를 정리해보면 $U = x+2y$, $U = 2x+y$ 두 개의 식이 나온다.

- 기울기를 두 가지 경우에 꺾어지는 점을 기준으로 상방과 하방의 기울기를 각각 구하면

- $x+2y < 2x+y \rightarrow y < x$이면 $U = 2x+y$이고 굴절하는 지점 하방 $\rightarrow y = -\frac{1}{2}x + \frac{1}{2}U$

- $x+2y > 2x+y \rightarrow y > x$이면 $U = 2x+y$이고 굴절하는 지점 상방 $\rightarrow y = -2x + U$

- 굴절하는 지점 상방에서는 기울기가 $\frac{1}{2}$이고, 굴절하는 지점 하방에서는 기울기가 2인 꺾인 형태의 무차별곡선을 볼 수 있다.

답 ④

무차별곡선에 대한 다음 설명 중 옳은 것은?

> 가. 한계대체율 체감의 법칙이 성립하면 무차별곡선은 원점에 대해서 볼록하다.
>
> 나. 서수적 효용의 개념에 기초한 효용함수는 무차별곡선으로 표현할 수 없다.
>
> 다. 가로축을 왼쪽 장갑으로, 세로축을 오른쪽 장갑으로 한 경우에 그려지는 무차별곡선은 이 두 재화가 완전보완재이므로 L자 형태이다.
>
> 라. 가로축을 5만원권으로, 세로축을 1천원권으로 한 경우에 그려지는 무차별곡선은 이 두 재화가 완전대체재이므로 원점에 대해서 강볼록(Strictly convex)하면서 우하향한다.

① 가, 나

② 가, 다

③ 나, 다

④ 나, 라

⑤ 다, 라

┃해설┃

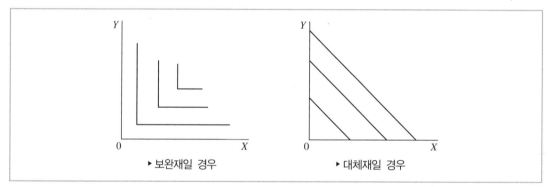

▸ 보완재일 경우 　　　　　▸ 대체재일 경우

가. (○) 한계대체율 체감이란 X재 소비량이 증가함에 따라, X재 1단위에 대해 포기하는 Y재 수량이 점점 감소하는 현상을 의미하며, 그럴 경우 무차별곡선은 원점에 볼록하다.

나. (✕) 무차별곡선은 단지 선호의 순서만을 나타내는 서수적 효용개념만을 이용하여 소비자이론을 설명한다.

다. (○) 완전보완재의 경우 항상 일정한 비율로 소비해야 하기 때문에 L자 형태의 무차별곡선이 도출된다.

라. (✕) 두 재화의 관계가 완전대체일 경우 우하향하는 직선 형태의 무차별곡선이 도출된다.

답 ②

두 재화 X, Y만을 소비하는 소비자가 효용을 극대화하기 위해 소비조합 $(x, y)=(5, 5)$를 선택하였다. (x는 X재 소비량, y는 Y재 소비량) 이제 X재의 가격이 오르고 Y재의 가격은 하락하면서 새로운 예산선이 소비조합 $(x, y)=(5, 5)$를 지난다고 하자. 이 소비자의 무차별곡선이 원점에 대해 강볼록(Strictly convex)하다고 할 때, 다음 설명 중 옳은 것은?

① 가격변화 이후에도 이 소비자의 효용은 동일하다.

② 가격변화 이후 이 소비자의 효용은 감소한다.

③ X재의 소비량이 감소한다.

④ Y재의 소비량이 감소할 수도 있다.

⑤ 새로운 최적 소비조합에서 이 소비자의 한계대체율은 $(x, y)=(5, 5)$에서의 한계대체율과 동일하다.

┃해설┃

X재는 가격이 상승하므로, 소비량이 줄어든다.

① 예산선이 움직이고, 무차별곡선이 변화하므로 효용은 변화한다.

② Y재 가격이 하락하므로 Y재의 소비량이 늘어나기 때문에 무차별곡선도 상방이동한다. 따라서 효용은 증가한다.

④ Y재는 가격이 하락하였고 무차별곡선도 강볼록성을 가지므로, X재 소비량이 줄어들고 Y재 소비량은 늘어난다.

⑤ 새로운 예산선의 기울기가 최초의 예산선의 기울기보다 더 크므로, 바뀐 예산선의 한계대체율이 더 크다.

답 ③

01 [보험계리사] **2021** ☑ 확인 Check! ○ △ ✕

소비자 甲의 효용함수 $U(X, Y) = X^{\alpha}Y^{1-\alpha}$이다. $X = 2$, $Y = 4$일 때, 소비자 甲의 한계대체율(X재 1단위를 얻기 위해 포기할 용의가 있는 Y재 단위)이 4라고 하면, α의 크기는?

① $\dfrac{1}{3}$

② $\dfrac{1}{2}$

③ $\dfrac{2}{3}$

④ 1

┃해설┃

- $MU_X = \dfrac{dU}{dX} = \alpha X^{\alpha-1}Y^{1-\alpha}$

- $MU_Y = \dfrac{dU}{dY} = (1-\alpha)X^{\alpha}Y^{-\alpha}$

- $MRS_{XY} = \dfrac{MU_X}{MU_Y} = \dfrac{\alpha X^{\alpha-1}Y^{1-\alpha}}{(1-\alpha)X^{\alpha}Y^{-\alpha}} = \dfrac{\alpha}{1-\alpha}\left(\dfrac{Y}{X}\right) = \dfrac{2\alpha}{1-\alpha} = 4, \quad \therefore \ \alpha = \dfrac{2}{3}$

답 ③

두 소비자 1과 2가 두 재화 X와 Y를 소비하는 순수교환경제를 고려하자. 소비자 1은 초기에 X재 1단위, Y재 2단위의 부존자원을 가지고 있으며 효용함수는 다음과 같다.

$$u_1(x_1,\ y_1) = 2x_1 + 3y_1$$

소비자 2는 초기에 X재 2단위, Y재 1단위의 부존자원을 가지고 있으며 효용함수는 다음과 같다.

$$u_2(x_2,\ y_2) = \sqrt{x_2} + \sqrt{y_2}$$

이 경제의 경쟁균형(competitive equilibrium) 소비점에서 소비자 2의 Y재로 표시한 X재의 한계대체율은?

① $\dfrac{2}{3}$

② 1

③ $\dfrac{3}{2}$

④ $\sqrt{\dfrac{2}{3}}$

⑤ $\sqrt{\dfrac{3}{2}}$

┃ 해설 ┃

문제 조건은 순수교환경제이다. 순수교환경제의 경쟁균형에서는 소비자 1과 소비자 2의 무차별곡선이 접하게 되므로 두 소비자의 한계대체율이 같음을 알 수 있다.

소비자 1의 효용함수가 $u_1(x_1,\ y_1) = 2x_1 + 3y_1$이므로 무차별곡선의 기울기는 $\dfrac{2}{3}$로 일정하다. 따라서 소비자 2의 한계대체율은 $\dfrac{2}{3}$가 된다.

目 ①

주어진 소득으로 X재, Y재 두 재화만을 소비하는 甲의 효용함수가 $U = x^{\frac{1}{3}} y^{\frac{2}{3}}$ 일 때, 설명으로 옳지 않은 것은? (단, x는 X재 소비량, y는 Y재 소비량이며, 소득과 두 재화의 가격은 0보다 크다)

① X재는 정상재이다.

② Y재는 정상재이다.

③ 甲의 무차별곡선은 원점에 대해 볼록하다.

④ 두 재화의 가격비율에 따라 어느 한 재화만 소비하는 결정이 甲에게 최적이다.

⑤ 두 재화의 가격이 동일하다면 Y재를 X재보다 많이 소비하는 것이 항상 甲에게 최적이다.

┃ 해설 ┃

효용함수가 콥–더글라스 효용함수이므로 무차별곡선이 원점에 대해 볼록한 형태이다. 무차별곡선이 원점에 볼록하다면 소비자균형은 예산선 내부에서 이루어지므로, 소비자는 한 재화만을 소비하지 않고, 다양한 재화를 소비한다.

① · ② 콥–더글라스 효용함수는 동차함수이기 때문에 소득소비곡선이 원점을 통과하는 직선이다. 소득소비곡선이 원점을 통과하는 직선일 때, X재와 Y재 두 재화 모두 수요의 소득탄력성이 각각 1이므로 X재와 Y재는 정상재이다.

③ 효용함수가 콥–더글라스 효용함수이므로 무차별곡선이 원점에 대해 볼록한 형태이다.

⑤ 예산식이 $x \times P_X + y \times P_Y = M$이고 효용함수 $U = x^{\frac{1}{3}} y^{\frac{2}{3}}$이므로,

$$MU_x = \frac{1}{3} x^{-\frac{2}{3}} y^{\frac{2}{3}}, \ MU_y = \frac{2}{3} x^{\frac{1}{3}} y^{-\frac{1}{3}},$$

$$MRS_{xy} = \frac{\frac{1}{3} x^{-\frac{2}{3}} y^{\frac{2}{3}}}{\frac{2}{3} x^{\frac{1}{3}} y^{-\frac{1}{3}}} = \frac{1}{2} \times \frac{y}{x} = \frac{y}{2x} = \frac{P_X}{P_Y} \rightarrow 2x \times P_X = y \times P_Y$$

$2x \times P_X = y \times P_Y$를 예산식에 대입하면 $3x \times P_X = M$가 나오므로 X재와 Y재의 수요함수를 나타내면 X재의 수요함수는 $X = \frac{1}{3} \times \frac{M}{P_X}$, Y재 수요함수 $Y = \frac{2}{3} \times \frac{M}{P_Y}$이다. 두 수요함수를 정리해보면 $X \times P_X = \frac{1}{3} M$, $Y \times P_Y = \frac{2}{3} M$이 된다. 결국 소득의 $\frac{1}{3}$은 X재에 소비하고, 소득의 $\frac{2}{3}$는 Y재에 소비한다. 가격이 동일하므로 X재보다 Y재를 2배 더 소비한다.

답 ④

甲의 효용함수는 $U = \sqrt{LF}$ 이며 하루 24시간을 여가(L)와 노동($24-L$)에 배분한다. 甲은 노동을 통해서만 소득을 얻으며, 소득은 모두 식품(F)을 구매하는데 사용한다. 시간당 임금은 10,000원, 식품의 가격은 2,500원이다. 甲이 예산제약 하에서 효용을 극대화할 때, 여가시간과 구매하는 식품의 양은?

① $L=8$, $F=64$

② $L=10$, $F=56$

③ $L=12$, $F=48$

④ $L=14$, $F=40$

⑤ $L=16$, $F=32$

▌**해설**▌

• 효용함수 : $U = \sqrt{LF}$

• 효용함수를 미분하면 $MU_L = \dfrac{dU}{dL} = \dfrac{1}{2}L^{-\frac{1}{2}}F^{\frac{1}{2}}$, $MU_F = \dfrac{dU}{dF} = \dfrac{1}{2}L^{\frac{1}{2}}F^{-\frac{1}{2}}$

• MRS_{LF}(한계대체율)$= \dfrac{MU_L}{MU_F} = \dfrac{\dfrac{1}{2}L^{-\frac{1}{2}}F^{\frac{1}{2}}}{\dfrac{1}{2}L^{\frac{1}{2}}F^{-\frac{1}{2}}} = \dfrac{F}{L}$

• 예산제약 식에 적용해보면 $2,500F = 10,000(24-L)$, $F = 4(24-L)$

• 소비자균형에서는 예산선과 무차별곡선이 접하므로

$MRS_{LF} = \dfrac{P_L}{P_F} = \dfrac{10,000}{2,500} = 4 \rightarrow \dfrac{F}{L} = 4 \rightarrow F = 4L$을 $F = 4(24-L)$에 적용해보면 $L=12$, $F=48$이 계산된다.

답 ③

소득이 600인 소비자 甲은 X재와 Y재만을 소비하며 효용함수는 $U = x + y$이다. $P_X = 20$, $P_Y = 15$이던 두 재화의 가격이 $P_X = 20$, $P_Y = 25$로 변할 때 최적 소비에 관한 설명으로 옳은 것은? (단, x는 X재 소비량, y는 Y재 소비량이다)

① X재 소비를 30단위 증가시킨다.
② X재 소비를 40단위 증가시킨다.
③ Y재 소비를 30단위 증가시킨다.
④ Y재 소비를 40단위 증가시킨다.
⑤ Y재 소비를 30단위 감소시킨다.

▌해설▌
- 효용함수가 $U = x + y$라는 것은 두 재화가 서로 완전대체재 관계일 경우이다.
- 두 재화의 상대가격비율을 보면 $\dfrac{P_X}{P_Y} = \dfrac{4}{3}$ 로 X재의 가격이 더 높으므로,
  소비자 甲은 소득 600으로 Y재만 $40(600 \div 15 = 40)$단위 소비하였을 것이다.
- 그러나 Y재 가격이 변화하여 상대가격 비율이 $\dfrac{P_X}{P_Y} = \dfrac{4}{5}$ 로 변하였으므로,
  소비자 甲은 상대적으로 비싸진 Y재 대신 X재만 $30(600 \div 20 = 30)$단위 소비할 것이다.

답 ①

두 재화 X재와 Y재를 소비하는 어떤 소비자의 효용함수는 $U(x,\ y) = f(x) + y$이다. 이에 대한 설명으로 옳은 것을 모두 고르면? (단, x는 X재 소비량, y는 Y재 소비량, $x \geq 0$, $y \geq 0$이다)

> 가. Y재의 한계효용은 y와 상관없이 일정하다.
> 나. 한계대체율이 x에 의해서만 결정된다.
> 다. X재의 한계효용이 체감하면 Y로 표시한 X재의 한계대체율이 체감한다.
> 라. $U(x,\ y)$는 $f(x)$의 형태와 무관하게 동조적인 효용함수이다.

① 가, 나
② 가, 라
③ 다, 라
④ 가, 나, 다
⑤ 나, 다, 라

가. (○) $MU_y = 1$이므로 y와 무관하게 항상 일정하다.

나. (○) $MRS_{xy} = f'(x)$이므로 한계대체율이 x에 의해서만 결정된다.

다. (○) $MRS_{xy} = \dfrac{MU_x}{MU_y}$에서 MU_x가 체감하면 MRS_{xy}값도 체감한다.

라. (×) $f(x)$가 어떤 성질을 가지느냐에 따라 동조함수일수도 있고 아닐 수도 있다.

답 ④

기업 H에 근무하는 사원 Y는 근무 지역 A와 B를 비교하고자 한다. 두 재화 x_1, x_2를 소비하는 이 사원의 효용함수가 $u = x_1 x_2$이고, 지역 A에서 두 재화의 가격 $(p_{A1},\ p_{A2}) = (1,\ 1)$, 지역 B에서 두 재화의 가격 $(p_{B1},\ p_{B2}) = (1,\ 4)$이다. 이 사원이 지역 A에서 근무할 경우의 임금이 100일 때, 두 지역에서의 효용 수준이 동일하도록 지역 B에서 받아야 할 임금은?

① 120   ② 160

③ 200   ④ 240

- 효용함수가 $u = x_1 x_2$이므로 효용함수를 미분하면 $MU_{x_1} = x_2$, $MU_{x_2} = x_1$이 나오므로

  $MRS_{x_1 x_2} = \dfrac{MU_1}{MU_2} = \dfrac{x_2}{x_1} = \dfrac{p_1}{p_2}$ (예산선의 기울기)이다. $\dfrac{x_2}{x_1} = \dfrac{p_1}{p_2} \rightarrow p_1 \times x_1 = p_2 \times x_2$

- 예산식 $p_1 \times x_1 + p_2 \times x_2 = M$을 x_1에 대한 관계식으로 나타내면 $p_1 \times x_1 + p_1 \times x_1 = M$으로 바뀌고,

  이는 정리하면 $2p_1 x_1 = M$이므로 x_1의 수요함수는 $x_1 = \dfrac{M}{2p_1}$이다.

- 위 과정을 x_2에 대해서도 적용하면 x_2의 수요함수는 $x_2 = \dfrac{M}{2p_2}$이다.

- 이 수요함수를 효용함수에 대입하여 보면 $u = \dfrac{M^2}{4p_1 p_2}$이다.

- 이 식에 $(p_{A1},\ p_{A2}) = (1,\ 1)$과 $M = 100$을 대입하면 A지역에서 근무할 때 효용(u)이 $2{,}500$임을 알 수 있다.

- B지역에 근무할 때 효용이 얼마인지 알기 위해 $(p_{B1},\ p_{B2}) = (1,\ 4)$을 효용함수에 대입하여 보고, 효용을 $2{,}500$으로

  두면 $\dfrac{M^2}{4 \times 1 \times 4} = 2{,}500$이므로 $M = 200$이 계산된다.

답 ③

01 공인회계사 **2019**　　　　　　　　　　　　　　　　　☑ 확인Check! ○ △ ✕

월 소득 10으로 두 재화 X, Y만을 구매하는 소비자가 있다. 이 소비자가 이용하는 상점에서 두 재화의 가격은 각각 1인데, 이번 달은 사은행사로 X재를 6단위 이상 구입하는 소비자에게는 2단위의 Y재가 무료로 지급된다. 다음 설명 중 옳지 않은 것은?

① 지난 달에 X재 1단위 소비의 기회비용은 Y재 1단위이다.
② 행사로 인해 예산집합의 면적이 8 증가한다.
③ 이번 달 예산선의 우하향하는 부분의 기울기는 지난 달 예산선의 기울기와 같다.
④ 이 소비자의 선호가 단조성을 만족하면, 이번 달에 X재 5단위를 구입하는 것은 최적선택이 될 수 없다.
⑤ 이 소비자의 효용함수가 $u(x, y) = xy$라면, 이번 달 이 소비자의 X재 소비량은 Y재 소비량보다 크다.

··

┃해설┃

$MRS_{xy} = \dfrac{M_x}{M_y} = \dfrac{y}{x}$, 예산선의 기울기가 1이므로, 예산선과 무차별곡선이 접하는 점에서 $x = y$가 성립하므로,

$(5, 5)$가 최적의 점일 것이나, 예산선의 변화가 생겨 x재의 소비를 6만큼 소비해도 y도 6을 소비할 수 있으므로 $(6, 6)$에서 소비자균형이 이루어진다.

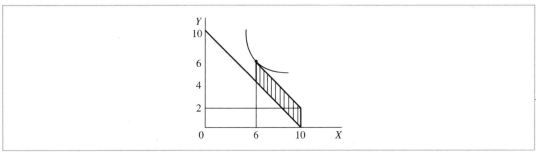

① X재, Y재 가격이 둘 다 1이므로, 서로의 기회비용은 1이다.
② X재를 6단위 이상 구입하면 Y재를 2단위씩 더 구입할 수 있으므로 예산집합의 면적은 아래 빗금친 평행사변형의 면적인 8 증가한다.
③ 상대가격 비율이 변한 것이 아니어서 예산선이 기울기 변화 없이 상방으로 평행이동한 것이므로, 예산선의 우하향하는 부분의 기울기는 지난 달 기울기와 1로 동일하다.
④ X재를 6단위 이상 구입하면 Y재를 무료로 2단위 얻을 수 있으므로 X재를 5단위 구입하는 것은 단조성을 위배한다.

답 ⑤

02 공인노무사 2019

현재 생산량 수준에서 자본과 노동의 한계생산물이 각각 5와 8이고, 자본과 노동의 가격이 각각 12와 25이다. 이윤극대화를 추구하는 기업의 의사결정으로 옳은 것은? (단, 한계생산물체감의 법칙이 성립한다)

① 노동 투입량을 증가시키고 자본 투입량을 감소시킨다.
② 노동 투입량을 감소시키고 자본 투입량을 증가시킨다.
③ 두 요소의 투입량을 모두 감소시킨다.
④ 두 요소의 투입량을 모두 증가시킨다.
⑤ 두 요소의 투입량을 모두 변화시키지 않는다.

┃해설┃

- 이윤극대화 조건식 : $MRTS_{LK} = \dfrac{w}{r}$

- $MRTS_{LK} = \dfrac{MP_L}{MP_K} = \dfrac{8}{5}$ 이고, $\dfrac{w}{r} = \dfrac{25}{12}$ → $\dfrac{MP_L}{MP_K} < \dfrac{w}{r}$ → $\dfrac{MP_L}{w} < \dfrac{MP_K}{r}$

- 따라서, 자본 투입량을 늘리고 노동 투입량을 감소시킨다.

답 ②

---

03 공인회계사 2019

확인Check!

두 재화 X, Y를 통해 효용을 극대화하고 있는 소비자를 고려하자. 이 소비자의 소득은 50이고 X의 가격은 2이다. 현재 X재의 한계효용은 2, Y재의 한계효용은 4이다. 만약 이 소비자가 X재를 3단위 소비하고 있다면, Y재의 소비량은? (단, 현재 소비점에서 무차별곡선과 예산선이 접한다)

① 7.4   ② 11
③ 12   ④ 22
⑤ 44

┃해설┃

- 소비자의 효용이 극대화되는 상태는 소비자균형이다.
- 소비자균형의 조건 : 한계효용균등의 원리가 성립한다.

$$\dfrac{MU_X}{P_X} = \dfrac{MU_Y}{P_Y} \rightarrow \dfrac{MU_X}{P_X} = \dfrac{MU_Y}{P_Y} \rightarrow \dfrac{2}{2} = \dfrac{4}{P_Y} \rightarrow P_Y = 4$$

- 예산제약선 : $P_X X + P_Y Y = M \rightarrow 2 \times 3 + 4 \times Y = 50$, $4Y = 44$, $Y = 11$, Y재는 11단위 소비할 수 있다.

답 ②

소비자 甲이 두 재화 X, Y를 소비하고 효용함수는 $U(x, y) = xy$이다. X, Y의 가격이 각각 5원, 10원이다. 소비자 甲의 소득이 1,000원일 때, 효용극대화 소비량은? (단, x는 X의 소비량, y는 Y의 소비량이다)

① $x = 90$, $y = 55$

② $x = 100$, $y = 50$

③ $x = 110$, $y = 45$

④ $x = 120$, $y = 40$

⑤ $x = 130$, $y = 35$

┃해설┃

- 이윤극대화 : 한계효용균등의 법칙 $\dfrac{MU_X}{P_X} = \dfrac{MU_Y}{P_Y}$

- $MU_X = y$, $MU_Y = x$, $P_X = 5$, $P_Y = 10$

- 예산식 : $5X + 10Y = 1,000$

- $\dfrac{MU_X}{P_X} = \dfrac{MU_Y}{P_Y} \rightarrow \dfrac{y}{5} = \dfrac{x}{10} \rightarrow 10y = 5x$를 예산식에 대입해보면 $y = 50$, $x = 100$이 계산된다.

답 ②

베짱이는 잠자는 8시간을 제외한 하루 16시간을 노래 부르기와 진딧물사냥으로 보낸다. 베짱이는 시간당 30마리의 진딧물을 사냥할 수 있다. 또한 매일 아침 개미가 베짱이에게 진딧물 60마리를 공짜로 제공한다.

베짱이는 노래 부르기와 진딧물 소비로 $u(s, b) = s^{\frac{2}{3}} b^{\frac{1}{3}}$의 효용을 얻는다. (단, s는 노래 부르는 시간, b는 소비한 진딧물의 숫자를 의미한다) 효용을 극대화하는 베짱이의 노래 부르는 시간과 진딧물 소비량은?

	노래 부르는 시간(s)	진딧물 소비량(b)
①	8	300
②	8	240
③	12	180
④	12	120
⑤	16	60

┃ 해설 ┃

- $MRS_{sb} = \dfrac{MU_s}{MU_b} = \dfrac{\dfrac{2}{3}s^{-\frac{1}{3}}b^{\frac{1}{3}}}{\dfrac{1}{3}s^{\frac{2}{3}}b^{-\frac{2}{3}}} = \dfrac{2b}{s}$

- 노래 부르는 시간을 제외한 시간$(16-s)$은 진딧물 사냥에 사용하며, 개미로부터 매일 60마리의 진딧물을 공짜로 받으므로 베짱이의 예산식 : $30(16-s)+60=b \rightarrow b=540-30s$, 기울기의 절댓값이 30이다.

- 소비자균형은 예산선과 무차별곡선이 만나는 점에서 이루어지므로 $\dfrac{2b}{s}=30$이 성립한다.

- $\dfrac{2b}{s}=30$을 정리하면, $b=15s$이다. $b=15s$를 예산식에 대입하면 $s=12$, $b=180$으로 계산된다.

답 ③

06 공인회계사 **2024** ☑ 확인 Check! ○ △ ✕

소득 120으로 X재와 Y재를 소비하는 소비자의 효용함수가 $U(x,\ y)=xy$이다. X재와 Y재의 가격은 각각 1이지만, X재는 구입 시 단위당 배달비 3을 추가로 지불해야 한다. X재 판매사는 소비자가 정액으로 T를 납부하면 배달비 없이 X재를 구입할 수 있는 회원제를 출시하려고 한다. 소비자가 회원제를 선택하도록 판매사가 설정할 수 있는 T의 최댓값은? (단, x와 y는 각각 X재와 Y재 소비량이며, 소비자는 회원제를 선택하여 얻는 효용이 원래 효용 이상이면 회원제를 선택한다)

① 40   ② 50
③ 60   ④ 70
⑤ 80

┃ 해설 ┃

- $P_X X=60$, $P_Y Y=60$이고 $P_X=4$, $P_Y=1$이므로 기존의 소비량은 $X=15$, $Y=60$이고 이때의 효용은 900이다.

- 회원제 실시 후에는 $P_X=1$, $P_Y=1$이므로 소비량은 $X=30$, $Y=30$으로 같으며 이때의 효용은 이전과 같은 900이다.

- 두 재화의 가격이 모두 1이므로 60의 소득이 필요하며, 따라서 가입비는 현재소득 120에서 필요 소득 60을 차감한 60이다.

답 ③

여가(L) 및 복합재(Y)에 대한 甲의 효용은 $U(L,\ Y) = \sqrt{L} + \sqrt{Y}$이고, 복합재의 가격은 1이다. 시간당 임금이 w일 때, 甲의 여가시간이 L이면, 소득은 $w(24-L)$이 된다. 시간당 임금 w가 3에서 5로 상승할 때, 효용을 극대화하는 甲의 여가시간 변화는?

① 1만큼 증가한다.
② 2만큼 증가한다.
③ 변화가 없다.
④ 2만큼 감소한다.
⑤ 1만큼 감소한다.

┃해설┃

주어진 조건을 정리해 보면 다음과 같다.

• $U(L,\ Y) = \sqrt{L} + \sqrt{Y}$

• $MU_L = \dfrac{dU}{dL} = \dfrac{1}{2\sqrt{L}}$

• $MU_Y = \dfrac{dU}{dY} = \dfrac{1}{2\sqrt{Y}}$

• $MRTS_{LY} = \dfrac{MU_L}{MU_Y} = \sqrt{\dfrac{Y}{L}} = 1$ (∵ 효용극대화)

• $Y = L = w(24-L) \rightarrow L = \dfrac{24w}{w+1}$

위에서 구한 수식에 임금에 따른 여가시간을 구해보면

• $w = 3$일 때 $L = \dfrac{24 \times 3}{3+1} = 18$

• $w = 5$일 때 $L = \dfrac{24 \times 5}{5+1} = 20$

∴ 임금 상승에 따른 여가시간은 2시간 증가한다.

답 ②

01 공인회계사 2023 　　　　　　　　　　　　　　　　☑ 확인Check! ○ △ ✕

X재와 Y재만 소비하며 효용을 극대화하는 A는 X재 가격이 하락하였음에도 X재 소비량을 감소시켰다. A의 선택과 관련된 다음 설명 중 옳지 않은 것은?

① X재 가격 하락으로 Y재에 대한 지출액은 증가한다.

② X재에 대한 대체효과가 없었음을 알 수 있다.

③ Y재 수요의 소득탄력성은 양(+)이다.

④ X재 가격이 변하지 않고 소득이 증가했다면 X재 지출액이 감소했을 것이다.

⑤ X재 가격이 변하지 않고 Y재 가격이 하락했다면 Y재 소비량은 증가했을 것이다.

‖해설‖

대체효과가 없는 것이 아니라 X재에 대한 대체효과가 소득효과보다 작기 때문에 발생하는 현상이다.

① Y재의 가격에는 변화가 없으나 수요량은 증가하므로 Y재에 대한 지출액은 증가한다.

③ X재 가격이 하락하여 실질소득이 증가하였는데, 이로 인해 Y재의 소비량이 증가하였으므로 정상재이다.

④ X재는 열등재에 해당하므로 소득이 증가할 경우에 X재 지출액은 감소한다.

⑤ Y재는 정상재에 해당하므로 Y재 가격이 하락하여 실질소득이 증가한다면 Y재 소비량은 증가한다.

답 ②

02 공인노무사 2021

☑ 확인Check! ○ △ ✕

소득-여가선택모형에서 효용극대화를 추구하는 개인의 노동공급의사결정에 관한 설명으로 옳지 않은 것은? [단, 여가(L)와 소득(Y)은 효용을 주는 재화이며, 한계대체율($MRS = \left|\dfrac{\triangle Y}{\triangle X}\right|$)은 체감한다]

① 여가가 정상재인 경우 복권당첨은 근로시간의 감소를 초래한다.
② 여가가 열등재라면 노동공급곡선은 우하향한다.
③ 임금률이 한계대체율보다 크다면 효용극대화를 위해 근로시간을 늘려야 한다.
④ 개인간 선호의 차이는 무차별곡선의 모양 차이로 나타난다.
⑤ 시장임금이 유보임금(Reservation Wage)보다 낮다면 노동을 제공하지 않는다.

▌해설▐

여가가 열등재인 경우에는 임금상승으로 인한 대체효과와 소득효과 모두 노동공급을 증가시키므로, 노동공급곡선은 반드시 우상향의 형태가 된다.
① 복권당첨으로 인한 소득증가는 여가증가로 이어진다.
③ 임금률이 한계대체율보다 크다는 것은, 임금의 단위당 한계효용이 여가의 단위당 한계효용보다 크다는 의미이므로, 효용극대화를 위해서는 근로시간을 늘려야 한다.
④ 여가와 소득에 따른 개인간 선호 차이로 인해 무차별곡선의 모양은 개인마다 다르게 나타난다.
⑤ 유보임금(Reservation Wage)이란 노동자가 최소한 받고자 하는 금액으로 시장임금이 유보임금보다 낮다면 노동자는 노동을 제공하지 않는다.

답 ②

03 감정평가사 2024

☑ 확인Check! ○ △ ✕

두 재화 X, Y에 대해 양(+)의 소득 M을 가지고 효용을 극대화하는 갑의 효용함수는 $U(X, Y) = X + Y$이다. Y재 가격은 6이며, X재 가격은 5에서 8로 상승하였다. 이에 관한 설명으로 옳은 것은?

① X재 수요량 변화는 대체효과에 기인한다.
② X재 수요량 변화는 소득효과에 기인한다.
③ Y재 수요량 변화는 없다.
④ 수요량 변화의 $\dfrac{1}{3}$ 은 대체효과에 기인한다.
⑤ 수요량 변화의 $\dfrac{2}{3}$ 는 소득효과에 기인한다.

효용함수는 완전대체재인 직선의 효용함수이다. 효용함수의 기울기인 MRS_{XY}는 1이고 상대가격의 비율인 $\dfrac{P_X}{P_Y}$는

$\dfrac{5}{6}$에서 $\dfrac{8}{6}$로 변화한다. 따라서 처음에는 $MRS_{XY} > \dfrac{P_X}{P_Y}$로 X재화만 선택하지만 이후 X재의 가격이 상승하게 되면

$MRS_{XY} < \dfrac{P_X}{P_Y}$이므로 Y재화만 구매하게 된다. X재의 수요량 변화는 소득효과에 따른 변화는 없고, 대체효과에

기인한다.

답 ①

04 공인노무사 2019

☑ 확인 Check! ○ △ ✕

( )에 들어갈 내용으로 옳은 것은?

> 소비자 A는 정상재인 X재와 Y재만을 소비한다. X재 가격이 하락하면, (ㄱ)로 인해 X재와 Y재의 소비는
> 증가한다. 동시에 (ㄴ)로 인해 상대적으로 싸진 X재의 소비는 증가하고, 상대적으로 비싸진 Y재의 소비는
> 감소한다. 단, 소비자 A의 무차별곡선은 원점에 대해 볼록하다.

	ㄱ	ㄴ
①	소득효과	대체효과
②	소득효과	가격효과
③	대체효과	소득효과
④	대체효과	가격효과
⑤	가격효과	대체효과

■ 해설 ■

ㄱ. 재화의 가격이 하락하면, 실질소득이 증가하여 더 많은 소비를 할 수 있는 것과 같은 효과를 보이는 것은 소득효과
   이다.
ㄴ. 상대적인 가격의 비율이 변동하여 소비가 증가하는 것은 대체효과이다.

답 ①

소득-여가 선택모형에서 A의 효용함수가 $U = Y + 2L$이고, 총가용시간은 24시간이다. 시간당 임금이 변화할 때, A의 노동공급시간과 여가시간에 관한 설명으로 옳은 것을 모두 고른 것은? (단, U=효용, Y=소득, L=여가시간이다)

> ㄱ. 시간당 임금의 상승은 언제나 노동공급시간을 증가시킨다.
> ㄴ. 시간당 임금이 1이면 노동공급시간은 3이다.
> ㄷ. 시간당 임금이 3이면 여가시간은 0이다.
> ㄹ. 시간당 임금이 3에서 4로 상승하면 임금상승에도 불구하고 노동공급시간은 더 이상 증가하지 않는다.

① ㄱ, ㄴ　　　　　　　　　　　　　　　　② ㄴ, ㄷ
③ ㄷ, ㄹ　　　　　　　　　　　　　　　　④ ㄱ, ㄴ, ㄷ
⑤ ㄴ, ㄷ, ㄹ

┃해설┃

ㄱ. (✕) 임금이 상승하면 여가의 기회비용이 상승하므로, 대체효과에 의해서 여가를 줄이고 노동공급이 증가한다. 소득효과에 의해서는 실질소득이 증가하여 여가를 늘리고 노동공급은 감소하므로 후방굴절모양의 노동공급곡선이 나올 수 있다.

ㄴ. (✕) A의 효용함수를 보면 여가 1과 소득 2의 효용이 같음을 알 수 있다. 따라서 임금이 1이라면 소득보다는 여가로 인한 효용이 더 크기에 A는 소득(노동)을 포기하고 여가를 선택할 것이다.

ㄷ. (○) A의 효용함수를 보면 여가 1과 소득 2의 효용이 같음을 알 수 있다. 무차별곡선의 기울기가 2이므로 따라서 임금이 3이라면 여가보다는 소득으로 인한 효용이 더 크기 때문에 A는 여가를 포기하고 노동을 선택할 것이다.

ㄹ. (○) 시간당 임금이 3에서 4로 상승해도, 여전히 현재 24시간 모두 노동에 사용하고 있으므로 더 이상 노동시간이 증가할 수는 없다.

답 ③

소득-여가 선택모형에서 갑(甲)의 효용함수 $U = Y + 3L$, 예산선 $Y = w(24 - L)$이다. 이에 관한 설명으로 옳은 것은? (단, U는 효용, Y는 소득, L은 여가, w는 임금률이다)

① 한계대체율은 체감한다.
② 임금률이 1이면 효용은 55이다.
③ 임금률이 1에서 2로 상승하면 근로시간은 증가한다.
④ 임금률이 4에서 5로 상승하면 여가시간은 불변이다.
⑤ 임금률과 무관하게 예산선은 고정된다.

▌해설▌

임금률이 4에서 5로 상승하여도 여가시간은 0으로 동일하다. (∵ 여가시간이 0일 경우 효용극대화)

① 한계대체율은 3으로 일정하다.

$$MU_Y = \frac{dU}{dY} = 1, \ MU_L = \frac{dU}{dL} = 3, \ \therefore \ 한계대체율 = \frac{MU_L}{MU_Y} = 3$$

② 임금률이 1이면 효용극대화 지점은 여가 24, 소득 0인 지점이 되므로 효용은 72가 된다.

③ 임금률이 1에서 2로 상승하여도 근로시간은 0으로 동일하다. (∵ 근로시간이 0일 경우 효용극대화)

⑤ 임금률에 따라 예산선의 기울기는 변한다.

답 ④

---

07 공인회계사 2017

☑ 확인 Check! ○ △ ✕

어느 소비자는 X재와 Y재만을 소비하고, 우하향하고 원점에 대해 볼록한 무차별곡선을 가진다. 주어진 가격에서 이 소비자의 효용극대화 소비점은 $a = (X_a, \ Y_a)$이다. X재의 가격이 하락하고 Y재의 가격은 변화하지 않은 경우, 효용극대화 소비점은 $b = (X_b, \ Y_b)$가 된다. 다음 설명 중 옳지 않은 것은?

① $X_a = X_b$인 경우, X재의 보통의 수요곡선은 수직선이다.

② $X_a = X_b$인 경우, X재는 열등재이다.

③ $X_a = X_b$인 경우, X재의 대체효과와 소득효과의 절댓값 크기가 동일하다.

④ 대체효과에 따른 X재의 소비량이 X_b인 경우, X재의 보상수요곡선 기울기가 보통의 수요곡선 기울기보다 가파르다.

⑤ 대체효과에 따른 X재의 소비량이 X_b인 경우, 소득소비곡선이 수직선이다.

▌해설▌

가격이 하락한 후 대체효과에 의한 소비점이 X_b라는 것은 소득효과는 0이라는 의미이다. 보상수요곡선이 소득효과가 없다면 보통의 수요곡선과 동일하다.

① X재의 보통의 수요곡선은 수직선이라면, 가격효과가 0이기 때문에 가격이 하락해도 X재의 구입량은 변하지 않는다. 가격의 전과 후가 같은 소비점이라면, $X_a = X_b$이 성립한다.

②·③ X재의 가격이 하락했는데, 가격효과가 0이라면 소득효과와 대체효과가 반대방향이고, 절댓값의 크기는 동일하다는 의미가 된다. 따라서 X재의 가격변화에 따른 소득효과와 대체효과가 절댓값 크기는 같고 방향이 반대이므로 X재는 열등재이다.

⑤ X재의 가격이 하락해서 X재의 구입량이 X_b가 됐다면, 대체효과만 존재하고 소득효과는 0이라는 것을 의미한다. 소득효과가 0이라면 소득의 수요탄력성이 0이라는 뜻과 같으므로 소득소비곡선은 수직선의 형태가 도출된다.

답 ④

소득 m으로 두 재화를 소비하는 한 소비자의 효용함수가 $u(x,\ y)=3x+y$이다. y재의 시장가격이 1일 때, 다음 설명 중 옳은 것은? (단, $0<m<\infty$)

> 가. x재에 대한 수요곡선은 45° 선을 기준으로 대칭이다.
> 나. x재에 대한 수요곡선은 가격탄력성이 무한(∞)인 점을 갖는다.
> 다. x재의 가격이 2에서 4로 상승하면 소득효과는 $-3m$이다.
> 라. x재의 가격이 4에서 2로 하락하면 대체효과는 $-3m$이다.

① 가, 나   ② 가, 다
③ 나, 다   ④ 나, 라
⑤ 다, 라

┃해설┃

가. (✕) 효용함수가 $u(x,\ y)=3x+y$이므로 두 재화는 완전대체재이다. 따라서 수요곡선은 45° 선을 기준으로 대칭하지 않는다.

나. (○) 두 재화가 완전대체재일 경우는 수요곡선이 수직선인 구간도 있고, 수평선인 구간도 있고, 직각쌍곡선인 구간도 있다. 수요곡선이 수평선일 경우는 가격탄력성이 무한이다.

다. (✕) 효용함수 y에 대하여 정리하면 $y=-3x+u$로 기울기가 3인 우하향 직선이다. 무차별곡선의 기울기가 3인데, 예산선의 기울기가 2이므로 $MRS_{XY}>\dfrac{P_X}{P_Y}$가 성립한다. 따라서 소비자는 x재만 $\dfrac{m}{2}$ 단위 구입할 것이다(그래프의 A점). 예산선의 기울기가 4로 변경된다면, $MRS_{XY}<\dfrac{P_X}{P_Y}$가 성립하므로 소비자는 y재만 m 단위 구입할 것이다(그래프의 B점). 가격변화 후에도 가격변화 이전과 동일한 효용을 얻기 위한 x재의 구매량을 구하기 위해 가격변화 후의 예산선에 평행하게 보조선을 그려보면, C점에서 효용이 극대화 되는데, C점의 x재 구매량은 0이다. 따라서 소득효과가 0이다.

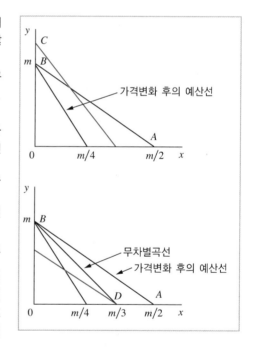

라. (○) 다의 경우와는 반대로 x재의 가격이 하락하여 구매량이 $\dfrac{m}{2}$ 단위 증가하였다. 가격변화 후에도 가격변화 이전과 동일한 효용을 얻기 위한 x의 구매량을 구하기 위해 가격변화 후의 예산선에 평행하게 보조선을 그려보면 D점에서 효용이 극대화 되는데, $\dfrac{m}{3}$ 단위만큼이 대체효과에 의한 구매량임을 알 수 있다. 증가한 구매량이 $\dfrac{m}{2}$ 단위 이므로 $\dfrac{m}{3}$ 단위를 차감해보면 소득효과는 $\dfrac{m}{3}$ 단위로 계산된다.

답 ④

09 보험계리사 2017

☑ 확인Check! ○ △ ✕

재화의 가격 변화에 따른 수요량의 변화에 관한 설명으로 옳은 것은?

① 두 재화가 완전보완재일 때, 대체효과는 항상 0이다.

② 소득효과는 항상 양(+)의 값을 갖는다.

③ 가격효과는 항상 음(−)의 값을 갖는다.

④ 기펜재의 대체효과는 항상 양(+)의 값을 갖는다.

▌해설▌

두 재화가 완전보완재일 때에는 대체효과가 0으로 가격효과와 소득효과의 크기는 같다.

② · ③ · ④ 재화가격의 하락으로 실질소득의 증가시 정상재의 구입량이 증가하여 소득효과는 음(−)의 값을 갖는다. 그러나 열등재는 가격하락시 구입량이 감소하여 소득효과는 양(+)이 된다. 그러나 대체효과는 정상재, 열등재, 기펜재 모두 음(−)이 된다. 정상재의 경우 소득효과와 대체효과 모두 음(−)이므로 가격효과는 음(−)이 되고 열등재는 대체효과가 소득효과보다 커서 가격효과가 음(−)이고 기펜재는 소득효과가 대체효과보다 커서 양(+)의 가격효과가 나타난다.

핵심체크   (+), (−) 구분법

• 가격변화 방향과 구입량변화 방향이 동일할 경우 : (+)

• 가격변화 방향과 구입량변화 방향이 반대일 경우 : (−)

답 ①

10 공인노무사 2024

☑ 확인Check! ○ △ ✕

가격하락에 따른 소득효과와 대체효과에 관한 설명으로 옳지 않은 것을 모두 고른 것은?

> ㄱ. 기펜재의 수요량은 감소한다.
> ㄴ. 두 재화가 완전보완일 경우 소득효과는 항상 0이다.
> ㄷ. 열등재는 소득효과가 음(−)이기 때문에 수요곡선이 우상향한다.
> ㄹ. 정상재인 경우 대체효과와 소득효과 모두 수요량을 증가시킨다.

① ㄱ, ㄹ

② ㄴ, ㄷ

③ ㄱ, ㄴ, ㄷ

④ ㄱ, ㄴ, ㄹ

⑤ ㄴ, ㄷ, ㄹ

▌해설▌

ㄴ. (✕) 두 재화가 완전보완일 경우 대체효과는 항상 0이다.

ㄷ. (✕) 열등재는 소득효과가 양(+)이기 때문에 수요곡선이 우하향한다.

답 ②

01 보험계리사 2017

☑ 확인 Check! ○ △ ✕

다음 그림은 재화 x_1의 가격이 하락할 때, 두 재화 x_1, x_2에 대한 가격-소비곡선을 나타낸 것이다. x_1과 x_2가 보완재인 경우는? (단, 한계대체율이 체감한다)

①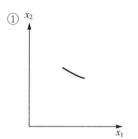

②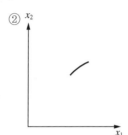

③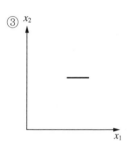

④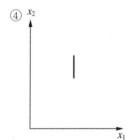

┃해설┃

x_1의 가격이 하락하면 x_1의 수요량이 늘어날 것이고, 보완재인 x_2의 수요량도 같이 늘어날 것이다.
따라서 가격-소비곡선은 우상향한다.

답 ②

X재와 Y재만을 소비하는 A의 효용함수는 $U(X,\ Y) = \sqrt{X} + Y$이고, 예산제약선은 $P_x X + P_y Y = M$이다. A는 예산제약하에서 효용을 극대화한다. $P_x,\ P_y,\ M$은 각각 X재 가격, Y재 가격 및 소득이다. $P_x = 1$, $P_y = 10$일 때 다음 중 옳은 것을 모두 고르면? (단, $X \geq 0,\ Y \geq 0$)

> 가. $M = 20$일 때, A는 X재만 소비한다.
> 나. $M \geq 30$일 때, A의 소득소비곡선은 수직이다(단, 가로축은 X재의 소비량, 세로축은 Y재의 소비량을 나타낸다).
> 다. $M \leq 20$일 때, A의 Y재 엥겔곡선은 우상향하는 직선이다.

① 가
② 나
③ 가, 나
④ 가, 다
⑤ 나, 다

┃해설┃

가. (○) $M = 20$일 때는 구석해를 가지게 되므로 A는 X재만 소비한다.

나. (○) $M \geq 30$인 경우 A의 X재 소비량은 25로 고정되는데 이에 따라 소득이 증가할 경우 X재 소비는 불변이고 Y재 소비만 늘어나게 된다. 따라서 ICC는 수직이다.

다. (✕) $M \leq 20$일 때 A는 X만 소비하므로 $X = \dfrac{M}{P_X} = M$이므로 X재의 엥겔곡선은 원점에서 뻗어나오는 직선이고 $Y = 0$이므로 Y의 엥겔곡선은 수직선의 형태이다.

답 ③

엥겔곡선(Engel curve)과 직접적인 관련이 있는 것은?

① 가치의 역설
② 베블렌 효과
③ 가격소비곡선
④ 소득소비곡선

┃해설┃

엥겔곡선은 소득과 특정재화구입량의 관계를 나타내는 곡선으로 소득소비곡선에서 도출된다.

답 ④

A는 자신의 소득을 모두 사용하여 X재와 Y재만을 소비하고 이를 통해 효용을 얻는다. X재 가격은 10, Y재 가격은 4이다. A는 소득이 100일 때 X재 6개와 Y재 10개를 소비하고, 소득이 130일 때 X재 7개와 Y재 15개를 소비했다. A의 수요에 대한 설명 중 옳은 것을 모두 고르면?

> 가. X재는 열등재이고, Y재는 정상재이다.
>
> 나. X재는 사치재이고, Y재는 필수재이다.
>
> 다. 소득을 세로 축에 두었을 때 X재의 엥겔곡선 기울기는 Y재보다 더 가파르다.
>
> 라. 소득확장경로는 우상향한다.

① 가, 나   ② 가, 다
③ 나, 다   ④ 나, 라
⑤ 다, 라

∥해설∥

가. (✕) 소득 증가시 X재와 Y재 소비 모두 증가했으므로 둘 다 정상재라 할 수 있다.

나. (✕) X재와 Y재 모두 정상재 중 사치재인지 필수재인지는 확인 할 수 없다.

다. (○) 소득 증가시 소비 증가는 X재가 더 작기 때문에 X재의 엥겔곡선 기울기가 Y재 엥겔곡선 기울기보다 더 가파르다.

라. (○) 소득확장경로는 우상향 형태를 갖는다.

답 ⑤

완전보완재 관계인 X재와 Y재를 항상 $1:1$의 비율로 사용하는 소비자가 있다. 이 소비자가 효용극대화를 추구할 때, X재의 가격소비곡선과 소득소비곡선에 관한 주장으로 옳은 것은? (단, X재와 Y재의 가격이 0보다 크다고 가정함)

① 가격소비곡선과 소득소비곡선의 기울기는 모두 1이다.
② 가격소비곡선의 기울기는 1이고 소득소비곡선은 수평선이다.
③ 가격소비곡선은 수평선이고 소득소비곡선의 기울기는 1이다.
④ 가격소비곡선은 수직선이고 소득소비곡선의 기울기는 1이다.
⑤ 가격소비곡선의 기울기는 1이고 소득소비곡선은 수직선이다.

┃해설┃

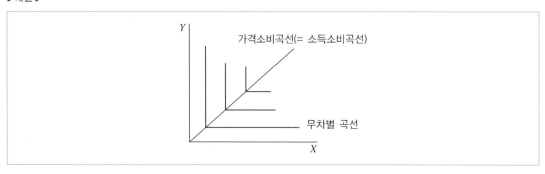

- 완전보완재에 두 재화를 항상 일정한 비율로 소비한다면 무차별곡선이 레온티에프모양의 곡선이 생겨나며, 가격이나 소득에 상관없이 $45°$ 선상으로 연속으로 나타난다.
- 소비자균형이 항상 $45°$ 선상에서 이루어지므로 가격소비곡선과 소득소비곡선 모두 원점을 통과하는 $45°$ 선이 된다.
- 가격소비곡선, 소득소비곡선 둘 다 기울기가 1인 원점을 통과하는 우상향의 직선이 된다.

답 ①

01 감정평가사 2019

☑ 확인Check! ○ △ ✕

보상수요(Compensated demand)에 관한 설명으로 옳지 않은 것은?

① 가격변화에서 대체효과만 고려한 수요개념이다.

② 기펜재의 보상수요곡선은 우하향하지 않는다.

③ 소비자잉여를 측정하는데 적절한 수요개념이다.

④ 수직선형태 보상수요곡선의 대체효과는 항상 0이다.

⑤ 소득효과가 0이라면 통상적 수요(Ordinary demand)와 일치한다.

┃해설┃

보상수요곡선은 재화의 종류와 무관하게 항상 우하향한다. 따라서 기펜재의 보상수요곡선도 우하향한다.

① 보상수요는 각 가격수준에서 효용을 유지하기 위해 필요한 수요량을 의미한 것으로 대체효과만 반영한다.

③ 보상수요곡선은 가격의 변화에 따른 수요량의 변화를 소득효과를 제거하고, 대체효과만을 적용하여 나타낸 곡선이다. 가격의 변화에 따른 소득효과를 없앴기 때문에 소비자잉여를 더 정확하게 측정할 수 있다.

④ 보상수요곡선은 대체효과만을 나타낸 수요곡선이므로, 보상수요곡선이 수직선인 경우 가격변화에 상관없이 수요량은 불변이므로 대체효과는 0이다.

⑤ 소득효과가 0으로 대체효과가 가격효과를 나타내므로, 통상적 수요곡선과 보상수요곡선이 일치한다.

답 ②

기펜재(Giffen goods)의 수요에 관한 설명으로 옳은 것을 모두 고른 것은?

> ㄱ. 가격이 하락할 때 수요량은 증가한다.
> ㄴ. 보상수요곡선은 우하향한다.
> ㄷ. 수요의 소득탄력성은 0보다 작다.

① ㄱ
② ㄴ
③ ㄱ, ㄷ
④ ㄴ, ㄷ
⑤ ㄱ, ㄴ, ㄷ

┃해설┃

ㄱ. (×) 일반 열등재의 경우 대체효과＞소득효과이므로 가격이 하락하면 구입량이 증가하는데, 기펜재의 경우 대체효과 ＜소득효과로 가격이 상승해야 구입량이 증가한다. 일반적인 수요법칙을 따르지 않는다.

ㄴ. (○) 보상수요곡선은 재화의 종류와 상관없이 항상 우하향한다. 따라서 기펜재의 보상수요곡선도 우하향한다. 대체효과만을 반영하기 때문인데, 소득효과가 더 큰 기펜재의 일반 수요곡선은 우상향한다.

ㄷ. (○) 수요의 소득탄력성이 0보다 작아야 열등재인데, 기펜재도 열등재의 일종이므로 수요의 소득탄력성은 0보다 작다.

답 ④

01 공인회계사 2021

소득 20으로 X재와 Y재만을 소비하여 효용을 극대화하는 소비자의 효용함수가 $U(X, Y) = \sqrt{XY}$ 이다. X재, Y재의 가격은 원래 각각 1이었는데, 가격 인상으로 각각 2와 8이 되었다. 가격 인상 후 이 소비자가 원래의 효용 수준을 누리기 위해 필요한 소득 증가분의 최솟값은?

① 20   ② 30

③ 40   ④ 60

⑤ 80

┃해설┃

- $MU_X = \dfrac{dU}{dX} = \dfrac{1}{2} X^{-\frac{1}{2}} Y^{\frac{1}{2}}$

- $MU_Y = \dfrac{dU}{dY} = \dfrac{1}{2} X^{\frac{1}{2}} \cdot Y^{-\frac{1}{2}}$

- $MRS_{XY} = \dfrac{MU_X}{MU_Y} = \dfrac{\dfrac{1}{2} X^{-\frac{1}{2}} \cdot Y^{\frac{1}{2}}}{\dfrac{1}{2} X^{\frac{1}{2}} \cdot Y^{-\frac{1}{2}}} = \dfrac{Y}{X} = \dfrac{P_X}{P_Y}$

  $\therefore Y \cdot P_Y = X \cdot P_X$

- 예산제약 : $P_X \cdot X + P_Y \cdot Y = M$

  예산제약 공식을 이용하여 X재, Y재 수요함수를 각각 구해보면

X재 수요함수 도출	Y재 수요함수 도출
$P_X \cdot X + P_Y \cdot Y = M$	$P_X \cdot X + P_Y \cdot Y = M$
$P_X \cdot X + P_X \cdot X = 2P_X \cdot X = M$	$P_Y \cdot Y + P_Y \cdot Y = 2P_Y \cdot Y = M$
$X = \dfrac{M}{2P_X}$	$Y = \dfrac{M}{2P_Y}$

- 초기조건 : $P_X = 1$, $P_Y = 1$, $M = 20$인 경우

  X재 구입량 $= \dfrac{20}{2 \times 1} = 10$, Y재 구입량 $= \dfrac{20}{2 \times 1} = 10$, 효용 $= \sqrt{10 \times 10} = \sqrt{100} = 10$

- 변경조건 : $P_X = 2$, $P_Y = 8$인 경우

  X재 구입량 $= \dfrac{M}{2 \times 2} = \dfrac{M}{4}$, Y재 구입량 $= \dfrac{M}{2 \times 8} = \dfrac{M}{16}$, 효용 $= \sqrt{\dfrac{M}{4} \times \dfrac{M}{16}} = \dfrac{M}{8}$

초기조건의 효용과 변경조건의 효용이 같아지기 위해선 $M = 80$이어야 한다.

$\therefore$ 소득 증가분 $= 80 - 20 = 60$

답 ④

소비자 선택은 주어진 소득으로 효용을 극대화하는 문제로 접근(효용 극대화 접근방법)하거나, 주어진 효용을 달성하기 위해 지출을 극소화하는 문제로 접근(지출 극소화 접근방법)할 수 있다. 다음 설명 중 옳은 것을 모두 고르면?

> 가. 효용 극대화 접근방법으로 도출된 수요함수는 가격과 효용의 함수이다.
>
> 나. 소득 $\overline{M}$으로 효용을 극대화하는 경우 극대화된 효용이 U^*라고 하면, U^*의 효용을 달성하기 위해 극소화된 지출은 $\overline{M}$이다.
>
> 다. 지출 극소화 접근방법으로 도출된 수요곡선은 우상향할 수 없다.

① 가   ② 나
③ 다   ④ 가, 나
⑤ 나, 다

┃해설┃

가. (✕) 가격과 효용으로 구성된 함수는 보상수요함수이다.

나. (○) 보통수요함수와 보상수요함수는 쌍대관계를 가지므로 옳은 내용이다.

다. (○) 지출 극소화 방식으로 도출된 수요곡선은 보상수요함수이며 이는 반드시 우하향한다.

답 ⑤

주어진 예산으로 효용극대화를 추구하는 소비자 A의 효용함수 $U(X,\ Y)=X^{0.3}Y^{0.7}$일 때, A의 수요에 관한 설명 중 옳지 않은 것은?

① X재의 가격이 상승하면 X재의 수요량은 감소한다.

② Y재 수요는 Y재 가격에 대해 단위탄력적이다.

③ X재의 소득탄력성은 1이다.

④ X재 가격이 상승하면 Y재의 수요량은 감소한다.

❙해설❙

- $MU_X = \dfrac{dU}{dX} = 0.3X^{-0.7} \cdot Y^{0.7}$

- $MU_Y = \dfrac{dU}{dY} = 0.7X^{0.3} \cdot Y^{-0.3}$

- $MRS_{XY} = \dfrac{MU_X}{MU_Y} = \dfrac{0.3X^{-0.7} \cdot Y^{0.7}}{0.7X^{0.3} \cdot Y^{-0.3}} = \dfrac{3Y}{7X} = \dfrac{P_X}{P_Y}$

  $\therefore\ 3Y \cdot P_Y = 7X \cdot P_X$

- 예산제약 : $P_X \cdot X + P_Y \cdot Y = M$

  예산제약 공식을 이용하여 X, Y 수요함수를 각각 구해보면

X 수요함수 도출	Y 수요함수 도출
$P_X \cdot X + P_Y \cdot Y = M$	$P_X \cdot X + P_Y \cdot Y = M$
$P_X \cdot X + \dfrac{7X \cdot P_X}{3Y} \cdot Y = M$	$\dfrac{3Y \cdot P_Y}{7X} \cdot X + P_Y \cdot Y = M$
$X = \dfrac{3M}{10P_X}$	$Y = \dfrac{7M}{10P_Y}$

Y 수요함수에는 X재 가격이 포함되어 있지 않으므로 X재 가격 변화에 Y재 수요량은 변하지 않는다.

① X재 수요함수에 의하면 X재 가격이 상승하면 X재의 수요량은 감소함을 알 수 있다.

② X재, Y재 수요함수 모두 직각 쌍곡선 형태로 수요의 가격탄력성은 항상 1이다.

③ X재, Y재 수요함수 모두 소득에 정비례 관계이므로 소득탄력성이 항상 1이다.

답 ④

X재와 Y재만을 소비하는 A의 효용함수는 $U(X, Y) = 2\sqrt{XY}$ 이며, A는 최소 비용으로 100의 효용을 달성할 수 있도록 두 재화의 소비량을 결정한다. X재의 단위당 가격은 4, Y재의 단위당 가격은 1이다. 최적 선택에서 A가 효용 1단위를 증가시키기 위해 필요로 하는 추가 지출액은? [단, 모든 수량의 단위는 실수(real number)이다]

① 0.5   ② 1

③ 1.5   ④ 2

⑤ 4

┃해설┃

X재의 수요곡선식을 구하면 $\dfrac{1}{2} \cdot \dfrac{M}{4}$ 이고, Y의 수요곡선식을 구하면 $\dfrac{1}{2} \cdot M$ 이다. 이 식들을 이용하여 100의 효용을 달성할 수 있는 지출액을 구하면 $100 = 2\sqrt{\dfrac{M}{8} \cdot \dfrac{M}{2}}$ 이므로 M은 200이 된다. 그리고 101의 효용을 달성할 수 있는 지출액을 구하면 $101 = 2\sqrt{\dfrac{M}{8} \cdot \dfrac{M}{2}}$ 이므로 M은 202가 되어 추가 지출액은 2임을 알 수 있다.

답 ④

소득 200으로 두 재화 X와 Y를 소비하는 소비자의 효용함수는 $U(x, y) = \sqrt{x} + \dfrac{1}{2}y$ 이다. X재의 가격은 10, Y재의 가격은 20이다. X재의 가격만 5로 하락했을 때, 동등변화(equivalent variation)의 크기는? (단, x와 y는 각각 소비자의 X재와 Y재 소비량이다)

① 28   ② 36

③ 40   ④ 48

⑤ 56

┃해설┃

먼저 두 재화의 수요함수를 구하면 $X = \dfrac{400}{P_X^2}$, $Y = \dfrac{M}{20} - \dfrac{20}{P_X}$ 이다.

이제 간접효용함수를 구하면 $V = \sqrt{\dfrac{400}{P_X^2}} + \dfrac{Y}{2} = \dfrac{20}{P_X} + \left(\dfrac{M}{40} - \dfrac{10}{P_X}\right) = \dfrac{10}{P_X} + \dfrac{M}{40}$ 이다.

여기에 X재의 가격과 소득을 대입하면 $V = \dfrac{10}{5} + \dfrac{200}{40} = \dfrac{10}{10} + \dfrac{200 + EV}{40}$ 이므로 동등변화(EV)는 40이다.

답 ③

01 | 현시선호

정 의	• 한계효용이론, 무차별곡선이론은 주관적인 개념 • 현시선호이론은 객관적으로 나타난 소비자의 선호에 기초해 수요의 법칙과 수요곡선을 도출
가 정	• 직접적인 현시선호 : 소비자가 소비조합 Q_0와 Q_1 중에서 재화를 모두 구매 가능할 때, Q_0를 선택한다면, Q_0는 Q_1보다 직접적으로 현시선호 → 예산집합이 동일할 때 사용
	• 간접적인 현시선호 : 소비조합 Q_0가 Q_1에 직접 현시선호되었고, Q_1가 Q_2에 직접 현시선호 되면 Q_0가 Q_2에 간접적으로 현시선호 → 예산집합이 다를 때 사용
약공리	• 현시선호 이론에서 기본적인 가정 • Q_0가 Q_1보다 직접 현시선호되면, Q_1은 Q_0에 직접 현시선호될 수 없음
강공리	• 재화의 묶음이 두 개 이상일 때 사용 • Q_0가 Q_2에 간접 현시선호가 되면 Q_2가 Q_0보다 간접 현시선호될 수 없음
약공리와 강공리의 관계	• 강공리 성립시 약공리가 자동적으로 성립하는데 이 때문에 강공리를 이행성의 공리라 함 약공리 강공리 약공리 ──✕──→ 강공리 약공리 ←──○── 강공리

01 공인회계사 2016

☑ 확인Check! ○ △ ✕

한 소비자가 사전편찬식 선호관계(Lexicographic preference relation)를 가질 때, 이 소비자의 선호관계에 대한 설명으로 옳은 것은?

> 가. 완비성(Completeness)을 위배한다.
> 나. 이전성(Transitivity)을 위배한다.
> 다. 연속성(Continuity)을 위배한다.
> 라. 선호관계를 효용함수로 나타낼 수 없다.

① 가, 나   ② 가, 다
③ 나, 다   ④ 나, 라
⑤ 다, 라

┃해설┃

사전에서 단어 순서를 배열하듯이 선호순서를 정하는 것을 사전편찬식 선호라고 한다.

가 · 나. (✕) 선호 간에 순서가 있으므로, 선호 간에 순서를 판단하는 완비성과 소비자의 선호의 일관성을 나타내는 이전성은 충족된다.

다. (○) 재화소비량이 조금 변해도 선호가 큰 변화를 보이지 말아야 연속성이 충족되는데, 사전편찬식 선호관계에서는 재화소비량의 변화에 비해 선호의 변화가 너무 크기 때문에 연속성을 위배한다.

라. (○) 재화소비량과 효용의 관계를 나타내는 효용함수가 성립하려면 완비성, 이전성, 연속성이 성립해야하는데, 사전편찬식 선호관계에서는 연속성이 성립되지 않기 때문에 효용함수가 나타나지 않는다.

답 ⑤

소비자 A는 가격벡터가 P_0일 때 Q_0이라는 상품묶음을 선택하였으며, 가격벡터가 P_1일 때 Q_1이라는 상품묶음을 선택하였다고 하자. 다음 상황 중 A의 선택이 현시선호이론의 약공리를 위배하지 않는 경우를 모두 고르면? (단, 두 벡터의 곱 P_iQ_j는 P_i의 가격벡터하에서 Q_j의 상품묶음을 선택할 때 지출액을 나타낸다. 즉, n개의 상품이 존재하고, p_i^k와 q_j^k가 각각 P_i의 가격벡터하에서 k번째 상품의 가격과 Q_j의 상품묶음에서 k번째 상품 수량을 나타낼 때, $P_iQ_j = \sum_{k=1}^{n} p_i^k q_j^k$이다)

가. $P_0Q_0 > P_0Q_1$이고 $P_1Q_0 > P_1Q_1$이다.
나. $P_0Q_0 = P_0Q_1$이고 $P_1Q_0 > P_1Q_1$이다.
다. $P_0Q_0 > P_0Q_1$이고 $P_1Q_0 = P_1Q_1$이다.
라. $P_0Q_0 < P_0Q_1$이고 $P_1Q_0 > P_1Q_1$이다.

---

① 가, 나
② 나, 라
③ 다, 라
④ 가, 나, 다
⑤ 가, 나, 라

▌해설▐

다. (✕) 가격이 P_0에서 P_1으로 변화했을 때 여전히 Q_0가 선택가능하므로 약공리에 위배된다.

답 ⑤

X재와 Y재만을 구매하는 소비자가 있다. 이 소비자는 소득이 20, X재 가격이 2, Y재 가격이 1일 때 X재 5단위, Y재 10단위를 선택하였다. 이 소비자의 소득이 16으로 감소하고 X재 가격이 1, Y재 가격이 2로 바뀔 때, 다음 중 이 소비자가 구매 가능하면서 현시선호의 약공리를 위배하지 않는 소비조합을 모두 고르면? (단, x와 y는 각각 소비자의 X재와 Y재 소비량이다)

가. $(x,\ y)=(4,\ 6)$
나. $(x,\ y)=(8,\ 4)$
다. $(x,\ y)=(10,\ 3)$
라. $(x,\ y)=(14,\ 2)$

---

① 없 음　　　　　　　　　　　　② 가, 나
③ 다, 라　　　　　　　　　　　　④ 가, 나, 다
⑤ 가, 나, 다, 라

┃해설┃

기존의 선택점인 $(X,\ Y)=(5,\ 10)$이 소득과 가격이 변동함에 따라 선택이 불가능해진 상황이므로 새로운 예산선 상의 어떤 점을 선택하더라도 약공리에 반하지 않는다. 다만, 예산선 밖의 점은 선택이 불가능하므로 '라'를 제외한 나머지 소비조합이 모두 선택가능하다.

답 ④

PART 1

미시경제학

CHAPTER

08 | 소비자이론의 응용·기대효용

01 | 예산선

구 분	내 용
정 의	주어진 소득으로 구입한 재화의 구입량을 나타낸 것
예산제약식	$P_X X + P_Y Y = M \rightarrow Y = -\dfrac{P_X}{P_Y} X + \dfrac{M}{P_Y}$
의 미	• 기울기 $\dfrac{P_X}{P_Y}$ 는 상대가격 비율로 시장에서 결정된 객관적 가치 • 예산선 내부의 면적은 소비가능영역 • 예산선 위의 점들은 소비 지출액이 동일
이 동	X재 혹은 Y재의 가격변화, 소득의 변화

02 | 사회보장제도

구 분		현금보조	현물보조	가격보조
개 요		저소득층에 일정한 보조금을 현금으로 지급	특정한 재화를 물품으로 지급	특정한 재화의 구입시 가격의 일정비율을 보조
예산선의 이동		바깥쪽으로 평행이동	오른쪽으로 평행이동	바깥쪽으로 회전이동
특 징		• 소득이 증가한 것과 동일한 효과 • 소비자 후생측면에서 가장 우월	• 소득보다 많은 양의 X재 소비가 가능하지만 Y재 소비량은 늘지 않음 • 특정목적 달성(X재 소비량 증가) 측면에서는 현금보조보다 우월	• X재 가격이 하락한 것과 동일한 효과로 보장제도 중 가장 작은 효용의 크기 • 특정목적 달성(X재 소비량 증가) 측면에서 가장 우월
효과	효용크기	첫 번째	두 번째	세 번째
	소비증가	세 번째	두 번째	첫 번째

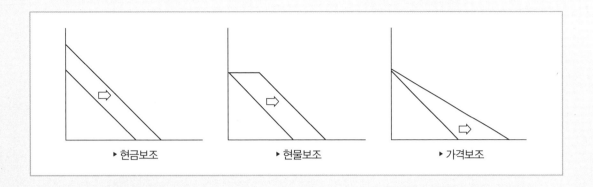

▶ 현금보조   ▶ 현물보조   ▶ 가격보조

03 | 이자율과 소비·저축

- 피셔의 2기간 모형 예산제약식 : $Y_1 + \dfrac{Y_2}{(1+r)} = C_1 + \dfrac{C_2}{(1+r)}$
- 예산선 : $C_2 = -(1+r)C_1 + (1+r)Y_1 + Y_2$
- 예산선의 기울기 : $-(1+r)$
- 예산선의 절편 : $(1+r)Y_1 + Y_2$
- 소비자균형 : $MRS_{C_1 C_2} = (1+r)$

구 분	이자율	가격효과	소비의 증감 여부	저축의 증감 여부
예금자	이자율 상승	대체효과	소비감소(재화 종류 무관)	저축증가
		소득효과	소비증가(열등재는 소비감소)	저축감소
차입자	이자율 상승	대체효과	소비감소(재화 종류 무관)	저축증가
		소득효과	소비감소(열등재는 소비증가)	저축증가

04 | 물품세

구 분	물품세	소득세
예산선 변화	세율의 물품세를 부과하면 예산선이 회전이동	소득세를 부과하면 예산선이 평행이동
효과 비교 (동일 크기 조세)	효용감소 크기	물품세>소득세
	효용 크기	물품세<소득세
	특정재화 소비감소 크기	물품세>소득세

05 | 기대효용

구 분	기대효용	기대소득
정 의	불확실한 상황에서 예상되는 효용의 기대치	불확실한 상황에서 예상되는 금액의 크기
표현식	$\sum \left(\begin{array}{c} \text{각 상황이} \\ \text{발생할 확률} \end{array} \times \begin{array}{c} \text{각 상황에서의} \\ \text{효용} \end{array} \right)$	$\sum \left(\begin{array}{c} \text{각 상황이} \\ \text{발생할 확률} \end{array} \times \begin{array}{c} \text{각 상황에서의} \\ \text{금액} \end{array} \right)$

06 | 위험프리미엄

구 분	위험프리미엄
정 의	• 불확실한 자산을 확실한 자산으로 바꾸기 위해 지불할 용의가 있는 금액 • 위험프리미엄 : 기대소득 − 확실성등가 ※ 확실성등가 : 기대효용과 동일한 효용을 얻을 수 있는 확실한 현금의 크기
보험료	• 공정한 보험료 : 기대손실액과 같은 크기의 보험료, 최고소득 − 기대소득 • 최대보험료 : 공정한 보험료 + 위험프리미엄

07 | 위험의 종류

종 류	위험 기피자	위험 중립자	위험 선호자
특 징	• 기대소득 > 확실성등가 • 위험프리미엄 = 양(+) • 한계효용 체감 • 공정한 보험료 < 최대보험료	• 기대소득 = 확실성등가 • 위험프리미엄 = 0 • 한계효용 일정 • 공정한 보험료 = 최대보험료	• 기대소득 < 확실성등가 • 위험프리미엄 = 음(−) • 한계효용 체증 • 공정한 보험료 > 최대보험료

01 감정평가사 **2019** ☑ 확인 Check! ○ △ ✕

소비자 甲의 효용함수가 $U = \min(X+2Y, \ 2X+Y)$ 이다. 甲의 소득은 150, X재의 가격은 30, Y재의 가격은 10일 때, 효용을 극대화하는 甲의 소비량은? (단, 甲은 X재와 Y재만 소비한다)

① 0   ② 2.5

③ 5   ④ 7.5

⑤ 15

┃ 해설 ┃

• 효용함수가 $U = \min(X+2Y, \ 2X+Y)$ 이므로, $X+2Y = 2X+Y \rightarrow X=Y$
• 예산식 : $30X + 10Y = 150$
• X와 Y를 사용할 때의 효용이 $X=Y$로 동일하므로 X재는 구입하지 않고 가격이 저렴한 Y재만을 소비하면 소비량은 15이다.

답 ⑤

02 공인회계사 **2016** ☑ 확인 Check! ○ △ ✕

휴대전화 서비스와 빵만을 소비하는 한 소비자가 있다. 빵의 가격은 개당 1이고 휴대전화 서비스의 가격은 다음과 같이 결정된다. 사용량이 100분 이하이면 기본료 없이 분당 2이고, 사용량이 100분을 초과하면 기본료가 20이고 100분까지는 분당 2, 100분을 초과한 부분에 대해서는 분당 1이다. 이 소비자의 소득이 300이라면 예산집합의 면적은?

① 21,450 (분·개)   ② 22,200 (분·개)

③ 23,200 (분·개)   ④ 24,350 (분·개)

⑤ 27,000 (분·개)

┃ 해설 ┃

• 소비자의 소득이 300이고, 빵의 가격이 개당 1이므로 최대로 소비할 수 있는 빵의 개수는 300개이고, 휴대전화 서비스는 100분까지는 분당 2, 100분을 초과하면 기본료 20에 분당 1의 가격을 받으므로 최대로 이용 가능한 휴대전화 서비스는 180분이다.
• 이 소비자의 예산선은 다음과 같다.

A면적$+B$면적$+C$면적

$$= \left(\frac{1}{2} \times 200 \times 100 \right) + (100 \times 100) + \left(\frac{1}{2} \times 80 \times 80 \right)$$

$$= 23,200$$

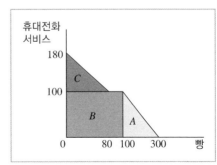

답 ③

재화 X와 Y만을 소비하는 A의 무차별곡선과 예산제약선에 관한 설명으로 옳지 않은 것은? (단, 무차별곡선은 원점에 대해 볼록하며, MU_X는 X재의 한계효용, P_X는 X재의 가격, MU_Y는 Y재의 한계효용, P_Y는 Y재의 가격이다)

① 무차별곡선의 기울기는 한계대체율이다.

② $\dfrac{MU_Y}{MU_X} > \dfrac{P_Y}{P_X}$인 경우에 Y재의 소비를 줄이고 X재의 소비를 늘려야 효용이 증가할 수 있다.

③ 예산제약선의 기울기는 두 재화 가격의 비율이다.

④ 효용극대화는 무차별곡선과 예산제약선의 접점에서 이루어진다.

⑤ 한계대체율은 두 재화의 한계효용 비율이다.

┃해설┃

$\dfrac{MU_Y}{MU_X} > \dfrac{P_Y}{P_X}$를 바꾸어 쓰면 $\dfrac{MU_Y}{P_Y} > \dfrac{MU_X}{P_X}$으로 나타낼 수 있다. Y재 1원어치의 효용이 X재 1원어치의 효용보다 더 크다고 할 수 있다. 따라서 소비자 A는 X재의 소비를 줄이고, Y재의 소비를 늘리면 효용이 증가할 수 있다.

①・⑤ 무차별곡선은 어떤 개인이 동일한 효용을 얻을 수 있는 X재와 Y재의 조합을 나타내는 선이다. 한계대체율이란 동일한 효용수준을 유지하면서, X재 소비량을 1단위 증가시키기 위하여 감소시켜야 하는 Y재 수량을 의미한다. 따라서 X재와 Y재에 대한 소비자의 주관적인 교환비율은 무차별곡선의 기울기로 측정된다.

    한계대체율은 $-\dfrac{\triangle Y}{\triangle X} = \dfrac{MU_X}{MU_Y}$로 표현할 수 있다.

③ 예산선은 $P_X \times X + P_Y \times Y = M$이다.

    이를 Y에 관해 정리하면, $Y = -\dfrac{P_X}{P_Y} \times X + \dfrac{M}{P_Y}$인데, 여기서 기울기는 $-\dfrac{P_X}{P_Y}$이므로, 두 재화의 가격 비율이다.

④ 무차별곡선은 원점에서 멀어질수록 더 높은 효용수준을 나타내는데, 주어진 예산제약 하에서 소비자의 효용이 극대화되는 상태가 소비자균형이다. 예산선 바깥쪽은 현재 소득으로는 구입이 불가능한 영역이므로, 무차별곡선이 예산선과 접하는 점에서 소비자의 효용이 극대화된다.

답 ②

01 공인회계사 2017   ☑ 확인Check! ○ △ X

어느 소비자의 효용함수는 $U(X,\ Y)=\min(2X,\ Y)$ 이고, 소득은 M이다. 효용을 극대화하는 이 소비자에 대한 다음의 설명 중 옳은 것은? (단, $0 < M < \infty$)

① X재를 2단위 소비하는 경우, Y재를 1단위 소비한다.

② S원의 현금을 보조하는 경우와 S원어치의 X재를 현물로 보조하는 경우의 최적 소비점은 항상 동일하다.

③ X재의 가격소비곡선 기울기와 소득소비곡선 기울기는 동일하다.

④ X재의 수요곡선은 우하향하는 직선이다.

⑤ 소득이 2배가 되면, X재 소비량은 2배, Y재 소비량은 4배가 된다.

┃해설┃

효용함수 $U(X,\ Y)=\min(2X,\ Y)$ 는 레온티에프 효용함수이다. 레온티에프 효용함수일 때에는 대체효과가 0이기 때문에 소득소비곡선과 가격소비곡선이 동일하다.

① 효용함수가 $U(X,\ Y)=\min(2X,\ Y)$ 이므로 X재를 1단위 소비하는 경우, Y재를 2단위 소비한다.

② 현금보조의 경우는 소득이 증가할 때와 동일한 효과를 보이기 때문에 최초의 예산선이 바깥으로 평행이동한다. 반면에 현물을 보조할 경우는 최초의 예산선이 오른쪽으로 평행하게 이동한다. 현금보조의 경우에는 현물보조가 닿지 않는 부분(그림의 빗금친 부분)이 있기 때문에 항상 동일하다는 것은 옳지 않다.

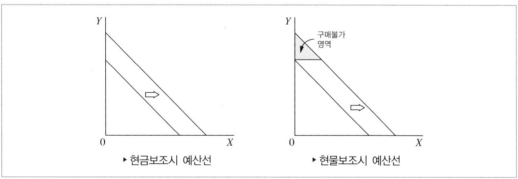

    ▶ 현금보조시 예산선   ▶ 현물보조시 예산선

④ 레온티에프 효용함수일 때에는 수요곡선이 우하향의 곡선으로 나타난다.

⑤ 소득이 2배가 되면, X재 소비량과 Y재 소비량 모두 2배가 된다.

답 ③

02 공인회계사 **2015**

소비자 A와 B는 자신의 모든 소득을 옷과 식료품에만 사용한다. 동일한 소비조합을 선택하고 있던 두 소비자에게 정부가 10만원의 보조금을 지급한다고 하자. 이때 A는 이 보조금을 식료품 구입에만 사용해야 하는 반면, B는 자신이 원하는 대로 사용할 수 있다. 다음 설명 중 옳은 것은?

① 보조금 지급 이후 A의 새로운 예산선의 기울기는 예산선 상의 모든 점에서 동일하다.
② 보조금 지급 이후 B의 새로운 예산선의 기울기는 예산선 상의 모든 점에서 동일하다.
③ 보조금 지급으로 B의 새로운 예산선은 기존 예산선보다 완만해진다.
④ 보조금 지급으로 B의 새로운 예산선은 기존 예산선보다 가팔라진다.
⑤ 보조금 지급 이후 A의 소비조합은 B의 소비조합과 같을 수 없다.

┃해설┃

소비자 B는 보조금 사용에 제한이 없기 때문에 소득이 증가한 것과 같은 효과를 가진다. 예산선이 바깥으로 평행이동하므로, 기울기는 동일하다.
① 소비자 A는 식료품에만 보조금을 사용할 수 있으므로 현물보조와 효과가 같다. 따라서 예산선이 오른쪽으로 평행이동하는데, 수평인 구간만 제외하면 기울기가 동일하다.
③·④ 새로운 예산선은 기존 예산선과 동일하다.
⑤ 소비자 A의 수평선 부분과 소비자 B의 상방 확장선만 제외하면 동일한 소비자 조합이 가능하다.

답 ②

01 공인회계사 **2017** ☑ 확인Check! ○ △ ✕

어느 소비자의 효용함수는 $U(C_1, C_2) = C_1 C_2$이고, 예산제약식은 $C_1 + \dfrac{C_2}{1+r} = Y_1 + \dfrac{Y_2}{1+r}$ 이다. 주어진 소득($Y_1 = Y_2 = 100$)에서 효용을 극대화하는 이 소비자에 대한 다음의 설명 중 옳은 것은? (단, C_1과 C_2는 1기와 2기의 소비량, Y_1과 Y_2는 1기와 2기의 소득, r은 이자율이고, $0 < r < 1$이라고 가정한다)

① 효용극대화 소비점에서 2기 소비로 표시한 1기 소비의 한계대체율은 $1/(1+r)$이다.

② 1기에 차용을 하는 소비자이다.

③ 이자율이 높아지면 극대화된 효용은 항상 증가한다.

④ 이자율이 높아지면 1기의 소비량이 1기의 소득보다 커진다.

⑤ 이자율이 높아지면 실질소득의 증가로 1기와 2기의 소비량 모두 증가한다.

┃해설┃

이자율이 상승하면 저축자의 소비가능한 양이 더 커지므로, 저축자의 효용은 증가한다.

$$\frac{C_2}{C_1} = (1+r) \ \rightarrow \ C_2 = (1+r)C_1$$

$$C_1 + \frac{C_2}{1+r} = Y_1 + \frac{Y_2}{1+r} \ \rightarrow \ C_1 + \frac{C_1(1+r)}{1+r} = 100 + \frac{100}{1+r} \ \rightarrow \ 2C_1 = 100 + \frac{100}{1+r} \ \rightarrow \ C_1 = 50 + \frac{50}{1+r}$$

$$\rightarrow \ C_2 = 50(1+r) + 50$$

① 한계대체율$(MRS_{C_1 C_2}) = \dfrac{MU_1}{MU_2} = \dfrac{C_2}{C_1}$

　소비자 균형에서는 한계대체율이 예산선과 접하므로, $MRS_{C_1 C_2} = (1+r)$이 성립한다.

　$\therefore \ \dfrac{C_2}{C_1} = (1+r)$

② 1기 소비는 $C_1 = 50 + \dfrac{50}{1+r}$ 인데, 100보다 작으므로 소비자는 저축을 한다.

④ 이자율이 높아지면 1기의 소비금액은 더 줄어들기 때문에, 1기의 소비량이 1기의 소득보다 커지지 않는다.

⑤ 이자율이 상승하면 1기의 소비량이 줄기 때문에, 2기의 소비량이 증가하게 된다.

📄답 ③

매기 양(+)의 소득을 얻는 소비자 A는 두 기간(1기와 2기)에 걸쳐 최적 소비 선택을 한다. 시장의 이자율과 관련해 아래 두 경우를 고려하자.

- 경우 Ⅰ : $r_b^I = r_s^I = \bar{r}$
- 경우 Ⅱ : $r_b^{II} > \bar{r}$, $r_s^{II} < \bar{r}$

위의 두 경우에 A의 선택과 관련된 다음 설명 중 옳지 않은 것은? (단, r_b^I, r_b^{II}는 각각 경우 Ⅰ과 경우 Ⅱ의 차입이자율, r_s^I, r_s^{II}는 각각 경우 Ⅰ과 경우 Ⅱ의 저축이자율, $\bar{r}$는 양(+)의 상수이다. A에게 1기와 2기 소비는 정상재이며, A의 1기와 2기 소비에 대한 무차별곡선은 원점에 대해 강볼록하다)

① 경우 Ⅱ의 예산집합은 경우 Ⅰ의 예산집합보다 작다.

② 경우 Ⅰ에서 매기 소득과 소비가 일치한다면, 경우 Ⅱ에서도 매기 소득과 소비가 일치한다.

③ 경우 Ⅰ에서 1기에 차입하고 있다면, 경우 Ⅰ에서 경우 Ⅱ로의 이자율 변화가 1기 소비에 미치는 소득효과와 대체효과의 방향은 같다.

④ 경우 Ⅰ에서 1기에 저축하고 있다면, 경우 Ⅰ에서 경우 Ⅱ로의 이자율 변화가 1기 소비에 미치는 소득효과와 대체효과의 방향은 같다.

⑤ 경우 Ⅰ에서 1기에 저축하고 있다면, 경우 Ⅱ에서 1기에 차입하는 선택을 하지 않는다.

❙ 해설 ❙

경우 Ⅰ은 차입이자율과 저축이자율이 같은 상황이고 경우 Ⅱ는 차입이자율이 저축이자율보다 큰 상황이다. 차입자는 경우 Ⅰ에서 경우 Ⅱ로 이자율이 변화할 경우 대체효과로 인해서는 현재소비가 감소하고, 소득효과 역시 현재소비가 감소하여 둘의 방향은 같다. 하지만 저축자는 대체효과로 인해서는 현재소비가 증가하는 반면, 소득효과로 인해서는 실질소득이 감소하여 현재소비가 감소한다. 따라서 둘의 방향은 다르게 된다.

답 ④

효용을 극대화하는 甲은 1기의 소비(C_1)와 2기의 소비(C_2)로 구성된 효용함수 $U(C_1, C_2) = C_1 C_2^2$을 가지고 있다. 甲은 시점간 선택(Intertemporal choice) 모형에서 1기에 3,000만원, 2기에 3,300만원의 소득을 얻고, 이자율 10%로 저축하거나 빌릴 수 있다. 1기의 최적 선택에 관한 설명으로 옳은 것은? (단, 인플레이션은 고려하지 않는다)

① 1,000만원을 저축할 것이다.

② 1,000만원을 빌릴 것이다.

③ 저축하지도 빌리지도 않을 것이다.

④ 1,400만원을 저축할 것이다.

⑤ 1,400만원을 빌릴 것이다.

- $U = (C_1, C_2) = C_1 C_2^2$

- 효용극대화를 위한 $MRS_{C_1 C_2} = \dfrac{MU_{C_1}}{MU_{C_2}} = \dfrac{C_2^2}{2C_1 C_2} = \dfrac{C_2}{2C_1}$

- 소비자균형에서 $MRS_{C_1 C_2} = (1+r)$이므로 $\dfrac{C_2}{2C_1} = 1.1 \rightarrow C_2 = 2.2\,C_1$

- 두 기간의 예산제약식($Y_1 + \dfrac{Y_2}{1+r} = C_1 + \dfrac{C_2}{1+r}$)

- $Y_1 = 3,000$만원, $Y_2 = 3,300$만원, $r = 10\%$를 예산식에 대입하면 $C_1 + 2C_1 = 6,000$만원

- $C_1 = 2,000$만원, 즉 현재소비를 $2,000$만원하고 $1,000$만원을 저축한다.

답 ①

04 보험계리사 2017

☑ 확인 Check! ○ △ ✕

두 소비자 S와 B의 2기간 최적 소비 선택 모형에서 1기와 2기의 소비는 각각 c_{i1}, c_{i2}, 명목소득은 각각 m_{i1}, m_{i2}이며 $(i = S, B)$, **시장 이자율 r에서 $(1+r)c_{i1} + c_{i2} = (1+r)m_{i1} + m_{i2}$를 만족한다.** 현재 1기에 소비자 S는 저축, 소비자 B는 차입을 선택하고 있으며, 시장 이자율이 상승해도 1기에 소비자 S는 저축, 소비자 B는 차입의 선택을 유지한다. 시장 이자율의 상승에 따른 소비자 S와 B의 효용 수준 변화로 옳은 것은? (단, 소비자 S와 B의 c_{i1}, c_{i2}에 대한 한계대체율은 체감한다)

	소비자 S	소비자 B
①	증 가	증 가
②	증 가	감 소
③	감 소	증 가
④	감 소	감 소

| 해설 |

- 이자율이 상승한다면 저축자(소비자 S)의 수입이 늘어나므로 저축자의 효용이 증가한다.
- 반면 이자율상승에 의해 차입자(소비자 B)는 수입이 줄어드는데, 차입을 유지한다면 효용은 감소한다.

답 ②

피셔(I. Fisher)의 2기간 소비효용극대화 모형에서 저축자의 경우 이자율 상승시 발생하는 현상으로 옳지 않은 것은? (단, 가로축에 현재소비, 세로축에 미래소비를 표시하고, 현재소비와 미래소비는 정상재이며, 무차별곡선은 원점에 대해 볼록한 우하향하는 곡선이다)

① 소득효과에 의해 미래소비는 증가한다.
② 소득효과에 의해 현재소비는 증가한다.
③ 대체효과에 의해 미래소비는 감소한다.
④ 대체효과에 의해 현재소비는 감소한다.

▌해설▌

대체효과에 의해 미래소비는 증가하고 현재소비는 감소한다.

| 핵심체크 | 이자율 상승시 소비변화 |

〈저축자의 경우〉

구 분	대체효과	소득효과	총효과
현재소비	↓	↑	?
미래소비	↑	↑	↑

〈차입자의 경우〉

구 분	대체효과	소득효과	총효과
현재소비	↓	↓	↓
미래소비	↑	↓	?

답 ③

주어진 소득과 이자율 하에서 2기에 걸쳐 소비를 선택하는 소비자의 효용함수와 예산제약은 다음과 같다. 소비선택의 최적조건에서 1기의 소비와 2기의 소비는 그 크기가 같다고 할 때, 이자율과 할인인자의 관계를 올바르게 나타낸 것은?

- 효용함수 : $U(C_1, C_2) = \sqrt{C_1} + \beta \sqrt{C_2}$

- 예산제약 : $C_1 + \dfrac{1}{1+r} C_2 = Y_1 + \dfrac{1}{1+r} Y_2$

(단, Y_1, Y_2, C_1, C_2, β, r은 각각 1기의 소득, 2기의 소득, 1기의 소비, 2기의 소비, 할인인자, 이자율을 나타낸다)

---

① $\beta(1+r) = 1$

② $\beta(2+r) = 1$

③ $2\beta r = 1$

④ $r(1+\beta) = 1$

⑤ $r(2+\beta) = 1$

┃해설┃

- $U(C_1, C_2) = \sqrt{C_1} + \beta \sqrt{C_2}$ 를

  C_1에 대하여 미분하면, $MU_{C_1} = \dfrac{1}{2} C_1^{-\frac{1}{2}} = \dfrac{1}{2\sqrt{C_1}}$ 이고,

  C_2에 대하여 미분하면, $MU_{C_2} = \dfrac{1}{2} \beta C_2^{-\frac{1}{2}} = \dfrac{\beta}{2\sqrt{C_2}}$ 이다.

- 한계대체율이 $MRS_{C_1 C_2} = \dfrac{MU_{C_1}}{MU_{C_2}} = \dfrac{\dfrac{1}{2\sqrt{C_1}}}{\dfrac{\beta}{2\sqrt{C_2}}} = \dfrac{\sqrt{C_2}}{\beta \sqrt{C_1}} = \dfrac{1}{\beta} \sqrt{\dfrac{C_2}{C_1}}$ 인데, 소비자균형에서는 무차별곡선과 예산

  선이 접하므로 $MRS_{C_1 C_2} = 1 + r$이 된다.

- 결국 $\dfrac{1}{\beta} \sqrt{\dfrac{C_2}{C_1}} = 1 + r$이 성립하고, 지문에서 1기와 2기의 소비가 같다고 하였으므로 $C_1 = C_2$도 성립한다.

  이를 $MRS_{C_1 C_2}$에 넣어보면 → $\dfrac{1}{\beta} = 1 + r$, $\beta(1+r) = 1$

답 ①

01 공인노무사 2016

☑ 확인 Check! ○ △ ✕

휴대폰의 수요곡선은 $Q=-2P+100$이고, 공급곡선은 $Q=3P-20$이다. 정부가 휴대폰 1대당 10의 종량세 형태의 물품세를 공급자에게 부과하였다면, 휴대폰 공급자가 부담하는 총 조세 부담액은? (단, P는 가격, Q는 수량, $P>0$, $Q>0$이다)

① 120

② 160

③ 180

④ 200

⑤ 220

┃해설┃

- 두 식을 P에 대해서 정리하면 $P=50-0.5Q$, $P=\dfrac{20}{3}+\dfrac{1}{3}Q$이다. 물품세 부과 전 균형가격과 거래량은 각각 24원, 52개이다.

- 물품세 부과 후 공급곡선은 $P=\dfrac{50}{3}+\dfrac{1}{3}Q$이다. 물품세 부과 후 가격과 거래량은 각각 30원, 40개이다.

- 물품세 10원을 제거한 가격은 20원으로 균형가격보다 4원이 줄어들었다. 생산자가 부담할 조세액은 4원×40개=160원이다.

답 ②

수요가 가격에 대해 완전탄력적이고 공급함수는 $Q = \frac{1}{2}P - 6$(P는 가격, Q는 수량)일 때 시장균형에서 거래량이 5라고 하자. 생산자에게 단위당 2의 물품세를 부과할 경우에 관한 설명으로 옳지 않은 것은?

① 거래량은 4가 된다.
② 조세수입은 8이다.
③ 생산자잉여는 9만큼 감소한다.
④ 자중손실(deadweight loss)은 생산자잉여의 감소분과 일치한다.
⑤ 소비자에게 조세부담 귀착은 발생하지 않는다.

┃해설┃

자중손실은 생산자잉여 감소분 보다 작다. 왜냐하면 조세수입이 발생하기 때문이다.

① 공급함수를 P에 대해 정리하면 $P = 2Q + 12$가 된다. 수요가 가격에 대해 완전탄력적이기에 수요곡선은 수평선 형태로 도출된다.

　시장균형에서 거래량 5를 공급함수에 대입하면 가격은 $22[=(2 \times 5) + 12]$가 되며 이는 수요곡선과 일치한다.

　생산자에 단위당 2의 물품세가 부과되면 수정 공급함수는 $P' = (2Q + 12) + 2 = 2Q + 14$가 된다.

　수정 공급곡선과 수요곡선을 연립하여 거래량을 구해보면 $2Q + 14 = 22$, $\therefore\ Q = 4$

② 조세수입 = 단위당 물품세 × 거래량 = $2 \times 4 = 8$

③ 생산자잉여 감소분 = $(5 + 4) \times 2 \div 2 = 9$

⑤ 수요가 가격에 대해 완전탄력적이므로 소비자에게 조세부담 귀착은 발생하지 않는다.

핵심체크　조세부과 효과

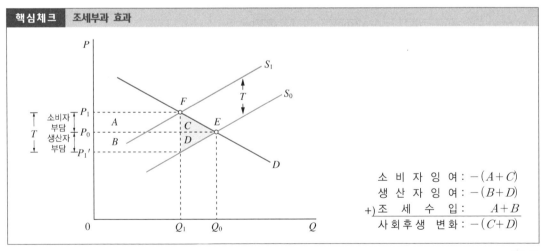

소 비 자 잉 여 : $-(A + C)$
생 산 자 잉 여 : $-(B + D)$
+) 조 세 수 입 : $\underline{A + B}$
사 회 후 생 변 화 : $-(C + D)$

답 ④

01 공인회계사 2021 ☑ 확인 Check! ○ △ ✕

자산이 100인 갑은 $\frac{1}{2}$의 확률로 도난에 따른 손실 51을 입을 위험에 처해 있다. 자산액을 m이라 할 때 갑의 효용은 $\sqrt{m}$이다. 갑이 가격이 19인 보험상품을 구입하면 도난 발생시 손실의 $(\alpha \times 100)$%를 보상받는다. 기대효용을 극대화하는 갑이 보험상품을 구입하기 위한 α의 최솟값은? (단, 구입과 비구입 간에 무차별하면 갑은 보험상품을 구입한다)

① $\frac{1}{7}$

② $\frac{1}{3}$

③ $\frac{2}{3}$

④ $\frac{3}{4}$

⑤ $\frac{4}{5}$

∥해설∥

• 보험가입 이전 기대효용

$$E(U) = \left(\frac{1}{2} \times \sqrt{100} \right) + \left(\frac{1}{2} \times \sqrt{100 - 51} \right) = \frac{17}{2}$$

• 보험가입 이후 기대효용

$$E(U) = \left(\frac{1}{2} \times \sqrt{100 - 19} \right) + \left(\frac{1}{2} \times \sqrt{100 - 19 - 51 + 51\alpha} \right) = \frac{9}{2} + \frac{1}{2}\sqrt{30 + 51\alpha}$$

보험가입 이전과 이후의 기대효용이 같게 되는 α를 구해보면

$$\frac{17}{2} = \frac{9}{2} + \frac{1}{2}\sqrt{30 + 51\alpha}$$

$$\therefore \ \alpha = \frac{2}{3}$$

답 ③

위험기피자인 소비자 J가 확률 p로 w_1의 소득을 얻고 확률 $(1-p)$로 w_2의 소득을 얻을 때, 기대효용은 $U(w_1,\ w_2) = p \times u(w_1) + (1-p) \times u(w_2)$ 이다. (단, $u' > 0$, $u'' < 0$) 가로축에 w_1, 세로축에 w_2를 표시하는 경우에 한계대체율은 무차별곡선의 기울기의 절댓값으로 정의한다. 이 소비자의 선호에 관한 옳은 설명만을 〈보기〉에서 고른 것은?

> 가. $w_1 = w_2$인 모든 소득조합 $(w_1,\ w_2)$에서 한계대체율은 동일한 값을 갖는다.
> 나. 동일한 무차별곡선 상에서 $w_1 < w_2$일 때의 한계대체율은 $w_1 > w_2$일 때의 한계대체율보다 크다.
> 다. 주어진 소득조합 $(w_1,\ w_2)$에서 확률 p가 커질수록 한계대체율은 커진다.

① 가
③ 나, 다

② 가, 나
④ 가, 나, 다

┃해설┃

가. (○) 위험기피자는 불확실한 상황보다 확실한 상황을 더 선호하므로 무차별곡선은 원점에 대해 볼록한 형태이며, $w_1 = w_2$인 점을 나타내는 45° 선상에서 접한다.

나. (○) 무차별곡선이 원점에 대해 볼록한 형태이므로 동일한 무차별곡선상에서 $w_1 < w_2$일 때의 한계대체율은 $w_1 > w_2$일 때의 한계대체율보다 크다.

다. (○) 확률 p가 커질수록 무차별곡선은 더 급경사가 된다. 그러므로 확률 p가 커질수록, 무차별곡선의 기울기인 한계대체율은 커진다.

답 ④

100만원의 자동차를 가지고 있는 A는 0.1의 확률로 사고를 당해 36만원의 손해를 볼 수 있으며, 자동차 손해보험을 판매하는 B로부터 사고시 36만원을 받는 보험을 구매할 수 있다. m원에 대한 A의 기대효용 함수가 $U(m) = \sqrt{m}$일 때, B가 받을 수 있는 보험료의 최댓값은?

① 0원
③ 3만 9,600원
⑤ 9만 8,000원

② 2만 5,400원
④ 6만원

┃해설┃

• 기대효용 : $0.1 \times \sqrt{64만} + 0.9 \times \sqrt{100만} = 80 + 900 = 980$

• $\sqrt{확실성등가} = 980$, 따라서 확실성등가 $= 980 \times 980 = 960,400$원

• 최대한의 보험료 = 재산 − 확실성등가 → 100만원 − 96만 400원 = 3만 9,600원

답 ③

갑(甲)이 소유한 건물의 가치는 화재가 발생하지 않을 시 $3,600$, 화재발생 시 $1,600$이고, 건물의 화재 발생확률은 0.5이다. 갑(甲)의 효용함수가 $U(W) = \sqrt{W}$일 때, 건물의 (ㄱ) 기대가치와 (ㄴ) 기대효용은? (단, W는 건물의 가치이다)

	ㄱ	ㄴ
①	1,800	40
②	2,400	40
③	2,400	50
④	2,600	40
⑤	2,600	50

▌해설▐

- 기대가치(ㄱ)$=(3,600 \times 0.5)+(1,600 \times 0.5)=2,600$
- 기대효용(ㄴ)$=(\sqrt{3,600} \times 0.5)+(\sqrt{1,600} \times 0.5)=50$

답 ⑤

갑은 회사 취업 또는 창업을 선택할 수 있다. 각 선택에 따른 결과로 고소득과 저소득의 확률(P)과 보수(R)가 아래와 같을 때, 이에 관한 설명으로 옳지 않은 것은?

구 분	고소득(P, R)	저소득(P, R)
회사 취업	(0.9, 600만원)	(0.1, 300만원)
창 업	(0.2, 1,850만원)	(0.8, 250만원)

① 갑이 위험기피자라면 창업을 선택한다.
② 회사 취업을 선택하는 경우 기대소득은 570만원이다.
③ 창업이 회사 취업보다 분산으로 측정된 위험이 더 크다.
④ 갑의 효용함수가 소득에 대해 오목하다면 회사 취업을 선택한다.
⑤ 창업을 선택하는 경우 기대소득은 570만원이다.

┃ 해설 ┃

갑이 위험기피자라면 기대소득에 대한 위험(분산)이 작은 회사 취업을 선택한다.
② 회사 취업 기대소득=(0.9×600만원)+(0.1×300만원)=570만원
③ 창업이 회사 취업보다 분산으로 측정된 위험이 더 크다.
　　회사 취업 분산=$0.9 \times (600만-570만)^2 + 0.1 \times (300만-570만)^2$
　　창업 분산=$0.2 \times (1,850만-570만)^2 + 0.8 \times (250만-570만)^2$
④ 효용함수가 소득에 대해 오목하다면 위험기피자로 갑은 회사 취업을 선택하게 된다.
⑤ 창업 기대소득=(0.2×1,850만원)+(0.8×250만원)=570만원

답 ①

01 보험계리사 2016

☑ 확인 Check! ○ △ ✕

A의 효용함수는 $u(w) = \sqrt{w}$ 이다. A가 소유하고 있는 주택의 가치 w는 100이지만, 화재 발생 시에는 64이고 화재의 발생가능성은 50%이다. A가 당면한 화재위험에 대한 위험프리미엄은 얼마인가?

① 1
② 2
③ 3
④ 4

❚해설❚

- 재산의 기대소득(기대치) : Σ각 상황이 발생할 확률×각 상황에서의 금액 → $0.5 \times 64 + 0.5 \times 100 = 82$

  기대효용 : Σ각 상황이 발생할 확률×각 상황에서의 효용 → $0.5 \times \sqrt{64} + 0.5 \times \sqrt{100} = 9$

- 불확실한 상황에서 기대되는 효용의 크기인 기대효용과 동일한 효용을 주는 현금의 크기인 확실성등가를 CE라 하고 $\sqrt{CE} = 9$로 두면, 확실성등가는 81이 된다.

- 위험프리미엄은 기대치−확실성등가로 나타내므로, $82 - 81 = 1$, 위험프리미엄은 1이다.

답 ①

02 공인회계사 2016

☑ 확인 Check! ○ △ ✕

한 소비자의 돈 m원에 대한 기대효용함수는 $U(m) = 2\sqrt{m}$ 이다. 한 증권이 $\frac{1}{3}$의 확률로 81원이 되고, $\frac{2}{3}$의 확률로 36원이 될 때 이 소비자의 증권에 대한 확실성등가(Certainty equivalent)와 위험프리미엄 (Risk premium)을 바르게 짝지은 것은?

	확실성등가(원)	위험프리미엄(원)
①	14	37
②	14	2
③	49	14
④	49	2
⑤	51	14

▌해설 ▌

- 기대치＝$\sum$각 상황이 발생할 확률×각 상황에서의 금액＝$81 \times \frac{1}{3} + 36 \times \frac{2}{3} = 51$

- 기대효용＝$\sum$각 상황이 발생할 확률×각 상황에서의 효용＝$\frac{1}{3} \times 2\sqrt{81} + \frac{2}{3} \times 2\sqrt{36} = 14$

- 확실성등가 : $2\sqrt{확실성등가} =$ 기대효용＝14, 확실성등가＝49

- 위험프리미엄 : 기대치－확실성등가＝$51 - 49 = 2$

답 ④

03 공인회계사 **2015**   ☑ 확인Check! ○ △ ✕

어떤 경제에 서로 대체관계인 국채와 회사채가 있다고 하자. 회사채의 신용위험(Credit risk) 증가가 국채 가격, 회사채 가격, 그리고 회사채의 위험프리미엄(Risk premium)에 미치는 영향으로 옳은 것은? (단, 국채의 신용위험은 불변이고 채권투자자는 위험기피적이라고 가정)

	국채 가격	회사채 가격	위험프리미엄
①	불 변	불 변	불 변
②	하 락	하 락	증 가
③	상 승	하 락	증 가
④	상 승	하 락	감 소
⑤	상 승	상 승	증 가

▌해설 ▌

- 위험기피자란 불확실성이 있는 자산보다는 확실한 자산을 더 선호하는 개인을 의미한다. 따라서 국채 가격은 신용위험이 불변이므로 수요가 증가하여 가격이 상승할 것이고, 회사채는 불확실성이 내포되어 있어 수요가 감소하여 가격이 하락할 것이다.
- 위험기피자는 기대치가 확실성등가보다 크기 때문에 위험프리미엄은 (＋)이다.

답 ③

01 감정평가사 2018

☑ 확인 Check! ○ △ ✕

( )에 들어갈 내용으로 옳은 것은?

> 위험자산에 대한 투자자의 무차별곡선을 그리고자 한다. 위험자산의 수익률 평균은 수직축, 수익률 표준편차는 수평축에 나타낼 때, 투자자의 무차별곡선 형태는 위험 기피적인 경우 (ㄱ)하고, 위험 애호적인 경우 (ㄴ)하며, 위험 중립적인 경우에는 (ㄷ)이다.

	ㄱ	ㄴ	ㄷ
①	우상향	우상향	수 평
②	우상향	우하향	수 평
③	우상향	우하향	수 직
④	우하향	우상향	수 평
⑤	우하향	우상향	수 직

┃해설┃

모두 동일한 효용을 유지하고자 함을 가정
- 위험기피자 : 위험 표준편차가 커질 때, 기대수익이 증가해야 하므로 우상향하는 형태
- 위험중립자 : 위험 표준편차와 무관하게 기대수익률만 고려함
- 위험애호자 : 위험 표준편차가 커질 때, 기대수익이 감소해야 하므로 우하향하는 형태

답 ②

02 보험계리사 2021

☑ 확인 Check! ○ △ ✕

금융상품 A의 기대수익률은 3%, 표준편차는 2%, 금융상품 B의 기대수익률은 5%, 표준편차는 2%이다. 위험을 최소화하기 위해 A와 B에 분산투자할 때, 다음 중 옳지 않은 것은?

① A와 B에 같은 비율로 투자하면 기대수익률은 4%이다.

② A와 B의 수익률 사이의 상관계수가 −1이면 헤지(hedge) 투자가 가능하다.

③ A와 B의 수익률 사이의 상관계수가 0이면 분산투자의 위험 감소 효과가 없다.

④ A와 B의 수익률 사이의 상관계수가 −1보다 크면 위험회피 투자자는 A보다 B에 더 높은 비중으로 투자한다.

|해설|

A와 B의 수익률 사이의 상관계수가 $+1$이면 분산투자의 위험 감소 효과가 없다.

① 기대수익률 $=(\frac{1}{2} \times 3\%)+(\frac{1}{2} \times 5\%)=4\%$

② A와 B의 수익률 사이의 상관계수가 $+1$이 아니면 분산투자의 위험 감소 효과가 발생하여 헤지(hedge) 투자가 가능하다.

④ 두 금융상품의 위험(표준편차)는 2%로 동일하지만 기대수익률은 금융상품 B가 5%로 금융상품 A보다 더 크므로 위험회피 투자자는 금융상품 A보다 B에 더 높은 비중으로 투자를 할 것이다.

 ③

---

03 보험계리사 2021

 확인Check! ○ △ ✕

바이오 기업인 甲은 상용화가 가능한 치매치료 신약을 개발하였고, 이를 자신이 직접 생산하여 판매하려는 계획을 갖고 있다. 그런데 이를 알게 된 기업 乙은 甲에게 신약 제조방법을 포함한 일체의 권리를 매입하겠다고 제안하였다. 현재 甲은 식품의약 관리청의 승인을 기다리고 있으며, 승인 여부 및 甲의 선택에 따른 甲의 이윤 크기는 다음과 같다. 甲이 기대이윤을 극대화할 때, 甲의 합리적 선택과 기대이윤은?

구 분		甲의 의사결정	
승인 여부	확 률	乙에 권리매도	甲이 생산판매
승 인	10%	100억원	1,000억원
거 절	90%	100억원	−20억원

① 乙에 권리매도, 100억원

② 甲이 생산판매, 82억원

③ 乙에 권리매도, 90억원

④ 甲이 생산판매, 1,000억원

|해설|

• 甲의 기대이윤 $=(1{,}000$억원$\times 0.1)+(-20$억원$\times 0.9)=82$억원

• 乙에게 권리매도시 이윤 $=100$억원

乙에게 권리매도시 이윤이 甲의 기대이윤보다 크기 때문에 乙에게 권리매도함으로써 100억원의 이윤을 얻을 것이다.

 ①

다음 중 기대효용 이론에 대한 설명으로 옳지 않은 것은?

① 한계효용이 체감하는 효용함수를 가진 투자자는 위험회피 성향을 보인다.

② 한계효용이 일정한 효용함수를 가진 투자자는 기대수익에 따른 의사결정과 기대효용에 따른 의사결정이 동일하다.

③ 한계효용이 체감하는 효용함수에서 기대수익과 확실성등가 수익의 차이를 위험 프리미엄이라고 한다.

④ 한계효용이 체증하는 효용함수를 가진 투자자는 위험-기대수익 평면에 표시한 무차별 곡선이 우상향한다.

┃해설┃

한계효용이 체증하는 효용함수를 가진 투자자는 위험선호 성향을 가진 투자자이며 위험선호 성향을 가진 투자자의 위험-기대수익 평면에 표시한 무차별곡선은 우하향 형태를 갖는다.

① 한계효용이 체감하는 효용함수를 가진 투자자는 위험회피 성향의 투자자이다.

② 한계효용이 일정한 효용함수를 가진 투자자는 위험 중립성향을 가진 투자자로 기대수익에 따른 의사결정과 기대효용에 따른 의사결정이 동일하다.

③ 위험 프리미엄은 불확실한 자산을 확실한 자산으로 교환할 때 지불할 용의가 있는 금액으로 기대수익에서 확실성등가를 차감하여 계산한다.

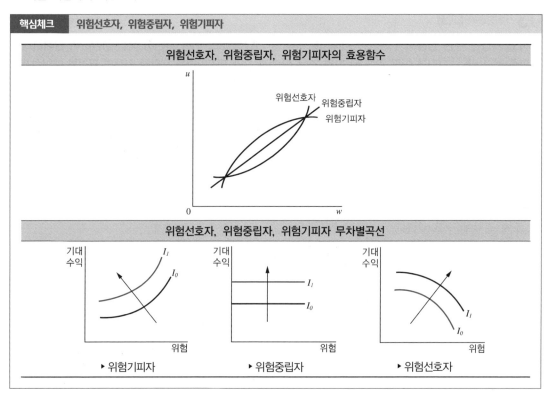

핵심체크	위험선호자, 위험중립자, 위험기피자

위험선호자, 위험중립자, 위험기피자의 효용함수

위험선호자, 위험중립자, 위험기피자 무차별곡선

▶ 위험기피자　　　▶ 위험중립자　　　▶ 위험선호자

답 ④

A는 매일 자가운전으로 출근한다. A가 자동차 주행속도를 S로 선택했을 때 사고 없이 직장에 도착하는데 소요되는 시간은 $\frac{1}{S}$이고, 만약 사고가 날 경우 추가적으로 소요되는 시간은 16이다. 사고가 날 확률(π)은 자동차 주행속도의 함수로서 $\pi(S) = \min\{S,\ 1\}$이다. A의 기대 출근소요시간을 최소화하기 위한 주행속도는?

① $\frac{1}{32}$

② $\frac{1}{16}$

③ $\frac{1}{8}$

④ $\frac{1}{4}$

⑤ $\frac{1}{2}$

┃ **해설** ┃

- $S > 1$일 때, $\pi(S) = \min\{S,\ 1\} = 1$이다.

  따라서 사고날 확률은 100%로 출근소요시간은 16이다.

- $S < 1$일 때, $\pi(S) = \min\{S,\ 1\} = S$이다.

  따라서 사고날 확률은 S%이고 이때의 출근소요시간은 $\frac{1}{S} + 16$, 사고가 발생하지 않을 확률은 $(1-S)$%이고 이때의 출근소요시간은 $\frac{1}{S}$이다.

  $S < 1$인 경우의 출근소요시간의 기댓값은 $S\left(\frac{1}{S} + 16\right) + (1-S)\frac{1}{S} = 16S + \frac{1}{S}$이다.

  $16S + \frac{1}{S}$의 최소값을 구하기 위해 S에 대해 미분하면 $16 - \frac{1}{S^2}$으로 미분한 값이 0이 되는 $S = \frac{1}{4}$에서 $16S + \frac{1}{S}$이 최소값이 되며, 이때의 값은 $16 \times \frac{1}{4} + \frac{1}{\frac{1}{4}} = 8$이다.

- 두 경우를 모두 고려한 결과 주행속도 $S = \frac{1}{4}$일 때 출근소요시간이 최소가 되며, 그 값은 8이 된다.

답 ④

갑은 사업안 A와 B를 고려하고 있다. 두 안의 성공 및 실패에 따른 수익과 확률은 다음과 같다. 이에 대한 설명으로 옳은 것만을 모두 고르면? (단, 위험은 분산으로 측정한다)

구 분 사업안	성 공		실 패	
	확 률	수익(만원)	확 률	수익(만원)
A	0.9	+100	0.1	+50
B	0.5	+200	0.5	−10

ㄱ. A안의 기대수익은 95만원이다.

ㄴ. B안의 기대수익은 95만원이다.

ㄷ. 갑이 위험을 회피하는(risk averse) 사람인 경우 A안을 선택할 가능성이 더 크다.

ㄹ. A안의 기대수익에 대한 위험은 B안의 기대수익에 대한 위험보다 더 크다.

① ㄱ, ㄴ, ㄷ   ② ㄱ, ㄴ, ㄹ

③ ㄱ, ㄷ, ㄹ   ④ ㄴ, ㄷ, ㄹ

┃해설┃

ㄱ. (○) A안의 기대수익 $= (0.9 \times 100$만원$) + (0.1 \times 50$만원$) = 95$만원

ㄴ. (○) B안의 기대수익 $= (0.5 \times 200$만원$) + (0.5 \times -10$만원$) = 95$만원

ㄷ. (○) 위험을 회피하는(risk averse) 사람은 성공과 실패의 수익 차이가 큰 B안 보다는 차이가 작은 A안을 선택할 가능성이 더 크다.

ㄹ. (✕) A안의 기대수익에 대한 위험은 B안의 기대수익에 대한 위험보다 더 작다.

📄 ①

09 | 생산이론

01 | 한계생산물과 평균생산물

총생산물(TP)	일정기간동안 생산된 재화의 총량
평균생산물 (AP_L)	• 노동 한 단위당 생산량의 평균 • 원점에서 총생산물곡선의 각 점에 그은 직선의 기울기 • $AP_L = \dfrac{TP}{L}$
한계생산물 (MP_L)	• 노동 한 단위 투입증가로 인한 총생산량의 증가분 • 총생산물곡선의 한 점에서의 기울기 • $MP_L = \dfrac{dTP}{dL}$

02 | 한계생산물 균등의 법칙

한계생산물 균등의 법칙	• 생산자균형 : 등량곡선의 기울기($MRTS_{LK}$)=등비용선의 기울기$\left(\dfrac{w}{r}\right)$ • 비용제약식 : $TC = w \times L + r \times K$의 기울기 : 등비용선의 기울기 → $\dfrac{w}{r}$ (시장에서 결정되는 객관적 가치) • $MRTS_{LK} = -\dfrac{\triangle K}{\triangle L} = \dfrac{MP_L}{MP_K} = \dfrac{w}{r}$ → $\dfrac{MP_L}{w} = \dfrac{MP_K}{r}$ (한계생산물 균등의 법칙)

03 | 한계기술대체율

정 의	동일한 생산량을 유지하며 노동 한 단위 추가 투입을 위해 감소시켜야 하는 자본의 크기(생산자 주관의 가치)
표현식	$MRTS_{LK} = -\dfrac{\triangle K}{\triangle L} = \dfrac{MP_L}{MP_K}$

PART 1

미시경제학

04 | 생산자균형

특 징	• 생산자균형은 등량곡선과 등비용선이 접하는 점에서 결정 • $\dfrac{MP_L}{MP_K} = \dfrac{w}{r} \rightarrow \dfrac{MP_L}{w} = \dfrac{MP_K}{r}$ • 생산자균형에서 생산량 극대화, 비용 극소화가 달성

05 | 대체탄력성

• 생산량이 일정한 상태에서 생산요소간 대체 정도를 탄력성으로 나타낸 것
• 등량곡선이 직선일수록 대체탄력성은 커짐

06 | 규모에 대한 수익

정 의	장기에 모든 생산요소를 같은 비율로 변화시킬 때 생산량의 변화를 나타내는 것	
구 분	규모에 대한 수익체증	• 생산요소를 n배 증가시키면 생산량이 n배 이상 증가 • 비용체감 • 규모의 경제 • 자연독점 발생할 가능성
	규모에 대한 수익불변	• 생산요소를 n배 증가시키면 생산량이 n배 증가 • 비용불변
	규모에 대한 수익체감	• 생산요소 n배 증가시키면 생산량이 n배보다 적게 증가 • 비용체증 • 규모의 비경제 • 비효율적인 생산구간
특 징	• 모든 생산요소가 가변적인 장기에만 해당하는 개념 • 단기적인 수확체감 법칙과는 무관	

07 | 콥-더글라스 생산함수

형 태	$Q = AL^{\alpha}K^{\beta}$ (A : 기술, L : 노동, K : 자본). (단, $\alpha > 0$, $\beta > 0$)
동차함수	1차 동차함수($\alpha + \beta = 1$)
L과 K 대체	대체가능, 요소대체탄력성 항상 1
등량곡선	원점에 대해 볼록한 형태
α	• 생산에 대한 L의 기여도 • 노동 소득 분배율 • 생산의 노동 탄력도
β	• 생산에 대한 K의 기여도 • 자본 소득 분배율 • 생산의 자본 탄력도

08 | 레온티에프 생산함수

형 태	$Q = \min[aL, bK]$ (단, $a > 0$, $b > 0$)
동차함수	1차 동차함수 ($\because$ 규모에 대한 수익불변)
L과 K 대체	완전보완재 관계이므로 대체불가능, 요소대체탄력성 0
등량곡선	자본과 노동의 투입비율이 고정되어 있으므로 L자 형태
$K - L$투입비율	자본과 노동의 투입비율이 $\dfrac{b}{a}$
특 징	• 규모에 대한 수익불변 • 균형조건 : $Q = \dfrac{L}{a} = \dfrac{K}{b}$

09 | 선형함수

형 태	$Q = aL + bK$ (단, $a > 0$, $b > 0$)
동차함수	1차 동차함수 (∵ 규모에 대한 수익불변)
L과 K 대체	완전대체재 관계이므로 대체가능성 ∞
등량곡선	우하향 직선(등량곡선이 직선에 가까울수록 대체탄력성은 커짐)
기울기	$-\dfrac{a}{b}$
특 징	• $\dfrac{MP_L}{w} > \dfrac{MP_K}{r} \rightarrow L$만 고용 • $\dfrac{MP_L}{w} < \dfrac{MP_K}{r} \rightarrow K$만 고용 • $\dfrac{MP_L}{w} = \dfrac{MP_K}{r} \rightarrow L,\ K$둘 다 고용 • 규모에 대한 수익불변

10 | 등량곡선

정 의	동일한 생산량을 생산하는 L, K의 조합을 연결한 곡선
특 징	• 원점에서 멀수록 높은 생산량 • 우하향의 기울기 • 서로 교차 불가능 • 원점에 대해 볼록한 형태 • 기수적인 개념
형 태	일반적으로는 원점에 대해 볼록한 형태(한계기술대체율 체감)

01 공인노무사 **2021** ☑ 확인Check! ○ △ ✕

이윤극대화를 추구하는 완전경쟁기업의 단기 노동수요에 관한 설명으로 옳은 것은? (단, 단기 총생산곡선의 형태는 원점으로부터 고용량 증가에 따라 체증하다가 체감하며, 노동시장은 완전경쟁이다)

① 노동의 평균생산이 증가하고 있는 구간에서 노동의 한계생산은 노동의 평균생산보다 작다.
② 노동의 한계생산이 최대가 되는 점에서 노동의 한계생산과 노동의 평균생산은 같다.
③ 완전경쟁기업은 이윤극대화를 위해 자신의 노동의 한계생산가치와 동일한 수준으로 임금을 결정해야 한다.
④ 노동의 평균생산이 감소하고 있는 구간에서 노동의 한계생산은 감소한다.
⑤ 단기 노동수요곡선은 노동의 평균생산가치곡선과 같다.

┃ **해설** ┃

① 노동의 평균생산이 증가하고 있는 구간에서 노동의 한계생산은 노동의 평균생산보다 크다.
② 노동의 평균생산이 최대가 되는 점에서 노동의 한계생산과 노동의 평균생산은 같다.
③ 생산요소시장이 완전경쟁일 경우에 개별기업은 주어진 임금으로 원하는 만큼의 고용이 가능하므로, 한계요소비용과 임금이 일치한다.
⑤ 완전경쟁기업의 단기 노동수요곡선은 노동의 한계생산가치곡선과 같고, 이는 우하향한다.

핵심체크 **총생산·한계생산·평균생산**

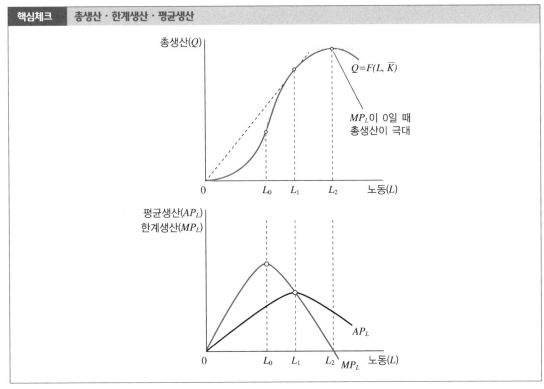

답 ④

A기업의 생산함수는 $Q=12L^{0.5}K^{0.5}$이다. A기업의 노동과 자본의 투입량이 각각 $L=4$, $K=9$일 때, 노동의 한계생산(MP_L)과 평균생산(AP_L)은?

① $MP_L=0$, $AP_L=9$

② $MP_L=9$, $AP_L=9$

③ $MP_L=9$, $AP_L=18$

④ $MP_L=12$, $AP_L=18$

⑤ $MP_L=18$, $AP_L=9$

❚ 해설 ❚

• $MP_L=\dfrac{dQ}{dL}=12\times0.5\times L^{-0.5}K^{0.5}=12\times0.5\times\dfrac{3}{\sqrt{L}}=9$

• $AP_L=\dfrac{Q}{L}=\dfrac{12L^{0.5}K^{0.5}}{L}=\dfrac{12\times2\times3}{4}=18$

답 ③

A국과 B국 모두에서 노동투입량(L)과 자본투입량(K)이 각각 300으로 동일하다고 하자. 두 나라의 생산함수는 다음과 같이 주어져 있다.

- A국의 생산함수 : $Y=L^{0.25}K^{0.75}$
- B국의 생산함수 : $Y=L^{0.75}K^{0.25}$

두 나라의 노동의 한계생산물(MPL_A와 MPL_B)과 노동소득 분배율 (ℓ_A와 ℓ_B)을 비교한 것으로 옳은 것은?

① $MPL_A > MPL_B$, $\ell_A < \ell_B$

② $MPL_A > MPL_B$, $\ell_A > \ell_B$

③ $MPL_A < MPL_B$, $\ell_A < \ell_B$

④ $MPL_A < MPL_B$, $\ell_A > \ell_B$

⑤ $MPL_A = MPL_B$, $\ell_A = \ell_B$

∎ 해설 ∎

- A국과 B국 두 나라의 노동의 한계생산물(MPL_A와 MPL_B)을 구하기 위해 생산함수를 L로 미분하여 보면

$$MPL_A = 0.25L^{-0.75}K^{0.75} = 0.25\left(\frac{K}{L}\right)^{0.75}, \quad MPL_B = 0.75L^{-0.25}K^{0.25} = 0.75\left(\frac{K}{L}\right)^{0.25} \text{가 나온다.}$$

- L과 K에 각각 300씩 대입하여 보면 $MPL_A = 0.25$, $MPL_B = 0.75$ → $MPL_A < MPL_B$가 된다.
- 노동의 계수가 노동소득 분배율이기 때문에 A국의 노동소득 분배율은 0.25이고, B국의 노동소득 분배율은 0.75 이다.
- 따라서 $\ell_A < \ell_B$가 성립한다.

답 ③

04 공인노무사 2017
☑ 확인Check! ○ △ ✕

최근 들어 우리나라에서 자동차 부품 생산이 활발하게 이루어지고 있다. 동일한 자동차 부품을 생산하는 5개 기업의 노동투입량과 자동차 부품 생산량 간의 관계가 다음과 같을 때, 평균노동생산성이 가장 낮은 기업은?

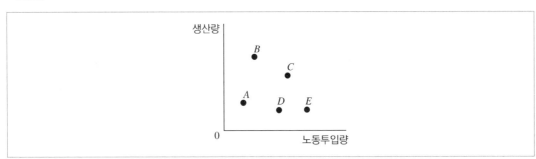

① A ② B
③ C ④ D
⑤ E

∎ 해설 ∎

평균노동생산량이란 생산량을 노동투입량으로 나눈 것으로 생산량이 가장 낮은 A, D, E 중에서 가장 많은 노동투입량을 보인 E가 평균노동생산성이 가장 낮다고 볼 수 있다.

답 ⑤

B국의 총생산함수는 $Y = AK^{\alpha}L^{(1-\alpha)}$이다. 생산요소들이 한계생산물만큼 보상을 받는 경우, 자본소득에 대한 노동소득의 비율은? (단, Y는 생산량, A는 총요소생산성, $0 < \alpha < 1$, K는 자본량, L은 노동량이다)

① α

② $1 - \alpha$

③ $\dfrac{\alpha}{Y}$

④ $\dfrac{1-\alpha}{Y}$

⑤ $\dfrac{1-\alpha}{\alpha}$

──────────────────────────────

▌해설▐

- 자본소득분배비율 $= \dfrac{MP_K \cdot K}{Y} = \dfrac{\alpha AK^{(\alpha-1)}L^{(1-\alpha)} \cdot K}{AK^{\alpha}L^{(1-\alpha)}} = \alpha$

- 노동소득분배비율 $= \dfrac{MP_L \cdot L}{Y} = \dfrac{(1-\alpha)AK^{\alpha}L^{-\alpha} \cdot L}{AK^{\alpha}L^{(1-\alpha)}} = 1-\alpha$

자본소득에 대한 노동소득의 비율 $= \dfrac{\text{노동소득 분배비율}}{\text{자본소득 분배비율}} = \dfrac{1-\alpha}{\alpha}$

답 ⑤

콥-더글라스(Cobb-Douglas) 생산함수 $Q = AL^{a}K^{1-a}$에 관한 설명으로 옳지 않은 것은? (단, K는 자본, L은 노동, Q는 생산량, $0 < a < 1$, A는 상수, $A > 0$임)

① 규모에 대한 수익불변의 특성을 갖는다.

② 1차 동차성을 갖는다.

③ 자본의 평균생산은 체증한다.

④ 노동의 한계생산은 체감한다.

⑤ 생산요소간 대체탄력성은 1로 일정하다.

──────────────────────────────

▌해설▐

- 평균생산물은 총생산물곡선과 원점을 연결한 직선의 기울기로 측정된다. 단기에는 총생산물곡선에서 원점으로 연결한 직선의 기울기가 점점 커지지만, 생산량이 일정단위를 넘어서면 원점으로 연결한 직선의 기울기가 점점 감소한다.

- 자본의 평균생산물은 $\dfrac{Q}{K}$로 구한다.

- 생산함수를 K로 나누면 $\dfrac{Q}{K} = \dfrac{AK^{\alpha}L^{1-\alpha}}{K} = AK^{a-1}L^{1-a} = A\left(\dfrac{K}{L}\right)^{1-\alpha}$

  따라서 자본투입량(K)이 증가하면 자본의 평균생산물이 감소한다.

① 자본, 노동 계수의 합이 $a+1-a=1$이 나오므로 규모에 대한 수익불변의 특성을 갖는다.

② 규모에 대한 수익불변은 1차 동차함수의 특성이다.

④ 단기에는 노동투입량을 증가시키면 한계생산물이 증가하나 어떤 단계를 지나고 나서부터는 노동의 한계생산물이 지속적으로 감소하는 현상이 나타난다.

⑤ 콥-더글러스 생산함수는 동차함수 여부에 관계없이 대체탄력성은 항상 1이다.

답 ③

---

07 감정평가사 2016

확인Check! ○ △ ✕

폐쇄경제인 B국의 총생산함수가 $Y=AK^aL^{1-a}$이다. 전염병으로 인하여 L이 갑자기 감소함으로써 발생하는 변화에 관한 설명으로 옳은 것을 모두 고른 것은? (단, A와 K는 일정하며, Y는 총생산, α는 0과 1 사이의 상수값, A는 총요소 생산성, K는 자본량, L은 노동량으로 인구와 같다)

> ㄱ. 총생산은 증가할 것이다.
> ㄴ. 1인당 생산은 증가할 것이다.
> ㄷ. 자본의 한계생산은 증가할 것이다.
> ㄹ. 노동의 한계생산은 증가할 것이다.

① ㄱ, ㄴ   ② ㄱ, ㄷ

③ ㄴ, ㄷ   ④ ㄴ, ㄹ

⑤ ㄷ, ㄹ

┃해설┃

ㄱ. (✕) 콥-더글러스 생산함수는 1차 동차함수이기 때문에 노동투입량이 감소하면 총생산량도 감소한다.

ㄴ. (○) 총생산함수를 L로 나눠 1인당 생산함수를 구하면, y(1인당 생산)$=\dfrac{Y}{L}=\dfrac{AK^\alpha L^{1-\alpha}}{L}=A\left(\dfrac{K}{L}\right)^\alpha$

　　 1인당 생산함수에서 L이 분모이므로 L이 감소할수록 1인당 생산은 증가한다.

ㄷ. (✕) MP_K(자본의 한계생산)$=\dfrac{dY}{dK}=\alpha AK^{\alpha-1}L^{1-\alpha}=\alpha A\left(\dfrac{L}{K}\right)^{1-\alpha}$

　　 자본의 한계생산 함수에서 L이 분자이므로 L이 감소할수록 자본의 한계생산은 감소한다.

ㄹ. (○) MP_L(노동의 한계생산)$=\dfrac{dY}{dL}=(1-\alpha)AK^\alpha L^{-\alpha}=(1-\alpha)A\left(\dfrac{K}{L}\right)^\alpha$

　　 노동의 한계생산 함수에서 L이 분모이므로 L이 감소할수록 노동의 한계생산은 증가한다.

답 ④

01 보험계리사 2017

☑ 확인Check! ○ △ ✕

완전경쟁시장에서 생산량이 주어졌을 때 비용 최소화를 추구하는 기업이 노동 수요량을 감소시키는 경우는? (단, 노동과 자본의 한계생산은 모두 체감한다)

① 1원당 노동의 한계생산이 1원당 자본의 한계생산보다 클 경우
② 1원당 노동의 한계생산이 1원당 자본의 한계생산보다 작을 경우
③ 1원당 노동의 한계생산이 1원당 자본의 한계생산과 일치할 경우
④ 노동의 한계생산물가치가 명목임금보다 클 경우

┃해설┃

- 비용극소화 조건식(한계생산물 균등의 법칙) : $MRTS_{LK} = \dfrac{w}{r} \rightarrow \dfrac{MP_L}{MP_K} = \dfrac{w}{r} \rightarrow \dfrac{MP_L}{w} = \dfrac{MP_K}{r}$

- 따라서 노동수요량을 감소시키려 하는 경우는 $\dfrac{MP_L}{w} < \dfrac{MP_K}{r}$일 때이다.

답 ②

02 공인회계사 2020

☑ 확인Check! ○ △ ✕

기업 A는 자본(K)과 노동(L)만을 생산요소로 투입하여 최종산출물(Q)을 생산하며, 생산함수는 $Q = K^{\frac{1}{2}} L^{\frac{1}{2}}$이다. K와 L의 가격이 각각 r과 w일 때, 다음 설명 중 옳은 것을 모두 고르면?

> 가. 생산함수는 규모수익불변이다.
> 나. 비용(C)과 노동은 $C = 2wL$을 만족한다.
> 다. 비용극소화 조건은 $K = \dfrac{r}{w} L$로 표현할 수 있다.
> 라. r은 100, w는 1이고, 목표산출량이 50이라면 최적 요소투입량은 노동 500단위, 자본 6단위이다.

① 가, 나
② 가, 다
③ 나, 다
④ 나, 라
⑤ 다, 라

┃해설┃

가. (○) 생산함수 $Q = K^{\frac{1}{2}} L^{\frac{1}{2}}$ 에 자본과 노동을 각각 λ 배 투입하면 생산량이 λ 배 증가하므로 규모에 대한 수익불변이다.

나. (○) $TC = wL + rK = wL + r\frac{w}{r}L = 2wL$

다. (×) 비용극소화 : $MRTS_{LK} = \frac{w}{r} = \frac{K}{L}$, $\therefore \frac{K}{L} = \frac{w}{r} \rightarrow K = \frac{w}{r}L$

라. (×) r은 100, w는 1이면, $\frac{w}{r} = \frac{1}{100} = \frac{K}{L} = MRTS_{LK}$, $\therefore L = 100K$

목표산출량 50이므로 $Q = K^{\frac{1}{2}} L^{\frac{1}{2}} = K^{\frac{1}{2}} 100 K^{\frac{1}{2}} = 10K = 50$, $\therefore K = 5$, $L = 500$

답 ①

---

03 공인회계사 2015

☑ 확인 Check! ○ △ ✕

노동과 자본을 사용하여 100단위의 제품을 생산해야 하는 기업이 비용 최소화를 위해 현재 노동 10단위와 자본 20단위를 사용하고 있다. 노동의 단위당 임금과 자본의 단위당 임대료는 각각 20, 10으로 일정하다. 이 기업에게 노동과 자본은 완전대체 가능하다. 다음 설명 중 옳은 것은?

① 노동과 자본의 가격변화가 없을 때, 노동 8단위와 자본 24단위를 사용해도 동일한 생산비용으로 100단위를 생산할 수 있다.

② 자본의 단위당 가격이 상승하면 노동 12단위, 자본 16단위를 사용하는 것이 최적이 될 수 있다.

③ 노동의 단위당 가격이 상승하면 노동 7단위, 자본 25단위를 사용하는 것이 최적이 될 수 있다.

④ 현재 노동의 한계생산과 자본의 한계생산은 동일하다.

⑤ 주어진 정보로부터 노동의 한계생산과 자본의 한계생산의 비율을 알 수 없다.

┃해설┃

등량곡선과 등비용선이 접할 때 비용의 최적화가 이뤄진다. 가격의 변화가 없으면, 등량곡선과 등비용선의 상대적 비율이 일정하므로, 노동을 2단위 줄였을 때 자본을 4단위 증가시켜 사용한다. 생산비용은 400으로 동일하다.

② 자본의 단위당 가격이 상승하면 등비용선이 등량곡선보다 작아지므로, 노동의 투입량을 더 늘리는 것이 비용극소화에 유리하다.

③ 노동의 단위당 가격이 상승하면 등비용선이 등량곡선보다 커지므로, 자본만 투입하는 것이 비용극소화에 유리하다.

④ · ⑤ 주어진 조건을 생산함수로 나타내면 $Q = 20L + 10K$로 나타낼 수 있다. 노동의 한계생산을 구하기 위해 위 식을 L로 미분하면 $MP_L = 20$이 계산되고, 자본의 한계생산을 구하기 위해 위 생산함수를 K로 미분하면 $MP_K = 10$이 계산된다. 한계생산비율은 $\frac{MP_L}{MP_K} = 2$로, 등량곡선의 기울기이다. 이것은 노동의 생산성이 자본의 생산성보다 2배 높다는 의미이다. 생산요소의 가격비율인 $\frac{임금}{임대료} = 2$는 등비용선의 기울기이다.

답 ①

01 보험계리사 2015 ☑ 확인Check! ○ △ ✕

생산함수가 다음과 같이 주어진 경우 노동투입량을 한 단위 줄일 때 생산량을 유지하기 위해 필요한 자본투입량의 변화의 크기를 의미하는 한계기술대체율을 나타내는 식으로 옳은 것은? (단, Q는 산출량, L은 노동투입량, K는 자본투입량)

$$Q = L^{\frac{2}{3}} K^{\frac{1}{3}}$$

① $\dfrac{K}{L}$

② $\dfrac{2K}{L}$

③ $\dfrac{K}{2L}$

④ $\dfrac{L}{K}$

∥해설∥

$$MRTS_{LK} = \frac{MP_L}{MP_K} = \frac{\frac{2}{3} L^{-\frac{1}{3}} K^{\frac{1}{3}}}{\frac{1}{3} L^{\frac{2}{3}} K^{-\frac{2}{3}}} = \frac{\frac{2}{3}}{\frac{1}{3}} \left(\frac{K}{L} \right) = 2 \left(\frac{K}{L} \right)$$

답 ②

갑(甲) 기업의 생산함수가 $Q = AK^{0.5}L^{0.5}$일 때, 등량곡선과 등비용선에 관한 설명으로 옳지 않은 것은? (단, $A > 0$, K는 자본, L은 노동, MP_K는 자본의 한계생산, MP_L은 노동의 한계생산, r은 자본가격, w는 노동가격이다)

① 비용극소화가 되려면 한계기술대체율이 생산요소가격의 비율과 일치해야 한다.

② 한계기술대체율은 체감한다.

③ $MP_K/r > MP_L/w$일 때, 비용극소화를 위해서는 노동을 늘리고 자본을 줄여야 한다.

④ A가 커지면 등량곡선은 원점에 가까워진다.

⑤ 등량곡선과 등비용선이 접하는 점에서 비용극소화가 이루어진다.

┃해설┃

A가 클수록 생산을 위해 더 적은 노동과 자본이 필요하므로 등량곡선은 원점에 가까워진다.
③ 자본을 늘리고 노동을 줄여야 비용극소화를 위한 생산자균형에 도달하게 된다.

핵심체크   비용극소화
최소 비용으로 생산하는 생산균형점에서 등량곡선과 등비용선이 접하므로 다음의 균형조건이 성립한다. $$\text{등량곡선의 기울기}(MRTS_{L,\,K}) = \text{등비용선의 기울기}\left(\frac{w}{r}\right)$$

핵심체크   한계기술대체율 체감의 법칙
동일한 생산량을 유지하면서 자본을 노동으로 대체해가면 한계기술대체율이 점점 감소하는 현상

답 ④

01 감정평가사 2023

☑ 확인 Check! ○ △ ✕

독점기업 A가 직면한 수요곡선이 $Q=100-2P$이고, 총비용함수가 $TC=Q^2+20Q$일 때, 기업 A의 이윤을 극대화하는 (ㄱ)생산량과 (ㄴ)이윤은? (단, Q는 생산량, P는 가격이다)

	ㄱ	ㄴ
①	10	150
②	10	200
③	20	250
④	20	300
⑤	30	350

┃해설┃

- $Q=100-2P$에서 $P=-\dfrac{1}{2}Q+50$이고 $MR=-Q+50$

- $TC=Q^2+20Q$에서 $MC=\dfrac{dTC}{dQ}=2Q+20$

- 이윤극대화 생산량은 $MR=MC$이므로 $-Q+50=2Q+20$, $Q^*=10$, $P^*=45$

- 그리고 이때의 이윤은 $\pi=TR-TC$

  $\pi=P\times Q-(Q^2+20Q)=45\times10-(100+200)=150$

∴ (ㄱ)생산량 : 10, (ㄴ)이윤 : 150

답 ①

02 공인회계사 2023

☑ 확인 Check! ○ △ ✕

어느 기업의 생산함수는 $Q=\sqrt{L}+2\sqrt{K}$이다. 노동의 단위당 임금은 2, 자본의 단위당 임대료는 1인 경우, 이 기업이 양(+)의 목표 생산량을 최소의 비용으로 생산하기 위한 최적 생산요소 투입량 비율, $\dfrac{L}{K}$은? (단, Q, L, K는 각각 생산량, 노동투입량, 자본투입량을 나타낸다)

① $\dfrac{1}{16}$ ② $\dfrac{1}{4}$

③ $\dfrac{1}{2}$ ④ 4

⑤ 16

┃해설┃

$$\frac{\frac{1}{2\sqrt{L}}}{\frac{2}{2\sqrt{K}}} = 2$$를 정리하면 $\frac{\sqrt{K}}{2\sqrt{L}} = 2$이므로, $K = 16L$이 된다. 따라서 이를 $\frac{L}{K}$에 대입하면 $\frac{1}{16}$이다.

답 ①

03 공인노무사 2023   ☑ 확인Check! ○ △ ✕

생산함수 $Q = A(aL^{\rho} + bK^{\rho})^{\frac{v}{\rho}}$ 에 관한 설명으로 옳은 것을 모두 고른 것은? (단, $A > 0$, $a > 0$, $b > 0$, $\rho < 1$, $\rho \neq 0$, $v > 0$이고 A, a, b, ρ, v는 모두 상수이며, L은 노동, K는 자본이다)

> ㄱ. A가 클수록 한계기술대체율($MRTS_{L,\,K}$)이 커진다.
> ㄴ. v가 1보다 크면 규모의 수익체증(increasing returns to scale)이 된다.
> ㄷ. ρ가 클수록 대체탄력성이 크고 등량곡선이 직선에 가까워진다.
> ㄹ. a가 클수록 노동절약적 기술진보이다.

① ㄱ, ㄴ   ② ㄱ, ㄷ
③ ㄱ, ㄹ   ④ ㄴ, ㄷ
⑤ ㄷ, ㄹ

┃해설┃

ㄱ. (✕) A는 한계기술대체율에 영향을 주지 않는다.

- $MP_L = \dfrac{dQ}{dL} = \dfrac{v}{\rho} A(aL^{\rho} + bK^{\rho})^{\frac{v}{\rho} - 1} \cdot a\rho L^{\rho - 1}$

- $MP_K = \dfrac{dQ}{dK} = \dfrac{v}{\rho} A(aL^{\rho} + bK^{\rho})^{\frac{v}{\rho} - 1} \cdot b\rho K^{\rho - 1}$

$\therefore MRTS_{L,\,K} = \dfrac{MP_L}{MP_K} = \dfrac{a}{b}\left(\dfrac{L}{K}\right)^{\rho - 1}$

ㄴ. (○) v가 1보다 크면 노동과 자본 투입량 모두 t배 증가 시 생산량이 t배 이상 증가하게 되므로 규모의 수익체증이 됨을 알 수 있다.

ㄷ. (○) ρ가 최대한 1에 가깝도록 커지면 한계기술대체율은 $\dfrac{a}{b}$로 근접해지고 등량곡선 또한 우하향 직선형태에 근접해 진다. 등량곡선이 직선형태에 가까워지기에 대체탄력성은 커짐을 알 수 있다.

ㄹ. (✕) a가 클수록 MP_L은 증가한다. 따라서 a가 클수록 노동집약적 기술진보(자본절약적 기술진보)이다.

답 ④

01 공인노무사 2023   ☑ 확인Check! ○ △ ✕

생산요소 노동(L)과 자본(K) 사이의 대체탄력성(σ)에 관한 설명으로 옳은 것을 모두 고른 것은? (단, r은

자본가격, w는 노동가격, $\sigma = \dfrac{\triangle(\frac{K}{L})/(\frac{K}{L})}{\triangle(\frac{w}{r})/(\frac{w}{r})}$ 이다)

ㄱ. $\sigma = 0.5$인 경우 노동의 상대가격 상승에 따라 노동소득의 상대적 비율이 더 커진다.
ㄴ. $\sigma = 1$인 경우 노동의 상대가격이 상승해도 자본소득의 상대적 비율에 아무런 변화가 없다.
ㄷ. 콥-더글라스(Cobb-Douglas) 생산함수의 대체탄력성은 0이다.

① ㄱ   ② ㄱ, ㄴ
③ ㄱ, ㄷ   ④ ㄴ, ㄷ
⑤ ㄱ, ㄴ, ㄷ

┃해설┃

ㄱ. (○) 대체탄력성(σ)이 1보다 작기에 노동의 상대가격 상승에 따라 노동소득의 상대적 비율은 더 커진다.
ㄴ. (○) 대체탄력성(σ)이 1인 경우에는 노동의 상대가격이 상승해도 자본소득의 상대적 비율에 영향을 주지 못한다.
ㄷ. (✕) 콥-더글라스(Cobb-Douglas) 생산함수의 대체탄력성은 1이다.

답 ②

생산요소간 대체탄력성에 관한 설명 중 옳은 것을 바르게 묶어 놓은 것은?

> ㄱ. 레온티에프 생산함수의 경우 대체탄력성은 무한대가 된다.
> ㄴ. 콥-더글라스 생산함수의 경우 대체탄력성은 생산요소의 투입량의 크기에 따라 달라진다.
> ㄷ. 요소의 가격비율의 변화가 요소집약도에 미치는 영향의 정도를 나타낸다.
> ㄹ. 등량곡선의 곡률이 클수록 대체탄력성이 작다.

① ㄱ, ㄴ　　　　　　　　　　　　　　② ㄱ, ㄴ, ㄷ
③ ㄴ, ㄷ, ㄹ　　　　　　　　　　　　④ ㄷ, ㄹ

┃해설┃

ㄱ. (×) 레온티에프 생산함수는 완전보완재일 경우이기 때문에 대체탄력성은 0이 된다.

ㄴ. (×) 콥-더글라스 생산함수의 경우 생산요소의 투입량에 관계없이 대체탄력성은 1이 된다.

ㄷ. (○) 대체탄력성의 정의이다.

ㄹ. (○) 등량곡선이 직선에 가까울수록 대체탄력성이 크다.

답 ④

01 공인회계사 2019

☑ 확인Check! ○ △ ✕

규모수익 불변의 생산기술을 나타내는 생산함수를 모두 고르면? (단, $0 < a < 1$이다)

> 가. $f(x_1, \ x_2) = x_1^a + x_2^{1-a}$
>
> 나. $f(x_1, \ x_2) = x_1^a x_2^{1-a}$
>
> 다. $f(x_1, \ x_2) = \sqrt{ax_1 + (1-a)x_2}$
>
> 라. $f(x_1, \ x_2) = (a\sqrt{x_1} + (1-a)\sqrt{x_2})^2$

① 가, 나   ② 가, 다

③ 나, 다   ④ 나, 라

⑤ 다, 라

‖해설‖

규모수익 불변은 1차 동차함수를 찾으면 된다.

나·라. 규모수익 불변의 생산기술이다.

가. a가 1보다 작기 때문에 규모수익 체감의 생산기술이다.

다. $\sqrt{\ \ }$가 적용되어 있으므로 규모수익 체감의 생산기술이다.

답 ④

02 감정평가사 2018

☑ 확인Check! ○ △ ✕

두 생산요소 노동(L)과 자본(K)을 투입하는 생산함수 $Q = 2L^2 + 2K^2$에서 규모수익 특성과 노동의 한계생산으로 각각 옳은 것은?

① 규모수익 체증, $4L$

② 규모수익 체증, $4K$

③ 규모수익 체감, $4L$

④ 규모수익 체감, $4K$

⑤ 규모수익 불변, $4L$

‖해설‖

• $MP_L = 4L$

• 생산함수는 투입량을 2배로 했을 때 2배 이상의 산출량이 나오므로 규모수익 체증이라고 볼 수 있다.

답 ①

다음 생산함수에서 규모에 대한 수확이 체증, 불변, 체감의 순으로 짝지은 것으로 옳은 것은? (단, q는 생산량, L은 노동, K는 자본이다)

ㄱ. $q = 2L + 3K$

ㄴ. $q = (2L + K)^{\frac{1}{2}}$

ㄷ. $q = 2L \cdot K$

ㄹ. $q = L^{\frac{1}{3}} K^{\frac{2}{3}}$

ㅁ. $q = 3L^{\frac{1}{2}} + 3K$

---

① ㄱ - ㄴ - ㄷ
② ㄴ - ㄹ - ㅁ
③ ㄷ - ㄱ - ㄴ
④ ㄷ - ㄴ - ㅁ
⑤ ㅁ - ㄹ - ㄱ

┃해설┃

모든 요소의 투입량을 t배 증가 시켰을 때의 결과는 다음과 같다.

ㄱ. $tq = 2tL + 3tK$, $q = 2L + 3K$, ∴ 규모에 대한 수확 불변

ㄴ. $tq = (2tL + tK)^{\frac{1}{2}}$, $q = \dfrac{(2tL + tK)^{\frac{1}{2}}}{t}$, ∴ 규모에 대한 수확 체감

ㄷ. $tq = 2(tL) \cdot (tK) = 2t^2 LK$, $q = 2tLK$, ∴ 규모에 대한 수확 체증

ㄹ. $tq = (tL)^{\frac{1}{3}}(tK)^{\frac{2}{3}} = tL^{\frac{1}{3}}K^{\frac{2}{3}}$, $q = L^{\frac{1}{3}}K^{\frac{2}{3}}$, ∴ 규모에 대한 수확 불변

ㅁ. $tq = 3(tL)^{\frac{1}{2}} + 3(tK)$, $q = 3\left(\dfrac{L}{t}\right)^{\frac{1}{2}} + 3K$, ∴ 규모에 대한 수확 체감

답 ③

01 감정평가사 2019

☑ 확인Check! ○ △ ✕

甲국의 총생산함수가 $Y = AK^{0.4}L^{0.6}$이다. 甲국 경제에 관한 설명으로 옳은 것을 모두 고른 것은? (단, Y는 생산량, A는 총요소생산성, K는 자본량, L은 노동량으로 인구와 같다)

> ㄱ. 생산량의 변화율을 노동량의 변화율로 나눈 값은 0.6으로 일정하다.
> ㄴ. A가 3% 증가하면, 노동의 한계생산도 3% 증가한다.
> ㄷ. 1인당 자본량이 2% 증가하면, 노동의 한계생산은 1.2% 증가한다.
> ㄹ. A는 2% 증가하고 인구가 2% 감소하면, 1인당 생산량은 2.8% 증가한다.

① ㄱ, ㄹ
② ㄴ, ㄷ
③ ㄷ, ㄹ
④ ㄱ, ㄴ, ㄹ
⑤ ㄱ, ㄷ, ㄹ

┃해설┃

ㄱ. (○) 생산량의 변화율에 따른 노동량의 변화율인 노동의 탄력성은 노동계수로 0.6으로 계산된다.

생산의 노동탄력성 $= \dfrac{MP_L}{AP_L} = \dfrac{0.6AK^{0.4}L^{-0.4}}{AK^{0.4}L^{-0.4}} = 0.6$

ㄴ. (○) A는 기술수준이라고 볼 수 있으므로, A가 증가하면 노동의 한계생산도 증가하고 1차 동차함수이기 때문에 3% 증가한다.

ㄷ. (✕) 노동의 한계생산물은 $MP_L = 0.6AK^{0.4}L^{-0.4} = 0.6A\left(\dfrac{K}{L}\right)^{0.4}$인데 이를 증가율의 형태로 바꾸어 나타내면,

$\dfrac{\triangle MP_L}{MP_L} = \dfrac{\triangle A}{A} + 0.4 \times \dfrac{\triangle \frac{K}{L}}{\frac{K}{L}} = 0\% + 0.4 \times 2\% = 0.8\%$이다.

ㄹ. (○) 주어진 총 생산함수를 1인당 생산함수로 나타내면 $y = Ak^{0.4}$가 된다. 1인당 생산함수를 증가율로 나타내면 $\dfrac{\triangle y}{y} = \dfrac{\triangle A}{A} + 0.4\dfrac{\triangle k}{k}$가 된다. 인구가 2% 감소시 1인당 자본량은 2% 증가하게 되므로 1인당 생산량 증가율을 계산해보면 $\dfrac{\triangle y}{y} = \dfrac{\triangle A}{A} + 0.4 \times \dfrac{\triangle k}{k} = 2\% + 0.4 \times 2\% = 2.8\%$이다.

답 ④

D국 경제의 총생산함수 $Y = AK^{\frac{1}{3}}L^{\frac{2}{3}}$ 에 관한 설명으로 옳지 않은 것은? (단, Y는 총생산량, A는 총요소생산성, K는 자본, L은 노동을 나타낸다)

① 총생산량에 대한 노동탄력성은 $\frac{2}{3}$ 이다.

② 기술이 진보하면 총요소생산성(A)이 증가한다.

③ 총생산함수는 규모에 따른 수확체감을 나타내고 있다.

④ 경제성장률은 총요소생산성(A)의 증가율과 투입물(L, K)의 증가율로 결정된다.

⑤ 노동소득분배율은 $\frac{2}{3}$ 이다.

┃해설┃

노동과 자본의 계수의 합이 1이므로, 규모에 따른 수확불변을 나타내고 있다.

① 생산의 노동탄력성 $= \dfrac{\frac{dQ}{dL}}{\frac{Q}{L}} = \dfrac{MP_L}{AP_L} = \dfrac{\frac{2}{3}A\frac{K^{\frac{1}{3}}}{L^{\frac{1}{3}}}}{A\frac{K^{\frac{1}{3}}}{L^{\frac{1}{3}}}} = \dfrac{2}{3}$

② 생산함수 $Y = AK^{\frac{1}{3}}L$ 에서 총요소생산성(A)은 기술적 효율성을 나타낸다. 그러므로 총요소생산성(A)은 기술수준

이 높을수록 크게 나타난다.

④ 총생산함수를 성장회계 증가율의 형태로 나타내면 다음과 같이 나타낼 수 있다.

$\dfrac{\triangle Y}{Y} = \dfrac{\triangle A}{A} + \dfrac{2}{3}\left(\dfrac{\triangle L}{L}\right) + \dfrac{1}{3}\left(\dfrac{\triangle K}{K}\right)$

따라서, 경제성장률은 총요소생산성, 자본, 노동의 증가율을 합하여 계산한다.

⑤ 노동소득분배율 $= \dfrac{\text{노동소득}}{\text{총소득}}$

답 ③

PART 1

미시경제학

03 감정평가사 2019

☑ 확인Check! ○ △ ✕

모든 시장이 완전경쟁적인 甲국에서 대표적인 기업 A의 생산함수가 $Y=4L^{0.5}K^{0.5}$이다. 단기적으로 A의 자본량은 1로 고정되어 있다. 생산물 가격이 2이고 명목임금이 4일 경우, 이윤을 극대화하는 A의 단기 생산량은? (단, Y는 생산량, L은 노동량, K는 자본량이며, 모든 생산물은 동일한 상품이다)

① 1

② 2

③ 4

④ 8

⑤ 16

┃해설┃

- 한계비용과 한계생산물 관계에서 $MC=\dfrac{w}{MP_L}$
- 생산함수 $Y=4L^{0.5}K^{0.5}$에서 K가 1로 고정되어 있으므로 $Q=4L^{0.5}$이다.
- $MP_L=2L^{-\frac{1}{2}}=\dfrac{2}{\sqrt{L}}$, 지문에서 $w=4$로 주어졌으므로 $MC=\dfrac{4}{\dfrac{2}{\sqrt{L}}}=\dfrac{4\sqrt{L}}{2}=2\sqrt{L}$
- 완전경쟁시장에서는 $P=MC$가 성립하므로 $2=2\sqrt{L}\ \rightarrow\ L=1$이 된다.
- 결국 생산함수는 $Y=4$이다.

답 ③

04 보험계리사 2019

☑ 확인Check! ○ △ ✕

생산요소시장이 완전경쟁시장일 때, 생산함수 $F(L,\ K)=AK^{\alpha}L^{1-\alpha}$에 관한 설명으로 옳은 것은? (단, $0<\alpha<1$, K : 자본, L : 노동, A : 생산기술)

① 1인당 자본재가 두 배가 되면 1인당 생산량도 두 배가 된다.

② 자본 및 노동에 대한 대가는 각각의 평균 생산성에 의해 결정된다.

③ 자본소득분배율은 α, 노동소득분배율은 $1-\alpha$이다.

④ 한계생산이 체감하기 때문에 자본과 노동을 모두 두 배로 증가시키면 생산 증가는 두 배에 미치지 못한다.

┃해설┃

자본소득분배 $=\dfrac{MP_K K}{Q}=\dfrac{\alpha Q}{Q}=\alpha$, 노동소득분배 $=\dfrac{MP_L L}{Q}=\dfrac{(1-\alpha)Q}{Q}=1-\alpha$가 성립한다.

① 1인당 자본재가 두 배가 되면 1인당 생산량은 '$\alpha\times$두 배'가 늘어난다.

② 자본, 노동에 대한 대가는 각각의 한계생산물에 의해 결정된다.

④ α가 0보다 크고 1보다 작으므로 $\alpha+1-\alpha=1$이 성립한다. 노동과 자본의 계수의 합이 1이라면 규모에 대한 소득불변으로, 생산요소를 두 배로 증가시키면 생산 증가도 두 배로 늘어난다.

답 ③

상품시장과 생산요소시장이 완전경쟁시장이고, 상품의 가격은 1이다. 기업들의 생산함수는 $F(K, L)=AK^{0.4}L^{0.6}$으로 동일하다. 균형에서 1,000개의 기업이 존재하고 각 기업의 자본에 대한 지출은 10이다. 균형에 관한 설명으로 옳은 것을 모두 고르면? (단, A는 생산기술, K는 자본, L은 노동이다)

> 가. 생산은 25,000이다.
> 나. 노동소득분배율은 60%이다.
> 다. 개별기업의 노동에 대한 지출은 15이다.

① 가, 나
② 가, 다
③ 나, 다
④ 가, 나, 다

┃해설┃

- $\pi = TR - TC = P \cdot Q - (wL + rK) = P \cdot AK^{0.4}L^{0.6} - (wL + rK)$

- $\dfrac{\partial \pi}{\partial L} = 0.6P \cdot AK^{0.4}L^{-0.4} - w = 0, \quad \therefore w = 0.6P \cdot AK^{0.4}L^{-0.4}$

- $\dfrac{\partial \pi}{\partial K} = 0.4P \cdot AK^{-0.6}L^{0.6} - r = 0, \quad \therefore r = 0.4P \cdot AK^{-0.6}L^{0.6}$

- $MP_L = \dfrac{dF(K, L)}{dL} = 0.6AK^{0.4}L^{-0.4}$

- $MP_K = \dfrac{dF(K, L)}{dK} = 0.4AK^{-0.6}L^{0.6}$

- $MRTS_{LK} = \dfrac{MP_L}{MP_K} = \dfrac{0.6AK^{0.4}L^{-0.4}}{0.4AK^{-0.6}L^{0.6}} = \dfrac{0.6K}{0.4L} = \dfrac{w}{r}, \quad \therefore 0.6rK = 0.4wL$

- 기업의 자본에 대한 지출은 10이므로 $rK = 10$
- $0.6 \times 10 = 0.4wL, \quad \therefore wL$(개별기업 노동에 대한 지출)$= 15$ ⋯ 다
- 생산요소시장이 완전경쟁이므로 이윤은 0이다.
- $\pi = TR - TC = P \cdot Q - (wL + rK) = P \cdot Q - (15 + 10) = 0, \quad \therefore P \cdot Q = 25$
- 상품의 가격은 1이므로 각 기업의 생산량은 25이다.
- 1,000개의 기업이 존재하므로 총생산은 25,000개이다. ⋯ 가

- 노동소득분배비율 $= \dfrac{wL}{rK + wL} = \dfrac{15}{25} = 0.6$ ⋯ 나

답 ④

PART 1

미시경제학

A국의 총생산함수가 $Y = K^{\frac{1}{2}} L^{\frac{1}{2}}$ 이다. 이에 관한 설명으로 옳은 것을 모두 고른 것은? (단, Y는 국민소득, K는 자본량, L은 노동량으로 인구와 같다)

> ㄱ. 총생산함수는 규모에 따른 수익불변의 성질을 가진다.
> ㄴ. 1인당 자본량이 증가하면 1인당 국민소득은 증가한다.
> ㄷ. 자본량이 일정할 때, 인구가 증가하면 1인당 국민소득은 감소한다.

① ㄱ
② ㄴ
③ ㄱ, ㄷ
④ ㄴ, ㄷ
⑤ ㄱ, ㄴ, ㄷ

┃해설┃

ㄱ. (○) 콥-더글라스 생산함수의 $Q = AK^{\alpha} L^{\beta}$에서 $\alpha + \beta$값에 따라 규모에 대한 수익이 결정된다.

$\alpha + \beta > 1$: 규모에 대한 수익 체증

$\alpha + \beta = 1$: 규모에 대한 수익 불변

$\alpha + \beta < 1$: 규모에 대한 수익 체감

문제에서 주어진 식은 $0.5 + 0.5 = 1$이므로 규모에 대한 수익 불변의 성질을 가진다.

ㄴ. (○) 총생산함수를 각각 L로 나눠 1인당 생산함수로 바꾸면 $y = \sqrt{k}$ 이므로, 1인당 자본량이 증가하면 1인당 생산량이 체감적으로 증가한다. 1인당 생산량이 증가하면 그에 따라 1인당 국민소득도 증가한다.

ㄷ. (○) 자본량이 일정한 상태에서 인구가 증가하면, 더 많은 인구가 일정한 자본을 나누어 가져야 하므로 1인당 자본량이 낮아지고 1인당 국민소득도 그 이전보다 감소한다.

답 ⑤

08 | 레온티에프 생산함수

01 감정평가사 2021　　　　　　　　　　☑ 확인 Check! ○ △ ✕

노동(L)과 자본(K)만 이용하여 재화를 생산하는 기업의 생산함수가 $Q = \min\left(\dfrac{L}{2},\ K\right)$ 이다. 노동가격은 2원이고 자본가격은 3원일 때 기업이 재화 200개를 생산하고자 할 경우 평균비용(원)은? (단, 고정비용은 없다)

① 6　　　　　　　　　　　② 7

③ 8　　　　　　　　　　　④ 9

⑤ 10

┃해설┃

기업의 생산함수가 $Q = \min\left(\dfrac{L}{2},\ K\right)$ 이므로 한 단위 재화를 생산하기 위해선 노동 2단위와 자본 1단위가 필요하다. 노동가격은 2원, 자본가격은 3원으로 한 단위 재화 생산에는 7원[∵ (2원×2)+(3원×1)=7원]이 소요된다.

답 ②

02 감정평가사 2022　　　　　　　　　　☑ 확인 Check! ○ △ ✕

기업 A의 생산함수는 $Q = \min\{L,\ 2K\}$ 이다. 노동가격은 3이고, 자본가격은 5일 때, 최소 비용으로 110을 생산하기 위한 생산요소 묶음은? (단, Q는 생산량, L은 노동, K는 자본이다)

① $L = 55$, $K = 55$

② $L = 55$, $K = 110$

③ $L = 110$, $K = 55$

④ $L = 110$, $K = 70$

⑤ $L = 110$, $K = 110$

┃해설┃

레온티에프 생산함수인 경우 비용을 극소화하려면 $Q = L = 2K$의 조건이 충족되어야 한다.

$L = 2K$이면 $K = \dfrac{1}{2}L$이어야 하고 $110 = L = 2K$이다.

따라서 최소비용으로 110을 생산하기 위한 생산요소 묶음은 $L = 110$, $K = 55$이다.

답 ③

기업 A의 생산함수가 $Q = \left[\min\{3L,\ 5K\}\right]^{\frac{2}{3}}$ 라고 한다. 기업 A의 생산활동과 관련된 다음 설명 중 옳은 것은? (단, Q는 생산량, L은 노동투입량, K는 자본투입량이다)

① 노동의 한계생산은 지속적으로 체감한다.

② 자본의 한계생산은 지속적으로 체증한다.

③ 등량곡선은 원점에 대해 볼록하다.

④ 생산량이 기존 생산량의 2배가 되면, 원점으로부터 최적 생산요소 투입조합까지의 거리는 기존 거리의 3배가 된다.

⑤ 규모에 대한 수익불변이다.

┃해설┃

레온티에프 생산함수는 원점에 대해 볼록한 형태를 가진다.

① $3L > 5K$의 구간에서는 노동의 한계생산이 0이다.

② $3L < 5K$의 구간에서는 자본의 한계생산이 0이고, $3L > 5K$의 구간에서는 자본의 한계생산이 체감한다.

④ 생산량이 기존 생산량의 2배가 되면, 원점으로부터 최적 생산요소 투입조합까지의 거리는 기존 거리의 3배 이하이다.

⑤ $\dfrac{2}{3}$차 동차함수이므로 규모에 대한 수익체감이다.

답 ③

01 공인노무사 2024 ☑ 확인Check! ○ △ ✕

전기차 제조업체인 A의 생산함수는 $Q = 4K + L$이다. 노동(L)의 단위 가격은 3, 자본(K)의 단위 가격은 9라고 할 때, 생산량 200을 최소비용으로 생산하기 위해 필요한 노동의 투입액과 자본의 투입액은?

① 0, 450

② 60, 360

③ 90, 315

④ 210, 180

⑤ 600, 0

┃해설┃

생산함수 $Q = 4K + L$의 K, L은 완전대체적으로 이와 같은 생산함수는 선형생산함수라 하며 등량곡선이 우하향 형태로 도출된다. 위와 같은 형태의 생산함수는 전부 자본 또는 노동에만 투입하는 것이 최적이다.

$$MP_L = \frac{dQ}{dL} = 1, \quad MP_K = \frac{dQ}{dK} = 4$$
$$w = 3, \quad r = 9$$
$$\frac{MP_L}{w} = \frac{1}{3} < \frac{MP_K}{r} = \frac{4}{9}$$

자본의 한계생산물이 더 크므로 전부 자본에만 투입하는 것이 최적이다. 따라서 생산량 200을 제조하기 위해 자본에 450을 투입하면 된다.

답 ①

02 감정평가사 2019 ☑ 확인Check! ○ △ ✕

기업 A의 생산함수는 $Q = L + 3K$이다. 생산량이 일정할 때, 기업 A의 한계기술대체율에 관한 설명으로 옳은 것은? (단, Q는 생산량, L은 노동량, K는 자본량, $Q > 0$, $L > 0$, $K > 0$이다)

① 노동과 자본의 투입량과 관계없이 일정하다.

② 노동 투입량이 증가하면 한계기술대체율은 증가한다.

③ 노동 투입량이 증가하면 한계기술대체율은 감소한다.

④ 자본 투입량이 증가하면 한계기술대체율은 증가한다.

⑤ 자본 투입량이 증가하면 한계기술대체율은 감소한다.

┃해설┃

• 생산함수 $Q = L + 3K$는 선형함수로 자본과 노동간 완전한 대체가 가능한 생산함수이다.

• 1차 동차함수로, 한계기술대체율이 일정하다.

답 ①

01 공인회계사 2019   ☑ 확인Check! ○ △ ✕

두 생산요소 L과 K를 이용하여 Y재를 생산하는 기업의 생산함수가 $Y = \min\left(2L, \frac{1}{2}(L+K), 2K\right)$ 일 때, 이 기업의 등량곡선의 모양으로 옳은 것은?

①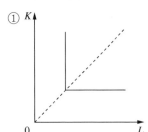

②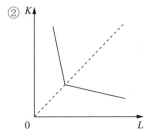

③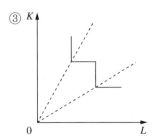

④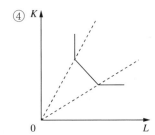

⑤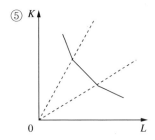

┃해설┃

• 주어진 생산함수 $y = \min\left(2L, \frac{1}{2}(L+K), 2K\right)$ 는 레온티에프의 변형함수로 꺾어진 형태로 도출된다.

• $y = 2L$에서는 수직선의 등량곡선이 도출되고, $y = 2K$에서는 수평선의 등량곡선이 도출된다.

• $\frac{1}{2}(L+K) = 2L \rightarrow K = 3L$, $\frac{1}{2}(L+K) = 2K \rightarrow K = \frac{1}{3}L$ 굴절된 부분에서 우하향의 직선이 도출된다.

답 ④

다음 그림은 X재와 Y재의 등량곡선을 나타낸 것이다. X재와 Y재의 생산함수에 대한 특성을 바르게 짝지은 것은? (단, Q_A, Q_B, Q_C는 등량곡선을 의미한다)

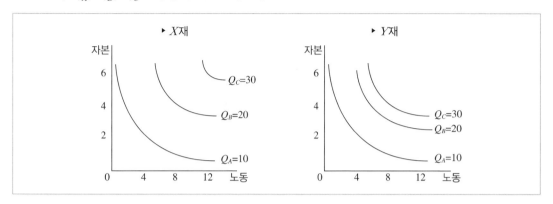

	X재 생산	Y재 생산
①	규모에 대한 수확불변	규모에 대한 수확체증
②	규모에 대한 수확불변	규모에 대한 수확체감
③	규모에 대한 수확체증	규모에 대한 수확체감
④	규모에 대한 수확체증	규모에 대한 수확불변
⑤	규모에 대한 수확체감	규모에 대한 수확체증

┃해설┃

- X재는 생산요소 노동과 자본이 n배 늘어난 만큼 생산량도 n배 증가하고 있으므로, 규모에 대한 수확불변을 보이고 있다.
- Y재는 생산요소 노동과 자본이 n배 늘어나면 그 이상으로 생산량이 증가하고 있으므로, 규모에 대한 수확체증을 보이고 있다.

답 ①

03 공인노무사 2015

☑ 확인Check! ○ △ ×

생산요소 노동(L)과 자본(K)만을 사용하고 생산물시장에서 독점기업의 등량곡선과 등비용선에 관한 설명으로 옳지 않은 것은? (단, MP_L은 노동의 한계생산, w는 노동의 가격, MP_K는 자본의 한계생산, r은 자본의 가격임)

① 등량곡선과 등비용선만으로 이윤극대화 생산량을 구할 수 있다.

② 등비용선 기울기의 절댓값은 두 생산요소 가격의 비율이다.

③ 한계기술대체율이 체감하는 경우, $\left(\dfrac{MP_L}{w}\right) > \left(\dfrac{MP_K}{r}\right)$인 기업은 노동투입을 증가시키고 자본투입을 감소시켜야 생산비용을 감소시킬 수 있다.

④ 한계기술대체율은 등량곡선의 기울기를 의미한다.

⑤ 한계기술대체율은 두 생산요소의 한계생산물 비율이다.

- -

┃해설┃

등량곡선과 등비용선이 접하는 점은 이윤극대화점이 아니라 비용극소화점이다.

② 등비용선의 기울기의 절댓값은 두 생산요소 가격의 상대적인 비율이다.

③ $\left(\dfrac{MP_L}{w}\right) = \left(\dfrac{MP_K}{r}\right)$일 때 비용극소화가 가능하므로

$\left(\dfrac{MP_L}{w}\right) \neq \left(\dfrac{MP_K}{r}\right)$이라면 생산요소 투입량을 조정해 균형을 맞춘다.

즉 $\left(\dfrac{MP_L}{w}\right) > \left(\dfrac{MP_K}{r}\right)$일 경우 노동투입량을 증가시키고 자본투입량

을 감소시키면 더 적은 비용으로 동일한 양을 생산할 수 있다.

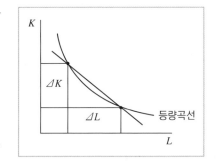

④·⑤ 동일한 생산량을 유지하며 노동을 한 단위 더 고용하기 위해서 감소시켜야 하는 자본의 수량을 의미하는 한계기술대체율($MRTS_{XY}$)은 $-\dfrac{\triangle K}{\triangle L} = \dfrac{MP_L}{MP_K}$으로 표현하는데 이는 등량곡선 접선의 기울기이며, 두 생산요소의 한계생산물의 비율이다.

답 ①

04 감정평가사 2023

☑ 확인Check! ○ △ ×

생산자이론에 관한 설명으로 옳지 않은 것은?

① 한계기술대체율은 등량곡선의 기울기를 의미한다.

② 등량곡선이 직선일 경우 대체탄력성은 무한대의 값을 가진다.

③ 0차 동차생산함수는 규모수익불변의 성격을 갖는다.

④ 등량곡선이 원점에 대해 볼록하다는 것은 한계기술대체율이 체감하는 것을 의미한다.

⑤ 규모수익의 개념은 장기에 적용되는 개념이다.

┃ 해설 ┃

0차 동차생산함수는 규모수익체감의 성격을 갖는다. 1차 동차생산함수가 규모에 대한 수익이 불변인 생산함수이다.

① 등량곡선에서 동일한 생산량을 유지하면서 노동 1단위를 더 투입하기 위해 줄여야 하는 자본의 수량을 한계기술대체율($MRTS$)이라고 한다. 한계기술대체율은 등량곡선의 기울기를 의미한다.

② 등량곡선이 직선일 경우, 생산요소간 완전대체관계이며 이것은 어느 한 요소 대신에 다른 요소를 사용해도 생산량에는 전혀 변화가 없는 경우를 말한다. 따라서 대체탄력성은 무한대이며 한계기술대체율은 일정불변인 상수값을 갖는다.

④ 등량곡선이 원점에 대해 볼록한 경우에는 두 생산요소 간 대체의 비율이 점차로 줄어듦을 의미하며 이를 한계기술대체율 체감의 법칙이라고 한다.

⑤ 규모수익은 생산요소 투입을 동일한 비율로 변화시킬 때, 생산량이 어떻게 변화하는지를 보여주는 개념으로 모든 요소 투입량이 변하는 것을 전제하므로 장기에 성립하는 개념이다.

답 ③

05 **공인노무사 2024**   ☑ 확인Check! ○ △ ✕

기업 A의 생산함수가 $Q=\sqrt{2K+L}$ 이다. 이에 관한 설명으로 옳은 것은? (단, Q는 산출량, K는 자본, L은 노동이다)

① 생산함수는 규모에 대한 수확불변이다.

② 등량곡선의 기울기는 -4이다.

③ 두 생산요소는 완전보완재이다.

④ 등량곡선과 등비용곡선의 기울기가 다르면 비용최소화점에서 한 생산요소만 사용한다.

⑤ 한계기술대체율은 체감한다.

┃ 해설 ┃

등량곡선과 등비용곡선의 기울기가 다르면 구석해가 발생해 비용최소화점에서 한 생산요소만 사용하게 된다.

① 자본과 노동의 투입량을 t배 증가할 때 생산량이 t배보다 작게 증가하므로 생산함수는 규모에 대한 수확체감이다.

② 등량곡선의 기울기 $=\dfrac{MP_L}{MP_K}=\dfrac{\dfrac{1}{2}(2K+L)^{-\frac{1}{2}}}{\dfrac{1}{2}(2K+L)^{-\frac{1}{2}}\times 2}=\dfrac{1}{2}$

③ 두 생산요소는 항상 일정한 비율로 소비되는 경우가 아니므로 완전보완재가 아니다.

⑤ 한계기술대체율은 등량곡선 접선의 기울기로 일정하다.

답 ④

PART 1

미시경제학

10 | 비용이론

01 | 이윤함수

특 징	• 주어진 생산량의 비용극소화 • $\pi = TR - TC = (P \times Q) - (wL + rK)$ • 수요의 가격탄력성이 1이거나, 한계수입이 0일 때 TR이 극대화

02 | 비용함수

• 총비용 = 총고정비용(생산량과 무관) + 총가변비용(생산량 증가시 증가)
• 비용극소화도 이윤극대화에 중요한 요인

03 | 단기비용함수

• 단기에는 노동량만 가변요소이고, 자본량이 고정
• $STC = r\overline{K} + wL = TFC + TVC$

04 │ 단기비용곡선

- 단기에는 고정비용이 존재하여 총비용곡선이 원점에서 시작하지 않고, 세로축에서 시작
- 수확체감법칙에 따라 도출

05 │ 한계비용곡선

정 의	한계비용은 생산량을 한 단위 증가시킬 때 증가하는 총비용의 증가분
특 징	• 총비용곡선 혹은 총가변비용곡선의 기울기로 측정 • 일반적으로 U자 형태 • 평균비용곡선의 최저점을 통과

06 │ 총비용곡선과 평균비용곡선

특 징	• 총비용곡선은 총가변비용곡선의 기울기와 동일하고, 고정비용만큼 상방 이동 • 평균비용곡선은 일반적으로 U자 형태 • 장기평균비용곡선은 단기평균비용곡선의 포락선(최저점 연결×) • 장기평균비용곡선은 단기평균비용곡선보다 같거나 하방에 위치 　→ ∵ 장기에는 설비규모의 조정이 가능하기 때문 • LTC와 STC가 접하는 점에서 AC와 MC도 교차

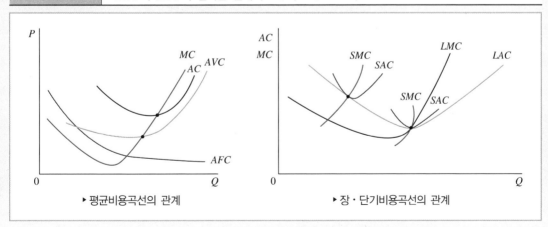

▶ 평균비용곡선의 관계　　　　　▶ 장·단기비용곡선의 관계

07 | 장기비용함수

특 징	• 장기에는 모든 비용이 가변비용에 해당 • 장기의 비용은 단기의 비용보다 작거나 같음 • 장기비용곡선은 규모에 대한 수익에 의해 도출

08 | 가격결정

특 징	• $\pi = (P \times Q) - (wL + rK) = TR - TC$ • 경제적 비용＝명시적 비용(회계적 비용)＋암묵적 비용 • 정상이윤(계속해서 생산하도록 하는 최소한의 이윤)도 비용에 포함 • 매몰비용은 고려 $\times$

09 | 규모의 경제

• 생산요소의 투입이 증가함에 따라 생산비용이 감소하는 경우
• 최적시설규모에 의한 최적생산량 이전까지는 규모의 경제가 발생

01 감정평가사 **2021** ☑ 확인 Check! ○ △ ✕

기업 甲의 생산함수는 $Q = 2L^{0.5}$이며, Q의 가격은 4, L의 가격은 0.25이다. 이윤을 극대화하는 甲의 (ㄱ) 노동투입량과 (ㄴ) 균형산출량은? (단, L은 노동, Q는 산출물이며, 산출물시장과 노동시장은 완전경쟁적이다)

	ㄱ	ㄴ
①	2	2
②	2	4
③	4	4
④	4	8
⑤	8	16

▌해설▌

- 이윤$(\pi) = PQ - wL = (4 \times 2\sqrt{L}) - \dfrac{1}{4}L = 8\sqrt{L} - \dfrac{1}{4}L$

- 이윤이 극대화되는 노동투입량을 구하기 위해 이윤함수를 L에 대하여 미분하면

$$\frac{d\pi}{dL} = \frac{1}{2} \cdot 8L^{-\frac{1}{2}} - \frac{1}{4} = 4L^{-\frac{1}{2}} - \frac{1}{4} = 0$$

$$\therefore L = 256, \quad Q = 32$$

🅐 모두정답

이윤극대화를 추구하는 K기업의 총수입(TR)은 $TR = 5Q$이고 총비용(TC)은 $TC = 10 + 3Q + 0.05Q^2$일 때 옳지 않은 것은? (단, Q는 생산량)

① 판매가격은 5
② 이윤극대화 생산량은 20
③ 최대이윤은 15
④ 고정비용은 10

┃해설┃

• 이윤은 총수익에서 총비용을 차감하여 계산한다.
• 이윤극대화 생산량은 $Q = 20$
• 최대이윤은 이윤극대화 생산량에서 결정된다.
• 최대이윤 $= (5 \times 20) - [10 + (3 \times 20) + (0.05 \times 20^2)] = 10$

① TR을 Q에 대해 미분하면 $MR = 5$로 일정하므로 가격 $P = 5$가 된다.
② 이윤극대화 조건인 $MR = MC$의 식을 연립해보면 $Q = 20$이 계산된다.
④ 고정비용은 총 비용에서 생산량 변수에 따라 변하지 않는 비용이므로 10이다.

답 ③

완전경쟁시장에서 이윤극대화를 추구하는 기업의 생산함수가 $Q = AK^{\alpha}L^{\beta}$ 일 때, 이에 관한 설명으로 옳지 않은 것은? (단, Q는 생산량, A, α, β는 상수, K는 자본, L은 노동을 나타내고 $\alpha + \beta = 1$이다)

① 자본이 1% 증가할 때 생산량은 α% 증가한다.
② 생산함수는 규모에 대한 수익 불변을 나타낸다.
③ β는 노동분배율을 나타낸다.
④ $\beta = \dfrac{\text{노동의 평균생산}}{\text{노동의 한계생산}}$

┃해설┃

• 노동의 평균생산 $= \dfrac{AK^{\alpha}L^{\beta}}{L} = AK^{\alpha}L^{\beta-1}$

• 노동의 한계생산물 $= \dfrac{dAK^{\alpha}L^{\beta}}{dL} = \beta AK^{\alpha}L^{\beta-1}$이다.

• 보기의 식대로 대입해보면 $\dfrac{\text{노동의 평균생산}}{\text{노동의 한계생산}} = \dfrac{AK^{\alpha}L^{\beta-1}}{\beta AK^{\alpha}L^{\beta-1}} = \dfrac{1}{\beta}$

① 기업의 생산함수가 $Q = AK^\alpha L^\beta$ 이고 자본의 노동탄력성이 α 이므로 자본의 투입량을 1% 늘리면 생산량은 α%
증가한다.

② 자본과 노동의 계수의 합이 1보다 크면 규모에 대한 수익 체증을 나타내고, 계수의 합이 1이면 규모에 대한 수익
불변, 계수의 합이 1보다 작으면 규모에 대한 수익 체감을 나타낸다. 지문에서 $\alpha + \beta = 1$ 라고 하였으므로 규모에
대한 수익 불변을 나타낸다.

③ 노동소득분배율$= \dfrac{\text{노동소득}}{\text{총소득}} = \dfrac{MP_L \times L}{Q} = \dfrac{\beta Q}{Q} = \beta$

답 ④

04 공인노무사 2020 ☑ 확인 Check! ○ △ ✕

A기업은 완전경쟁시장에서 이윤을 극대화하는 생산량 1,000개를 생산하고 전량 판매하고 있다. 이때 한계
비용은 10원, 평균가변비용은 9원, 평균고정비용은 2원이다. 이에 관한 설명으로 옳지 않은 것은?

① 총수입은 10,000원이다.

② 총비용은 11,000원이다.

③ 상품 개당 가격은 10원이다.

④ 총가변비용은 9,000원이다.

⑤ 단기에서는 조업을 중단해야 한다.

해설

완전경쟁시장의 상품가격은 한계비용과 동일하므로 상품가격은 10원이다. 상품가격이 평균가변비용보다 크기 때문에
단기에 조업을 중단하지 않는다.

① 총수입=가격×판매량=10×1,000=10,000(원)

② 총비용=(평균가변비용+평균고정비용)×판매량=(9+2)×1,000=11,000(원)

③ 상품가격=한계비용=10원

④ 총가변비용=평균가변비용×판매량=9×1,000=9,000(원)

답 ⑤

한 기업이 임금률 w인 노동(L), 임대율 r인 자본(K)을 고용하여 재화 y를 다음과 같이 생산하고 있다.

$$y = (L,\ K) = \sqrt{L} + \sqrt{K}$$

y의 가격이 p로 주어진 경우 이 기업의 이윤극대화 생산량은?

① $\dfrac{w+r}{2wr}p$ ② $\dfrac{2wr}{w+r}p$

③ $\dfrac{w+r}{wr}p$ ④ $\dfrac{wr}{w+r}p$

⑤ $\dfrac{wr}{2(w+r)}p$

┃해설┃

- $\pi = TR - TC = py - (wL + rK) = p(\sqrt{L} + \sqrt{K}) - (wL + rK)$

- $\dfrac{d\pi}{dL} = p \times \dfrac{1}{2}L^{-\frac{1}{2}} - w = 0 \ \rightarrow\ \dfrac{p}{2\sqrt{L}} = w \ \rightarrow\ \sqrt{L} = \dfrac{p}{2w}$

- $\dfrac{d\pi}{dK} = p \times \dfrac{1}{2}K^{-\frac{1}{2}} - r = 0 \ \rightarrow\ \dfrac{p}{2\sqrt{K}} = r \ \rightarrow\ \sqrt{K} = \dfrac{p}{2r}$

- $\sqrt{L} = \dfrac{p}{2w}$ 와 $\sqrt{K} = \dfrac{p}{2r}$ 를 생산함수 $y = (L,\ K) = \sqrt{L} + \sqrt{K}$ 에 넣어보면 $\dfrac{p}{2w} + \dfrac{p}{2r} = \dfrac{w+r}{2wr}p$

답 ①

甲기업의 생산함수는 $f(K,\ L) = K^{\frac{1}{2}}L^{\frac{1}{4}}$ 이고 산출물의 가격은 4, K의 가격은 2, L의 가격은 10이다. 이윤을 극대화하는 甲기업의 K와 L은 각각 얼마인가? (단, K와 L은 각각 자본, 노동 투입량을 나타내고, 생산물시장과 생산요소시장은 완전경쟁시장이다)

① $K=1,\ L=1$

② $K=1,\ L=2$

③ $K=2,\ L=2$

④ $K=2,\ L=4$

⑤ $K=4,\ L=2$

▌해설▐

- 이윤함수를 구해보면(편의상 이윤을 π로 표시한다)

$$\pi = TR - TC = (P \times Q) - (wL + rK) = 4Q - (L + 2K) = 4K^{\frac{1}{2}}L^{\frac{1}{4}} - L - 2K$$

- 이윤식을 각각 L, K에 대해 미분하면

$$\frac{d\pi}{dL} = K^{\frac{1}{2}}L^{-\frac{3}{4}} - 1 = 0 \rightarrow K^{\frac{1}{2}}L^{-\frac{3}{4}} = 1$$

$$\frac{d\pi}{dK} = 2K^{-\frac{1}{2}}L^{\frac{1}{4}} - 2 = 0 \rightarrow K^{-\frac{1}{2}}L^{\frac{1}{4}} = 1$$

- 두 식을 나누면 $\dfrac{K^{\frac{1}{2}}L^{-\frac{3}{4}}}{K^{-\frac{1}{2}}L^{\frac{1}{4}}} = \dfrac{K}{L} = 1$, 따라서 $K = L$이 된다.

- $K = L$을 이윤식을 미분한 결과값에 대입하여 풀어보면 $L = 1$, $K = 1$이 된다.

답 ①

01 감정평가사 2021

☑ 확인 Check! ○ △ ✕

기업생산이론에 관한 설명으로 옳은 것을 모두 고른 것은?

> ㄱ. 장기(long-run)에는 모든 생산요소가 가변적이다.
> ㄴ. 다른 생산요소가 고정인 상태에서 생산요소 투입 증가에 따라 한계생산이 줄어드는 현상이 한계생산 체감의
>   법칙이다.
> ㄷ. 등량곡선이 원점에 대해 볼록하면 한계기술대체율 체감의 법칙이 성립한다.
> ㄹ. 비용극소화는 이윤극대화의 필요충분조건이다.

① ㄱ, ㄴ   ② ㄷ, ㄹ
③ ㄱ, ㄴ, ㄷ   ④ ㄴ, ㄷ, ㄹ
⑤ ㄱ, ㄴ, ㄷ, ㄹ

▌해설▐

ㄹ. (✕) 비용극소화는 이윤극대화의 필요조건이지만 충분조건은 아니다. 왜냐하면 비용극소화가 이뤄진다고 해서 이윤
극대화가 이뤄진다고 할 수 없기 때문이다.

답 ③

02 공인회계사 2022

☑ 확인 Check! ○ △ ✕

어느 기업의 생산함수는 $Q = \sqrt{L+2K}$ 이다. Q는 생산량, L은 노동투입량, K는 자본투입량이다. 노동과
자본의 단위당 가격이 각각 w와 r이다. 다음 설명 중 옳지 않은 것은?

① 생산함수는 규모에 대한 수익체감을 나타낸다.

② 생산요소간 대체탄력성이 1이다.

③ 한계기술대체율은 일정하다.

④ $w=1$, $r=3$인 경우, 총비용함수는 $TC(Q) = Q^2$이다.

⑤ $w=2$, $r=1$인 경우, 총비용함수는 $TC(Q) = \dfrac{1}{2}Q^2$이다.

┃해설┃

생산요소간 대체탄력성은 무한대이다.

① L과 K를 A배 증가시키면 생산량은 $\sqrt{A}$ 배 증가하므로 규모에 대한 수익체감이다.

③ $MRTS_{LK} = \dfrac{MP_L}{MP_K} = \dfrac{\dfrac{1}{2\sqrt{L+2K}} \times 1}{\dfrac{1}{2\sqrt{L+2K}} \times 2} = \dfrac{1}{2}$

④ $w=1$, $r=3$인 경우 $wL = 1 < \dfrac{3}{2} = rK$이므로 노동만 사용하게 되며,

따라서 생산함수에 $K=0$을 대입하면 $Q=\sqrt{L}$, $L=Q^2$이다. 따라서 비용함수는 $TC(Q)=Q^2$이다.

⑤ $w=2$, $r=1$인 경우 $wL = 2 < \dfrac{1}{2} = rK$이므로 자본만 사용하게 되며,

따라서 생산함수에 $L=0$을 대입하면 $Q=\sqrt{2K}$, $K=\dfrac{Q^2}{2}$ 이다. 따라서 비용함수는 $TC(Q)=\dfrac{Q^2}{2}$ 이다.

답 ②

---

03 보험계리사 2017

☑ 확인Check! ○ △ ✕

다음 생산이론에 관한 설명으로 옳지 않은 것은?

① 한계비용이 평균비용보다 클 때, 생산량이 증가하면 평균비용은 하락한다.

② 한계생산이 평균생산보다 작을 때, 생산요소의 투입량이 증가하면 평균생산은 감소한다.

③ 두 생산요소가 완전대체재일 때 동일한 등량곡선에서 한계기술대체율은 일정하다.

④ 두 생산요소가 완전보완재일 때 요소가격의 변화에 따른 생산요소간 대체효과는 0이다.

┃해설┃

$MC=AC$인 점이 최적생산량이기 때문에 비용이 극소가 되는데, 그 생산량 수준을 넘어서 생산을 하면 비효율적인 생산이 된다. 따라서 MC가 증가하면서 AC도 상승한다.

② $MC=AC$인 점에 도달하기 전까지는 생산량이 증가함에 따라 평균고정비의 감소로 평균생산이 감소한다.

③ 두 생산요소가 완전대체재일 때 등량곡선이 우하향하는 직선이므로, 그 기울기인 한계기술대체율은 일정하다.

④ 완전보완재의 관계를 갖는 두 재화의 무차별곡선은 레온티에프 함수처럼 L의 모양을 지닌다. 그 경우 예산선과 접하는 점에서 움직일 수가 없으므로 대체효과는 0이다.

답 ①

어느 기업의 생산함수는 $Q = L + 2K$ (Q는 생산량, L은 노동투입량, K는 자본투입량)이다. 노동의 단위당 임금이 1이고 자본의 단위당 임대료가 3인 경우 이 기업의 비용함수(C)는?

① $C = \dfrac{1}{2}Q$ 　　　　　　　　　　　② $C = Q$

③ $C = \dfrac{3}{2}Q$ 　　　　　　　　　　　④ $C = 2Q$

⑤ $C = 3Q$

┃해설┃

- 주어진 생산함수의 식을 K에 대해서 정리하면 $K = \dfrac{1}{2}Q - \dfrac{1}{2}L$이므로

  등량곡선의 기울기가 $\dfrac{1}{2}$이고, 등비용선의 기울기 $\left(\dfrac{\text{임금}}{\text{임대료}}\right) = \dfrac{1}{3}$이다.

- 등량곡선의 기울기가 등비용선의 기울기보다 더 크므로, 노동만 고용하는 것이 최적이다.
- 자본투입량이 0이므로 $Q = L$이 된다. 그러므로 비용함수는 다음과 같이 정리된다.

  $C = wL + rK = (1 \times Q) + (3 \times 0) = Q$

답 ②

네 가지 생산요소(x_1, x_2, x_3, x_4)로 구성된 기업 A의 생산함수가 $Q = \min\left[x_1, \dfrac{x_2}{4}\right] + \min\left[\dfrac{x_3}{2}, \dfrac{x_4}{5}\right]$일 때, 비용함수 C는? (단, Q는 생산량이고, x_1, x_2, x_3, x_4의 가격은 각각 w_1, w_2, w_3, w_4이다)

① $C(Q) = Q\min\left[w_1 + 4w_2, \ 2w_3 + 5w_4\right]$

② $C(Q) = Q\min\left[w_1, \ 4w_2\right] + Q\min\left[2w_3, \ 5w_4\right]$

③ $C(Q) = Q\min\left[\dfrac{1}{4}w_1 + w_2, \ \dfrac{2}{5}w_3 + \dfrac{5}{2}w_4\right]$

④ $C(Q) = Q\min\left[\dfrac{1}{4}w_1, \ w_2\right] + Q\min\left[\dfrac{2}{5}w_3, \ \dfrac{5}{2}w_4\right]$

⑤ $C(Q) = Q\left(\dfrac{1}{4}w_1 + w_2 + \dfrac{2}{5}w_3 + \dfrac{5}{2}w_4\right)$

┃해설┃

Q를 생산하는 방식을 나누어 각각의 비용함수를 구해보면 $w_1 + 4w_2$와 $2w_3 + 5w_4$이므로 이를 결합하여 비용함수를 구하면 $C(Q) = Q\min\left[w_1 + 4w_2, \ 2w_3 + 5w_4\right]$이다.

답 ①

어느 기업이 10단위의 제품을 생산하고 있다. 이때 평균비용과 한계비용이 모두 200이라고 한다. 다음 중 이 기업의 비용함수는? (단, C는 총비용, Q는 생산량)

① $C = 500 + 200Q$

② $C = 500 + 10Q^2$

③ $C = 1,000 + 200Q$

④ $C = 1,000 + 10Q^2$

⑤ $C = 150Q + 5Q^2$

┃해설┃

- 비용함수가 1차 함수로 $C = x + yQ$라고 가정하면, $AC = \dfrac{x}{Q} + y$, $MC = y$이다.

- $AC = \dfrac{x}{Q} + y = MC = y = 200$이므로 $x = 0$인 것을 알 수 있다.

- 1차 함수라면 $C = 200Q$를 만족한다.

- 만약 비용함수가 2차 함수라면 $C = x + yQ^2$라고 가정한다. 이 경우 $AC = \dfrac{x}{Q} + yQ$, $MC = 2yQ$이다.

- $AC = \dfrac{x}{Q} + yQ = 2yQ = 200 = MC$, Q에 10을 넣으면 $y = 10$, $x = 1,000$이다.

- 비용함수가 2차 함수라면 $C = 1,000 + 10Q^2$이 도출된다.

답 ④

01

☑ 확인Check! ○ △ ✕

기업 A의 단기총비용함수는 $STC = 3K + 12Q^2 K^{-1}$이다. 시장은 경쟁적이고 시장가격은 3이다. 이때 A의 자본이 $K = 40$이라면, 극대화된 이윤은? (단, Q는 산출량, K는 자본이다)

① -102.5

② -112.5

③ -122.5

④ -132.5

| 해설 |

A의 자본 $K = 40$을 단기총비용함수에 대입하면 $STC = 3K + 12Q^2 K^{-1} = 120 + \dfrac{3}{10} Q^2$이다.

$$\therefore MC = \frac{dSTC}{dQ} = \frac{3}{5} Q$$

최적생산량을 구하기 위해 한계비용과 가격을 연립하면 $\dfrac{3}{5} Q = 3$, $\therefore Q = 5$

- 총수입 $= P \times Q = 5 \times 3 = 15$
- 총비용 $= 120 + \dfrac{3}{10} \times 5^2 = 127.5$
- 이윤 = 총수입 - 총비용 $= 15 - 127.5 = -112.5$

답 ②

비용함수가 $C = Q^2 + 10$일 때, 비용에 관한 설명 중 옳은 것을 모두 고르면? (단, Q는 생산량이다)

> 가. 고정비용은 10이다.
> 나. 한계비용곡선은 원점을 지나는 직선이다.
> 다. 평균고정비용은 생산량이 증가함에 따라 증가한다.
> 라. 평균가변비용은 생산량이 증가함에 따라 감소한다.

① 가, 나   ② 가, 다

③ 나, 라   ④ 다, 라

┃해설┃

가. (○) 고정비용은 생산량 변수와 무관하게 독립된 금액이므로 10이다.

나. (○) 비용함수가 $C = Q^2 + 10$이므로 Q로 미분하면 한계비용은 $MC = 2Q$이다. 따라서 한계비용곡선은 원점을 통과한다.

다. (✕) 평균고정비용은 $\dfrac{10}{Q}$으로 정의되므로, 생산량 증가함에 따라 감소한다.

라. (✕) 평균가변비용은 $\dfrac{Q^2}{Q} = Q$으로 생산량이 증가함에 따라 증가한다.

답 ①

01 공인회계사 2019

☑ 확인Check! ○ △ ✕

다음 그림은 완전경쟁시장에서 조업하는 어느 기업의 총비용곡선을 나타낸다. 다음 설명 중 옳지 않은 것은?

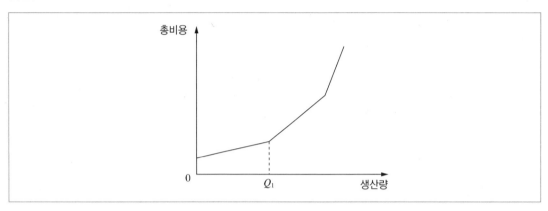

① 장기가 아닌 단기의 비용곡선을 나타낸다.

② 규모의 경제가 발생하는 구간이 존재한다.

③ 생산량이 Q_1 보다 작은 구간에서 생산량이 증가함에 따라 평균가변비용이 증가한다.

④ 평균비용은 Q_1 에서 최소가 된다.

⑤ 조업중단가격은 생산량이 Q_1 보다 작은 구간에서의 한계비용과 일치한다.

▌해설▌

생산량이 Q_1 보다 작은 구간에서는 생산량이 증가함에 따라 평균가변비용이 일정하다.

① 장기에는 고정비용이 존재하지 않기 때문에 총비용곡선이 원점에서 시작하는데, 그림의 총비용곡선은 세로축에서 시작하기 때문에 단기의 비용곡선이다.

② 생산량이 Q_1 보다 적을 때에는 원점에서 총비용곡선으로 이은 직선의 기울기(평균비용)가 점점 작아지므로 규모의 경제가 발생함을 알 수 있다.

④ 생산량이 Q_1 에 있을 때, 원점에서 총비용곡선으로 이은 직선의 기울기가 가장 작으므로 평균비용이 최소가 된다.

⑤ 생산량이 Q_1 보다 작은 구간에서는 한계비용곡선이 평균비용곡선 하방에 존재하는데, 가격이 평균비용보다 낮게 설정된다면 조업을 중단해야한다.

답 ③

단기 비용곡선에 관한 설명으로 옳은 것을 모두 고른 것은? (단, 양(+)의 고정비용과 가변비용이 소요된다)

> ㄱ. 평균비용은 총비용곡선 위의 각 점에서의 기울기다.
> ㄴ. 한계비용곡선은 고정비용 수준에 영향을 받지 않는다.
> ㄷ. 생산량이 증가함에 따라 평균비용과 평균가변비용 곡선간의 차이는 커진다.
> ㄹ. 생산량이 증가함에 따라 평균비용이 증가할 때 평균가변비용도 증가한다.

① ㄱ, ㄴ   ② ㄱ, ㄹ

③ ㄴ, ㄷ   ④ ㄴ, ㄹ

⑤ ㄷ, ㄹ

┃해설┃

ㄱ. (✕) 평균비용은 원점에서 총비용곡선 위의 각 점으로 그은 직선의 기울기로 나타낸다.

ㄴ. (○) 한계비용은 생산량을 1단위 증가시킬 때 증가하는 비용으로 정의 되는데, 고정비용은 생산량의 변화와 관계없이 일정하다. 따라서 한계비용은 고정비용의 영향을 받지 않는다.

ㄷ. (✕) 생산량이 증가함에 따라 평균비용과 평균가변비용 곡선간의 차이는 작아진다. 평균비용은 평균가변비용과 평균고정비용의 합으로 나타내는데, 평균고정비용은 생산량이 증가할수록 작아지기 때문이다.

ㄹ. (○) 평균비용은 평균가변비용과 평균고정비용의 합이며, 평균고정비용은 생산량이 증가함에 따라 점점 감소한다.
- 생산량이 증가함에 따라 평균비용이 증가할 때 : 평균고정비용 감소 < 평균가변비용 증가
- 생산량이 증가함에 따라 평균비용이 감소할 때 : 평균고정비용 감소 > 평균가변비용 증가

답 ④

기업의 생산비용 또는 비용곡선에 관한 다음 서술 중 옳은 것을 모두 고른 것은?

> ㄱ. 단기평균고정비용은 생산량이 증가함에 따라 계속적으로 감소한다.
> ㄴ. 단기평균가변비용곡선은 일반적으로 역 U자의 모양을 갖는다.
> ㄷ. 장기에는 고정비용이 존재하지 않는다.

① ㄱ, ㄴ ② ㄴ, ㄷ

③ ㄱ, ㄷ ④ ㄱ, ㄴ, ㄷ

▌해설▌

ㄱ. (○) 단기평균고정비용은 $\dfrac{SFC}{Q}$ 으로 구하므로, 생산량이 증가할수록 계속 감소한다.

ㄴ. (✕) 단기평균가변비용곡선은 처음에는 체감하다가 나중에는 체증하므로 일반적으로 U자 형태를 갖는다.

ㄷ. (○) 단기에는 일반적으로 생산요소 중 노동량만 조절이 가능하고, 자본량은 조절이 불가능하다고 본다. 반면에 장기에는 노동량뿐만 아니라 자본량도 조절이 가능한 가변요소로 보기 때문에 고정비용이 존재하지 않는다.

답 ③

평균비용곡선이 U자형인 어느 기업이 현재 100단위를 생산하고 있으며, 이때 한계비용은 50, 평균비용은 60이라고 한다. 다음 설명 중 옳은 것을 모두 고르면?

> 가. 이 기업의 한계수입이 판매량에 관계없이 50이면, 이 기업은 100단위를 판매하여 양(+)의 이윤을 얻을 수 있다.
> 나. 이 기업이 생산량을 감소시키면, 평균비용은 증가한다.
> 다. 평균비용곡선의 최저점에서 생산량은 100보다 크다.
> 라. 생산량이 100일 때 평균가변비용이 50이라면 총고정비용은 1,000이다.

① 가, 나   ② 나, 라

③ 가, 다, 라   ④ 나, 다, 라

⑤ 가, 나, 다, 라

‖ 해설 ‖

가. (✕) 한계수입이 50일 때, 평균비용이 60이므로 단위당 손실액이 10이다. 100단위를 판매하였다면 총손실액은 $10 \times 100 = 1,000$이다.

나·다. (○) 한계비용곡선은 평균비용곡선의 최저점을 통과하는데 평균비용은 60인데, 한계비용이 50이라면 현재 생산량은 최저점보다 미달 생산하고 있다. 그림에서 보듯이 현재에서 생산량을 감소시키면 평균비용이 더 상승한다.

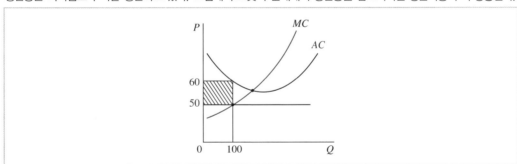

라. (○) 평균비용＝평균가변비용＋평균고정비용이므로 평균고정비용은 10임을 알 수 있다. 따라서 생산량이 100이라면 총고정비용은 1,000이다.

답 ④

01 보험계리사 2018

다음 중 한계비용곡선이 지나는 점을 모두 고르면? (단, 평균총비용곡선은 U자형)

> 가. 총비용이 최소가 되는 점
> 나. 평균고정비용이 최소가 되는 점
> 다. 평균가변비용이 최소가 되는 점
> 라. 평균총비용이 최소가 되는 점

① 가, 나   ② 나, 다
③ 다, 라   ④ 나, 다, 라

┃해설┃

한계비용곡선은 평균가변비용곡선과 평균총비용곡선의 최소점을 지나간다.

답 ③

02 보험계리사 2016

단기에 있어서 어떤 기업의 유일한 가변요소가 노동이며 노동의 한계생산물은 처음에 증가하다가 궁극적으로 감소한다. 이 경우 기업의 단기 비용곡선들에 관한 다음 기술 중 틀린 것은?

① 평균가변비용곡선, 평균비용곡선, 한계비용곡선은 모두 U자의 모양을 갖는다.
② 한계비용곡선은 평균비용곡선의 최저점을 통과한다.
③ 한계비용곡선의 최저점은 평균비용곡선의 최저점보다 오른쪽에 위치한다.
④ 평균비용곡선과 평균가변비용곡선 간의 수직거리는 평균고정비용의 크기를 나타낸다.

┃해설┃

한계비용곡선의 최저점은 평균비용곡선의 최저점보다 왼쪽에 위치한다.
① 한계노동생산물의 수확체감의 법칙을 가정하고 있으므로 평균가변비용곡선, 평균비용곡선, 한계비용곡선은 모두 U자의 모양을 갖는다.
② 한계비용곡선은 평균가변비용곡선과 평균비용곡선의 최저점을 차례로 통과한다.
④ 평균비용곡선＝평균가변비용곡선＋평균고정비용

답 ③

01 보험계리사 2021

☑ 확인 Check! ○ △ ✕

이윤을 극대화하는 A 기업의 생산함수가 $Q = 5L^{\frac{1}{2}}K^{\frac{1}{2}}$ 이다. A 기업은 생산을 시작하기 전에 이미 자본재 1단위당 2의 임대료에 4단위의 자본재를 임대하였고, 이윤극대화 생산을 위해 노동투입을 결정하려고 한다. 임금이 2일 때 다음 설명 중 옳은 것은? (단, Q 는 생산량, L 은 노동, K 는 자본, 생산물시장과 생산요소시장은 모두 완전경쟁적이다)

① 총고정비용은 2이다.

② 평균가변비용은 $\dfrac{2}{25}Q$ 이다.

③ 한계비용은 $\dfrac{Q}{25}$ 이다.

④ 평균비용은 $\dfrac{2}{25}Q + 2$ 이다.

┃해설┃

생산함수 $Q = 5L^{\frac{1}{2}}K^{\frac{1}{2}}$ 이고, 자본이 4이므로 생산함수에 자본 4를 대입하면 생산함수 $Q = 10L^{\frac{1}{2}}$ 이다.

생산함수 $Q = 10L^{\frac{1}{2}}$ 양변을 제곱하면 $Q^2 = 100L$ 이고 이를 L 에 대하여 정리하면 $L = \dfrac{1}{100}Q^2$ 이다.

위에서 정리한 함수와 임대료 2, 임금 2를 이용하여 비용함수를 구해보면

$$C = wL + rK = \left(2 \times \frac{1}{100}Q^2\right) + (2 \times 4) = \frac{1}{50}Q^2 + 8$$

① 총고정비용은 비용함수의 상수부분인 8이다.

② 총가변비용은 $\dfrac{1}{50}Q^2$ 이고 평균가변비용은 $\dfrac{1}{50}Q$ 이다.

③ 한계비용 $= \dfrac{dC}{dQ} = \dfrac{1}{25}Q$

④ 평균비용 $= \dfrac{C}{Q} = \dfrac{1}{50}Q + \dfrac{8}{Q}$

답 ③

PART 1

미시경제학

02 보험계리사 2021

A기업의 총비용함수는 $TC = 20Q^2 - 15Q + 4,500$이다. 다음 설명 중 옳지 않은 것은? (단, Q는 생산량이다)

① 평균가변비용을 최소화하는 생산량은 4이다.

② 총고정비용은 4,500이다.

③ 한계비용은 우상향한다.

④ 평균비용을 최소화하는 생산량은 15이다.

┃해설┃

$AVC = \dfrac{20Q^2 - 15Q}{Q} = 20Q - 15$, 따라서 $Q = 0$일 때 AVC가 최소가 된다.

② 총고정비용은 총비용함수의 상수부분인 4,500이다.

③ $MC = \dfrac{dTVC}{dQ} = 40Q - 15$, 따라서 한계비용은 우상향한다.

④ $AC = \dfrac{TVC}{Q} = \dfrac{20Q^2 - 15Q + 4,500}{Q} = 20Q - 15 + \dfrac{4,500}{Q}$

$\dfrac{dAC}{dQ} = 20 - \dfrac{4,500}{Q^2} = 0$이 되는 양수 $Q = 15$이다.

답 ①

03 감정평가사 2015

甲기업의 단기총비용함수가 $C = 100 + 10Q$일 때, 기업의 비용에 관한 설명으로 옳지 않은 것은? (단, Q는 양($+$)의 생산량이다)

① 고정비용은 100이다.

② 모든 생산량 수준에서 한계비용은 10이다.

③ 생산량이 증가함에 따라 총비용은 증가한다.

④ 생산량이 증가함에 따라 평균비용은 감소한다.

⑤ 모든 생산량 수준에서 한계비용은 평균비용보다 크다.

┃해설┃

$AC = \dfrac{100}{Q} + 10$일 때, 생산량이 증가할수록 평균비용이 감소하지만 Q가 양($+$)의 생산량을 가지므로 평균비용은 10을 초과한다. MC는 10이므로 생산량이 증가하면 평균비용이 한계비용에 근접하지만 한계비용보다 크다.

① 비용함수의 생산량에 영향을 받지 않는 상수 100이 고정비용이다.

② 총비용함수 $C = 100 + 10Q$를 Q에 대해 미분하면 한계비용 $MC = \dfrac{dC}{dQ} = 10$. 생산량 수준에 무관하게 10의 값을 갖는다.

③ 생산량 증가시 가변비용의 증가로 총비용이 증가한다.

④ 평균비용은 $AC = \dfrac{C}{Q} = \dfrac{100}{Q} + 10$으로 생산량이 증가할수록 평균비용은 감소한다.

답 ⑤

04 공인회계사 2018 ☑ 확인Check! ○ △ ✕

다음 표는 완전경쟁시장에서 생산 활동을 하고 있는 어떤 기업의 비용을 나타낸 것이다. 이 표를 이용하여 평균비용곡선과 평균가변 비용곡선을 그렸더니 그림과 같이 U자 형태로 나타났다. 이 기업의 조업중단가격을 B라고 할 때, 사각형 $ABCD$의 면적은 얼마인가?

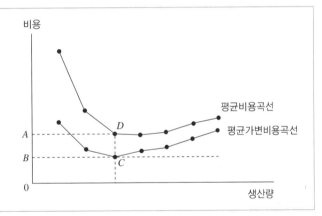

생산량	총비용	가변비용
1	30	16
2	36	22
3	44	30
4	56	42
5	72	58
6	92	78
7	116	102

① 10

② 12

③ 14

④ 16

⑤ 30

┃해설┃

- 평균비용곡선과 평균가변비용곡선 사이의 선분 CD는 평균고정비용에 해당한다.
- 평균고정비용 × 생산량 = 총고정비용
- 사각형 $ABCD$의 면적은 결국 총고정비용을 묻는 질문이다.
- 총비용에서 가변비용을 차감하면 총고정비용이 14로 계산된다.

답 ③

기업 A의 총비용곡선에 관한 설명으로 옳지 않은 것은? (단, 생산요소는 한 종류이며, 요소가격은 변하지 않는다)

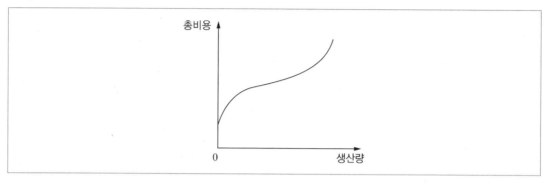

① 총평균비용곡선은 U자 모양을 가진다.

② 총평균비용이 하락할 때 한계비용이 총평균비용보다 크다.

③ 평균고정비용곡선은 직각 쌍곡선의 모양을 가진다.

④ 생산량이 증가함에 따라 한계비용곡선은 평균가변비용곡선의 최저점을 아래에서 위로 통과한다.

⑤ 생산량이 증가함에 따라 총비용곡선의 기울기가 급해지는 것은 한계생산이 체감하기 때문이다.

┃ 해설 ┃

총평균비용곡선이 감소할 때는 한계비용곡선은 총평균비용곡선 하방에 위치하고 있다가, 총평균비용곡선 최저점에서 만난 후, 총평균비용곡선이 다시 증가하기 시작할 때부터 총평균비용곡선 상방에 위치한다.

① 총비용곡선에서 원점으로 이은 직선의 기울기가 총평균비용이다. 기울기가 점점 감소하다가 수평으로 되고, 다시 점점 증가하기 시작한다. 따라서 총평균비용곡선이 U자의 형태를 보인다.

③ 고정비용은 고정된 값이기 때문에, 생산량이 증가할수록 평균고정비용은 계속 감소하는 모습을 보인다.

④ 한계비용곡선은 평균비용곡선과 가변평균비용곡선의 최저점을 통과해 지나간다.

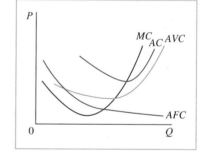

⑤ 총비용곡선이 기울기가 급해진다는 것은 생산할 때 소비되는 비용이 더 많아진다는 것이다. 한계생산이 체감하기 때문에 생산량을 더 늘리기 위해서는 더 많은 비용을 소비하게 되는 것이다.

답 ②

甲기업의 단기총비용함수가 $C = 25 + 5Q$일 때, 甲기업의 단기비용에 관한 설명으로 옳은 것은? (단, Q는 양(+)의 생산량이다)

① 모든 생산량 수준에서 평균가변비용과 한계비용은 같다.

② 모든 생산량 수준에서 평균고정비용은 일정하다.

③ 생산량이 증가함에 따라 한계비용은 증가한다.

④ 평균비용곡선은 U자 형태이다.

⑤ 생산량이 일정 수준 이상에서 한계비용이 평균비용을 초과한다.

┃해설┃

평균가변비용 $= \dfrac{TVC}{Q} = \dfrac{5Q}{Q} = 5$, 한계비용 $= \dfrac{dC}{dQ} = 5$이므로 모든 생산량 수준에서 평균가변비용과 한계비용은 동일하다.

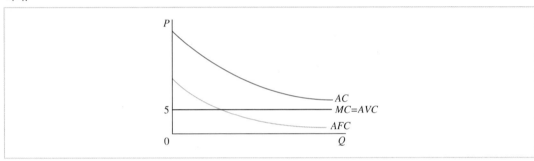

② 평균고정비용은 $\dfrac{25}{Q}$이므로, 생산량이 증가할수록 평균고정비용은 감소한다.

③ 생산량과 무관하게 한계비용은 5로 일정하다.

④ 평균비용은 $\dfrac{TC}{Q} = \dfrac{25}{Q} + 5$로 생산량이 증가할수록 우하향하는 직선의 형태이다.

⑤ 평균비용은 $\dfrac{25}{Q} + 5$이고 한계비용은 5이므로, 평균비용이 생산량의 증가로 줄어들면 한계비용에 가까워질 수는 있지만, 평균고정비용이 존재하기 때문에 한계비용보다 언제나 상방에 위치한다.

답 ①

A기업의 총비용곡선이 $TC = 100 + Q^2$**일 때, 옳은 것은?** (단, Q는 생산량)

① 평균가변비용곡선은 U자 모양을 갖는다.

② 평균고정비용곡선은 수직선이다.

③ 한계비용곡선은 수평선이다.

④ 생산량이 10일 때 평균비용과 한계비용이 같다.

⑤ 평균비용의 최솟값은 10이다.

⎮해설⎮

생산량이 10일 때 평균비용과 한계비용을 구해보면

- $AC = \dfrac{TC}{Q} = \dfrac{100 + Q^2}{Q} = \dfrac{100 + 10^2}{10} = 20$

- $MC = \dfrac{dTC}{dQ} = 2Q = 2 \times 10 = 20$

① $TC = 100 + Q^2$에서 총고정비용은 100이고 총가변비용은 Q^2이다.

따라서 $AVC = \dfrac{TVC}{Q} = \dfrac{Q^2}{Q} = Q$로 우상향하는 직선이 된다.

② $AFC = \dfrac{AFC}{Q} = \dfrac{100}{Q}$으로 직각 쌍곡선 모양을 갖는다.

③ $MC = \dfrac{dTC}{dQ} = 2Q$로 우상향하는 직선이 된다.

⑤ $\dfrac{dAC}{dQ} = -\dfrac{100}{Q^2} + 1$ 따라서 $\dfrac{dAC}{dQ}$가 0이 되는 $Q = 10$에서 평균비용이 최소가 된다.

그러므로 평균비용의 최소값은 $Q = 10$일 때인 20이 된다.

답 ④

08 보험계리사 2020   ☑ 확인Check! ○ △ ✕

완전경쟁시장에서 X재를 생산하는 A기업의 총비용함수는 $TC = 10{,}000 + 100Q + 10Q^2$이고, X재의 시장 가격은 단위당 900이다. 이 기업의 극대화 된 이윤(profit)은? (단, Q는 생산량이다)

① 0

② 6,000

③ 12,000

④ 16,000

┃해설┃

- $TC = 10{,}000 + 100Q + 10Q^2$

- $MC = \dfrac{dTC}{dQ} = 100 + 20Q$

- $MC = MR = P$ (∵ 완전경쟁시장)

- $100 + 20Q = 900$, ∴ $Q = 40$

- $TR = P \times Q = 900 \times 40 = 36{,}000$

- $TC = 10{,}000 + 100Q + 10Q^2 = 10{,}000 + (100 \times 40) + (10 \times 40^2) = 30{,}000$

- 이윤 $= TR - TC = 36{,}000 - 30{,}000 = 6{,}000$

답 ②

PART 1

미시경제학

01 공인회계사 2016

☑ 확인 Check! ○ △ ✕

완전경쟁시장에서 한 기업의 단기비용함수는 $C = 5q^2 - 2kq + k^2 + 16$ 이다. 장기에 자본량을 변경할 때에 조정비용은 없다. 이 기업의 장기비용함수는? (단, C는 비용, q는 생산량, k는 자본량이다)

① $C = 4q^2 + 4$

② $C = 4q^2 + 8$

③ $C = 4q^2 + 16$

④ $C = 8q^2 + 8$

⑤ $C = 8q^2 + 16$

┃해설┃

- 단기에는 자본량이 고정되어 있지만, 장기에는 기업이 자본량을 조정할 수 있다.
- 자본량 변경시 조정비용이 없다면, 기업은 장기에 총비용을 최소로 하기 위해 k를 조정할 것이다.
- 총비용이 최소가 되는 k의 값을 구하려면, k로 미분한 값을 0으로 둔다.

$$\frac{dc}{dk} = -2q + 2k = 0 \rightarrow k = q$$

- 총비용을 최소로 하기 위해 $k = q$를 단기비용함수에 대입하면 장기비용함수가 나온다.
- 따라서 장기비용함수는 $C = 5q^2 - 2q \cdot q + q^2 + 16 = 4q^2 + 16$ 이다.

답 ③

02 감정평가사 2021

☑ 확인 Check! ○ △ ✕

우하향하는 장기평균비용에 관한 설명으로 옳은 것은? (단, 생산기술은 동일하다)

① 생산량이 서로 다른 기업의 평균비용은 동일하다.

② 진입장벽이 없는 경우 기업의 참여가 증가한다.

③ 소규모 기업의 평균비용은 더 낮다.

④ 장기적으로 시장에는 한 기업만이 존재하게 된다.

⑤ 소규모 다품종을 생산하면 평균비용이 낮아진다.

┃해설┃

① · ③ 장기평균곡선이 우하향할 경우 생산량이 많을수록 평균비용은 감소한다. 따라서 소규모 기업의 평균비용은 대규모 기업의 평균비용보다 높다.

② 최적 시설규모 이상이 되면 비대화에 따른 규모의 불경제가 발생하므로 진입장벽이 없다고 기업의 참여가 계속 증가하는 것은 아니다.

⑤ 우하향하는 장기평균비용은 생산량이 많을수록 평균비용이 감소하는 규모의 경제를 설명하는 그래프인 반면에 소규모 다품종 생산은 범위의 경제를 설명하는 것이다.

답 ④

01 공인회계사 2023

☑ 확인 Check! ○ △ ✕

완전경쟁시장에서 이윤을 극대화하는 기업 A가 하나의 공장(공장 1)에서 17단위를 생산하고 있다. 이제 기업 A가 새로운 공장(공장 2)의 건설·운영 여부를 검토하고 있으며, 각 공장에서의 생산비용은 다음과 같다.

- $C_1 = 30q_1 + 5q_1^2$
- $C_2 = 20q_2 + 6q_2^2 + f$

기업 A가 공장 2를 건설·운영할 때 공장 2로부터 손실이 발생하지 않는 f의 최댓값은? (단, C_i는 공장 i에서의 생산비용, q_i는 공장 i에서의 생산량, f는 상수로서 공장 2를 건설·운영하는 경우 발생하는 고정비용이다)

① 750
② 900
③ 1,200
④ 1,350
⑤ 1,420

┃ 해설 ┃

$MC_1 = 30 + 10q_1$이고 q_1이 17이라고 하였으므로 MC_1은 200이다. 공장 2에서의 MC도 이와 같이 200이 되어야 하므로 $MC_2 = 20 + 12q_2$에서 q_2는 15로 계산된다. 손실이 발생하지 않는 f의 최댓값을 구하기 위해 이윤함수가 0이 되는 f값을 구해보면 $(200 \times 15) - (300 + 6 \times 15^2 + f) = 0$에서 f는 1,350임을 알 수 있다.

답 ④

완전경쟁시장에서 한 기업의 평균가변비용은 $ACV = 3Q+5$(Q는 생산량)이고 고정비용이 12이다. 이 기업의 손익분기점에서의 가격과 조업중단점에서의 가격은?

① 15, 5

② 15, 12

③ 17, 5

④ 17, 12

⑤ 19, 0

┃해설┃

$TC = (AVC \times Q) + 고정비용 = [(3Q+5) \times Q] + 12 = 3Q^2 + 5Q + 12$

$MC = \dfrac{dTC}{dQ} = 6Q + 5$

완전경쟁시장은 $P = MR = MC$가 성립하므로

$P = MC = 6Q + 5$

$TR = P \times Q = (6Q+5) \times Q = 6Q^2 + 5Q$

손익분기점에서의 생산량과 가격을 구해보면

$TR - TC = 0$

$(6Q^2 + 5Q) - (3Q^2 + 5Q + 12) = 3Q^2 - 12 = 0$

$\therefore \; Q = 2 \; (\because \; Q는 양수)$

$\therefore \; P = (6 \times 2) + 5 = 17$

조업중단점의 가격은 AVC의 최소점인 생산량이 0인 경우이다. 따라서 조업중단점의 가격은 5이다.

답 ③

09 | 규모의 경제

01 공인회계사 2024　　　　☑ 확인Check! ○ △ ✕

여러 제품을 생산하는 기업이 각 제품을 따로 생산할 때보다 함께 생산할 때 생산비용이 절감되는 경우, 이러한 현상을 지칭하는 개념은?

① 범위의 경제
② 규모의 경제
③ 규모수익 체증
④ 한계비용 체감
⑤ 한계기술대체율 체감

─────────────────────────────

▌해설▐

여러 제품을 생산하는 기업이 각 제품을 따로 생산할 때보다 함께 생산할 때 생산비용이 절감되는 것을 범위의 경제라고 한다.

답 ①

02 7급 공무원 2017　　　　☑ 확인Check! ○ △ ✕

A기업의 장기총비용곡선은 $TC(Q) = 40Q - 10Q^2 + Q^3$이다. 규모의 경제와 규모의 비경제가 구분되는 생산규모는?

① $Q = 5$　　　　　　　　　　　　② $Q = \dfrac{20}{3}$

③ $Q = 10$　　　　　　　　　　　④ $Q = \dfrac{40}{3}$

─────────────────────────────

▌해설▐

• 규모의 경제는 장기평균비용곡선의 최저점을 기준으로 왼쪽에서, 규모의 비경제는 최저점 오른쪽에서 발생한다.

• 장기평균비용곡선은 $\dfrac{TC}{Q} = LAC = 40 - 10Q + Q^2$

• 최저점을 알기 위해 장기평균비용곡선을 Q로 미분하여 0으로 둔다.

$\dfrac{dLAC}{dQ} = -10 + 2Q = 0, \quad \therefore \quad Q = 5$

답 ①

11 | 완전경쟁시장

01 | 완전경쟁시장의 성립조건

성립 조건	• 무수히 많은 경쟁자 • 동질적 재화 • 진입, 퇴거의 자유 • 완전한 정보

02 | 완전경쟁시장의 생산량과 가격결정

생산량 결정	• 이윤극대화점에서 생산량 결정 • $\pi = TR - TC = (P \times Q) - (wL + rK)$ • 이윤극대화 생산량에서는 총수입곡선과 총비용곡선의 기울기가 같으므로 $MR = MC$ • MR의 기울기 $< MC$의 기울기 ($\because MC$곡선의 우상향 부분이 MR곡선과 교차)
가격 결정	$P > AC$ 가격이 생산비용을 초과하므로 초과이윤
	$P = AC$ 이윤도 손실도 없는 손익분기점, 정상이윤
	$AVC < P < AC$ 손실이 발생하나 생산은 유지
	$P = AVC$ 생산중단점

03 | 완전경쟁시장의 단기비용함수

총비용	평균비용	평균가변비용	한계비용
$TC = wL + rK$	$AC = \dfrac{TC}{Q}$	$AVC = \dfrac{TVC}{Q}$	$MC = \dfrac{dTC}{dQ}$

04 | 완전경쟁시장의 단기균형

$$P = MC = MR = AR$$

05 | 완전경쟁시장의 장기균형

- $P = AR = MR = SMC = SAC = LMC = LAC$
- 장기에는 정상이윤만을 획득
- 비가격경쟁 $\times$

06 | 완전경쟁시장의 공급곡선

완전경쟁시장은 $P = MC$에서 생산 $\rightarrow$ AVC곡선 최저점 상방의 MC곡선이 공급곡선

01 공인회계사 **2018**   ☑ 확인 Check! ○ △ ✕

세 기업만이 활동하는 완전경쟁시장의 수요곡선은 $y = 10 - p$이다. 각 기업의 한계비용은 5로 고정되어 있다. 만약 세 기업이 합병을 통해 독점기업이 되면 한계비용은 2로 낮아진다. 그리고 합병 기업은 독점 가격을 설정한다. 다음 설명 중 옳은 것은?

① 합병 전 소비자잉여는 25이다.

② 합병 후 소비자잉여는 8이다.

③ 합병 전 생산자잉여는 16이다.

④ 합병 후 생산자잉여는 12.5이다.

⑤ 사회적잉여를 극대화하는 정책당국은 합병을 허가하지 않는다.

┃해설┃
- 합병으로 인해 독점이 되면 $MR = MC$인 점에서 생산량이 결정된다.
- $MR = 10 - 2y$이고 MC가 2로 낮아졌으므로 $10 - 2y = 2$, $y = 4$이다.
- 합병 이후의 소비자잉여는 $4 \times 4 \times 0.5 = 8$

① · ③ 완전경쟁시장에서는 $P = MC$가 성립하므로, $y = 5$이다.
   완전경쟁일 경우의 소비자잉여는 $5 \times 5 \times 0.5 = 12.5$이고, MC가 수평선이므로 생산자잉여는 0이다.
④ 생산자잉여는 $4 \times 4 = 16$이다.
⑤ 사회적잉여가 증가하므로 정책당국은 합병을 허락할 것이다.

답 ②

완전경쟁시장의 단기균형과 장기균형에 관한 설명으로 가장 옳지 않은 것은?

① 단기균형에서 개별기업은 초과이윤을 얻을 수 있지만 장기균형에서는 정상이윤만을 얻는다.

② 단기균형에서의 기업의 수와 장기균형에서의 기업의 수는 일반적으로 다르다.

③ 단기균형에서는 생산자잉여와 이윤이 일치하지만 장기균형에서는 그렇지 않다.

④ 완전경쟁시장은 단기에서 뿐만 아니라 장기에서도 사회적 잉여가 극대화되는 시장형태이다.

❚ 해설 ❚

완전경쟁기업에서 생산자잉여＝총수입－총가변비용, 이윤＝총수입－총가변비용－총고정비용이다. 단기에는 총고정비용이 0보다 크기 때문에 생산자잉여가 이윤보다 크거나 같지만, 장기에는 총고정비용이 0이므로 생산자잉여와 이윤은 같아진다.

① 완전경쟁기업은 진입과 퇴거가 자유로워, 단기균형에서 초과이윤을 얻을 수 있지만 새로운 기업들이 진입하여 이윤이 감소하게 되면 장기에는 정상이윤만을 획득하게 된다.

② 단기균형에서 개별기업은 초과이윤을 얻을 수도 있고, 손해를 볼 수도 있다. 그러나 장기에는 기업들이 자유롭게 진입하고, 퇴거하기 때문에 일반적으로 장단기 균형의 기업의 수는 달라진다.

④ 장단기에 항상 $P = MC$가 성립하므로 사회적인 관점에서 자원배분이 가장 효율적으로 이루어지며, 사회후생이 극대화된다.

답 ③

01 감정평가사 2017

☑ 확인Check! ○ △ ✕

다음 중 옳은 것을 모두 고른 것은?

> ㄱ. 기펜재의 경우 수요법칙이 성립하지 않는다.
> ㄴ. 초과이윤이 0이면 정상이윤도 0이라는 것을 의미한다.
> ㄷ. 완전경쟁시장에서 기업의 단기공급곡선은 한계비용곡선에서 도출된다.
> ㄹ. 독점기업의 단기공급곡선은 평균비용곡선에서 도출된다.

① ㄱ, ㄴ   ② ㄱ, ㄷ

③ ㄱ, ㄹ   ④ ㄴ, ㄷ

⑤ ㄴ, ㄹ

┃해설┃

ㄱ. (○) 기펜재는 대체효과보다 소득효과가 더 크기 때문에 재화의 가격이
　　상승해도 구입량이 증가하는데, 이는 수요법칙에 위배되는 것이다.

ㄴ. (✕) 정상이윤은 기업이 생산활동을 하기 위한 최소한의 이윤을 의미하
　　고, 초과이윤은 정상이윤을 초과하는 이윤을 의미하는데, 초과이윤이
　　0이라고 해서 정상이윤도 0이 되는 것은 아니다.

ㄷ. (○) 완전경쟁기업은 $P = MC$인 점에서 생산을 하므로 평균가변비용곡
　　선의 최저점을 통과한 MC곡선이 완전경쟁기업의 단기공급곡선이다.

ㄹ. (✕) 독점기업은 시장지배력을 가지고 있기 때문에 수요곡선 상에서
　　자신에게 가장 유리한 생산점을 선택할 수 있으므로 독점기업은 공급곡
　　선이 존재하지 않는다.

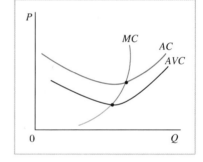

답 ②

완전경쟁시장에서 A기업의 단기총비용함수는 $STC = 100 + \dfrac{wq^2}{200}$ 이다. 임금이 4이고, 시장가격이 1일 때 단기공급량은? (단, w는 임금, q는 생산량)

① 10

② 25

③ 50

④ 100

⑤ 200

┃해설┃

• $P = MC$ (∵ 완전경쟁시장)

• $STC = 100 + \dfrac{wq^2}{200}$

• $MC = \dfrac{dSTC}{dq} = \dfrac{wq}{100} = \dfrac{4q}{100} = 0.04q$

• $1 = 0.04q, \quad \therefore q = 25$

답 ②

완전경쟁기업의 단기 조업중단 결정에 관한 설명으로 옳은 것은?

① 가격이 평균가변비용보다 높으면 손실을 보더라도 조업을 계속하는 것이 합리적 선택이다.

② 가격이 평균고정비용보다 높으면 손실을 보더라도 조업을 계속해야 한다.

③ 가격이 평균비용보다 낮으면 조업을 중단해야 한다.

④ 가격이 한계비용보다 낮으면 조업을 계속해야 한다.

⑤ 평균비용과 한계비용이 같으면 반드시 조업을 계속해야 한다.

┃해설┃

손실을 본다고 조업을 중단하더라도 고정비용은 계속해서 지출되므로, 균형가격이 평균가변비용보다 높다면 가변비용을 충당하고 고정비용도 일부 회수가능하기 때문에 조업을 계속해야 한다.

② 손해를 보더라도 조업을 계속해야 할 때는 가격이 평균가변비용보다 높을 경우이다. 평균고정비용보다 높을 경우에는 조업중단 여부를 알 수 없다.

③ 가격이 평균비용이 아니라 평균가변비용보다 낮으면 조업을 중단해야 한다.

④ 완전경쟁기업은 가격과 한계비용이 같아지는 점에서 생산을 하므로, 가격이 한계비용보다 낮으면 재화를 팔아서 얻는 수익보다 재화를 생산할 때 소비되는 금액이 더 크므로 조업을 중단해야 한다.

⑤ 평균비용과 한계비용이 같은 점은 정상이윤만 얻고 초과이윤은 없기 때문에 반드시 조업을 계속해야하는 것은 아니다.

답 ①

01 공인노무사 2021

☑ 확인 Check! ○ △ ✕

완전경쟁시장에서 이윤극대화를 추구하는 개별기업에 관한 설명으로 옳은 것은? (단, 개별기업의 평균비용 곡선은 U자 형태로 동일하며, 생산요소시장도 완전경쟁이다)

① 한계수입곡선은 우하향하는 형태이다.
② 이윤은 단기에도 항상 영(0)이다.
③ 수요의 가격탄력성은 영(0)이다.
④ 단기에는 평균가변비용곡선의 최저점이 조업중단점이 된다.
⑤ 이윤극대화 생산량에서 평균수입은 한계비용보다 크다.

┃해설┃

가격이 평균가변비용보다 낮을 경우에는 조업을 중단한다.
① 완전경쟁시장에서의 한계수입은 일정하기 때문에 한계수입곡선은 수평선의 형태를 갖는다.
② 개별기업의 비용조건에 따라 초과이윤이 발생하거나 손실이 발생할 수도 있다.
③ 개별기업이 공급하는 상품은 서로 대체재이므로, 수요의 가격탄력성은 무한대(∞)이다.
⑤ 이윤극대화 생산량은 평균수입과 한계비용이 동일한 경우에 달성된다.

답 ④

02 감정평가사 2024

☑ 확인 Check! ○ △ ✕

기업 A의 고정비용은 400이고, 단기생산함수는 $Q = 4L^{0.5}$이다. 가변생산요소의 가격이 400일 때, 단기 총비용곡선은? (단, Q는 생산량, L은 가변생산요소이다)

① $\dfrac{400}{Q} + 400$

② $800Q$

③ $400Q + 400$

④ $0.25Q^2 + 400$

⑤ $25Q^2 + 400$

┃해설┃

- 고정비용이 400, 가변생산요소 L의 가격이 400이므로, $TC = 400L + 400$

- 단기생산함수 $Q = 4L^{0.5}$를 L에 대하여 정리하면, $L = \dfrac{1}{16}Q^2$이다.

- L을 TC에 대입하면, $TC = 400 \times \dfrac{1}{16}Q^2 + 400 = 25Q^2 + 400$

답 ⑤

01 공인노무사 2021 ☑확인 Check! ○ △ ✕

완전경쟁시장에서 A기업의 단기 총비용함수가 $TC(Q)=4Q^2+2Q+10$이다. 재화의 시장가격이 42일 경우 극대화된 단기이윤은? (단, Q는 생산량, $Q>0$이다)

① 10

② 42

③ 52

④ 84

⑤ 90

┃해설┃

- $MC=\dfrac{dTC}{dQ}=8Q+2$
- $P=MR=MC=8Q+2=42,\quad \therefore\ Q=5$
- $\pi=TR-TC=(5\times42)-[(4\times5^2)+(2\times5)+10]=210-120=90$

답 ⑤

02 공인노무사 2016 ☑확인 Check! ○ △ ✕

단기에 A기업은 완전경쟁시장에서 손실을 보고 있지만 생산을 계속하고 있다. 시장수요의 증가로 시장가격이 상승하였는데도 단기에 A기업은 여전히 손실을 보고 있다. 다음 설명 중 옳은 것은?

① A기업의 한계비용곡선은 아래로 평행 이동한다.

② A기업의 한계수입곡선은 여전히 평균비용곡선 아래에 있다.

③ A기업의 평균비용은 시장가격보다 낮다.

④ A기업의 총수입은 총가변비용보다 적다.

⑤ A기업의 평균가변비용곡선의 최저점은 시장가격보다 높다.

┃해설┃

- A기업은 시장의 수요증가로 시장가격이 상승하였음에도 손실을 보고 있다는 것은 현재가격이 평균비용보다 낮다는 것이다.
- 가격이 평균비용보다 낮다는 것은 한계수입곡선이 평균비용곡선 하방에 위치하였음을 나타낸다.

① 완전경쟁시장에서는 $P=MR=MC$인데, 시장가격이 상승하였으므로 한계비용곡선은 상방 이동한다.

③ 손실을 보고 있다면 가격이 평균비용보다 낮은데, 생산을 계속하고 있으므로 평균가변비용보다는 높은 경우이다.

④ 가격이 평균가변비용보다 높다면($P>AVC$) 총수입($TR=P\times Q$)은 총가변비용($TVC=AVC\times Q$)보다 많다.

⑤ 가격이 평균가변비용곡선보다 상방에 위치하므로 평균가변비용곡선의 최저점은 시장가격보다 낮다.

답 ②

01 공인노무사 2023

☑ 확인Check! ○ △ ✕

완전경쟁시장에 관한 설명으로 옳지 않은 것은?

① 개별기업의 최적산출량은 한계수입과 한계비용이 일치할 때 결정된다.

② 개별기업은 장기에 효율적인 생산 규모에서 생산하며 정상이윤만을 얻게 된다.

③ 개별기업이 단기에 손실을 보더라도 생산을 계속하는 이유는 고정비용의 일부를 회수할 수 있기 때문이다.

④ 단기균형과 장기균형에서 총잉여인 사회적 후생이 극대화된다.

⑤ 생산요소의 가격이 변하지 않는 비용불변산업에서는 장기시장공급곡선은 우상향한다.

┃해설┃

생산요소의 가격이 변하지 않는 비용불변산업에서 장기시장공급곡선은 수평이다.

답 ⑤

02 감정평가사 2023

☑ 확인Check! ○ △ ✕

완전경쟁시장의 장기균형의 특징에 관한 설명으로 옳은 것을 모두 고른 것은? (단, LMC는 장기한계비용, LAC는 장기평균비용, P는 가격이다)

> ㄱ. $P = LMC$이다.
> ㄴ. $P > LAC$이다.
> ㄷ. 각 기업의 정상이윤이 0이다.
> ㄹ. 시장의 수요량과 공급량이 같다.
> ㅁ. 더 이상 기업의 진입과 이탈이 일어나지 않는 상태를 말한다.

① ㄱ, ㄴ, ㄷ

② ㄱ, ㄹ, ㅁ

③ ㄴ, ㄹ, ㅁ

④ ㄷ, ㄹ, ㅁ

⑤ ㄴ, ㄷ, ㄹ, ㅁ

┃해설┃

ㄱ. (○), ㄴ. (✕) 완전경쟁시장에서의 장기균형에서는 $P = LAC = LMC$가 성립한다.

ㄷ. (✕) 완전경쟁시장에서의 장기균형에서는 $P = LMC = LAC$가 성립하므로 개별기업은 정상이윤만을 획득한다. 경제적이윤이 0이다.

ㄹ · ㅁ. (○) 완전경쟁시장의 장기균형에서는 시장의 수요량과 공급량이 같으며 기업의 진입과 이탈이 더 이상 일어나지 않는다.

답 ②

완전경쟁시장의 시장수요함수는 $Q = 1,700 - 10P$이고, 이윤극대화를 추구하는 개별기업의 장기평균비용함수는 $LAC(q) = (q - 20)^2 + 30$으로 모두 동일하다. 장기균형에서 기업의 수는? (단, Q는 시장 거래량, q는 개별기업의 생산량, P는 가격이다)

① 100   ② 90

③ 80   ④ 70

⑤ 60

┃해설┃

- 장기평균비용함수가 $LAC(q) = (q - 20)^2 + 30$이므로 q가 20일 때 장기평균비용이 최소임을 알 수 있다.
- 개별기업의 장기균형생산량은 20이다.
- 완전경쟁시장 균형의 경우 $P = LAC$가 성립하기 때문에 $P = 30$이다.
  $P = 30$을 시장수요함수 $Q = 1,700 - 10P$에 대입하면 $Q = 1,400$이다.
- 개별기업의 생산량이 20이므로 70기업이 시장에 존재하고 있는 것이다.

답 ④

완전경쟁시장에서 이윤극대화를 추구하는 기업들의 장기비용함수는 $C = 0.5q^2 + 8$로 모두 동일하다. 시장수요함수가 $Q_D = 1,000 - 10P$일 때, 장기균형에서 시장 참여 기업의 수는? (단, C는 개별기업 총비용, q는 개별기업 생산량, Q_D는 시장 수요량, P는 가격을 나타낸다)

① 150   ② 210

③ 240   ④ 270

⑤ 300

┃해설┃

- 완전경쟁기업의 장기균형 : $P = LMC = LAC = MR$

- LAC(장기평균비용) $= 0.5q + \dfrac{8}{q}$

- 장기평균비용곡선 최저점 $LMC = LAC \rightarrow LMC = \dfrac{dC}{dq} = q$, $q = 0.5q + \dfrac{8}{q}$, $\therefore q = 4$, $LAC = 4 = P$

- $P = 4$를 시장수요함수에 대입시켜 계산해보면 시장 전체 수요량(Q)은 960이 나오는데, 각 기업들이 4만큼 생산하므로 이 시장에는 240개의 기업이 있다.

답 ③

완전경쟁인 X재 시장에 참여하고 있는 모든 기업의 장기총비용함수는 $LTC = q^3 - 10q^2 + 35q$로 동일하다. X재의 시장수요가 $Q_D = 400 - 10P + M$인 경우, 다음 (가), (나)에 대한 답으로 옳은 것은? (단, LTC는 개별기업의 장기총비용, q는 개별기업의 생산량이다. Q_D는 시장수요량, P는 가격, M은 상수이다)

> (가) $M = 100$인 경우, 장기균형에서 기업의 수는?
> (나) $M = 200$으로 증가하는 경우, 새로운 장기균형에서의 시장가격은?

	(가)	(나)
①	80개	10
②	80개	20
③	60개	20
④	40개	15
⑤	40개	10

┃해설┃

$LAC = q^2 - 10q + 35$

$\dfrac{dLAC}{dq} = 2q - 10 = 0, \quad \therefore \ q = 5$

$q = 5$에서 LAC는 10이므로 장기균형가격은 10이다.

이제 이를 수요곡선에 대입하면 시장 전체의 수요량은 400이 되어, 시장 전체의 기업 수는 $\dfrac{400}{5} = 80$이다.

따라서 장기균형의 가격은 항상 10이다.

답 ①

X재 시장은 완전경쟁시장이고, 시장수요곡선은 $Q = 1,000 - P$이다. 모든 개별기업의 장기평균비용곡선 (AC)은 $AC = 40 - 10q + q^2$이다. 기업들의 진입과 퇴출에 의해서도 개별기업의 장기총비용곡선은 변하지 않는다. 다음 설명 중 옳지 않은 것은? (단, Q는 X재의 시장수요량, P는 X재의 가격, q는 개별기업의 X재 생산량이다)

① 개별기업의 X재 장기균형생산량은 5이다.

② X재의 가격이 18인 경우, 장기적으로 기업의 진입이 발생한다.

③ X재의 가격이 15인 경우, 장기적으로 개별기업은 양(+)의 경제적 이윤을 얻는다.

④ X재의 가격이 12인 경우, 장기적으로 기업의 퇴출이 발생한다.

⑤ 장기균형에서는 총 197개의 기업이 생산 활동을 한다.

┃해설┃

X재의 가격이 15라면 개별기업의 생산비용과 동일한 금액이다. 이런 경우에는 양(+)의 경제적 이윤을 얻지 못한다.

① 기업들의 최적생산량은 장기평균비용곡선의 최저점에서 이루어진다.

장기평균비용곡선 $AC = 40 - 10q + q^2$을 q로 미분한 값을 0으로 두면 최저점의 생산량을 구할 수 있다.

$\dfrac{dLAC}{dq} = -10 + 2q = 0 \rightarrow q = 5$

② 장기평균비용곡선식에 최적생산량 $q = 5$를 넣어보면, 개별기업의 장기평균 생산비용은 15로 계산이 된다. 따라서 X재의 가격이 18이라면 평균 생산비용 이상이므로 개별기업들은 이윤을 얻고, 새로운 경쟁자들이 시장에 진입할 것이다.

④ X재의 가격이 12라면 개별기업의 생산비용조차도 완전히 회수할 수 없는 금액이다. 따라서 장기적으로는 퇴출해야 한다.

⑤ 장기균형상태에서 가격은 15로 결정된다. 가격을 15로 놓고, 이를 시장수요함수에 대입하면 시장 전체 수요량은 985가 계산되고, 이를 개별 최적생산량 5로 나누어 보면 시장에는 197개의 개별기업들이 참여하고 있다는 것을 알 수 있다.

🔑 ③

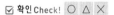
A기업의 수요곡선은 $Q^d = 100 - N - P$이고 비용곡선은 $C = 4Q$이다. A기업이 이윤극대화를 할 때 이에 관한 설명으로 옳지 않은 것은? (단, P는 가격, Q는 생산량, N은 기업의 수이다)

① 기업의 수가 60이면 최적생산량은 18이다.

② 기업의 이윤이 0이 되는 기업의 수는 95이다.

③ 기업의 수가 증가함에 따라 균형가격은 하락한다.

④ 기업의 수가 증가함에 따라 A기업의 생산량은 감소한다.

해설

- $\pi = TR - TC = P \cdot Q - 4Q = (100 - N - Q)Q - 4Q = -Q^2 + (96 - N)Q = -Q(Q - 96 + N)$
- 이윤(π)이 0이 되기 위한 기업수는 $96 - Q$이다. ⋯ ②
- 이윤(π)이 극대화되기 위한 Q를 구하면

$$\frac{d\pi}{dQ} = -2Q + (96 - N) = 0$$

$$\therefore \ Q = 48 - \frac{N}{2}$$

- 기업수 60일때 최적생산량은 $48 - \dfrac{60}{2} = 18$이다. ⋯ ①
- $P = 100 - N - Q^d$이므로 기업수가 증가하면 균형가격은 하락한다. ⋯ ③
- $Q^d = 100 - N - P$이므로 기업수가 증가하면 생산량은 감소한다. ⋯ ④

답 ②

01 감정평가사 **2017** ☑ 확인 Check! ○ △ ✕

완전경쟁시장에서 개별기업의 단기총비용곡선이 $STC = a + \dfrac{q^2}{100}$ 일 때, 단기공급곡선 q_S는? (단, a는 고정자본비용, q는 수량, p는 가격이다)

① $q_S = 50p$

② $q_S = 60p$

③ $q_S = 200p$

④ $q_S = 300p$

⑤ $q_S = 400p$

┃해설┃

- 완전경쟁시장의 공급곡선은 MC와 동일하다.

- $MC = \dfrac{dSTC}{dq} = \dfrac{q}{50}$ 인데 완전경쟁시장에서는 $p = MC$이므로 $\dfrac{q}{50} = p$가 성립한다.

  이 식을 q로 정리해보면 $q_S = 50p$

답 ①

02 감정평가사 **2019** ☑ 확인 Check! ○ △ ✕

완전경쟁시장에서 개별기업은 U자형 평균비용곡선과 평균가변비용곡선을 가진다. 시장가격이 350일 때, 생산량 50 수준에서 한계비용은 350, 평균비용은 400, 평균가변비용은 200이다. 다음 중 옳은 것을 모두 고른 것은?

> ㄱ. 평균비용곡선이 우상향하는 구간에 생산량 50이 존재한다.
> ㄴ. 평균가변비용곡선이 우상향하는 구간에 생산량 50이 존재한다.
> ㄷ. 생산량 50에서 음($-$)의 이윤을 얻고 있다.
> ㄹ. 개별기업은 단기에 조업을 중단해야 한다.

① ㄱ, ㄴ

② ㄱ, ㄷ

③ ㄱ, ㄹ

④ ㄴ, ㄷ

⑤ ㄴ, ㄹ

┃ 해설 ┃

ㄱ. (×) 시장가격이 평균비용보다 낮은 수준에 있기 때문에 평균비용곡선은 우하향하는 구간에 생산량 50이 존재한다.

ㄴ. (○) 시장가격이 평균비용 보다는 낮지만 평균가변비용보다는 높기 때문에 평균가변비용곡선이 우상향하는 구간에 생산량 50이 존재한다.

ㄷ. (○) 시장가격이 평균비용보다 낮기 때문에 음(−)의 이윤을 얻는다.

ㄹ. (×) 평균비용보다는 낮아서 손실은 발생하지만 가변비용과 고정비용의 일부를 회수하기 위해 단기적으로는 조업을 계속한다.

답 ④

---

03 감정평가사 2024

☑ 확인Check! ○ △ ×

완전경쟁시장에서 모든 기업이 이윤을 극대화하고 있는 산업 A는 비용곡선이 $C(Q) = 2 + \dfrac{Q^2}{2}$인 100개의 기업과 $C(Q) = \dfrac{Q^2}{10}$인 60개의 기업으로 구성되어 있다. 신규 기업의 진입이 없을 때, 가격이 2보다 큰 경우 산업 A의 공급곡선은? (단, Q는 생산량이다)

① $Q = 200P$

② $Q = 300P$

③ $Q = 400P$

④ $Q = 415P$

⑤ $Q = 435P$

┃ 해설 ┃

- 각각의 비용곡선을 정리하면,

  $C(Q) = 2 + \dfrac{Q^2}{2}$ 에서, $MC = Q$

  완전경쟁시장에서 $P = MC$ 이므로, $P = Q$

  그리고 이러한 비용곡선을 가진 기업이 100개 존재하므로, $Q = 100P$

- 또 다른 비용곡선 $C(Q) = \dfrac{Q^2}{10}$ 에서, $MC = \dfrac{1}{5}Q$

  완전경쟁시장에서 $P = MC$ 이므로, $P = \dfrac{1}{5}Q$

  그리고 이러한 비용곡선을 가진 기업이 60개 존재하므로, $Q = 300P$

- 두 공급곡선을 합하면, 산업 A의 공급곡선은 $Q = 400P$

답 ③

완전경쟁기업에 관한 설명 중 가장 옳지 않은 것은?

① 완전경쟁기업의 이윤극대화점은 기업의 한계비용곡선이 상승하는 부분에서 한계수입곡선과 교차하는 점이다.

② 완전경쟁기업의 단기공급곡선은 단기한계비용곡선 중 단기평균비용곡선을 상회하는 부분이다.

③ 생산요소의 공급이 비탄력적일수록 완전경쟁기업의 단기공급곡선은 기울기가 가파르게 된다.

④ 장기평균비용곡선의 최저점과 접하는 단기평균비용곡선에 상응하는 시설규모를 최적시설규모라고 한다.

┃ 해설 ┃

완전경쟁기업은 가격과 한계비용이 같아지는 점에서 생산이 이루어지므로 평균가변비용곡선의 최저점을 상회하는 한계비용곡선이 완전경쟁기업의 단기공급곡선이다.

① 이윤은 총수입－총비용이므로 이윤극대화는 총수입곡선과 총비용곡선의 차이가 가장 커지는 생산량에서 결정이 되는데, 최적생산량 점에서는 총수입곡선과 총비용곡선의 기울기가 같으므로 $MR = MC$가 성립한다. 그러나 $MR = MC$가 성립한다고 반드시 이윤극대화가 이루어지는 것은 아니다. 반드시 MC곡선의 기울기가 MR곡선의 기울기보다 커야하므로, 한계비용곡선이 상승하고 있어야 한다.

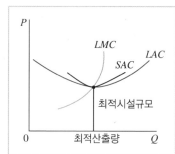

③ 생산요소의 공급이 비탄력적이라면, 생산량 증가로 생산요소의 수요가 증가할 때 생산요소 가격이 상승하는데, 요소가격의 상승으로 인해 MC곡선이 상방으로 이동한다. 즉, 생산량이 증가할 때 생산비용이 상승한다면 단기공급곡선이 급경사의 형태로 도출된다.

④ 완전경쟁기업이 장기균형에서는 $P = MC = LAC = SAC = MR$이 성립한다. 장기균형은 LAC곡선의 최저점에서 이루어지므로 개별기업은 장기에 최적시설규모에서 조업한다.

답 ②

12 | 독점시장

01 | 독점시장의 특징

정 의	독점시장이란 하나의 공급자로서의 독점기업이 가격설정자로 행동하여 진입장벽이 존재하여 독점기업이 진입장벽을 활용해 장기적으로 초과이윤 확보가 가능한 시장
특 징	• 시장지배력 • 우하향 수요곡선 (∵ 판매량을 늘리기 위해서는 가격을 내려야 하기 때문) • 직접적인 경쟁압력이 존재하지 않음
$P > MC$	비효율적인 생산
공급곡선	완전경쟁시장 외에는 공급곡선이 없음
초과이윤	AC곡선에 따라 달라짐
이윤 극대화	$MR = MC$

02 | 독점시장의 수입

총수입	$TR = P \times Q$
평균수입	$AR = \dfrac{TR}{Q} = \dfrac{P \times Q}{Q} = P$
한계수입	$MR = \dfrac{dTR}{dQ}$
아모로소-로빈슨	$MR = P\left(1 - \dfrac{1}{\epsilon}\right)$ (ϵ : 수요의 가격탄력성)

03 | 독점시장의 균형

$P > MC$	최적생산량 미달로 사회적 후생손실 발생
초과 이윤	단기에는 손실을 볼 수 있으나, 장기에는 초과 이윤 획득
초과설비 보유	비효율적인 생산
재화 생산	$\epsilon > 1$ 구간에서 생산
공급곡선	수요곡선에서부터 한계수입곡선이 도출되고, 이로써 이윤극대화 생산량이 결정되기 때문에 공급곡선이 존재 ×

04 | 독점시장의 가격차별

구 분	1급 가격차별	2급 가격차별	3급 가격차별
정 의	개별 소비자의 지불용의 가격으로 설정	재화 구입량에 따라 가격을 다르게 설정	• 일반적인 가격차별 • 몇 개의 시장으로 구분 후 시장의 수요의 가격탄력성에 따라 다른 가격 설정
특 징	• 사회 전체의 총잉여와 생산량은 완전경쟁 때와 동일 • 소비자잉여 0	• 생산량 증가 • 소비자잉여 감소 • 생산자잉여 증가	• 수요의 가격탄력성이 높을수록 가격을 낮게 설정 • 생산량 증가

05 | 독점시장의 비효율

- $P > MC = MR$
- 완전경쟁생산량 수준에 미달
- 완전경쟁 가격보다 높음
- 초과 설비 보유
- 사회후생손실 발생

06 | 독점시장의 이윤극대화

- 이윤극대화 조건 $MR = MC$
- $MR = P\left(1 - \dfrac{1}{\epsilon}\right) = MC$

07 | 독점시장의 조세부과

구 분	정액세	종량세
정 의	• 생산량과 무관 일정액의 조세 • 고정비용 같은 성격	• 생산량의 단위당 일정액의 조세 • 가변비용 같은 성격
효 과	• MC 불변, AC 증가 • 가격, 생산량 불변 • 소비자에게 조세전가 × • 독점이윤 감소	• MC, AC 모두 증가 • 가격 상승, 생산량 감소 • 소비자에게 조세전가 • 독점이윤 감소

08 | 독점도

- 독점에 따른 후생손실 측정
- $dm = \dfrac{P - MC}{P} = \dfrac{1}{\epsilon}$

09 | 독점시장의 가격규제

구 분	한계비용 가격설정	평균비용 가격설정
정 의	$P = MC$	$P = AC$
효 과	• 완전경쟁의 경우와 같은 가격 • 완전경쟁의 경우와 같은 생산량 • 완전경쟁 수준의 효율성	적자문제 해결($P = AC$)
단 점	적자발생 가능성	• 완전경쟁의 경우보다 높은 가격 • 완전경쟁의 경우보다 적은 생산량 • 경제적 비효율성 존재

01 공인노무사 2021

☑ 확인 Check! ○ △ ✕

독점기업의 시장 수요와 공급에 관한 설명으로 옳지 않은 것은? (단, 시장수요곡선은 우하향한다)

① 독점기업은 시장의 유일한 공급자이기 때문에 수요곡선은 우하향한다.

② 독점기업의 공급곡선은 존재하지 않는다.

③ 독점기업의 한계수입은 가격보다 항상 높다.

④ 한계수입과 한계비용이 일치하는 점에서 독점기업의 이윤이 극대화된다.

⑤ 독점기업의 한계수입곡선은 항상 수요곡선의 아래쪽에 위치한다.

│ 해설 │

독점기업은 $MR > 0$인 경우에만 생산하므로, 수요의 가격탄력성(ε)이 1보다 작은 구간에서는 생산하지 않는다. 따라서 독점기업의 한계수입은 가격보다 항상 낮다.

$$MR = P\left(1 - \frac{1}{\varepsilon}\right)$$

① 독점기업이 추가적으로 더 많은 재화를 판매하기 위해서는 가격을 낮추어야 하므로, 수요곡선은 우하향하는 형태를 갖는다.

② 독점기업은 이윤극대화를 위한 재화의 공급량과 가격을 원하는 대로 결정할 수 있기 때문에 공급곡선이 없다.

④ 이윤극대화는 한계수입과 한계비용이 동일한 경우에 발생한다.

⑤ 독점기업의 한계수입곡선은 수요곡선 아래에 위치한다.

핵심체크	독점기업의 가격결정모형

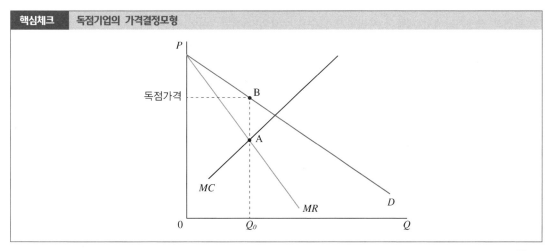

답 ③

PART 1

미시경제학

02 보험계리사 2018

독점기업에 관한 설명으로 옳은 것은? (단, 수요곡선은 우하향하는 직선이고, 한계비용곡선은 우상향하는 직선)

① 한계수입과 한계비용이 일치하도록 생산하면 항상 양(+)의 이윤을 얻는다.
② 한계수입은 가격보다 높다.
③ 평균비용이 가격보다 낮으면 양(+)의 이윤을 얻는다.
④ 이윤극대화 공급량에서는 수요의 가격탄력성이 1보다 작다.

❚ 해설 ❚

①·③ 독점기업의 초과이윤 여부는 가격과 평균비용에 의해 결정된다. 가격이 평균비용과 같으면 정상이윤, 가격이 평균비용보다 높으면 초과이윤을 얻는다.
② 가격은 $MR = MC$점에서 결정되는데, 그 점의 수요곡선이 MR의 상방에 위치하기 때문에 $P > MC$가 성립한다.
④ 독점기업의 이윤은 수요의 가격탄력성이 1보다 클 때는 총수입이 증가하고, 수요의 가격탄력성이 1일 때 총수입이 극대화됐다가 수요의 가격탄력성이 1보다 작을 때는 총수입이 감소한다.

답 ③

03 공인노무사 2017

여러 형태의 시장 또는 기업에 관한 다음 설명 중 옳지 않은 것은?

① 독점기업이 직면한 수요곡선은 시장수요곡선 그 자체이다.
② 독점시장의 균형에서 가격과 한계수입의 차이가 클수록 독점도는 커진다.
③ 독점적 경쟁시장에서 제품의 차별화가 클수록 수요의 가격탄력성이 커진다.
④ 모든 기업의 이윤극대화 필요조건은 한계수입과 한계비용이 같아지는 것이다.
⑤ 독점기업은 수요의 가격탄력성이 서로 다른 두 소비자 집단이 있을 때 가격차별로 이윤극대화를 꾀할 수 있다.

❚ 해설 ❚

독점적 경쟁시장은 제품의 차별화가 이루어지므로 재화는 이질적이라고 볼 수 있는데, 제품의 차별화가 클수록 그 제품을 대체하기가 어려우므로 수요곡선은 비탄력적이 된다.
① 독점기업이 직면한 수요곡선은 우하향하는 시장 전체의 수요곡선이다.
② 독점도$= \dfrac{P - MC}{P} = \dfrac{P - MR}{P}$, 가격과 한계수입의 차이가 크면 분자가 커지므로 독점도 역시 커진다.
④ 독점기업, 독점적 경쟁기업, 과점기업 등 기업의 형태와는 관계없이 모든 시장의 이윤극대화 조건은 $MR = MC$이다.
⑤ 수요의 가격탄력성에 따른 가격차별은 제3급 가격차별방법이다. 수요의 가격탄력성이 높으면 낮은 가격을 설정하고, 수요의 가격탄력성이 낮으면 높은 가격을 설정하여 이윤이 극대화 될 수 있다.

답 ③

독점에 관한 다음 서술 중 옳은 것을 모두 고른 것은?

> ㄱ. 독점시장의 경우 자원배분의 비효율성이 나타날 수 있다.
> ㄴ. 독점기업이라고 하더라도 반드시 초과이윤을 얻는 것은 아니다.
> ㄷ. 규모의 경제가 있는 경우 자연독점이 초래될 수 있다.

① ㄱ, ㄴ

② ㄴ, ㄷ

③ ㄱ, ㄷ

④ ㄱ, ㄴ, ㄷ

┃해설┃

ㄱ. (○) 독점시장의 경우 $P > MC$이고 최적생산량에 미달하게 생산하므로 자원배분이 비효율적이다.

ㄴ. (○) 독점기업의 초과이윤 여부는 AC에 의해 결정된다. 가격이 AC보다 높다면 초과이윤을 얻게 된다.

ㄷ. (○) 초기에 막대한 설비투자비용이 소요되나 추가적인 생산에 따른 한계비용이 낮아 생산량이 증가할수록 평균비용이 하락하는 현상을 규모의 경제라고 한다. 규모의 경제가 존재하는 경우 자연독점이 초래된다.

답 ④

독점기업에 관한 설명 중 가장 옳지 않은 것은?

① 한계비용곡선의 일부가 공급곡선이 된다.

② 초과이윤을 얻는 독점기업의 판매가격은 항상 한계비용보다 높다.

③ 독점기업이라고 해서 반드시 초과이윤을 얻는 것은 아니다.

④ 해외시장에서의 덤핑은 가격차별의 원리에 의한 것이다.

┃해설┃

독점기업은 시장지배력을 갖고 있으며, 수요곡선 상에서 기업의 이윤이 극대화되는 지점에서 생산하므로 공급곡선이 존재하지 않는다.

② 독점기업의 가격과 생산량은 한계수입곡선과 한계비용이 접하는 점에서 결정된다. 수요곡선이 한계수입곡선과 절편은 동일하고 기울기가 2배이므로, 한계수입곡선보다 상방에 위치하므로 가격은 한계비용보다 항상 높다.

③ 독점기업의 초과이윤 여부는 가격과 AC에 의해 결정된다. $MR = MC$인 점에서 가격이 AC보다 높다면 초과이윤을, 가격과 AC가 같다면 정상이윤을 얻으며 가격이 AC보다 작다면 손실을 획득하게 된다.

④ 해외시장에서의 덤핑은 국내시장과 해외시장을 분리하여, 동일한 재화를 가격을 다르게 설정하여 판매하는 것이므로 가격차별에 해당한다.

답 ①

이윤극대화를 추구하는 독점기업과 완전경쟁기업의 차이점에 관한 설명으로 옳지 않은 것은?

① 독점기업의 한계수입은 가격보다 낮은 반면, 완전경쟁기업의 한계수입은 시장가격과 같다.

② 독점기업의 한계수입곡선은 우상향하는 반면, 완전경쟁기업의 한계수입곡선은 우하향한다.

③ 독점기업이 직면하는 수요곡선은 우하향하는 반면, 완전경쟁기업이 직면하는 수요곡선은 수평이다.

④ 단기균형에서 독점기업은 가격이 한계비용보다 높은 점에서 생산하는 반면, 완전경쟁기업은 시장가격과 한계비용이 같은 점에서 생산한다.

⑤ 장기균형에서 독점기업은 경제적 이윤을 얻을 수 있는 반면, 완전경쟁기업은 경제적 이윤을 얻을 수 없다.

▌해설 ▌

① · ② 완전경쟁기업은 주어진 가격에 지속적으로 판매가 가능하기 때문에 한계수입이 시장가격과 동일하지만, 독점기업은 판매량을 증가시키기 위해서는 가격을 낮춰야 하기 때문에 한계수입은 가격보다 낮다. 따라서 독점기업의 한계수입곡선은 우하향하고, 완전경쟁기업은 $P = MR$이기 때문에 한계수입곡선이 수평의 모양이다.

③ 독점기업의 경우 판매량을 증가시키기 위해서는 반드시 가격을 낮춰야하기 때문에 우하향하는 수요곡선에 직면한다. 반면에 완전경쟁기업은 판매량을 늘리더라도 주어진 가격수준에서 판매가 가능하므로, 완전경쟁기업이 직면하는 수요곡선은 가격과 동일한 수준에서 수평의 모양을 나타낸다.

④ 모든 기업은 $MR = MC$인 점에서 생산하는데, 완전경쟁기업은 $MR = MC = P = D$이므로 생산지점에서 시장가격과 한계비용이 동일하다. 반면, 독점기업은 $MR = MC$인 점에서 MR곡선 상방에 수요곡선이 존재하므로, 가격이 한계비용보다 높게 된다.

⑤ 장기에는 독점기업이 시설규모를 최적수준으로 조정하는 것이 가능하므로, 독점기업의 장기이윤은 초과이윤을 얻을 수 있다. 그러나 완전경쟁기업의 경우 장기에 초과이윤과 손실에 따라 기업들의 진입과 퇴거가 자유로우므로, 정상이윤만을 얻을 수 있다.

🔲 ②

01 보험계리사 2021

☑ 확인Check! ○ △ ✕

독점기업 A가 당면하고 있는 시장수요는 $Q = 100 - P$이다. 다음 설명 중 옳은 것을 모두 고르면? (단, Q는 수요량, P는 가격이다)

> ㄱ. 수요량이 50일 때 수요의 가격탄력성은 $\frac{1}{3}$이다.
>
> ㄴ. 수요의 가격탄력성이 1인 점에서의 한계수입은 0이다.
>
> ㄷ. 판매수입이 극대화되는 점에서 수요의 가격탄력성은 1이다.
>
> ㄹ. 수요의 가격탄력성이 1보다 클 때, 가격이 상승하면 판매수입이 증가한다.

① ㄱ, ㄴ

② ㄴ, ㄷ

③ ㄱ, ㄷ, ㄹ

④ ㄴ, ㄷ, ㄹ

┃해설┃

ㄱ. (✕) 수요량 50일 때 가격은 50이며 이때의 가격탄력성을 구해보면

$$가격탄력성 = -\frac{dQ}{dP} \cdot \frac{P}{Q} = -(-1) \cdot \frac{50}{50} = 1$$

ㄴ. (○) 독점기업의 한계수입은 다음과 같다.

$$MR = P\left(1 - \frac{1}{\epsilon}\right) \quad (\epsilon : 수요의 \ 가격탄력성)$$

위 공식에 의하면 수요의 가격탄력성이 1인 경우 한계수입은 0이 됨을 알 수 있다.

ㄷ. (○) 독점기업의 수요의 가격탄력성, 한계수입, 총수입 간의 관계는 다음과 같다.

• $\epsilon > 1 \to MR > 0 \to TR$ 증가
• $\epsilon = 0 \to MR = 0 \to TR$ 극대
• $\epsilon < 1 \to MR < 0 \to TR$ 감소

ㄹ. (✕) 수요의 가격탄력성이 1보다 클 때, 가격이 상승하면 판매량이 가격 상승폭보다 훨씬 더 큰 폭으로 감소하기 때문에 판매수입이 감소하게 된다.

답 ②

A기업은 완전경쟁시장에서, B기업은 순수독점시장에서 생산활동을 하고 있다. 두 기업의 총수입곡선에 관한 설명으로 옳은 것은?

① 두 기업 모두 총수입곡선이 처음에는 상승하다 나중에는 하락한다.
② 두 기업 모두 총수입곡선이 음($-$)의 기울기를 갖는 직선이다.
③ A기업의 총수입곡선은 수평선의 형태이나, B기업의 총수입곡선은 양($+$)의 기울기를 갖는다.
④ A기업의 총수입곡선은 양($+$)의 기울기를 갖는 직선이고, B기업의 총수입곡선은 처음에는 상승하다 나중에는 하락한다.
⑤ A기업의 총수입곡선은 처음에는 상승하다 나중에는 하락하고, B기업의 총수입곡선은 수평선의 형태이다.

┃해설┃

①·④ A기업은 판매량이 늘어날수록 계속해서 총수입이 늘어나지만, B기업은 판매량을 늘리려면 가격을 낮춰야 하기 때문에 총수입이 늘어나다가 $MR < 0$구간부터 줄어든다.
②·③·⑤ A기업의 총수입곡선은 양($+$)의 기울기를 가진 원점을 통과하는 직선이지만, B기업의 총수입곡선은 상승하다가 하락하는 종모양의 형태이다.

                                                답 ④

독점 방송사가 공급하는 프로그램에 대한 수요함수는 $Q = 100 - 5P$이다. 고정비용인 프로그램의 조달비용은 200이며 그 밖에 다른 비용은 발생하지 않는다고 가정한다. 독점 방송사는 아래의 두 가지 전략 중 하나를 선택할 수 있다. 다음의 설명 중 옳지 않은 것은? (단, Q는 시청자 수, P는 시청요금이다)

> 〈전략 1〉
> 광고를 판매하지 않고 이윤극대화를 위한 독점 시청요금을 부과한다.
>
> 〈전략 2〉
> 시청요금을 부과하지 않고 광고주에게 광고를 판매하여 시청자 1인당 6의 이윤을 얻는다. 단, 광고시청으로 인한 시청자의 비효용(Disutility)은 없다고 가정한다.

① 독점 방송사가 〈전략 1〉을 선택하면 양($+$)의 이윤을 얻는다.
② 독점 방송사가 〈전략 2〉를 선택하면 양($+$)의 이윤을 얻는다.
③ 독점 방송사는 〈전략 1〉을 선택하면 〈전략 2〉에서보다 더 많은 이윤을 얻는다.
④ 독점 방송사가 〈전략 1〉을 선택하면 자중손실(Deadweight loss)이 발생한다.
⑤ 〈전략 2〉에서의 시청자의 잉여가 〈전략 1〉에서보다 더 크다.

┃ 해설 ┃

〈전략 1〉

• 독점기업의 이윤이 극대화되는 경우는 $MR = 0$이 되는 지점이다.

• 방송사의 수요함수가 $P = 20 - \dfrac{1}{5}Q$인 우하향한 직선이다.

• 총수입은 $TR = 20Q - \dfrac{1}{5}Q^2$, $MR = 20 - \dfrac{2}{5}Q = 0$, $Q = 50$, $P = 10$

$$TR = 20 \times 50 - \dfrac{1}{5} \times 50^2 = 500$$

• 총비용 $TC = 200$이므로 이윤은 300이다.

〈전략 2〉

• 시청요금을 부과하지 않으므로 $P = 0$이 된다.

• 이 경우 $P = 20 - \dfrac{1}{5}Q = 0$, $Q = 100$

• 시청자 1인당 6의 이윤이므로 $TR = 600$이고, $TC = 200$이므로 이윤은 400이다.

① 독점 방송사가 〈전략 1〉을 선택하면 이윤이 300이므로, 양(+)의 이윤을 얻는다.
② 독점 방송사가 〈전략 2〉를 선택하면 이윤이 400이므로, 양(+)의 이윤을 얻는다.
③ 독점 방송사가 〈전략 2〉를 선택하면 이윤이 400이고, 〈전략 1〉을 선택하면 이윤이 300이므로 〈전략 2〉에서 더 많은 이윤을 얻는다.
④ 〈전략 1〉에서 한계비용은 0 (∵ $MR = MC$)으로 가격 10보다 작다.
　따라서 독점 방송사가 〈전략 1〉을 선택할 경우에 자중손실이 발생한다.
⑤ 〈전략 1〉은 자중손실이 생기는 반면에, 〈전략 2〉는 자중손실이 생기지 않는다.
　따라서 시청자의 잉여는 〈전략 2〉가 더 크다.

답 ③

04 감정평가사 2016   ☑ 확인Check! ○ △ ✕

독점기업 甲이 직면하고 있는 수요곡선은 $Q_D = 100 - 2P$이다. 甲이 가격을 30으로 책정할 때 한계수입은?
(단, Q_D는 수요량, P는 가격이다)

① -20 ② 0

③ 10 ④ 40

⑤ $1,200$

┃해설┃

- 아모로소-로빈슨 공식에 따르면 $MR = P\left(1 - \dfrac{1}{\epsilon}\right)$이다.

- 주어진 가격 30을 수요함수에 대입시켜 보면 Q가 40이 나온다.

- 수요의 가격탄력성을 구해보면 $\epsilon = -\dfrac{dQ}{dP} \times \dfrac{P}{Q} = 2 \times \dfrac{30}{40} = 1.5$

- 아모로소-로빈슨 공식에 $P = 30$을, $\epsilon = 1.5$를 대입하면 한계수입을 구할 수 있다.

- $MR = 30 \times \left(1 - \dfrac{1}{1.5}\right) = 30 - 20 = 10$

답 ③

05 공인노무사 2015   ☑ 확인Check! ○ △ ✕

이윤극대화를 추구하는 독점기업의 시장수요함수가 $Q = 300 - P$이고 비용함수가 $C = 0.5Q^2$일 때, 다음
설명 중 옳지 않은 것은? (단, Q는 수량, P는 가격, C는 비용임)

① 독점기업의 총수입은 $TR = (300 - Q)Q$이다.
② 독점기업의 한계수입은 $MR = 300 - 2Q$이다.
③ 독점기업의 한계비용은 $MC = Q$이다.
④ 독점기업의 이윤극대화 생산량은 $Q = 100$이다.
⑤ 독점기업의 이윤극대화 가격은 $P = 100$이다.

┃해설┃

$Q = 100$을 시장수요함수식에 대입하면 $P = 200$

① $P = 300 - Q$, $TR = Q \times P = (300 - Q) \times Q$

② TR을 Q로 미분하면 $MR = \dfrac{dTR}{dQ} = 300 - 2Q$

③ $C = 0.5Q^2$을 Q로 미분하면 $MC = \dfrac{dC}{dQ} = Q$

④ 이윤극대화조건 : $MR = MC \rightarrow 300 - 2Q = Q$, $\therefore Q = 100$

답 ⑤

한계비용이 양(+)의 값을 갖는 독점기업의 단기균형에서 수요의 가격탄력성은? (단, 수요곡선은 우하향하는 직선이며, 독점기업은 이윤극대화를 목표로 한다)

① 0이다.

② 0과 0.5 사이에 있다.

③ 0.5와 1 사이에 있다.

④ 1이다.

⑤ 1보다 크다.

│ 해설 │

독점기업은 항상 수요의 가격탄력성이 1보다 큰 구간에서 생산한다. 수요의 가격탄력성이 1보다 작은 구간에서는 한계수입이 0보다 작기 때문에 이 구간에서는 생산하지 않는다.

답 ⑤

독점기업 A의 수요함수는 $Q^d = P^{-\theta}$이다. 이 기업이 이윤극대화를 할 때 마크업$\left(\dfrac{\text{가격}}{\text{한계비용}}\right)$은? (단, $\theta > 1$ 이다)

① $\theta - 1$

② $\dfrac{1}{\theta - 1}$

③ $\dfrac{\theta}{\theta - 1}$

④ $\dfrac{\theta - 1}{\theta}$

│ 해설 │

- Amoroso-Robinson 공식 : $MR = P\left(1 - \dfrac{1}{\epsilon}\right)$

- $\epsilon = -\dfrac{dQ}{dP}\dfrac{P}{Q} = -(-\theta)P^{-\theta-1} \cdot \dfrac{P}{P^{-\theta}} = \theta$

- $MR = MC$ (∵ 독점기업)

- 마크업$\left(\dfrac{\text{가격}}{\text{한계비용}}\right) = \dfrac{P}{MC} = \dfrac{P}{MR} = \dfrac{P}{P\left(1 - \dfrac{1}{\epsilon}\right)} = \dfrac{\epsilon}{\epsilon - 1} = \dfrac{\theta}{\theta - 1}$

답 ③

독점기업 A의 한계비용은 10이고 고정비용은 없다. A기업 제품에 대한 소비자의 역수요함수는 $P=90-2Q$ 이다. A기업은 내부적으로 아래와 같이 2차에 걸친 판매 전략을 채택하였다.

- 1차 : 모든 소비자를 대상으로 이윤을 극대화하는 가격을 설정하여 판매
- 2차 : 1차에서 제품을 구매하지 않은 소비자를 대상으로 이윤을 극대화하는 가격을 설정하여 판매

A기업이 설정한 (ㄱ) 1차 판매 가격과 (ㄴ) 2차 판매 가격은? (단, 소비자는 제품을 한 번만 구매하고, 소비자간 재판매할 수 없다)

	ㄱ	ㄴ
①	30	20
②	40	20
③	40	30
④	50	30
⑤	60	30

┃ 해설 ┃

1차 균형

독점기업의 이윤극대화는 $MR=MC$에서 발생한다.

- $P=90-2Q$
- $MR=90-4Q$ ($\because$ 독점기업)
- $MC=10$

$\therefore$ $90-4Q=10$ → $Q=20$, $P=50$

2차 균형

1차 균형에서 판매한 20개를 제외 후 역수요함수와 한계수익을 구해보면

$P'=90-2(Q'-20)=50-2Q'$

$MR'=50-4Q'$ ($\because$ 독점기업)

2차 균형에서 새롭게 구한 역수요함수와 한계수익으로 이윤극대화 수량과 가격을 구해보면

$50-4Q'=10$ → $Q'=10$, $P'=30$

$\therefore$ ㄱ은 50, ㄴ은 30이 된다.

답 ④

01 감정평가사 2020   ☑ 확인 Check! ○ △ ✕

그림과 같이 완전경쟁시장이 독점시장으로 전환되었다. 소비자로부터 독점기업에게 이전되는 소비자잉여는? (단, MR은 한계수입, MC는 한계비용, D는 시장수요곡선으로 불변이다. 독점기업은 이윤극대화를 추구한다)

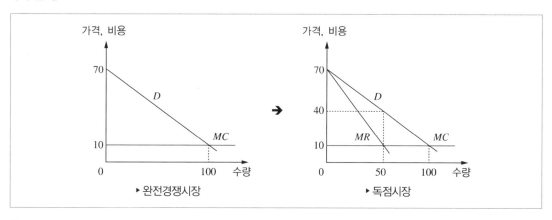

① 0

② 750

③ 1,500

④ 2,250

⑤ 3,000

‖해설‖

가격 차이

• 완전경쟁시장 균형가격 : 10

• 독점시장 균형가격 : 40

• 독점시장과 완전경쟁시장의 균형가격 차이 : 30

수량 차이

• 완전경쟁시장 균형수량 : 100

• 독점시장 균형수량 : 50

• 독점시장과 완전경쟁시장의 균형수량 차이 : 50

∴ 소비자로부터 독점기업에게 이전되는 소비자잉여=30×50=1,500

답 ③

甲국 정부는 독점기업 A로 하여금 이윤극대화보다는 완전경쟁시장에서와 같이 사회적으로 효율적인 수준에서 생산하도록 규제하려고 한다. 사회적으로 효율적인 생산량이 달성되는 조건은? (단, 수요곡선은 우하향, 기업의 한계비용곡선은 우상향한다)

① 평균수입＝한계비용
② 평균수입＝한계수입
③ 평균수입＝평균생산
④ 한계수입＝한계비용
⑤ 한계수입＝평균생산

┃해설┃

- 완전경쟁기업, 독점적 경쟁기업뿐만 아니라 독점기업도 수요곡선과 평균수입곡선이 동일하다.
- 독점기업에서 한계수입곡선은 수요곡선보다 하방에 위치하여, $MR = MC$인 점에서는 이윤은 극대화 되지만 최적생산량에 미달하게 된다.
- 만약 한계비용곡선이 평균수입곡선과 만나는 점에서 생산한다면 효율적인 수준으로 생산하게 된다.

답 ①

독점기업 甲은 두 시장 A, B에서 X재를 판매하고 있다. 생산에 있어서 甲의 한계비용은 0이다. 甲이 A, B에서 직면하는 수요함수는 각각 $Q_A = a_1 - b_1 P_A$, $Q_B = a_2 - b_2 P_B$이고, 甲이 각 시장에서 이윤극대화를 한 결과 두 시장의 가격이 같아지게 되는 $(a_1,\ b_1,\ a_2,\ b_2)$의 조건으로 옳은 것은? (단, a_1, b_1, a_2, b_2는 모두 양(+)의 상수이고, Q_A, Q_B는 각 시장에서 팔린 X재의 판매량이며, P_A, P_B는 각 시장에서 X재의 가격이다)

① $a_1 a_2 = b_1 b_2$

② $a_1 b_1 = a_2 b_2$

③ $a_1 b_2 = a_2 b_1$

④ $a_1 + b_1 = a_2 + b_2$

⑤ $a_1 + b_2 = a_2 + b_1$

┃해설┃

- A, B 두 개의 시장이 존재할 경우 독점기업의 이윤극대화조건 : $MR_A = MR_B = MC$

- 두 수요함수 $Q_A = a_1 - b_1 P_A$, $Q_B = a_2 - b_2 P_B$를 P에 대해서 정리하면, $P_A = \dfrac{a_1}{b_1} - \dfrac{Q_A}{b_1}$, $P_B = \dfrac{a_2}{b_2} - \dfrac{Q_B}{b_2}$이다.

- $TR_A = P_A \times Q_A = \dfrac{a_1 Q_A}{b_1} - \dfrac{Q_A^2}{b_1}$, $TR_B = P_B \times Q_B = \dfrac{a_2 Q_B}{b_2} - \dfrac{Q_B^2}{b_2}$

- 두 수요함수를 Q로 미분하여 한계수입을 구해보면,

  $MR_A = \dfrac{dTR_A}{dQ_A} = \dfrac{a_1}{b_1} - \dfrac{2}{b_1} Q_A$, $MR_B = \dfrac{dTR_B}{dQ_B} = \dfrac{a_2}{b_2} - \dfrac{2}{b_2} Q_B$로 계산된다.

- 한계비용이 0이므로, $MR_A = MR_B = MC = 0$

- $MR_A = \dfrac{dTR_A}{dQ_A} = \dfrac{a_1}{b_1} - \dfrac{2}{b_1} Q_A = 0$, $\dfrac{a_1}{b_1} = \dfrac{2}{b_1} Q_A$, $Q_A = \dfrac{a_1}{2}$을 $Q_A = a_1 - b_1 P_A$에 넣어보면 $P_A = \dfrac{a_1}{2b_1}$

- $MR_B = \dfrac{dTR_B}{dQ_B} = \dfrac{a_2}{b_2} - \dfrac{2}{b_2} Q_B = 0$, $\dfrac{a_2}{b_2} = \dfrac{2}{b_2} Q_B$, $Q_B = \dfrac{a_2}{2}$를 $Q_B = a_2 - b_2 P_B$에 넣어보면 $P_B = \dfrac{a_2}{2b_2}$

- $P_A = P_B \rightarrow \dfrac{a_1}{2b_1} = \dfrac{a_2}{2b_2} \rightarrow a_1 b_2 = a_2 b_1$

답 ③

01 감정평가사 2021

☑ 확인 Check! ○ △ ✕

독점기업의 가격차별 전략 중 이부가격제(two-part pricing)에 관한 설명으로 옳은 것을 모두 고른 것은?

> ㄱ. 서비스 요금 설정에서 기본요금(가입비)과 초과사용량 요금(사용량)을 분리하여 부과하는 경우가 해당된다.
> ㄴ. 적은 수량을 소비하는 소비자의 평균지불가격이 낮아진다.
> ㄷ. 소비자잉여는 독점기업이 부과할 수 있는 가입비의 한도액이다.
> ㄹ. 자연독점 하의 기업이 평균비용 가격설정으로 인한 손실을 보전하기 위해 선택한다.

① ㄱ, ㄴ

② ㄱ, ㄷ

③ ㄴ, ㄷ

④ ㄱ, ㄴ, ㄷ

⑤ ㄴ, ㄷ, ㄹ

┃해설┃

ㄱ. (○) 이부가격제(two-part pricing)는 기본요금(가입비)과 초과사용량 요금(사용량)을 분리하여 부과하는 방식을 말한다.

ㄴ. (✕) 사용량이 많든 적든 일정한 기본요금을 납부하여야 하므로 적은 수량을 소비하는 소비자의 평균지불가격은 많은 수량을 소비하는 소비자보다 높다.

ㄷ. (○) 이부가격제(two-part pricing)에서 소비자잉여는 독점기업이 부과할 수 있는 가입비의 한도액이 된다.

ㄹ. (✕) 자연독점 하의 기업이 한계비용 가격설정으로 인한 손실을 보전하기 위해 선택한다.

답 ②

02 감정평가사 2019

☑ 확인Check! ○ △ ✕

독점기업의 가격차별에 관한 설명으로 옳은 것은?

① 1급 가격차별시 소비자잉여는 0보다 크다.

② 1급 가격차별시 자중손실(Deadweight loss)은 0보다 크다.

③ 2급 가격차별의 대표적인 예로 영화관의 조조할인이 있다.

④ 3급 가격차별시 한 시장에서의 한계수입은 다른 시장에서의 한계수입보다 크다.

⑤ 3급 가격차별시 수요의 가격탄력성이 상대적으로 작은 시장에서 더 높은 가격이 설정된다.

┃해설┃

수요의 가격탄력성이 큰 시장에서 높은 가격을 설정했다가는 판매량이 많이 감소할 것이므로 수요의 가격탄력성이 상대적으로 작은 시장에서 높은 가격을 설정해야 한다.

① 1급 가격차별은 소비자의 최대 지불 용의 금액으로 판매하기 때문에, 소비자잉여는 0이다.

② 1급 가격차별의 자중손실은 없다.

③ 영화관의 조조할인은 3급 가격차별의 예이다.

④ 3급 가격차별시 한 시장의 한계수입과 다른 시장에서의 한계수입은 동일해야 한다.

답 ⑤

03 공인노무사 2018

☑ 확인Check! ○ △ ✕

독점기업의 가격전략에 관한 설명으로 옳지 않은 것은?

① 독점기업이 시장에서 한계수입보다 높은 수준으로 가격을 책정하는 것은 가격차별전략이다.

② 1급 가격차별의 경우 생산량은 완전경쟁시장과 같다.

③ 2급 가격차별은 소비자들의 구매수량과 같이 구매 특성에 따라서 다른 가격을 책정하는 경우 발생한다.

④ 3급 가격차별의 경우 재판매가 불가능해야 가격차별이 성립한다.

⑤ 영화관 조조할인은 3급 가격차별의 사례이다.

┃해설┃

한계수입보다 높은 가격은 가격차별전략이 아니고 이윤극대화전략에 따른 결과이다.

② 1급 가격차별의 경우 완전경쟁시장과 마찬가지로 수요곡선이 한계수입곡선과 동일하다. 따라서 완전경쟁시장과 같은 양의 생산을 하고 사회적인 총잉여도 같지만, 소비자잉여는 존재하지 않는다.

③ 2급 가격차별을 실시하면, 구매량이 많은 소비자일수록 더 낮은 가격을 적용받는다.

④ 서로 다른 가격을 설정한 시장 간에 재판매가 가능할 경우, 낮은 가격을 설정한 시장에서 비싸게 설정한 시장으로 원래 설정한 가격보다 낮은 수준으로 재판매가 되면 결국 가격차별이 아니게 된다.

⑤ 극장에서 이용시간의 차이에 따라 각기 다른 요금을 설정하는 것은 3급 가격차별의 방법이다.

답 ①

독점기업의 독점력과 가격규제 정책에 관한 설명으로 옳지 않은 것은?

① 러너의 독점력지수(Lerner index of monopoly power)는 수요곡선 상의 이윤극대화점에서 측정한 수요의 가격탄력성의 역수와 같은 값이다.

② 한계비용가격설정은 자연독점 기업에게 손실을 초래한다.

③ 평균비용가격설정은 기업이 손실을 보지 않으면서 가능한 많은 상품을 낮은 가격에 공급하도록 유도할 수 있다.

④ 이중가격설정(two-tier pricing)은 한계비용가격설정의 장점을 살리면서도 독점기업의 손실을 줄일 수 있도록 하는 정책이다.

⑤ 이중가격설정은 낮은 가격은 한계비용과 한계수입이 일치하는 가격으로, 높은 가격은 한계비용곡선과 수요곡선이 교차하는 지점의 가격으로 판매하도록 하는 정책이다.

│해설│

이중가격설정은 낮은 가격은 한계비용곡선과 수요곡선이 교차하는 지점의 가격으로, 높은 가격은 한계비용과 한계수입이 일치하는 가격으로 판매하도록 하는 정책이다.

① 러너의 독점력지수는 독점에 따른 후생손실을 측정하는 척도로써, 가격과 한계비용의 차이를 가격으로 나눈 것으로 정의한다.

즉 $dm = \dfrac{P-MC}{P}$ 에서 이윤극대화 수준의 $MC = MR$을 대입하면,

$$dm = \frac{P-MR}{P} = \frac{P-P(1-\frac{1}{\epsilon})}{P} = \frac{1}{\epsilon}$$

따라서 러너의 독점력지수는 수요곡선 상의 이윤극대화점에서 측정한 수요의 가격탄력성의 역수와 같은 값이 되고, 수요의 가격탄력성이 클수록 독점도는 작아진다.

② 한계비용가격설정($P = MC$)은 한계비용이 가격과 일치하므로 자원배분이 효율적으로 이루어지지만 $P < AC$이므로 자연독점 기업이 손실을 보게 된다.

③ 평균비용가격설정($P = AC$)은 적자가 발생하지는 않지만, 한계비용가격설정보다 자원배분이 비효율적으로 이루어진다.

답 ⑤

불완전경쟁시장에 관한 설명으로 옳은 것은? (단, 수요곡선은 우하향한다)

① 독점기업의 공급곡선은 우상향한다.

② 베르트랑(Bertrand) 과점모형은 상대기업 산출량이 유지된다는 기대 하에 자신의 행동을 선택한다.

③ 독점기업은 이부가격제를 통해 이윤을 추가적으로 얻을 수 있다.

④ 러너(Lerner)의 독점력지수는 이윤극대화점에서 측정되는 수요의 가격탄력성과 같은 값이다.

⑤ 독점적 경쟁시장에서 수평적 차별화는 소비자가 한 상품이 비슷한 다른 상품보다 품질이 더 좋은 것으로 인식하도록 하는 것이다.

┃해설┃

이부가격제는 소비자가 재화 구입시 1차로 재화를 구입할 수 있는 권리인 1차 가격(예 놀이동산 입장료)을 부과하고 2차로 재화를 이용할 때 필요한 비용인 2차 가격(예 놀이기구 이용료)을 지불하는 가격체계로 독점기업은 이부가격제를 통해 이윤을 추가적으로 얻을 수 있다.

① 독점기업은 공급곡선이 존재하지 않는다.

② 상대기업 산출량이 유지된다는 기대하에 자신의 행동을 선택하는 것은 꾸르노 모형이다. 베르트랑 과점모형은 상대방이 현재의 가격을 그대로 유지할 것이라는 전제하에 자신의 행동을 선택한다.

④ 러너(Lerner)의 독점력지수는 이윤극대화점에서 측정되는 수요의 가격탄력성의 역수와 같은 값이다.

균형산출량(이윤극대화 생산량) 수준에서 측정하는 경우

$$독점력지수 = \frac{P-MC}{P} = \frac{P-MR}{P} = \frac{P-P\left(1-\frac{1}{\epsilon}\right)}{P} = \frac{1}{\epsilon}$$

(P : 가격, MR : 한계수입, MC : 한계비용, ϵ : 수요의 가격탄력성)

---

⑤ 소비자가 한 상품이 비슷한 다른 상품보다 품질이 더 좋은 것으로 인식하도록 하는 것은 수직적 차별화이다. 수평적 차별화는 품질이나 기능이 아닌 다른 가치를 통해 경쟁자들과 차별하는 것이다.

답 ③

독점기업의 가격차별에 관한 설명으로 옳지 않은 것은?

① 가격차별을 하는 경우의 생산량은 순수독점의 경우보다 더 작아진다.

② 가격차별을 하는 독점기업은 가격탄력성이 더 작은 시장에서의 가격을 상대적으로 더 높게 책정한다.

③ 가격차별은 소득재분배효과를 가져올 수 있다.

④ 소비자의 재판매가 가능하다면 가격차별이 유지되기 어렵다.

⑤ 완전가격차별의 사회적 후생은 순수독점의 경우보다 크다.

▌해설▐

순수독점의 경우보다 가격차별을 하는 경우에 생산량이 같거나 많아진다.

② 3급 가격차별에 관한 내용으로 가격탄력성이 큰 시장보다 작은 시장에 상대적으로 높은 가격을 설정한다.

③ 가격차별로 인해 더 높은 가격을 치르게 되면 소비자잉여가 생산자이윤으로 재분배 되는 현상이 발생한다.

④ 3급 가격차별이 가능하기 위해선 소비자의 재판매가 이루어지면 안 된다.

⑤ 완전가격차별의 사회적 후생은 완전경쟁일 때와 동일하다.

답 ①

독점기업의 가격전략에 관한 설명으로 옳은 것은?

① 소비자잉여를 유지하며 생산자의 이윤을 극대화한다.

② 독점가격은 한계비용과 같다.

③ 가격차별을 하는 경우 단일가격을 설정하는 것에 비해 사회적 후생은 증가한다.

④ 가격차별을 하는 경우 수요의 가격탄력성이 더 높은 소비자들에게 더 높은 가격을 부과한다.

⑤ 이부가격제는 소비자들의 수요 행태가 다양할 때 가장 효과적이다.

▌해설▐

① 소비자잉여는 감소하며 생산자의 이윤은 증가한다.

② 독점가격은 한계비용보다 높은 수준에서 설정된다.

④ 가격차별을 하는 경우 수요의 가격탄력성이 더 높은 소비자에게 더 낮은 가격을 부과한다.

⑤ 소비자들의 수요 행태가 다양할 때 가장 효과적인 방법은 제1급 가격차별이다.

답 ③

05 | 독점시장의 비효율

01 공인회계사 2019

☑ 확인Check! ○ △ ✕

어느 독점기업이 직면하는 시장수요가 $Q=100-P$로 주어져 있다. 이 독점기업의 한계비용이 60에서 40으로 하락할 때, 이에 따른 자중손실(Deadweight loss)의 변화는?

① 변화가 없다.

② 125만큼 감소한다.

③ 125만큼 증가한다.

④ 250만큼 감소한다.

⑤ 250만큼 증가한다.

┃해설┃

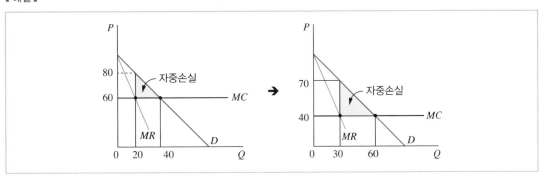

- MC가 60일 때 자중손실 : $20 \times 20 \times \dfrac{1}{2} = 200$

- MC가 40일 때 자중손실 : $30 \times 30 \times \dfrac{1}{2} = 450$

- 자중손실은 250 증가하였다.

답 ⑤

이윤극대화를 추구하는 독점기업의 생산 활동이 자원 배분의 비효율성을 초래하는 근거로 옳은 것은?

① 소비자들이 원하는 상품을 생산하지 않기 때문이다.

② 생산에 있어서 과다한 자원을 사용하기 때문이다.

③ 사회적으로 바람직한 생산량보다 적게 생산하기 때문이다.

④ 평균비용과 가격이 일치하는 점에서 생산 활동을 하기 때문이다.

⑤ 한계수입과 한계비용이 일치하는 수준에서 생산하지 않기 때문이다.

┃해설┃

- 완전경쟁기업은 $P = MC$로 설정되어 사회적으로 바람직한 수준의 생산을 하지만, 독점기업은 장기적으로도 $P > MC$이므로 사회적으로 바람직한 생산량수준보다 미달하게 생산된다.
- 자원 배분의 효율성을 달성하기 위해서는 $P = MC$가 되어야 한다.
- 독점기업도 생산 활동은 $MR = MC$인 점에서 이루어진다.

답 ③

A재의 시장수요곡선은 $Q_d = 20 - 2P$이고 한계비용은 생산량에 관계없이 2로 일정하다. 이 시장이 완전경쟁일 경우와 비교하여 독점에 따른 경제적 순손실(Deadweight loss)의 크기는 얼마인가? (단, Q_d는 A재의 수요량, P는 A재의 가격이다)

① 8

② 16

③ 20

④ 32

⑤ 40

┃해설┃

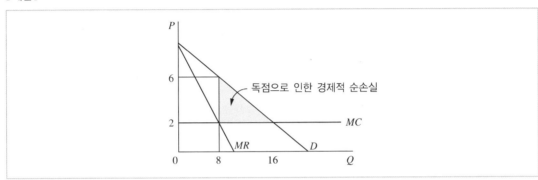

- 독점기업의 이윤극대화 : $MR = MC$, $TR = 10Q - \dfrac{1}{2}Q^2 \rightarrow MR = 10 - Q$, $MC = 2$

  대입해보면 가격은 6, 거래량은 8이다.

- 완전경쟁시장인 경우에는 $P = MC$, $P = 10 - \dfrac{1}{2}Q$, $MC = 2$

  대입해보면 가격은 2, 거래량은 16이다.

- 경제적 순손실은 $4 \times 8 \times \dfrac{1}{2} = 16$이다.

답 ②

01 공인노무사 2023

☑ 확인Check! ○ △ ✕

독점기업 A의 생산함수는 $Q=\left[\min(4L,\ K)^{\frac{1}{2}}\right]$ 이고, 노동(L)의 가격은 16, 자본(K)의 가격은 4이다. 시장수요곡선이 $Q=200-0.5P$일 때, 이윤을 극대화하는 생산량(Q)과 가격(P)은? (단, 고정비용은 0이다)

① $Q=20$, $P=360$

② $Q=30$, $P=340$

③ $Q=40$, $P=320$

④ $Q=50$, $P=300$

⑤ $Q=60$, $P=280$

┃해설┃

- 생산함수 $Q=\left[\min(4L,\ K)^{\frac{1}{2}}\right]$ 이므로 $Q=\sqrt{4L}=\sqrt{K}$
- 노동의 가격 16과 자본의 가격 4를 이용한 비용함수(C)는 $C=16L+4K$
- $Q=\sqrt{4L}=\sqrt{K}$을 비용함수에 대입하면 $C=8Q^2$
- $MC=\dfrac{dC}{dQ}=16Q$
- 시장수요곡선 $Q=200-0.5P$를 P에 대하여 정리하면 $P=400-2Q$
- $MR=400-4Q$
- 이윤극대화 생산량은 $MR=MC$에서 이루어지므로 $400-4Q=16Q$, ∴ $Q=20$
- $Q=20$을 시장수요곡선에 대입하면 $P=360$

답 ①

A기업은 한 가지의 재화를 생산하여 두 개의 분리된 시장에 공급하는 독점기업이다. 첫 번째 시장의 수요곡선 $Q_1 = -P_1 + 5$, 두 번째 시장의 수요곡선은 $Q_2 = -2P_2 + 10$, A기업의 비용함수는 $C = 1 + 2(Q_1 + Q_2)$이다. A기업의 이윤극대화 결과에 관한 설명 중 옳지 않은 것은? (단, P_1, Q_1은 각각 첫 번째 시장의 가격과 공급량, P_2, Q_2은 각각 두 번째 시장의 가격과 공급량이다)

① 기업의 한계비용은 2이다.

② 첫 번째 시장에 공급하는 이윤극대화 생산량은 $\dfrac{3}{2}$이다.

③ 두 번째 시장에 공급하는 이윤극대화 생산량은 3이다.

④ 가격차별을 하지 않았을 때보다 가격차별을 하면 이윤은 더 커진다.

┃해설┃

가격차별을 하면 가격차별을 하기 전보다 생산량이 증가하게 되므로 사회의 후생이 증가하게 된다.

① 시장분리시 독점기업의 이윤극대화 조건 : $MC_1 = MC_2 = MR$, $MC_1 = 2$, $MC_2 \neq 2$

② $MR = MC_1$, $TR = -Q^2 + 5Q \rightarrow MR = -2Q + 5 = 2 = MC$, $Q = \dfrac{3}{2}$

③ $MR = MC_2$, $TR = 5Q - \dfrac{1}{2}Q^2 \rightarrow MR = 5 - Q = 2(= MC)$, $Q = 3$

답 ④

독점기업에서 기업 A의 수요함수는 $P = 500 - 2Q$이고, 한계비용은 생산량에 관계없이 100으로 일정하다. 기업 A는 기술진보로 인해 한계비용이 하락하여 이윤극대화 생산량이 20단위 증가하였다. 기술진보 이후에도 한계비용은 생산량에 관계없이 일정하다. 한계비용은 얼마나 하락하였는가? (단, P는 가격, Q는 생산량이다)

① 20   ② 40

③ 50   ④ 60

⑤ 80

┃해설┃

• 독점기업의 이윤극대화 생산량이 $MR = MC$이므로, $MR = 500 - 4Q$, $500 - 4Q = 100 = MC$
  ∴ 기술진보 전 균형생산량이 $Q = 100$이다.

• 기술진보 이후에 생산량이 20단위 늘었다면 $Q = 120$이므로,
  이를 MR과 연립하면 $MR = 500 - 4 \times 120 = MC = 20$, 즉, MC는 80만큼 줄었다.

답 ⑤

PART 1

미시경제학

한 기업이 Y재를 공장 1, 2에서 생산한다. 두 공장의 비용함수는 $c_1(y_1) = 5y_1^2 + 50$, $c_2(y_2) = 10y_2^2 + 10$이다. 이 기업이 최소의 비용으로 Y재 60단위를 생산한다면 공장 1의 생산량은? (단, y_i는 공장 i의 Y재 생산량이다 $i=1,\ 2$)

① 50

② 40

③ 30

④ 20

⑤ 10

∥해설∥

- 공장 1, 2의 비용함수를 y에 대해 미분하면 $MC_1 = 10y_1$, $MC_2 = 20y_2$이다.
- 비용극소화의 조건에 따라 $MC_1 = MC_2 \rightarrow 10y_1 = 20y_2$, $y_1 = 2y_2$
- 기업전체의 생산량이 60이므로 $y_1 + y_2 = 60 \rightarrow y_1 = 40$, $y_2 = 20$

답 ②

독점기업 A가 직면한 수요함수는 $Q = -0.5P + 15$, 총비용함수는 $TC = Q^2 + 6Q + 3$이다. 이윤을 극대화할 때, 생산량과 이윤은? (단, P는 가격, Q는 생산량, TC는 총비용이다)

① 생산량 = 3, 이윤 = 45

② 생산량 = 3, 이윤 = 48

③ 생산량 = 4, 이윤 = 45

④ 생산량 = 4, 이윤 = 48

⑤ 생산량 = 7, 이윤 = 21

∥해설∥

- 독점기업의 이윤극대화 조건은 $MR = MC$이다.
- $TC = Q^2 + 6Q + 3 \rightarrow MC = 2Q + 6$
- 수요함수 $Q = -0.5P + 15 \rightarrow P = 30 - 2Q \rightarrow TR = 30Q - 2Q^2 \rightarrow MR = 30 - 4Q$
- $MR = MC \rightarrow 30 - 4Q = 2Q + 6$, $\therefore Q = 4$
- $\pi = TR - TC = -3Q^2 + 24Q - 3 = 45$

답 ③

이윤을 극대화하는 독점기업 A의 평균총비용함수는 $ATC = \dfrac{20}{Q} + Q$이고, 시장수요함수는 $P = 200 - 4Q$일 때, 독점이윤은? (단, Q는 거래량, P는 가격이다)

① 800

② 1,600

③ 1,980

④ 2,490

⑤ 2,540

┃해설┃

$$ATC = \frac{20}{Q} + Q$$

$$TC = ATC \times Q = \left(\frac{20}{Q} + Q \right) \times Q = 20 + Q^2$$

$$MC = \frac{dTC}{dQ} = 2Q$$

$$P = 200 - 4Q$$

$$MR = 200 - 8Q$$

독점기업의 이윤극대화 조건

$$MR = MC$$

$$200 - 8Q = 2Q$$

$$\therefore \quad Q = 20$$

$Q = 20$에서의 독점이윤을 구해보면

$$TR = P \times Q = [200 - (4 \times 20)] \times 20 = 2,400$$

$$TC = ATC \times Q = \left(\frac{20}{20} + 20 \right) \times 20 = 420$$

독점이윤 $= TR - TC = 2,400 - 420 = 1,980$

답 ③

기업 A는 X재를 독점 생산하고 있다. X재 시장의 역수요함수가 $P_X = 100 - X$이고, X재 한 단위 생산에는 Y재 한 단위만이 투입되며 다른 생산비용은 없다. 기업 B는 Y재를 기업 A에게 독점 가격 P_Y로 공급하고 한계비용은 0이다. 각 기업이 이윤을 극대화할 때, P_Y의 값은?

① 10

② 25

③ 50

④ 75

⑤ 100

┃해설┃

• 이윤극대화 : $MR = MC$

• X재 시장의 역수요함수가 $P_X = 100 - X$이므로 $MR = 100 - 2X$이고, X재 한 단위 생산에 Y재 한 단위가 투입된다고 하였으므로 $MC = P_Y$이다. $P_Y = 100 - 2X$

• 기업 A의 이윤극대화 X재 생산량 $X = 50 - \dfrac{1}{2}P_Y$

• Y재의 수요곡선은 우하향의 직선으로 도출된다.

• 총수입극대화는 수요의 가격탄력성이 1인 점에서 이루어지므로 Y재 가격을 50으로 설정한다.

답 ③

X재를 생산하는 어느 독점기업의 한계생산비용은 생산량과 상관없이 4이고 고정비용은 없다. 이 기업은 X재를 A국과 B국에 수출하고 있는데, 두 국가간에는 무역이 단절되어 있다. 각국에서의 X재 수요함수는 다음과 같다. 이 기업이 이윤을 극대화할 때, 다음 설명 중 옳지 않은 것은?

- A국의 수요함수 : $Q_A = 50 - \dfrac{1}{2}P_A$

- B국의 수요함수 : $Q_B = 40 - P_B$

(단, P_A는 A국에서의 가격, P_B는 B국에서의 가격, Q_A는 A국에서의 수요량, Q_B는 B국에서의 수요량이다)

---

① 이 기업은 B국보다 A국에 더 많이 수출한다.

② P_A가 P_B보다 크다.

③ 각국에 동일한 생산량을 수출하는 경우, A국에서의 한계수입이 B국에서의 한계수입보다 항상 더 크다.

④ 균형소비량에서 A국의 수요가 B국의 수요보다 가격에 더 탄력적이다.

⑤ 두 국가에 동일한 가격으로 제품을 수출하는 것보다 차별적인 가격으로 제품을 수출하는 것이 이윤을 증가시킨다.

∥해설∥

A국의 수요함수 : $Q_A = 50 - \dfrac{1}{2}P_A \rightarrow P_A = 100 - 2Q$, $TR = P_A \times Q_A = 100Q_A - 2Q_A^2 \rightarrow MR_A = 100 - 4Q_A$

B국의 수요함수 : $Q_B = 40 - P_B \rightarrow P_B = 40 - Q_B$, $TR = 40Q_B - Q_B^2 \rightarrow MR_B = 40 - 2Q_B$

한계생산비용은 생산량과 상관없이 4라고 지문에 주어졌으므로 $MC = 4$

① A국의 이윤극대화 수출량은 $MR_A = MC$가 성립하므로 $100 - 4Q_A = 4$, $Q_A = 24$

　B국의 이윤극대화 수출량은 $MR_B = MC$가 성립하므로 $40 - 2Q_B = 4$, $Q_B = 18$

　A국의 최적 수출량은 24이고, B국의 최적 수출량은 18이므로 A국에 수출량이 더 많다.

② $Q_A = 24$과 $Q_B = 18$를 각각 A국과 B국의 수요함수에 대입하여 보면 $P_A = 52$이고, $P_B = 22$이다.

　따라서 P_A가 P_B보다 더 크다.

③ 두 나라의 한계수입 식에 또한 A국의 최적 수출량인 24를 수출했을 때 A국의 한계수입은 4이고, B국의 한계수입은 음($-$)수가 구해진다. B국의 최적 수출량인 18을 수출했을 때도 A국의 한계수입은 28이고, B국의 한계수입은 4가 계산된다. 따라서 동일한 양을 수출했을 때 A국의 한계수입이 B국의 한계수입보다 더 크다.

④ A국 수요의 가격탄력성 $= -\dfrac{dQ_A}{dP_A} \times \dfrac{P_A}{Q_A} = \dfrac{1}{2} \times \dfrac{52}{24} = \dfrac{13}{12}$

　B국 수요의 가격탄력성 $= -\dfrac{dQ_B}{dP_B} \times \dfrac{P_B}{Q_B} = 1 \times \dfrac{22}{18} = \dfrac{11}{9}$

⑤ 서로 다른 시장에 다른 가격을 설정하는 것을 3급 가격차별이라고 한다.

　A국 수요의 가격탄력성이 B국 수요의 가격탄력성보다 더 작으므로, B국보다 상대적으로 비싼 가격을 설정하고, B국은 수요의 가격탄력성이 높으므로 A국보다 상대적으로 저렴한 가격을 설정하면 큰 이윤을 얻을 수 있다.

답 ④

독점기업의 이윤극대화에 관한 설명으로 옳지 않은 것은? (단, 수요곡선은 우하향하고 생산량은 양(+)이고, 가격차별은 없다)

① 이윤극대화 가격은 한계비용보다 높다.
② 양(+)의 경제적 이윤을 획득할 수 없는 경우도 있다.
③ 현재 생산량에서 한계수입이 한계비용보다 높은 상태라면 이윤극대화를 위하여 가격을 인상하여야 한다.
④ 이윤극대화 가격은 독점 균형거래량에서의 평균수입과 같다.
⑤ 이윤극대화는 한계비용과 한계수입이 일치하는 생산수준에서 이루어진다.

━━

┃해설┃

한계비용보다 한계수입이 더 높다면 이익극대화를 위해 $MR = MC$가 될 때까지 판매량을 늘려야 한다. 독점기업이 판매량을 늘리기 위해서는 가격을 인하해야 한다.

① 생산량은 $MR = MC$인 점에서 결정되지만 가격은 수요곡선상에서 결정되기 때문에 $P > MC$가 된다.

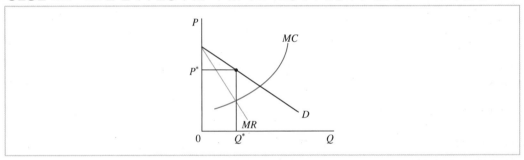

② 독점기업이라고 항상 이윤만 보는 것은 아니다. 독점기업의 이윤, 손실 여부는 평균비용에 따라 결정되는데, 만약 가격보다 평균비용이 더 높다면 손실을 보게 된다.

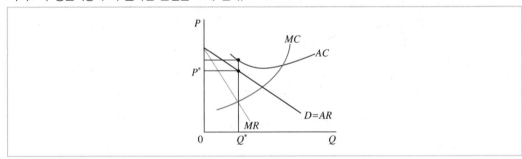

④ 수요곡선까지의 높이가 평균수입을 나타내므로 수요곡선과 평균수입곡선은 일치한다. 가격이 수요곡선상에서 결정된다고 설명한대로 수요곡선과 평균수입곡선이 일치하므로 이윤극대화 가격과 같다.
⑤ 완전경쟁, 과점, 독점 모든 시장을 막론하고 이익극대화 조건은 $MR = MC$이다.

답 ③

한 기업이 2개의 시장을 독점하고 있으며, 2개의 시장은 분리되어 있다. 시장 1의 수요곡선은 $P_1 = 84 - 4x_1$, 시장 2의 수요곡선은 $P_2 = 20 - 5x_2$, 기업의 한계비용함수는 $MC = 2X + 4$이다. 이 기업이 이윤극대화를 할 때, 각 시장에 대한 공급량은? (단, P_1은 시장 1에서의 재화 가격, P_2는 시장 2에서의 재화 가격, x_1은 시장 1의 수요량, x_2는 시장 2의 수요량, MC는 한계비용, X는 총생산량이다)

	시장 1	시장 2
①	8	2
②	8	0
③	4	4
④	4	2
⑤	4	0

┃해설┃

- 시장 1의 수요함수가 $P_1 = 84 - 4x_1$이므로 $MR_1 = 84 - 8x_1$이고, 시장 2의 수요함수가 $P_2 = 20 - 5x_2$이므로 $MR_2 = 20 - 10x_2$이다.
- 기업 전체의 한계수입곡선은 두 시장의 한계수입곡선의 수평의 합으로 구하는데, 가격이 20보다 높을 경우에는 시장 2의 수요가 없게 되므로 시장 1에서의 한계수입곡선이 기업전체의 한계수입곡선이 된다.
- 한계수입곡선이 굴절하는 점에서의 생산량을 구하기 위해 $MR_1 = 20$으로 두면, $84 - 8x_1 = 20$이고, $x_1 = 8$로 계산된다.
- $x_1 = 8$을 $MC = 2X + 4$에 대입하였을 때 $MC = 20$이다.
- 따라서 $MR = MC$ 성립한다.
- 기업이 8단위 생산하는데 한계비용이 20이므로 판매량을 알기 위해서 $MR_1 = 20$으로 두면 $x_1 = 8$이고, $MR_2 = 20$으로 두면 $x_2 = 0$이다.

답 ②

01 보험계리사 2018 ☑ 확인 Check! ○ △ ✕

이윤극대화를 하는 A기업에 조세를 부과할 때 이에 관한 설명으로 옳은 것을 모두 고르면? (단, A기업이 당면한 수요곡선은 우하향하는 직선이며, 한계비용곡선은 우상향하는 직선)

> 가. 정액세를 부과하면 한계비용이 상승하고 생산량이 감소
> 나. 정액세를 부과하면 평균가변비용이 상승하고 생산량이 감소
> 다. 물품세를 부과하면 한계비용이 상승하여 생산량이 감소하고 가격이 상승
> 라. 물품세를 부과하면 평균비용곡선이 상향 이동

① 가, 나   ② 가, 다

③ 나, 다   ④ 다, 라

⋯⋯

‖해설‖

가·나. (✕) 정액세는 고정비용과 동일한 성격이 있으므로 MC곡선은 이동하지 않고, AC곡선만 상방이동한다. MC곡선이 이동하지 않으므로 생산량과 가격이 조세부과 이전과 동일하다.

다·라. (○) 물품세는 재화 1단위당 일정액의 조세를 부과하는 제도이므로, 물품세가 부과하면 단위당 생산비가 상승하므로 AC곡선과 MC곡선 모두 상방으로 이동한다. AC곡선과 MC곡선이 모두 조세액만큼 상방으로 이동하므로 생산량은 감소하고, 가격은 상승한다.

답 ④

생산물에 물품세가 부과될 경우 상품시장과 노동시장에서 발생하는 현상으로 옳은 것은? (단, 상품시장과 노동시장은 완전경쟁시장이며, 생산에서 자본은 고정되어 있다)

① 고용은 감소한다.
② 임금은 상승한다.
③ 구매자가 내는 상품가격이 하락한다.
④ 노동공급곡선이 왼쪽으로 이동한다.
⑤ 노동수요곡선이 오른쪽으로 이동한다.

▌해설▌
• 물품세를 부과하면 공급곡선이 좌측으로 상방이동하므로, 상품가격이 상승하고 생산량이 줄어든다.
• 생산량이 줄어들면, 고용은 감소하고 임금은 하락한다.
• 고용이 감소하므로 노동수요곡선은 왼쪽으로 이동한다.

답 ①

이윤극대화를 추구하는 독점기업의 수요함수는 $Q = 5 - 0.5P$이고 총비용함수는 $TC = 30 - 2Q + Q^2$이다. 이 독점기업의 이윤에 20%의 세금을 부과한다면? (단, Q는 생산량, P는 가격)

① 가격이 20%보다 더 많이 인상될 것이다.
② 가격이 20% 인상될 것이다.
③ 생산량이 20%보다 더 적게 감소할 것이다.
④ 생산량은 변화하지 않을 것이다.

▌해설▌
• 이윤의 크기는 한 회계기간이 종료된 이후에 확정되고, 이윤의 규모가 확정된 이후에 이윤세가 부과되므로 이윤세는 생산량과 가격에 영향을 미치지 않는다.
• 그러므로 이윤세가 부과될 경우 생산량과 가격은 조세부과 이전과 동일하다.

답 ④

01 보험계리사 2016

☑ 확인 Check! ○ △ ✕

독점기업의 시장독점력에 관한 다음 서술 중 옳은 것을 모두 고른 것은?

> ㄱ. 수요가 가격에 더 탄력적일수록 이윤극대생산량에서 가격 대비 한계비용의 비율이 커진다.
> ㄴ. 러너(Lerner)지수는 기업의 독점력을 나타내는 지수 중 하나이다.

① ㄱ
② ㄴ
③ ㄱ, ㄴ
④ 모두 옳지 않다.

┃해설┃

- 독점도 $= \dfrac{P-MC}{P} = \dfrac{P-MR}{P} = \dfrac{P-P\left(1-\dfrac{1}{\epsilon}\right)}{P} = \dfrac{1}{\epsilon}$

- 러너의 독점도는 기업의 독점력을 나타내는 지수이고, 수요의 가격탄력성과 반비례한다. 즉, 수요가 가격에 탄력적일수록 가격 대비 한계비용의 비율이 커진다.

답 ③

09 | 독점시장의 가격규제

01 보험계리사 2017

☑ 확인 Check! ○ △ ✕

독점시장에서 가격상한제를 실시할 때 독점기업의 생산량 변화로 옳은 것은? (단, 시장수요곡선은 우하향하며, 제도 시행 후에도 독점기업의 이윤은 0보다 크다)

① 생산량이 증가할 것이다.
② 생산량이 감소할 것이다.
③ 생산량이 변화하지 않을 것이다.
④ 생산량이 증가하다가 감소할 것이다.

┃해설┃
- 가격상한제는 일정한 가격(일반적으로 시장의 균형가격)을 정해놓고 그보다 낮은 가격으로 판매하도록 하는 규제이다.
- 가격규제 전에는 $P > MC$였지만, 가격규제 후에는 $P = MC$이므로 완전경쟁수준으로 생산량이 늘어난다.

답 ①

02 공인회계사 2016

☑ 확인 Check! ○ △ ✕

모든 생산량에서 평균비용이 감소하는 재화를 공급하는 자연독점기업이 있다. 정부는 이 재화의 가격에 대해서 한계비용 가격규제와 평균비용 가격규제를 고려하고 있다. 다음 설명 중 옳은 것은?

① 한계비용 가격규제를 실시할 때의 거래량은 평균비용 가격규제를 실시할 때의 거래량보다 적다.
② 한계비용 가격규제를 실시하면, 사회적 순손실이 발생하고 그 크기는 완전경쟁의 경우보다 크다.
③ 한계비용 가격규제를 실시하면, 독점의 이윤이 발생하고 이 이윤의 크기는 가격규제를 하지 않을 때보다 크다.
④ 평균비용 가격규제를 실시하면, 사회적 순손실이 발생하고 그 크기는 한계비용 가격규제를 할 때의 사회적 순손실보다 작다.
⑤ 평균비용 가격규제를 실시하면, 기업의 이윤은 0이다.

┃해설┃
기업의 이윤은 $(P - AC) \times Q$로 파악하는데, 가격이 평균비용과 같으므로 기업의 이윤은 0이 된다.
① 한계비용 가격규제를 실시하면 가격은 하락하고, 생산량은 더욱 늘어나 결국 $P = MC$가 달성되므로 완전경쟁 경우의 생산량과 같아진다.
②·④ 한계비용 가격규제를 실시하면 사회적인 최적수준에서 생산량이 이루어져 사회적 순손실이 발생하지 않지만 평균가격 가격규제를 실시하면 한계비용 가격규제를 실시할 때보다 생산량이 감소하게 되어 사회적 순손실이 발생한다.
③ 자연독점의 경우 한계비용 가격규제를 실시하면 가격이 평균비용보다 낮아서 적자가 발생하는 문제가 있다.

답 ⑤

CHAPTER

13 | 독점적 경쟁시장

01 | 독점적 경쟁시장의 특징

특 징	• 시장 내에 다수 기업 존재 • 비가격경쟁 • 제품의 차별화 • 우하향의 수요곡선 • 진입, 퇴거 자유 • 단기에는 손실이 발생할 수 있으나 장기에는 정상이윤만을 획득 • $P > MC$ • 초과설비보유 ($\because$ 생산량이 최적산출량에 미달)

02 | 독점적 경쟁시장의 균형

균형 조건	• $P > MC = MR$ • 완전경쟁의 경우보다 적은 생산량 • 완전경쟁의 경우보다 높은 가격 • $\epsilon > 1$인 구간(규모에 대한 수익체증이 발생하는 구간)에서 생산

01 보험계리사 2019
☑ 확인Check! ○ △ ✕

독점적 경쟁시장에 관한 설명으로 옳지 않은 것은?

① 수많은 공급자가 가격수용자로 행동한다.

② 장기균형에서 기업들의 경제학적 이윤은 0이다.

③ 장기균형에서는 평균비용곡선의 최저점보다 더 적은양을 생산한다.

④ 수많은 공급자가 서로 차별화된 상품을 공급하지만 공급된 상품들의 대체성이 높다.

┃해설┃

기업들은 제품의 차별화를 통해서 약간의 시장지배력을 가지고 있다. 따라서 기업들은 가격설정자로 행동한다.

② 장기균형에서는 완전경쟁기업과 마찬가지로 많은 기업들이 진입과 퇴출이 자유로워서 장기에는 정상이윤만을 획득한다.

③ 독점적 경쟁의 장기균형에서 항상 $P > MC$이므로 평균비용곡선의 최저점보다 왼쪽에서 생산되므로 더 적은 양을 생산한다.

④ 기업들이 생산하는 제품들이 약간씩의 차이는 있지만, 제품들은 대체성이 높은 제품들이다.

답 ①

02 공인노무사 2016
☑ 확인Check! ○ △ ✕

독점적 경쟁시장에 관한 설명으로 옳지 않은 것은?

① 기업의 수요곡선은 우하향하는 형태이다.

② 진입장벽이 존재하지 않으므로, 단기에는 기업이 양(＋)의 이윤을 얻지 못한다.

③ 기업의 이윤극대화 가격은 한계비용보다 크다.

④ 단기에 기업의 한계수입곡선과 한계비용곡선이 만나는 점에서 이윤극대화 생산량이 결정된다.

⑤ 장기에 기업의 수요곡선과 평균비용곡선이 접하는 점에서 이윤극대화 생산량이 결정된다.

┃해설┃

진입장벽은 없으나 제품차별화 등으로 인해 단기에는 초과이윤을 얻을 수 있지만 장기에는 정상이윤만을 얻게 된다.

① 완전경쟁기업과 다르게 같은 가격으로 계속 판매량을 늘릴 수 없고, 판매량을 늘리려면 가격을 인하해야 하므로 독점적 경쟁기업이 직면하는 수요곡선은 우하향하는 형태이다.

③ 독점적 경쟁기업의 경우 균형에서 항상 $P > MC$이므로 재화생산이 비효율적으로 이루어진다.

④ 어떤 형태의 기업이든 생산량과 가격은 $MR = MC$인 점에서 이루어진다.

⑤ 장기에 독점적 경쟁기업은 정상이윤만을 얻게 되므로 산출량 수준에서 수요곡선과 장기평균비용곡선이 접하게 된다. 생산량이 최적수준에 미달하므로 초과설비를 보유한다.

답 ②

PART 1

미시경제학

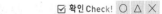

독점적 경쟁시장의 특성에 해당하는 것을 모두 고른 것은? (단, 독점적 경쟁시장의 개별기업은 이윤극대화를 추구한다)

> ㄱ. 개별기업은 한계수입이 한계비용보다 높은 수준에서 산출량을 결정한다.
> ㄴ. 개별기업은 한계수입이 가격보다 낮은 수준에서 산출량을 결정한다.
> ㄷ. 개별기업이 직면하는 수요곡선은 우하향한다.
> ㄹ. 개별기업의 장기적 이윤은 0이다.

① ㄱ, ㄴ   ② ㄱ, ㄷ

③ ㄷ, ㄹ   ④ ㄱ, ㄴ, ㄹ

⑤ ㄴ, ㄷ, ㄹ

┃해설┃

ㄱ. (×) 개별기업은 이윤극대화를 추구하므로, 한계수입이 한계비용과 일치하는 점에서 산출량과 가격을 결정한다.

ㄴ. (○) 한계수입과 한계비용이 일치하는 점에서 산출량과 가격을 결정하는데, 가격은 수요곡선상에서 결정되므로, 한계수입보다 높은 수준에서 산출량을 결정한다.

ㄷ. (○) 독점적 경쟁기업이 가격을 인상하면 소비자들이 다른 기업의 제품을 구매해 해당 기업의 판매량이 감소할 것이므로, 독점적 경쟁기업이 직면하는 수요곡선은 우하향하는 형태이다. 독점적 경쟁기업의 경우 다수의 밀접한 대체재가 존재하고 있어 독점기업의 수요곡선보다 훨씬 탄력적이다.

ㄹ. (○) 어떤 기업이 단기에 이익을 얻고 있다면, 진입장벽이 없어서 시장에 다른 경쟁기업들이 진입하여 장기에는 결국에는 정상이윤만을 얻게 된다.

답 ⑤

04 공인노무사 2015

독점적 경쟁의 특징으로 옳지 않은 것은?

① 완전경쟁과 마찬가지로 다수의 기업이 존재하며, 진입과 퇴출이 자유롭다.

② 독점적 경쟁기업은 차별화된 상품을 생산함으로써, 어느 정도 시장지배력을 갖는다.

③ 독점적 경쟁기업 간의 경쟁이 판매서비스, 광고 등의 형태로 일어날 때, 이를 비가격경쟁이라고 한다.

④ 독점적 경쟁기업은 독점기업과 마찬가지로 과잉설비를 갖지 않는다.

⑤ 독점적 경쟁기업의 상품은 독점기업의 상품과 달리 대체재가 존재한다.

┃해설┃

독점적 경쟁기업은 장기에 $P > MC$인 점에서 생산하므로 장기균형산출량 수준이 최적산출량에 미달한다. 따라서 초과설비가 존재한다.

①・② 독점적 경쟁시장은 시장내 진입과 퇴거가 자유로워 다수의 기업들이 존재하며, 경쟁기업간 대체 가능한 재화를 생산하는 시장형태이다. 하지만 개별기업들은 제품의 차별화를 통해 약간의 시장지배력을 갖는다.

③ 제품간 대체성이 높아서 개별기업들은 차별화를 통하여 판매량을 증대시키기 위해 비가격경쟁을 치열하게 한다.

⑤ 경쟁기업의 상품은 비가격경쟁을 통해 차별화한 제품으로 완전한 동일품은 아니지만 재화간 대체성이 높다.

답 ④

05 보험계리사 2015

독점적 경쟁시장에 관한 설명으로 가장 옳지 않은 것은?

① 한 기업이 가격을 인상하면 다른 기업들의 제품에 대한 수요가 증가한다.

② 장기균형에서는 한계비용과 평균비용이 같다.

③ 각 기업은 자신들의 제품에 대한 수요곡선이 우하향한다고 생각한다.

④ 별다른 비용 없이 자유로운 진입과 퇴출이 가능하다.

┃해설┃

장기균형에서는 $P = AC$이나, $P > MC$이다.

① 시장 내에 많은 기업들이 있으며 서로 대체성이 높아서 한 기업이 가격을 인상하면, 경쟁기업들의 수요가 늘어날 것이다.

③ 독점적 경쟁기업도 독점기업의 특성을 가지고 있으므로 수요곡선이 우하향한다.

④ 진입장벽이 거의 없기 때문에 진입과 퇴출이 용이하다.

답 ②

PART 1

미시경제학

01 보험계리사 2017

☑ 확인 Check! ○ △ ✕

시장이론에서 균형 상태에 관한 설명으로 옳지 않은 것은? (단, 수요곡선은 우하향, 한계비용곡선은 우상향한다)

① 완전경쟁시장에서 상품 가격은 한계비용과 일치하지만 독점적 경쟁시장에서 상품 가격은 한계비용보다 크다.

② 기업은 완전경쟁시장에서 장기적으로 이윤을 얻을 수 없지만 독점적 경쟁시장에서는 장기적으로 이윤을 얻는다.

③ 독점적 경쟁시장의 기업과 독점시장의 기업은 모두 경제적 순손실(Deadweight loss)을 유발한다.

④ 장기에 평균비용곡선이 U자 형일 때 독점적 경쟁 기업은 장기 균형에서 평균비용을 최소화하지 않는다.

┃해설┃

독점적 경쟁기업은 완전경쟁기업과 동일한 특성을 지니고 있는데, 그중 하나가 시장에는 많은 경쟁기업들이 존재한다는 것과 새로운 기업이 진입하는데 진입장벽이 거의 없다는 것이다. 진입장벽이 없으므로 기업이 초과이윤을 획득하면 새로운 기업들이 진입하고, 손실을 보고 있다면 기존 기업들이 퇴거할 것이기 때문에 장기적으로는 정상이윤만을 획득한다.

① 완전경쟁기업은 가격수용자로 시장에서 정해진 가격으로 원하는 만큼 판매가 가능하므로 $P = D = MC = MR$이 되지만, 독점기업이나 독점적 경쟁기업은 가격설정자로 판매량을 늘리기 위해서는 가격을 낮춰야 하므로 수요곡선이 우하향하고, MR곡선은 수요곡선의 기울기의 2배로 수요곡선의 하방에 위치한다. 따라서 $MC = MR$인 점의 수요곡선 상에서 가격이 결정되기 때문에 독점적 경쟁기업은 $P > MC$가 된다.

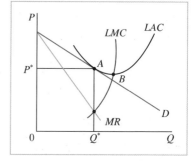

③ 독점기업과 독점적 경쟁기업 모두 $P > MC$ 이므로 사회적인 최적수준보다 적게 생산된다. 사회의 최적생산량보다 적은 양의 재화가 생산되므로 과소생산에 따른 사회적인 후생손실이 초래된다.

④ 그림에서 보듯이 독점적 경쟁기업은 장기에 A점에서 균형을 이루는데, 평균비용의 최저점은 B점이다. 따라서 최적산출량에 미달하므로 장기에는 초과설비를 보유한다.

답 ②

02 공인회계사 2019

☑ 확인 Check! ○ △ ✕

독점적 경쟁시장에서 조업하는 A기업의 비용함수는 $C(Q) = Q^2 + 2$이다. 이 시장의 기업 수가 n일 때 A기업이 직면하는 개별수요함수가 $Q = \dfrac{100}{n} - P$이면, 이 시장의 장기균형에서 기업의 수 n은?

① 16

② 25

③ 36

④ 49

⑤ 64

┃해설┃

- 독점적 경쟁 균형 : $MR = MC$

- $MC = 2Q$, 수요함수 $Q = \dfrac{100}{n} - P$를 P로 정리하면

$$P = \frac{100}{n} - Q, \quad TR = \frac{100}{n}Q - Q^2, \quad MR = \frac{100}{n} - 2Q, \quad MR = MC \rightarrow \frac{100}{n} - 2Q = 2Q, \quad 4Q = \frac{100}{n}$$

- 독점적 경쟁 장기균형 : $P = AC \rightarrow \dfrac{100}{n} - Q = Q + \dfrac{2}{Q} \rightarrow 4Q - Q = Q + \dfrac{2}{Q} \rightarrow 2Q = \dfrac{2}{Q}, \quad Q = 1$

- $Q = 1$을 $4Q = \dfrac{100}{n}$에 대입해 계산하면 $n = 25$

답 ②

---

03 공인회계사 **2015** ☑ 확인Check! ○ △ ✕

시장구조와 균형에 관한 다음 설명 중 옳지 않은 것은? (단, 기업의 평균비용곡선은 U자형이라고 가정)

① 완전경쟁시장에서 기업은 가격 수용적이다.

② 완전경쟁시장의 단기균형에서 가격은 평균비용과 같다.

③ 독점시장의 장기균형에서 가격은 한계비용보다 크다.

④ 독점적 경쟁시장의 장기균형에서 가격은 한계비용보다 크다.

⑤ 독점적 경쟁시장의 장기균형에서 초과이윤은 0이다.

┃해설┃

완전경쟁시장이 장기균형에 있다면 정상이윤만을 얻기 때문에 가격과 평균비용이 같지만, 단기에는 이익을 얻을 수도, 손해를 볼 수도 있기 때문에 반드시 가격과 평균비용이 일치한다고 볼 수는 없다.

① 완전경쟁시장에서는 다수의 수요자와 공급자가 존재하므로 개별기업이나 소비자는 가격에 영향을 미칠 수가 없고, 시장에서 결정된 가격을 주어진 것으로 받아들이는 가격수용자이다.

③ 독점시장에서 균형상태일 때 가격은 한계비용보다 크고, 수요곡선과 일치한다.

④ 독점적 경쟁시장에서의 균형은 $P > MC$가 성립한다.

⑤ 독점적 경쟁시장에서도 완전경쟁시장과 같이 기업들의 진입과 퇴거가 자유롭기 때문에 장기에 초과수요를 얻을 수 없다.

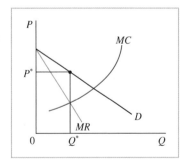

답 ②

01 | 과점시장의 행동모형

독자행동모형		상호협조모형	
생산량 결정모형	가격 결정모형	완전한 담합	불완전한 담합
• 꾸르노모형 • 슈타켈버그모형	• 베르뜨랑모형 • 굴절수요곡선모형	카르텔모형	가격선도모형

02 | 과점시장의 대응함수

대응곡선(반응곡선) : 상대방의 생산량이 주어져 있을 때 자신의 이윤극대화 생산량을 나타내는 곡선

03 | 꾸르노모형

가 정	• 두 기업이 동질적 재화 생산 • 두 기업은 자신의 생산량을 동시에 결정 • 각 기업은 상대방의 생산량을 주어진 것으로 보고 자신의 생산량 결정하는 추종자(follower)이다.
결 과	생산량은 완전경쟁의 생산량 수준의 $\dfrac{2}{3}$

04 | 베르뜨랑모형

가 정	• 두 개의 기업이 존재하고, 각 기업은 동시에 의사결정 • 각 기업이 생산하는 재화는 동질적이며, 각 기업의 한계비용은 동일 • 의사결정 대상이 산출량이 아닌 가격
결 과	• 산출량이 아닌 가격에 중점 → 상대방의 가격이 주어진 것으로 보고 자신의 가격 결정 • 완전경쟁의 경우와 같은 생산량 • 완전경쟁 수준의 효율($P=MC$) • 두 기업의 가격의 추측된 변화$=0$

05 | 굴절수요곡선

개 요	• 과점기업의 가격의 비신축성 • 가격 인상시 가격의 추측된 변화$=0$ • 가격 인하시 가격의 추측된 변화$=1$ • 적자문제해결($P=AC$)

01 보험계리사 2016

☑ 확인 Check! ○ △ ✕

수요곡선은 우하향하며, 다수의 기업이 존재하는 시장이다. 시장의 경쟁 상태에 따른 균형에 대한 설명 중 옳은 것을 모두 고른 것은? (단, 기업들의 생산기술은 서로 다르며, 모든 시장균형은 존재한다)

ㄱ. 평균비용곡선이 U형태라면, 독점적 경쟁시장의 장기균형가격은 완전경쟁시장의 장기균형가격보다 반드시 높다.
ㄴ. 수량경쟁을 하는 과점시장(Cournot 경쟁시장)의 균형가격은 완전경쟁시장의 장기 균형가격보다 낮을 수 없다.
ㄷ. 가격경쟁을 하는 과점시장(Bertrand 경쟁시장)의 균형가격은 완전경쟁시장의 장기균형가격과 동일하다.

① ㄱ, ㄴ
② ㄱ, ㄷ
③ ㄴ, ㄷ
④ ㄱ, ㄴ, ㄷ

┃해설┃

ㄱ. (○) 완전경쟁시장은 $P = MC$인 점에서 균형이 이루어지지만, 독점적 경쟁시장은 $P > MC$인 점에서 균형이 이루어지기 때문에 독점적 경쟁시장의 균형가격이 완전경쟁시장의 균형가격보다 높다.
ㄴ. (○) 꾸르노 경쟁시장의 경우 완전경쟁시장보다 균형거래량이 적으므로 균형가격은 더 높다.
ㄷ. (✕) 베르뜨랑 경쟁시장의 경우 순수과점과 차별과점이 있는데, 순수과점 베르뜨랑 경쟁시장에서는 $P = MC$가 달성되나, 차별과점 베르뜨랑 경쟁시장에서는 균형가격이 완전경쟁시장의 가격보다 높다.

답 ①

---

02 공인회계사 2017

☑ 확인 Check! ○ △ ✕

동일한 상품을 생산하는 기업 1과 기업 2가 경쟁하는 복점시장을 가정하자. 시장수요함수는 $Q = 70 - P$이다. 두 기업은 모두 고정비용이 없으며, 한계비용은 10이다. 이윤을 극대화하는 두 기업에 대한 다음 설명 중 옳지 않은 것은? (단, P는 시장가격, $Q = q_1 + q_2$, 그리고 q_1은 기업 1의 생산량, q_2는 기업 2의 생산량이다)

① 꾸르노모형(Cournot model)에서 기업 1의 반응함수는 $q_1 = 30 - 0.5q_2$이고, 기업 2의 반응함수는 $q_2 = 30 - 0.5q_1$이다.
② 꾸르노모형의 균형에서 각 기업의 생산량은 20이며, 각 기업의 이윤은 400이다.
③ 두 기업이 담합을 하는 경우, 꾸르노모형의 균형에서보다 각 기업의 이윤이 증가하며 소비자 후생이 감소한다.
④ 기업 1이 선도자로 생산량을 결정하는 슈타켈버그모형(Stackelberg model)의 균형에서는 기업 1의 생산량이 기업 2의 생산량의 2배이다.
⑤ 기업 1이 선도자로 생산량을 결정하는 슈타켈버그모형의 균형에서는 꾸르노모형의 균형에서보다 전체 생산량이 감소하고 소비자 후생이 감소한다.

┃해설┃

슈타켈버그모형에서는 생산량이 기업 1이 30, 기업 2가 15로 총 45가 나오는데, 꾸르노모형에서는 기업 1, 2가 전부 생산량이 20씩 총 40이므로 슈타켈버그모형이 꾸르노모형보다 생산량도 증가하고, 소비자 후생도 늘어난다.

① 시장수요함수 $Q(=q_1+q_2)=70-P$를 P에 관해 정리해보면 $P=70-(q_1+q_2)$이다.

　기업 1의 총수입 $TR=P\times q_1=70q_1-q_1^2-q_1q_2$, 한계비용이 10이므로 총비용 $TC=10q_1$이다.

　기업 1의 이윤을 계산해보면 $TR-TC=70q_1-q_1^2-q_1q_2-10q_1$, 기업 1의 이윤함수를 q_1으로 미분하여 0으로

　두면 $\dfrac{d기업\,1이윤함수}{dq_1}=70-2q_1-q_2-10=0$

　→ 기업 1의 반응함수 : $q_1=30-\dfrac{1}{2}q_2$가 계산된다.

　기업 2의 총수입 $TR=P\times q_2=70q_2-q_2^2-q_1q_2$, 기업 2의 총비용 $TC=10q_2$이므로 기업 2의 이윤을 계산해보면

　$TR-TC=70q_2-q_2^2-q_1q_2-10q_2$, 기업 2의 이윤함수를 q_2로 미분하여 0으로 두면

　$\dfrac{d기업\,2이윤함수}{dq_2}=70-2q_2-q_1-10=0$

　→ 기업 2의 반응함수 : $q_2=30-\dfrac{1}{2}q_1$가 계산된다.

② 기업 1, 2의 반응곡선을 연립해보면, $q_1=30-\dfrac{1}{2}\left(30-\dfrac{1}{2}q_1\right)$, $\dfrac{3}{4}q_1=15$

　→ $q_1=20$, $q_2=20$, $Q(=q_1+q_2)=70-P$, $Q=40$, $P=30$

　→ $TR=600$, $TC=200$ 이므로 각 기업의 이윤은 400이다.

③ 담합이 설정되면 독점기업과 같은 양상을 보이므로 기업의 이윤은 늘어나지만, 생산량은 오히려 줄어 소비자의 후생이 감소한다.

④ 기업 1이 선도자인 슈타켈버그모형일 때, 기업 1의 수요곡선을 계산해보면

　$P=70-(q_1+q_2)=70-q_1-\left(30-\dfrac{1}{2}q_1\right)=40-\dfrac{1}{2}q_1$, 기업 1의 수요곡선이 $P=40-\dfrac{1}{2}q_1$이므로,

　$MR=40-q_1$, $MC=10$이므로 $MR=MC$ 해보면, $q_1=30$으로 계산된다.

　$q_1=30$을 기업 2의 반응곡선식에 대입해보면 $q_2=30-\left(\dfrac{1}{2}\times30\right)=15$이므로, 슈타켈버그모형에서 선도자인 기업 1의 생산량은 기업 2의 2배이다.

답 ⑤

두 기업 A, B만이 존재하는 복점 시장의 수요가 $y = 10 - p$로 주어져 있다. 두 기업의 한계비용이 1일 때, 다음 중 옳지 않은 것은?

① 두 기업이 완전경쟁적으로 행동한다면 시장 공급량은 9이다.

② 두 기업이 꾸르노 경쟁(Cournot competition)을 한다면 시장 공급량은 6이다.

③ 기업 A가 선도자, 기업 B가 추종자로서 슈타켈베르그 경쟁(Stackelberg competition)을 한다면 시장 공급량은 6.25이다.

④ 두 기업이 카르텔을 형성하여 독점기업처럼 행동한다면 시장 공급량은 4.5이다.

⑤ 두 기업이 베르뜨랑 경쟁(Bertrand competition)을 한다면 시장 공급량은 9이다.

┃해설┃

슈타켈베르그의 경우, 선도자는 완전경쟁의 경우의 0.5만큼, 추종자는 0.25만큼을 공급한다. 따라서 기업 A는 4.5, 추종자 기업 B는 2.25만큼을 공급하므로 6.75를 공급한다.

① 완전경쟁시장이라면 $P = MC$이므로, $P = 1$을 수요함수 $y = 10 - p$에 넣어보면 시장 공급량은 9가 계산된다.

② 꾸르노 경쟁에서는 기업의 생산량이 완전경쟁의 경우의 $\frac{2}{3}$이므로, 시장 공급량은 6이다.

④ 수요곡선의 우하향의 직선이므로 독점의 생산량은 완전경쟁의 0.5이다. 따라서 시장 공급량은 $9 \times 0.5 = 4.5$이다.

⑤ 베르뜨랑 경쟁의 균형은 $P = MC$이기 때문에 완전경쟁의 경우와 동일하다. 그러므로 시장 공급량은 9이다.

핵심체크	**슈타켈버그(Stackelberg)모형(수량선도모형)**

슈타켈버그(Stackelberg)는 복점기업에 선도기업(Leader)과 추종기업(Follower)으로 구분되는 경우를 모형화 하였다. 선도기업은 추종기업의 반응을 고려하여 먼저 의사결정을 하고, 추종기업은 선도기업의 산출량을 보고 자신의 이윤극대화 산출량을 결정한다. 따라서 추종기업의 추측된 변화는 0이지만 선도기업의 추측된 변화는 0이 아니다.

 답 ③

01 ☑ 확인Check! ○ △ ✕

한 마을에 빵가게와 떡가게가 서로 경쟁하고 있다. 빵(x)과 떡(y)의 가격이 각각 p_x와 p_y일 때, 빵과 떡의 수요 q_x, q_y는 다음과 같다.

- $q_x = 9 - 2p_x + p_y$
- $q_y = 9 - 2p_y + p_x$

빵과 떡 한 단위 생산에 각각 3의 비용이 든다. 이윤을 극대화하는 두 가게가 동시에 가격을 결정할 때, 다음 설명 중 옳은 것은?

가. 두 가게의 최적대응함수(Best response function)는 상대방 선택에 대해 비선형(Non-linear)이다.

나. 두 가게의 최적대응함수를 그리면 45° 선을 기준으로 대칭이다.

다. 내쉬균형에서 두 가게는 모두 가격을 6으로 설정한다.

라. 두 가게가 담합하면 더 큰 이윤을 얻을 수 있다.

① 가, 나
② 가, 다
③ 나, 다
④ 나, 라
⑤ 다, 라

┃해설┃

빵가게와 떡가게 모두 생산비용이 단위당 3이라고 하였으므로 생산비용은 각각 $3q_x$, $3q_y$이다.

- 빵가게 이윤함수

$$\pi_x = p_x \times q_x - 3q_x = p_x \times (9 - 2p_x + p_y) - 3 \times (9 - 2p_x + p_y)$$
$$= 15p_x - 2p_x^2 + p_x p_y - 3p_y - 27$$

- 떡가게 이윤함수

$$\pi_y = p_y \times q_y - 3q_y = p_y \times (9 - 2p_y + p_x) - 3 \times (9 - 2p_y + p_x)$$
$$= 15p_y - 2p_y^2 + p_x p_y - 3p_x - 27$$

이윤극대화 가격을 구하기 위해 이윤함수 π_x, π_y를 각각 p_x와 p_y에 대해 미분한 값을 0으로 둔다.

가. (✕) $\dfrac{d\pi_x}{dp_x}=15-4p_x+p_y=0 \rightarrow p_x=\dfrac{15}{4}+\dfrac{1}{4}p_y$

$\dfrac{d\pi_y}{dp_y}=15-4p_y+p_x=0 \rightarrow p_y=\dfrac{15}{4}+\dfrac{1}{4}p_x$

빵가게의 이윤함수를 보면 떡의 가격을 1만큼 인상하면 빵가게는 $\dfrac{1}{4}$ 만큼 인상하는 것이 최적임을 보여준다.

두 가게의 최적대응곡선은 상대방의 선택에 대해 선형이다.

나. (○) 두 가게의 대응곡선은 우상향의 직선이면서 45° 선을 기준으로 대칭이다.

다. (✕) 빵가게와 떡가게 두 가게의 대응곡선식을 연립해서 계산하면 균형가격이 나온다.

$p_x=\dfrac{15}{4}+\dfrac{1}{4}\times p_y=\dfrac{15}{4}+\dfrac{1}{4}\times\left(\dfrac{15}{4}+\dfrac{1}{4}p_x\right) \rightarrow 15p_x=60+15 \rightarrow p_x=5,\ p_y=5$

따라서 내쉬균형에서의 가격은 5이다.

라. (○) 두 가게의 이윤함수에 $p_x=5$, $p_y=5$를 대입하면 두 가게 모두 이윤은 8이 나온다.

답 ④

01 공인노무사 2023　　　　　　　　　　　　　　　　　　　☑ 확인 Check! ○ △ ✕

꾸르노(Cournot) 복점모형에서 시장수요곡선이 $P = -2Q + 70$이고, 두 기업의 한계 비용은 10으로 동일하다. 내쉬(Nash)균형에서 두 기업 생산량의 합은? (단, P는 상품가격, Q는 총생산량이다)

① 15

② 20

③ 25

④ 30

⑤ 35

┃해설┃

꾸르노 복점모형에서 두 기업의 비용조건이 동일하므로 각 기업은 완전경쟁의 $\frac{1}{3}$ 만큼씩 생산한다.

완전경쟁의 경우 생산량을 구해보면

$P = MC$

$-2Q + 70 = 10$

$\therefore\ Q = 30$

각 기업의 생산량은 $10(=30 \times \frac{1}{3})$

$\therefore$ 두 기업의 생산량의 합은 20

핵심체크　꾸르노 모형 생산량 구하는 공식

꾸르노 모형에서 시장수요함수가 $P = a - bQ$, 기업 1의 비용함수는 $MC_1 = c$, 기업 2의 비용함수는 $MC_2 = d$인 경우 각 기업의 생산량은 다음과 같다.

• 기업 1의 생산량 $= \dfrac{a - 2c + d}{3b}$

• 기업 2의 생산량 $= \dfrac{a + c - 2d}{3b}$

답 ②

기업 A와 기업 B가 경쟁하고 있는 복점시장의 수요함수는 $P = 150 - Q_M = 150 - (Q_A + Q_B)$, 각 기업의 한계비용은 $MC_A = MC_B = 30$이다. 꾸르노 균형생산량과 이때 A와 B의 이윤을 구하면? (단, P는 시장가격, Q_M은 시장 전체 수요량, Q_A는 A의 생산량, Q_B는 B의 생산량이다)

① 20, 800, 800

② 40, 800, 1,600

③ 60, 1,600, 800

④ 80, 1,600, 1,600

┃해설┃

시장구조가 완전경쟁일 경우의 생산량을 구해보면 $150 - Q = MC = 30$, $Q = 120$

두 기업의 비용함수가 동일한 경우 꾸르노모형에서의 각 기업의 생산량은 완전경쟁의 $\frac{1}{3}$이므로 각 기업의 생산량은

$40 \left(\because 120 \times \frac{1}{3} = 40 \right)$이며 시장 전체의 생산량은 80이 된다.

시장 전체의 생산량 80을 복점시장 수요함수에 대입하면 가격은 70이 된다.

고정비용이 없는 경우에 한계비용이 일정하면 한계비용과 평균비용이 동일하게 된다.
따라서 각 기업의 평균비용과 한계비용 모두 30으로 동일하기에 가격에서 평균비용을 차감한 단위당 초과이윤은 모두 40으로 동일하다.

$\therefore A$, B 이윤 = 생산량 × 단위당 초과이윤 = $40 \times 40 = 1,600$

답 ④

시장수요의 역함수가 $P = 30 - Q$인 복점시장에서 두 기업 A와 B가 동시에 자신의 생산량을 결정하는 꾸르노(Cournot) 경쟁을 한다. 두 기업의 비용함수가 각각 다음과 같을 때, 내쉬균형(Nash equilibrium)에서 기업 A의 생산량은? (단, P는 시장가격, $Q = q_A + q_B$, q_i는 기업 i의 생산량이다)

- 기업 A의 총생산비용(C_A) : $C_A = q_A^2$
- 기업 B의 총생산비용(C_B) : $C_B = 5q_B$

① 2

② 3

③ 5

④ 7

⑤ 10

┃해설┃

기업 A의 행동원리

$\pi_A = (30 - q_A - q_B)q_A - q_A^2$

$\dfrac{d\pi_A}{dq_A} = 30 - 2q_A - q_B - 2q_A = 0$

$q_A = -\dfrac{q_B}{4} + \dfrac{30}{4}$

기업 B의 행동원리

$\pi_B = (30 - q_A - q_B)q_A - 5q_B$

$\dfrac{d\pi_B}{dq_B} = 30 - q_A - 2q_B - 5 = 0$

$q_B = -\dfrac{q_A}{2} + \dfrac{25}{2}$

두 식을 연립하면 $q_A = 5$, $q_B = 10$이다.

답 ③

꾸르노(Cournot) 경쟁을 하는 복점시장에서 역수요함수는 $P = 18 - q_1 - q_2$이다. 두 기업의 비용구조는 동일하며 고정비용 없이 한 단위당 생산비용은 6일 때, 기업 1의 균형가격과 균형생산량은? (단, P는 가격, q_1은 기업 1의 생산량, q_2는 기업 2의 생산량이다)

① $P = 10$, $q_1 = 2$

② $P = 10$, $q_1 = 4$

③ $P = 14$, $q_1 = 4$

④ $P = 14$, $q_1 = 8$

⑤ $P = 14$, $q_1 = 10$

┃해설┃

• 기업 1의 생산량＋기업 2의 생산량＝시장전체 생산량 → $q_1 + q_2 = Q$(시장전체 생산량)

• 시장전체 수요함수 : $P = 18 - Q$

• 꾸르노 경쟁에서의 생산량은 완전경쟁일 때의 생산량의 $\frac{2}{3}$만큼이고, 완전경쟁의 균형은 $P = MC$인 점에서 이루어지므로 $18 - Q = 6$, $Q = 12$

• 따라서 꾸르노 경쟁에서의 생산량은 $12 \times \frac{2}{3} = 8$, $q_1 + q_2 = 8$이다.

• 먼저 기업 1의 총수입을 구하고 $P = 18 - q_1 - q_2$, $TR = (18 - q_1 - q_2) \times q_1$

• 기업 1의 총수입 TR을 q_1으로 미분하면 한계수입을 계산할 수 있다.

• $MR = 18 - 2q_1 - q_2$, $MC = 6$

• 기업 1의 반응함수는 $MR = MC$에서 결정되므로 $18 - 2q_1 - q_2 = 6$ → $12 = 2q_1 + q_2$

• 앞에서 두 기업의 생산량은 $q_1 + q_2 = 8$, 두 식을 연립하여 풀면 $q_1 = 4$, $q_2 = 4$

• $q_1 = 4$, $q_2 = 4$를 시장수요함수에 넣어보면 $P = 10$이 계산된다.

답 ②

동질재를 생산하는 세 개의 기업이 있다고 하자. 각 기업의 비용함수는 $C_i(q_i) = 0$이며, 시장의 역수요함수는 $P = 200 - 5Q$이다. 기업들이 꾸르노(Cournot) 경쟁을 할 때 균형가격은? (단, $Q = \sum_{i=1}^{3} q_i$, q_i는 기업 i의 생산량, P와 Q는 각각 시장가격과 시장 전체의 생산량이다)

① 30

② 35

③ 40

④ 45

⑤ 50

┃해설┃

기업 1의 반응함수를 구하면 다음과 같다.

$\pi_1 = (200 - 5q_1 - 5q_2 - 5q_3)q_1 = 0$

$\dfrac{d\pi_1}{dq_1} = 200 - 10q_1 - 5q_2 - 5q_3 = 0$

$q_1 = 20 - \dfrac{1}{2}q_2 - \dfrac{1}{2}q_3$

같은 논리로 기업 2와 기업 3의 반응함수를 구하면

$q_2 = 20 - \dfrac{1}{2}q_1 - \dfrac{1}{2}q_3$, $q_3 = 20 - \dfrac{1}{2}q_1 - \dfrac{1}{2}q_2$이므로 이를 연립하여 역수요함수에 대입하면 균형가격은 50이다.

 ⑤

01 감정평가사 2017

☑ 확인 Check! ○ △ ✕

가격경쟁(Price competition)을 하는 두 기업의 한계비용은 각각 0이다. 각 기업의 수요함수가 다음과 같을 때, 베르뜨랑(Bertrand) 균형가격 P_1, P_2는? (단, Q_1은 기업 1의 생산량, Q_2는 기업 2의 생산량, P_1은 기업 1의 상품가격, P_2는 기업 2의 상품가격이고, 기업 1과 기업 2는 차별화된 상품을 생산한다)

- $Q_1 = 30 - P_1 + P_2$
- $Q_2 = 30 - P_2 + P_1$

① 20, 20
② 20, 30
③ 30, 20
④ 30, 30
⑤ 40, 40

┃해설┃

- 기업 1의 총수입 : $TR_1 = Q_1 \times P_1 = 30P_1 - P_1^2 + P_1 P_2$
- 기업 2의 총수입 : $TR_2 = Q_2 \times P_2 = 30P_2 - P_2^2 + P_1 P_2$
- 기업 1, 2 각각의 총수입을 P에 대해 미분하면 아래와 같고, MC는 0이라고 주어졌으므로, 시장균형을 위해 $MR = MC = 0$으로 계산한다.

- $MR_1 = \dfrac{dTR_1}{dP_1} = 30 - 2P_1 + P_2 = 0 = MC \rightarrow P_1 = 15 + \dfrac{1}{2}P_2$

- $MR_2 = \dfrac{dTR_2}{dP_2} = 30 - 2P_2 + P_1 = 0 = MC \rightarrow P_2 = 15 + \dfrac{1}{2}P_1$

- MR_1, MR_2의 두 식을 연립해보면 $P_1 = 15 + \dfrac{1}{2}\left(15 + \dfrac{1}{2}P_1\right) \rightarrow P_1 = 30$, $P_2 = 30$

답 ④

05 | 굴절수요곡선

01 감정평가사 2021
☑ 확인 Check! ○ △ ✕

굴절수요곡선 모형에서 가격 안정성에 관한 설명으로 옳은 것은?

① 기업이 선택하는 가격에 대한 예상된 변화가 대칭적이기 때문이다.
② 기업은 서로 담합하여 가격의 안정성을 확보한다.
③ 일정 구간에서 비용의 변화에도 불구하고 상품가격은 안정적이다.
④ 경쟁기업의 가격 인상에만 반응한다고 가정한다.
⑤ 비가격경쟁이 증가하는 현상을 설명한다.

┃해설┃

① 기업이 선택하는 가격에 대한 예상된 변화가 비대칭적이기 때문이다.
② 굴절수요곡선은 두 기업이 가격을 결정을 협조적으로 결정하는 것이 아닌 비협조적으로 결정하므로 담합과는 상관이 없다.
④ 경쟁기업의 가격 인상에는 반응하지 않고, 가격 인하에 경쟁기업도 가격을 인하한다.
⑤ 굴절수요곡선은 과점가격의 경직성을 설명하기 위해 제시된 모형으로 비가격경쟁과는 상관이 없다.

답 ③

02 공인노무사 2017
☑ 확인 Check! ○ △ ✕

과점시장의 굴절수요곡선 이론에 관한 설명으로 옳지 않은 것은?

① 한계수입곡선에는 불연속한 부분이 있다.
② 굴절수요곡선은 원점에 대해 볼록한 모양을 갖는다.
③ 한 기업이 가격을 내리면 나머지 기업들도 같이 내리려 한다.
④ 한 기업이 가격을 올리더라도 나머지 기업들은 따라서 올리려 하지 않는다.
⑤ 기업은 한계비용이 일정 범위 내에서 변해도 가격과 수량을 쉽게 바꾸려 하지 않는다.

┃해설┃

굴절수요곡선은 원점에 대해 오목한 모양을 갖는다.
① 굴절수요곡선은 한 기업이 가격을 변동하면, 경쟁기업은 탄력적 혹은 비탄력적으로 반응하고 각각의 수요곡선이 나온다. 그 두 수요곡선의 한계수입곡선을 도출하면 수요곡선이 굴절하는 부분에서 불연속 구간이 나온다.
③ 한 기업이 가격을 내렸는데 나머지 기업들이 가격을 내리지 않는다면 판매량이 감소할 것이므로, 가격하락이 발생하면 경쟁기업들도 가격을 인하한다.
④ 한 기업이 가격을 올렸을 때 나머지 기업들이 원래 가격을 유지하고 있으면 판매량이 늘어날 것이므로, 가격을 올린 기업이 있어도 따라서 올리지 않는다.
⑤ 한계수입곡선이 불연속한 부분에서 한계비용곡선이 교차하는데 상하로 움직일 경우, 같은 생산량 접점이기 때문에 생산량 변화가 없고, 가격은 이미 고정되어 변하지 않는다.

답 ②

CHAPTER 15 | 게임이론

01 | 게임의 균형

- 외부적인 충격이 없는 한 경기자들의 전략이 계속 유지되는 상태
- 경기자들이 현재 만족하여 더 이상 자신의 전략을 바꿀 유인이 없는 상태

02 | 우월전략

특 징	• 상대방이 어떤 전략을 선택하든 상관없이 자신의 보수를 가장 크게 만드는 전략 • 우월전략이 반드시 파레토 효율인 것은 아님 • 존재하지 않는 경우도 있음

03 | 내쉬균형

특 징	• 상대방의 전략이 주어진 경우, 자신의 보수를 가장 크게 만드는 전략 • 혼합전략을 허용하면 내쉬균형은 항상 존재 • 내쉬균형은 자신의 전략을 바꿀 필요가 없으므로 안정적 • 내쉬균형이 반드시 파레토 효율인 것은 아님 • 우월전략을 포괄하는 개념

01 공인노무사 2019

☑ 확인Check! ○ △ ✕

A국과 B국은 상호 무역에 대해 각각 관세와 무관세로 대응할 수 있다. 다음은 양국이 동시에 전략을 선택할 경우의 보수행렬이다. 이에 관한 설명으로 옳지 않은 것은? (단, 본 게임은 1회만 행해지고 괄호 안의 왼쪽 값은 A국의 보수, 오른쪽 값은 B국의 보수를 나타낸다)

		B국	
		무관세	관 세
A국	무관세	(300, 250)	(400, 100)
	관 세	(150, 300)	(200, 200)

① A국의 우월전략은 관세이다.

② B국의 우월전략은 무관세이다.

③ 내쉬균형의 보수조합은 (300, 250)이다.

④ 내쉬균형은 파레토 효율적(Pareto efficient)이다.

⑤ 우월전략균형이 내쉬균형이다.

∥해설∥

A국이 B국의 전략과 무관하게 무관세일 경우의 보수가 더 크다. 따라서 A국의 우월전략은 무관세이다.

② B국 역시 A국의 전략과 무관하게 무관세일 경우의 보수가 더 크므로, B국의 우월전략은 무관세이다.

③ A국의 경우 B국이 무관세의 전략을 취할 경우, 무관세 전략을 선택할 것이다. 반대로 B국이 관세의 전략을 취할 경우, A국은 무관세의 전략을 취할 것이다.

　 B국의 경우 A국이 무관세 전략을 취할 경우, B국은 무관세 전략을 선택할 것이다. 반대로 A국이 관세의 전략을 취할 경우, B국은 무관세 전략을 취할 것이다. → A국과 B국 모두 무관세 전략이 내쉬균형이므로 보수 조합은 (300, 250)이다.

④ 현재 내쉬균형보다 높은 보수의 조합은 존재하지 않는다. 즉, 파레토개선이 불가능하므로 내쉬균형은 파레토 효율적이라고 볼 수 있다.

⑤ 현재 우월전략과 내쉬균형 모두 (300, 250)으로 동일하다.

답 ①

그림은 A기업과 B기업의 전개형 게임이다. 기업 A와 기업 B는 각각 전략 X와 전략 Y에 따라 다른 보수를 얻는다. 이 전개형 게임의 완전균형은?

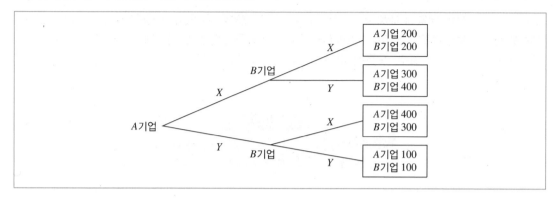

① A기업은 전략 X를, B기업은 전략 Y를 선택
② A기업은 전략 Y를, B기업은 전략 X를 선택
③ 두 기업 모두 전략 X를 선택
④ 두 기업 모두 전략 Y를 선택

┃해설┃
- A기업이 전략 X를 선택하게 되면 B기업은 전략 Y를 선택한다.
- A기업이 전략 Y를 선택하게 되면 B기업은 전략 X를 선택한다.
- 위 두 개의 경우 중 A기업은 전략 Y를 선택할 때의 이득이 더 크므로 A기업은 전략 Y를 선택하게 될 것이다.

답 ②

표는 음원시장을 양분하고 있는 A기업과 B기업의 전략(저가요금제와 고가요금제)에 따른 보수행렬이다. A기업과 B기업이 전략을 동시에 선택하는 일회성 비협조 게임에 관한 설명으로 옳지 않은 것은? (단, 괄호속의 왼쪽은 A기업의 보수, 오른쪽은 B기업의 보수이다)

		B기업	
		저가요금제	고가요금제
A기업	저가요금제	(5, 5)	(9, 4)
	고가요금제	(3, 8)	(7, 6)

① A기업은 B기업의 전략과 무관하게 저가요금제를 선택하는 것이 합리적이다.

② A기업과 B기업의 전략적 선택에 따른 결과는 파레토 효율적이지 않다.

③ 내쉬균형(Nash equilibrium)이 두 개 존재한다.

④ B기업에게는 우월전략이 존재한다.

┃해설┃

• B기업이 저가요금제를 선택할 경우 A기업은 저가요금제를 선택한다.

• 반면에 B기업이 고가요금제를 선택할 경우 A기업은 저가요금제를 선택한다.

• A기업이 저가요금제를 선택할 경우 B기업은 저가요금제를 선택한다.

• 반면에 A기업이 고가요금제를 선택할 경우 B기업은 저가요금제를 선택한다.

• 따라서 내쉬균형은 한 개(저가요금제, 저가요금제) 존재한다.

① A기업은 저가요금제일 경우의 보수가 고가요금제의 경우의 보수보다 높다. 따라서 A기업의 우월전략은 저가요금제이다.

②·④ A기업과 B기업의 전략적 선택의 경우는 두 기업 모두 저가요금제를 선택했을 경우인데, 두 기업 모두 고가요금제를 선택했을 경우의 보수가 더 높으므로 파레토 개선이 가능한 상황이다. 따라서 지금의 선택은 파레토 효율적이지 않다. B기업은 저가요금제의 우월전략이 존재한다.

📖 답 ③

PART 1

미시경제학

다음의 전략형 게임(Strategic form game)에서 a에 따라 甲과 乙의 전략 및 균형이 달라진다. 이에 관한 설명으로 옳지 않은 것은? (단, 보수 행렬의 괄호 안 첫 번째 보수는 甲, 두 번째 보수는 乙의 것이다)

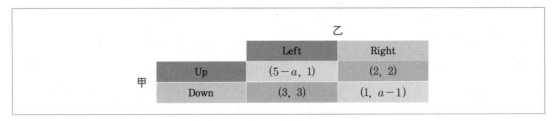

		乙	
		Left	Right
甲	Up	$(5-a,\ 1)$	$(2,\ 2)$
	Down	$(3,\ 3)$	$(1,\ a-1)$

① $a < 2$이면, 전략 Up은 甲의 우월전략이다.

② $a > 4$이면, 전략 Right는 乙의 우월전략이다.

③ $2 < a < 4$이면, (Down, Left)는 유일한 내쉬균형이다.

④ $a < 2$이면, (Up, Right)는 유일한 내쉬균형이다.

⑤ $a > 4$이면, (Up, Right)는 유일한 내쉬균형이다.

┃해설┃

$2 < a < 4$이면, a가 3이므로 (Down, Left), (Up, Right)가 내쉬균형이다.

① $a < 2$이면, 乙이 어떤 전략을 선택하던 甲은 Up이 우월전략이다.

② $a > 4$이면, 甲이 어떤 전략을 선택하던 乙은 Right가 우월전략이다.

④ $a < 2$이면, 乙이 Left를 선택하면 甲은 Up, 乙이 Right를 선택하면 甲은 Up을 선택한다. 乙도 같은 방식으로 구해보면 (Up, Right)는 유일한 내쉬균형이다.

⑤ $a > 4$이면, (Up, Right)는 유일한 내쉬균형이다.

답 ③

두 사람이 평균값 맞추기 게임을 한다. 1부터 10까지의 자연수 중 하나를 동시에 선택하면 그 평균과의 차이만큼을 10만원에서 뺀 값을 상금으로 제공한다. 다시 말해, 경기자 i 가 a_i를 선택하면 i의 상금은 $\left(10 - \left|\dfrac{a_1 + a_2}{2} - a_i\right|\right)$ 만원이 된다. 다음 설명 중 옳은 것은? (단, $i = 1, 2$)

> 가. 우월전략이 존재한다.
> 나. 복수의 내쉬균형(Nash equilibrium)이 존재한다.
> 다. 내쉬균형에서 각 경기자의 상금은 서로 같다.
> 라. 경기자가 셋이 되면 내쉬균형에서 각 경기자의 상금은 동일하지 않다.

① 가, 나   ② 가, 다

③ 나, 다   ④ 나, 라

⑤ 다, 라

┃ 해설 ┃

가. (✕) 개인이 받는 상금이 $\left(10 - \left|\dfrac{a_1 + a_2}{2} - a_i\right|\right)$ 만원이므로 $\dfrac{a_1 + a_2}{2} - a_i = 0$일 때 상금이 10만원으로 가장 커진다.

$\dfrac{a_1 + a_2}{2} - a_i$가 0이 되려면 두 경기자가 모두 동일한 숫자를 선택해야 한다.

나. (○) 두 경기자가 동일한 숫자를 선택하면 상금이 가장 커지므로 (1, 1), (2, 2), ⋯, (10, 10) 총 10개의 내쉬균형이 존재한다.

다. (○) 상금은 모두 10만원으로 동일하다.

라. (✕) 경기자가 셋이 되더라도 셋이 모두 동일한 숫자를 선택하면 상금은 10만원으로 동일하다.

달 ③

다음 보수행렬(Payoff matrix)을 갖는 게임에 대한 설명으로 옳은 것은? (단, A와 B는 각 경기자의 전략이며, 괄호 안의 첫 번째 숫자는 경기자 1의 보수를, 두 번째 숫자는 경기자 2의 보수를 나타낸다)

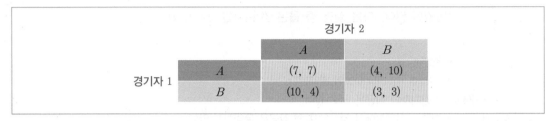

		경기자 2	
		A	B
경기자 1	A	(7, 7)	(4, 10)
	B	(10, 4)	(3, 3)

① 모든 경기자에게 우월전략(Dominant strategy)이 존재한다.
② 내쉬균형이 존재하지 않는다.
③ 내쉬균형은 두 경기자가 모두 A전략을 선택하는 것이다.
④ 내쉬균형은 두 경기자가 모두 B전략을 선택하는 것이다.
⑤ 내쉬균형에서 두 경기자는 서로 다른 전략을 선택한다.

┃해설┃

①・② 경기자 2가 A전략을 선택하면, 경기자 1은 B전략을 선택할 것이다. 경기자 2가 B전략을 선택하면, 경기자 1은 A전략을 선택할 것이다. 따라서 (B, A), (A, B) 두 개의 내쉬균형이 존재하고, 경기자 1, 2 모두에게 우월전략은 존재하지 않는다.
③・④・⑤ 내쉬균형은 (B, A), (A, B)의 두 조합을 취한다.

📖 답 ⑤

01 감정평가사 2021

☑ 확인Check! ○ △ ✕

표는 기업 甲과 乙의 초기 보수행렬이다. 제도 변화 후, 오염을 배출하는 乙은 배출 1톤에서 2톤으로 증가하는데 甲에게 보상금 5를 지불하게 되어 보수행렬이 변화했다. 보수행렬 변화 전, 후에 관한 설명으로 옳은 것은? (단, 1회성 게임이며, 보수행렬 (　　)안 왼쪽은 甲, 오른쪽은 乙의 것이다)

		乙	
		1톤 배출	2톤 배출
甲	조업중단	(0, 4)	(0, 8)
	조업가동	(10, 4)	(3, 8)

① 초기 상태의 내쉬균형은 (조업중단, 2톤 배출)이다.
② 초기 상태의 甲과 乙의 우월전략은 없다.
③ 제도 변화 후 甲의 우월전략은 있으나 乙의 우월전략은 없다.
④ 제도 변화 후 甲과 乙의 전체 보수는 감소했다.
⑤ 제도 변화 후 오염물질의 총배출량은 감소했다.

┃해설┃

제도 변화에 따른 보수행렬			
		乙	
		1톤 배출	2톤 배출
甲	조업중단	(0, 4)	(5, 3)
	조업가동	(10, 4)	(8, 3)

제도 변화 전에는 서로의 전략에 상관없이 甲은 조업가동시, 乙은 2톤 배출시 보수크기가 더 크므로 우월전략은 (조업가동, 2톤 배출)이다. 하지만 제도 변화 후에는 甲은 조업가동시, 乙은 1톤 배출시 보수크기가 더 크므로 우월전략이 (조업가동, 1톤 배출)로 변하였다. 따라서 제도 변화 후에 오염물질의 배출량이 2톤에서 1톤으로 감소하였다.

답 ⑤

두 소비자 1, 2가 재화묶음 (x, y)를 소비하는 순수교환경제 모형을 고려하여 보자. 소비자 1의 효용함수는 $U_1(x_1, y_1) = x_1 y_1$이고, 소비자 2의 효용함수는 $U_2(x_2, y_2) = 0.5 x_2 y_2$이다. 초기에 소비자 1은 $(2.0, 6.0)$, 소비자 2는 $(2.0, 2.0)$의 재화묶음을 가지고 있다. 주어진 시장가격으로 교환이 이루어질 때, 각 소비자의 최종 소비점 $(x_1{}^*, y_1{}^*)$와 $(x_2{}^*, y_2{}^*)$는?

	$(x_1{}^*, y_1{}^*)$	$(x_2{}^*, y_2{}^*)$
①	(1.5, 7.0)	(2.5, 1.0)
②	(2.0, 6.0)	(2.0, 2.0)
③	(2.5, 5.0)	(1.5, 3.0)
④	(3.0, 4.0)	(1.0, 4.0)
⑤	(3.5, 3.0)	(0.5, 5.0)

┃해설┃

• 각 소비자의 한계대체율을 구해보면

소비자 1의 한계대체율 = $MRS_{xy}^1 = \dfrac{y_1}{x_1}$, 소비자 2의 한계대체율 = $MRS_{xy}^2 = \dfrac{y_2}{x_2}$ 이다.

무차별곡선과 예산선이 접하는 점에서 소비자균형이 이루어지므로

소비자균형은 $MRS_{xy}^1 = \dfrac{y_1}{x_1} = \dfrac{P_x}{P_y}$, $MRS_{xy}^2 = \dfrac{y_2}{x_2} = \dfrac{P_x}{P_y}$ 가 성립한다.

• 소비자 1의 예산제약 : 소비자 1은 $(2.0, 6.0)$의 재화묶음을 가지고 있으므로, $P_x \times x_1 + P_y \times y_1 = 2P_x + 6P_y$

• 소비자 2의 예산제약 : 소비자 2는 $(2.0, 2.0)$의 재화묶음을 가지고 있으므로, $P_x \times x_2 + P_y \times y_2 = 2P_x + 2P_y$

• x재 소비량 : $x_1 = 1 + 3\left(\dfrac{P_y}{P_x}\right)$, $x_2 = 1 + \dfrac{P_y}{P_x}$ 경제 전체의 x재 부존량이 4이므로,

$x_1 + x_2 = 4 \rightarrow x_1 + x_2 = 2 + 4\left(\dfrac{P_y}{P_x}\right) = 4 \rightarrow \dfrac{P_y}{P_x} = \dfrac{1}{2}$, $\dfrac{P_x}{P_y} = 2$이다.

이 $\dfrac{P_y}{P_x} = \dfrac{1}{2}$을 $x_1 = 1 + 3\left(\dfrac{P_y}{P_x}\right)$에 대입하면 $x_1 = 2.5$가 계산된다.

x_2도 같은 방식으로 $\dfrac{P_y}{P_x} = \dfrac{1}{2}$을 $x_2 = 1 + \dfrac{P_y}{P_x}$에 대입하면 $x_2 = 1.5$가 계산된다.

• $x_1 = 2.5, \dfrac{P_y}{P_x} = 2$를 $\dfrac{y_1}{x_1} = \dfrac{P_x}{P_y}$에 대입하면 $\rightarrow \dfrac{y_1}{x_1} = 2 \rightarrow y_1 = 5.0$

$x_2 = 1.5, \dfrac{P_y}{P_x} = 2$를 $\dfrac{y_2}{x_2} = \dfrac{P_x}{P_y}$에 대입하면 $\rightarrow \dfrac{y_2}{x_2} = 2 \rightarrow y_2 = 3.0$

• 소비자 1의 최종 소비점 $(2.5, 5.0)$, 소비자 2의 최종 소비점 $(1.5, 3.0)$

답 ③

다음은 A국과 B국의 교역관계에 대한 보수행렬(Payoff matrix)이다. 이에 관한 설명으로 옳은 것은? (단, 보수쌍에서 왼쪽은 A국의 보수이고, 오른쪽은 B국의 보수이다)

		B국	
		저관세	고관세
A국	저관세	(250, 250)	(300, 100)
	고관세	(100, 300)	(200, 200)

① 내쉬균형은 2개이다.

② 내쉬균형에 해당하는 보수쌍은 (200, 200)이다.

③ 우월전략균형에 해당하는 보수쌍은 (100, 300)이다.

④ A국의 우월전략은 고관세이다.

⑤ B국의 우월전략은 저관세이다.

┃해설┃

① 내쉬균형은 1개다.

　• A국 : B국이 저관세 선택시 → 저관세 선택

　　　　　B국이 고관세 선택시 → 저관세 선택

　• B국 : A국이 저관세 선택시 → 저관세 선택

　　　　　A국이 고관세 선택시 → 저관세 선택

② 내쉬균형에 해당하는 보수쌍은 (250, 250)이다.

③ 우월전략에 해당하는 보수쌍은 (250, 250)이다.

④ · ⑤ A국과 B국의 우월전략은 저관세이다.

　• A국 : B국이 어떤 전략을 선택하든지와 무관하게, 저관세를 선택할 때 자국의 보수가 더 크므로 A국의 우월전략은 저관세이다.

　• B국 : A국이 어떤 전략을 선택하든지와 무관하게, 저관세를 선택할 때 자국의 보수가 더 크므로 B국의 우월전략은 저관세이다.

답 ⑤

01 공인회계사 2021

☑ 확인 Check! ○ △ ✕

갑과 을이 동시에 1, 2, 3 중 하나의 숫자를 선택한다. 둘이 선택한 숫자가 다를 경우, 더 작은 수를 선택한 사람이 자신이 선택한 숫자의 2배를 상금으로 받고 다른 사람은 상금을 전혀 받지 못한다. 둘이 같은 숫자를 선택한 경우, 둘 다 자신이 선택한 값을 상금으로 받는다. 다음 중 이 게임의 내쉬균형을 모두 고르면?

> 가. 갑, 을 모두 1을 선택한다.
> 나. 갑, 을 모두 2를 선택한다.
> 다. 갑, 을 모두 3을 선택한다.
> 라. 한 사람이 다른 사람보다 1 큰 숫자를 선택한다.

① 가, 나　　　　　　　　② 가, 다
③ 나, 다　　　　　　　　④ 나, 라
⑤ 다, 라

▮해설▮

내쉬균형이란 상대방의 전략을 주어진 것으로 보고 자신에게 가장 유리한 전략을 선택할 경우 도달하는 균형으로 경기자들은 자신들의 전략을 바꾸더라도 보수의 증가가 전혀 없는 상태이다.

가. 갑과 을이 모두 1을 선택한 상황에서 갑 또는 을이 전략을 변경하여 1 이외의 다른 수를 선택하여 더 큰 보수를 받을 경우는 없으므로, 갑과 을이 모두 1을 선택한 경우는 내쉬균형이라 할 수 있다.

나. 갑과 을이 모두 2를 선택한 상황에서 갑 또는 을이 전략을 변경하여 2 이외의 다른 수를 선택하여 더 큰 보수를 받을 경우는 없으므로, 갑과 을이 모두 2를 선택한 경우는 내쉬균형이다.

다. 갑과 을이 모두 3을 선택한 상황에서 둘 중 누군가가 2로 변경하게 되면 변경한 경기자는 4의 상금을 얻을 수 있으므로, 해당 상황은 내쉬균형이 아니다.

라. 한 사람이 다른 사람보다 1보다 큰 숫자를 선택한 상황에서 1보다 큰 숫자를 선택한 사람이 1로 변경하게 되면 상금이 0에서 1로 증가하게 되므로 현 상황은 내쉬균형이 아니다.

답 ①

동일한 상품을 경쟁적으로 판매하고 있는 두 기업 A와 B는 이윤을 극대화하기 위해 광고 전략을 고려하고 있다. 다음은 두 기업이 전략을 동시에 선택할 경우 얻게 되는 보수행렬이다. 이에 관한 설명으로 옳은 것은? (단, A와 B는 전략을 동시에 선택하고 합리적으로 행동하며 본 게임은 1회만 행해진다. 괄호 안의 왼쪽 값은 A의 보수, 오른쪽 값은 B의 보수를 나타낸다)

		B	
		광고함	광고 안함
A	광고함	(6, 4)	(8, 3)
	광고 안함	(3, 8)	(10, 4)

① 내쉬균형의 보수조합은 (6, 4)이다.
② A의 우월전략은 광고함을 선택하는 것이다.
③ B의 우월전략은 광고 안함을 선택하는 것이다.
④ A와 B가 각각 우월전략을 선택할 때 내쉬균형에 도달한다.
⑤ 내쉬균형은 파레토 효율적(Pareto efficient)이다.

┃해설┃

B가 광고할 경우의 보수가 광고를 하지 않을 경우보다 항상 크므로 B는 광고를 할 것이다. B가 광고를 할 경우 A 또한 광고를 할 경우의 보수가 광고를 하지 않을 경우보다 항상 크므로 내쉬균형의 보수조합은 둘 다 광고를 하는 (6, 4)이다.
② A의 전략은 B의 광고 유무에 따라 변화하기 때문에 A의 우월전략은 존재하지 않는다.
③ B는 A의 광고 유무에 상관없이 광고를 하는 전략이 보수가 더 크기 때문에 B의 우월전략은 광고함을 선택하는 것이다.
④ A의 전략은 B의 광고 유무에 따라 변화하기 때문에 A의 우월전략은 존재하지 않는다.
⑤ 내쉬균형의 보수조합은 (6, 4)에서 A가 광고를 하지 않을 경우 B의 보수가 증가하고 B가 광고를 하지 않을 경우 A의 보수가 증가하므로 내쉬균형은 파레토 효율적(Pareto efficient)이라 할 수 없다.

답 ①

다음의 보수행렬로 나타낼 수 있는 전략형 게임에서 순수전략 내쉬균형(Nash equilibrium)이 1개만 존재하는 경우의 a값으로 옳지 않은 것은? (단, U와 D는 경기자 1의 전략이고, L, C와 R은 경기자 2의 전략이다. 괄호안의 첫 번째 숫자는 경기자 1의 보수를, 두 번째 숫자는 경기자 2의 보수를 나타낸다)

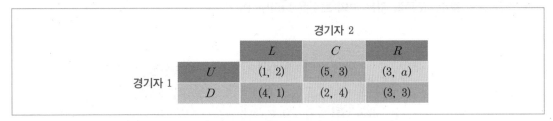

		경기자 2		
		L	C	R
경기자 1	U	$(1, 2)$	$(5, 3)$	$(3, a)$
	D	$(4, 1)$	$(2, 4)$	$(3, 3)$

① 1

② 2

③ 3

④ 4

⑤ 5

──────────────────────────────

▌해설▐

- $a \neq 3$인 경우 $(5, 3)$, $(3, a)$ 중 하나가 내쉬균형이 되는데 만약 $a < 3$이라면 $(5, 3)$이 내쉬균형이고 $a > 3$이라면 $(3, a)$가 내쉬균형이 된다.
- $a = 3$인 경우는 $(5, 3)$, $(3, a)$ 두 개 모두가 내쉬균형이 되는데 문제에서 내쉬균형은 한 개만 존재한다고 하였으므로 $a \neq 3$이다.

답 ③

복점시장에서 기업 1과 기업 2는 각각 a와 b의 전략을 갖고 있다. 성과 보수 행렬이 다음과 같을 때, 내쉬균형을 모두 고른 것은? (단, 보수 행렬 내 괄호 안 왼쪽은 기업 1의 보수, 오른쪽은 기업 2의 보수이다)

		기업 2	
		전략 a	전략 b
기업 1	전략 a	(16, 8)	(8, 6)
	전략 b	(3, 7)	(10, 11)

① (16, 8)
② (10, 11)
③ (8, 6), (10, 11)
④ (16, 8), (3, 7)
⑤ (16, 8), (10, 11)

┃해설┃

내쉬균형은 상대방의 전략을 주어진 것으로 보고 자신에게 최적인 전략을 선택하였을 때 도달하는 균형이다.

• 기업 1이 전략 a를 선택할 경우 기업 2는 전략 a를 선택하고, 기업 2가 전략 a를 선택할 경우, 기업 1은 전략 a를 선택한다. 이 전략의 조합은 바뀔 유인이 없으므로 (전략 a, 전략 a) 가 내쉬균형이 된다.
• 기업 1이 전략 b를 선택할 경우 기업 2는 전략 b를 선택하고, 기업 2가 전략 b를 선택하면 기업 1는 전략 b를 선택한다. 이 전략의 조합은 바뀔 유인이 없으므로 (전략 b, 전략 b)가 내쉬균형이 된다.

따라서 내쉬균형은 2개 존재하고 그에 따른 보수조합은 (16, 8), (10, 11)이다.

답 ⑤

다음은 세 경기자(1, 2, 3)의 전략 선택에 따라 결정되는 보수구조이다. 개별 경기자가 선택할 수 있는 전략이 L과 H라고 할 때, 아래 전략형게임의 순수전략 내쉬균형은 몇 개인가? (단, 보수행렬의 괄호 안 첫 번째 숫자는 경기자 1의 보수, 두 번째 숫자는 경기자 2의 보수, 세 번째 숫자는 경기자 3의 보수를 나타낸다)

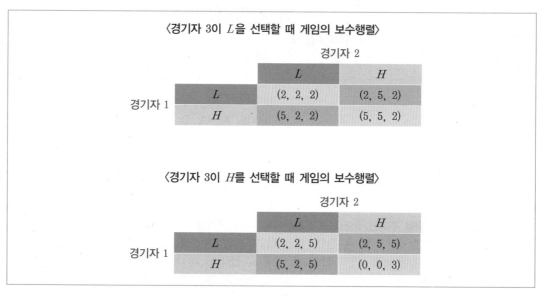

〈경기자 3이 L을 선택할 때 게임의 보수행렬〉

경기자 2

경기자 1		L	H
	L	(2, 2, 2)	(2, 5, 2)
	H	(5, 2, 2)	(5, 5, 2)

〈경기자 3이 H를 선택할 때 게임의 보수행렬〉

경기자 2

경기자 1		L	H
	L	(2, 2, 5)	(2, 5, 5)
	H	(5, 2, 5)	(0, 0, 3)

① 0

② 1

③ 2

④ 3

⑤ 4

ㅣ해설ㅣ

경기자 3에게 H가 우월전략이므로 이를 전제로 경기자 1과 2의 행동을 예측해보자.

• 경기자 1 – 경기자 2가 L선택시 H선택
• 경기자 1 – 경기자 2가 H선택시 L선택
• 경기자 2 – 경기자 1이 L선택시 H선택
• 경기자 2 – 경기자 1이 H선택시 L선택

따라서 순수전략 내쉬균형은 경기자 3이 H를 선택하는 경우의 (2, 5, 5)와 (5, 2, 5)의 2개이다.

답 ③

06 공인회계사 2024

경기자 1과 2는 A와 B 두 가지 전략을 가지고 있다. 다음은 두 경기자가 전략을 동시에 선택하는 게임의 보수행렬을 나타낸다. 경기자 1이 A를 선택할 확률을 p, 경기자 2가 A를 선택할 확률을 q라고 할 때, 혼합전략 내쉬균형은? (단, 보수행렬의 괄호 안 첫 번째 숫자는 경기자 1의 보수, 두 번째 숫자는 경기자 2의 보수를 나타낸다)

		경기자 2	
		A	B
경기자 1	A	(2, 0)	(0, 2)
	B	(0, 2)	(2, 0)

	p	q
①	1	0
②	0	1
③	$\dfrac{1}{3}$	$\dfrac{2}{3}$
④	$\dfrac{2}{3}$	$\dfrac{1}{3}$
⑤	$\dfrac{1}{2}$	$\dfrac{1}{2}$

┃해설┃

- 경기자 1의 기대보수(A) : $q \times 2 + (1-q) \times 0 = 2q$
- 경기자 1의 기대보수(B) : $q \times 0 + (1-q) \times 2 = 2 - 2q$
- 경기자 2의 기대보수(A) : $p \times 0 + (1-p) \times 2 = 2 - 2p$
- 경기자 2의 기대보수(B) : $p \times 2 + (1-p) \times 0 = 2p$

따라서 혼합전략 내쉬균형은 $(\dfrac{1}{2},\ \dfrac{1}{2})$이다.

답 ⑤

A국과 B국은 전기차 산업 육성을 위하여 수출보조금 지급 전략을 선택한다. 두 국가가 아래와 같이 3개의 보조금 전략과 보수행렬을 갖는 경우, 내쉬균형은? (단, 1회성 동시게임이고, 괄호 안의 왼쪽 값은 A국, 오른쪽 값은 B국의 보수이다)

		B국		
		높은 보조금	중간 보조금	낮은 보조금
A국	높은 보조금	(600, 100)	(400, 200)	(100, 650)
	중간 보조금	(300, 300)	(550, 500)	(350, 350)
	낮은 보조금	(100, 750)	(300, 350)	(200, 550)

① A국 높은 보조금, B국 높은 보조금
② A국 낮은 보조금, B국 낮은 보조금
③ A국 중간 보조금, B국 중간 보조금
④ A국 낮은 보조금, B국 높은 보조금
⑤ A국 중간 보조금, B국 낮은 보조금

∥해설∥

A국이 높은 보조금을 선택하면 B국은 낮은 보조금을, A국이 중간 보조금을 선택하면 B국은 중간 보조금을, A국이 낮은 보조금을 선택하면 B국은 높은 보조금을 선택하게 된다.

반면, B국이 높은 보조금 선택하면 A국은 높은 보조금을, B국이 중간 보조금을 선택하면 A국은 중간 보조금을, B국이 낮은 보조금을 선택하면 A국은 중간 보조금을 선택하게 된다.

따라서 내쉬균형은 위 사항에서 동일하게 발생하는 A국과 B국 모두 중간 보조금을 선택하는 경우이다.

답 ③

16 | 요소시장

01 | 완전경쟁 요소시장의 한계수입생산(MRP)

- 생산요소를 1단위 추가적으로 투입할 경우 총수입의 증가분
- $MRP_L = MP_L \times MR$
- 완전경쟁시장에서는 한계수입생산과 한계요소비용(MFC_L)이 일치
- $MFC_L = MP_L \times MC = MRP_L = w$ (※ 완전경쟁시장에서는 $MR = MC$)

02 | 완전경쟁 요소시장의 요소수요곡선

적정고용량	기업은 노동을 한 단위 더 투입하여 얻는 수입과 소요되는 비용이 같아지는 점에서 적정고용량 결정
요소시장 이윤극대화	$MRP_L = MFC_L$
생산물시장 이윤극대화	$MR = MC$

03 | 총비용 · 평균요소비용 · 한계요소비용

총비용	$TFC_L = w \times L$
평균요소비용	$AFC_L = \dfrac{TFC_L}{L} = \dfrac{w \times L}{L} = w$
한계요소비용	$MFC_L = \dfrac{dTFC_L}{dL} = w$

04 | 완전경쟁 요소시장의 노동공급곡선

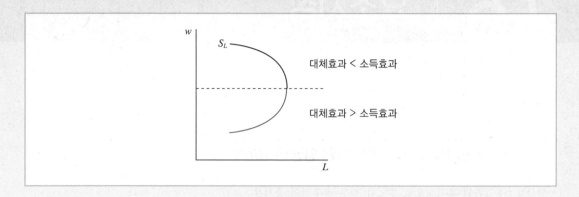

05 | 노동시장

- 일반적으로 시장전체의 노동공급곡선은 우상향, 노동수요곡선은 우하향
- 시장전체의 노동공급곡선은 개별노동공급곡선보다 완만한 형태
- 노동수요와 공급이 일치하는 점에서 임금과 고용량을 결정

06 | 임금탄력성

- 임금변화에 따른 노동수요량의 변화율

- 노동수요의 임금탄력성 $= -\dfrac{\text{고용량 변화율}}{\text{임금 변화율}} = -\dfrac{\dfrac{\triangle L}{L}}{\dfrac{\triangle \omega}{\omega}}$

07 | 수요독점 요소시장

특 징	• 기업은 우상향 노동공급곡선에서 임금 결정 • $MRP = MFC$ 성립 점에서 이윤극대화 고용량 결정 • 완전경쟁시장보다 낮은 수준의 임금과 적은 고용량 • 경제적 비효율

1. 수요독점인 경우

① **한계요소비용곡선** : 요소수요독점인 경우 수요독점자가 인식하는 요소공급곡선은 시장공급곡선과 동일하다. 이는 요소 1단위를 고용하는데 따른 한계요소비용이 평균요소비용보다 높다는 것을 의미한다.

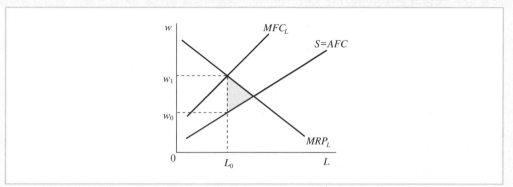

② **시장의 균형** : $MFC_L = MRP_L$

생산요소시장에서 수요독점인 경우 생산물시장은 불완전경쟁시장이 형성된다. 시장의 균형은 생산요소 1단위 고용에 따른 한계수입생산물(MRP_L)과 생산요소 1단위 고용에 따른 한계요소비용(MFC_L)이 일치하는 점에서 고용량이 결정되고 결정된 고용량에 해당하는 공급곡선의 높이에 해당하는 점에서 임금이 결정된다.

③ **자원배분의 평가** : 생산요소시장이 수요독점인 경우 수요독점적 착취가 발생한다($w_1 - w_0$). 그리고 회색 영역만큼의 사회적 비효율이 발생한다.

2. 공급독점인 경우 : $MR = MC$

생산요소시장에서 공급을 독점하는 기업은 생산물시장의 독점기업과 같이 행동한다. 즉 시장수요곡선으로부터 도출된 한계수입과 생산요소공급의 한계비용이 일치하는 점에서 고용량을 결정한다.

고용량은 L_0에서 결정되고 임금수준은 w_0에서 결정되며 회색 영역만큼의 사회적 효율성의 상실이 발생한다.

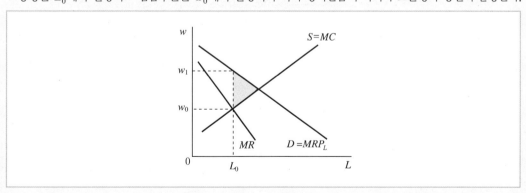

01 감정평가사 2016

☑ 확인 Check! ○ △ ✕

X재 생산에 대한 현재의 노동투입 수준에서 노동의 한계생산은 15, 평균생산은 17, X재의 시장 가격은 20일 경우, 노동의 한계생산물가치(VMP_L)는? (단, 상품시장과 생산요소시장은 모두 완전경쟁시장이다)

① 200

② 255

③ 300

④ 340

⑤ 400

❚해설❚

- 생산물시장 완전경쟁 : $P = MR$
- $MP_L = 15$, $AP_L = 17$, $P = 20 = MR$

∴ $VMP_L = MP_L \times MR = MP_L \times P = 15 \times 20 = 300$

답 ③

다음 표에 나타난 A기업의 노동공급(근로시간), 시간당 임금 및 한계수입생산에 관한 설명으로 옳은 것은?

노동공급	시간당 임금	한계수입생산
5	6	–
6	8	50
7	10	36
8	12	26
9	14	14
10	16	2

① 노동공급이 6에서 7로 증가할 때 한계노동비용은 22이다.

② 이윤을 극대화할 때 노동공급은 9이다.

③ 노동공급이 6에서 7로 증가할 때 임금탄력성은 0.5이다.

④ 이윤을 극대화할 때 한계노동비용은 28이다.

┃해설┃

노동자가 6에서 7로 증가할 때 총노동비용이 48에서 70으로 늘어났으므로 한계노동비용은 22이다.

노동공급	5	6	7	8	9	10
총노동비용	30	48	70	96	126	160
한계노동비용		18	22	26	30	34

②·④ 노동자가 8명일 경우 한계노동비용과 한계수입생산이 26으로 동일하므로 이윤극대화 생산량이다.

③ 임금이 6에서 8로 2 변하고, 노동공급이 6에서 7로 증가할 때 노동자의 수가 1 변화한 것이므로,

$$임금탄력성 = -\frac{노동자수\ 변화율}{임금\ 변화율} = \frac{\frac{1}{6}}{\frac{2}{8}} = \frac{8}{12} \fallingdotseq 0.67$$

답 ①

01 보험계리사 2019

상품시장과 노동시장이 완전경쟁시장인 경우, 이윤극대화를 추구하는 기업의 노동수요와 임금에 관한 설명으로 옳지 않은 것은?

① 노동의 한계생산가치곡선이 노동수요를 결정한다.

② 노동의 한계수입생산곡선이 노동수요를 결정한다.

③ 노동의 한계생산체감의 법칙이 성립하면, 노동수요 곡선은 우하향 한다.

④ 이윤극대화의 최적 고용량 수준에서 임금은 노동의 한계생산가치보다 높게 결정된다.

┃해설┃

이윤극대화의 고용량 수준은 $w = VMP_L = MRP_L$이다.

① · ② 완전경쟁시장에서 요소고용량 결정은 $MP_L \times P = VMP_L$인 점이다.

상품시장이 완전경쟁시장인 경우 $VMP_L = MRP_L$가 성립한다.

③ 노동고용량이 증가하면 MP_L이 점점 감소하므로 한계수입생산곡선이 우하향한다.

답 ④

생산물시장과 노동시장이 완전경쟁일 때, A기업의 생산함수는 $Q=-4L^2+100L$이고 생산물가격은 50이다. 임금이 1,000에서 3,000으로 상승할 때 노동수요량의 변화는? (단, Q는 산출량, L은 노동시간이다)

① 변화 없음　　　　　　　　　　② 5 감소

③ 5 증가　　　　　　　　　　　　④ 10 감소

⑤ 10 증가

┃해설┃

> 생산물시장과 노동시장이 완전경쟁일 때
> $$w = VMP_L = MP_L \times P$$

• 임금이 1,000일 경우의 노동수요량

  $1,000=(-8L+100)\times50$

  ∴ $L=10$

• 임금이 3,000일 경우의 노동수요량

  $3,000=(-8L+100)\times50$

  ∴ $L=5$

따라서 임금이 1,000에서 3,000으로 상승할 때, 노동수요량은 5 감소한다.

답 ②

01 보험계리사 2019

☑ 확인Check! ○ △ ✕

A기업의 상품시장과 노동시장은 완전경쟁시장이고, 생산함수는 $Q = \sqrt{L}$ 이다. 이윤극대화를 추구하는 A기업의 비용에 관한 설명으로 옳지 않은 것은? (단, Q는 생산량, L은 노동이다)

① 비용은 생산량의 제곱에 비례한다.

② 생산량이 증가하면 한계비용은 증가한다.

③ 임금이 상승하면 이윤극대화 생산량은 감소하지만 총임금은 증가한다.

④ 상품가격이 상승하면 이윤극대화 생산량은 증가하고 총임금도 증가한다.

┃해설┃

임금이 상승하면 기업의 생산비용이 증가한다. 생산요소비용이 증가하면 평균비용곡선이 상승하게 된다. 평균비용곡선과 한계비용곡선이 상방 이동하므로 생산량은 감소하지 않는다.

① 생산함수가 $Q = \sqrt{L}$ 이므로 생산량의 제곱에 비용은 비례한다.

② 한계비용은 $\dfrac{\triangle TC}{\triangle Q}$ 로 정의되므로 생산량이 증가하면 한계비용은 증가한다.

④ 가격이 상승하면 기업의 생산량은 증가하면서, 노동수요곡선이 우측으로 이동한다. 노동자들의 임금이 상승한다.

답 ③

02 감정평가사 2024

기업 A가 직면하는 노동공급곡선은 $w = 60 + 0.08L$이다. 현재 기업 A가 1,000의 노동량을 고용할 때, 노동의 한계요소비용은? (단, w는 임금률, L은 노동량이다)

① 임금률보다 80 크다.

② 임금률보다 160 크다.

③ 임금률과 같다.

④ 임금률보다 80 작다.

⑤ 임금률보다 160 작다.

▍해설▍

• 총요소비용 $TFC_L = w \times L = (60 + 0.08L) \times L = 60L + 0.08L^2$에서

  노동의 한계요소비용 $MFC_L = \dfrac{dTFC_L}{dL} = 60 + 0.16L$이다.

• 기업 A가 1,000의 노동량을 고용할 경우, $w = 60 + 0.08 \times 1,000 = 140$

• 그리고 이때의 $MFC_L = 60 + 0.16 \times 1,000 = 220$

따라서 노동의 한계요소비용은 임금률보다 80만큼 더 크다.

답 ①

03 보험계리사 2017

다음 표는 A 제과점의 근로자 수와 케이크 생산량을 나타내며, 케이크 1개당 가격은 10,000원이고, 근로자는 1인당 80,000원을 지급받는다. 이에 관한 설명으로 옳지 않은 것은? (단, 케이크 시장과 노동 시장은 완전경쟁시장이다)

근로자 수	0	1	2	3	4
케이크 생산량	0	10	18	23	27

① 근로자 수가 1에서 2로 증가할 때 노동의 한계생산은 8이다.

② 근로자 수가 2에서 3으로 증가할 때 노동의 한계생산물가치는 50,000원이다.

③ 이윤이 극대화될 때 노동의 한계생산은 10이다.

④ 근로자 수가 2일 때 노동의 평균생산은 9이다.

▍해설▍

• $w = VMP_L = MP_L \times P$ 일 때, 이윤이 극대화된다.

• $w = 80,000 = MP_L \times 10,000 \rightarrow MP_L = 8$ 노동의 한계생산은 8이다.

답 ③

생산물시장과 생산요소시장이 완전경쟁일 때, 시장의 균형 임금률은 시간당 2만원이다. 어떤 기업이 시간당 노동 1단위를 추가로 생산에 투입할 때 산출물은 추가로 5단위 증가한다고 하자. 이러한 상황에서 이윤을 극대화하는 이 기업의 한계비용은?

① 2,000원

② 4,000원

③ 10,000원

④ 20,000원

⑤ 100,000원

┃해설┃

- 한계생산물균등의 법칙 $\left(\dfrac{MP_L}{\omega}=\dfrac{MP_K}{r}\right)$ 에서 $\dfrac{MP_L}{\omega}$ 을 정리하면

$$\dfrac{MP_L}{w}=\dfrac{MP_L}{MP_L \times P}=\dfrac{1}{P}=\dfrac{1}{MC}$$ (생산물시장이 완전경쟁시장이라면 $P=MC$, $MP_L=5$)

- $MC=\dfrac{w}{MP_L} \rightarrow \dfrac{20,000원}{5}=4,000원=MC$

답 ②

노동시장에서 수요독점자인 A기업의 생산함수는 $Q=4L+100$이다. 생산물시장은 완전경쟁이고 생산물가격은 200이다. 노동공급곡선이 $w=5L$인 경우, 이윤극대화가 달성되는 노동의 한계요소비용과 한계수입생산을 순서대로 옳게 나열한 것은? (단, Q는 산출량, L은 노동투입량, w는 임금이다)

① 400, 400

② 400, 600

③ 600, 800

④ 800, 800

⑤ 900, 900

┃해설┃

A기업의 생산함수는 $Q=4L+100$를 L에 대해 미분하면 $MP_L=4$이다.

생산물시장이 완전경쟁이므로 생산물가격 = 한계수익(MR) = 한계비용(MC) = 200

- 노동의 한계요소비용 $= MP_L \times MC = 4 \times 200 = 800$
- 한계수입생산 $= MP_L \times MR = 4 \times 200 = 800$

답 ④

01 감정평가사 2019
☑ 확인 Check! ○ △ ✕

하루 24시간을 노동을 하는 시간과 여가를 즐기는 시간으로 양분할 때, 후방굴절형 노동공급이 발생하는 이유는?

① 임금이 인상될 경우 여가의 가격이 노동의 가격보다 커지기 때문이다.
② 임금이 인상될 경우 노동 한 시간 공급으로 할 수 있는 일이 많아지기 때문이다.
③ 여가가 정상재이고, 소득효과가 대체효과보다 크기 때문이다.
④ 여가가 정상재이고, 소득효과가 대체효과와 같기 때문이다.
⑤ 노동이 열등재이고, 소득효과가 대체효과와 같기 때문이다.

┃해설┃
• 대체효과 : 임금이 인상될 경우 여가의 가격이 상승하여, 여가소비가 줄고 노동공급이 증가한다.
• 소득효과 : 임금이 인상될 경우 실질소득이 증가하여, 여가소비가 늘고 노동공급이 감소하는데, 만약 여가가 열등재라면 노동공급이 증가한다.
• 대체효과보다 소득효과가 더 크다면 후방굴절형 노동공급곡선이 도출된다.

답 ③

02 보험계리사 2018
☑ 확인 Check! ○ △ ✕

노동공급의 여가–소득 선호모형에서 근로시간당 임금에 대한 세율 인하의 효과에 관한 설명으로 옳지 않은 것은?

> 가. 대체효과는 노동공급을 증가시킨다.
> 나. 여가가 정상재이고 절댓값 기준으로 소득효과가 대체효과보다 큰 경우 노동공급이 감소된다.
> 다. 여가가 열등재일 경우 소득효과는 노동공급을 감소시킨다.

① 가
② 가, 나
③ 가, 다
④ 나, 다

┃해설┃
가. (○) 근로소득세율이 인하하여 실질소득이 증가하면, 여가의 상대가격이 증가하므로 대체효과는 노동공급을 증가시킨다.
나. (○) 실질소득이 증가하였으므로 소득효과에 의해서는 여가를 늘리고, 노동공급은 감소할 것이다. 대체효과에 의해서는 노동공급이 증가한다고 하였으므로 소득효과와 대체효과의 절대크기에 의해 결정되는데, 소득효과가 더 크다고 하였으므로 노동공급이 감소한다.
다. (✕) 열등재는 대체효과가 소득효과보다 더 크다. 따라서 노동공급은 증가할 것이다.

답 정답없음

☑ 확인Check! ○ △ ✕

소득−여가 결정모형에서 효용극대화를 추구하는 甲의 노동공급에 관한 설명으로 옳은 것은? (단, 소득과 여가는 모두 정상재이며, 소득효과 및 대체효과의 크기 비교는 절댓값을 기준으로 한다)

① 시간당 임금이 상승할 경우, 대체효과는 노동공급 감소요인이다.
② 시간당 임금이 상승할 경우, 소득효과는 노동공급 증가요인이다.
③ 시간당 임금이 하락할 경우, 소득효과와 대체효과가 동일하다면 노동공급은 감소한다.
④ 시간당 임금이 하락할 경우, 소득효과가 대체효과보다 크다면 노동공급은 증가한다.
⑤ 시간당 임금의 상승과 하락에 무관하게 소득과 여가가 결정된다.

┃해설┃

① 대체효과 : 임금이 상승하면 여가의 실질가격이 상승한다. 여가의 가격이 상승함에 따라 여가소비가 줄어들고, 노동공급은 증가한다.
② 소득효과 : 임금이 상승하면 실질소득이 증가한다. 실질소득이 증가함에 따라 여가소비가 증가하고, 노동공급은 감소한다.
③ · ④ 시간당 임금이 하락할 경우, 대체효과에 의해 여가의 실질가격이 하락하여 여가소비가 늘고 노동공급은 감소한다. 반면, 소득효과는 임금이 하락함에 따라 실질소득이 감소하여, 여가소비를 줄이고 노동공급을 늘린다. 따라서 노동공급의 증가 · 감소는 대체효과와 소득효과의 상대적인 크기로 결정되는데, 소득효과와 대체효과가 동일하다면 노동공급은 불변이다.
⑤ 위의 상황에서 보듯이 시간당 임금의 상승과 하락에 따라 소득효과와 대체효과가 변한다. 따라서 임금의 변화에 따라 노동공급과 여가소비가 결정된다.

답 ④

☑ 확인Check! ○ △ ✕

소득−여가 선택모형에서 효용극대화를 추구하는 개인의 노동공급 의사결정에 관한 설명으로 옳지 않은 것은? (단, 대체효과와 소득효과의 비교는 절댓값으로 한다)

① 소득과 여가가 정상재인 경우, 임금률 상승시 대체효과가 소득효과보다 크면 노동공급은 증가한다.
② 소득과 여가가 정상재인 경우, 임금률 하락시 소득효과가 대체효과보다 크면 노동공급은 감소한다.
③ 소득과 여가가 정상재인 경우, 임금률 하락시 대체효과는 노동공급 감소요인이다.
④ 소득과 여가가 정상재인 경우, 임금률 상승시 소득효과는 노동공급 감소요인이다.
⑤ 소득은 정상재이지만 여가가 열등재인 경우, 임금률 상승은 노동공급을 증가시킨다.

소득과 여가가 정상재인 경우, 임금률 하락시 소득효과가 대체효과보다 크면 노동공급은 증가한다.

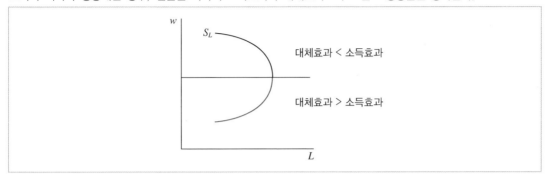

답 ②

05 공인노무사 2017

☑ 확인Check! ○ △ ✕

(   )에 들어갈 내용으로 옳은 것은?

> 여가가 정상재인 상황에서 임금이 상승할 경우 (ㄱ)효과보다 (ㄴ)효과가 더 크다면 노동공급은 임금상승에도 불구하고 감소하게 된다. 만약 (ㄷ)의 기회비용 상승에 반응하여 (ㄷ)의 총사용량을 줄인다면, 노동공급곡선은 정(+)의 기울기를 가지게 된다.

	ㄱ	ㄴ	ㄷ
①	대 체	소 득	여 가
②	대 체	소 득	노 동
③	소 득	대 체	여 가
④	소 득	대 체	노 동
⑤	가 격	소 득	여 가

해설

- 대체효과 : 임금상승 → 여가가격상승 → 여가소비감소 → 노동공급증가
- 소득효과 : 임금상승 → 실질소득증가 → 여가소비증가 → 노동공급감소

답 ①

01 공인노무사 2021   ☑ 확인 Check! ○ △ ✕

노동시장에서의 차별에 관한 설명으로 옳은 것을 모두 고른 것은?

> ㄱ. 제품시장과 요소시장이 완전경쟁이라면 고용주의 선호(기호)차별은 정부개입 없이 기업 간 경쟁에 의해 사라지게 된다.
> ㄴ. 통계적 차별은 개인적인 편견이 존재하지 않더라도 발생한다.
> ㄷ. 통계적 차별은 개인이 속한 집단의 평균적 생산성을 기초로 개인의 생산성을 예측하는 데서 발생한다.
> ㄹ. 동등가치론(Comparable Worth)은 차별시정을 위해 공정한 취업의 기회를 주장한다.

① ㄱ, ㄹ   ② ㄴ, ㄷ
③ ㄱ, ㄴ, ㄷ   ④ ㄴ, ㄷ, ㄹ
⑤ ㄱ, ㄴ, ㄷ, ㄹ

┃해설┃

ㄱ. (○) 생산요소시장이 완전경쟁일 경우에 개별기업은 주어진 임금으로 원하는 만큼의 고용이 가능하므로, 고용주의 선호차별은 사라지게 된다.

ㄴ. (○) 통계적 차별이란 사용자가 근로자에 대한 이해가 부족하여 잘못된 정보를 바탕으로 근로자 간 임금격차를 발생시키는 것으로, 사회적으로 내재된 편견에 의해서 발생할 수도 있다.

ㄷ. (○) 통계적 차별은 개인이 속한 집단의 평균적 생산성을 기초로 개인의 생산성을 예측하는 과정에서 이를 완전히 예측하지 못할 때 나타난다.

ㄹ. (✕) 동등가치론은 남녀간 임금차별에 대한 시정을 주장한다.

답 ③

---

02 공인노무사 2022   ☑ 확인 Check! ○ △ ✕

노동시장과 임금격차에 관한 설명으로 옳은 것은?

① 보상적 임금격차(compensating wage differential) 이론에 따르면, 모든 근로자가 위험선호자이기 때문에 고위험 직종의 임금이 높게 형성된다.

② 동등보수(equal pay)의 원칙은 유사한 직종에 종사하는 노동자에게 동일한 임금을 지급함을 의미한다.

③ 유보임금률(reservation wage rate)은 동일 업무에 대해서 모든 노동자에게 동일하게 적용된다.

④ 이중노동시장 이론에 따르면, 1차노동시장과 2차노동시장 간의 이동 여부는 정부규제가 가장 큰 역할을 한다.

⑤ 숙련노동과 미숙련노동의 임금격차는 한계생산물가치의 차이에 영향을 받는다.

┃해설┃

숙련노동자의 한계생산물가치가 미숙련노동자의 한계생산물가치보다 더 크기에 더 높은 임금을 받는다.

① 보상적 임금격차(compensating wage differential) 이론에 따르면, 일반적으로 근로자들이 위험회피자이기 때문에 고위험 직종의 임금이 높게 형성된다.

② 동등보수(equal pay)의 원칙은 동일한 업무에 종사하는 사람에게 동일한 임금이 지급되어야 한다는 원칙이다.

③ 유보임금률(reservation wage rate)은 근로자가 근로 계약을 할 때 최소한 받아야 한다는 임금률로, 유보임금률 결정에는 과거의 임금, 연령, 자녀 유무 등이 관련된다.

④ 이중노동시장 이론에 따르면, 1차노동시장과 2차노동시장 간의 이동 여부는 정부규제보다 근로여건, 임금 등이 더 큰 역할을 한다.

답 ⑤

---

03 공인노무사 2018

☑ 확인 Check! ○ △ ✕

노동시장에 관한 설명으로 옳지 않은 것은?

① 교육과 현장훈련을 받는 행위를 인적투자라고 한다.

② 선별가설(Screen hypothesis)은 교육이 노동수익을 높이는 원인이라는 인적자본이론을 비판한다.

③ 똑같은 일에 종사하는 사람에게는 똑같은 임금이 지급되어야 한다는 원칙을 상응가치(Comparable worth) 원칙이라고 한다.

④ 이중노동시장이론에 의하면, 내부노동시장은 하나의 기업 내에서 이루어지는 노동시장을 말한다.

⑤ 이중노동시장이론에서 저임금 및 열악한 근로조건의 특징을 가지고 있는 노동시장을 2차 노동시장(Secondary labor market)이라고 한다.

┃해설┃

상응가치 원칙이란 동일한 업무를 수행하는 남자와 여자 사이에 임금의 차별을 두지 말라는 원칙으로, 남녀차별을 금지하는 원칙이다.

① 노동자의 능력을 향상시켜 생산성을 높이기 위해 교육이나 훈련에 투자하는 것을 인적투자라고 한다.

② 선별가설은 교육이 사람의 능력을 높이는 것이 아니라, 능력이 있는 사람을 가려내는 것이라고 보는 가설이다. 따라서 개인의 능력을 개발하여, 생산성 향상으로 이어지도록 하는 교육이 중요한 원인이라고 보는 인적자본이론을 비판한다.

④ · ⑤ 이중노동시장이론이란 한 나라의 시장이 1차 노동시장과 2차 노동시장으로 분리되어 있다고 보는 이론으로, 1차 노동시장은 주로 내부노동시장으로 형성되고 있으며, 2차 노동시장은 외부적 환경에 형성되어 있다. 1차 노동시장은 주로 고임금과 근로안정을 보장 받는 전문직 직종이 많고, 2차 노동시장은 1차 노동시장에 비해 상대적으로 저임금에 근로조건도 열악하다. 두 시장을 구분하는 가장 중요한 기준은 고용의 상대적 안정성으로, 2차 노동시장은 고용안정성이 매우 불안한 시장이다.

답 ③

04 공인노무사 2024

☑ 확인Check! ○ △ X

효용극대화를 추구하는 갑은 고정된 총가용시간을 노동시간과 여가시간으로 나누어 선택한다. 갑의 효용함수는 $U = U(H, I)$ 이며, 소득 $I = wL + A$일 때, 이에 관한 설명으로 옳지 않은 것은? (단, H는 여가시간, w는 시간당 임금, L은 노동시간, A는 근로외소득, 여가는 정상재이다. H와 I의 한계대체율($MRS_{H, I}$)은 체감하며, 내부해를 가정한다)

① 효용극대화 점에서 $MRS_{H, I}$는 w와 같다.
② w가 상승하는 경우 소득효과는 노동공급을 감소시킨다.
③ 만약 여가가 열등재이면, w의 상승은 노동공급을 증가시킨다.
④ w가 상승하는 경우 대체효과는 노동공급을 증가시킨다.
⑤ 근로외소득이 증가하는 경우 대체효과는 노동공급을 증가시킨다.

┃해설┃

근로외소득이 증가하는 경우 소득효과만 발생하여 노동공급을 감소시킨다.
① 한계대체율은 '접선의 기울기', 시간당 임금은 '예산제약선의 기울기'이므로 효용극대화 점에서 둘은 같다.
②·④ 시간당 임금의 상승으로 인한 소득효과는 노동공급을 감소시키지만, 대체효과는 노동공급을 증가시킨다.
③ 여가가 열등재인 경우에 시간당 임금의 상승은 소득효과와 대체효과 모두 노동공급을 증가시킨다.

답 ⑤

05 감정평가사 2022

☑ 확인Check! ○ △ X

기업 A의 생산함수는 $Q = \sqrt{L}$ 이며, 생산물의 가격은 5, 임금률은 0.5이다. 이윤을 극대화하는 노동투입량(L^*)과 산출량(Q^*)은? (단, Q는 산출량, L은 노동투입량이며, 생산물시장과 노동시장은 완전경쟁시장이다)

① $L^* = 10$, $Q^* = \sqrt{10}$
② $L^* = 15$, $Q^* = \sqrt{15}$
③ $L^* = 20$, $Q^* = 2\sqrt{5}$
④ $L^* = 25$, $Q^* = 5$
⑤ $L^* = 30$, $Q^* = \sqrt{30}$

┃ 해설 ┃

이윤을 극대화하는 노동투입량은 노동의 한계생산가치와 임금률이 일치하는 수준에서 결정된다.

즉 $VMP_L = P \cdot MP_L = W$에서 노동투입량을 결정해야 한다.

기업 A의 생산함수가 $Q = \sqrt{L} = L^{\frac{1}{2}}$이면 $MP_L = \dfrac{1}{2\sqrt{L}}$이다.

따라서 $5\left(\dfrac{1}{2\sqrt{L}}\right) = 0.5$에서 이윤극대화 노동투입량($L^*$)=25, 산출량($Q^*$)=5이다.

답 ④

06 공인노무사 2024 ☑확인 Check! ○ △ ✕

어느 산업의 노동공급곡선은 $L_S = 20 + 2w$이고, 노동수요곡선은 $L_D = 50 - 4w$이다. 정부가 최저임금을 6으로 설정할 때 발생하는 고용 감소와 실업자는? (단, L_S, L_D는 각각 노동공급 및 노동수요이며, w는 임금이다)

① 2, 4 ② 2, 6

③ 2, 8 ④ 4, 6

⑤ 4, 8

┃ 해설 ┃

균형상태에서 임금과 고용량을 구하면

$L_S = L_D$

$20 + 2w = 50 - 4w$

$\therefore w = 5$, $L_S = L_D = 30$

최저임금을 6으로 설정시 노동 수요량 및 노동 공급량

노동 수요량 = $50 - (4 \times 6) = 26$

노동 공급량 = $20 + (2 \times 6) = 32$

따라서 최저임금 설정으로 인한 고용 감소는 4(=30−26)이고, 실업자는 6(=32−26)이 된다.

답 ④

01 공인노무사 2018 　　　　　　　　　　　　　　　　　　　☑ 확인Check! ○ △ ✕

시간당 임금이 5,000에서 6,000으로 인상될 때, 노동수요량이 10,000에서 9,000으로 감소하였다면 노동수요의 임금탄력성은? (단, 노동수요의 임금탄력성은 절댓값이다)

① 0.67%

② 1%

③ 0.5

④ 1

⑤ 2

─────────────────────────────

해설

$$노동수요의\ 임금탄력성 = -\frac{고용량\ 변화율}{임금\ 변화율} = -\frac{\dfrac{\triangle L}{L}}{\dfrac{\triangle \omega}{\omega}} = \frac{\dfrac{1,000}{10,000}}{\dfrac{1,000}{5,000}} = 0.5$$

답 ③

02 공인노무사 2022 　　　　　　　　　　　　　　　　　　　☑ 확인Check! ○ △ ✕

노동시장에서 노동에 대한 수요의 임금탄력성을 작게 하는 요인을 모두 고른 것은?

> ㄱ. 노동과 다른 생산요소간의 대체탄력성이 커진다.
> ㄴ. 총비용에서 차지하는 노동비용 비중이 커진다.
> ㄷ. 노동투입으로 생산되는 상품에 대한 신규 특허 적용에 따라 상품 수요의 가격탄력성이 작아진다.

① ㄱ

② ㄴ

③ ㄷ

④ ㄱ, ㄷ

⑤ ㄴ, ㄷ

─────────────────────────────

해설

ㄱ. (✕) 노동과 다른 생산요소간의 대체탄력성이 커지면 노동에 대한 수요의 임금탄력성이 커진다.

ㄴ. (✕) 노동비용이 총비용에서 차지하는 비중이 커지면 노동에 대한 수요의 임금탄력성이 커진다.

ㄷ. (○) 노동투입으로 생산되는 상품에 대한 신규 특허 적용에 따라 상품 수요의 가격탄력성이 작아지면 노동에 대한 수요의 임금탄력성이 작아진다.

답 ③

노동수요의 임금탄력성에 관한 설명으로 옳지 않은 것은?

① 노동수요의 임금탄력성은 단기보다 장기에서 더 크다.

② 노동수요의 임금탄력성은 총생산비 중 노동비용이 차지하는 비중에 의해 영향을 받는다.

③ 노동을 대체할 수 있는 다른 생산요소로의 대체가능성이 클수록 동일한 임금상승에 대하여 고용감소는 적어진다.

④ 노동수요는 노동을 생산요소로 사용하는 최종생산물 수요의 가격탄력성에 영향을 받는다.

⑤ 노동수요의 임금탄력성은 노동수요량의 변화율을 임금변화율로 나눈 것이다.

━━━

┃해설┃

노동을 다른 생산요소로 대체하기가 용이하면 노동수요의 임금탄력성이 크다. 왜냐하면 임금이 상승하면 근로자를 고용하는 대신 다른 생산요소를 투입할 수 있어서 고용감소가 커지기 때문이다.

① 단기에는 노동력만 가변적이지만, 장기에는 토지나 자본, 기술 등도 조정 가능하다. 따라서 기간이 장기일수록 기술이나 자본, 기계 등을 변화시켜 노동력을 대체할 수 있기 때문에 노동수요가 감소할 수 있다. 탄력성을 측정하는 기간이 길수록 노동수요의 임금탄력성이 커진다.

② 임금이 상승하면 총생산비가 상승한다. 그런데 총생산비에서 임금이 차지하는 비중이 크다면 총생산비의 상승폭이 더 커진다. 따라서 노동비용이 차지하는 비중이 크다면 임금의 탄력성이 크다고 볼 수 있다.

④ 노동을 생산요소로 하는 생산물의 수요 정도에 따라 고용량이 증가할지 감소할지가 결정되므로 수요의 가격탄력성에 영향을 받는다.

⑤ 노동수요의 임금탄력성은 임금의 변화율에 대한 노동수요의 변화량이기 때문에 노동수요량의 변화율을 임금변화율로 나눈 값이다.

$$노동수요의\ 임금탄력성 = -\frac{노동수요의\ 변화율}{임금의\ 변화율}$$

답 ③

01 공인회계사 2023

☑ 확인 Check! ○ △ ✕

노동시장에서 수요독점자인 기업 A의 생산함수는 $Q = 70L - 3L^2$이다. A가 생산하는 생산물의 시장은 완전경쟁적이고 시장가격은 10이다. 노동공급곡선이 $w = 5L + 70$일 때, 다음 중 옳지 않은 것은? (단, Q, L, w는 각각 생산량, 노동투입량, 임금을 나타낸다)

① 기업 A의 노동수요곡선은 존재하지 않는다.

② 기업 A의 한계요소비용곡선은 노동공급곡선보다 기울기가 가파르다.

③ 노동자들이 받는 임금은 노동의 한계생산물가치보다 낮다.

④ 수요독점에 따른 후생손실의 크기는 20보다 작다.

⑤ 정부가 100의 임금으로 최저임금제를 실시하면 기업 A의 고용량은 증가한다.

❙ 해설 ❙

현재의 임금인 160보다 최저임금 설정액이 낮게 되므로 최저임금을 설정하더라도 변화가 없다.

① 수요독점인 경우 노동수요곡선은 존재하지 않는다.

② 한계요소비용곡선의 기울기는 노동공급곡선의 기울기의 2배이다.

③ 균형노동량을 구해보면, $VMP_L = MFC_L$이므로 $10(70 - 6L) = 10 + 70L$에서 균형노동량은 9임을 알 수 있다.
   이를 노동공급곡선식에 대입하면 노동자들이 받는 임금은 115로 계산되는데,
   실제 노동의 한계생산물가치는 $(10 \times 9) + 70 = 160$이어서 임금보다 높다.

④ 완전경쟁일 때의 균형고용량이 약 9.7이므로 후생손실의 크기는 $45 \times 0.7 \times \dfrac{1}{2} = $약 16이다.

답 ⑤

노동시장에서 수요독점자인 A기업의 생산함수는 $Q = 2L + 100$이다. 생산물시장은 완전경쟁이고, 생산물 가격은 100이다. 노동공급곡선이 $W = 10L$인 경우 다음을 구하시오. (단, Q는 산출량, L은 노동투입량, W는 임금이며, 기업은 모든 근로자에게 동일한 임금을 지급한다)

ㄱ. A기업의 이윤극대화 임금
ㄴ. 노동시장의 수요독점에 따른 사회후생 감소분(절댓값)의 크기

	ㄱ	ㄴ
①	50	100
②	50	200
③	100	300
④	100	400
⑤	100	500

┃해설┃

• $MP_L = \dfrac{dQ}{dL} = 2$

• $VMP_L = MP_L \times P = 2 \times 100 = 200$

• $TFC_L = W \times L = 10L^2$

• $MFC_L = \dfrac{dTFC_L}{dL} = 20L$

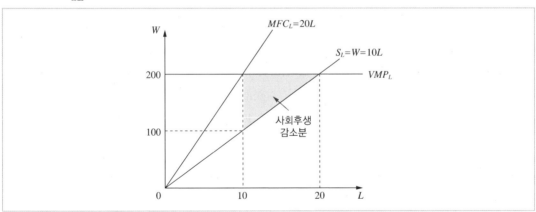

ㄱ. 이윤극대화 노동투입량은 $MFC_L = VMP_L$인 10이므로, 이윤극대화 임금은 노동투입량 10일 때의 노동공급곡선값 인 100이다.

ㄴ. 노동시장의 수요독점에 따른 사회후생 감소분은 수요독점으로 인한 노동투입량 감소분과 임금 감소분을 나타내는 빗금 친 영역의 삼각형 면적인 $100 \times 10 \times \dfrac{1}{2} = 500$이다.

답 ⑤

01 공인노무사 2021
☑ 확인Check! ○ △ ✕

노동시장에서 노동수요와 노동공급곡선은 각각 $L_d = -W + 70$, $L_s = 2W - 20$이다. 정부가 최저임금을 $W = 40$으로 결정하여 시행하는 경우 고용량은? (단, L_d는 노동수요량, L_s는 노동공급량, W는 노동 1단위당 임금이다)

① 30

② 40

③ 50

④ 60

⑤ 70

▌해설▐

최저임금 40에서의 노동수요량은 $L_d = -40 + 70 = 30$이므로, 고용량은 30이다.

답 ①

02 보험계리사 2021
☑ 확인Check! ○ △ ✕

노동을 수요독점하고 있는 A기업의 노동의 한계생산물가치는 $VMP_L = 38 - 4L$이고 노동공급곡선은 $w = 2 + L$이다. A기업의 이윤을 극대화하기 위한 임금은? (단, 생산물 시장은 완전경쟁적이며 A기업은 생산요소로 노동만 사용하고, L은 노동, w는 임금이다)

① 4

② 6

③ 8

④ 10

▌해설▐

- $TFC_L = w \cdot L = (2 + L) \cdot L = 2L + L^2$
- $MFC_L = \dfrac{dTFC_L}{dL} = 2L + 2$
- $VMP_L = MFC_L$

  $38 - 4L = 2L + 2$

  $\therefore L = 6$
- $w = 2 + L = 2 + 6 = 8$

답 ③

A 대학교 근처에는 편의점이 하나밖에 없으며, 편의점 사장에게 아르바이트 학생의 한계생산가치는 $VMP_L = 60 - 3L$이다. 아르바이트 학생의 노동공급이 $L = w - 40$이라고 하면, 균형고용량과 균형임금은 각각 얼마인가? (단, L은 노동량, w는 임금이다)

① 2, 42

② 4, 44

③ 4, 48

④ 6, 42

⑤ 6, 46

┃해설┃

- 균형고용량은 $MRP_L = MFC_L$로 구한다.

  $TFC_L = (L + 40) \times L = L^2 + 40L, \quad MFC_L = 2L + 40$

- 따라서 $60 - 3L = 2L + 40$을 연립해보면 $L = 4$가 계산되고, $L = 4$를 $L = w - 40$에 넣어보면 균형임금은 44가 도출된다.

답 ②

수요독점 노동시장에서 기업이 이윤을 극대화하기 위한 조건은? (단, 상품시장은 독점이고 생산에서 자본은 고정되어 있다)

① 한계비용과 임금이 일치

② 한계비용과 평균수입이 일치

③ 노동의 한계생산물가치(Value of marginal product of labor)와 임금이 일치

④ 노동의 한계생산물가치와 한계노동비용(Marginal labor cost)이 일치

⑤ 노동의 한계수입생산(Marginal revenue product)과 한계노동비용이 일치

┃해설┃

- $MRP_L = MFC_L$일 때 임금과 고용량이 결정되므로 이때 이윤이 극대화된다.

- 임금은 완전고용시장일 때보다 작고, 고용량은 완전경쟁시장일 때보다 적게 고용된다.

답 ⑤

노동시장이 수요독점일 때 이에 관한 설명으로 옳은 것을 모두 고른 것은? (단, 생산물시장은 완전경쟁시장이며, 노동수요곡선은 우하향, 노동공급곡선은 우상향한다)

> ㄱ. 노동의 한계생산가치(value of marginal product of labor)곡선이 노동수요곡선이다.
> ㄴ. 한계요소비용(marginal factor cost)곡선은 노동공급곡선의 아래쪽에 위치한다.
> ㄷ. 균형고용량은 노동의 한계생산가치곡선과 한계요소비용곡선이 만나는 점에서 결정된다.
> ㄹ. 노동시장이 완전경쟁인 경우보다 균형 임금률이 낮고 균형 고용량이 많다.

① ㄱ, ㄴ   ② ㄱ, ㄷ
③ ㄱ, ㄹ   ④ ㄴ, ㄷ
⑤ ㄷ, ㄹ

┃해설┃

ㄱ·ㄷ. (○) 노동시장이 수요독점일 때 한계수입생산(MRP_L)곡선 또는 VMP_L곡선이 노동수요곡선이 되고, $VMP_L = MFC$에서 균형고용량이 결정된다. 균형임금은 균형고용량 수준에서 노동공급곡선에 의해 결정된다.
ㄴ. (✕) 한계요소비용(MFC)곡선은 노동공급곡선의 위쪽에 위치한다.
ㄹ. (✕) 노동시장이 완전경쟁인 경우보다 균형 임금률이 높고 균형 고용량이 적다.

답 ②

X재 시장은 완전경쟁시장으로, 이윤극대화를 하는 600개 기업이 존재한다. 노동만을 투입하여 X재를 생산하는 모든 개별기업의 노동수요곡선은 $l = 8 - \dfrac{w}{600}$로 동일하다. X재 생산을 위한 노동시장은 완전경쟁시장으로, 100명의 노동자가 있으며 노동공급은 완전비탄력적이다. 노동시장의 균형임금은 얼마인가? (단, l은 노동자 수이고, w는 노동자 1인당 임금이다)

① 4,600   ② 4,700
③ 4,800   ④ 4,900
⑤ 5,000

┃해설┃

- 개별기업의 노동수요곡선이 $l = 8 - \dfrac{w}{600}$이고, 시장에 600개의 기업이 존재하므로 시장전체의 노동수요곡선은 $L = 4,800 - w$이다.
- 노동시장에 100명의 노동자가 있고, 노동공급이 완전비탄력적이므로 $L = 100$가 성립한다.
  따라서 $w = 4,700$이다.

답 ②

어떤 기업의 단기 생산함수는 $Q = 120L - L^2$이다. Q는 산출량, L은 노동투입량을 나타낸다. 또한 이 기업이 노동을 구입하는 노동시장과 제품을 판매하는 상품시장은 모두 완전경쟁시장이며 제품의 판매가격은 $10이다. 시간당 임금을 세로축에, 그리고 노동량을 가로축에 표시해서 이 기업의 단기 노동수요곡선을 그리는 경우 그 기울기는?

① -10　　　　　　　　　　　② -20

③ -30　　　　　　　　　　　④ -40

▌해설▌

- 완전경쟁시장에서 노동수요곡선은 VMP_L로 도출된다.
- $VMP_L = MP_L \times P$

$$MP_L = \frac{dQ}{dL} = 120 - 2L, \quad VMP_L = MP_L \times P = (120 - 2L) \times 10 = 1,200 - 20L$$

- 따라서 노동수요곡선의 기울기는 -20이다.

답 ②

A기업은 노동시장에서 수요독점자이다. 다음 설명 중 옳지 않은 것은? (단, A기업은 생산물시장에서 가격수용자이다)

① 균형에서 임금은 한계요소비용(Marginal Factor Cost)보다 낮다.
② 균형에서 노동의 한계생산가치(VMP_L)와 한계요소비용이 같다.
③ 한계요소비용곡선은 노동공급곡선의 아래쪽에 위치한다.
④ 균형에서 완전경쟁인 노동시장에 비해 노동의 고용량이 더 적어진다.
⑤ 균형에서 완전경쟁인 노동시장에 비해 노동의 가격이 더 낮아진다.

▌해설▌

노동공급곡선은 평균요소비용곡선과 동일하다. 따라서 노동공급곡선은 한계요소비용보다 아래에 위치한다. 한계요소비용곡선은 노동공급곡선과 절편은 같지만 기울기는 2배이다.

① · ② 균형고용량은 한계요소비용과 한계수입생산(=한계생산가치)이 일치하는 점에서 이루어지지만, 임금은 한계수입생산과 평균요소비용이 일치하는 점에서 결정되므로 한계요소비용보다 하방에 위치한다. 임금의 하락 분을 수요독점적 착취라고 한다.
④ · ⑤ 수요독점시장의 경우에는 완전경쟁시장의 임금보다 낮고, 고용량도 완전경쟁의 경우보다 적은 수준에서 결정된다.

답 ③

CHAPTER 17 | 소득분배이론

01 | 임금소득

명목임금	• 노동자가 노동력을 제공한 대가로 받는 화폐금액(w) • $w = MP_L \times P$
실질임금	• 명목임금을 물가 또는 재화가격으로 나눈 값 • $\dfrac{w}{P} \rightarrow \dfrac{MP_L \times P}{P} = MP_L$(완전경쟁일 경우)

02 | 지대소득

이전수입	어떤 생산요소가 다른 용도로 이전되지 않고 현재의 용도로 사용되기 위해 지급해야 하는 최소한의 금액
경제적 지대	• 실제로 얻은 요소수입과 이전수입과의 차이 • 경제적 지대=생산요소의 총보수－이전수입
준지대	• 단기에 공급이 고정된 생산요소의 대가 • 준지대＝$TR - TVC = TFC$＋초과이윤(or 초과손실)

03 | 계층별 소득분배

구 분	로렌츠곡선	지니계수	십분위분배율
정 의	인구의 누적점유율과 소득의 누적점유율 사이의 관계를 그림으로 나타낸 것	로렌츠곡선이 나타내는 소득분배 상태를 숫자로 표현한 것	최하위 계층 40%의 소득점유율을 최상위 계층 20% 소득점유율로 나눈 값
특 징	• 로렌츠곡선이 대각선에 가까울수록 소득분배 공평 • 로렌츠곡선 교차시 판단 불가	0부터 1사이의 값을 가지며 작을수록 공평	0부터 2사이의 값을 가지며 클수록 평등한 소득분배

01 감정평가사 2019

☑ 확인 Check! ○ △ ✕

임금의 보상격차(Compensating differential)**에 관한 설명으로 옳지 않은 것은?**

① 근무조건이 좋지 않은 곳으로 전출되면 임금이 상승한다.
② 성별 임금 격차도 일종의 보상가격이다.
③ 비금전적 측면에서 매력적인 일자리는 임금이 상대적으로 낮다.
④ 물가가 더 높은 곳에서 근무하면 임금이 상승한다.
⑤ 더 높은 비용이 소요되는 훈련을 요구하는 직종의 임금이 상대적으로 높다.

┃해설┃
근로조건 등의 차이는 보상격차가 맞지만 성별 임금 격차는 보상격차가 아니라 성 차별에서 비롯된 것이다.

답 ②

02 공인노무사 2016

☑ 확인 Check! ○ △ ✕

*A*근로자의 연봉이 올해 1,500만원에서 1,650만원으로 150만원 인상되었다. 이 기간에 인플레이션율이 12%일 때, *A*근로자의 임금변동에 관한 설명으로 옳은 것은?

① 2% 명목임금 증가
② 2% 명목임금 감소
③ 2% 실질임금 증가
④ 2% 실질임금 감소
⑤ 15% 명목임금 증가

┃해설┃
• 실질임금 상승률 = 명목임금 상승률 − 물가 상승률
• 명목임금이 10% 증가하였지만, 물가가 12% 올랐기 때문에 실질임금은 − 2% 증가하였다.

답 ④

01 감정평가사 2019

☑ 확인Check! ○ △ ✕

경제적 지대(Economic rent)에 관한 설명으로 옳은 것을 모두 고른 것은?

> ㄱ. 공급이 제한된 생산요소에 발생하는 추가적 보수를 말한다.
> ㄴ. 유명 연예인이나 운동선수의 높은 소득과 관련이 있다.
> ㄷ. 생산요소의 공급자가 받고자 하는 최소한의 금액을 말한다.
> ㄹ. 비용불변산업의 경제적 지대는 양(+)이다.

① ㄱ, ㄴ

② ㄱ, ㄷ

③ ㄱ, ㄹ

④ ㄴ, ㄷ

⑤ ㄴ, ㄹ

해설

ㄱ・ㄷ. 경제적 지대는 생산요소가 얻는 소득 중에서 최소한 받아야겠다고 생각하는 금액을 초과하는 부분을 말한다.
　　공급이 제한된 생산요소는 희소성으로 인해 더 높은 소득을 얻을 수 있다.

ㄴ. 유명 연예인이나 운동선수는 재능이 희소하고 노동공급이 비탄력적이기 때문에 높은 소득을 얻는다.

ㄹ. 비용불변산업에서 경제적 지대는 음(−)의 값을 갖는다.

답 ①

노동의 시장수요함수와 시장공급함수가 다음과 같을 때 균형에서 경제적 지대(Economic rent)와 전용수입 (Transfer earnings)은? (단, L은 노동량, w는 임금이다)

- (시장수요함수) $L_D = 24 - 2w$
- (시장공급함수) $L_S = -4 + 2w$

① 0, 70   ② 25, 45

③ 35, 35   ④ 45, 25

⑤ 70, 0

┃해설┃

- $L_D = 24 - 2w$, $L_S = -4 + 2w$ 노동 시장수요·공급곡선을 연립해보면 균형임금은 7, 균형거래량은 10이 계산된다.
- 전용수입은 어떤 생산요소가 현재의 용도에서 다른 용도로 이전하지 않도록 하기 위해 지급해야 하는 최소한의 금액을 말한다. 문제의 경우 노동시장에서 노동자가 받아야겠다고 생각하는 최소금액으로, 아래 그림의 진한 부분이다. 균형임금이 7이고 임금 축을 공급곡선이 2를 통과해 지나가므로

$$(2 \times 10) + (5 \times 10 \times \frac{1}{2}) = 45$$

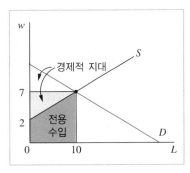

- 경제적 지대는 생산요소가 얻는 수입 중에서 전용수입을 초과하는 부분을 의미한다. 생산요소의 공급잉여에 해당되며, 그림에 표시된 부분이다.
- 경제적 지대 $= 5 \times 10 \times \frac{1}{2} = 25$

답 ②

01 공인노무사 2019

☑ 확인 Check! ○ △ ✕

지니계수에 관한 설명으로 옳은 것을 모두 고른 것은?

> ㄱ. 대표적인 소득분배 측정방법 중 하나이다.
> ㄴ. 45° 대각선 아래의 삼각형 면적을 45° 대각선과 로렌츠곡선 사이에 만들어진 초승달 모양의 면적으로 나눈 비율이다.
> ㄷ. −1과 1 사이의 값을 갖는다.
> ㄹ. 계수의 값이 클수록 평등한 분배상태를 나타낸다.

① ㄱ
③ ㄴ, ㄷ
⑤ ㄴ, ㄷ, ㄹ
② ㄱ, ㄴ
④ ㄱ, ㄷ, ㄹ

┃해설┃

ㄱ. (○) 지니계수는 소득분배상태를 숫자로 표현하는 대표적인 측정방법이다.
ㄴ. (✕) 지니계수는 45° 대각선과 로렌츠곡선 사이에 만들어진 초승달 모양의 면적을 45° 대각선 아래의 삼각형 면적으로 나눈 비율이다.
ㄷ. (✕) 지니계수는 0과 1 사이의 값을 갖는다.
ㄹ. (✕) 지니계수의 값이 작을수록 평등한 분배상태를 나타낸다.

답 ①

02 공인노무사 2019

☑ 확인 Check! ○ △ ✕

소득분배에 관한 설명으로 옳은 것을 모두 고른 것은?

> ㄱ. 지니계수의 값이 클수록, 더욱 평등한 분배상태이다.
> ㄴ. 교차하지 않는 두 로렌츠곡선 중, 대각선에 더 가까이 위치한 것이 더 평등한 분배상태를 나타낸다.
> ㄷ. 지니계수의 값이 커질수록 십분위분배율은 작아진다.
> ㄹ. 로렌츠곡선이 대각선과 일치할 때, 지니계수는 1이다.

① ㄱ, ㄴ
③ ㄴ, ㄷ
⑤ ㄷ, ㄹ
② ㄱ, ㄷ
④ ㄴ, ㄹ

▍해설▍

ㄱ. (×) 지니계수는 로렌츠곡선이 나타내는 소득분배상태를 숫자로 표현하는 것이고, 0부터 1까지의 값을 가지며 그 값이 작을수록 더욱 평등한 분배상태이다.

ㄴ. (○) 로렌츠곡선은 계층별 소득분포자료에서 인구의 누적점유율과 소득의 누적점유율 사이의 대응관계를 그림으로 나타낸 것인데, 두 로렌츠곡선 중 대각선에 더 가까이 위치한 로렌츠곡선일수록 더 평등한 소득분배상태를 나타낸다.

ㄷ. (○) 십분위분배율은 최하위 40%의 소득점유율을 최상위 20%의 소득점유율로 나눈 값으로 0부터 2까지의 값을 갖고, 그 값이 클수록 소득분배는 균등하다. 지니계수는 값이 클수록 소득분배상태가 안 좋은 것이므로, 십분위분배율은 작아져야 한다.

ㄹ. (×) 로렌츠곡선이 대각선과 일치한다면 소득분배가 완전히 평등하다는 의미이므로, 지니계수는 0이다.

답 ③

03 공인노무사 2018 　　　　　　　　　　　☑ 확인Check! ○ △ ×

소득분배를 측정하는 방식에 관한 설명으로 옳지 않은 것은?

① 지니계수 값이 커질수록 더 불균등한 소득분배를 나타낸다.

② 십분위분배율 값이 커질수록 더 균등한 소득분배를 나타낸다.

③ 모든 구성원의 소득이 동일하다면 로렌츠곡선은 대각선이다.

④ 동일한 지니계수 값을 갖는 두 로렌츠곡선은 교차할 수 없다.

⑤ 전체 구성원의 소득기준 하위 10% 계층이 전체 소득의 10%를 벌면 로렌츠곡선은 대각선이다.

▍해설▍

로렌츠곡선의 교차 여부와 관계없이 45° 대각선 밑의 면적이 같다면 동일한 지니계수를 갖는다.

① 지니계수는 로렌츠곡선이 나타내는 소득분배상태를 숫자로 표시한 것으로 0부터 1사이의 값을 가지며, 그 값이 작을수록 소득분배가 균등함을 의미하므로 지니계수 값이 커질수록 더 불균등한 소득분배를 나타낸다.

② 십분위분배율은 최하위 40%의 소득점유율을 최상위 20%의 소득점유율로 나눈 값으로 0부터 2사이의 값을 가지며, 그 값이 클수록 소득분배가 균등함을 의미한다.

③ 로렌츠곡선은 인구와 소득의 누적점유율 사이의 대응관계를 그림으로 나타낸 것으로 소득분배가 균등할수록 로렌츠곡선은 대각선에 가까워진다.

⑤ 하위 10%의 인구가 전체 소득의 10%를 차지하고 있다면, 소득분배가 완전히 균등하고 볼 수 있으므로 로렌츠곡선은 45° 대각선의 형태로 나타날 것이다.

답 ④

소득분배지표에 관한 설명으로 옳지 않은 것은?

① 로렌츠곡선이 대각선에 접근할수록 지니계수는 커진다.

② 지니계수는 0과 1사이의 값을 가지며, 그 값이 작을수록 분배상태가 더 평등한 것으로 본다.

③ 로렌츠곡선은 인구의 누적비율과 소득의 누적비율을 각각 축으로 하여 계층별 소득분포를 표시한 곡선을 말한다.

④ 십분위분배율이란 최하위 40% 소득계층의 소득점유율을 최상위 20% 소득계층의 소득점유율로 나눈 값을 말한다.

⑤ 십분위분배율은 0과 2사이의 값을 가지며, 값이 클수록 더욱 평등한 분배상태를 의미한다.

▌해설▐

로렌츠곡선이 대각선에 접근할수록 지니계수는 작아진다.

② 지니계수는 소득분배상태를 숫자로 표현하는 대표적인 측정방법으로, 0과 1사이의 값을 가지며, 값이 작을수록 평등한 분배상태를 나타낸다.

③ 로렌츠곡선은 계층별 소득분포자료에서 인구의 누적점유율과 소득의 누적점유율 사이의 대응관계를 그림으로 나타낸 것이다.

④ 십분위분배율 $= \dfrac{\text{하위 40\%의 소득점유비율}}{\text{상위 20\%의 소득점유비율}}$

⑤ 십분위분배율은 0과 2사이의 값을 가지며, 그 값이 클수록 소득분배가 균등함을 의미한다.

답 ①

05 공인노무사 2016

지니계수(Gini coefficient)에 관한 설명으로 옳은 것은?

① 지니계수가 같으면 소득계층별 소득분포가 같음을 의미한다.

② 완전히 평등한 소득분배 상태를 나타내는 45° 대각선과 로렌츠곡선(Lorenz curve)이 일치한다면, 지니계수는 1이다.

③ 완전히 평등한 소득분배 상태를 나타내는 45° 대각선과 로렌츠곡선 사이의 면적이 클수록, 지니계수는 커진다.

④ 지니계수는 완전히 평등한 소득분배 상태를 나타내는 45° 대각선의 길이를 로렌츠곡선의 길이로 나눈 값이다.

⑤ 지니계수는 빈곤층을 구분하기 위한 기준이 되는 소득수준을 의미한다.

┃해설┃

① 로렌츠곡선의 모양이 다르더라도 면적은 같아서 지니계수가 같을 수 있으므로, 꼭 지니계수가 같다고 소득분포가 같음을 의미하지는 않는다.

② 45° 대각선과 로렌츠곡선이 일치한다면 지니계수는 0이다. 지니계수가 1일 경우는 소득분배가 완전히 불균등할 경우이다.

④ 지니계수는 45° 대각선과 로렌츠곡선 사이의 면적을 45° 대각선 아래 삼각형 전체 면적으로 나눈 값이다.

⑤ 지니계수는 빈곤층을 구분하는 것이 아니고 소득분배의 균등도를 나타내는 것이다.

답 ③

06 공인노무사 2022

노동시장에서 경제적 지대(economic rent)와 전용수입(transfer earnings)에 관한 설명으로 옳은 것은?

① 공급이 고정되어 있는 노동에 대한 사용의 대가로 지불하는 금액은 전용수입에 해당한다.

② 노동공급곡선이 수평이면 지급한 보수 전액이 경제적 지대이다.

③ 노동을 현재의 고용상태로 유지하기 위해 지급해야 하는 최소한의 보수는 전용수입에 해당한다.

④ 경제적 지대의 비중이 높은 노동은 다른 요소로 대체하기가 더욱 수월하다.

⑤ 경제적 지대의 비중이 높은 노동의 경우 임금률이 상승할 때 노동 공급량이 쉽게 증가한다.

┃해설┃

① 공급이 고정되어 있는 노동에 대한 사용의 대가로 지불하는 금액은 지대이다.

② 노동공급곡선이 수평이면 지급한 보수 전액이 전용수입이다.

④ 경제적 지대의 비중이 높은 노동은 다른 요소로 대체하기가 더욱 어렵다.

⑤ 경제적 지대의 비중이 높은 노동의 경우 임금률이 상승해도 노동 공급량이 쉽게 증가하지 않는다.

답 ③

근로장려세제(EITC ; Earned Income Tax Credit)에 관한 설명으로 옳지 않은 것은?

① EITC는 최저임금제와는 달리 고용주들에게 저임금근로자를 해고할 유인을 제공하지 않는다.

② EITC는 저소득 근로자에게 추가적 소득을 제공한다.

③ 실업자도 EITC의 수혜대상이 된다.

④ EITC를 확대 실시하면 재정부담이 커진다.

┃해설┃

근로장려세제는 저소득근로자를 대상으로 하고 있으므로 실업자는 수혜대상이 아니다.

①·② 근로장려세제는 일정수준에 미달하는 소득수준이 낮은 저소득 근로자에게 일정비율의 보조금을 지급하는 제도로, 고용주들에게 경제적으로 손해가 가는 것이 없으므로 저임금근로자를 해고할 이유가 없다.

④ 근로장려세제의 재원은 기업에서 조달하는 것이 아니라, 정부에서 조세로 조달하므로 재정적인 부담이 커진다.

답 ③

소득분배의 불평등을 개선하는 수단이 아닌 것은?

① 국민연금의 확대 실시

② 이자소득세율의 인하

③ 누진소득세의 강화

④ 근로장려세제의 실시

┃해설┃

이자소득세율이 인하되면 고소득자들의 세금부담이 감소하기 때문에 소득분배의 불평등이 심화될 것이다.

답 ②

A국, B국, C국의 소득분위별 소득점유비중이 다음과 같다. 소득분배에 관한 설명으로 옳은 것은? (단, 1분위는 최하위 20%, 5분위는 최상위 20%의 가구를 의미한다)

구 분	A국	B국	C국
1분위	0	20	6
2분위	0	20	10
3분위	0	20	16
4분위	0	20	20
5분위	100	20	48

① A국은 B국보다 소득분배가 상대적으로 평등하다.

② B국은 C국보다 소득분배가 상대적으로 불평등하다.

③ C국의 십분위분배율은 $\frac{1}{8}$이다.

④ A국의 지니계수는 0이다.

⑤ B국의 지니계수는 A국의 지니계수보다 작다.

┃해설┃

A국보다는 B국이 더 평등한 소득분배를 보여주고 있으므로 B국의 지니계수가 더 작다고 할 수 있다.

① A국은 나라 전체 소득의 전부를 최상위 가구 20%가 모두 차지하고 있으므로, 3국 중에서 가장 소득분배가 불평등하다.

② B국은 1분위부터 5분위까지 모든 계층이 고르게 나라 전체 소득의 20%씩을 차지하고 있으므로 소득분배가 3국 중에서 가장 평등하다.

③ 십분위분배율$=\dfrac{\text{최하위 40\% 소득계층의 소득}}{\text{최상위 20\% 소득계층의 소득}}$, C국의 최상위 20% 계층의 소득=48, 최하위 40% 계층의 소득=16이다.

　C국의 십분위분배율$=\dfrac{\text{최하위 40\% 소득계층의 소득}}{\text{최상위 20\% 소득계층의 소득}}=\dfrac{16}{48}=\dfrac{1}{3}$이다.

　참고로 십분위분배율은 0부터 2까지의 값을 갖는데, 값이 클수록 소득분배가 평등하다.

④ 지니계수는 0부터 1까지의 값을 가지는데, 그 값이 작을수록 소득분배가 평등하다는 의미이다. 하지만 A는 3국 중에서 가장 불평등한 소득분배를 보여주고 있는데 지니계수가 0이 나올 수 없다.

답 ⑤

소득분배에 관한 설명으로 옳은 것을 모두 고른 것은?

ㄱ. 국민소득이 임금, 이자, 이윤, 지대 등으로 나누어지는 몫이 얼마인지 보는 것이 계층별 소득분배이다.
ㄴ. 로렌츠곡선이 대각선에 가까울수록 보다 불평등한 분배 상태를 나타낸다.
ㄷ. 두 로렌츠곡선이 교차하면 소득분배 상태를 비교하기가 불가능하다.
ㄹ. 지니계수 값이 1에 가까울수록 보다 불평등한 분배 상태를 나타낸다.

① ㄱ, ㄴ   ② ㄱ, ㄷ

③ ㄴ, ㄷ   ④ ㄴ, ㄹ

⑤ ㄷ, ㄹ

❙해설❙

ㄱ. (✕) 주어진 지문은 기능적 소득분배에 대한 설명이다. 로렌츠곡선, 지니계수, 10분위 분배율 등이 계층적 소득분배의 측정방법이다.

ㄴ. (✕) 로렌츠곡선은 인구의 누적점유율과 소득의 누적점유율 사이의 대응관계를 표시한 곡선으로 로렌츠곡선이 대각선에 가까이 접근할수록 소득분배는 평등한 것으로 평가한다.

ㄷ. (○) 로렌츠곡선이 교차할 경우 소득분배 상태를 비교하기 어렵다는 단점이 있다.

ㄹ. (○) 지니계수는 로렌츠곡선에서 소득분배의 불평등 면적의 크기를 측정한 것으로써 지니 계수의 크기는 $0 \leq G \leq 1$이다. 지니계수가 1에 가까울수록 소득분배는 불평등한 것으로 평가한다.

답 ⑤

CHAPTER 18 | 일반균형이론과 후생경제학

01 | 파레토 효율성과 자원배분

파레토 개선	어떤 배분상태에서 다른 배분상태로 변화할 때, 사회구성원 중 누구의 효용도 감소하지 않고 최소한 1명 이상의 효용이 증가하는 것
파레토 효율성	• 파레토 개선이 불가능한 상태 • 특정인의 효용이 증가하기 위해서는 다른 누군가의 효용이 반드시 감소해야하는 상태 • 가장 효율적인 자원배분 상태
문제점	• 효율성만을 고려하고, 소득배분의 공평성은 고려 × • 파레토 효율성 조건을 충족하는 무수히 많은 점이 존재

02 | 에지워스상자

사회전체의 재화 부존량 혹은 사회전체의 생산요소 부존량을 나타내는 사각형

03 | 사회후생함수

구 분	공리주의	평등주의	롤스
내 용	개인의 효용의 합에 의해 결정	저소득층에 높은 가중치를 부여	가난한 계층의 후생수준에 의해 사회후생이 결정
함 수	$SW = U_A + U_B$	$SW = U_A \times U_B$	$SW = \min(U_A, U_B)$
후생극대화	$MU_A = MU_B$	효용가능경계와 사회무차별곡선의 접점에서의 기울기에 따라 결정	$U_A = U_B$
특 징	• 소득분배 고려 × • 우하향의 직선 형태의 무차별 곡선	원점에 대해 볼록한 우하향하는 무차별곡선	• 극단적인 평등주의 • L자형 사회무차별곡선

01 감정평가사 2021

☑ 확인Check! ○ △ ✕

후생경제이론에 관한 설명으로 옳은 것은?

① 파레토(Pareto) 효율적인 상태는 파레토 개선이 가능한 상태를 뜻한다.

② 제2정리는 모든 사람의 선호가 오목성을 가지면 파레토 효율적인 배분은 일반경쟁균형이 된다는 것이다.

③ 제1정리는 모든 소비자의 선호체계가 약 단조성을 갖고 외부성이 존재하면 일반경쟁균형의 배분은 파레토 효율적이라는 것이다.

④ 제1정리는 완전경쟁시장 하에서 사익과 공익은 서로 상충된다는 것이다.

⑤ 제1정리는 아담 스미스(A. Smith)의 '보이지 않는 손'의 역할을 이론적으로 뒷받침 해주는 것이다.

‖해설‖

제1정리는 아담 스미스(A. Smith)의 '보이지 않는 손'을 현대적으로 증명한 것으로 볼 수 있다.

① 파레토(Pareto) 효율적인 상태는 파레토 개선이 불가능한 상태를 뜻한다.

② 제2정리에 의하면 모든 사람의 선호가 볼록성을 가지면 파레토 효율적 배분은 일반경쟁균형이 된다는 것이다.

③ 제1정리는 시장구조가 완전경쟁인 상태에서 외부성·공공재 등의 시장실패 요인이 없다면 일반경쟁균형은 파레토 효율적이라는 것이다.

④ 제1정리는 완전경쟁시장 하에서 사익을 추구하는 과정에서 공익이 달성된다.

답 ⑤

02 보험계리사 2019

☑ 확인Check! ○ △ ✕

A국은 대표적 소비자 갑과 두 재화, X, Y가 있다. 갑의 효용함수는 $U(X, Y) = XY^2$이고, 생산가능곡선은 $X^2 + Y^2 = 12$이다. A국의 자원배분을 최적으로 만들어주는 X는?

① 1

② 2

③ 3

④ 4

‖해설‖

• 최적의 자원배분 : $MRS_{XY} = MRT_{XY}$

• $MRS_{XY} = \dfrac{MU_X}{MU_Y} = \dfrac{Y^2}{2XY} = \dfrac{Y}{2X}$

• $MRT_{XY} = \dfrac{MC_X}{MC_Y} = \dfrac{2X}{2Y} = \dfrac{X}{Y}$

• $\dfrac{Y}{2X} = \dfrac{X}{Y} \rightarrow 2X^2 = Y^2$

• $2X^2 = Y^2$을 $X^2 + Y^2 = 12$에 대입하면 $3X^2 = 12$, $X = 2$

답 ②

03 공인회계사 2018

☑ 확인Check! ○ △ ✕

다음은 X재에 대한 갑과 을의 수요 곡선과 X재 생산에 따른 한계비용을 나타낸다. X재가 공공재일 경우 파레토 효율적인 X재 생산량은 얼마인가? (단, X재는 갑과 을만 소비한다)

- 갑의 수요 곡선 : $Q = 3,000 - P$
- 을의 수요 곡선 : $Q = 2,000 - 2P$
- 한계비용 : 1,000

(단, P, Q는 X재의 가격과 수량을 나타낸다)

① 2,000
② 3,000
③ 4,000
④ 5,000
⑤ 6,000

┃해설┃

- 공공재의 시장수요곡선은 갑의 수요 곡선 $Q = 3,000 - P$와 을의 수요 곡선 $Q = 2,000 - 2P$를 수직으로 합한다.
- $P = 4,000 - \dfrac{3}{2}Q$이다.
- 공공재의 최적생산량을 위해 $P = MC$로 두면 $4,000 - \dfrac{3}{2}Q = 1,000$이다. 따라서 $Q = 2,000$

답 ①

04 7급 공무원 2017

☑ 확인Check! ○ △ ✕

총 노동량과 총 자본량이 각각 12단위인 경제를 가정하자. 완전보완관계인 노동 1단위와 자본 2단위를 투입하여 X재 한 개를 생산하며, 완전대체관계인 노동 1단위 혹은 자본 1단위를 투입하여 Y재 한 개를 생산한다. 이 경우 X재 생산량이 6일 때, 생산의 파레토 최적 달성을 위한 Y재 생산량은?

① 8
② 6
③ 4
④ 3

┃해설┃

- X재를 6단위 생산하려면 노동 6단위와 자본 12단위가 필요하다.
- 노동과 자본이 총 12단위씩 존재한다고 하였으므로, X재를 6단위 생산하면 노동만 6단위 남는다.
- 남는 노동량으로 Y재를 6단위 생산한다.
- X재와 Y재가 각각 6단위가 생산되면, 서로의 생산량을 줄이지 않고서는 각 재화의 생산량을 늘릴 수 없으므로, 더 이상 파레토 개선이 불가능하다. 따라서 파레토 효율적이다.

답 ②

01 공인회계사 2018

☑ 확인 Check! ○ △ ✕

두 소비자 1, 2가 두 재화 x, y를 소비하는 순수교환경제를 고려하자. 두 소비자의 효용함수가 $u(x, y) = x + \sqrt{y}$ 로 같을 때, 다음 설명 중 옳은 것은? (단, 각 소비자는 두 재화 모두 양(+)의 유한한 초기부존자원을 갖는다)

> 가. 에지워드 상자의 대각선이 계약곡선(Contract curve)이 된다.
> 나. 각 소비자의 한계대체율은 x재 소비량과 무관하게 결정된다.
> 다. 주어진 초기부존점에서 복수의 경쟁균형(Competitive equilibrium)을 갖는다.
> 라. 만약 두 소비자의 y재 초기부존량이 같다면 초기부존점이 곧 경쟁균형 소비점이 된다.

① 가, 나   ② 가, 다
③ 나, 다   ④ 나, 라
⑤ 다, 라

─────────────────────────────────────

❚해설❚

가·나. 두 소비자 1, 2의 효용함수가 $u(x, y) = x + \sqrt{y}$ 일 때의 한계대체율을 구해보면

$$MRS_{XY} = \frac{MU_X}{MU_Y} = \frac{1}{\frac{1}{2}y^{-\frac{1}{2}}} = 2\sqrt{y}$$ 이므로 두 사람의 y재 소비량이 동일할 때 두 사람의 한계대체율이 같아지

므로 계약곡선은 수평으로 된다. 또한 한계대체율은 x의 소비량과는 무관하다.
다. 두 사람의 한계대체율이 일치하는 점은 한 점이 된다.
라. 두 소비자의 y재 초기부존량이 같다면 두 소비자의 한계대체율이 같아져 초기부존점이 곧 경쟁균형 소비점이 된다.

답 ④

02 공인회계사 2024

☑ 확인 Check! ○ △ ✕

X재와 Y재가 각각 12단위 존재하며 두 구성원 1, 2가 두 재화를 소비하는 2×2 순수교환경제가 있다. 소비자 1의 효용함수는 $U(x_1, y_1) = x_1 y_1$ 이고, 소비자 2의 효용함수는 $V(x_2, y_2) = \sqrt{x_2 y_2}$ 이다. 현재 두 소비자가 계약곡선상에서 소비하며 1의 효용이 2의 효용의 2배일 때, x_1과 x_2를 곱한 값은? (단, x_i와 y_i는 각각 구성원 i의 X재와 Y재 소비량이다)

① 36   ② 35
③ 32   ④ 27
⑤ 20

┃해설┃

계약곡선식을 구하면 $x_1 = y_1$, $x_2 = y_2$이고 $x_1 y_1 = 2 \times \sqrt{x_2 y_2}$ 이므로

$x_1 \times x_1 = 2 \times \sqrt{x_2 \times x_2} = 2 \times x_2$와 $x_1 + x_2 = 12$를 연립하면 $x_1 = 4$, $x_2 = 8$이므로 이 둘을 곱한 값은 32이다.

답 ③

03 공인회계사 2016
☑ 확인Check! ○ △ ×

두 소비자 1, 2가 두 재화 x, y를 소비하는 순수교환경제를 생각하자. 소비자 1의 효용함수는 $u_1(x_1, y_1)$ $= x_1 + y_1$이고, 초기에 $(1, 2)$의 부존자원을 가지고 있다. 소비자 2의 효용함수는 $u_2(x_2, y_2) = \min\{x_2, y_2\}$이고, 초기에 $(2, 1)$의 부존자원을 가지고 있다. 경쟁균형(Competitive equilibrium)에서 두 소비자의 x재에 대한 소비량으로 가능하지 않은 것은?

	소비자 1	소비자 2
①	$3 - \sqrt{2}$	$\sqrt{2}$
②	$\sqrt{3}$	$3 - \sqrt{3}$
③	2	1
④	1.5	1.5
⑤	1	2

┃해설┃

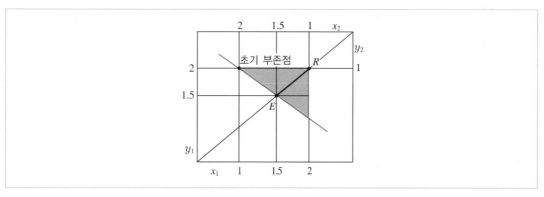

- 소비자 1의 효용함수가 $u_1 = x_1 + y_1$이므로 무차별곡선은 기울기가 -1인 우하향하는 직선이다.
- 소비자 2의 효용함수가 $u_2 = \min\{x_2, y_2\}$이므로 무차별곡선은 $45°$ 선에서 꺾어지는 L자형이다.
- 두 소비자의 초기 부존점이 주어져 있으므로, 두 소비자의 무차별곡선에 의해 만들어진 삼각형 내부의 영역이 x재에 대한 파레토개선 범위로 $E \sim R$곡선에서 소비가 이루어진다.
- 소비자 1의 x재 소비량은 $1.5 \sim 2$단위, 소비자 2의 x재 소비량은 $1 \sim 1.5$단위이다.

답 ⑤

01 감정평가사 2021 ☑ 확인Check! ○ △ ✕

사회후생에 관한 설명으로 옳지 않은 것은?

① 차선의 이론은 부분적 해결책이 최적은 아닐 수 있음을 보여준다.
② 롤즈(J. Rawls)적 가치판단을 반영한 사회무차별곡선은 L자 모양이다.
③ 파레토 효율성 조건은 완전경쟁의 상황에서 충족된다.
④ 공리주의적 사회후생함수는 최대다수의 최대행복을 나타낸다.
⑤ 애로우(K. Arrow)의 불가능성 정리에서 파레토 원칙은 과반수제를 의미한다.

▌해설▐

애로우(K. Arrow)의 불가능성 정리에서 파레토 원칙은 임의의 두 사회상태 A와 B 중 모든 사회구성원이 A를 더 선호한다면 사회 전체적으로도 B보다는 A가 더 선호되어야 한다는 것으로 과반수제와는 관련이 없다.

답 ⑤

A와 B 두 사람만 존재하는 경제에서, 사적재화인 X재만 소비되고 X재의 총 부존량은 100이다. A와 B의 효용함수는 각각 $U_A = 4\sqrt{x_A}$ 와 $U_B = 2\sqrt{x_B}$ 이다. 공리주의 사회후생함수와 롤즈(Rawls)의 사회후생함수 각각의 가정하에서 사회후생을 극대화시키는 개인의 소비량은? (단, x_A와 x_B는 각각 A와 B의 소비량이고, U_A와 U_B는 각각 A와 B의 후생수준이다)

	공리주의 사회후생함수		롤즈의 사회후생함수	
	x_A	x_B	x_A	x_B
①	30	70	80	20
②	30	70	20	80
③	20	80	20	80
④	80	20	30	70
⑤	80	20	20	80

┃해설┃

(1) 공리주의 사회후생함수

　$\dfrac{\dfrac{2}{\sqrt{x_A}}}{\dfrac{1}{\sqrt{x_B}}} = 1$ 이므로 이를 정리하면 $x_A = 4x_B$이고 이를 $x_A + x_B = 100$과 연립하면 $x_A = 80$, $x_B = 20$이다.

(2) 롤즈의 사회후생함수

　$4\sqrt{x_A} = 2\sqrt{x_B}$ 이므로 이를 정리하면 $4x_A = x_B$이고 이를 $x_A + x_B = 100$과 연립하면 $x_A = 20$, $x_B = 80$이다.

답 ⑤

19 | 시장실패

01 | 시장실패

정 의	시장가격기구가 경제문제의 해결에 실패하여 효율적인 자원배분과 공평한 소득분배를 실현시키지 못하는 상태	
원 인	미시적 원인	• 불완전한 경쟁 • 비용체감 • 위험과 불확실성 • 외부효과 • 공공재 • 비대칭정보
	거시적 원인	• 인플레이션 • 실 업 • 국제수지 불균형

02 | 외부효과

정 의	한 경제주체가 다른 경제주체에게 시장가격기구를 통하지 않고 의도하지 않은 혜택이나 피해를 주는 것	
생산의 외부효과	긍정적 외부효과	부정적 외부효과
	• $PMC > SMC$ • 과소생산 • 보조금지급으로 해결	• $PMC < SMC$ • 과잉생산 • 조세부과로 해결
소비의 외부효과	긍정적 외부효과	부정적 외부효과
	• $PMB < SMB$ • 과소생산 • 보조금지급으로 해결	• $PMB > SMB$ • 과잉생산 • 조세부과로 해결

03 | 외부효과의 해결방안

사적인 해결방안	합 병	외부효과를 유발하는 기업과 외부효과로 인해 피해나 이익을 입는 기업 간의 합병을 통해 외부효과를 내부화
	코즈정리	• 외부효과의 원인은 소유권의 미확립 • 소유권을 확립하면 당사자간 협상으로 외부효과 내부화 가능 • 다만, 협상비용이 거의 없어야 할 것, 정보비대칭이 없어야 할 것 등의 성립 요건이 전제
공적인 해결방안	오염 배출권	• 정부가 허용되는 오염배출량을 정한 후 시장에서 거래 되도록 오염배출권을 발행, 각각의 기업들은 자신이 가진 오염배출권의 한도 내에서 오염물질을 배출하는 제도 • 오염물질 배출권은 시장에서 자유롭게 거래 • 각 기업은 자신의 오염물질 정화비용과 오염배출권의 가격을 비교하여 오염 배출권의 거래 여부를 결정 • 시장의 가격기구에 의해 해결이 가능하며, 정부의 개입 불필요
	피구보조금, 피구세	• 피구보조금 : 긍정적 외부효과 발생 시에는 외부한계편익만큼 보조금을 지급 • 피구세 : 부정적 외부효과 발생 시에는 외부한계비용만큼 조세를 부과
	직접규제	• 정부가 직접 오염배출 기업의 생산량이나 배출량을 규제 • 사회 전체적으로 과다 비용 발생

04 | 환경오염 최적 수준

• 오염수준이 0이 된다는 것은 생산 활동을 멈춰야한다는 의미이므로 최적수준이 아님
• 일반적으로 한계편익과 한계비용이 일치하는 수준을 환경오염 최적수준이라고 함

05 | 공유지의 비극

정 의	소유권이 미확립된 자원의 과다 소비로 인한 자원의 고갈
원 인	• 소유권의 미확립 • 비배제성 • 경합성
해결방안	• 소유권의 설정 • 조세 부과

06 | 공공재

정 의	비경합성과 비배제성의 특징을 갖는 재화나 서비스
비배제성	• 비용을 치르지 않고도 소비가 가능한 특성 • 비배제성 → 무임승차의 문제 → 과소생산 → 시장실패 • 정부의 보조금 지급이나 정부의 직접생산을 통해 시장실패 해결
비경합성	한 개인의 공공재 소비가 다른 개인의 재화나 서비스의 소비가능성을 감소시키지 않는 현상
시장수요곡선	개별수요곡선의 수직의 합으로 도출

07 | 공공재의 최적 공급

- 린달 조건 : $MB_A + MB_B = MC$
- 사무엘슨 조건 : $MRS_A + MRS_B = MRT$

08 | 사용재

- 경합성, 배제성
- 시장수요곡선 : 개별수요곡선의 수평의 합으로 도출
- 동일한 시장가격에 소비자마다 소비량에 차이가 발생
- 소비량의 차이는 사용재에 대한 선호 차이 때문에 발생

09 | 사용재의 최적 수준

- $MB_A = MB_B = MC$
- $MRS_A = MRS_B = MRT$

01 공인노무사 2024

☑ 확인 Check! ○ △ ✕

시장실패가 발생하는 경우로 옳지 않은 것은?

① 불완전경쟁이 존재하는 경우
② 규모에 따른 수확체감 현상으로 자연독점이 발생하는 경우
③ 재화가 비경합적이고 배제불가능한 경우
④ 전력생산에서 발생하는 대기오염물질의 피해비용이 전기요금에 반영되지 않는 경우
⑤ 역선택이나 도덕적 해이로 완벽한 보험 제공이 어려운 경우

┃해설┃

수확체감의 법칙은 자본이나 노동 등 생산요소 투입량이 증가함에 따라 추가 투입에 따른 산출량 증가분이 감소하는 현상으로 시장실패와는 거리가 멀다.

① 불완전경쟁이 존재하면 시장에서의 생산량이 사회적으로 필요한 양보다 적게 생산되어 시장실패가 발생한다.
③ 재화가 비경합적이고 배제불가능한 경우는 공공재에 대한 설명이다. 공공재의 경우 사람들이 대가를 지불하지 않아도 재화와 서비스의 소비로 인한 혜택을 누릴 수 있기 때문에 시장실패가 나타난다.
④ 부정적 외부효과가 발생하는 경우 사회적으로 요구되는 양보다 과대 생산되어 시장실패가 발생한다.
⑤ 거래 당사자들이 서로 가지고 있는 정보의 양이 다를 경우 시장원리에 입각한 합리적 소비가 이루어지지 않아 시장실패가 발생한다.

답 ②

시장실패를 발생시키는 요인으로 옳지 않은 것은?

① 역선택

② 규모에 대한 수익체감 기술

③ 긍정적 외부성

④ 불완전한 정보

⑤ 소비의 비경합성과 배제불가능성

┃해설┃

규모에 대한 수익체감이 아닌, 규모에 대한 수익체증에서 규모의 경제가 발생하여 독점형성으로 이어지므로 시장실패의 요인이 된다.

① 역선택은 정보가 비대칭적으로 분포된 상황에서 정보를 갖지 못한 측의 입장에서 볼 때 바람직하지 못한 상대방과 거래를 할 가능성이 높아지는 현상으로써, 시장실패의 사례이다.

③ 긍정적 외부성은 제3자가 혜택을 보면서도 그에 따른 대가를 지불하지 않기 때문에 시장실패의 사례이다.

④ 불완전한 정보는 역선택, 도덕적 해이와 관련되는 것으로써 시장실패를 발생시키는 요인이다.

⑤ 비경합성과 비배제성을 갖는 재화는 공공재이다. 공공재는 비경합성과 비배제성으로 인해 민간부문에서는 공급이 이루어지기 어렵고(시장실패), 보통 정부(국가)가 담당한다.

답 ②

01 공인노무사 2019

☑ 확인 Check! ○ △ ✕

외부효과(Externality)에 관한 설명으로 옳은 것을 모두 고른 것은? (단, 수요곡선은 우하향하고 공급곡선은 우상향한다)

> ㄱ. 생산 측면에서 부(−)의 외부효과가 존재하면, 시장 균형 생산량은 사회적 최적생산량보다 적다.
> ㄴ. 외부효과는 보조금 혹은 조세 등을 통해 내부화시킬 수 있다.
> ㄷ. 거래비용 없이 협상할 수 있다면, 당사자들이 자발적으로 외부효과로 인한 비효율성을 줄일 수 있다.

① ㄱ
② ㄱ, ㄴ
③ ㄱ, ㄷ
④ ㄴ, ㄷ
⑤ ㄱ, ㄴ, ㄷ

┃해설┃

ㄱ. (✕) 생산 측면에서 부(−)의 외부효과가 존재하면 시장의 가격기구에 의한 생산량은 사회적인 최적생산량을 초과하여 과잉생산이 이루어진다.

ㄴ. (○) 피구세(Pigouvian taxes) : 부(−)의 외부효과가 발생하면 최적생산량 수준에서 재화 1단위당 외부한계비용만큼의 조세를 부과하고, 양(+)의 외부효과가 발생하면 최적생산량 수준에서 재화 1단위당 외부한계편익만큼의 보조금을 지급하면, 외부효과를 시장기구에 내부화하여 외부효과를 해결할 수 있다.

ㄷ. (○) 코즈(Coase)는 외부효과가 자원의 효율적인 배분을 저해하는 이유는 외부효과와 관련된 재산권이 제대로 설정되어 있지 않기 때문이라고 보았다. 따라서 거래비용이 작거나, 없어서 자발적인 협상을 통해 재산권이 적절하게 설정되면, 시장기구 스스로가 외부효과를 해결할 수 있다고 주장하였다. 거래비용이 너무 크면 처음부터 협상 자체가 이루어지지 않기 때문이다.

답 ④

오염물질을 발생시키는 상품 A의 시장수요곡선은 $Q = 20 - P$이고, 사적 한계비용곡선과 사회적 한계비용곡선이 각각 $PMC = 6 + Q$, $SMC = 10 + Q$이다. 사회적 최적생산량을 달성하기 위하여 부과해야 하는 생산단위당 세금은? (단, Q는 생산량, P는 가격이고, 완전경쟁시장을 가정한다)

① 1.5

② 2

③ 3

④ 4

⑤ 5

┃해설┃

시장기구에 의한 생산량은 PMC와 시장수요곡선, 사회적 최적생산량은 SMC와 시장수요곡선이 일치하는 점에서 각각 결정되므로, 사회적 최적생산량을 달성하기 위해서는 SMC와 동일한 생산량이 되도록 PMC를 4만큼 평행이동시켜야 한다. 따라서 사회적 최적생산량을 달성하기 위해 부과해야 하는 생산단위당 세금은 4이다.

답 ④

어느 독점기업이 직면한 시장의 역수요함수는 $P = 100 - \frac{1}{2}Q$이고, 한계비용함수는 $MC(Q) = Q$이다. 독점기업이 공급하는 재화는 단위당 20의 긍정적 외부효과를 소비자에게 발생시킨다. 정부가 이 기업에 생산량 단위당 일정액을 생산비 보조금으로 지급하여 사회적 최적 생산량을 달성하고자 할 때, 책정해야 할 단위당 보조금은? (단, P는 가격이고 Q는 수량이다)

① 20

② 30

③ 40

④ 50

⑤ 60

┃해설┃

$SMC = Q - 20 = 100 - \frac{1}{2}Q = SMB$이므로 사회적으로 가장 효율적인 생산량은 80이다. 보조금을 지급하여 이를 달성하기 위해서는 $Q - 보조금 = 100 - Q$이므로 보조금을 단위당 60만큼 책정해야 한다.

답 ⑤

X재 생산으로부터 발생하는 환경오염으로 인한 외부성의 문제에 대한 설명으로 옳은 것을 모두 고르면?

가. X재 생산의 사회적 한계비용보다 기업의 사적 한계비용이 더 크다.

나. X재 시장이 완전경쟁이라면 X재 소비에서 얻는 사적 한계편익보다 X재 생산에 따른 사회적 한계비용이 더 크다.

다. X재 생산에서 발생하는 환경오염을 0으로 줄이는 것이 사회적으로 가장 효율적이다.

라. 코즈(Coase) 정리에 따르면 거래비용이 없고 재산권이 설정되어 있으면 이해당사자들의 자유로운 협상을 통해 자원의 효율적 배분을 달성할 수 있다.

---

① 가, 나　　　　　　　　　② 가, 다

③ 나, 다　　　　　　　　　④ 나, 라

⑤ 다, 라

┃해설┃

가. (✕) 생산의 외부불경제가 발생한 경우 사회적인 한계비용=사적 한계비용+외부한계비용이므로 사회적인 한계비용이 사적 한계비용보다 더 크다.

나. (○) 시장이 완전경쟁이라면 소비자가 얻는 사적 한계편익보다 생산자가 얻는 사회적 한계비용이 더 크다.

다. (✕) X재 생산의 환경오염을 0으로 줄이는 것이 아니라 사회적으로 효율적인 수준으로 감축하는 것이다.

라. (○) 코즈는 외부성이 자원의 효율적인 배분을 저해하는 이유는 외부성과 관련된 재산권이 제대로 정해져 있지 않기 때문이라고 보았다. 그러므로 그는 재산권이 적절하게 설정되고 거래비용이 없다면 시장기구 스스로가 협상을 통해 문제를 해결할 수 있다고 보았다.

답 ④

A재화가 양(+)의 외부효과(Positive externality)를 창출할 경우, 다음 중 옳은 것은?

① 재화의 사회적 가치(Social value)는 사적 가치(Private value)보다 높고, 시장균형수량은 사회적 최적수량 보다 많다.
② 재화의 사회적 가치는 사적 가치보다 낮고, 시장균형 수량은 사회적 최적수량보다 많다.
③ 재화의 사회적 가치는 사적 가치보다 높고, 시장균형 수량은 사회적 최적수량보다 적다.
④ 재화의 사회적 가치는 사적 가치보다 낮고, 시장균형 수량은 사회적 최적수량보다 적다.

▌해설▌
• A재화가 양의 외부효과를 창출할 경우, 사회적 가치=사적 가치+외부한계편익이므로 사적 가치보다 사회적 가치가 더 크다.
• 양의 외부효과가 발생하는 경우 과소생산이 이루어지므로, 시장의 균형수량은 사회적 최적수량보다 적다.

답 ③

화학제품에 대한 역수요함수와 사적 한계비용은 각각 $P = 12 - Q$, $PMC = 2 + Q$이다. 화학제품 1단위가 생산될 때마다 오염물질이 1단위 배출되고 화학제품이 2단위를 초과하면 양(+)의 외부비용이 발생하는데 이는 다음 외부 한계비용(EMC) 함수에 따른다.

$$EMC = \begin{cases} -2 + Q, & Q > 2 \\ 0, & Q \leq 2 \end{cases}$$

이 시장에 대한 설명으로 옳은 것만을 모두 고르면?

가. 생산자가 사적 이윤을 극대화하는 산출량과 그때의 가격은 각각 5와 7이다.
나. 화학제품의 사회적 최적산출량은 생산자의 사적 이윤을 극대화하는 수준보다 1단위 적다.
다. 정부가 배출요금을 2만큼 부과하면 소비자가 지불해야 하는 가격은 1.5만큼 상승한다.
라. 정부가 효율적인 배출요금을 부과하게 되면 외부비용은 사라진다.

① 가, 나
② 가, 다
③ 나, 라
④ 가, 다, 라
⑤ 나, 다, 라

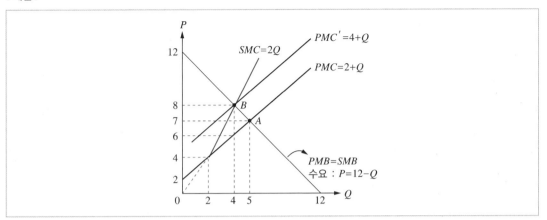

- $SMC = \begin{cases} 2+Q & ,\ Q \le 2 \\ (2+Q)+(-2+Q)=2Q, & Q > 2 \end{cases}$
- 수요에 외부성이 존재하지 않는다.

  따라서 $PMB = SMB = 12 - Q$

가. (○) 생산자의 사적 이윤 극대화점은 $PMB = PMC$인 A점 산출량 5, 가격 7이다.

나. (○) 사회적 최적산출량은 $SMC = SMB$인 B점으로 산출량은 4이므로 생산자의 사적 이윤을 극화하는 산출량 5보다 1작다.

다. (×) 정부가 배출요금을 2만큼 부과하면 PMC곡선은 2만큼 상방이동한 PMC'가 된다. 변경된 PMC'에 의한 가격은 8로써 변경 전보다 소비자가 지불해야 하는 가격은 1만큼 상승한다.

라. (×) 외부 한계비용은 생산량이 2 이상인 경우에 존재하는데 정부가 효율적인 배출요금을 2를 부과할 경우 생산량은 4이므로 외부 한계비용이 존재함을 알 수 있다.

답 ①

다음 그래프는 독감백신의 공급곡선(S), 사적 한계편익곡선(PMB), 사회적 한계편익곡선(SMB)을 나타낸다. 이 시장에 대한 설명 중 옳은 것을 모두 고르면? (단, 공급곡선은 독감백신 공급의 한계비용곡선과 일치한다)

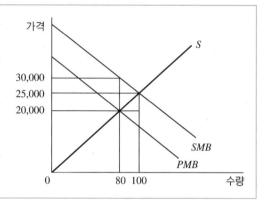

가. 정부의 개입이 없는 경우 독감백신 소비량은 80이다.

나. 독감백신의 사회적 최적소비량은 100이다.

다. 정부의 개입이 없는 경우 자중손실(Dead weight loss)은 100,000이다.

라. 독감백신의 사회적 최적소비량을 달성하기 위해서, 보조금은 독감백신 공급자보다는 구매자에게 지급하는 것이 보다 효율적이다.

마. 단위당 5,000의 보조금을 독감백신 공급자에게 지급하는 경우 균형소비량은 80으로 변화가 없다.

① 가, 나   ② 가, 나, 다

③ 가, 나, 다, 라   ④ 가, 다, 라, 마

⑤ 나, 다, 라, 마

‖해설‖

가·나. (○) 사회적 한계편익곡선이 사적 한계편익곡선보다 높은 위치에 있으므로, 제시된 그림은 긍정적 소비의 외부성이라고 볼 수 있다. 사회의 최적소비량은 사회적 한계편익곡선과 공급곡선이 교차하는 점에서 이루어지므로, 100이 사회적 최적소비량이다. 긍정적 소비의 외부성의 경우 과소소비가 이루어지므로, 정부의 개입이 없다면 사회적 최적소비량인 100에 미달하는 80에서 소비가 결정된다.

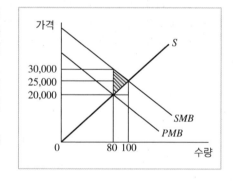

다. (○) 정부의 개입이 없어 과소소비에 따른 사회적인 자중손실은 그림에서 빗금친 부분이다. 자중손실을 계산해 보면

$$(30{,}000-20{,}000) \times (100-80) \times \frac{1}{2} = 100{,}000$$이 계산된다.

라. (✕) 보조금을 소비자에게 지급하면 수요곡선이 보조금 크기만큼 상방으로 이동하는 반면, 공급자에게 보조금을 지급하면 공급곡선이 보조금 크기만큼 하방으로 이동한다. 따라서 소비자나 공급자 누구에게 보조금을 지급하더라도 현재의 소비량보다 더 소비량이 늘어나므로 누구에게 지급하는지는 중요하지 않다.

마. (✕) 단위당 보조금 5,000을 지급한다면 소비량이 늘기는 하지만 최적소비량인 100에 미치지는 못한다. 단위당 보조금을 지급하여 최적소비량을 이루기 위해서는 사회적 한계편익곡선과 사적 한계편익곡선의 차이만큼 보조금을 지급해야한다. 따라서 30,000과 20,000의 차이인 10,000의 보조금을 지급하여야 최적소비량을 달성할 수 있다.

답 ②

생산측면에서 외부효과가 발생하는 경우에 관한 설명으로 옳지 않은 것은?

① 부정적 외부효과가 존재할 경우, 시장균형거래량에서 사회적 한계비용이 시장균형가격보다 낮다.

② 긍정적 외부효과가 존재할 경우, 시장균형거래량은 사회적 최적거래량보다 작다.

③ 부정적 외부효과가 존재할 경우, 경제적 순손실(자중손실)이 발생한다.

④ 긍정적 외부효과가 존재할 경우, 경제적 순손실(자중손실)이 발생한다.

⑤ 외부효과는 한 사람의 행위가 제3자의 경제적 후생에 영향을 미치고 그에 대한 보상이 이루어지지 않을 때 발생한다.

┃해설┃

부정적 외부효과가 존재할 경우 사회적 한계비용이 시장균형가격보다 높다.

② 긍정적 외부효과가 존재할 경우, 시장균형거래량은 사회적 최적거래량보다 작기 때문에 생산량을 증가시키기 위해 보조금을 지급한다.

③ · ④ 부정적 외부효과는 물론이고 긍정적 외부효과도 자중손실이 나타나는데, 이는 부정적 외부효과 발생 시에는 과대생산이 이루어지고, 긍정적 외부효과 발생 시에는 사회적 최적생산량에 미달하게 과소생산이 이루어지기 때문이다.

⑤ 외부효과는 한 사람의 생산 혹은 소비행위가 제3자에게 의도치 않은 혜택이나 손해를 미치면서도 이에 대한 보상이 이루어지지 않는 것을 말하는데, 이는 시장기구의 외부에서 일어나는 현상이기 때문이다.

답 ①

X재의 사적한계비용곡선(MC)은 $MC = 0.1Q + 2$이고, 한계편익곡선은 $P = 14 - 0.1Q$이다. X재의 공급에 부정적 외부효과가 존재하여 경제적 순손실이 발생하였다. 이에 정부가 공급자에게 단위당 2의 세금을 부과하여 사회적 최적을 달성했다면 정부개입 이전의 경제적 순손실은? (단, P는 가격, Q는 수량이다)

① 10

② 20

③ 30

④ 40

┃ 해설 ┃

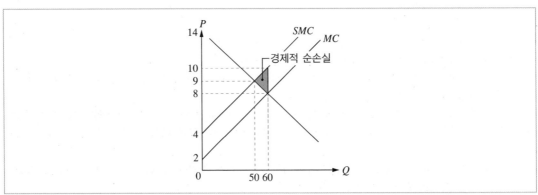

- 사회적 한계편익(MC) $= 0.1Q + 2$
- $SMC = 0.1Q + 2 + 2 = 0.1Q + 4$
- 한계편익(MB) $= 14 - 0.1Q$
- 경제적 순손실 $= (60 - 50) \times (10 - 8) \times 0.5 = 10$

답 ①

01 공인회계사 2018

☑ 확인Check! ○ △ ×

강 상류에 제철소(S)가 있고 강 하류에는 어부(F)가 산다. S의 철강 생산은 F의 어획량에 영향을 주는 공해물질을 배출한다. 철강과 물고기는 각각 단위당 10과 2의 가격에 판매된다. S와 F의 비용함수는 아래와 같다.

$$C_s(s, \ x) = s^2 - 10x + x^2, \ \ C_F(f, \ x) = \frac{1}{10}f^2 + \frac{1}{5}fx$$

공해물질 배출규제가 없는 경우 공해물질 배출량은? (단, s는 철강 생산량, f는 어획량, x는 공해물질 배출량을 나타낸다)

① 5

② 10

③ 15

④ 20

⑤ 25

해설

제철소(S)의 이윤함수$= 10S - (S^2 - 10x + x^2)$

s에 대해 미분하고 0으로 두면, $\dfrac{d이윤}{ds} = 10 - 2s = 0, \ s = 5$ 철강생산량은 5이다.

x에 대해 미분하고 0으로 두면, $\dfrac{d이윤}{dx} = 10 - 2x = 0, \ x = 5$ 공해물질 배출량은 5이다.

답 ①

02 공인회계사 2018

☑ 확인Check! ○ △ ×

어떤 산에서 n명의 사냥꾼이 토끼 사냥을 하면 $10\sqrt{n}$ (kg)만큼의 토끼 고기를 얻을 수 있다. 토끼 고기는 kg당 2만원에 팔리고 있다. 또한 사냥꾼 한 명이 사냥을 하는데 드는 비용은 2만원이다. 만약 이 산이 공유지라면 사회적으로 효율적인 사냥꾼 수보다 얼마나 더 많은 사냥꾼이 사냥을 하게 되는가? (단, 사냥꾼들은 모두 동일한 사냥 능력을 지녔다)

① 35명

② 45명

③ 55명

④ 65명

⑤ 75명

PART 1

미시경제학

┃해설┃

- 총편익−총비용=순편익이 극대가 되는 수준에서 효율적인 사냥꾼의 수가 결정된다.
- 총편익 $TB = 20\sqrt{n}$, 총비용 $TC = 2n$이므로, 순편익 $NB = 20\sqrt{n} - 2n$이다.
- 순편익이 극대화되는 사냥꾼 수를 결정하기 위해 순편익을 n으로 미분하고, 0으로 둔다.

$$\frac{dNB}{dn} = 10n^{-\frac{1}{2}} - 2 = 0 \rightarrow n = 25$$

- 만약 산이 공유지인 경우 순편익 존재시 사냥에 참여할 것이기 때문에 $NB = 20\sqrt{n} - 2n = 0$, $n = 100$이다.
- 따라서 효율적인 수준보다 75명의 사냥꾼이 더 참여하고 있다.

답 ⑤

03 공인회계사 2015

☑ 확인 Check! ○ △ ✕

흡연자인 희준과 비흡연자인 정진은 2인용 기숙사 방을 함께 사용한다. 희준이 방에서 흡연하는 행위로부터 얻는 순편익의 가치는 3만원이고, 정진이 담배연기 없는 방을 사용함으로써 얻는 순편익의 가치는 5만원이다. 두 사람은 방에서의 흡연여부에 대해 협상을 할 수 있으며, 협상에 따른 거래비용은 없다고 가정하자. 코즈(R. Coase) 정리를 적용할 때 다음 설명 중 옳지 않은 것은?

① 법적으로 희준에게 방에서 흡연할 권리가 있는 경우, 희준이 방에서 흡연을 하는 결과가 나타난다.
② 법적으로 정진에게 담배연기 없는 방을 사용할 권리가 있는 경우, 희준이 방에서 흡연을 하지 않는 결과가 나타난다.
③ 효율적인 자원배분은 희준이 방에서 흡연을 하지 않는 것이다.
④ 희준이 정진에게 보상을 하고 방에서 흡연을 하는 거래는 나타나지 않는다.
⑤ 정진이 희준에게 4만원을 보상하고, 희준이 방에서 흡연을 하지 않는 거래가 발생할 수 있다.

┃해설┃

①·⑤ 법적으로 희준에게 흡연권이 주어진다 해도 정진이 흡연을 하지 않는 대신 4만원을 제시한다면 흡연은 일어나지 않는다.
② 법적으로 흡연을 못하게 할 것이므로 흡연을 하지 않는 결과가 나타난다.
③ 희준과 정진의 순편익을 비교해 보면 정진의 순편익이 더 크기 때문에 비흡연이 효율적인 자원배분이다.
④ 희준이 흡연하면서 얻는 순편익보다 정진이 비흡연시 얻는 순편익이 더 크기 때문에 흡연하는 거래는 나타나지 않는다.

답 ①

01 감정평가사 2021

☑ 확인 Check! ○ △ ✕

오염물질을 배출하는 기업 甲과 乙의 오염저감비용은 각각 $TAC_1 = 200 + 4X_1^2$, $TAC_2 = 200 + X_2^2$ 이다. 정부가 두 기업의 총오염배출량을 80톤 감축하기로 결정할 경우, 두 기업의 오염저감비용의 합계를 최소화하는 甲과 乙의 오염감축량은? (단, X_1, X_2는 각각 甲과 乙의 오염감축량이다)

① $X_1 = 8$, $X_2 = 52$

② $X_1 = 16$, $X_2 = 64$

③ $X_1 = 24$, $X_2 = 46$

④ $X_1 = 32$, $X_2 = 48$

⑤ $X_1 = 64$, $X_2 = 16$

▌해설▌

- $MC_1 = 8X_1$, $MC_2 = 2X_2$
- 두 기업의 오염저감비용의 합계를 최소화되기 위해선 두 기업의 한계비용은 동일하다. 그러므로 $MC_1 = MC_2$이다.
- $8X_1 = 2X_2 \rightarrow 4X_1 = X_2$
- $X_1 + X_2 = 80$ (∵ 정부가 두 기업의 총오염배출량을 80톤 감축하기로 결정)

  $X_1 + 4X_1 = 80$

∴ $X_1 = 16$, $X_2 = 64$

답 ②

PART 1

미시경제학

기업 A, B는 생산 1단위당 폐수 1단위를 방류한다. 정부는 적정수준의 방류량을 100으로 결정하고, 두 기업에게 각각 50의 폐수방류권을 할당했다. A의 폐수저감 한계비용은 $MAC_A = 100 - Q_A$, B의 폐수저감 한계비용은 $MAC_B = 120 - Q_B$인 경우, 폐수방류권의 균형거래량과 가격은? (단, Q_A, Q_B는 각각 A, B의 생산량이다)

① 5, 60　　　　　　　　　　　　　　② 10, 60

③ 10, 80　　　　　　　　　　　　　④ 20, 80

⑤ 20, 100

┃해설┃

〈조건 1〉

적정수준의 폐수방류량이 100이므로 $Q_A + Q_B = 100$이다.

〈조건 2〉

두 기업의 폐수저감 한계비용이 같아지는 점에서 거래가 이뤄지므로

$MAC_A = MAC_B$

$100 - Q_A = 120 - Q_B$

$\therefore\ Q_A + 20 = Q_B$

위 조건을 이용하여 Q_A, Q_B를 구해보면

$Q_A + Q_B = 100$

$Q_A + (Q_A + 20) = 2Q_A + 20 = 100$

$\therefore\ Q_A = 40,\ Q_B = 60$

따라서 기업 A는 기업 B에게 10개의 폐수방류권을 판매하게 된다. 이때의 가격은 $Q_A = 40$, $Q_B = 60$일 때의 한계비용인 60이 된다.

답 ②

A지역에 두 명의 소비자 甲과 乙이 살고 있다. 공기의 질을 Q, 공기질에 대한 한계지불의사를 P라고 할 경우, 공기질에 대한 甲의 수요는 $Q_甲 = 1 - P$, 乙의 수요는 $Q_乙 = 2 - 2P$이다. 공기질 Q를 공급할 때의 한계비용이 $MC = Q$라고 할 때, 사회적 최적 공기질은?

① $\dfrac{4}{5}$ ② $\dfrac{3}{5}$

③ $\dfrac{2}{5}$ ④ $\dfrac{1}{5}$

┃해설┃

• 甲의 수요함수 : $P_甲 = 1 - Q$

• 乙의 수요함수 : $P_乙 = 1 - \dfrac{1}{2}Q$

• 시장 전체의 수요함수 : $P = (1 - Q) + \left(1 - \dfrac{1}{2}Q\right) = 2 - \dfrac{3}{2}Q$

사회적 최적 공기질을 구하기 위해 한계비용과 시장 전체의 수요함수를 연립하면

$2 - \dfrac{3}{2}Q = Q$

$\therefore\ Q = \dfrac{4}{5}$

답 ①

비용함수가 $C(Q) = Q^2 + 10$인 독점기업의 시장수요가 $Q = 100 - P$이다. 이 기업은 생산과정에서 생산량 한 단위당 25의 외부공해비용을 발생시킨다. 이 기업의 이윤극대화 생산량을 Q_M, 사회적 최적생산량을 Q_S라 할 때, $(Q_M - Q_S)$의 값은?

① 0

② 5

③ 6.25

④ 10

⑤ 12.5

┃해설┃

- 독점기업의 이윤극대화 생산량 조건은 $MR = MC$이다.

  $MC = 2Q = 100 - 2Q = MR \rightarrow Q_M = 25$

- 사회적 최적생산량 : $MC + 25 = P \rightarrow 2Q + 25 = 100 - Q \rightarrow Q_S = 25$

$\therefore Q_M - Q_S = 25 - 25 = 0$

답 ①

한 재화의 수요곡선은 $D = 80 - 2P$, 공급곡선은 $S = 2P - 16$이다. 이 재화를 생산할 때에는 환경오염물질이 배출되어 외부효과가 발생한다. 그리고 이 환경오염물질을 처리하는 비용은 재화 가격의 40%이다. 외부효과를 내부화한 경우의 재화 가격은? (단, D는 수요량, S는 공급량, P는 가격이다)

① 28

② 30

③ 32

④ 34

⑤ 36

┃해설┃

- 공급함수를 P에 대해 정리하면 $P = 8 + \dfrac{1}{2}Q$이다.

- 오염물질 처리비용이 발생한다면 사회적 한계비용은 사적 한계비용의 1.4배이다. 그러므로 사회적 한계비용은 $(8 + \dfrac{1}{2}Q) \times 1.4 = 11.2 + 0.7Q$이다.

- 사회적인 최적생산량을 구하려면 $P =$ 사회적 한계비용이므로 이를 구하기 위해 수요함수를 P로 정리해보면 $P = 40 - \dfrac{1}{2}Q$이다. $P = 40 - \dfrac{1}{2}Q = 11.2 + 0.7Q \rightarrow Q = 24$

- 이를 수요함수에 넣어보면 $P = 28$이 계산된다.

답 ①

다음은 강 상류에 위치한 생산자 A와 강 하류에 위치한 피해자 B로만 구성된 경제를 묘사한 것이다. A는 제품(Q)의 생산 과정에서 불가피하게 오염물질을 배출하며, 이로 인해 B에게 피해를 발생시킨다. 강의 소유권은 B에게 있으며, A의 한계편익(MB_A)과 B의 한계비용(MC_B)은 각각 다음과 같다.

$$MB_A = 10 - \frac{1}{2}Q, \quad MC_B = \frac{1}{2}Q$$

A의 고정비용 및 한계비용은 없고, B의 한계편익도 없다. 양자가 협상을 통해 사회적으로 바람직한 산출량을 달성할 수 있다면, 피해보상비를 제외하고 A가 지불할 수 있는 협상비용의 최댓값은?

① 25

② 50

③ 75

④ 100

⑤ 125

┃해설┃

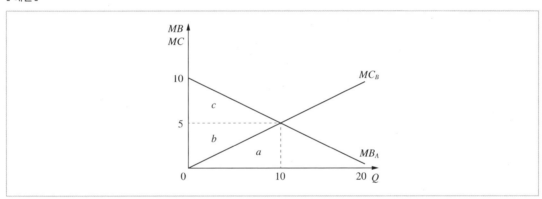

- A와 B의 균형생산량 10에서 소유권을 가지고 있는 B가 최소한의 보상을 받아야 하는 금액 : a
- 균형생산량 10에서 A가 최대한 보상할 수 있는 금액 : $a+b+c$
- 피해보상비를 제외한 A가 지불할 수 있는 협상비용 최댓값은 $(a+b+c)-a=b+c$이다.
- $b+c = 10 \times 10 \times 0.5 = 50$

답 ②

01 공인회계사 2022   ☑ 확인Check! ○ △ ✕

공유자원(commons)과 관련한 다음 설명 중 옳은 것을 모두 고르면?

가. 소비의 비경합성(non-rivalry)이 존재한다.
나. 대가를 지불하지 않는 사람이라도 소비에서 배제할 수 없다.
다. 사회적 최적 수준보다 과도하게 사용되는 문제가 발생한다.
라. 막히지 않는 유료 도로는 공유자원의 예이다.

① 가, 나   ② 가, 다
③ 나, 다   ④ 나, 라
⑤ 다, 라

┃해설┃

가. (✕) 공유자원은 소비의 경합성이 존재한다.
나. (○) 공유재는 소비의 비배제성을 가진다.
다. (○) 공유재는 사회적 최적 수준보다 과도하게 사용되는 비효율이 존재한다.
라. (✕) 막히지 않는 유료 도로는 경합성이 없으므로 공유자원이 아니다.

답 ③

어느 마을에 주민들이 염소를 방목할 수 있는 공동의 목초지가 있다. 염소를 방목하여 기를 때 얻는 총수입은 $R = 10(20X - X^2)$이고, 염소 한 마리에 소요되는 비용은 20이다. 만약 개별 주민들이 아무런 제한 없이 각자 염소를 목초지에 방목하면 마을 주민들은 총 X_1마리를, 마을 주민들이 마을 전체의 이윤을 극대화하고자 한다면 총 X_2마리를 방목할 것이다. X_1과 X_2는? (단, X는 염소의 마리수이다)

① 12, 9

② 12, 16

③ 16, 12

④ 18, 9

⑤ 18, 12

❚ 해설 ❚

- 이윤극대화를 위해서는 $MR = MC$가 성립해야 한다.
- R(총수입) $= 200X - 10X^2$
- MR을 구하기 위해 R을 X로 미분한다.
- $MR = \dfrac{dR}{dX} = 200 - 20X$
- 염소 한 마리에 소요되는 비용이 MC이다. 따라서 $MC = 20 = \dfrac{dTC}{dX} \rightarrow TC = 20X$
- $MR = MC \rightarrow 200 - 20X = 20$, $X = 9$
- 아무 제한 없이 목초지에 방목할 때에는 이윤이 0이 될 때까지 염소를 놓아서 기를 것이기 때문에

  이윤 $= R - TC = 200X - 10X^2 - 20X = 0$, $180X - 10X^2 = 0$, $X = 18$

답 ④

01 공인노무사 2022 ☑ 확인Check! ○ △ ✕

100명의 주민이 살고 있는 아파트에 주민들이 안전을 우려하여 공동으로 아파트 입구에 CCTV를 설치하고자 한다. 설치된 CCTV의 서비스에 관한 설명으로 옳은 것을 모두 고른 것은?

> ㄱ. CCTV 서비스는 주민들에게 공유자원이다.
> ㄴ. CCTV 서비스는 주민들에게 사적재이다.
> ㄷ. CCTV 서비스는 주민들에게 비배제성을 갖는다.
> ㄹ. CCTV 서비스는 주민들에게 공공재이다.

① ㄱ   ② ㄴ
③ ㄱ, ㄴ   ④ ㄴ, ㄷ
⑤ ㄷ, ㄹ

▌해설▌

ㄱ・ㄴ. (✕) CCTV 서비스는 배제성과 경합성이 모두 없으므로 공공재이다.
ㄷ・ㄹ. (○) CCTV 서비스는 비배제성을 갖는 공공재이다.

핵심체크	재화의 구분		
		배제성	
		가 능	불가능
경합성	있 음	사용재(민간재)	공유자원
	없 음	요금재	공공재

답 ⑤

02 감정평가사 2021

☑ 확인Check! ○ △ ✕

순수공공재에 관한 설명으로 옳지 않은 것은?

① 소비자가 많을수록 개별 소비자가 이용하는 편익은 감소한다.

② 시장수요는 개별 소비자 수요의 수직합으로 도출된다.

③ 개별 소비자의 한계편익 합계와 공급에 따른 한계비용이 일치하는 수준에서 사회적 최적량이 결정된다.

④ 시장에서 공급량이 결정되면 사회적 최적량에 비해 과소 공급된다.

⑤ 공급량이 사회적 최적 수준에서 결정되려면 사회 전체의 정확한 선호를 파악해야 한다.

┃해설┃

순수공공재는 비경합적인 특성을 가지고 있으므로 소비자의 수 변화에 따라 소비자가 얻는 편익의 크기는 변하지 않는다.

답 ①

03 보험계리사 2019

☑ 확인Check! ○ △ ✕

표는 소비의 배제성과 경합성의 존재 유무에 따라 재화를 분류하고 있다. 재화와 분류가 옳게 짝지어진 것은?

		경합성	
		있음	없음
배제성	있음	A	B
	없음	C	D

① 공해(公海) 상의 어류 - C

② 국방서비스 - B

③ 민자 유료도로 - C

④ 유료 이동통신 - D

┃해설┃

공해상의 어류는 누구나 잡을 수 있으므로 배제성이 없지만, 먼저 잡아가면 후에 온 사람은 못 잡을 수 있으므로 경합성은 존재한다. 따라서 C영역이 적당하다.

② 국방서비스는 현실 세계에 얼마 없는 순수공공재의 대표적인 예로 배제성도 없고, 경합성도 없으므로 D영역이 옳다.

③ 유료도로는 대가를 지불하기 때문에 배제성을 가지며 경합성은 없다고 보기 때문에 B영역이 적당하다.

④ 유료 이동통신은 배제성을 갖고 경합성은 없으므로 B영역이 맞다.

답 ①

재화를 배제가능성과 경합성 여부에 따라 다음과 같이 분류할 수 있다. 다음 설명 중 옳은 것을 모두 고르면?

구 분	배제가능	배제불가능
경합적	㉠	㉡
비경합적	㉢	㉣

> 가. 의복, 식품 등과 같은 사적 재화는 ㉠에 해당한다.
> 나. 혼잡한 유료도로는 ㉡에 해당한다.
> 다. 케이블TV와 같은 클럽재(Club goods)는 ㉢에 해당한다.
> 라. 국방서비스와 같은 공공재는 ㉣에 해당한다.

① 가, 나　　　　　　　　　　　② 가, 라
③ 나, 다　　　　　　　　　　　④ 가, 다, 라
⑤ 나, 다, 라

┃해설┃

가. (○) 사적 재화는 대가를 지불해야하므로 배제가 가능하고, 경합성도 있다.

나. (✕) 혼잡한 유료도로는 유료이기 때문에 배제성도 있고, 혼잡하므로 경합성도 존재한다. 따라서 ㉠의 자리에 위치해야 한다.

다. (○) 케이블TV는 대가를 지불해야하기 때문에 배제성이 존재하지만 경합성은 존재하지 않다.

라. (○) 국방서비스 같은 순수공공재는 배제성도 없고, 경합성도 없다.

답 ④

05 보험계리사 2020

( )안에 들어갈 용어를 옳게 짝지은 것은?

(A)는 비경합적이지만 배제가능한 재화이며, (B)는 경합적이지만 비배제적인 재화이다.

	(A)	(B)
①	공유자원	클럽재
②	공유자원	공공재
③	클럽재	공공재
④	클럽재	공유자원

┃해설┃

- 클럽재(요금재)는 비경합적이지만 배제가능한 재화이다.
- 공유자원은 경합적이지만 비배제적인 재화이다.
- 사용재(민간재)는 배제가능하며 경합적인 재화이다.
- 순수공공재는 비경합적이며 비배제적인 재화이다.

답 ④

06 공인노무사 2020

공공재에 관한 설명으로 옳은 것을 모두 고른 것은?

ㄱ. 공공재의 공급을 시장에 맡길 경우 무임승차자의 문제로 인해 공급부족이 야기될 수 있다.
ㄴ. 코즈정리(Coase Theorem)에 따르면 일정한 조건하에서 이해당사자의 자발적 협상에 의해 외부성의 문제가 해결될 수 있다.
ㄷ. 배제불가능성이란 한 사람이 공공재를 소비한다고 해서 다른 사람이 소비할 수 있는 기회가 줄어들지 않음을 의미한다.

① ㄱ		② ㄴ	
③ ㄱ, ㄴ		④ ㄴ, ㄷ	
⑤ ㄱ, ㄴ, ㄷ			

┃해설┃

ㄷ. (✕) 한 사람이 공공재를 소비한다고 해서 다른 사람이 소비할 수 있는 기회가 줄어들지 않음을 의미하는 것은 비경합성이다. 배제불가능성이란 공공재의 공급이 이루어지면 비용부담을 하지 않는 소비자도 배제할 수 없다는 것이다.

답 ③

01 공인회계사 2023

☑ 확인Check! ○ △ ✕

세 명(A, B, C)으로 구성된 어느 마을에서 공공재에 대한 개별 구성원 각각의 한계편익(MB)과 공공재 비용함수(TC)가 다음과 같다.

- $MB^A = \max\{120 - Q,\ 0\}$
- $MB^B = \max\{25 - 0.5Q,\ 0\}$
- $MB^C = \max\{40 - 2Q,\ 0\}$
- $TC = 73Q$

이 마을의 최적 공공재 공급량은? (단, MB^i는 개인 i의 공공재에 대한 한계편익이며, Q는 공공재 공급량이다)

① 23

② 32

③ 47

④ 48

⑤ 54

┃해설┃

A와 B의 한계편익을 수직으로 합하면 $145 - 1.5Q$이고 이것이 한계비용인 73과 같아야 하므로 Q는 48이다.

답 ④

02 공인회계사 2024

☑ 확인Check! ○ △ ✕

n명으로 구성된 어느 마을에서 구성원 i의 한계편익(MB_i)과 공공재 생산의 비용함수(C)가 각각 다음과 같다.

- $MB_i(Q) = \dfrac{i}{Q}$
- $i = 1,\ 2,\ \cdots,\ n$
- $C(Q) = 2Q^2$

이 마을의 최적 공공재 생산량이 3일 때 n은? (단, Q는 공공재 생산량이다)

① 8

② 9

③ 12

④ 24

⑤ 36

해설

$\dfrac{1+2+\cdots+n}{Q}=4Q$이고 Q가 3이므로 이를 만족시키는 구성원의 수는 8이다.

답 ①

---

03 공인노무사 2017   ☑ 확인Check! ○ △ ✕

공공재 수요자 3명이 있는 시장에서 구성원 A, B, C의 공공재에 대한 수요함수는 각각 아래와 같다. 공공재의 한계비용이 30으로 일정할 때, 공공재의 최적공급량에서 각 구성원이 지불해야 하는 가격은? (단, P는 가격, Q는 수량이다)

- A : $P_a = 10 - Q_a$
- B : $P_b = 20 - Q_b$
- C : $P_c = 20 - 2Q_c$

① $P_a = 5$, $P_b = 15$, $P_c = 10$

② $P_a = 5$, $P_b = 10$, $P_c = 10$

③ $P_a = 10$, $P_b = 10$, $P_c = 15$

④ $P_a = 10$, $P_b = 15$, $P_c = 5$

⑤ $P_a = 15$, $P_b = 15$, $P_c = 5$

해설

- 공공재 적정공급량 $P = MC$
- 시장 구성원들의 합 : $A + B + C \rightarrow P = 50 - 4Q = 30$, $Q = 5$
- $Q = 5$를 A, B, C의 수요함수에 대입하면 $P_a = 5$, $P_b = 15$, $P_c = 10$

답 ①

2개의 재화(사적재, 공공재)와 2명의 개인(김씨, 이씨)으로 구성되는 한 경제는 다음과 같다. 김씨와 이씨의 효용의 합을 최대로 하는 공공재 생산량은?

- 생산가능곡선 : $X + 5W = 100$
- 각 개인의 효용함수 : $U = 2YZ$
- 김씨와 이씨는 생산된 사적재를 절반씩 소비한다.

(단, X는 사적재 생산량, W는 공공재 생산량, U는 효용수준, Y는 사적재 소비량, Z는 공공재 소비량이다)

① 5   ② 10

③ 15   ④ 20

⑤ 25

❚해설❚

- 김씨의 사적재 소비량을 $X_김$, 이씨의 사적재 소비량을 $X_이$, 그리고 공공재 소비량은 W로 둔다.
- 이 경우 김씨와 이씨의 효용함수는 $U_김 = 2X_김 W$, $U_이 = 2X_이 W$로 나타낼 수 있다.
- 김씨의 한계대체율 : $MRS_{WX}^{김} = \dfrac{2X_김}{2W} = \dfrac{X_김}{W}$, 이씨의 한계대체율 : $MRS_{WX}^{이} = \dfrac{X_이}{W}$
- $X_김 + X_이 = X$, $MRS_{WX} = \dfrac{X}{W}$, $MRT_{WX} = 5$(생산곡선의 기울기), $\therefore \dfrac{X}{W} = 5$, $X = 5W$
- $X = 5W$를 $X + 5W = 100$에 대입하여 계산하면 $W = 10$, $X = 50$이다.

답 ②

01 공인노무사 2019

☑ 확인Check! ○ △ ✕

사적 재화인 X재 시장의 수요자는 A와 B만으로 구성되어 있다. 재화 X에 대한 A의 수요함수는 $q_A = 10 - 2P$, B의 수요함수는 $q_B = 15 - 3P$일 때, X재의 시장수요함수는? (단, q_A는 A의 수요량, q_B는 B의 수요량, Q는 시장수요량, P는 가격이다)

① $Q = 10 - 2P$

② $Q = 10 - 3P$

③ $Q = 15 - 2P$

④ $Q = 15 - 3P$

⑤ $Q = 25 - 5P$

▌해설▐

· 사용재의 경우, 시장에 존재하는 소비자의 수요함수를 수평으로 합한 값이 시장전체의 수요함수이다.
· 수평으로 합한 시장전체의 수요량은 $q_A + q_B = Q$
· 시장전체의 수요함수는 $Q = 10 - 2P + 15 - 3P = 25 - 5P$

 ⑤

PART 1

미시경제학

01 7급 공무원 2016

☑ 확인 Check! ○ △ ✕

어느 마을의 어부 누구나 물고기를 잡을 수 있는 호수가 있다. 이 호수에서 잡을 수 있는 물고기의 수(Q)와 어부의 수(N) 사이에는 $Q = 70N - \frac{1}{2}N^2$의 관계가 성립한다. 한 어부가 일정 기간 동안 물고기를 잡는 데는 2,000원의 비용이 발생하며, 물고기의 가격은 마리당 100원이라고 가정한다. 어부들이 아무런 제약 없이 경쟁하면서 각자의 이윤을 극대화할 경우 어부의 수(N_0)와 이 호수에서 잡을 수 있는 물고기의 수(Q_0)는? 그리고 마을 전체적으로 효율적인 수준에서의 어부의 수(N_1)와 이 호수에서 잡을 수 있는 물고기의 수(Q_1)는?

① $(N_0,\ Q_0,\ N_1,\ Q_1) = (100,\ 2{,}000,\ 50,\ 2{,}250)$

② $(N_0,\ Q_0,\ N_1,\ Q_1) = (100,\ 2{,}000,\ 70,\ 2{,}450)$

③ $(N_0,\ Q_0,\ N_1,\ Q_1) = (120,\ 1{,}200,\ 50,\ 2{,}250)$

④ $(N_0,\ Q_0,\ N_1,\ Q_1) = (120,\ 1{,}200,\ 70,\ 2{,}450)$

┃해설┃

- 물고기의 가격은 한 마리에 100원이고, 물고기의 수는 $Q = 70N - \frac{1}{2}N^2$

- 총이윤을 구하기 위해 총수입을 구하면 $TR = P \times Q = (70N - \frac{1}{2}N^2) \times 100 = 7{,}000N - 50N^2$

- 어부가 물고기를 잡는데 2,000원 소요된다고 하였으므로 $TC = 2{,}000N$이다.

- 따라서 총이윤은 $TR - TC = 7{,}000N - 50N^2 - 2{,}000N = 5{,}000N - 50N^2$

- 이윤을 극대화할 경우 어부의 수(N_1)을 구하기 위해 이윤을 N으로 미분한 후 0으로 둔다.

  $\dfrac{d(5{,}000N - 50N^2)}{dN} = 5{,}000 - 100N = 0,\ N_1 = 50$

- $N_1 = 50$을 $Q = 70N - \frac{1}{2}N^2$에 대입하면 $Q_1 = 2{,}250$이 계산된다.

- 아무런 제약 없이 경쟁한다면 이윤이 0 이상만 되면 계속해서 어부 수가 늘어날 것이므로 이윤을 0으로 두고 계산한다.

- $5{,}000N - 50N^2 = 0,\ N_0 = 100$으로 계산되고, 이를 $Q = 70N - \frac{1}{2}N^2$에 넣어보면 $Q_0 = 2{,}000$이 구해진다.

답 ①

01 | 정보비대칭

역선택	해결방안	도덕적 해이	해결방안
• 보험시장 • 중고차시장 • 노동시장 • 금융시장	• 선 별 • 신호발송 • 정부규제 • 효율성임금	• 보험시장 • 노동시장 • 금융시장	• 공동보험 • 성과급&승진 • 담 보 • 효율성임금

02 | 역선택

정보수준이 낮은 측이 낮은 품질의 재화를 구매할 가능성이 높아지는 현상

03 | 행동경제학

정 의	합리적이고 이성적인 인간이 아닌 실제 인간의 행동을 심리학, 사회학, 생리학적 견지에서 관찰·연구하여 어떻게 행동하고 어떤 결과가 발생하는지를 규명하기 위한 이론
프레이밍효과 (틀짜기효과)	어떤 사안에 대하여 질문이나 문제 제시 방법(틀)에 따라 사람들의 선택이나 판단이 달라지는 현상으로, 특정 사안을 어떤 시각으로 바라보느냐에 따라 해석이 달라진다는 이론
닻내림효과 (정박효과)	처음에 인상적으로 각인된 정보를 기준으로 후에 판단하려는 경향이 있다는 것
현상유지편향	일반적으로 사람들은 현재의 성립된 행동을 특별한 충격이 주어지지 않는 이상 바꾸지 않으려는 경향을 가지고 있다는 이론
부존효과 (소유효과)	소비자가 일단 어떤 대상을 소유하고 난 뒤, 소유한 재화에 애착이 생겨 그 가치에 대해 그것을 갖고 있기 전보다 훨씬 높게 평가하는 경향

01 공인회계사 2021

☑ 확인Check! ○ △ ✕

보험시장에서 정보의 비대칭성에 의해 나타나는 시장실패를 개선하기 위한 다음 조치 중 성격이 다른 하나는?

① 건강 상태가 좋은 가입자의 의료보험료를 할인해준다.
② 화재가 발생한 경우 피해액의 일정 비율만을 보험금으로 지급한다.
③ 실손의료보험 가입자의 병원 이용시 일정액을 본인이 부담하게 한다.
④ 실업보험 급여를 받기 위한 요건으로 구직 활동과 실업 기간에 대한 규정을 둔다.
⑤ 보험 가입 이후 가입기간 동안 산정한 안전운전 점수가 높은 가입자에게는 보험료 일부를 환급해준다.

❚해설❚

①번은 역선택 방지 대책이며, 그 외의 보기 지문들은 도덕적 해이 방지 대책이다.

답 ①

02 감정평가사 2023

☑ 확인Check! ○ △ ✕

정보의 비대칭성에 관한 설명으로 옳은 것은?

① 도덕적 해이(moral hazard)는 감춰진 속성(hidden characteristics)과 관련된다.
② 직업감독제도는 역선택(adverse selection)방지를 위한 효율적인 수단이다.
③ 자동차보험에서 기초공제(initial deduction)제도를 두는 이유는 역선택 방지를 위함이다.
④ 상품시장에서 역선택 방지를 위해 품질보증제도를 도입한다.
⑤ 노동시장에서 교육수준을 선별의 수단으로 삼는 이유는 도덕적 해이를 방지하기 위함이다.

❚해설❚

비대칭적 정보로 인한 역선택의 문제와 관련하여 감추어진 특성에 대한 다양한 보증을 제공, 역선택의 문제를 방지할 수 있다.
① 도덕적 해이는 감추어진 행동과 관련된다. 감추어진 속성 또는 감추어진 특성의 상황에서는 역선택이 발생한다.
② 직업감독제도는 도덕적 해이를 방지하기 위한 수단이다.
③ 기초공제제도란 사고비용 또는 병원비 중 일정액 이하는 본인이 부담하고 일정액을 초과하는 금액만 보험회사에서 보상해 주는 방식을 말한다. 기초공제제도를 두는 것은 도덕적 해이를 방지하기 위한 수단이다.
⑤ 역선택을 방지하기 위함이다.

답 ④

정보의 비대칭성에 관한 설명으로 옳지 않은 것은?

① 사고가 발생할 가능성이 높은 사람일수록 보험에 가입할 가능성이 크다는 것은 역선택(Adverse selection)에 해당한다.

② 화재보험 가입자가 화재예방 노력을 게을리 할 가능성이 크다는 것은 도덕적 해이(Moral hazard)에 해당한다.

③ 통합균형(Pooling equilibrium)에서는 서로 다른 선호체계를 갖고 있는 경제주체들이 동일한 전략을 선택한다.

④ 선별(Screening)은 정보를 보유하지 못한 측이 역선택 문제를 해결하기 위해 사용할 수 있는 방법이다.

⑤ 항공사가 서로 다른 유형의 소비자에게 각각 다른 요금을 부과하는 행위는 신호 발송(Signaling)에 해당한다.

❚ 해설 ❚

항공사가 다른 요금제를 제시해 놓고 소비자들에게 본인의 유형에 맞는 요금제를 선택하게 하는 행위는 신호 발송이 아니고 선별에 해당한다.

답 ⑤

중고차 시장에서 품질에 대한 정보의 비대칭성이 존재하는 경우 나타날 수 있는 현상으로 옳은 것을 모두 고른 것은?

ㄱ. 정보의 비대칭성이 없는 경우보다 시장에서 거래되는 중고차의 품질이 올라간다.

ㄴ. 보증(Warranty)과 같은 신호발송(Signaling)을 통해 정보의 비대칭으로 인한 문제를 완화할 수 있다.

ㄷ. 역선택(Adverse selection)의 문제가 발생할 수 있다.

---

① ㄱ

② ㄴ

③ ㄱ, ㄴ

④ ㄴ, ㄷ

⑤ ㄱ, ㄴ, ㄷ

┃해설┃

ㄱ. (✕) 정보의 비대칭성이 존재할 경우 품질이 좋은 중고차는 중고차 시장에서 사라지게 되므로, 시장에서 거래되는 중고차의 품질은 낮아진다.

ㄴ. (○) 역선택의 해결방안으로 선별, 신호발송이 있을 수 있는데, 보증과 같은 신호발송은 정보를 가진 측이 정보를 알려주는 것을 말한다.

ㄷ. (○) 역선택이란 정보수준이 낮은 측이 바람직하지 못한 상대방과 거래를 할 경우 낮은 품질의 재화를 구입할 가능성이 높아지는 현상을 말하는데, 중고차 시장에서 낮은 품질의 차량을 구매할 가능성이 크므로 역선택의 문제가 발생한다고 볼 수 있다.

답 ④

01 보험계리사 **2017** ☑ 확인 Check! ○ △ ✕

기업 K에는 A와 B 두 가지 유형의 직원이 있는데, 자격증을 취득하기 위해서는 A유형의 경우 2년, B유형의 경우 1년 동안 학원을 다녀야 한다. 자격증을 취득한 직원에게는 $w = 24$, 그렇지 않은 직원에게는 $w = 20$의 보수를 지급한다. 효용을 극대화하는 직원의 효용함수가 $u = w - c \times e$일 때, (단, e는 학원 수강 기간, c는 연간 학원비이다) B유형의 직원만 자발적으로 자격증을 취득하기 위한 c의 범위는?

① $1 < c < 2$
② $1 < c < 3$
③ $2 < c < 3$
④ $2 < c < 4$

‖ 해설 ‖

근로자 유형	자격증 미취득	자격증 취득시
A유형	20	$24 - 2c$
B유형	20	$24 - c$

- 두 조건을 살펴보면 c가 2 초과가 되면 A유형은 자격증을 취득하지 않을 것이다.
- 그리고 c가 4를 넘어서면 B유형도 자격증을 취득하지 않을 것이다.
- 따라서 A유형은 자격증을 취득하지 않고 B유형만 자격증을 취득하게 하는 c의 범위는 $2 < c < 4$이다.

답 ④

노동시장에는 생산성이 높은 구직자(H)와 낮은 구직자(L) 두 유형이 있다. 기업 A는 1년 계약으로 직원을 채용하고 구직자의 생산성에 따라 임금을 다르게 지급하고자 한다. 구직자의 생산성을 알지 못하는 기업 A는 구직자가 받은 교육기간을 이용하여 개별 구직자의 생산성을 파악하고자 한다. 기업 A는 교육기간(E)을 설정하고 다음과 같은 급여체계를 공고하려고 한다.

> • E를 충족한 구직자는 H로 간주하여 총 2,200 지급
> • E를 충족하지 못한 구직자는 L로 간주하여 총 1,800 지급

구직자는 본인부담으로 교육비를 지출해야 하는데, H와 L의 교육비용은 1개월당 각각 100과 200이다. H는 E를 충족하고 L은 E를 충족하지 않도록 기업 A가 설정해야 하는 E의 범위는? (단, 교육은 구직자의 생산성에는 영향을 주지 않으며, 구직자는 교육이득이 양(+)인 경우에만 교육받는다고 가정한다)

① 0개월< E <1개월

② 1개월< E <2개월

③ 1.5개월< E <3.5개월

④ 2개월< E <4개월

⑤ E >4개월

┃해설┃

2,200−100n>1,800이므로 n<4이고, 2,200−200n<1,800이므로 n>2이다.
따라서 이를 결합하면 2개월< E <4개월이다.

답 ④

중고 노트북 컴퓨터 시장에 고품질과 저품질의 두 가지 유형이 있다. 전체 중고 노트북 중 고품질과 저품질의 비율은 8 : 2이고 판매자는 중고 노트북의 품질을 알고 있다. 판매자의 최소요구 금액과 구매자의 최대지불용의 금액은 다음 표와 같고, 구매자는 위험 중립적이다. 이러한 사실은 판매자와 구매자에게 알려져 있다. 다음 설명 중 옳지 않은 것은?

유 형	판매자의 최소요구 금액	구매자의 최대지불용의 금액
고품질	50만원	60만원
저품질	20만원	10만원

① 구매자도 품질을 아는 경우, 고품질만 거래된다.

② 구매자가 품질을 모르는 경우, 두 유형이 모두 거래될 수 있다.

③ 구매자가 품질을 모르는 경우, 고품질에 대한 구매자의 최대지불용의 금액이 60만원보다 크다면 두 유형이 모두 거래된다.

④ 구매자가 품질을 모르는 경우, 고품질에 대한 판매자의 최소요구 금액이 50만원보다 크다면 저품질만 거래된다.

⑤ 구매자가 품질을 모르는 경우, 고품질의 비중이 80%보다 작다면 고품질은 시장에서 거래되지 않는다.

┃해설┃

구매자가 품질을 모르는 경우 지불용의 금액인 50만원 이상을 판매자가 받고자 한다면 시장에는 저품질 노트북만 남게 되는 역선택이 발생할 것이다.

① 고품질 노트북 컴퓨터의 경우 구매자는 60만원까지 지불할 용의가 있고, 판매자는 50만원이면 판매할 의도가 있기 때문에 거래가 성립한다. 반면에 저품질 노트북 컴퓨터의 경우 구매자는 10만원 이상 지불할 용의가 없고, 판매자는 최소 20만원은 받아야 한다고 생각하므로 저품질 노트북 컴퓨터의 거래는 이루어지지 않는다. 따라서 중고 노트북 컴퓨터 시장에서는 50~60만원 사이에서 고품질 노트북 컴퓨터만 거래된다.

② 구매자의 지불용의 금액은 $60만원 \times \frac{8}{10} + 10만원 \times \frac{2}{10} = 50만원$인데, 판매자가 요구하는 고품질 판매가격을 충족하므로 두 유형이 모두 거래될 수 있다.

③ 고품질에 대한 구매자의 최대지불용의 금액이 60만원보다 크다면, 판매자가 요구하는 고품질 판매가격을 초과하므로 두 유형이 모두 거래될 수 있다.

⑤ 고품질의 비중이 80% 미만으로 된다면, 구매자의 지불용의 금액이 50만원 미만으로 결정된다. 예를 들어 고품질 비중이 70%라고 한다면, 구매자의 지불용의 금액은 $60만원 \times \frac{7}{10} + 10만원 \times \frac{3}{10} = 45만원$이 된다. 고품질 노트북 컴퓨터에 대한 판매자의 최소요구 금액인 50만원에 미달한다면, 고품질 노트북 컴퓨터는 시장에서 거래되지 않는다.

답 ④

레몬 문제(Lemons problem)는 판매자가 구매자보다 제품에 더 많은 정보를 가지고 있어 나타나는 문제이다. 레몬 문제에 대한 설명으로 옳은 것을 모두 고르면?

> 가. 평균보다 높은 품질의 제품을 생산하는 판매자는 평균 품질에 해당하는 가격으로 판매하고 싶지 않다.
> 나. 품질보증은 소비자가 제품에 대한 정보가 충분하지 않더라도 평균 품질에 해당하는 가격 이상으로 구매를 가능하게 한다.
> 다. 경매에 의한 판매를 통해 레몬 문제를 해결할 수 있다.

① 가
② 나
③ 다
④ 가, 나
⑤ 나, 다

┃해설┃

가. (○) 구매자의 지불의사 가격은 평균수준의 품질 가격을 지불할 용의가 있지만, 평균보다 높은 품질의 제품을 생산하는 판매자는 적정한 가격을 받고 싶을 것이므로 평균 품질에 해당하는 가격에는 판매하지 않을 것이다. 결국 좋은 품질을 가진 판매자는 시장을 떠나게 되고, 정보가 부족한 구매자는 나쁜 품질의 제품을 구매하게 된다.

나. (○) 품질보증은 제품에 대한 정보를 가진, 높은 품질의 제품을 생산하는 판매자가 자신이 생산하는 재화의 품질 정보를 보내는 신호발송의 역할을 할 수 있다.

다. (×) 경매로 제품을 구매했을 때 그 구매한 제품의 품질을 보증하는 어떤 장치도 없으므로, 경매도 정보의 불완전성을 해소하지 못한다. 즉, 경매를 통해 재화를 구매하는 것은 역선택의 문제를 해결해 주지 않는다.

답 ④

다이아몬드 시장에서 차지하는 다이아몬드 품질의 등급별 비중과 판매자 및 구매자의 유보가격은 다음 표와 같이 알려져 있다. 구매자는 구입하려는 다이아몬드의 등급은 알 수 없다. 판매자는 다이아몬드의 등급을 정확히 알고, 거래로 인한 이익을 모두 갖는다. 시장에서 거래되는 다이아몬드의 등급으로 옳은 것은?

등 급	A급	B급	C급
시장에서 차지하는 등급별 비중	20%	40%	40%
구매자 유보가격	9	8	6
판매자 유보가격	6	4	3

① A, B, C
② B, C
③ C
④ 어떤 다이아몬드도 거래되지 않는다.

- 구매자 지불용의 가격=$(0.2 \times 9)+(0.4 \times 8)+(0.4 \times 6)=7.4$
- 구매자는 다이아몬드 구입을 위해 평균적으로 7.4를 소비할 생각이 있는데, 판매자들이 받고자 하는 금액인 6, 4, 3을 초과하므로 시장에서는 A, B, C 모든 다이아몬드가 거래된다.

답 ①

06 공인회계사 2019 ☑ 확인Check! ○ △ ✕

좋은 품질과 나쁜 품질, 두 가지 유형의 차가 거래되는 중고차 시장이 있다. 좋은 품질의 차가 시장에서 차지하는 비중은 50%이다. 각 유형에 대한 구매자의 지불용의 금액(Willingness to pay)과 판매자의 수용용의 금액(Willingness to accept)은 다음 표와 같다.

구 분	좋은 품질	나쁜 품질
구매자의 지불용의 금액	a	800
판매자의 수용용의 금액	1,000	b

판매자는 자신이 파는 차의 유형을 알고 있으며, 구매자는 위험 중립적이다. 이 시장에서 구매자가 차 유형을 알 수 있는 경우와 차 유형을 알 수 없는 경우 각각에서 두 유형의 중고차가 모두 거래될 수 있는 a, b의 값으로 가능한 것은?

	a	b
①	900	600
②	1,100	600
③	1,300	600
④	1,300	900
⑤	1,400	900

구매자가 차 유형을 알 수 없는 경우
- 구매자의 지불용의 금액 : $0.5 \times a+800 \times 0.5=0.5a+400$
- 구매자의 지불용의 금액이 판매자가 받고자 하는 금액보다는 커야 하므로 $0.5a+400 > 1,000 \rightarrow a > 1,200$

구매자가 차 유형을 알 수 있는 경우
- 구매자의 지불용의 금액이 판매자의 수용용의 금액 이상이어야 거래가 이루어질 것이므로 $b < 800$

답 ③

01 감정평가사 2019
☑ 확인 Check! ○ △ ✕

설문을 어떻게 구성하느냐에 따라 다른 응답이 나오는 효과는?

① 틀짜기효과(Framingeffect)
② 닻내림효과(Anchoring effect)
③ 현상유지편향(Status quo bias)
④ 기정편향(Default bias)
⑤ 부존효과(Endowment effect)

ᅵ해설ᅵ

틀짜기효과란 어떤 사안이 질문이나 문제 제시 방법(틀)에 따라 사람들의 선택이나 판단이 달라지는 현상으로, 특정 사안을 어떤 시각으로 바라보느냐에 따라 해석이 달라진다는 이론이다.
② 닻내림효과란 처음에 인상적으로 각인된 정보를 기준으로 후에 판단하려는 경향이 있다는 것을 일컫는다.
③ · ④ 현상유지편향은 일반적으로 사람들은 현재의 성립된 행동을 특별한 충격이 주어지지 않는 이상 바꾸지 않으려는 경향을 가지고 있다는 이론이다.
⑤ 부존효과란 소비자가 일단 어떤 대상을 소유하고 난 뒤, 소유한 재화에 애착이 생겨 그 가치에 대해 그것을 갖고 있기 전보다 훨씬 높게 평가하는 경향을 말한다.

답 ①

02 공인회계사 2015
☑ 확인 Check! ○ △ ✕

다음 중 행태경제학(Behavioral economics) 분야의 주장을 모두 고르면?

가. 처음에 설정된 가격이나 첫인상에 의해 의사결정이 영향을 받는다.
나. 기준점(Reference point)과의 비교를 통해 의사결정을 내린다.
다. 이득의 한계효용이 체증한다.
라. 동일한 금액의 이득과 손실 중 손실을 더 크게 인식한다.

① 가, 나
② 나, 라
③ 가, 나, 다
④ 가, 나, 라
⑤ 가, 나, 다, 라

ᅵ해설ᅵ

가 · 나. 사람들이 의사결정을 내릴 때에는 처음에 설정된 기준에 영향을 많이 받는 것으로 연구결과가 보여지고 있다.
다 · 라. 이득을 얻는 대안에 관해서는 위험기피적인 경향을 보이지만, 손실이 발생하는 대안에 관해서는 위험선호적인 경향을 보인다. 이득에 위험기피적인 경향을 보이는 것은 한계효용이 체감하기 때문이다.

답 ④

대부분의 사람은 마음먹은 만큼 행복하다.

– 에이브러햄 링컨 –

PART 2
거시경제학

01 | 국민소득의 순환

01 | 유량과 저량

구 분	유 량	저 량
개 념	일정기간에 걸쳐 측정하는 변수	일정시점에서 측정하는 변수
사 례	국제수지, 국민소득, 소비, 투자, 저축, 수출 등	자본량, 통화량, 노동량 등

02 | GDP 측정

국민소득 3면 등가의 법칙

생산(GDP)	국내총생산	최종생산물의 시장가치의 합＝부가가치＋고정자본 소모분
분배(GDI)	국내총소득	임금＋지대＋이자＋이윤＋순간접세＋고정자본 소모분
지출(GDE)	국내총지출	민간소비지출＋국내총투자＋정부소비지출＋수출－수입

03 | GDP디플레이터

$$GDP디플레이터＝\frac{명목\,GDP}{실질\,GDP} \times 100$$

04 | 국민소득지표

국민총생산(GNP)	GDP＋해외 순수취 요소소득
국내총소득(GDI)	GDP＋교역조건 변화에 따른 실질무역 손익
국민총소득(GNI)	GDP＋교역조건 변화에 따른 실질무역 손익＋해외 순수취 요소소득
국민소득($\ni$)	GNI－고정자본 소모분－순간접세

01 공인회계사 2021 ☑ 확인 Check! ○ △ ✕

다음 중 저량변수(stock variable)는?

① 소 비
② 저 축
③ 국내총생산
④ 외환보유고
⑤ 감가상각

| 해설 |

• 유량(flow) : 일정기간에 걸쳐 측정되는 변수(예 소비, 저축, 국민소득, 수요량, 공급량, 감가상각 등)
• 저량(stock) : 일정시점에 측정되는 변수(예 통화량, 노동량, 자본량, 외환보유고 등)

답 ④

02 보험계리사 2015 ☑ 확인 Check! ○ △ ✕

경제변수는 유량(Flow)변수와 저량(Stock)변수로 구분된다. 다음 중 유량변수를 바르게 묶어놓은 것은?

| ㄱ. 소 득 |
| ㄴ. 자 산 |
| ㄷ. 소 비 |

① ㄱ, ㄴ
② ㄱ, ㄷ
③ ㄴ, ㄷ
④ ㄱ, ㄴ, ㄷ

| 해설 |

ㄱ. 소득은 일정기간 동안 벌어들인 수입을 의미하기 때문에 유량변수이다.
ㄴ. 자산은 일정시점에서 보유하고 있는 부채와 자본의 총합이다. 일정시점에서의 금액을 의미하므로 저량변수이다.
ㄷ. 소비는 일정기간 동안 재화나 서비스에 지출한 금액을 의미하기 때문에 유량변수이다.

답 ②

거시경제변수에 관한 설명으로 옳지 않은 것은?

① GDP는 유량(Flow) 변수이다.

② GDP디플레이터는 실질GDP를 명목GDP로 나눈 것으로 그 경제의 물가수준을 나타낸다.

③ 기준연도의 명목GDP와 실질GDP는 같다.

④ 외국인의 한국내 생산활동은 한국의 GDP 산출에 포함된다.

⑤ 소비, 투자, 정부지출(구입), 순수출이 GDP를 구성하는 네 가지 항목이다.

┃해설┃

$$GDP디플레이터 = \frac{명목GDP}{실질GDP} \times 100$$

① 유량변수는 일정기간 동안 측정되는 변수이며, GDP, 국민소득, 국제수지, 소비, 투자 등은 유량변수이다. 저량변수는 일정시점에서 측정되는 변수이며, 국부, 노동량, 통화량, 자본량 등이 있다.

③ 기준연도는 실질GDP와 명목GDP가 동일하므로 GDP디플레이터의 값은 100이 나온다.

④ GDP는 생산자의 국적에 관계없이 1년 동안 우리나라 내에서(속지주의) 생산한 모든 재화와 서비스를 포함한다. 다만, 중간재는 포함하지 않고 최종생산물만 포함한다.

⑤ 국민소득은 3면 등가의 원칙에 따라 생산, 요소소득, 지출 3가지 측면에서 측정이 가능하다. GDP의 지출측면에서 보면 민간소비지출, 국내총투자, 정부소비지출, 순수출의 합이 국내총지출인데, 이 네 가지 항목이 지출GDP의 구성요소이다.

답 ②

01 공인회계사 2022   ☑ 확인 Check! ○ △ ✕

다음 표는 갑국과 을국의 명목*GDP*와 실질*GDP*를 나타낸다. 물가수준은 양국 모두 *GDP*디플레이터로 측정한다. 다음 설명 중 옳은 것은? (단, 양국은 동일한 통화를 사용한다)

(단위 : 달러)

구 분	갑 국		을 국	
	명목*GDP*	실질*GDP*	명목*GDP*	실질*GDP*
2010년	4.0조	2.0조	1.0조	1.5조
2015년	6.0조	6.0조	2.0조	2.0조
2020년	8.0조	7.0조	5.0조	3.5조

① 갑국의 2010년 *GDP*디플레이터는 50이다.

② 갑국의 2010년과 2015년 사이의 실질*GDP* 성장률은 2015년과 2020년 사이의 실질*GDP* 성장률에 비해 100%포인트 높다.

③ 을국은 2010년에 비해 2015년에 물가수준이 상승하였다.

④ 을국의 2015년 물가수준은 기준년도 물가수준보다 낮다.

⑤ 2015년 대비 2020년 물가상승률은 갑국이 을국보다 높다.

┃해설┃

연도별 갑국과 을국의 *GDP*디플레이터를 구하면 다음과 같다.

구 분	갑국 *GDP*디플레이터	을국 *GDP*디플레이터
2010년	$\dfrac{4.0조}{2.0조}=2$	$\dfrac{1.0조}{1.5조}=\dfrac{2}{3}$
2015년	1	1
2020년	$\dfrac{8.0조}{7.0조}=\dfrac{8}{7}$	$\dfrac{5.0조}{3.5조}=\dfrac{10}{7}$

*GDP*디플레이터는 물가지수를 과소평가하므로 *GDP*디플레이터가 상승하였다면 물가는 반드시 상승한다.

답 ③

표는 기업 甲과 乙로만 구성된 A국의 연간 국내생산과 분배를 나타낸다. 이에 관한 설명으로 옳지 않은 것은?

항 목	甲	乙
매출액	400	900
중간투입액	0	400
임 금	250	300
이 자	0	50
임대료	100	100
이 윤	( )	( )
요소소득에 대한 총지	( )	( )
부가가치	( )	( )

① 기업 甲의 요소소득에 대한 총지출은 400이다.

② 기업 甲의 부가가치는 400이다.

③ 기업 甲의 이윤은 기업 乙의 이윤과 같다.

④ A국의 임금, 이자, 임대료, 이윤에 대한 총지출은 900이다.

⑤ A국의 국내총생산은 기업 甲과 기업 乙의 매출액 합계에서 요소소득에 대한 총지출을 뺀 것과 같다.

┃해설┃

A국의 국내총생산은 기업 甲과 기업 乙의 매출액 합계에서 기업 甲과 기업 乙의 중간투입액 합계를 뺀 것과 같다.

- 부가가치＝매출액－중간투입액
- 부가가치＝임금＋이자＋임대료＋이윤
- 요소소득에 대한 총지출＝임금＋이자＋임대료＋이윤＝부가가치
- A국의 국내총생산＝기업 甲의 부가가치＋기업 乙의 부가가치

- 기업 甲의 부가가치＝매출액－중간투입액＝400－0＝400
- 기업 甲의 이윤＝기업 甲의 부가가치－(임금＋이자＋임대료)＝400－(250＋100)＝50
- 기업 甲의 요소소득에 대한 총지출＝기업 甲의 부가가치＝400
- 기업 乙의 부가가치＝매출액－중간투입액＝900－400＝500
- 기업 乙의 이윤＝기업 乙의 부가가치－(임금＋이자＋임대료)＝500－(300＋50＋100)＝50
- 기업 乙의 요소소득에 대한 총지출＝기업 乙의 부가가치＝500
- A국의 국내총생산＝A국의 총지출＝기업 甲의 부가가치＋기업 乙의 부가가치＝400＋500＝900

답 ⑤

한국의 A사는 중국 현지 공장에서 2023년 생산한 철강재를 같은 해 미국에 있는 B사에 전량 판매하였다. B사는 2024년 미국에서 해당 철강을 이용하여 자동차를 생산하였고, 이 자동차는 같은 해에 한국으로 수출되어 소비자에게 판매되었다. 이 거래들로 발생한 3국의 국민소득과 관련된 변화에 대한 설명으로 옳은 것은?

① 2024년 미국의 순수출은 증가하지만 GDP는 변화가 없다.

② 2024년 중국의 순수출과 GDP는 모두 증가한다.

③ 2023년 중국의 순수출과 투자는 모두 증가한다.

④ 한국의 GDP는 2023년에는 감소하고 2024년에는 증가한다.

⑤ 2024년 한국의 소비는 증가하고 순수출은 감소한다.

┃해설┃

① 2024년 미국의 순수출은 증가하였고 GDP도 증가하였다.

② 2024년 중국의 순수출과 GDP는 변화가 없다.

③ 2023년 중국의 순수출은 증가하였지만 투자는 변화가 없다.

④ 한국의 GDP는 2023년과 2024년 모두 불변이다.

답 ⑤

2017년에 생산된 에어컨 중 일부는 판매가 되지 않아 재고로 남아 있었다. 이 에어컨 재고 모두가 2018년 가계들에게 판매되었다면 다음 중 옳지 않은 것은?

① 이 재고판매는 2017년 GDP의 투자항목에 더해진다.

② 이 재고판매는 2018년 GDP의 민간소비항목에 더해진다.

③ 이 재고판매는 2018년 GDP의 투자항목에 음수로 더해진다.

④ 이 재고판매는 2018년에 판매되었으므로, 2018년 GDP에 더해진다.

┃해설┃

GDP는 판매된 연도와 무관하게 생산된 연도인 2017년 GDP에 포함된다.

답 ④

05 감정평가사 2018

☑ 확인 Check! ○ △ ✕

GDP 증가요인을 모두 고른 것은?

> ㄱ. 주택 신축
> ㄴ. 정부의 이전지출
> ㄷ. 외국산 자동차 수입

① ㄱ
② ㄴ
③ ㄱ, ㄷ
④ ㄴ, ㄷ
⑤ ㄱ, ㄴ, ㄷ

┃해설┃

ㄱ. 주택 신축은 건설업자의 생산활동이기 때문에 GDP 증가요인이다.
ㄴ. 정부의 이전지출은 재화나 서비스의 대가가 아니라 단순히 구매력의 이전이기 때문에 GDP에 포함되지 않는다.
ㄷ. 수입의 증가는 GDP 감소요인이다.

답 ①

06 보험계리사 2018

☑ 확인 Check! ○ △ ✕

X, Y, Z의 재화만 생산하는 경제에서 다음의 표를 이용하여 구한 2016년의 연간 실질 경제성장률은?
(단, 2015년이 기준연도이고, 실질 경제성장률(%)은 소수점 첫째 자리에서 반올림)

구 분	2015년		2016년	
	가 격	수 량	가 격	수 량
X	100	20	110	22
Y	120	10	130	12
Z	80	20	90	22

① 10%
② 13%
③ 20%
④ 24%

┃해설┃

- 2015년 실질 $GDP=(100\times20)+(120\times10)+(80\times20)=4,800$
- 206년 실질 $GDP=(100\times22)+(120\times12)+(80\times22)=5,400$
- 2016년의 경제성장률 $=\dfrac{2016년\ 실질GDP-2015년\ 실질GDP}{2015년\ 실질GDP}=\dfrac{5,400-4,800}{4,800}=0.125≒13\%$

답 ②

GDP를 $Y = C + I + G + X - M$으로 표시할 때, GDP에 관한 설명으로 옳지 않은 것은? [단, C는 소비, I는 투자, G는 정부지출, $X - M$은 순수출(무역수지로 측정)이다]

① 무역수지가 적자일 경우, GDP는 국내 경제주체들의 총지출보다 작다.

② GDP가 감소해도 무역수지는 흑자가 될 수 있다.

③ M(수입)은 C, I, G에 포함되어 있는 수입액을 모두 다 더한 것이다.

④ 올해 생산물 중 판매되지 않고 남은 재고는 올해 GDP에 포함되지 않는다.

⑤ 무역수지가 흑자이면 국내 저축이 국내 투자보다 더 크다.

∥해설∥

올해 팔고 남은 재고는 투자항목의 재고투자로 구성되어 GDP에 포함된다.

① $C + I + G$가 국내 경제주체들의 총지출인데, $X - M$가 음수(−)이므로 국내 총지출에서 국제수지 음수를 제거한 것이 GDP이므로 GDP는 국내 경제주체들의 지출보다 작다.

② 무역수지가 흑자여도 국내 총지출이 감소한다면 GDP는 감소한다.

③ 국내에서 지출한 재화와 서비스 지출액에는 해외에서 생산된 부분에 대한 지출도 포함되므로 국내 지출을 구하려면 이들을 제외하여야 한다.

⑤ S(총저축) $= I + (X - M)$ 이므로 무역수지가 흑자라면 총저축이 더 커진다.

🔒 ④

08 보험계리사 2016

☑ 확인Check! ○ △ ✕

다음의 정보를 이용하여 구한 2011년도의 경제성장률과 물가상승률을 각각 순서대로 올바로 나열한 것은?

구 분	2010년	2011년
명목 GDP	100	132
실질 GDP	100	110

① 10%, 10%

② 10%, 20%

③ 20%, 20%

④ 32%, 10%

해설

• 경제성장률은 전년도 GDP 대비 비교연도의 실질GDP의 증가율로 구한다.

• 실질GDP 증가율$= \dfrac{2011년\ 실질GDP - 2010년\ 실질GDP}{2010년\ 실질GDP} = \dfrac{110 - 100}{100} = 0.1$

• 물가상승률은 GDP디플레이터 증가율로 측정한다.

• 2011년 GDP디플레이터$= \dfrac{명목GDP}{실질GDP} \times 100 = \dfrac{132}{110} \times 100 = 120$이다.

• GDP디플레이터 증가율$= \dfrac{120 - 100}{100} = 0.2$

답 ②

---

09 감정평가사 2024

☑ 확인Check! ○ △ ✕

2023년에 기업 A는 한국에서 생산한 부품 100억 달러를 베트남 현지 공장에 수출하였다. 같은 해에 베트남 현지 공장에서 그 부품을 조립하여 소비재 완제품 200억 달러를 만들어 그중 50억 달러는 한국에 수출하고, 140억 달러는 미국에 수출하였으며 10억 달러는 재고로 남았다. 이월된 재고 10억 달러는 2024년 베트남 국내에서 모두 판매되었다. 이에 관한 설명으로 옳은 것은?

① 2023년 한국의 GDP는 50억 달러이다.

② 2023년 베트남의 GDP는 200억 달러이다.

③ 2023년 베트남의 투자는 10억 달러이다.

④ 2023년 베트남의 순수출은 190억 달러이다.

⑤ 2024년 베트남의 소비와 GDP는 각각 10억 달러이다.

2023년 베트남의 투자는 10억 달러로 이는 재고투자에 해당한다.

① 2023년 한국의 GDP는 100억 달러이다(수출액).

② 2023년 베트남의 GDP는 부품 100달러를 수입해 소비재 완제품 200억 달러를 만든 것이므로, 부가가치 측면에서 100억 달러이다.

④ 2023년 베트남의 순수출은 수출액 190억 달러－수입액 100억 달러＝90억 달러이다.

⑤ 2024년 베트남의 소비는 10억 달러지만, 재고투자가 감소하여 상쇄되기 때문에 GDP는 불변이다.

답 ③

---

10 공인회계사 2015

☑ 확인 Check! ○ △ ✕

아래 표에는 세 나라의 실제실업률, 자연실업률, 실질GDP가 기록되어 있다. 다음 설명 중 옳은 것은?

국 가	실제실업률(%)	자연실업률(%)	실질GDP(조원)
A	4	4	900
B	3	5	1,300
C	6	5	1,200

① A국은 GDP 갭(Gap)이 발생하지 않고 잠재GDP는 900조원보다 작다.

② B국은 확장 갭(Expansionary gap)이 발생하고 잠재GDP는 1,300조원보다 작다.

③ B국은 침체 갭(Recessionary gap)이 발생하고 잠재GDP는 1,300조원보다 작다.

④ C국은 확장 갭이 발생하고 잠재GDP는 1,200조원보다 작다.

⑤ C국은 침체 갭이 발생하고 잠재GDP는 1,200조원보다 작다.

B국은 자연실업률이 실제실업률보다 높으므로 확장 갭이 발생하고 있다. 실질GDP가 1,300조원이므로 잠재GDP는 1,300조원보다 작다.

① GDP 갭＝잠재GDP－실질GDP

A국의 실제실업률과 자연실업률은 동일하므로 GDP 갭은 0이다. 따라서 잠재GDP와 실질GDP는 동일한 900조원이다.

③ B국은 확장 갭이 발생하고 잠재GDP는 1,300조원보다 작다.

④·⑤ C국은 자연실업률보다 실제실업률이 높으므로 침체 갭이라고 볼 수 있다. 따라서 실질GDP는 잠재GDP보다 작다. 그러므로 잠재GDP는 1,200조원보다 크다.

답 ②

01 감정평가사 2016 ☑ 확인Check! ○ △ ✕

사과와 오렌지만 생산하는 A국의 생산량과 가격이 다음과 같을 때 2014년 대비 2015년의 GDP디플레이터로 계산한 물가상승률은 얼마인가? (단, 2014년을 기준연도로 한다)

연 도	사 과		오렌지	
	수 량	가 격	수 량	가 격
2014년	5	2	30	1
2015년	10	3	20	1

① 20%　　　　　　　　　　② 25%

③ 35%　　　　　　　　　　④ 45%

⑤ 50%

─────────────────────────────────

┃해설┃

- 2014년 명목GDP $= (5 \times 2) + (30 \times 1) = 40$
- 2014년 실질GDP $= 40$ (∵ 기준연도는 명목GDP와 실질GDP가 동일)
- 2015년 명목GDP $= (10 \times 3) + (20 \times 1) = 50$
- 2015년 실질GDP $= (10 \times 2) + (20 \times 1) = 40$
- 2014년 GDP디플레이터 $= \dfrac{\text{명목}GDP}{\text{실질}GDP} \times 100 = \dfrac{40}{40} \times 100 = 100$
- 2015년 GDP디플레이터 $= \dfrac{50}{40} \times 100 = 125$
- GDP디플레이터 물가상승률 $= \dfrac{125 - 100}{100} = 0.25$

답 ②

02 보험계리사 **2017**　　　　　　　　　　　　　　　　　　　　☑ 확인Check! ○ △ ✕

다음 통계로부터 구한 2014년의 *GDP*디플레이터는?

구 분	2013년	2014년
명목*GDP*	160	240
실질*GDP*	125	200

① 120　　　　　　　　　　　　　　　　② 130

③ 140　　　　　　　　　　　　　　　　④ 150

┃해설┃

- GDP디플레이터$= \dfrac{\text{명목}GDP}{\text{실질}GDP} \times 100$

- 2014년 GDP디플레이터$= \dfrac{240}{200} \times 100 = 120$

답 ①

03 공인노무사 **2016**　　　　　　　　　　　　　　　　　　　　☑ 확인Check! ○ △ ✕

*A*국의 2014년 명목*GDP*는 100억원이었고, 2015년 명목*GDP*는 150억원이었다. 기준연도인 2014년 *GDP*디플레이터가 100이고, 2015년 *GDP*디플레이터는 120인 경우, 2015년의 전년 대비 실질*GDP* 증가율은?

① 10%　　　　　　　　　　　　　　　　② 15%

③ 20%　　　　　　　　　　　　　　　　④ 25%

⑤ 30%

┃해설┃

- 2014년 GDP디플레이터$= \dfrac{\text{명목}GDP}{\text{실질}GDP} \times 100 = 100$, 2014년 실질$GDP$=100억원

- 2015년 GDP디플레이터$= \dfrac{\text{명목}GDP}{\text{실질}GDP} \times 100 = 120$, 2015년 실질$GDP$=125억원

- 2015년의 전년 대비 실질GDP 증가율$= \dfrac{125\text{억원} - 100\text{억원}}{100\text{억원}} = 0.25 = 25\%$

답 ④

2020년의 명목 GDP 는 2,000조원, 2021년의 명목 GDP 는 2,200조원이고, 2020년을 기준으로 하는 GDP 디플레이터는 2021년에 105였다. 2021년의 실질경제성장률은 약 얼마인가?

① 1.2%

② 2.4%

③ 4.8%

④ 9.6%

⑤ 14.4%

┃해설┃

- 2020년 GDP 디플레이터 $= \dfrac{2020년\ 명목 GDP}{2020년\ 실질 GDP} \times 100 = \dfrac{2,000조원}{2020년\ 실질 GDP} \times 100 = 100$

 ∴ 2020년 실질 $GDP = 2,000$ 조원

- 2021년 GDP 디플레이터 $= \dfrac{2021년\ 명목 GDP}{2021년\ 실질 GDP} \times 100 = \dfrac{2,200조원}{2021년\ 실질 GDP} \times 100 = 105$

 ∴ 2021년 실질 $GDP \fallingdotseq 2,095$ 조원

- 2021년의 실질경제성장률 $= \dfrac{2021년\ 실질 GDP - 2020년\ 실질 GDP}{2020년\ 실질 GDP} \times 100$

  $= \dfrac{2,095조원 - 2,000조원}{2,000조원} \times 100 \fallingdotseq 4.8\%$

답 ③

표는 A국의 연도별 명목 GDP와 실질 GDP를 나타낸 것이다. 다음 설명 중 옳지 않은 것은?

연 도	명목 GDP	실질 GDP
2015년	95	100
2016년	99	102
2017년	100	100
2018년	103	98
2019년	104	97

① 2016년~2019년 중 GDP디플레이터 상승률이 가장 높은 해는 2017년이다.
② 2017년 이후 실질 GDP 성장률은 음(−)이다.
③ 2016년 이후 명목 GDP 성장률은 양(+)이다.
④ 2017년 GDP디플레이터는 기준연도와 같다.
⑤ 2015년 이후 GDP디플레이터는 지속적으로 상승하고 있다.

┃해설┃

GDP디플레이터 상승률이 가장 높은 해는 2016년이다.

연 도	명목 GDP	실질 GDP	실질 GDP 상승률	GDP디플레이터	GDP디플레이터 상승률
2015년	95	100	−	$\frac{95}{100}\times100=95$	−
2016년	99	102	$\left(\frac{102-100}{100}\right)\times100=2\%$	$\frac{99}{100}\times100=99$	$\left(\frac{99-95}{95}\right)\times100=4.2\%$
2017년	100	100	$\left(\frac{100-102}{102}\right)\times100=-1.96\%$	$\frac{100}{100}\times100=100$	$\left(\frac{100-99}{99}\right)\times100=1.01\%$
2018년	103	98	$\left(\frac{98-100}{100}\right)\times100=-2\%$	$\frac{103}{100}\times100=103$	$\left(\frac{103-100}{100}\right)\times100=3\%$
2019년	104	97	$\left(\frac{97-98}{98}\right)\times100=-1.02\%$	$\frac{104}{100}\times100=104$	$\left(\frac{104-103}{103}\right)\times100=0.97\%$

답 ①

01 공인노무사 2019 ☑ 확인Check! ○ △ ✕

*A*국의 2018년 국민소득계정의 일부이다. 다음 자료에서 실질국민총소득(실질*GNI*)은 얼마인가?

- 실질국내총생산(실질*GDP*) : 1,500조원
- 교역조건변화에 따른 실질무역손익 : 60조원
- 실질대외순수취 요소소득 : 10조원

① 1,430조원 ② 1,450조원
③ 1,500조원 ④ 1,550조원
⑤ 1,570조원

▌해설▐

GNI= *GDP*+교역조건변화에 따른 실질무역손익+실질대외순수취 요소소득
     =1,500조원+60조원+10조원=1,570조원

답 ⑤

02 7급 공무원 2020 ☑ 확인Check! ○ △ ✕

국민소득계정 항등식의 투자에 대한 설명으로 옳은 것은?

① 생산에 사용될 소프트웨어 구매는 고정투자에 포함되지 않는다.
② 음(−)의 값을 갖는 재고투자는 해당 시기의 *GDP*를 감소시킨다.
③ 신축 주거용 아파트의 구매는 고정투자에서 제외되고 소비지출에 포함된다.
④ 재고투자는 유량(flow)이 아니라 저량(stock)이다.

▌해설▐

재고투자가 음(−)의 값을 갖게 될 경우 해당 시기의 *GDP*는 감소하게 된다.
① 생산에 사용될 소프트웨어 구매는 투자 목적인 구매로 고정투자에 포함된다.
③ 이미 건설된 주택의 구매는 매수인에게는 양(+)의 투자, 매도인에게는 음(−)의 투자로 상쇄되어 *GDP*에 포함되지 않지만 신축 주거용 아파트 구매는 *GDP* 투자계정에 해당한다.
④ 재고투자는 저량(stock)이 아니라 유량(flow)이다.

답 ②

국민소득지표에 대한 설명으로 옳지 않은 것은?

① 폐쇄경제에서는 실질 GDP와 실질 GDI가 같다.

② 명목 GNI는 명목 GNP와 동일한 개념이다.

③ 교역조건 변화에 따른 실질무역손익이 음($-$)의 값을 가질 경우, 실질 GDI는 실질 GDP보다 작다.

④ 실질 GNI는 실질 GNP와 동일한 개념이다.

⑤ 명목 국외순수취 요소소득이 음($-$)의 값을 가질 경우, 명목 GNI는 명목 GDP보다 작다.

┃해설┃

실질 GNP는 교역조건변화에 따른 실질무역손익을 반영하지 못하기 때문에 실질무역손익을 반영한 실질 GNI로 변경되었다. 따라서 실질 GNP는 실질 GNI와 동일한 개념이 아니다.

① 실질 GDI(국내총소득)=실질 GDP+교역조건변화에 따른 실질무역손익이다. 따라서 폐쇄경제라면 무역손익이 존재하지 않으므로 실질 GDI(국내총소득)=실질 GDP가 성립한다.

② GNI는 국민총소득으로 일정기간동안 한 나라 국민이 소유하고 있는 생산요소를 국내외에 제공한 대가로 획득한 소득이라고 정의된다. 명목 GNP는 명목 GDP와 마찬가지로 당해 연도 가격으로 계산하기 때문에, 이미 교역조건변화에 따른 무역손익이 반영되어 있다. 따라서 명목 GNI는 명칭만 명목 GNP로 변경되었다.

③ 실질 GDI(국내총소득)=실질 GDP+교역조건변화에 따른 실질무역손익이므로, 실질무역손익이 음($-$)의 값을 가진다면 실질 GDI< 실질 GDP가 성립한다.

⑤ 명목 GNI=명목 GDP+국외순수취 요소소득으로 나타낼 수 있다. 그런데 국외순수취 요소소득이 음($-$)의 값을 가진다면, 명목 GNI< 명목 GDP가 성립한다.

답 ④

거시경제지표에 대한 설명 중 옳은 것은?

① 환전에 관한 제반 비용이 없다고 가정할 때, 거주자 외화예금을 원화로 환전하여 보통예금에 예금을 하면, $M2$는 줄어들고 $M1$은 늘어난다.

② 임대주택의 주거서비스는 GDP에 포함되지만, 자가주택의 주거서비스는 임대료를 측정할 수 없으므로 GDP에 포함되지 않는다.

③ 집에서 가족을 위해 전업주부가 음식을 만들 경우, 전업주부가 창출한 부가가치는 GDP에 포함되지 않는다.

④ 수입품 가격의 상승은 GDP디플레이터와 소비자물가지수에 모두 반영된다.

⑤ 정부가 독거노인들에게 무료로 식사를 제공하는 것은 정부지출에 포함된다.

┃해설┃

전업주부의 가사노동은 시장에서 거래가 되지 않기 때문에 GDP 산정에 포함되지 않으나, 같은 가사업무를 파출부가 한다면 GDP에 포함된다.

① $M1$은 협의의 통화, $M2$는 광의의 통화를 의미한다. 거주자 외화예금은 $M2$에 해당하는데 줄었고, 보통예금은 $M1$에 해당하므로 $M1$은 늘어나며, $M2$는 $M1$을 포괄하므로 결과적으로 변동이 없다.

② 자가주택이 제공하는 주거서비스는 GDP에 포함된다. 임대주택의 경우 세입자는 주거서비스를 제공받는 대가로 임대료를 지급하는데, 자가주택의 집주인도 비슷한 주거서비스를 향유하기 때문에 GDP에 포함된다. 이를 귀속임대료라 한다.

④ 수입품의 가격 상승은 소비자 물가지수에는 포함되지만, GDP디플레이터에는 영향을 미치지 못한다.

⑤ 정부가 독거노인들에게 무료로 식사를 제공하는 것은 이전지출로, GDP 산정에 포함되지 않는다.

답 ③

02 | 고전학파의 국민소득결정이론

01 | 노동시장 균형

노동의 적정고용조건 : $w = MP_L \times P = VMP_L$

$\downarrow$

노동수요곡선 : $\dfrac{w}{P} = MP_L$

02 | 대부자금시장

저축과 투자의 일치를 통해 이자율 결정

대부자금 공급	• $S_P = Y - T - C$ • $S_P = S(r)$: 민간저축은 이자율의 증가함수
대부자금 수요	$I_P = I(r)$: 투자는 이자율의 감소함수
균형이자율	$S_P + (T - G) = I_P$

01 공인회계사 2018

☑ 확인 Check! ○ △ ✕

고전학파이론에 따르면 기업의 이윤을 극대화하는 노동량 수준에서 만족하는 조건으로 가장 적절한 것은?

① 명목임금＝명목임대가격
② 명목임금＝노동의 한계생산물
③ 명목임금＝실질임금
④ 명목임금＝실질임금×노동의 한계생산물
⑤ 명목임금＝재화의 가격×노동의 한계생산물

──────────────────────────────

┃해설┃

- 고전학파는 완전경쟁시장을 가정하였다.
- 개별기업은 이윤극대화를 위해서 한계생산물가치(VMP_L)와 임금이 일치하는 수준까지 노동을 고용한다.
- $w = MP_L \times P = VMP_L$

답 ⑤

02 감정평가사 2023

☑ 확인 Check! ○ △ ✕

고전학파의 국민소득결정모형에 관한 설명으로 옳지 않은 것은?

① 세이의 법칙(Say's law)이 성립하여, 수요측면은 국민소득 결정에 영향을 미치지 못한다.
② 물가와 임금 등 모든 가격이 완전히 신축적이고, 노동시장은 균형을 달성한다.
③ 노동시장의 수요는 실질임금의 함수이다.
④ 노동의 한계생산이 노동시장의 수요를 결정하는 중요한 요인이다.
⑤ 통화공급이 증가하여 물가가 상승하면, 노동의 한계생산이 증가한다.

──────────────────────────────

┃해설┃

고전학파의 국민소득결정모형에 따르면 가격이 신축적이므로, 통화공급이 증가하여 물가(P)가 상승하면 임금 역시 상승하게 되므로 실질임금은 불변이다. ③과 같이 노동시장의 수요는 실질임금의 함수이므로, 실질임금이 변하지 않으면 노동시장의 균형고용량도 변하지 않으므로 노동의 한계생산도 변하지 않는다.
① 세이의 법칙에 의해 공급만이 문제가 된다.
② 노동시장에서의 수요와 공급의 불일치는 신축적인 명목임금에 의하여 신속히 조절되고 균형을 달성하게 된다.
③ 노동에 대한 수요와 공급은 모두 실질임금의 함수이며 노동시장은 완전경쟁시장이다.

답 ⑤

01 공인회계사 2021　　　　　　　　　　　　　　　　　　　　　　☑ 확인 Check! ○ △ ✕

다음 그림은 폐쇄경제인 A국의 화폐시장, 대부자금시장, $IS-LM$ 및 $AD-AS$ 균형을 나타낸다. 소비가 외생적으로 감소한 경우 다음 설명 중 옳은 것은? (단, M/P, L, S, I, r, Y, C, G, T, P는 각각 실질화폐잔고 공급, 실질화폐잔고 수요, 저축, 투자, 이자율, 총생산, 소비, 정부지출, 조세, 물가를 나타낸다)

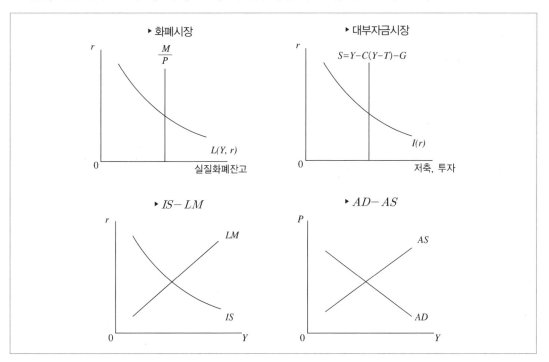

① 대부자금시장에서 저축곡선이 좌측 이동한다.

② $IS-LM$에서 IS곡선이 상향 이동한다.

③ $AS-AD$에서 AS곡선이 좌측 이동한다.

④ 화폐시장에서 실질화폐잔고 공급곡선이 좌측 이동한다.

⑤ 화폐시장에서 실질화폐잔고 수요곡선이 좌측 이동한다.

▌해설▐

- 소비가 외생적으로 감소 → IS곡선 좌측 이동 → AD곡선 좌측 이동 → 물가하락, 균형국민소득 감소
- 균형국민소득 감소 → 실질화폐수요 감소 → 실질화폐잔고 수요곡선 좌측 이동
- 물가하락 → 실질화폐공급 증가 → 실질화폐잔고 공급곡선, LM곡선 우측 이동
- 소비가 외생적으로 감소 → 저축 증가 → 대부자금의 공급 증가
- 균형국민소득 감소 → 대부자금의 공급 감소
- ⇒ 일반적으로는 대부자금의 공급 증가폭이 대부자금의 공급 감소폭보다 커서 대부자금의 공급곡선은 우측으로 이동한다.

답 ⑤

폐쇄경제 균형국민소득은 $Y = C + I + G$이고 다른 조건이 일정할 때, 재정적자가 대부자금시장에 미치는 효과로 옳은 것은? (단, 총투자곡선은 우하향, 총저축곡선은 우상향, Y : 균형국민소득, C : 소비, I : 투자, G : 정부지출이다)

① 대부자금공급량은 감소한다.
② 이자율은 하락한다.
③ 공공저축은 증가한다.
④ 저축곡선은 오른쪽 방향으로 이동한다.
⑤ 투자곡선은 왼쪽 방향으로 이동한다.

해설

①·②·③ 재정적자 즉, 정부지출의 증가는 정부저축의 감소로 이어지고 정부저축의 감소는 대부자금의 공급 감소로 이어지며 대부자금의 공급 감소는 이자율 상승으로 이어진다.
④ 정부저축의 감소로 저축곡선이 왼쪽 방향으로 이동한다.
⑤ 투자는 이자율의 감소함소로 이자율 변화에 따른 투자곡선은 투자곡선 내에서 변동한다.

답 ①

폐쇄경제에서 국내총생산이 소비, 투자, 그리고 정부지출의 합으로 정의된 항등식이 성립할 때, 국내총생산과 대부자금시장에 관한 설명으로 옳지 않은 것은?

① 총저축은 투자와 같다.
② 민간저축이 증가하면 투자가 증가한다.
③ 총저축은 민간저축과 정부저축의 합이다.
④ 민간저축이 증가하면 이자율이 하락하여 정부저축이 증가한다.
⑤ 정부저축이 감소하면 대부시장에서 이자율은 상승한다.

해설

$Y = C + I + G$
$I = (Y - T - C) + (T - G) = S_P + S_G$
(단 Y는 국민소득, C는 소비, I는 투자, G는 정부지출, T는 세금, S_P는 민간저축, S_G는 정부저축)

위 관계식에 의해 정부저축은 세금과 정부지출에 의해서 결정될 뿐 이자율과는 관련이 없음을 알 수 있다.

답 ④

아래와 같은 고전학파 모형에서 정부지출이 150에서 200으로 증가할 경우 실질이자율과 민간투자의 변화에 관한 설명으로 옳은 것은? (단, S, $\overline{Y}$, $\overline{T}$, $\overline{G}$, I, r, $s(r)$은 각각 총저축, 총생산, 조세, 정부지출, 투자, 실질이자율(%), 민간저축률이며, 민간저축률은 실질이자율의 함수이다)

- $S = s(r)(\overline{Y} - \overline{T}) + (\overline{T} - \overline{G})$
- $I = 200 - 10r$
- $\overline{Y} = 1,000$, $\overline{T} = 200$, $\overline{G} = 150$
- $s(r) = 0.05r$

① 실질이자율은 1%포인트 상승하고 민간투자는 10 감소한다.
② 실질이자율은 3%포인트 상승하고 민간투자는 30 감소한다.
③ 실질이자율은 5%포인트 상승하고 민간투자는 50 감소한다.
④ 실질이자율과 민간투자는 변화가 없다.
⑤ 실질이자율은 1%포인트 하락하고 민간투자는 10 증가한다.

┃**해설**┃

- 고전학파 모형에서는 저축과 투자가 일치한다. 따라서 $G = 150$일 때, 실질이자율과 민간투자는

  $0.05r(1,000 - 200) + (200 - 150) = 200 - 10r$

  $40r + 50 = 200 - 10r$, $50r = 150$

  ∴ $r = 3$, $I = S = 170$

- 그리고 $G = 200$일 때, 실질이자율과 민간투자는

  $0.05r(1000 - 200) + (200 - 200) = 200 - 10r$

  $40r = 200 - 10r$, $50r = 200$

  ∴ $r = 4$, $I = S = 160$

- 따라서 실질이자율은 1%포인트 상승하고, 민간투자는 10 감소한다.

답 ①

어떤 경제의 국내저축(S), 투자(I), 그리고 순자본유입(KI)이 다음과 같다고 한다. 아래 조건에서 대부자금시장의 균형이자율은 얼마인가?

- $S = 1,400 + 2,000r$
- $I = 1,800 - 4,000r$
- $KI = -200 + 6,000r$

① 2.0%　　　　　　　　　　　② 4.25%

③ 5.0%　　　　　　　　　　　④ 6.5%

⑤ 8.25%

┃해설┃

- 대부자금시장에서 S와 KI는 공급요인 I는 수요요인이라고 볼 수 있다.
- 대부자금시장에서는 수요와 공급이 일치하는 점에서 거래량과 이자율이 결정된다.
- $S + KI = I$
  $1,400 + 2,000r - 200 + 6,000r = 1,800 - 4,000r$
  $1,200 + 8,000r = 1,800 - 4,000r$
  $\therefore\ r = 5\%$

답 ③

03 | 케인즈의 국민소득결정이론

01 | 소비 · 저축 · 투자

소 비	$C = C_0 + c(Y - T)$ $(C_0 > 0,\ 0 < c < 1)$
저 축	• 민간저축 : $S_P = Y - T - C$ • 정부저축 : $S_G = T - G$
투 자	$I = I_0$

02 | 균형국민소득

의 의	경제는 불완전 고용상태가 일반적이며 한 나라의 국민소득수준은 수요측면에 의해서 결정
가 정	• 경제에 초과생산능력이 존재하므로 유효수요가 존재하는 경우 물가수준의 변화 없이 생산이 가능 • 물가는 일정 • 소비는 소득의 함수이며, 한계소비성향은 0과 1 사이 • 기업의 투자지출, 정부지출, 순수출은 모두 일정
균형국민소득	$AE = Y = C + I + G + (X - M)$
요인들	AE : 총지출, Y : 국민소득, C : 소비, I : 투자, G : 정부지출, X : 수출, M : 수입

승 수	폐쇄경제		개방경제	
	정액세	비례세	정액세	비례세
정부지출승수	$\dfrac{1}{1-c}$	$\dfrac{1}{1-c(1-t)}$	$\dfrac{1}{1-c+m}$	$\dfrac{1}{1-c(1-t)+m}$
투자승수	$\dfrac{1}{1-c}$	$\dfrac{1}{1-c(1-t)}$	$\dfrac{1}{1-c+m}$	$\dfrac{1}{1-c(1-t)+m}$
조세승수	$\dfrac{-c}{1-c}$	$\dfrac{-c}{1-c(1-t)}$	$\dfrac{-c}{1-c+m}$	$\dfrac{-c}{1-c(1-t)+m}$
이전지출승수	$\dfrac{c}{1-c}$	$\dfrac{c}{1-c(1-t)}$	$\dfrac{c}{1-c+m}$	$\dfrac{c}{1-c(1-t)+m}$
수출승수	–	–	$\dfrac{1}{1-c+m}$	$\dfrac{1}{1-c(1-t)+m}$
수입승수	–	–	$\dfrac{-1}{1-c+m}$	$\dfrac{1}{1-c(1-t)+m}$
균형재정승수	$\dfrac{1-c}{1-c}=1$	$\dfrac{1-c}{1-c(1-t)}<1$	$\dfrac{1-c}{1-c+m}<1$	$\dfrac{1-c}{1-c(1-t)+m}<1$

01 공인회계사 2023

다음은 어느 폐쇄경제의 국민소득과 관련된 자료이다.

- $C = 300 + 0.75(Y - T)$
- $I = 200$
- $G = 100$
- $T = 80$

이때 민간저축과 정부저축은? (단, Y, C, I, G, T는 각각 총생산, 소비, 투자, 정부지출, 조세이다)

	민간저축	정부저축
①	200	-20
②	220	-20
③	200	20
④	220	20
⑤	180	0

┃해설┃

- $Y = 300 + 0.75Y - 60 + 200 + 100$, ∴ $Y = 2,160$
- $S_P = 2,160 - (300 + 1,620 - 60) - 80 = 220$
- $S_g = 80 - 100 = -20$

답 ②

국민소득 관련 방정식은 $Y = C + I + G + NX$, $Y = C + S + T$이다. 다음 자료를 이용하여 산출한 국민저축은? (단, Y는 국민소득, C는 소비, I는 투자, G는 정부지출, NX는 순수출, X는 수출, M은 수입, S는 민간저축, T는 세금이다)

- $C = 8,000$
- $I = 2,000$
- $G = 2,000$
- $X = 5,000$
- $M = 4,000$
- $T = 1,000$

① 2,200

② 2,500

③ 2,800

④ 3,000

⑤ 4,000

┃ 해설 ┃

- $Y = C + I + G + NX = 8,000 + 2,000 + 2,000 + 1,000 = 13,000$
- $Y = C + S + T = 8,000 + S + 1,000 = 9,000 + S = 13,000$, S(민간저축) $= 4,000$
- 국민저축 = 민간저축(S) + 정부저축
- 정부저축 $= T - G = 1,000 - 2,000 = -1,000$
- ∴ 국민저축 $= 4,000 - 1,000 = 3,000$

답 ④

다음은 A국의 경제를 나타낸다. 완전고용의 GDP를 회복하기 위한 정부지출은? (단, Y는 GDP, C는 민간소비, I는 투자, G는 정부지출, T는 조세, Y_f는 완전고용하에서 GDP이다)

- $Y = C + I + G$
- $C = 100 + 0.5(Y - T)$
- $I = 300$
- $G = 100$
- $T = 100$
- $Y_f = 1,200$

① 100   ② 150

③ 300   ④ 350

⑤ 400

|해설|

$Y = C + I + G = 100 + 0.5(Y - T) + 300 + G$

완전고용 시, 즉 $Y_f = 1,200$일 때의 정부지출(G)을 구해보면

$1,200 = 100 + 0.5(1,200 - 100) + 300 + G$

$\therefore G = 250$

$\therefore$ 완전고용을 회복하기 위한 정부지출$= 250 - 100 = 150$

🔲 ②

다음과 같은 고전학파 모형에서 정부가 조세를 100억원 증가시켰을 때, 그 결과가 옳게 짝지어진 것은?

- $Y = C + I + G$
- $C = 100 + 0.7(Y - T)$
- $I = 1,000 - 50r$
- $Y = 5,000$

(단, Y, C, I, G, T, r은 각각 국민소득, 소비, 투자, 정부지출, 조세, 이자율을 의미한다)

	공공저축의 변화	개인저축의 변화	투자의 변화
①	100억원 증가	30억원 감소	70억원 증가
②	100억원 증가	70억원 감소	30억원 증가
③	70억원 증가	30억원 감소	70억원 증가
④	70억원 증가	70억원 감소	30억원 감소
⑤	70억원 증가	30억원 감소	70억원 감소

┃해설┃
- $C = 100 + 0.7(Y - T)$에서 한계소비성향이 0.7이고, 한계저축성향이 0.3이다.
- 정부가 조세를 100억원 증가시키면 가처분소득이 100억원 감소한다.
- 가처분소득이 100억원 감소하면 한계소비성향에 따라 소비가 70억원 감소하고 저축이 30억원 감소한다.
- $Y = C + I + G$에서 소비가 70억원 줄었고, 투자는 70억원 증가한다.

답 ①

케인즈의 균형국민소득결정 모형에서 실제 지출이 Y_3 수준이라고 할 때, 재고와 생산량에 대한 설명으로 옳은 것은?

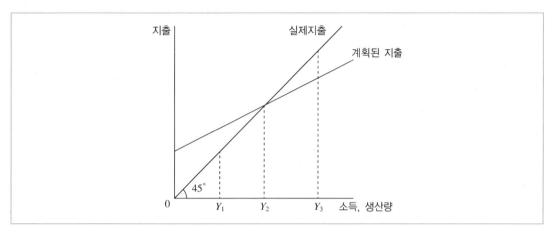

① 재고가 증가하여 생산량이 증가한다.
② 재고가 감소하여 생산량이 증가한다.
③ 재고가 증가하여 생산량이 감소한다.
④ 재고가 감소하여 생산량이 감소한다.
⑤ 재고가 불변하여 생산량이 불변한다.

▮ 해설 ▮

Y_3 수준에서는 실제지출(총생산)이 계획된 지출(유효수요)을 초과하므로 재고가 증가하고, 기업들은 생산을 줄이게 되므로 국민소득이 감소한다.

답 ③

아래 두 그래프는 케인즈모형에서 정부지출의 증가(△G)로 인한 효과를 나타내고 있다. 이에 관한 설명으로 옳은 것을 모두 고른 것은? (단, 그림에서 C는 소비, I는 투자, G는 정부지출이다)

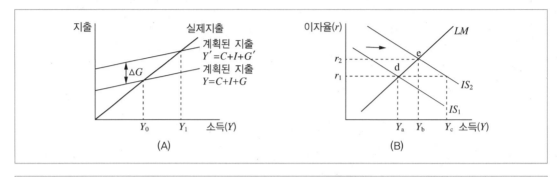

ㄱ. (A)에서 $Y_0 \to Y_1$의 크기는 한계소비성향의 크기에 따라 달라진다.

ㄴ. (A)의 $Y_0 \to Y_1$의 크기는 (B)의 $Y_a \to Y_b$의 크기와 같다.

ㄷ. (B)의 새로운 균형점 e는 구축효과를 반영하고 있다.

ㄹ. (A)에서 정부지출의 증가는 재고의 예기치 않은 증가를 가져온다.

① ㄱ, ㄴ   ② ㄱ, ㄷ

③ ㄴ, ㄷ   ④ ㄴ, ㄹ

⑤ ㄷ, ㄹ

┃해설┃

ㄱ. (○) 국민소득변동 승수이론에서 국민소득 증가율은 $\dfrac{1}{1-한계소비성향} \times \triangle G$로 구할 수 있으므로 한계소비성향이 클수록 국민소득이 크게 증가한다.

ㄴ. (✕) 정부지출이 증가하면 IS곡선이 우측으로 이동한다. 즉, $Y_0 \to Y_1$의 크기는 $Y_a \to Y_c$의 크기와 같다.

ㄷ. (○) Y_b와 Y_c만큼은 이자율 상승으로 인해 민간투자가 감소하는 구축효과가 나타난다.

ㄹ. (✕) 정부지출이 증가하면 유효수요가 증가해서 재고가 감소한다.

답 ②

01 공인회계사 2022 ☑ 확인Check! ○ △ ✕

다음은 어느 개방경제의 국민계정 항등식에 관한 자료이다.

- $Y = 1,000$
- $C + G = 700$
- $Y - T - C = 200$
- $X - IM = 100$

Y, C, G, T, X, IM은 각각 총생산, 소비, 정부지출, 조세, 수출, 수입을 나타낸다. 이때 투자(I)와 공공저축($T - G$)은?

	투 자	공공저축
①	100	80
②	150	90
③	200	100
④	250	110
⑤	300	120

┃해설┃

$Y - C - G - T = NX$
$Y - (C + G) - I = NX$
$1,000 - 700 - I = 100$
$\therefore I = 200$

$(Y - C - T) + (T - G) - I = NX$
$200 + (T + G) - 200 = 100$
$\therefore (T - G) = 100$

답 ③

A국가의 총수요와 총공급곡선은 각각 $Y_d = -P+5$, $Y_s = (P-P^e)+6$ 이다. 여기서 P^e 가 5일 때 (ㄱ) 균형국민소득과 (ㄴ) 균형물가수준은? (단, Y_d 는 총수요, Y_s 는 총공급, P 는 실제물가수준, P^e 는 예상물가수준이다)

	ㄱ	ㄴ
①	1	0
②	2	1
③	3	2
④	4	2
⑤	5	3

┃해설┃

$Y_d = Y_s$

$-P+5 = (P-5)+6$

$\therefore\ P=3,\ Y_d = Y_s = 2$

답 ③

다음은 어느 개방경제의 국민계정 항등식에 관한 자료이다.

- 소비와 정부지출은 각각 총생산의 35%를 차지한다.
- 민간저축과 투자는 각각 총생산의 20%를 차지한다.

조세수입이 총생산에서 차지하는 비율은?

① 15%　　　　　　　　　　　② 20%

③ 30%　　　　　　　　　　　④ 35%

⑤ 45%

┃해설┃

$(Y-C-T)+(T-G)-I = NX$

$20\% + (T-G) - 20\% = 10\%$

$(T-G)$ 가 10%이고 G 가 차지하는 비율이 35%이므로 조세수입이 총생산에서 차지하는 비율은 45%이다.

답 ⑤

개방경제 甲국의 국민소득 결정모형이 다음과 같다. 특정 정부지출 수준에서 경제가 균형을 이루고 있으며 정부도 균형예산을 달성하고 있을 때, 균형에서 민간저축은? (단, Y는 국민소득, C는 소비, I는 투자, G는 정부지출, T는 조세, X는 수출, M은 수입이다)

- $Y = C + I + G + (X - M)$
- $C = 150 + 0.5(Y - T)$
- $I = 200$
- $T = 0.2Y$
- $X = 100$
- $M = 50$

① 150　　　　　　　　　　　　　　② 200

③ 225　　　　　　　　　　　　　　④ 250

⑤ 450

┃해설┃
- 지문에서 정부지출 G가 주어지지 않았는데 균형예산을 달성하고 있다고 하였으므로, 정부의 재정상태는 적자도 흑자도 아니라고 볼 수 있다.
- 따라서 $G = T$라고 놓고, 균형국민소득을 계산해보면
  $Y = C + I + G + (X - M)$ → $Y = 150 + 0.5(Y - T) + 200 + T + (100 - 50)$ → $0.4Y = 400$
  ∴ $Y = 1,000$, $C = 150 + 0.5(Y - T) = 150 + 0.5(1,000 - 200) = 550$
- 민간저축 $= Y - (C + T) = 1,000 - (550 + 200) = 250$

답 ④

개방경제하에서의 국민소득계정은 다음과 같다.

$$Y = C + I + G + (X - IM)$$

Y, C, I, G, X, IM은 각각 국민소득, 소비, 투자, 정부지출, 수출, 수입을 의미한다. 다음 설명 중 옳은 것을 모두 고르면?

> 가. 국민소득이 국내총지출을 초과할 경우 경상수지는 흑자이다.
> 나. 투자가 민간저축을 초과하고 재정적자가 발생할 경우 경상수지는 흑자이다.
> 다. 총생산에서 재정적자, 민간저축, 국내투자가 차지하는 비중이 각각 2%, 20%, 19%라면, 경상수지는 총생산 대비 3%이다.

① 가
③ 다
⑤ 나, 다
② 나
④ 가, 나

▌해설▐

가. (○) 국민소득항등식을 변형하면 $X - IM = Y - (C + I + G)$이므로 국민소득(Y)가 국내총지출($C + I + G$)를 초과할 경우 경상수지($X - IM$)은 흑자가 된다.

나. (✕) $X - M = (S - I) + (T - G)$이므로 투자가 민간저축을 초과하고 재정적자가 발생할 경우 경상수지는 적자를 기록한다.

다. (✕) $20\% - 19\% - 2\% = -1\%$이므로 경상수지는 총생산 대비 1% 적자를 기록한다.

답 ①

개방경제의 국민소득 결정모형이 아래와 같다. 정부지출(G)과 조세(T)를 똑같이 200에서 300으로 늘리면 균형국민소득은 얼마나 늘어나는가? (단, Y는 국민소득이다)

- 소비함수 : $C = 300 + 0.6(Y-T)$
- 투자함수 : $I = 200$
- 정부지출 : $G = 200$
- 조세 : $T = 200$
- 수출 : $EX = 400$
- 수입 : $IM = 100 + 0.1(Y-T)$

① 0
② 50
③ 100
④ 200
⑤ 250

┃해설┃

균형국민소득 : $Y = C + I + G + (EX - IM)$

- 정부지출과 조세가 200일 경우

  $Y = C + I + G + (EX - IM) = [300 + 0.6(Y-T)] + I + G + [EX - \{100 + 0.1(Y-T)\}]$
  $= [300 + 0.6(Y-200)] + 200 + 200 + [400 - \{100 + 0.1(Y-200)\}] = 0.5Y + 900$
  $\therefore\ Y = 1,800$

- 정부지출과 조세가 300일 경우

  $Y = C + I + G + (EX - IM) = [300 + 0.6(Y-T)] + I + G + [EX - \{100 + 0.1(Y-T)\}]$
  $= [300 + 0.6(Y-300)] + 200 + 300 + [400 - \{100 + 0.1(Y-300)\}] = 0.5Y + 950$
  $\therefore\ Y = 1,900$

$\therefore$ 정부지출과 조세 증가로 균형국민소득이 100 증가하였다.

답 ③

다음은 어느 폐쇄경제를 나타낸다. 이 경제에 대한 다음 설명 중 옳은 것은?

- $Y = C + I + G$
- $C = 1,000 + 0.5Y$
- $I = 100 - 25r$
- $G = 0$
- $\overline{Y} = 2,100$
- $S = \overline{Y} - C - G$
- $GAP = Y - \overline{Y}$

(단, Y, C, I, G, r, $\overline{Y}$, S, GAP은 총수요, 소비, 투자, 정부지출, 실질이자율, 총생산, 총저축, 인플레이션 갭이며 실질이자율은 중앙은행이 조정한다)

① 중앙은행이 실질이자율을 일정하게 유지할 경우 투자가 외생적으로 50만큼 증가하면 총수요는 150만큼 증가한다.
② 중앙은행이 실질이자율을 4로 설정할 경우 양(+)의 인플레이션 갭이 발생한다.
③ 중앙은행이 실질이자율을 1로 설정할 경우 총저축이 투자보다 많은 초과 저축이 발생한다.
④ 중앙은행이 실질이자율을 인플레이션 갭이 0이 되도록 설정할 경우 투자는 50이 된다.
⑤ 정부지출 증가로 총수요가 50만큼 증가하는 경우 중앙은행이 인플레이션 갭을 이전 수준으로 유지하려면 실질이자율을 2만큼 인상하여야 한다.

┃해설┃

인플레이션 갭이 0이 되게 하려면 Y가 총생산($\overline{Y}$)와 동일한 2,100이 되어야 한다.
$Y = C + I + G = (1,000 + 0.5Y) + (100 - 25r)$
$0.5Y = 1,100 - 25r$
∴ $Y = 2,100$, $r = 2$
∴ $I = 50$

① $Y = C + I + G = 1,000 + 0.5Y + 100 - 25r + 0 = 1,100 + 0.5Y - 25r$ → $Y = 2,200 - 50r$
위 관계식에서 투자가 50만큼 증가하면 $Y = 2,300 - 50r$, 따라서 총수요는 100만큼 증가한다.
② $r = 4$를 $Y = 2,200 - 50r$에 대입하면 $Y = 2,000$, 총수요가 총생산($\overline{Y} = 2,100$)에 미달하므로 디플레이션 갭이 발생한다.
③ $r = 1$을 $I = 100 - 25r$에 대입하면 $I = 75$, $r = 1$을 $Y = 2,200 - 50r$에 대입하면 $Y = 2,150$이다.
앞에서 구한 값을 $C = 1,000 + 0.5Y$에 대입하면 $C = 2,075$이다.
따라서 $S = \overline{Y} - C - G = 2,100 - 2,075 - 0 = 25$로 저축이 25가 되며 투자는 75이므로 50만큼 초과 투자가 이루어지고 있다.
⑤ 정부지출로 총수요가 250이 증가하면 $Y = 2,250 - 50r$이 된다. 이전 수준으로 되돌리려면 $r = 1$이면 50이 감소하므로 이전 수준으로 되돌아간다.

🔲 ④

다음과 같은 개방 거시경제 모형에서 정부가 정부지출을 40만큼 증가시키고자 한다. 이 경우 순수출은 얼마나 변하는가?

- $Y = C + I + G + EX - IM$
- $C = 100 + 0.6(Y - T)$
- $I = 100$
- $G = 50$
- $T = 50$
- $EX = 70$
- $IM = 20 + 0.1Y$

(단, Y, C, I, G, EX, IM, T는 각각 총수요, 소비, 투자, 정부지출, 수출, 수입, 조세이다)

① 4 감소 ② 8 감소

③ 12 감소 ④ 4 증가

⑤ 8 증가

❚해설❚

- 정부지출이 50일 경우

  $Y = C + I + G + EX - IM$

  $Y = [100 + 0.6(Y - 50)] + 100 + 50 + 70 - (20 + 0.1Y)$

  ∴ $Y = 540$

  ∴ 순수출$(EX - IM) = 70 - [20 + (0.1 \times 540)] = -4$

- 정부지출이 40이 오른 90일 경우

  $Y = [100 + 0.6(Y - 50)] + 100 + 90 + 70 - (20 + 0.1Y)$

  ∴ $Y = 620$

  ∴ 순수출$(EX - IM) = 70 - [20 + (0.1 \times 620)] = -12$

∴ 정부지출 40 증가로 순수출이 8만큼 감소하였다.

답 ②

PART 2

거시경제학

아래의 개방경제 균형국민소득 결정모형에서 수출이 100만큼 늘어나는 경우 (ㄱ) 균형소득의 변화분과 (ㄴ) 경상수지의 변화분은? (단, C는 소비, Y는 국민소득, T는 세금, I는 투자, G는 정부지출, X는 수출, M은 수입이며, 수출 증가 이전의 경제상태는 균형이다)

* $C = 200 + 0.7(Y - T)$
* $I = 200$
* $G = 100$
* $T = 100$
* $X = 300$
* $M = 0.2(Y - T)$

	ㄱ	ㄴ
①	1,000	100
②	$\dfrac{1,000}{3}$	$\dfrac{100}{3}$
③	$\dfrac{1,000}{3}$	100
④	200	60
⑤	200	100

❙해설❙

이 모형에서 수출승수는 $\dfrac{1}{1-b+m} = \dfrac{1}{1-0.7+0.2} = 2$이다.

따라서 수출이 100만큼 늘어나면 국민소득은 2배, 즉 200만큼 증가한다.

경상수지 $X - M$의 변동분 $= 100 - 0.2(200) = 60$이다.

답 ④

01 공인노무사 2020

☑ 확인 Check! ○ △ ✕

A국의 소비지출(C), 투자지출(I), 정부지출(G), 순수출(X_n), 조세징수액(T)이 다음과 같을 때, 이에 관한 설명으로 옳은 것은? (단, Y는 국민소득이고, 물가, 금리 등 가격변수는 고정되어 있으며, 수요가 존재하면 공급은 언제나 이루어진다고 가정한다)

- $C = 300 + 0.8(Y - T)$
- $I = 300$
- $G = 500$
- $X_n = 400$
- $T = 500$

① 균형국민소득은 4,000이다.

② 정부지출이 10 증가하는 경우 균형국민소득은 30 증가한다.

③ 조세징수액이 10 감소하는 경우 균형국민소득은 30 증가한다.

④ 정부지출과 조세징수액을 각각 100씩 증가시키면 균형국민소득은 100 증가한다.

⑤ 정부지출승수는 투자승수보다 크다.

┃해설┃

- 투자승수 $= \dfrac{1}{1-c} = \dfrac{1}{1-0.8} = 5$
- 정부지출승수 $= \dfrac{1}{1-c} = \dfrac{1}{1-0.8} = 5$
- 조세승수 $= \dfrac{-c}{1-c} = \dfrac{-0.8}{1-0.8} = -4$

정부지출승수와 조세승수의 합은 1이다. 따라서 정부지출과 조세징수액을 각각 100씩 증가시키면 균형국민소득은 100 증가한다.

① $Y = C + I + G + X_n = 300 + 0.8(Y - 500) + 300 + 500 + 400$, ∴ $Y = 5,500$

② 정부지출승수는 5이기 때문에 정부지출이 10 증가하면 균형국민소득은 50 증가한다.

③ 조세승수가 -4이기 때문에 조세징수액이 10 감소하면 균형국민소득은 40 증가한다.

⑤ 정부지출승수와 투자승수는 같다.

답 ④

균형국민소득은 $Y = C(Y-T) + G$이다. 정부가 민간분야에 대해 $5,000$억원의 조세삭감과 $5,000$억원의 지출증가를 별도로 실시할 경우, 조세삭감과 정부지출로 인한 균형국민소득의 변화(절댓값)를 옳게 설명한 것은? [단, Y : 균형국민소득, $C(Y-T)$: 소비함수, T : 조세, G : 정부지출, $0 <$ 한계소비성향$(MPC) < 1$ 이다]

① 조세삭감효과가 정부지출효과보다 크다.
② 조세삭감효과와 정부지출효과는 동일하다.
③ 조세삭감효과가 정부지출효과보다 작다.
④ 조세승수는 $-1/(1-MPC)$이다.
⑤ 정부지출승수는 $MPC/(1-MPC)$이다.

┃해설┃

조세승수는 $-MPC/(1-MPC)$이고, 정부지출승수는 $1/(1-MPC)$인데, 문제의 조건에 따라 MPC는 0과 1 사이의 값을 가지므로, 조세승수의 절댓값이 정부지출승수의 절댓값보다 작기에 조세삭감 효과가 정부지출효과보다 작다.

답 ③

다음은 개방경제에 대한 케인즈의 국민소득결정모형이다. 이때 수출승수는?

- $C = 500 + 0.6(Y-T)$
- $I = 200$
- $G = 100$
- $T = 100$
- $X = 300$
- $IM = 0.1Y$
(Y, C, I, G, T, X, IM은 각각 총생산, 소비, 투자, 정부지출, 조세, 수출, 수입을 나타낸다)

① 0.5
② 1.0
③ 1.5
④ 2.0
⑤ 2.5

┃해설┃

$$수출승수 = \frac{1}{1 - 한계소비성향 + 한계수입성향} = \frac{1}{1 - 0.6 + 0.1} = 2$$

답 ④

폐쇄경제에 대한 케인즈의 국민소득결정 모형이 다음과 같다.

> - $C = a + 0.75(Y - T)$
> - $I = b + 0.15Y$
> - $T = c + 0.2Y$
> - $G = \overline{G}$

Y, C, I, T, G는 각각 소득, 소비, 투자, 조세 및 정부지출이다. a, b, c는 각각 소득에 의존하지 않는 **자율적**(autonomous) 소비, 투자 및 조세를 나타내는 상수이다. 정부지출이 $\overline{G}$로 일정할 때, 자율적 소비 **승수는?**

① 2.5   ② 3.0

③ 3.5   ④ 4.0

⑤ 4.5

┃해설┃

$$Y = a + 0.75(Y - c - 0.2Y) + b + 0.15Y + G$$
$$= a + 0.75(Y - 0.2Y) + 0.15Y + K$$

이를 정리하여 미분하면 다음과 같다.

$$0.25dY = da + dK$$

따라서 자율적 소비 승수는 $\dfrac{1}{0.25} = 4$ 이다.

답 ④

다음과 같은 케인즈(Keynes)의 균형국민소득결정 모형에 따라 거시균형이 결정되는 경제를 상정하자.

- $C = \overline{C} + 0.5(Y - T)$
- $I = 0.25Y$
- $G = \overline{G}$
- $T = \overline{T}$
- $Y = C + I + G$

정부지출을 1조원 증가시키는 정책(Ⅰ)과 조세를 1조원 감면시키는 정책(Ⅱ) 각각의 총소득 증가효과는? (단, C, Y, T, I, G는 각각 소비, 국민소득, 조세, 투자, 정부지출이며, $\overline{C}$, $\overline{G}$, $\overline{T}$는 양의 상수이다)

	Ⅰ	Ⅱ
①	2조원	1조원
②	4조원	2조원
③	4조원	3조원
④	5조원	2조원
⑤	5조원	4조원

❙해설❙

- 정부지출승수를 구하면 $\dfrac{1}{0.25} = 4$이므로 정부지출을 1조원 증가시키면 총소득은 4조원 증가한다.

- 조세승수를 구하면 $-\dfrac{0.5}{0.25} = -2$이므로 조세를 1조원 감면시키면 총소득은 2조원 증가한다.

         답 ②

아래와 같은 거시경제모형의 초기 균형에서 정부지출을 1만큼 증가시킬 때, 균형국민소득의 증가분은? (단, Y, C, I, G, T는 각각 국민소득, 소비, 투자, 정부지출, 조세이다)

- $Y = C + I + G$
- $C = 1 + 0.5(Y - T)$
- $I = 2$
- $G = 10$
- $T = 2 + 0.2Y$

① 1.2 ② $\dfrac{4}{3}$

③ $\dfrac{5}{3}$ ④ 2

⑤ 2.5

┃해설┃

정부지출승수는 $\dfrac{1}{1 - c(1 - t)}$ (c : 한계소비성향, t : 세율)이므로 주어진 식에서 도출하면,

$$\frac{dY}{dG} = \frac{1}{1 - 0.5(1 - 0.2)} = \frac{1}{0.6} = \frac{5}{3}$$

따라서 정부지출을 1만큼 증가시키면 균형국민소득은 $\dfrac{5}{3}$ 만큼 증가한다.

답 ③

01 | 소비성향과 저축성향

관 계	• 평균소비성향(APC)+평균저축성향(APS)=1 • 한계소비성향(MPC)+한계저축성향(MPS)=1 • 단기 : $APC > MPC$ • 장기 : $APC = MPC$

02 | 기간 간 소비선택

설 명	• 피셔 2기간 모형 : $Y_1 + \dfrac{Y_2}{(1+r)} = C_1 + \dfrac{C_2}{(1+r)}$ • 예산선 : $C_2 = -(1+r)C_1 + (1+r)Y_1 + Y_2$ • 소비자균형 : $MRS = (1+r)$

03 | 생애주기가설

개 념	소비는 평생 기대 자산의 현재가치에 의해 결정
내 용	• 사람들은 자신의 생애를 고려하여 현재소비 결정 • 총소득=노동소득+자산소득 • 소득은 불규칙, 소비는 규칙적
형 태	• 단기 : $APC > MPC$ • 장기 : $APC = MPC$

04 | 소비이론

구 분	개 념	가 정	특 징
절대소득가설	현재의 소비는 현재의 소득에 의해 결정	• 소비의 독립성 • 소비의 가역성	• $APC > MPC$ • APC는 소득이 증가하면서 점점 감소 • MPC는 일정 • 재정정책 효과적
상대소득가설	• 현재소비는 현재 소득의 상대적인 크기에 영향을 받음 • 소비는 다른 사람의 소비에 영향 • 소비는 습관성이 있으므로 소득이 줄어도 소비는 유지	• 소비의 상호의존성 (소비의 전시효과) • 소비의 비가역성(톱니효과)	• 전시효과 : 자신이 속한 집단의 평균소비에 영향을 받음 • 톱니효과 : 소득변화와 소비변화가 비대칭적이어서 톱니모양의 곡선 도출
항상소득가설	소비는 항상소득의 크기에 의해 결정	• 소득=항상소득+임시소득 • 소비=항상소비+임시소비 • 임시소득은 단기적으로는 경기의 영향을 받지만, 장기적으로는 0 • 임시소비는 0	• 단기적인 재정정책은 효과 × • 유동성 제약 하에서는 현실 설명력 ×

05 | Random Walk가설

개 념	소비형태를 항상소득가설에 합리적 기대를 도입하여 설명한 이론
내 용	• 합리적 기대로 항상소득을 예상하고 그에 따라 소비를 결정 • 예상하지 못한 변화가 발생하면 항상소득과 소비에 변화가 발생 • 소비함수 : $C_t = C_{t-1} + \epsilon_t$ (ϵ_t : 예상하지 못한 충격)
특 징	• 미래 소비의 예측을 위해 전기의 소비만 사용됨 • 예상된 정책은 소비에 변화를 주지 못함

01 보험계리사 2017

☑ 확인Check! ○ △ ✕

소비함수에 관한 설명으로 옳지 않은 것은?

① 절대소득(Absolute income)가설의 소비함수에서 평균소비성향은 한계소비성향보다 작다.

② 상대소득(Relative income)가설에서 개인의 소비는 타인의 소비에 영향을 받는다.

③ 생애주기(Life cycle)가설에서 개인의 소비는 자신의 평생재원, 즉 생애의 총자원(Total resources)에 의존한다.

④ 항상소득(Permanent income)가설에서 현재소득은 항상소득과 일시소득의 합이다.

┃해설┃

절대소득가설의 소비함수에서 평균소비성향은 소득이 증가할수록 감소하지만, 한계소비성향보다 크다.

② 상대소득가설은 개인의 소비는 다른 사람의 소비에 영향을 받을 뿐만 아니라 습관성도 있다는 특징이 있다.

③ 생애주기가설은 전생애에 걸친 소득과 소비의 패턴을 관찰한다.

④ 항상소득가설의 실제소득은 항상소득과 일시소득의 합이며, 소비에 영향을 주는 것은 항상소득이다.

답 ①

02 공인노무사 2020

☑ 확인Check! ○ △ ✕

소비이론에 관한 설명으로 옳지 않은 것은?

① 항상소득이론에서 일시소득의 한계소비성향은 항상소득의 한계소비성향보다 크다.

② 생애주기이론에서 소비는 미래 소득의 영향을 받는다.

③ 절대소득가설에서는 현재 처분가능소득의 절대적 크기가 소비의 가장 중요한 결정요인이다.

④ 처분가능소득의 한계소비성향과 한계저축성향의 합은 1이다.

⑤ 절대소득가설이 항상소득이론보다 한시적 소득세 감면의 소비 진작효과를 더 크게 평가한다.

┃해설┃

항상소득이론에 의하면 일시소득이 증가하였다고 해도 소비 증가가 크게 발생하지 않기 때문에 일시소득의 한계소비성향은 항상소득의 한계소비성향보다 작다.

답 ①

경제학자 A가 추론한 소비함수는 다음과 같은 특징을 가진다. 이 특징을 가장 잘 반영하는 소비함수는?

- 늘어난 소득이 소비를 증가시키지만, 소비의 증가는 소득의 증가보다는 작다.
- 평균소비성향은 소득이 증가함에 따라 감소한다.
- 현재의 소비는 현재의 소득에 의존한다.

①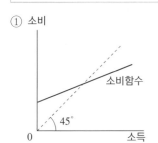

②

③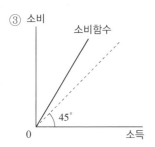

④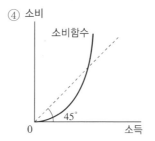

⑤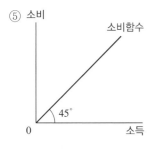

▌해설▌

- 늘어난 소득이 소비를 증가시키지만, 소비의 증가가 소득의 증가보다 작다는 의미는 한계소비성향이 0과 1 사이라는 의미이다.
- 평균소비성향은 소득이 증가함에 따라 감소할 경우 소비함수가 소비축을 통과한다는 뜻으로, 평균소비성향은 한계소비성향보다는 크다.
- '현재의 소비는 현재의 소득에 의존한다'에서 케인즈의 절대소득가설이론이라는 것을 알 수 있다. 소비축을 통과하고, 원점에서 그은 직선의 기울기가 소비함수의 기울기보다 큰 것은 ①이다.

답 ①

A국 정부는 영구히 소득세율을 $5\%p$ 인상하기로 하고 그 시행 시기는 1년 후로 발표하였다. 항상소득가설의 관점에서 소득세율 개정 발표 이후 소비에 대한 다음 설명 중 옳은 것은?

① 소비는 발표 즉시 감소하고 이후 그 수준으로 계속 유지된다.

② 소비는 발표 즉시 감소하지만 1년 후에는 발표 이전 수준으로 회복된다.

③ 발표 후 1년 동안 소비는 균일하게 감소하고 이후 그 수준으로 계속 유지된다.

④ 발표 후 1년 동안 소비는 영향을 받지 않지만 1년 후에는 감소하고 이후 그 수준으로 계속 유지된다.

⑤ 소비는 영향을 받지 않는다.

┃해설┃

항상소득가설에 의하면 소비자는 자신의 항상소득에 비례하여 소비가 이루어 지는데 정부가 영구히 소득세율을 인상하면 소비자들은 자신이 얻을 수 있는 항상소득이 감소한다고 여겨 현재부터 소비를 줄이며, 소득세율 인상을 시행한 1년 후에 소비는 감소된 소비수준에서 유지된다.

답 ①

다음은 소비함수에 대한 설명이다. 이에 대한 분석으로 옳지 않은 것은?

- 김씨는 절대소득가설을 따르며, 소비함수는 $C = 0.8Y + 10$이다(단, C는 소비, Y는 소득이다).
- 이씨는 항상소득가설을 따르며, 소비함수는 $C_t = 0.5Y_t^P$, $Y_t^P = 0.5Y_t + 3Y_{t-1}$이며, 소득은 t기에 120, $t-1$기에 80이다(단, C_t는 t기의 소비, Y_t^P는 t기의 항상소득, Y_t는 t기의 소득이다).
- 박씨는 상대소득가설을 따르며, 소비함수는 $Y \geq Y_m$일 때에 $C = 0.7Y$이며, $Y < Y_m$일 때에 $C = 0.7Y_m + 0.5(Y - Y_m)$이다(단, C는 소비, Y는 소득, Y_m은 과거 최대 소득이다).

① 김씨의 $\dfrac{\triangle C}{\triangle Y}$는 소득의 크기에 상관없이 일정하다.

② 김씨의 $\dfrac{C}{Y}$는 소득의 증가에 따라서 체감한다.

③ 이씨의 $\dfrac{C_t}{Y_t}$는 1보다 크다.

④ 박씨의 $\dfrac{\triangle C}{\triangle Y}$는 Y가 Y_m보다 작을 때 1보다 작다.

⑤ 박씨의 $\dfrac{\triangle C}{\triangle Y}$는 Y가 Y_m보다 클 때 1보다 작다.

┃해설┃

이씨의 소비이론인 항상소득가설의 평균소비성향은 $\dfrac{C_t}{Y_t} = \dfrac{42}{120} = 0.35$로 나타난다.

① 김씨의 한계소비성향은 $MPC = \dfrac{dC}{dY} = 0.8$이므로, 한계소비성향은 소득과 상관없이 일정하다.

② 절대소득가설의 평균소비성향은 $\dfrac{C}{Y} = 0.8 + \dfrac{10}{Y}$이므로, 평균소비성향은 소득이 증가할수록 감소한다.

④ $Y \geq Y_m$일 때에 박씨의 소비함수가 $C = 0.7Y$이므로, 한계소비성향은 $\dfrac{dC}{dY} = 0.7$이다.

⑤ $Y < Y_m$일 때에 박씨의 소비함수가 $C = 0.7Y_m + 0.5(Y - Y_m)$이므로, 한계소비성향은 $\dfrac{dC}{dY} = 0.5$이다.

답 ③

01 감정평가사 2019

☑ 확인 Check! ○ △ ✕

피셔(I. Fisher)의 기간 간 선택(Intertemporal choice)모형에서 최적소비선택에 관한 설명으로 옳은 것을 모두 고른 것은? (단, 기간은 현재와 미래이며, 현재소비와 미래소비는 모두 정상재이다. 무차별곡선은 우하향하며 원점에 대하여 볼록한 곡선이다)

> ㄱ. 실질이자율이 상승하면, 현재 대부자인 소비자는 미래소비를 증가시킨다.
> ㄴ. 실질이자율이 하락하면, 현재 대부자인 소비자는 현재저축을 감소시킨다.
> ㄷ. 실질이자율이 상승하면, 현재 차입자인 소비자는 현재소비를 감소시킨다.
> ㄹ. 미래소득이 증가하여도 현재 차입제약에 구속된(Binding) 소비자의 현재소비는 변하지 않는다.

① ㄱ, ㄴ
② ㄴ, ㄷ
③ ㄷ, ㄹ
④ ㄱ, ㄷ, ㄹ
⑤ ㄴ, ㄷ, ㄹ

┃해설┃

ㄱ. (○) 실질이자율이 상승하면, 현재 대부자는 원금을 상환받을 때 회수할 이자가 늘어나므로 미래소득이 증가한다.

ㄴ. (✕) 실질이자율이 하락하면, 대부자는 현재저축을 증가시킨다.

ㄷ. (○) 실질이자율이 상승할 경우 차입자는 현재, 미래소비 모두 감소한다.

ㄹ. (○) 현재 차입제약이 있다면 미래소득과 무관하게 현재소득만으로 소비한다.

답 ④

01 공인회계사 2024

☑ 확인 Check! ○ △ ✕

소비선택과 관련된 다음 설명 중 옳은 것을 모두 고르면?

> 가. 항상소득가설에 따르면, 복권에 당첨되었을 경우 그 해의 평균소비성향은 증가한다.
> 나. 항상소득가설에 따르면, 소득세율이 내년부터 영구적으로 인상될 것으로 확정되었을 경우 올해 소비는 감소
>   한다.
> 다. 생애주기가설에 따르면, 은퇴시점은 변화가 없고 기대수명이 증가한다면 은퇴 이전 근로자의 평균소비성향은
>   증가한다.

① 가
② 나
③ 가, 다
④ 나, 다
⑤ 가, 나, 다

┃해설┃

가. (✕) 항상소득가설에 따르면 복권당첨소득과 같은 임시소득의 증가는 소비를 증가시킬 수 없으므로 평균소비성향은
   감소한다.

나. (○) 항상소득가설에 따르면, 소득세율이 영구적으로 인상될 것으로 확정될 경우 올해의 소비는 감소하게 된다.

다. (✕) 생애주기가설에 따르면, 은퇴시점은 변화가 없고 기대수명이 증가한다면 현재소비는 감소하므로 평균소비성향
   은 하락한다.

답 ②

은퇴까지 앞으로 20년간 매년 6,000만원의 소득을 얻을 것으로 예상되는 노동자가 있다. 현재 이 노동자는 잔여 생애가 40년이고 자산은 없으며 2억원의 부채를 갖고 있다. 생애소득가설에 따를 때, 이 노동자의 은퇴시 순자산(=자산−부채)과 잔여 생애 동안의 연간 소비는? (단, 이자율은 항상 0이고, 사망시 이 노동자의 순자산은 0이다)

	순자산	연간 소비
①	4억원	2,000만원
②	5억원	2,500만원
③	6억원	3,000만원
④	7억원	3,500만원
⑤	8억원	4,000만원

━━

┃해설┃

- 20년간 매년 6,000만원의 소득을 얻을 것이라 하였으므로 총소득은 12억원이며, 부채가 2억원 있으므로 순자산은 10억원이다.

- 총 40년간 잔여 생애가 남았으므로 매년 $\frac{10억원}{40년}$=2,500만원의 소비를 한다.

- 은퇴는 20년 뒤에 하므로 은퇴시점의 순자산은 현재순자산 10억원− 연간 소비 2,500만원/년×20년=5억원이 계산된다.

 ②

소비이론에 관한 설명 중 옳은 것은?

① 케인즈(Keynes)의 소비이론에 따르면 이자율이 소비의 주요 결정요인이다.

② 생애주기가설에 따르면 은퇴연령의 변화 없이 기대수명이 증가하면 소비가 감소한다.

③ 리카도 등가(Ricardian equivalence)정리는 케인즈의 소비함수에 기초한 이론이다.

④ 케인즈의 소비이론은 소비자들의 소비평탄화(consumption smoothing)를 강조한다.

⑤ 소비에 대한 임의보행(random walk)가설은 유동성제약에 직면한 소비자의 소비 선택을 설명한다.

┃해설┃

생애주기가설에 따르면, 앞으로 T년을 더 생존할 것으로 예상되는 어떤 개인이 W의 자산을 보유하고 있으며, 현재부터 은퇴할 때까지 R년 동안 매년 Y원의 소득을 얻을 것으로 기대되는 경우, 이 개인의 소비함수는 $C = \dfrac{W + RY}{T}$ 로 나타내진다. 따라서 은퇴연령의 변화 없이 기대수명이 증가하면, 매년 이루어지는 소비는 감소한다.

① 케인즈의 소비이론은 절대소득가설로, 이자율이 아닌 현재의 처분가능소득이 소비의 주요 결정요인이다.

③ 리카도의 등가정리는 정부지출이 고정된 상태에서 조세를 감면하고 국채발행을 통해 지출재원을 조달하더라도 경제의 실질변수에는 아무런 영향을 미칠 수 없다는 내용이다. 조세가 감면되고 국채가 발행되면, 개별경제주체들이 미래의 조세증가를 예상하고 이에 대비하여 저축을 증가시키므로 민간소비가 증가하지 않는다는 것이다. 이는 미래전망적인 소비이론에 근거한 것으로써, 케인즈의 소비이론보다는 항상소득가설 또는 생애주기가설과 더 가까운 것이다.

④ 케인즈의 소비이론은 현재의 처분가능소득의 크기에 따라 소비가 달라지게 된다(소비 평탄화가 아님).

⑤ 임의보행가설은 항상소득가설에 합리적 기대를 도입하여 소비행태를 설명하는 이론이다. 유동성제약이 존재할 경우, 케인즈의 절대소득가설이 생애주기가설, 항상소득가설보다 소비자의 소비선택을 더 잘 설명한다.

답 ②

01 보험계리사 2019

☑ 확인 Check! ○ △ ✕

소비이론에 관한 설명으로 옳지 않은 것은?

① 절대소득가설에 의하면 소비의 이자율탄력성은 0이다.

② 항상소득가설에 의하면 현재소득의 증가 중에서 임시소득이 차지하는 비중이 높을수록 현재 소비가 크게 증가한다.

③ 상대소득가설에 의하면 소비지출에 톱니효과가 존재한다.

④ 생애주기가설에 의하면 사람들은 일생에 걸친 소득 변화를 고려하여 적절한 소비수준을 결정한다.

┃해설┃

항상소득가설은 현재소득의 증가 중에서 항상소득이 차지하는 비중이 높을수록 현재소비가 증가한다.

① 케인즈의 절대소득가설에 의하면 소비는 현재의 소득에 의해서만 결정되고, 이자율과는 아무런 관련이 없으므로 이자율탄력성은 0이다.

③ 상대소득가설에서 개인의 소비는 습관성이 있어서, 소득이 변한다고 바로 변하지 않으므로 톱니효과가 존재한다.

④ 생애주기가설에 의하면 사람들은 중·장년층에 높은 소득수준을 갖고, 노년기에 낮은 소득수준을 보이기 때문에 그에 맞춰서 소비수준을 결정한다.

답 ②

02 공인노무사 2018

☑ 확인 Check! ○ △ ✕

소비이론에 관한 설명으로 옳은 것은?

① 항상소득가설에 따르면, 호황기에 일시적으로 소득이 증가할 때 소비가 늘지 않지만 불황기에 일시적으로 소득이 감소할 때 종전보다 소비가 줄어든다.

② 생애주기가설에 따르면, 소비는 일생동안의 소득을 염두에 두고 결정되는 것은 아니다.

③ 한계저축성향과 평균저축성향의 합은 언제나 1이다.

④ 케인즈의 소비함수에서는 소비가 미래에 예상되는 소득에 영향을 받는다.

⑤ 절대소득가설에 따르면, 소비는 현재의 처분가능소득으로 결정된다.

┃해설┃

절대소득가설에 따르면, 소비는 현재의 처분가능소득으로 결정된다.

① 호황기에 임시소득이 증가하면 소비가 약간 늘고, 불황기에 임시소득이 감소하면 소비가 약간 줄어 전체 평균적으로 0이다.

② 생애주기가설은 일생동안의 소득과 소비를 고려한 모형이다. 소득은 일생동안 불규칙하게 움직이지만 소비는 안정적인 추세를 보인다. 따라서 유년기와 노년기에는 음(-)의 저축이 발생하고, 중·장년기에는 양(+)의 저축이 발생한다.

③ 한계저축성향+한계소비성향=1, 평균저축성향+평균소비성향=1

④ 케인즈에 의하면 소비는 오직 현재의 처분 가능한 소득에 의해 결정된다는 절대소득가설을 주장하였다.

답 ⑤

PART 2

거시경제학

03 보험계리사 2018 ☑확인 Check! ○ △ ✕

소비이론에 관한 설명으로 옳지 않은 것은?

① 케인즈의 절대소득가설에 의하면 한계소비성향은 평균소비성향보다 크다.

② 쿠즈네츠(S. Kuznets)에 의하면 장기시계열 소비함수에서 한계소비성향은 평균소비성향과 같다.

③ 상대소득가설에서는 톱니효과(Ratchet effect)와 전시효과(Demonstration effect)를 주장한다.

④ 항상소득(Permanent income)가설에 의하면 소비는 현재의 자산과 소득, 그리고 미래기대소득의 현재가치에 의해서 결정된다.

┃해설┃

케인즈의 절대소득가설은 소비곡선이 세로축에서 시작하기 때문에, 원점에서 소비곡선까지 그은 접선의 기울기인 평균소비함수가 소비곡선의 기울기인 한계소비성향보다 크다.

② 쿠즈네츠의 이론에 의하면 장기에는 장기소비곡선이 원점을 통과한다고 가정하였기 때문에, 평균소비성향과 한계소비성향이 동일하다.

③ 상대소득가설은 개인의 소비는 다른 사람의 소비의 영향을 받을 뿐만 아니라 소비는 습관성이 있다는 점을 이용하여 장기 소비함수를 설명한다.

④ 항상소득가설은 전 생애에 걸친 소득과 자산을 전제로 소비가 이루어진다고 주장하였다.

답 ①

소비이론에 관한 설명으로 옳은 것을 모두 고른 것은?

> ㄱ. 케인즈 소비함수에 의하면 평균소비성향이 한계소비성향보다 크다.
> ㄴ. 상대소득가설에 의하면 장기소비함수는 원점을 통과하는 직선으로 나타난다.
> ㄷ. 항상소득가설에 의하면 항상소비는 평생 부(Wealth)와 관계없이 결정된다.
> ㄹ. 생애주기가설에 의하면 중년층 인구비중이 상승하면 국민저축률이 하락한다.

① ㄱ, ㄴ　　　　　　　　　　　　　　② ㄱ, ㄷ
③ ㄴ, ㄷ　　　　　　　　　　　　　　④ ㄴ, ㄹ
⑤ ㄷ, ㄹ

▮해설▮

ㄱ. (○) 케인즈 소비함수는 $C = a + bY$ (a : 기초소비, b : 한계소비성향)으로 케인즈 소비함수는 세로축을 통과하는 모형이다. 따라서 원점에서 소비함수로 연결되는 평균소비성향이 소비함수의 기울기인 한계소비성향보다 크다.

ㄴ. (○) 일반적으로 시간이 지날수록 소득은 증가하는데, 소비도 비례적으로 증가하면 장기에 평균소비성향은 일정한 값을 갖게 된다.

ㄷ. (✕) 항상소득가설 하에서 소비는 평생의 소득과 관련지어서 결정한다고 본다.

ㄹ. (✕) 생애주기가설에 의하면 유년기와 노년기에는 저축이 감소하고, 중·장년기에 저축이 증가하는데 장년층 인구비중이 증가한다면 저축률이 상승할 것이다.

답 ①

대학생 K는 매월 30만원을 용돈으로 받아 전부 소비하는 생활을 하고 있었다. 그러던 중 2014년 8월에 취업이 확정되어 2015년 1월부터 매월 300만원을 급여로 받을 예정이다. 그러나 2015년 1월 이전까지는 용돈 이외에 추가적인 소득은 없다. 취업이 확정된 직후 각 소비이론에 따른 K의 소비 변화량을 비교한 것 중 옳은 것은?

> • A = 절대소득가설에 따른 소비 변화량
> • B = 차입제약(Borrowing constraint)이 없는 경우 생애주기이론(Life-cycle theory)에 따른 소비 변화량
> • C = 차입제약이 있는 경우 생애주기이론에 따른 소비 변화량

① $A < B \leq C$　　　　　　　　　　② $A \leq C \leq B$
③ $C \leq A < B$　　　　　　　　　　④ $C \leq B < A$
⑤ $B = A < C$

┃해설┃

A : 절대소득가설에 의한 소비는 현재의 처분 가능한 소득에 의하여 결정된다고 보는 이론이다. 따라서 A의 소비는 취업이 결정됐다고 하더라도 2015년 1월 전까지는 받는 용돈 30만원의 소비밖에 할 수 없다.

B : 생애주기가설은 현재소비가 현재소득뿐만 아니라 평생소득에 의해 결정된다고 주장하는 가설이다. 따라서 B는 취업이 이미 확정되었으므로 기대되는 소득 수준에 맞춰서 소비량을 늘릴 것이다.

C : C도 B와 같은 가설을 가정하고 있으나 차입제약의 상태에 놓여있다는 점이 다르다. 차입제약에 걸려 있기 때문에 C는 미래 기대소득이 300만원이지만 현재는 그 급여를 받고 있지 못하므로, C의 소비량은 A와 같거나 조금 높은 수준에서 결정된다.

답 ②

06 감정평가사 2015

☑ 확인 Check! ○ △ ✕

소비이론에 관한 설명으로 옳지 않은 것은?

① 절대소득가설에 의하면 소비의 이자율탄력성은 0이다.

② 절대소득가설에 의하면 기초소비가 있는 경우, 평균소비성향이 한계소비성향보다 크다.

③ 항상소득가설에 의하면 임시소비는 임시소득에 의해 결정된다.

④ 상대소득가설에 의하면 장기소비함수는 원점을 통과하는 직선의 형태로 도출된다.

⑤ 생애주기가설에 의하면 사람들은 일생에 걸친 소득 변화 양상을 염두에 두고 적절한 소비수준을 결정한다.

┃해설┃

임시소득은 비정상적인 소득으로 예측 불가능한 소득이기 때문에, 임시소득은 소비에 영향력을 미치지 않는다.

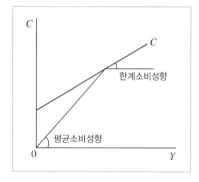

① 절대소득가설은 케인즈에 의해 주장되었는데, 케인즈는 소비를 결정하는 것은 절대적인 소득수준이라고 보았다. 소비는 소득의 변화에 따라 움직이므로, 이자율이 소비에 미치는 영향은 거의 없다고 보았으므로 소비의 이자율탄력성은 0이라고 볼 수 있다.

② 기초소득이 존재하지 않는다면 소비함수가 원점에서 출발하여 평균소비성향과 한계소비성향은 일치한다. 기초소비가 존재한다면, 소비함수가 원점에서 시작하지 않고 소비 축을 통과하기 때문에 소비함수의 기울기인 한계소비성향보다 원점에서 기울기를 측정하는 평균소비성향이 항상 더 크다.

④ 장기적으로 보면 일반적으로 소득이 증가하는 경향을 보이는데, 사람들이 소비도 비례적으로 증가하면 다른 사람들과 비슷한 소비수준을 유지할 수 있게 된다. 장기에 소득과 소비도 비례적으로 증가한다면, 장기에는 평균소비성향이 일정한 값을 갖게 되므로 소비함수도 원점을 통과하는 직선의 형태로 도출된다.

⑤ 생애주기가설은 소비가 현재의 소득이 아니라, 일생동안의 소득에 의해 결정된다고 보는 이론이다. 일생동안 소비의 흐름은 안정적인 추세를 보이는 반면에, 소득은 그 흐름이 불규칙하기 때문에 유년기와 노년기에는 (-)저축이, 장년기에는 (+)저축이 발생한다.

답 ③

01 감정평가사 2022   ☑ 확인Check! ○ △ ✕

소비이론에 관한 설명으로 옳은 것은?

① 항상소득가설(permanent income hypothesis)에 따르면, 현재소득이 일시적으로 항상소득보다 작게 되면 평균소비성향은 일시적으로 증가한다.

② 생애주기가설(life-cycle hypothesis)은 소비자가 저축은 할 수 있으나 차입에는 제약(borrowing constraints)이 있다고 가정한다.

③ 케인즈 소비함수는 이자율에 대한 소비의 기간별 대체효과를 반영하고 있다.

④ 소비에 대한 임의보행(random walk)가설은 소비자가 근시안적(myopic)으로 소비를 결정한다고 가정한다.

⑤ 항상소득가설은 소비자가 차입제약에 직면한다고 가정한다.

───

┃ 해설 ┃

항상소득가설에 따르면, 단기적으로 소득(Y)이 감소하면 평균소비성향$\left(\dfrac{C}{Y}\right)$은 일시적으로 증가한다. 그러나 장기적으로 항상소득에 변화가 없으면 평균소비성향을 불변이라고 주장한다.

② 생애주기가설은 소비자는 차입에 제약이 없다고 가정한다.

③ 이자율에 대한 소비의 기간별 대체효과를 반영하는 소비이론은 피셔(I. Fisher)의 기간간 선택(intertemporal choice)이론이다. 케인즈(J.M. Keynes)의 소비이론은 소비는 현재의 가처분소득에 의해 현재의 소비가 결정된다고 주장하는 절대소득가설이다.

④ 홀(R. Hall)의 임의보행가설은 항상소득가설을 기초로 소비자는 합리적 기대를 한다고 가정한다.

⑤ 항상소득가설은 소비자는 차입제약, 즉 유동성 제약에 처해있지 않다고 가정한다.

답 ①

02 공인노무사 2023   ☑ 확인Check! ○ △ ✕

소비함수에 관한 설명으로 옳지 않은 것은?

① 케인즈에 따르면 현재소득이 소비를 결정하는 가장 중요한 결정요소이다.

② 항상소득가설에 의하면 야간작업에 의한 일시적 소득증가보다 승진에 의한 소득증가가 더 큰 소비의 변화를 초래한다.

③ 평생소득가설에 의하면 연령계층에 따라 소비성향이 다를 수 있다.

④ 확률보행가설은 소비자들이 장래소득에 관해 적응적 기대를 한다고 가정한다.

⑤ 케인즈는 평균소비성향이 소득 증가에 따라 감소한다고 가정한다.

확률보행가설은 항상소득가설에 합리적 기대를 가정한 소비형태이다.

① 케인즈는 소비가 현재의 처분가능소득에 의해 결정된다고 보았다.

② 항상소득가설에 의하면 소비는 임시소득보다는 항상소득에 의해 영향을 더 많이 받는다.

③ 평생소득가설은 나이에 따라 소비의 흐름이 다르다고 가정하였다.

⑤ 케인즈의 절대소득가설의 소비함수는 소비축을 통과하므로 소득이 증가할수록 평균소비성향이 감소한다.

답 ④

---

03 **공인노무사 2020** ☑ 확인Check! ○ △ ✕

효율적 시장가설(Efficient Market Hypothesis)에 관한 설명으로 옳은 것을 모두 고른 것은?

> ㄱ. 주식가격은 매 시점마다 모든 관련 정보를 반영한다.
> ㄴ. 주식가격은 랜덤워크(Random Walk)를 따른다.
> ㄷ. 미래 주식가격의 변화에 대한 체계적인 예측이 가능하다.
> ㄹ. 주식가격의 예측이 가능해도 가격조정은 이루어지지 않는다.

① ㄱ, ㄴ   ② ㄱ, ㄷ

③ ㄴ, ㄷ   ④ ㄴ, ㄹ

⑤ ㄷ, ㄹ

효율적 시장가설(Efficient Market Hypothesis)이란 모든 정보가 가격형성에 즉각적으로 반영되어 장기적으로 시장수익률을 넘어설 수 없다는 가설이다.

ㄷ. (✕) 합리적 기대에 따른 가격 변동으로 미래 주식가격의 변화 예측이 어려워진다.

ㄹ. (✕) 정보 변화에 따른 가격 변화는 즉각적으로 이루어진다.

핵심체크	**랜덤워크(Random Walk)**

주식가격 변동에 따른 랜덤워크(Random Walk)이론은 주가에는 모든 정보가 반영되어 있어 미래 주가는 랜덤하게, 즉 임의대로 움직인다는 이론이다.

답 ①

05 | 투자함수이론

01 | 현재가치법

투자수익 현재가치(PV)	$PV = \dfrac{R_1}{1+r} + \dfrac{R_2}{(1+r)^2} + ... + \dfrac{R_n}{(1+r)^n}$ (R : 수익, r : 이자율)
투자비용	C
투자 증가	$PV > C$
투자 감소	$PV < C$
투자 불변	$PV = C$

02 | 신고전학파 투자이론

자본 사용자 비용	$C = (i + d - \pi)P_K = (r + d)P_K$ (i : 명목이자율, d : 감가상각률, π : 인플레이션, r : 실질이자율, P_K : 기계가격)
자본 한계생산물 가치	$VMP_K = MP_K \times P$
최적자본량	$(r + d)P_K = MP_K \times P$

03 | 적정자본량

$$적정자본량 : MP_K = \frac{자본재\ 가격}{소비재\ 가격} \times (이자율 + 감가상각비)$$

04 | 토빈의 q

토빈의 q	$q = \dfrac{주식시장에서\ 평가한\ 기업의\ 가치}{실물자본\ 대체비용}$
투자 증가	$q > 1$
투자 불변	$q = 1$
투자 감소	$q < 1$

05 | 투자이론

투자함수	$I = I_0(독립투자) + {}_i Y(유발투자)$
내부수익률법	• $C = PV = \dfrac{R_1}{1+m} + \dfrac{R_2}{(1+m)^2} + \dots + \dfrac{R_n}{(1+m)^n}$ • m(할인율) > r(실질이자율) : 투자증가 • m(할인율) < r(실질이자율) : 투자감소 • 기업가의 본능에 크게 영향을 받음 • 투자의 이자율탄력성이 매우 작음
가속도 원리	• 투자는 소득의 변동에 가속도적인 영향을 받음 • 투자함수 : $I = v \times \triangle Y$ • 이자율, 자본재의 가격 등을 무시 • 가속도계수(v)가 일정하다고 가정
자본스톡 조정모형 (신축적 가속도 원리)	• 최적자본량(K^*)과 전기의 자본량(K_{t-1})의 갭이 줄어드는 과정에서 투자가 발생 • 투자함수 : $I = \lambda(K^* - K_{t-1})$ • 목표생산량이 증가, 자본재의 가격이 하락하거나 이자율이 감소할 경우 최적자본량(K^*)이 증가함

01 감정평가사 2015 ☑ 확인Check! ○ △ ✕

甲기업이 새로운 투자프로젝트 비용으로 현재 250원을 지출하였다. 1년 후 120원, 2년 후 144원의 수익을 얻을 수 있다. 연간 시장이자율(할인율)이 20%일 때, 이 투자프로젝트의 순현재가치(Net Present Value)는?

① −50원
② −30원
③ −3원
④ 14원
⑤ 50원

┃해설┃

• 투자로 인해 얻는 예상수익의 현재가치에서 투자비용을 차감한 것을 순현재가치라고 한다.

  이를 식으로 나타내면 순현재가치 $NPV = \dfrac{R_1}{(1+r)} + \dfrac{R_2}{(1+r)^2} + ... + \dfrac{R_n}{(1+r)^n} - C$이다.

• 문제에 주어진 조건에 따르면 R_1=120원, R_2=144원, r=20%, C=250원인데 이를 주어진 식에 대입하여 보면,

  甲기업의 새로운 투자프로젝트 투자안의 순현재가치 $\dfrac{120}{1.2} + \dfrac{144}{1.2^2} - 250 = 100 + 100 - 250 = -50$

• 따라서 이 새로운 투자프로젝트는 진행하지 않는 것이 바람직하다.

답 ①

02 7급 공무원 2020 ☑ 확인Check! ○ △ ✕

공공사업 A에 투입할 100억원의 자금 중에서 40억원은 민간부문의 투자에 사용될 자금이었고, 60억원은 민간부문의 소비에 사용될 자금이었다. 이 공공사업을 평가하기 위한 사회적 할인율(social discount rate)은? (단, 민간부문 투자의 세전 수익률과 세후 수익률은 각각 15.0%와 10.0%이다)

① 11.5%
② 12.0%
③ 12.5%
④ 13.0%

┃해설┃

사회적 할인율 $= (1-\theta)\beta + \theta\alpha = \{(1-0.4) \times 0.1\} + (0.4 \times 0.15) = 0.12$

핵심체크	사회적 할인율(social discount rate)

• 개인이 아닌 사회 전체의 선호도로 사회 전체의 저축과 소비형태에 기인하여 사회 전체가 보상 받아야 되는 이자율
• 사회적 할인율$(\tau) = (1-\theta)\beta + \theta\alpha$
  (θ : 민간투자자금 비율, α : 세전 수익률, β : 세후 수익률)

답 ②

현재가치법을 이용해 t기의 주택가격을 나타내면 $P_t = \sum_{k=1}^{\infty} \dfrac{fD_t}{(1+i)^k} + b_t$ 이다. 이에 관한 설명으로 옳은 것은?

(단, P_t는 주택가격, f는 전월세 전환율, D_t는 전세가격, i는 시장이자율, b_t는 거품이다)

① 거품이 없을 때 전월세 전환율이 시장이자율과 같다면 주택가격은 전세가격보다 높다.

② 주택의 투자가치는 전월세 전환율에 전세가격을 곱한 것이다.

③ 거품이 생기면 전세가격은 상승한다.

④ 시장이자율이 전월세 전환율보다 빠르게 상승하면 주택가격은 하락한다.

∥ 해설 ∥

t기의 주택가격 $P_t = \sum_{k=1}^{\infty} \dfrac{fD_t}{(1+i)^k} + b_t$에서 분자인 전월세 전환율보다 분모인 시장이자율이 더 빠르게 상승하면 주택가격은 하락한다.

① 거품이 없을 때의 주택가격 $P_t = \sum_{k=1}^{\infty} \dfrac{fD_t}{(1+i)^t} = \dfrac{\frac{fD_t}{1+i}}{1-\frac{1}{1+i}} = \dfrac{fD_t}{i}$ 로 전월세 전환율과 시장이자율이 같다면 주택가격은 $P_t = D_t$가 될 것이다.

② 주택의 투자가치는 주택가격에 거품을 뺀 $\sum_{k=1}^{\infty} \dfrac{fD_t}{(1+i)^t} = \dfrac{fD_t}{i}$ 로 전월세 전환율에 전세가격을 곱한 값에 시장이자율로 나눈 것이다.

③ 거품과 전세가격간의 상관관계는 t기의 주택가격 $P_t = \sum_{k=1}^{\infty} \dfrac{fD_t}{(1+i)^k} + b_t$에서 확인할 수 없다.

핵심체크	**전월세 전환율**
• 보증금을 월세로 전환할 때의 비율 • 전월세 전환율(f)$= \dfrac{\text{월세} \times 12}{\text{전세보증금} - \text{월세보증금}} \times 100$	

답 ④

01 감정평가사 2017

신고전학파(Neoclassical) 투자이론에 관한 설명으로 옳지 않은 것은? (단, 모든 단위는 실질 단위이며 자본비용은 자본 한 단위당 비용이다)

① 자본량이 증가하면 자본의 한계생산물은 감소한다.

② 감가상각률이 증가하면 자본비용도 증가한다.

③ 자본량이 균제상태(Steady state) 수준에 도달되면 자본의 한계생산물은 자본비용과 일치한다.

④ 자본의 한계생산물이 자본비용보다 크다면 기업은 자본량을 증가시킨다.

⑤ 실질이자율이 상승하면 자본비용은 감소한다.

┃해설┃

신고전학파의 자본비용은 $C = (r+d)P_K$로 나타내는데, 실질이자율(r)과 감가상각률(d)이 증가하면 자본비용도 늘어나게 된다.

① 신고전학파의 투자결정이론에 따르면 자본에 대해서도 수확체감의 법칙이 성립한다. 자본투입량이 늘어나면 자본의 한계생산물가치도 점점 줄어들어, 자본의 한계생산물가치곡선은 우하향하는 형태를 보인다.

② 감가상각률(d)이 증가하면 자본비용도 늘어나게 된다.

③ 기업의 이윤이 극대화 되는 균제상태는 자본의 한계생산물가치와 자본비용이 일치하는 수준에서 결정된다.

④ 자본의 한계생산물이 자본비용보다 크다면 자본투입량을 증가시킬 때 이윤이 증가하므로 적정자본량이 증가한다.

탭 ⑤

01 공인회계사 2019 ☑ 확인 Check! ○ △ ✕

자본의 한계생산(MP_K)이 다음과 같이 자본량(K)의 함수로 주어진 기업이 있다.

$$MP_K = \frac{16}{K} + 0.02$$

최종 생산물인 소비재의 자본재에 대한 상대가격은 언제나 1이고, 실질이자율과 감가상각률은 각각 0.10과 0이다. 현재 자본량이 220이면, 이 기업은 최적자본량에 도달하기 위해 자본량을 어떻게 조정해야 하는가?

① 20만큼 줄인다.

② 20만큼 늘린다.

③ 30만큼 줄인다.

④ 30만큼 늘린다.

⑤ 현재의 수준을 유지한다.

❙해설❙

적정자본량 : $MP_K = \dfrac{\text{자본재가격}}{\text{소비재가격}} \times (\text{이자율} + \text{감가상각비}) \rightarrow \dfrac{16}{K} + 0.02 = 1 \times (0.10 + 0)$, $K = 200$

답 ①

01 감정평가사 2018

☑ 확인 Check! ○ △ ✕

토빈(J. Tobin)의 q에 관한 설명으로 옳은 것은?

① 자본 1단위 구입비용이다.
② 자본의 한계생산에서 자본 1단위 구입비용을 뺀 값이다.
③ 기존 자본을 대체하는데 드는 비용이다.
④ 시장에서 평가된 기존 자본의 가치이다.
⑤ q값이 1보다 큰 경우 투자를 증가시켜야 한다.

┃해설┃
• 토빈의 q는 주식시장에서 평가된 기업의 시장가치를 기업의 실물자본의 대체비용으로 나눈 값이다.
• q가 1보다 크면 투자를 증가시키고, 1보다 작으면 투자를 감소해야 한다.

답 ⑤

02 보험계리사 2020

☑ 확인 Check! ○ △ ✕

토빈의 q에 관한 설명으로 옳지 않은 것은?

① 1보다 클수록 신규 투자가 증가한다.
② 기업보유자본 시장가치와 기업보유자본 대체비용의 비율이다.
③ 투자시 요구되는 실질수익률과 물가상승률의 비율로도 계산될 수 있다.
④ 주식시장에서 평가되는 기업발행주식 가치와 기업부채의 합을 자본재시장에서 평가되는 기업보유자본 가치로 나눈 값으로도 계산될 수 있다.

┃해설┃
투자시 요구되는 실질수익률과 물가상승률의 비율로도 계산될 수 있는 것은 토빈의 q가 아닌 한계 q에 대한 설명이다.

답 ③

01 보험계리사 2016

☑ 확인 Check! ○ △ ✕

투자이론에 관한 설명으로 옳지 않은 것은?

① 케인즈의 투자이론에서 시장이자율이 투자의 한계효율보다 클 경우 투자가 이루어진다.

② 투자는 이자율과 음($-$)의 관계가 있다.

③ 토빈의 q이론에 의하면 $q > 1$인 경우 순투자가 이루어진다.

④ 국민소득의 증가로 투자가 증가할 때 이를 유발투자라 한다.

┃해설┃

케인즈에 의하면 투자의 한계효율이 시장이자율보다 높을 때 투자가 이루어진다고 보았다.

② 이자율이 상승하면 투자는 감소하고 이자율이 하락하면 투자가 증가하는 이자율과 투자는 음($-$)의 관계에 있다.

③ 토빈의 q이론에서 q는 주식시장에서 평가된 기업의 시장가치를 기업의 총실물자본의 대체비용으로 나눈 값으로 정의한다.

　q값에 따라 기업은 투자에 대한 의사결정을 하는데

　┌ $q > 1$일 경우, 투자를 늘린다.
　├ $q = 1$일 경우, 기업은 최적자본량을 달성한 것이다.
　└ $q < 1$일 경우, 투자를 멈춘다.

④ 기술 혁신, 인구 증가, 이자율 감소 등의 결과로 실시된 독립투자와는 달리 국민소득 내지 유효수요의 변화에 유발되어 이루어지는 투자를 유발투자라 한다.

답 ①

02 보험계리사 2018

확인Check! ○ △ ✕

투자이론에 관한 설명으로 옳지 않은 것은?

① 현재가치이론에 의하면 투자수익의 현재가치가 투자 비용의 현재가치보다 클 때 투자가 실행된다.

② 토빈의 q이론에 의하면 $q > 1$이면 투자가 실행되고 $q < 1$이면 투자가 실행되지 않는다.

③ 재고소진기피(Stock-out avoidance) 모형에 의하면 수요증가 가능성이 커질수록 재고보유동기는 감소한다.

④ 가속도원리에서 산출량의 증가는 투자에 양(+)의 영향을 미친다.

┃해설┃

재고보유비용보다 재고소진비용이 더 크기 때문에, 수요가 증가할 때 재고량을 늘려 재고소진에 대비하는 경향이 있음을 설명하는 것이 재고소진기피 모형이다.

① 현재가치이론은 순현재가치=예상수익의 현재가치−투자비용 순현재가치가 0보다 크면 투자를 실행시킨다.

② 토빈의 q이론에 의하면 $q > 1$이면, 시장에서 평가하는 기업가치가 자본량을 늘리는데 드는 비용보다 크므로 투자를 하는 것이 바람직하다.

④ 가속도원리의 투자함수는 $I_t = v \triangle Y$이다. 따라서 생산량이 늘어나면 투자가 v배 가속도로 증가한다.

답 ③

---

03 감정평가사 2018

✓ 확인Check! ○ △ ✕

투자자 甲은 100으로 기업 A, B의 주식에만 (기업 A에 x, 기업 B에 $100-x$) 투자한다. 표는 기업 A의 신약 임상실험 성공 여부에 따른 기업 A, B의 주식투자 수익률이다. 임상실험의 결과와 관계없이 동일한 수익을 얻을 수 있도록 하는 x는?

주식투자수익률　　A의 임상실험 성공 여부	성 공	실 패
기업 A	30%	0%
기업 B	−10%	10%

① 20   ② 25

③ 30   ④ 40

⑤ 50

┃해설┃

- A의 임상실험 성공시 : $(0.3 \times x) + [-0.1 \times (100-x)] = 0.4x - 10$
- A의 임상실험 실패시 : $(0 \times x) + [0.1 \times (100-x)] = -0.1x + 10$

따라서 $0.4x - 10 = -0.1x + 10$, $\therefore x = 40$

답 ④

456 공인회계사 1차 객관식 경제원론

다음은 대규모 재정이 투입되는 공공투자사업의 경제적 타당성 평가에 대한 설명이다. 이 사업은 분석기간 (=공사기간+완공 후 30년) 초기에 사업비용의 대부분이 발생하는 반면, 편익은 후기에 대부분 발생한다. 분석기간 동안의 비용−편익 분석을 수행해 보니, 5.5%의 사회적 할인율 수준에서 편익/비용 비율(B/C ratio)이 정확히 1.0이었다. 그런데 경제상황이 변해 사회적 할인율을 4.5%로 변경하여 다시 분석을 하게 되었다. 새로운 분석결과에 대한 다음 설명 중 옳은 것은?

① 분석기간 동안 발생한 할인 전 편익의 총합이 할인 전 비용의 총합보다 더 많이 증가하였다.
② 할인 후 편익의 총합은 증가하고, 할인 후 비용의 총합은 감소하였다.
③ 순현재가치(NPV)는 감소하여 0보다 작아졌다.
④ 편익/비용 비율은 증가하여 1.0보다 커졌다.
⑤ 내부수익률(IRR)은 더 커졌다.

┃ 해설 ┃

사회적 할인율이 5.5%에서 4.5%로 감소하게 되면 편익의 현재가치는 증가한다. 따라서 편익/비용의 비율은 1보다 커진다.
① 할인 전 편익의 총합과 비용의 총합은 사회적 할인율의 변화를 고려하지 않았기 때문에 불변이다.
② 할인 후 편익의 총합은 증가하지만 비용의 총합은 변하지 않는다.
③ 사회적 할인율이 감소하면 장래의 현금흐름의 현재가치의 크기가 증가하여 NPV는 0보다 커진다.
④ 내부수익률(IRR)은 사회적 할인율의 변화와 상관없이 불변이다.

답 ④

CHAPTER

06 | 금융제도와 통화공급

01 | 주조차익(시뇨리지)

중앙은행이 무이자의 화폐를 발행하여 유이자의 금융자산을 취득함으로써 얻는 추가적인 이익

02 | 통화량

정 의	일정시점에서 유통되고 있는 화폐의 양
특 징	• 화폐는 거래의 기능 • 통화량＝현금통화＋예금통화 • M_1＝현금통화＋요구불예금＋수시입출금식 저축성예금

03 | 통화지표

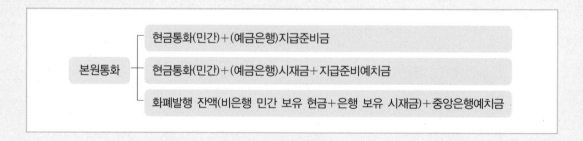

본원통화
- 현금통화(민간)＋(예금은행)지급준비금
- 현금통화(민간)＋(예금은행)시재금＋지급준비예치금
- 화폐발행 잔액(비은행 민간 보유 현금＋은행 보유 시재금)＋중앙은행예치금

04 | 통화의 공급

본원통화 공급(중앙은행이 발행한 화폐)

↓

신용창조(예금의 일부가 대출과 예금 반복)

↓

통화량 공급

05 | 예금의 통화창조

은행에 유입된 예금의 일부는 대출, 대출액 중 일부는 다시 예금

↓

예금시 민간통화 감소, 예금통화 증가 → 통화량 불변

↓

은행에서 대출시 민간의 현금통화가 증가 → 통화량 증가

06 | 지급준비금

정 의	은행이 고객의 인출에 대비하여 보유하고 있는 현금
특 징	• 지급준비금＝법정지급준비금＋초과지급준비금 • 은행은 대출수익을 위해 적은 지급준비금을 원하나 고객의 인출에 대비하기 위해 적정 수준의 지급준비금을 보유 • 전액 지급준비제도하에서는 통화창조가 발생하지 않음

07 | 통화승수

정 의	• 본원통화 한 단위 증가시 통화량의 증가 단위를 나타내는 것 • $m = \dfrac{M}{H}$ 　(m : 통화승수, H : 본원통화, M : 통화량)
통화승수 도출	$m = \dfrac{k+1}{k+z} = \dfrac{1}{c+z(1-c)}$ (m : 통화승수, k : 현금－예금비율, c : 현금통화 비율 z : 지급준비율)
통화공급량의 결정요인	통화공급량은 민간부문(일반인, 예금은행)과 중앙은행(정책당국)에 의해서 결정된다. 현금통화비율은 경제사회관습에 의해 결정되고, 초과지급준비율은 예금은행의 관행에 의해 일정하게 유지된다.
통화승수의 변화에 따른 통화공급량의 변화	현금통화비율(c)이 하락하는 경우 통화승수는 증가하고, 통화공급도 증가하며 지급준비율(z)이 하락하는 경우 통화승수가 증가하고 통화공급도 증가한다.

01 보험계리사 2021 ☑확인Check! ○ △ ✕

기대인플레이션 상승이 채권시장에 미치는 영향으로 옳은 것은?

① 채권 공급이 감소한다.

② 채권 수요가 증가한다.

③ 채권 거래량이 증가한다.

④ 채권 가격이 하락한다.

┃해설┃

기대인플레이션이 상승하면 채권 수요는 감소하고, 실물자산에 대한 수요는 증가한다.

채권 수요 감소는 채권 가격 하락으로 이어진다.

답 ④

02 공인노무사 2018 ☑확인Check! ○ △ ✕

화폐발행이득(Seigniorage)에 관한 설명으로 옳은 것을 모두 고른 것은?

> ㄱ. 정부가 화폐공급량 증가를 통해 얻게 되는 추가적 재정수입을 가리킨다.
> ㄴ. 화폐라는 세원에 대해 부과하는 조세와 같다는 뜻에서 인플레이션 조세라 부른다.
> ㄷ. 화폐공급량 증가로 인해 생긴 인플레이션이 민간이 보유하는 화폐자산의 실질가치를 떨어뜨리는 데서 나온다.

① ㄱ   ② ㄴ

③ ㄱ, ㄷ   ④ ㄴ, ㄷ

⑤ ㄱ, ㄴ, ㄷ

┃해설┃

- 화폐발행 비용보다 화폐의 가치가 크기에 정부입장에서는 화폐발행으로 재정수입이 발생하는데 이를 화폐발행이득이라고 한다.
- 화폐를 발행하면 인플레이션 발생으로 화폐의 실질가치가 떨어지는데 이는 화폐에 대해 부과하는 조세와 같으므로, 이를 인플레이션 조세라 한다.

답 ⑤

인플레이션에 관한 설명으로 옳지 않은 것은?

① 프리드만(M. Friedman)에 따르면 인플레이션은 언제나 화폐적 현상이다.

② 정부가 화폐공급을 통해 얻게 되는 추가적인 재정수입이 토빈세(Tobin tax)이다.

③ 비용상승 인플레이션은 총수요관리를 통한 단기 경기안정화정책을 어렵게 만든다.

④ 예상하지 못한 인플레이션은 채권자에서 채무자에게로 소득재분배를 야기한다.

⑤ 인플레이션이 예상되는 경우에도 메뉴비용(Menu cost)이 발생할 수 있다.

┃해설┃

화폐공급을 통해 정부가 얻는 추가적인 재정수입은 세뇨리지효과(주조차익)라고 한다. 토빈세는 단기적인 외환거래에 붙는 세금을 의미한다.

① 프리드만은 통화주의학파로 인플레이션의 원인을 일관성 없는 통화정책이라고 주장하였다. 경제적인 안정화를 위해서는 준칙에 입각해 통화공급을 일정하게 유지하는 것이 중요하다고 강조하며, 재정정책은 반대하였다.

③ 비용인상으로 인한 인플레이션이 발생하면 물가상승과 경기침체가 동시에 발생하는 스태그플레이션이 발생한다. 이 문제를 해결하기 위해 총수요 긴축정책을 실시하면 실업률이 높아지고, 총수요 확대정책을 실시하면 물가가 더욱 상승하게 된다. 따라서 총수요관리정책으로 경제안정화정책을 이루기 어렵다.

④ 예상하지 못한 인플레이션이 발생하면, 만기에 상환해야 할 원금의 가치가 하락하므로 채권자는 불리해지고 채무자는 유리해진다. 따라서 채권자에서 채무자로 소득재분배가 이루어진다.

⑤ 물가가 상승하면 기업들도 자신들이 생산한 재화의 가격을 인상하게 되는데, 이 가격조정 비용을 메뉴비용이라고 한다. 인플레이션이 예상됐다고 하더라도 예상된 가격으로 조정하는 메뉴비용은 발생할 수 있다.

답 ②

01 감정평가사 2021

☑ 확인 Check! ○ △ ✕

화폐에 관한 설명으로 옳은 것은?

① 상품화폐의 내재적 가치는 변동하지 않는다.

② $M2$는 준화폐(near money)를 포함하지 않는다.

③ 명령화폐(fiat money)는 내재적 가치를 갖는 화폐이다.

④ 가치 저장수단의 역할로 소득과 지출의 발생시점을 분리시켜 준다.

⑤ 다른 용도로 사용될 수 있는 재화는 교환의 매개 수단으로 활용될 수 없다.

▌해설▌

① 상품화폐는 곡물이나 가축과 같이 교환성이 높은 것으로 그 자체가 가치를 가지고 있어 화폐로 사용가능한 것을 말한다. 상품화폐는 보관 중 변질될 우려가 높다는 점에서 내재가치의 변동 가능성이 높은 단점을 가지고 있다.

② 준화폐(near money)란 직접적 유통은 어려우나 쉽게 화폐로 교환하여 사용가능한 것으로 정기예금, 국채 등을 말한다. $M2$는 광의통화로 준화폐 중 정기예금이 $M2$에 해당한다.

③ 명령화폐(fiat money)는 내재가치는 없지만 표시되어 있는 가격으로 유통되는 화폐를 말한다.

⑤ 다른 용도로 사용될 수 있는 재화도 교환의 매개 수단으로 활용될 수 있다.

답 ④

02 감정평가사 2021

☑ 확인 Check! ○ △ ✕

화폐수요에 관한 설명으로 옳은 것은?

① 이자율이 상승하면 현금통화 수요량이 감소한다.

② 물가가 상승하면 거래적 동기의 현금통화 수요는 감소한다.

③ 요구불예금 수요가 증가하면 $M1$ 수요는 감소한다.

④ 실질 국내총생산이 증가하면 $M1$ 수요는 감소한다.

⑤ 신용카드 보급기술이 발전하면 현금통화 수요가 증가한다.

▌해설▌

② 물가가 상승하면 거래에 필요한 화폐가 더 많아지므로 현금통화의 수요는 증가한다.

③ $M1$에는 요불금예금, 현금통화, 수시입출식 저축성예금이 해당된다. 따라서 요불금예금 수요가 증가하면 $M1$ 수요가 증가한다.

④ 실질 국내총생산이 증가하게 되면 거래량이 증가한다. 거래량의 증가는 $M1$ 수요를 증가시킨다.

⑤ 신용카드 보급기술이 발전하면 현금결제보다는 카드결제가 증가하여 현금통화 수요가 감소한다.

답 ①

PART 2

거시경제학

통화량 변동에 관한 설명으로 옳지 않은 것은?

① 법정지급준비율의 변동은 본원통화량을 변화시키지 않는다.

② 중앙은행이 통화안정증권을 발행하여 시장에 매각하면 통화량이 감소한다.

③ 중앙은행이 시중은행으로부터 채권을 매입하면 통화량이 감소한다.

④ 은행의 법정지급준비율을 100%로 규제한다면 본원통화량과 통화량은 동일하다.

⑤ 정부의 중앙은행차입이 증가하면 통화량은 증가한다.

▌해설▐

중앙은행이 시중은행으로부터 채권을 매입하면, 그 채권의 매입 대금만큼 통화량이 시중으로 유통된다. 따라서 시중에는 통화량이 증가하게 된다.

① 본원통화는 민간이 보유한 현금통화와 은행의 지급준비금으로 구성되어 있는데, 지급준비율이 변하면 본원통화 내에서 구성 비율만 달라질 뿐 본원통화량 자체의 변동은 없다.

② 중앙은행이 통화안정증권을 시장에 매각하면, 시장에서 증권을 매입한 통화량이 중앙은행으로 들어가 시중에 통화량이 감소한다.

④ 법정지급준비율이 100%라면, 은행은 민간에 전혀 대출을 할 수가 없으므로 예금통화창조가 일어나지 않는다. 따라서 본원통화량 그대로가 현재 통화량이 된다.

⑤ 정부가 중앙은행으로부터 자금을 차입하면, 그 차입한 금액만큼 시중에 유통되므로 통화량이 증가한다.

답 ③

A국에서 중앙은행이 최초로 100단위의 본원통화를 공급하였다. 민간현금보유비율이 0.1이고, 은행의 지급준비율이 0.2일 때, A국의 통화량은? (단, 소수점 첫째 자리에서 반올림하여 정수 단위까지 구한다)

① 333   ② 357

③ 500   ④ 833

⑤ 1,000

▌해설▐

$$통화공급량 = \left[\frac{1}{민간현금보유비율 + 지급준비율(1-민간현금보유비율)}\right] \times 본원통화$$

$$= \left[\frac{1}{0.1 + 0.2(1-0.1)}\right] \times 100 = 357$$

답 ②

01 공인노무사 **2016**　　　　　　　　　　　　☑ 확인Check! ○ △ ✕

법정지불준비율이 0.2이고, 은행시스템 전체의 지불준비금은 300만원이다. 은행시스템 전체로 볼 때 요구불예금의 크기는? (단, 초과지불준비금은 없고, 현금통화비율은 0이다)

① 1,000만원　　　　　　　　　　　② 1,200만원

③ 1,500만원　　　　　　　　　　　④ 2,000만원

⑤ 2,500만원

┃해설┃

• 법정지불준비율이 0.2이고 지불준비금이 300만원이라는 의미는 요구불예금 전체의 20%가 300만원이라는 뜻이다.

• 요구불예금×0.2=300만원, 따라서 요구불예금=1,500만원

답 ③

02 보험계리사 **2015**　　　　　　　　　　　　☑ 확인Check! ○ △ ✕

고성능화폐(High-powered money)인 본원통화에 해당하는 것은 무엇인가?

① 시중은행이 보유한 채권, 대출잔액 및 지급준비금

② 현금통화 및 지급준비금

③ 현금통화 및 요구불예금

④ 시중은행이 보유한 채권 및 요구불예금

┃해설┃

• 고성능화폐란 본원통화를 의미한다.

• 본원통화=현금통화+지급준비금=현금통화+시재금+지급준비 예치금

답 ②

01 감정평가사 2019 ☑ 확인Check! ○ △ ✕

통화공급 과정에 관한 설명으로 옳은 것을 모두 고른 것은?

> ㄱ. 100% 지급준비제도가 실행될 경우, 민간이 현금통화비율을 높이면 통화승수는 감소한다.
> ㄴ. 민간이 현금은 소유하지 않고 예금만 보유할 경우, 예금은행의 지급준비율이 높아지면 통화승수는 감소한다.
> ㄷ. 중앙은행이 민간이 보유한 국채를 매입하면 통화승수는 증가한다.

① ㄱ   ② ㄴ
③ ㄱ, ㄴ   ④ ㄱ, ㄷ
⑤ ㄴ, ㄷ

─────────────────────────────────────

┃해설┃

ㄱ. (✕) 통화승수 $= \dfrac{1}{\text{현금비율} + \text{지급준비율}(1 - \text{현금비율})}$

  지급준비율이 100%이므로 현금비율이 높아진다고 하더라도 통화승수는 1로 동일하다.

ㄴ. (○) 민간이 현금을 보유하지 않는다면 현금비율은 통화승수에 영향을 못 미치므로, 지급준비율이 높아지면 통화승수 공식의 분모가 커지므로 통화승수는 감소한다.

ㄷ. (✕) 본원통화는 증가하나, 통화승수는 변화없다.

답 ②

어느 경제의 현금통화는 400조원, 법정지급준비율은 5%이며 은행은 50조원의 초과지급준비금을 보유하고 있다. 이 경제의 요구불예금 대비 현금보유 비율이 40%라면 본원통화와 *M*1 통화승수는? (단, 요구불예금 이외의 예금은 없다고 가정한다)

	본원통화	*M*1 통화승수
①	450조원	2.5
②	450조원	2.8
③	450조원	3.2
④	500조원	2.5
⑤	500조원	2.8

∥해설∥

- 요구불예금 대비 현금보유 비율이 40%로 400조원이므로, 요구불예금은 1,000조원이다.
- 요구불예금이 1,000조원이고 지급준비율이 5%이므로 지급준비급은 50조원이다.
- 본원통화는 현금통화+지급준비금으로 구성되므로,
  현금통화 400조원+지급준비금 50조원+초과지급준비금 50조원=500조원이다.
- 통화승수 $= \dfrac{\text{현금통화}+\text{요구불예금}}{\text{본원통화}} = \dfrac{400\text{조원}+1{,}000\text{조원}}{500\text{조원}} = 2.8$

답 ⑤

01 공인회계사 2017

☑ 확인Check! ○ △ ✕

은행 A의 재무상태표(대차대조표)는 다음과 같다.

재무상태표			
자산(억원)		부채 및 자본(억원)	
지급준비금	50	예 금	200
증 권	50	납입자본금	50
대 출	150		

위와 같은 상황에서, 급작스런 50억원의 예금 인출이 발생했다고 한다. 은행 A는 일단 지급준비금 50억원으로 이와 같은 인출 상황에 대응하였다. 법정지급준비율이 10%일 때, 법정지급준비금을 마련하기 위한 은행 A의 조치에 대한 설명으로 옳지 않은 것은?

① 중앙은행으로부터 부족한 지급준비금만큼 차입한다.
② 은행 A가 보유한 증권을 부족한 지급준비금만큼 매각한다.
③ 부족한 지급준비금만큼 신규대출을 늘린다.
④ 콜시장으로부터 부족한 지급준비금만큼 차입한다.
⑤ 추가로 주식을 발행하여 부족한 지급준비금만큼 충당한다.

┃해설┃

• 50억원의 예금인출이 발생하면 예금 총액은 150억원이 되고, 지급준비금은 0이 된다. 따라서 지급준비율이 10%이므로 15억원의 지급준비금이 필요하게 된다.

• 지급준비금 마련을 위해 중앙은행과 콜시장에서 차입하거나, 보유한 증권을 매각할 수도 있고, 신규 주식발행을 통해 충당할 수도 있다. 하지만 신규대출을 늘리는 것은 지급준비금을 마련하기 위한 방안이 아니다.

답 ③

다음은 어느 은행의 대차대조표이다. 이 은행이 초과지급준비금을 전부 대출할 때, 은행시스템 전체를 통해 최대로 증가할 수 있는 통화량의 크기는? (단, 법정지급준비율은 20%이며 현금통화비율은 0%이다)

자산(억원)		부채(억원)	
지급준비금	600	예 금	2,000
대 출	1,400		

① 120억원

② 400억원

③ 1,000억원

④ 2,000억원

┃해설┃

• 은행의 대차대조표를 보면 예금이 2,000억원이고 법정지급준비율이 20%라고 하였으므로, 법으로 규정한 지급준비금은 400억원이다.

• 은행이 지급준비금으로 600억원을 예치하고 있으므로, 200억원이 초과지급준비금이다.

• 초과지급준비금을 대출·예금의 과정을 반복하면 통화가 크게 늘어나는데,

이를 계산해보면 $200억원 \times \dfrac{1}{0.2} = 1,000억원$이 된다.

핵심체크	**신용창조액**
	$신용창조액 = \dfrac{1}{지급준비율} \times 초과지급준비금$

답 ③

03 보험계리사 2015

시중은행의 대출(Credit supply)과 관련된 설명으로 가장 옳지 않은 것은?

① 중앙은행의 통화량 조절과 별도로 경기에 영향을 미칠 수 있다.

② 불황기에 시중은행은 대출을 증가시켜 경기를 부양하려 한다.

③ 이자율이 높아지면 시중은행은 대출을 늘려 이득을 취하려 하므로 중앙은행의 통화량 감소 정책을 어느 정도 상쇄하는 경향이 있다.

④ 대출은 경기와 같은 방향(Procyclical)으로 변동한다.

┃해설┃

불황기에 시중은행은 대출을 회수하지 못할 가능성이 높으므로 대출을 줄인다.

①·③ 경기가 호황기일 때 중앙은행은 통화량을 줄이는 긴축정책을 실시하려 하지만, 시중은행은 호황기일 때 이자율이 높기 때문에 대출을 늘리려 한다.

④ 호황기에는 대출을 늘리고, 불황기에는 대출을 줄이므로 대출과 경기는 같은 방향으로 변동한다.

답 ②

04 보험계리사 2016

2010년의 통계를 이용하여 다음 물음에 답하시오.

구 분	2010년
GDP	8,000억원
세출(정부지출)	1,100억원
세입(조세)	1,000억원

다른 조건이 일정할 때 2009년 말의 정부부채가 1,900억원이면, 2010년 *GDP* 대비 2010년 말의 정부부채 비율은 얼마인가?

① 15%

② 20%

③ 25%

④ 30%

┃해설┃

- 2010년 정부의 조세수입은 1,000억원이고 세출이 1,100억원이므로 정부부채는 100억원인데, 2009년 말의 정부부채가 1,900억원이었으므로 2010년 말 총 정부부채는 2,000억원이다.

- *GDP*가 8,000억원이므로 정부부채의 비율은 $\frac{2,000억원}{8,000억원} = 0.25$이다.

답 ③

01 감정평가사 2015

甲은행의 대차대조표는 요구불예금 5,000만원, 지급준비금 1,000만원, 대출금 4,000만원으로만 구성되어 있다. 법정지급준비율이 5%라면 甲은행이 보유하고 있는 초과지급준비금은?

① 250만원
② 500만원
③ 600만원
④ 750만원
⑤ 800만원

┃해설┃
- 법정지급준비금＝5,000만원×5%＝250만원
- 초과지급준비금＝1,000만원－250만원＝750만원

답 ④

07 | 통화승수

01 공인회계사 2022

어느 경제의 현금통화, 지급준비금, 요구불예금이 각각 다음과 같다. 이때 통화승수는?

현금통화	80억원
지급준비금	10억원
요구불예금	100억원

① 2.0

② 2.5

③ 3.0

④ 3.5

⑤ 4.0

┃해설┃

- 현금/요구불예금비율 : $k = \dfrac{80억원}{100억원} = 0.8$

- 지급준비율 : $z = \dfrac{10억원}{100억원} = 0.1$

- 통화승수 : $\dfrac{k+1}{k+z} = \dfrac{0.8+1}{0.8+0.1} = \dfrac{1.8}{0.9} = 2$

답 ①

02 공인회계사 2018

다음은 어느 경제의 통화량 관련 자료이다. 이 경제에서 본원통화량이 3억 달러 증가하면 통화량은 얼마나 증가하는가?

- 통화량은 현금과 예금의 합계이다.
- 본원통화량은 현금과 지급준비금의 합계이다.
- 예금 대비 지급준비금의 비율은 10%이다.
- 예금 대비 현금의 비율은 50%이다.

① 3억 달러

② 4.5억 달러

③ 6억 달러

④ 7.5억 달러

⑤ 9억 달러

- 예금 대비 지급준비금의 비율 10%, 예금 대비 현금의 비율 50%

- 통화승수 $= \dfrac{\text{예금 대비 현금비율}+1}{\text{예금 대비 현금비율}+\text{예금 대비 지급준비금의 비율}} = \dfrac{0.5+1}{0.5+0.1} = 2.5$

- 따라서 본원 통화량이 3억 달러 늘어나면 3억 달러$\times 2.5 = 7.5$억 달러가 증가한다.

답 ④

03 보험계리사 2021

☑ 확인 Check! ○ △ ✕

A경제의 지급준비율이 실질이자율의 함수로서 $0.4 - 2r$이고, 현금/요구불예금비율이 0.2, 물가수준은 1로 고정되어 있다고 한다. 본원통화는 100이고, 화폐수요함수는 $L(Y, r) = 0.5Y - 10r$이다. 실질이자율이 10% 인 경우, 화폐시장이 균형을 이루는 소득수준은 얼마인가? (단, Y는 실질소득, r은 소수로 표시한 실질이자율이다)

① 302

② 402

③ 502

④ 602

- A경제의 지급준비율$= 0.4 - 2r = 0.4 - (2 \times 0.1) = 0.2$

- 통화승수 $= \dfrac{\text{현금/요구불예금비율}+1}{\text{현금/요구불예금비율}+\text{지급준비율}} = \dfrac{0.2+1}{0.2+0.2} = 3$

- 통화공급량$=$통화승수$\times$본원통화$= 3 \times 100 = 300$

통화공급량과 화폐수요함수를 연립하면

$300 = 0.5Y - 10r = 0.5Y - (10 \times 0.1)$

$\therefore\ Y = 602$

답 ④

04 공인노무사 2018

☑ 확인 Check! ○ △ ✕

통화승수에 관한 설명으로 옳지 않은 것은?

① 통화승수는 법정지급준비율을 낮추면 커진다.

② 통화승수는 이자율 상승으로 요구불예금이 증가하면 작아진다.

③ 통화승수는 대출을 받은 개인과 기업들이 더 많은 현금을 보유할수록 작아진다.

④ 통화승수는 은행들이 지급준비금을 더 많이 보유할수록 작아진다.

⑤ 화폐공급에 내생성이 없다면 화폐공급곡선은 수직선의 모양을 갖는다.

┃해설┃

이자율이 상승하면 요구불예금이 증가하여 현금통화가 줄게 되므로 통화승수는 커진다.

$$통화승수 = \frac{1}{현금통화비율 + 지급준비율(1 - 현금통화비율)}$$

① 위 식에서 보듯이 지급준비율이 낮으면 통화승수가 커진다.

③ 개인과 기업들이 더 많은 현금을 보유할수록 통화승수 공식의 분모가 커지게 되므로 통화승수는 작아진다.

④ 은행들이 지급준비금을 더 많이 보유할수록 통화승수는 작아진다.

⑤ 현금통화비율과 초과지급준비율이 일정하다면 화폐공급은 중앙은행의 본원통화 발행에 의해 결정되므로 화폐공급 곡선은 수직선으로 나타낼 수 있다.

답 ②

05 공인노무사 2020

☑ 확인 Check! ○ △ ✕

중앙은행의 화폐공급에 관한 설명으로 옳은 것은?

① 예금창조기능은 중앙은행의 독점적 기능이다.

② 본원통화는 현금과 은행의 예금을 합친 것이다.

③ 중앙은행이 민간에 국채를 매각하면 통화량이 증가한다.

④ 중앙은행이 재할인율을 인하한다고 발표하면 기업은 경기과열을 억제하겠다는 신호로 받아들인다.

⑤ 법정지급준비율은 통화승수에 영향을 미친다.

┃해설┃

$$통화승수 = \frac{1}{c + z(1-c)}$$

(c : 현금통화비율, z : 지급준비율＝법정지급준비율＋초과지급준비율)

① 예금창조기능은 중앙은행뿐만 아니라 정부, 민간 등 다양한 요소에 영향을 받는 기능이다.

② 본원통화는 현금과 지급준비금을 합한 것이다.

③ 중앙은행이 민간에 국채를 매각하면 통화량이 감소하고, 민간으로부터 국채를 매입하면 통화량이 증가한다.

④ 중앙은행이 재할인율을 인하한다고 발표하면 경기침체를 해소하겠다는 신호로 받아들여야 한다.

답 ⑤

06 감정평가사 **2024**　　　　　　　　　　　　　　　　☑ 확인Check! ○ △ ✕

모든 사람들이 화폐($M2$)를 현금 25%, 요구불예금 25%, 저축성예금 50%로 나누어 보유하고, 은행의 지급준비율은 요구불예금과 저축성예금에 대하여 동일하게 10%라고 할 때, $M2$ 통화승수는? (단, 소수점 둘째자리에서 반올림하여 소수점 첫째자리까지 구한다)

① 2.5　　　　　　　　　　　　　　② 2.8

③ 3.1　　　　　　　　　　　　　　④ 3.6

⑤ 4.5

┃해설┃

$M2$ 통화지표이므로 요구불예금 외에 저축성예금까지 계산하면 된다.

통화승수의 기본식인 $m = \dfrac{M}{H} = \dfrac{C+D}{C+Z} = \dfrac{k+1}{k+z}$ 에서 z(지급준비율)$= \dfrac{1}{10}$, k(현금－예금비율, $\dfrac{C}{D}$)$= \dfrac{1}{3}$ 이므로,

$m = \dfrac{\dfrac{1}{3}+1}{\dfrac{1}{3}+\dfrac{1}{10}} = \dfrac{\dfrac{4}{3}}{\dfrac{13}{30}} = \dfrac{40}{13} ≒ 3.07$, 반올림하면 3.1이다.

답 ③

07 | 화폐수요와 통화정책

01 | 고전학파 화폐수량설

내 용	• 화폐의 기능 : 교환의 매개수단
	• 교환방정식 : $MV = PT$
	• 일반적인 교환방정식 : $MV = PY$
	• 화폐수요 : $M = \dfrac{1}{V} PY$
	• 변화율로 표시한 화폐수량설 : $\dfrac{\Delta M}{M} + \dfrac{\Delta V}{V} = \dfrac{\Delta P}{P} + \dfrac{\Delta Y}{Y}$

02 | 현금잔고수량설

내 용	• 화폐의 기능 : 가치의 저장수단
	• 화폐수요함수 : $M^D = kPY$ or $\dfrac{M^D}{P} = kY$ (k : 마샬 k)
	• 화폐수요는 명목국민소득에 비례
	• 화폐의 이자율탄력성 : 0 (∵ 화폐수요함수에 이자율이 포함 ✕)

03 | 케인즈의 화폐수요이론

화폐보유의 동기	• 거래적 동기 : 일상적인 지출
	• 예비적 동기 : 예상치 못한 지출 대비
	• 투기적 동기 : 투자의 목적
화폐수요함수	$\dfrac{M^d}{P} = kY - hr$ $(k > 0,\ h > 0)$

04 | 피셔효과(Fisher effect)

명목이자율=실질이자율+인플레이션율

05 | 유동성함정

특 징	• 이자율이 매우 낮은 상태 • 채권가격이 매우 높은 상태 → 채권가격의 하락 예상 → 채권의 매각 • 채권의 매각으로 자산을 현금으로만 보유(화폐수요곡선 수평 : 화폐수요의 이자율탄력성 ∞) • 재정정책 효과적(이자율이 변동하지 않기 때문에 구축효과는 발생 ×) • 통화정책 무력(증가된 통화량 모두 화폐수요 → 이자율변동 ×) • LM곡선 수평

06 | 중앙은행의 통화정책

구 분	공개시장조작 정책	재할인율 정책	지급준비율 정책
수 단	• 국공채 매입 → 본원통화 증가 → 통화량 증가 → 이자율 하락 • 국공채 매각 → 본원통화 감소 → 통화량 감소 → 이자율 상승	• 재할인율 하락 → 은행의 차입 증가 → 본원통화 증가 → 통화량 증가 → 이자율 하락 • 재할인율 상승 → 은행의 차입 감소 → 본원통화 감소 → 통화량 감소 → 이자율 상승	• 지급준비율 하락 → 통화승수 증가 → 통화량 증가 → 이자율 하락 • 지급준비율 상승 → 통화승수 감소 → 통화량 감소 → 이자율 상승
중간목표	• 이자율(케인즈학파) • 통화량(통화주의 학파)		
최종목표	• 완전 고용 • 물가 안정 • 국제수지 균형 • 경제 성장		

파급경로	이자율	자 산	환 율	대 출
내 용	통화량 증가 → 이자율 하락 → 소비, 투자 증가 → 국민소득 증가	• 통화량 증가 → 이자율 하락 → 토빈의 q 상승 → 투자 증가 • 통화량 증가 → 자산 증가 → 소비 증가	통화량 증가 → 이자율 하락 → 자본의 유출 → 환율의 상승 → 순수출 증가 → 총수요 증가	통화량 증가 → 은행의 대출 증가 → 소비, 투자 증가

01 공인회계사 2023

☑ 확인 Check! ○ △ ✕

다음과 같은 폐쇄경제 고전학파 모형을 가정하자.

상품시장	화폐시장
• $Y = \sqrt{LK}$ • $L = 100$ • $K = 100$ • $C = 10 + 0.8(Y - T)$ • $I = 12 - 2r$ • $G = 10$ • $T = 10$	• $\dfrac{M^d}{P} = f(Y)$

중앙은행이 통화공급 증가율을 2%에서 5%로 상승시켰을 때, 피셔방정식이 성립한다면 새로운 균형에서 총생산, 물가상승률, 명목이자율은? (단, Y, L, K, C, T, I, r, G, $\dfrac{M^d}{P}$ 은 각각 총생산, 노동, 자본, 소비, 조세, 투자, 실질이자율(%), 정부지출, 실질화폐수요를 나타낸다. $f(\cdot)$는 증가함수이다)

	총생산	물가상승률	명목이자율
①	100	3%	7%
②	100	5%	4%
③	100	5%	7%
④	105	5%	4%
⑤	105	7%	3%

┃해설┃

• 총생산 : $\sqrt{100 \times 100} = 100$

• 물가상승률 : $\dfrac{\Delta M}{M} + \dfrac{\Delta V}{V} = \dfrac{\Delta P}{P} + \dfrac{\Delta Y}{Y}$ 에서 고전학파는 $\dfrac{\Delta V}{V}$ 와 $\dfrac{\Delta Y}{Y}$ 를 모두 0이라고 보므로 $\dfrac{\Delta M}{M} = \dfrac{\Delta P}{P}$ 의 관계가 성립한다. 따라서 통화공급증가율이 5%인 경우 물가상승률도 5%가 된다.

• 명목이자율 : $100 = 10 + 80 - 8 + 12 - 2r + 10$에서 $r = 2$이므로 명목이자율은 2% + 5% = 7%가 된다.

답 ③

☑ 확인 Check! ○ △ ✕

어느 경제의 화폐수요함수가 다음과 같다.

$$\frac{M^d}{P} = \frac{Y}{4i}$$

M^d, P, Y, i는 각각 명목화폐수요, 물가수준, 총생산, 명목이자율을 나타낸다. 이 경제의 화폐유통속도는?

① i

② $4i$

③ $\dfrac{1}{4i}$

④ $\dfrac{1}{4}$

⑤ 4

┃해설┃

• 교환방정식으로 보면 PY가 명목국민소득이고 화폐수요와 화폐유통속도를 곱한 값과 같다.

• 따라서 $PY = M^d \times 4i$, 화폐유통속도는 $4i$가 된다.

🖐 답 ②

☑ 확인 Check! ○ △ ✕

어느 경제에서 1년 동안 쌀만 100kg 생산되어 거래되었다고 하자. 쌀 가격은 1kg당 2만원이고 공급된 화폐량은 50만원이다. 이 경우 화폐의 유통속도는 얼마인가? (단, 화폐수량설이 성립한다)

① 1

② 2

③ 3

④ 4

⑤ 5

┃해설┃

• 화폐수량설 : $MV = PT$ → M은 화폐량, V는 유통속도, P는 가격, T는 거래량

• 50만원$\times V =$ 2만원$\times 100$, ∴ $V = 4$

🖐 답 ④

수량방정식($MV = PY$)과 피셔효과가 성립하는 폐쇄경제에서 화폐유통속도(V)가 일정하고, 인플레이션율이 2%, 통화증가율이 5%, 명목이자율이 6%라고 할 때, 다음 중 옳은 것을 모두 고른 것은? (단, M은 통화량, P는 물가, Y는 실질소득이다)

> ㄱ. 실질이자율은 4%이다.
> ㄴ. 실질경제성장률은 4%이다.
> ㄷ. 명목경제성장률은 5%이다.

① ㄱ   ② ㄴ
③ ㄱ, ㄷ   ④ ㄴ, ㄷ
⑤ ㄱ, ㄴ, ㄷ

│ 해설 │

ㄱ. (○) 피셔방정식 : 명목이자율＝실질이자율＋인플레이션율 → 6%＝실질이자율＋2%

ㄴ. (×) 화폐수량설을 증가율 방식으로 나타내면

$$\frac{\triangle M}{M} = \frac{\triangle P}{P} + \frac{\triangle Y}{Y} - \frac{\triangle V}{V} \rightarrow 5\% = 2\% + 실질경제성장률 - 0\%, \quad \therefore \ 실질경제성장률 = 3\%$$

ㄷ. (○) 실질경제성장률(3%)＋인플레이션율(2%)＝명목경제성장률,   ∴ 명목경제성장률＝5%

답 ③

명목 GDP와 관련된 교환(화폐수량)방정식에 대한 설명으로 옳지 않은 것은?

① 완전고용 하에서 화폐유통속도가 일정할 경우 화폐공급이 증가하면 물가가 상승한다.
② 화폐시장의 균형 하에서 화폐유통속도가 일정할 경우 화폐수요는 명목 GDP에 비례한다.
③ 투기적 화폐수요를 설명하고자 교환방정식이 도입되었다.
④ 명목 GDP가 1,000이고 화폐공급이 100이면 화폐유통속도는 사후적으로 10이 된다.

│ 해설 │

교환방정식은 화폐의 교환의 매개수단으로의 기능을 중시한다.

① 교환방정식에 의하면 $MV = PY$가 성립한다. 화폐의 유통속도(V)가 일정하고 국민소득(Y)은 고정된 값이므로, 화폐공급(M)이 증가한다면 물가상승(P)이 일어난다.

② 교환방정식을 화폐수요 측면에서 살펴보면 $M = \frac{1}{V}PY$로 정리할 수 있다. 명목 GDP는 PY인데, V가 일정하므로 1로 두면 화폐수요는 명목 GDP에 비례한다.

④ 화폐의 교환방정식 $MV = PY$에서 명목 GDP인 PY에 1,000을 넣고 화폐공급 M에 100을 대입하면 화폐의 유통속도 V가 10이 나온다.

답 ③

아래 조건을 만족하는 경제에 관한 설명으로 옳지 않은 것은? (M은 통화량, V는 화폐유통속도, P는 물가수준, Y는 총생산이다)

- 인플레이션율과 총생산성장률 간 양(+)의 관계가 성립한다.
- 총생산성장률과 실업률 간 음(−)의 관계가 성립한다.
- $MV = PY$가 성립한다.
- 화폐유통속도는 일정하다.
- 현재 통화증가율은 10%이고, 인플레이션율은 6%이다.

---

① 오쿤의 법칙(OKun's law)이 성립한다.
② 필립스곡선은 우하향한다.
③ 명목 총생산성장률은 10%이다.
④ 총생산성장률은 4%이다.
⑤ 통화증가율을 6%로 낮추어 인플레이션율이 4%로 인하되면 총생산은 감소한다.

┃해설┃
총생산성장률이 감소하는 것이지 총생산이 감소하는 것이 아니다.
① 오쿤의 법칙은 실업률과 경제성장률 간에 성립하는 역의 상관관계가 있음을 나타낸 것으로 총생산성장률과 실업률 간에 음(−)의 관계가 성립하므로 위 조건으로 오쿤의 법칙이 성립함을 알 수 있다.
② 본 조건에서 인플레이션과 총생산성장률 간 양(+)의 상관관계를 가지고 총생산성장률과 실업률 간 음(−)의 상관관계를 가지므로 인플레이션과 실업률 간에는 음(−)의 상관관계를 가짐을 알 수 있다. 필립스 곡선은 인플레이션과 실업률 간의 역의 상관관계를 나타내는 곡선으로 일반적인 필립스 곡선은 우하향 형태를 나타낸다.
③ 명목 총생산성장률=통화증가율+화폐유통속도증가율=10%+0%=10% (∵ 화폐유통속도는 일정하므로 화폐유통속도증가율은 0%)
④ 총생산성장률=통화증가율+화폐유통속도증가율−인플레이션율=10%+0%−6%=4%

 답 ⑤

PART 2

거시경제학

화폐수요함수는 $\dfrac{M^d}{P}=\dfrac{Y}{5i}$ 이다. 다음 중 옳은 것을 모두 고른 것은? (단, $\dfrac{M^d}{P}$ 는 실질화폐잔고, i 는 명목이자율, Y 는 실질생산량, P 는 물가이다)

> ㄱ. 명목이자율이 일정하면, 실질생산량이 $K\%$ 증가할 경우 실질화폐잔고도 $K\%$ 증가한다.
>
> ㄴ. 화폐유통속도는 $\dfrac{5i}{Y}$ 이다.
>
> ㄷ. 명목이자율이 일정하면 화폐유통속도는 일정하다.
>
> ㄹ. 실질생산량이 증가하면 화폐유통속도는 감소한다.

① ㄱ, ㄴ   ② ㄱ, ㄷ

③ ㄴ, ㄷ   ④ ㄴ, ㄹ

⑤ ㄷ, ㄹ

┃해설┃

ㄱ. $\dfrac{M^d}{P}=\dfrac{Y}{5i}$ 일 경우 명목이자율이 일정할 때, 실질생산량이 $K\%$ 증가하면 실질화폐잔고도 $K\%$ 증가한다.

ㄴ·ㄷ. $\dfrac{M}{P}=\dfrac{Y}{5i}\ \rightarrow\ M=\dfrac{PY}{5i}$, 화폐수량설에 의하면 $MV=PY$ 이다.

$\dfrac{PY}{5i}\times V=PY\ \rightarrow\ V=5i$ 이므로, 화폐의 유통속도는 실질소득과는 아무런 관련이 없고, 명목이자율에 비례하므로 명목이자율이 일정하다면 화폐의 유통속도도 일정하다.

ㄹ. 실질생산량이 증가하면 화폐의 유통속도도 증가한다.

답 ②

다음의 교환방정식에 대한 설명으로 옳지 않은 것은?

$$MV = PY$$

(단, M은 통화량, V는 화폐의 유통속도, P는 물가, Y는 실질GDP이다)

① 통화량이 증가하면, 물가나 실질GDP가 증가하거나 화폐유통 속도가 하락해야 한다.

② V와 Y가 일정하다는 가정을 추가하면 화폐수량설이 도출된다.

③ V와 M이 일정할 때, 실질GDP가 커지면 물가가 상승해야 한다.

④ V와 Y가 일정할 때, 인플레이션율과 통화증가율은 비례 관계에 있다.

┃해설┃

V와 M이 일정할 경우 실질GDP가 커지면 물가는 하락해야 한다.

① $MV = PY$에서 통화량 M이 증가하면 상쇄하기 위해 V가 감소하거나, 물가 혹은 실질GDP가 증가하여 항등식을 맞출 수 있다.

②·④ V와 Y가 일정하다면 통화량과 물가는 정비례하는 화폐수량설이 도출된다.

답 ③

실질GDP와 화폐유통속도 증가율이 각각 5%이고 통화량 증가율이 10%이다. 화폐수량방정식으로 계산한 물가상승률에 가장 가까운 것은?

① -10%

② 10%

③ -15%

④ 15%

┃해설┃

화폐수량의 교환방정식 : $MV = PY$

위 교환방정식을 변화율로 나타내면 $\dfrac{\Delta M}{M} + \dfrac{\Delta V}{V} = \dfrac{\Delta P}{P} + \dfrac{\Delta Y}{Y}$ 이다.

조건에 의해 $\dfrac{\Delta V}{V} = \dfrac{\Delta Y}{Y} = 5\%$, $\dfrac{\Delta M}{M} = 10\%$을 변화율에 대입하면 물가상승률$\left(\dfrac{\Delta P}{P} \right)$은 10%가 된다.

답 ②

PART 2

거시경제학

현재 명목이자율은 0%이며 그 이하로 하락할 수 없다. 인플레이션율이 2%에서 1%로 하락할 경우 실질이자율과 국민소득의 변화는?

	실질이자율	국민소득
①	상 승	증 가
②	상 승	감 소
③	불 변	불 변
④	하 락	증 가
⑤	하 락	감 소

┃해설┃

- 피셔방정식에 의하면 '명목이자율 = 실질이자율 + 인플레이션율'로 명목이자율이 0%인 경우에 인플레이션이 2%에서 1%로 하락할 경우 실질이자율은 −2%에서 −1%로 상승한다.
- 실질이자율의 상승하면 투자가 감소하며 투자의 감소는 국민소득 감소로 이어진다.

답 ②

02 | 현금잔고수량설

01 보험계리사 2019 ☑ 확인 Check! ○ △ ✕

화폐수요 $M_d = kPY$이다. k는 5, 인플레이션율은 3%, 경제성장률은 4%일 때 화폐수요 증가율은? (단, k : 상수, P : 물가수준, Y : 생산량)

① 7%

② 12%

③ 35%

④ 60%

│해설│

k는 5로 일정하므로 화폐수요 증가율은 인플레이션 증가율과 경제성장률의 합인 7%가 된다.

답 ①

02 보험계리사 2018 ☑ 확인 Check! ○ △ ✕

다음은 3인($i = 1, 2, 3$)만이 존재하는 경제의 화폐수요를 나타낸다. 경제전체의 마샬 k는?

개인 i의 화폐수요 : $M_i^d = k_i Y_i$ (단, M_i^d, Y_i, k_i는 각각 개인 i의 화폐수요, 소득, 마샬 k)

경제 전체의 화폐수요 : $M^d = kY$ (단, M^d, Y, k는 각각 경제 전체의 화폐수요, 소득, 마샬 k)

$Y_1 = 20$, $Y_2 = 40$, $Y_3 = 60$, $k_1 = 0.4$, $k_2 = 0.4$, $k_3 = 0.2$

① 0.30

② 0.33

③ 0.36

④ 0.39

│해설│

- 개인 1의 화폐수요 : $M_1^d = 0.4 \times 20 = 8$
- 개인 2의 화폐수요 : $M_2^d = 0.4 \times 40 = 16$
- 개인 3의 화폐수요 : $M_3^d = 0.2 \times 60 = 12$
- 경제 전체의 화폐수요 $M^d = 8 + 16 + 12 = 36$
- 경제 전체의 소득 Y가 120이므로 $M^d = kY$에서 M^d가 36이고, Y가 120이면 k는 0.30이다.

답 ③

화폐수요와 화폐공급에 관한 설명으로 옳지 않은 것은?

① 본원통화는 화폐발행액과 중앙은행에 예치한 지급준비예금의 합계이다.

② 마샬의 k가 커지면 유통속도도 증가한다.

③ 부분지급준비제도 하에서 통화량을 본원통화로 나눈 통화승수는 1보다 크다.

④ 화폐공급이 이자율의 증가함수라면 화폐공급의 내생성이 존재한다.

┃해설┃

현금잔고수량설 화폐수요함수는 $M^d = kPY$이다. 마샬의 k는 유통함수의 역수이므로 k가 커지면 유통속도는 감소한다.

① 본원통화＝현금통화＋지급준비금＝현금통화＋시재금＋지급준비예치금＝화폐발행액＋지급준비예치금

③ 부분지급준비제도 하에서는 예금한 돈 중 일부를 대출하면 현금통화가 증가하므로, 통화량이 증가하게 된다. 이것을 은행의 신용창조라고 하는데, 예금과 대출을 반복하게 되면 통화량은 처음에 유입되었던 본원통화보다 훨씬 크게 된다.

따라서 통화량을 본원통화로 나눈 통화승수$\left(= \dfrac{통화량}{본원통화} \right)$는 1보다 크다.

④ 화폐공급이 이자율의 증가함수라면 화폐공급의 내생성이 존재한다.

답 ②

01 보험계리사 **2021**

다음 채권 중 만기수익률(Yield to Maturity)이 가장 높은 것은?

① 95원에 구입한 액면가 100원인 무이표 1년 만기 채권

② 100원에 구입한 연이자 5원인 무한 만기 채권

③ 100원에 구입한 액면가 100원, 연이자 5원인 1년 만기 채권

④ 100원에 구입한 액면가 100원, 연이자 5원인 2년 만기 채권

┃ 해설 ┃

① 만기수익률 $= \dfrac{\text{액면가} - \text{구입가격}}{\text{구입가격}} = \dfrac{100원 - 95원}{95원} ≒ 0.526$

② 만기수익률 $= \dfrac{\text{연이자}}{\text{구입가격}} = \dfrac{5원}{100원} = 0.05$

③ 만기수익률 $= \dfrac{\text{연이자}}{\text{구입가격}} = \dfrac{5원}{100원} = 0.05$

④ 만기수익률 $= \dfrac{\text{연이자}}{\text{구입가격}} = \dfrac{5원}{100원} = 0.05$

답 ①

PART 2

거시경제학

현재 1년 만기 국채이자율이 2%이고, 1년 후 1년 만기 국채이자율이 4%로 예상되며, 1년 만기 대비 2년 만기 국채의 유동성 프리미엄은 0.3%라고 한다. 이자율의 기간구조 이론 중 기대이론과 유동성 프리미엄이론에 따른 현재 2년 만기 국채이자율을 각각 순서대로 올바로 나열한 것은? (단, 소수점 둘째 자리에서 반올림)

① 3.0%, 3.3%   ② 3.3%, 3.0%

③ 3.0%, 4.3%   ④ 3.3%, 4.0%

‖해설‖

• 1년 만기 국채이자율이 2%이고, 1년 후 1년 만기 국채이자율이 4%면 2년 동안의 평균이자율이 3%이다.
• 따라서 기대이론에 따르면 현시점에서 2년 만기 국채이자율은 3%가 된다.
• 2년 만기 국채이자율이 3%이고, 유동성 프리미엄이 0.3%이므로 유동성 프리미엄이론에 따르면 2년 만기 국채이자율이 3.3%가 된다.

답 ①

채권의 만기와 수익률의 관계를 나타내는 수익률곡선에 관한 설명으로 옳지 않은 것은?

① 언제나 양의 기울기를 갖는다.
② 신용위험은 수익률곡선에 반영되지 않는다.
③ 향후 경기 방향에 대한 정보로 활용될 수 있다.
④ 인플레이션 위험은 장기 수익률이 단기 수익률보다 높아지는 원인의 하나이다.

‖해설‖

①·③ 향후 경기가 좋아져 예상되는 수익률이 상승할 것이라 여겨지면 만기가 증가함에 따라 수익률이 상승하는 양의 기울기가 될 것이고 향후 경기가 좋지 않아 예상되는 수익률이 하락할 것이라 여겨지면 만기가 증가함에 따라 수익률이 감소하는 음의 기울기가 될 것이다.
② 채무불이행 위험과 같은 신용위험은 수익률곡선에 반영되지 않는다.
④ 인플레이션이 발생하면 명목이자율의 상승이 발생하기 때문에 인플레이션의 위험이 장기 수익률이 단기 수익률보다 높아지는 원인이 된다.

답 ①

다음과 같이 수익률곡선이 상승하는 모습을 보이고 있을 때 이에 대한 설명으로 옳은 것은?

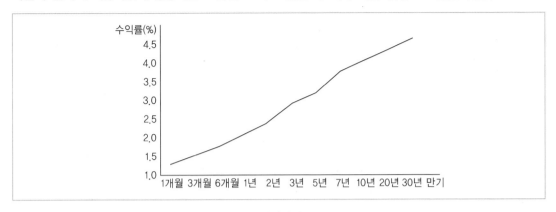

① 단기 이자율이 미래에 급격히 하락할 것으로 기대된다.
② 단기 이자율이 미래에 완만하게 하락할 것으로 기대된다.
③ 단기 이자율이 미래에 변화가 없을 것으로 기대된다.
④ 단기 이자율이 미래에 상승할 것으로 기대된다.
⑤ 장기 이자율이 미래에 변화가 없을 것으로 기대된다.

▌해설▐
• 수익률곡선은 금융자산 중 채권의 만기수익률과 만기와의 관계를 나타내는 것인데, 만기가 길수록 수익률이 높은 것을 볼 수 있다.
• 수익률곡선의 형태는 경제주체의 기대 정도에 따라 달라지고, 수익률곡선은 일반적으로 우상향하는 모습을 보인다.
• 미래의 단기 이자율이 현재의 이자율 이상으로 상승할 것으로 생각한다면 우상향이며, 현재와 같을 것이라고 예상한다면 수평에 가깝게 된다.

달 ④

04 | 피셔효과(Fisher effect)

폐쇄경제인 A국에서 화폐수량설과 피셔방정식(Fisher equation)이 성립한다. 화폐유통속도가 일정하고, 실질경제성장률이 2%, 명목이자율이 5%, 실질이자율이 3%인 경우 통화증가율은?

① 1%   ② 2%

③ 3%   ④ 4%

⑤ 5%

┃해설┃

• 화폐수량설 : $MV = PY$(M : 통화량, V : 유통속도(고정된 것으로 가정), P : 물가, Y : 완전고용수준 총생산량)

• 피셔방정식 : 실질이자율＝명목이자율－예상인플레이션율

• 피셔방정식에 의해서 3%＝5%－예상인플레이션율, 예상인플레이션율은 2%가 계산된다.

• 화폐수량설을 증가율 방식으로 계산해 보면, $\dfrac{\triangle M}{M} = \dfrac{\triangle P}{P} + \dfrac{\triangle Y}{Y} - \dfrac{\triangle V}{V}$

  여기서 V로 표시되는 유통속도가 일정하므로 유통속도의 증가율은 0으로 놓고 계산한다.

$\dfrac{\triangle M}{M} = 2\% + 2\% - 0 = 4\%$

답 ④

어느 거시경제에서 다음과 같이 화폐시장 균형과 피셔방정식이 성립한다.

> • 화폐시장 균형 : $\dfrac{M}{P} = \dfrac{Y}{V}$
>
> • 피셔방정식 : $i = r + \pi^e$

여기서 M, P, Y, V, i, r, π^e는 통화 공급량, 물가, 생산량, 화폐유통속도, 명목이자율, 실질이자율, 기대 인플레이션을 나타낸다. 이 경제에서 T시점 전까지 통화 공급량 증가율이 5%, 생산량 증가율이 2%, 실질이자율이 3%로 지속되어 왔다. T시점에서 통화 공급량 증가율이 예고 없이 7%로 영구히 상승하였다. 다음 설명 중 옳은 것을 모두 고르면? (단, 화폐유통속도는 일정하고, 생산량 증가율 및 실질이자율은 변하지 않으며 기대는 합리적으로 이루어진다)

> 가. T시점 전의 인플레이션은 2%이다.
> 나. T시점 후의 명목이자율은 8%이다.
> 다. T시점 후의 기대인플레이션은 T시점 전에 비해 5%포인트 높다.

① 가   ② 나
③ 가, 나   ④ 나, 다
⑤ 가, 나, 다

‖해설‖

가. (✕) $\dfrac{\dot{M}}{M} + \dfrac{\dot{V}}{V} = \dfrac{\dot{P}}{P} + \dfrac{\dot{Y}}{Y}$, ∴ $0.05 + 0 = \dfrac{\dot{P}}{P} + 0.02$

    따라서 T시점 전의 인플레이션은 3%이며, 이때의 명목이자율은 3%+3%=6%이다.

나. (○) T시점 후의 통화상승률은 7%이므로 $\dfrac{\dot{M}}{M} + \dfrac{\dot{V}}{V} = \dfrac{\dot{P}}{P} + \dfrac{\dot{Y}}{Y}$, ∴ $0.07 + 0 = \dfrac{\dot{P}}{P} + 0.02$

    따라서 T시점 후의 인플레이션은 5%이므로 명목이자율은 3%+5%=8%이다.

다. (✕) 따라서 T시점 후의 기대인플레이션은 T시점 전에 비해 2%포인트 높다.

답 ②

01 공인회계사 2018

☑ 확인Check! ○ △ ✕

유동성함정에 대한 다음 설명 중 옳은 것은?

가. 실질이자율이 0일 경우 유동성함정이 발생한다.

나. 유동성함정에서 재정정책은 총수요에 영향을 미치지 못한다.

다. 유동성함정에서 화폐 수요가 이자율에 대해 완전탄력적이다.

라. 유동성함정에서 채권가격이 하락할 것이라고 예상된다.

① 가, 나   ② 가, 다

③ 나, 다   ④ 나, 라

⑤ 다, 라

┃해설┃

가. (✕) 유동성함정은 명목이자율이 매우 낮은 구간에서 발생하는데, 실질이자율이 0인지는 알 수 없다.

나. (✕) 유동성함정구간은 LM곡선이 수평으로 도출되기 때문에 통화정책은 무력하지만, 재정정책을 실시하면 총수요가 크게 늘어난다.

다. (○) 유동성함정에서 화폐수요곡선이 수평이기 때문에 화폐 수요가 이자율에 대해 완전탄력적이다.

라. (○) 유동성함정구간에서는 이자율이 매우 낮다. 장래에는 이자율이 상승할 것이라고 예상하므로, 채권가격이 하락할 것이라고 예상된다.

답 ⑤

유동성함정(liquidity trap)에 관한 설명으로 옳은 것을 모두 고른 것은?

> ㄱ. IS곡선이 수직선이다.
> ㄴ. LM곡선이 수평선이다.
> ㄷ. 재정정책이 국민소득에 영향을 주지 않는다.
> ㄹ. 화폐수요의 이자율탄력성이 무한대일 때 나타난다.

① ㄱ, ㄷ   ② ㄴ, ㄹ
③ ㄷ, ㄹ   ④ ㄱ, ㄴ, ㄷ
⑤ ㄴ, ㄷ, ㄹ

⎯⎯⎯⎯⎯⎯⎯⎯⎯⎯⎯⎯⎯⎯⎯⎯⎯⎯⎯⎯⎯⎯⎯⎯⎯⎯⎯⎯⎯⎯⎯⎯⎯⎯⎯

┃해설┃

유동성함정(liquidity trap)
• 이자율이 매우 낮을 때 모든 사람들은 장래에 이자율이 상승(채권가격 하락)을 예상하여 채권을 매각하고 화폐를 보유하고자 한다.
• 화폐 보유에 대한 성향이 매우 큰 상황으로 이 구간에서의 화폐수요의 이자율탄력성이 무한대(∞)로 화폐수요곡선과 LM곡선이 수평이 된다.
• 화폐수요곡선이 수평인 상황에서는 화폐공급을 증가해도 증가된 통화량이 모두 화폐수요로 흡수되어 이자율에 영향을 주지 않는다.
• 유동성함정은 일반적으로 경기가 매우 침체된 상황에서 나타난다.

📋 답 ②

케인즈의 유동성함정에서 나타나는 현상으로 적절하지 않은 것은?

① 화폐수요의 이자율탄력성의 절댓값이 무한대이다.
② 명목이자율이 거의 0%로 떨어진다.
③ LM곡선이 수직이다.
④ 확대통화정책이 국민소득을 증가시킬 수 없다.

⎯⎯⎯⎯⎯⎯⎯⎯⎯⎯⎯⎯⎯⎯⎯⎯⎯⎯⎯⎯⎯⎯⎯⎯⎯⎯⎯⎯⎯⎯⎯⎯⎯⎯⎯

┃해설┃

유동성함정구간에서는 화폐수요의 이자율탄력성이 무한대이므로 LM곡선은 수평으로 나타난다.
① 화폐수요곡선이 수평선인 구간에서 유동성함정이 발생하므로 화폐수요의 이자율탄력성이 무한대이다.
② 명목이자율이 매우 낮은 수준이 되어 사회구성원 전부가 자산을 화폐로 보유하고자 한다.
④ LM곡선이 수평이므로 확대통화정책은 무력하다.

📋 답 ③

04 보험계리사 2019

☑ 확인Check! ○ △ ✕

유동성함정에 관한 설명으로 옳은 것은?

① 유동성함정에서는 LM곡선이 수직으로 나타난다.

② 유동성함정은 채권가격이 매우 낮은 상황에서 발생한다.

③ 유동성함정에서 소득을 증가시키기 위해서는 통화정책보다 재정정책이 더 효과적이다.

④ 유동성함정에서 빠져나오기 위해서는 LM곡선을 오른쪽으로 이동시켜야 한다.

┃해설┃

유동성함정구간에서는 LM곡선이 수평선의 모양이므로 통화정책은 무력하고, 재정정책이 효과적이다.

① 화폐수요의 이자율탄력성이 클수록 LM곡선은 수평에 가까워지는데, 유동성함정에서는 화폐수요의 이자율탄력성이 무한대이므로 LM곡선은 수평의 모습을 나타낸다.

② 유동성함정구간은 이자율이 매우 낮은 상태가 되어 채권가격이 높은 상태이다.

④ 유동성함정에서 벗어나기 위해서는 재정지출을 확대해, IS곡선을 우측으로 이동시켜 국민소득을 증가시켜야 한다.

답 ③

05 보험계리사 2016

☑ 확인Check! ○ △ ✕

유동성함정과 부(Wealth)의 효과에 관한 설명으로 옳지 않은 것은?

① 유동성함정은 LM곡선의 수평구간에서 발생한다.

② 케인즈의 유동성함정에 대한 반론으로서 고전학파는 부의 효과를 주장하였다.

③ 유동성함정은 화폐수요의 이자율탄력성이 영(0)일 때 발생한다.

④ 유동성함정에 빠진 경제라도 부의 효과가 존재한다면 확장적 통화정책은 국민소득을 증가시킨다.

┃해설┃

유동성함정에서는 화폐수요의 이자율탄력성이 무한대이다.

① 이자율이 매우 낮은 수준이 되면 사회구성원 전부가 모든 자산을 화폐로 보유하고자 하므로 화폐수요곡선이 수평선이다. LM곡선의 기울기는 화폐수요의 이자율탄력성에 의해 결정되는데, 유동성함정에서는 화폐수요의 이자율탄력성이 무한대이므로, LM곡선이 수평이다.

②·④ 고전학파는 경제가 유동성함정구간에 있더라도 부의 효과가 존재하면 통화정책이 효과를 가질 수 있다고 주장한다. 통화정책을 실시하여 통화량을 증가시키면 민간의 소비증가로 인해 IS곡선을 오른쪽으로 이동시켜 국민소득을 증가시킬 수 있다.

답 ③

01 감정평가사 2021

☑ 확인 Check! ○ △ ✕

한국은행의 통화정책 수단과 제도에 관한 설명으로 옳지 않은 것은?

① 국채 매입·매각을 통한 통화량 관리
② 금융통화위원회는 한국은행 통화정책에 관한 사항을 심의·의결
③ 재할인율 조정을 통한 통화량 관리
④ 법정지급준비율 변화를 통한 통화량 관리
⑤ 고용증진 목표 달성을 위한 물가안정목표제 시행

┃해설┃

물가안정목표제는 물가상승률 자체를 목표로 설정하고 이를 달성하기 위해 통화정책을 시행하는 것으로 고용증진과는 상관이 없다.

핵심체크	금융정책수단

• 공개시장 조작정책

┌ 국공채 매입 → 본원통화 ▲ → 통화량 ▲ → 이자율 ▼
└ 국공채 매각 → 본원통화 ▼ → 통화량 ▼ → 이자율 ▲

• 재할인율 정책

┌ 재할인율 ▼ → 예금은행 차입 ▲ → 본원통화 ▲ → 통화량 ▲ → 이자율 ▼
└ 재할인율 ▲ → 예금은행 차입 ▼ → 본원통화 ▼ → 통화량 ▼ → 이자율 ▲

• 지급준비율 정책

┌ 지급준비율 ▼ → 통화승수 ▲ → 통화량 ▲ → 이자율 ▼
└ 지급준비율 ▲ → 통화승수 ▼ → 통화량 ▼ → 이자율 ▲

답 ⑤

PART 2

거시경제학

02 ☑ 확인 Check! ○ △ ✕

통화량 증가의 요인이 아닌 것은?

① 본원통화량 증가
② 은행의 지급준비율 인하
③ 통화승수 증가
④ 은행의 초과지급준비금 감소
⑤ 중앙은행의 재할인율 인상

ㅣ해설ㅣ

중앙은행이 재할인율을 인상하게 되면 통화량이 감소한다.

답 ⑤

03 ☑ 확인 Check! ○ △ ✕

갑국의 중앙정부는 추운 겨울 날씨에 대응하여 난방비를 지원하기로 하였다. 만약 갑국의 중앙은행이 재정지출 증가로 인한 물가상승을 우려하여 공개시장운영을 한다면, 국공채시장의 변화로 옳은 것은?

① 공개시장매각으로 국공채 공급이 증가하고, 국공채 수익률이 상승한다.
② 공개시장매각으로 국공채 공급이 증가하고, 국공채 수익률이 하락한다.
③ 공개시장매입으로 국공채 수요가 감소하고, 국공채 수익률이 하락한다.
④ 공개시장매입으로 국공채 공급이 증가하고, 국공채 수익률이 상승한다.
⑤ 공개시장매입으로 국공채 수요가 증가하고, 국공채 수익률이 하락한다.

ㅣ해설ㅣ

재정지출 증가로 인한 물가상승을 억제하기 위해서는 통화량을 감소시켜야 하므로 공개시장매각을 통해 국공채 공급을 늘려야 하며, 이는 국공채 가격을 하락시켜 국공채 수익률을 상승시킨다.

답 ①

*A*국은 코로나 위기 이후 회복되는 과정에서 높은 인플레이션을 경험하고 있다. *A*국의 중앙은행이 인플레이션율을 낮추기 위해 시행가능한 통화정책으로 옳은 것을 모두 고르면? (단, 중앙은행은 현재 민간은행의 지급준비금에 대하여 이자를 지급하고 있다)

> 가. 채권시장에서 공개시장매입을 한다.
> 나. 지급준비율을 인상한다.
> 다. 재할인대출을 축소한다.
> 라. 지급준비금에 지급하는 이자율을 낮춘다.

① 가, 다   ② 가, 라
③ 나, 다   ④ 나, 라
⑤ 나, 다, 라

┃해설┃

가. (✕) 채권시장에서 공개시장매입을 하면 시중의 본원통화가 증가하여 통화량이 증가한다.
나. (○) 지급준비율을 인상하면 통화승수가 감소하여 통화량이 감소한다.
다. (○) 재할인대출을 축소하면 시중의 본원통화가 감소하여 통화량이 감소한다.
라. (✕) 지급준비금에 지급하는 이자율을 낮추면 통화승수가 커져 통화량이 증가한다.

답 ③

통화량 목표제와 이자율 목표제에 대한 설명으로 옳은 것은?

① 화폐수요함수가 명목국민소득만의 함수라면 이자율 조절이 용이해진다.
② 화폐수요가 이자율에 민감할수록 통화량 조절을 통한 경기안정화 정책의 유효성이 커진다.
③ 중앙은행은 기준금리를 통해 장기 실질이자율을 통제할 수 있다.
④ 화폐수요함수가 외부충격으로 변동하면 통화량과 이자율 목표를 동시에 달성하기 어렵다.

┃해설┃

외부충격으로 화폐수요가 증가할 경우 통화량을 일정하게 유지하고자 한다면 이자율이 상승하고, 이자율을 일정하게 유지하고자 한다면 통화량이 증가하기 때문에 통화량과 이자율 동시에 만족시키는 것은 어렵다.
① 화폐수요함수가 명목국민소득만의 함수로 이자율에 영향을 받지 않는다면 화폐수요함수는 수직선 형태로 중앙은행은 통화량 변동을 통해 이자율을 조정할 수 없다.
② 화폐수요가 이자율에 민감할수록 *LM*곡선은 완만해지기 때문에 통화량 조절을 통한 경기안정화 정책의 유효성은 낮아진다.
③ 중앙은행은 기준금리를 통해 명목이자율에 영향을 주지만 장기적으로 실질이자율을 통제하기는 힘들다.

답 ④

통화정책의 전달경로에 대한 설명으로 옳은 것은?

① 통화정책의 이자율 경로에 의하면, 통화량의 증가가 금융시장의 신용차입조건을 완화시켜 실물경제에 영향을 미친다.

② 통화정책의 이자율 경로에 의하면, 주식이나 부동산과 같은 자산의 가격을 변화시킴으로써 실물경제에 영향을 미친다.

③ 통화정책의 신용경로에 의하면, 팽창적인 통화정책은 금융시장에 나타나는 역선택과 도덕적 해이 문제를 악화시킨다.

④ 통화정책의 신용경로는 은행대출에 영향을 미치는 것이 아니라, 금융시장의 가격변수에 영향을 미쳐서 실물경제에 영향을 미치는 것이다.

⑤ 고정환율제도 하에서는 자본이동의 자유로운 정도에 관계없이 통화정책의 환율경로는 존재하지 않는다.

┃해설┃

고정환율제도에서는 환율이 고정되어 있으므로 통화정책의 환율경로는 존재하지 않는다.

①·④ 통화량의 변화가 은행이 대출하는 자금의 양에 영향을 미쳐 실물경제에 영향을 주는 것은 신용경로라고 한다.

② 해당 보기의 설명은 자산가격경로에 대한 설명이다.

③ 통화량이 증가하면 경제주체들의 순자산이 증가하므로 도덕적 해이와 역선택이 줄어든다.

답 ⑤

다음 중 총수요 확대 정책을 모두 고른 것은?

ㄱ. 근로소득세율 인상
ㄴ. 정부의 재정지출 증대
ㄷ. 법정 지급준비율 인상
ㄹ. 한국은행의 국공채 매입

① ㄱ, ㄴ   ② ㄱ, ㄷ

③ ㄴ, ㄷ   ④ ㄴ, ㄹ

⑤ ㄷ, ㄹ

총수요가 확대되려면 *IS*곡선과 *LM*곡선이 우측으로 이동하여야 한다.

ㄱ. 근로소득세율 인상은 가계의 가처분소득을 감소시키므로, 소비가 줄어들어 *IS*곡선을 왼쪽으로 이동시킨다. *IS*곡선이 왼쪽으로 이동하였으므로 총수요가 줄어들 것이다.

ㄴ. 정부의 재정지출 증대는 대표적인 *IS*곡선의 오른쪽 이동요인이다. *IS*곡선이 오른쪽으로 이동하였으므로 총수요가 확대될 것이다.

ㄷ. 법정 지급준비율이 인상되면, 은행에 지급준비금으로 보유되는 통화량이 늘고 시중에 유통되는 통화량이 줄어 *LM*곡선이 왼쪽으로 이동한다. 그러므로 총수요는 감소한다.

ㄹ. 한국은행이 국공채 매입을 하면, 한국은행에서 본원통화가 풀려 시중에 유통되는 통화량이 증가하여 *LM*곡선이 우측으로 이동한다. 총수요가 증가한다.

답 ④

08 보험계리사 2015 ☑ 확인Check! ○ △ ✕

중앙은행의 통화정책 반응함수가 다음과 같다.

$$r = 0.05 + 1.5 \times (\pi - 0.04) - \frac{0.5(Y - Y^*)}{Y^*}$$

(단, r은 중앙은행의 정책이자율, π는 물가상승률, Y는 실질GDP, Y^*는 잠재GDP)

전년도에 물가상승률은 4%였고 실질GDP와 잠재GDP는 같았다고 하자. 금년도에 물가상승률이 6%가 되고 실질GDP가 잠재GDP 대비 4% 증가한다면 중앙은행의 행동으로 가장 적절한 것은?

① 정책이자율을 1% 포인트 올린다.
② 정책이자율을 3% 포인트 올린다.
③ 정책이자율을 2% 포인트 내린다.
④ 정책이자율을 그대로 유지한다.

해설

• 전년도 물가상승률이 4%였으므로 정책이자율이 5%였다.
• 금년도 물가상승률은 6%가 되었으므로 정책이자율은 6%로 계산된다.
• 따라서 중앙은행은 전년도보다 정책이자율을 1% 포인트 올린다.

답 ①

중앙은행의 통화정책 운용에 대한 다음 설명 중 옳은 것을 모두 고르면?

> 가. 중앙은행이 물가안정, 완전고용 등의 최종 목표를 달성하기 위해 중점적으로 관리하는 명목기준지표(Nominal anchor)에는 인플레이션율, 통화량, 환율, 실업률 등이 있다.
>
> 나. 물가안정목표제(Inflation targeting) 하에서는 중앙은행이 재량적 정책을 수행하기 쉽고 경기부양에 대한 정치적 압력도 늘어날 수 있기 때문에 통화정책의 신뢰 문제가 악화될 수 있다.
>
> 다. 물가안정목표제는 중앙은행이 명시적인 중간목표 없이 물가안정을 직접 달성하는 방식으로서 통화량 이외의 많은 변수가 정책 결정에 사용된다.
>
> 라. 테일러 준칙(Taylor's rule)에 따르면 중앙은행은 인플레이션 갭(실제인플레이션율－목표 인플레이션율)의 증가에 반응하여 정책금리를 상향조정한다.

① 가, 나　　　　　　　　　　　　　② 나, 다
③ 다, 라　　　　　　　　　　　　　④ 가, 다, 라
⑤ 나, 다, 라

▌해설▐

가. (✕) 중앙은행의 최종목표를 달성하기 위해서는 명목기준지표뿐만 아니라 실질변수도 마찬가지로 관리해야 한다.

나. (✕) 중앙은행은 정부와 독립적인 기관이다. 정부가 실시하는 재정정책과 달리 중앙은행이 실시하는 통화정책은 독립적으로 실시하기 때문에 신뢰성에 문제가 없다.

다. (○) 통화정책의 유효성문제로 인해 중간목표제를 대체할 방안으로 물가안정목표제를 실시하게 되었는데, 물가안정 목표제에서는 기간 내에 달성하고자 하는 목표를 설정한 후 목표를 달성하기 위해 통화량, 금리, 환율, 물가 등 다양한 변수가 활용된다.

라. (○) 테일러 준칙은 중앙은행이 금리를 결정할 때 경제성장률과 물가상승률에 맞춰 조정하는 것을 말한다. 중앙은행 은 실제인플레이션율과 목표 인플레이션율의 차이인 인플레이션 갭에 가중치를 부여해, 인플레이션 갭이 상승하면 금리를 상향조정한다.

답 ③

물가안정목표제(inflation targeting)에 대한 설명으로 옳은 것만을 모두 고르면?

> 가. 물가안정목표제는 자유재량 정책에 비해 중앙은행 정책 수행의 투명성을 높인다.
> 나. 물가안정목표제는 자유재량 정책에 비해 시간 불일치성(time inconsistency) 문제를 증가시킨다.
> 다. 물가안정목표제는 물가안정에 초점을 두기 때문에 자유재량 정책에 비해 생산과 고용의 변동에 적절히 대응하지 못한다.
> 라. 우리나라 물가안정목표제의 기준 지표는 GDP디플레이터이다.

① 가, 나 　　　　　　　　　　　② 가, 다
③ 나, 라 　　　　　　　　　　　④ 가, 다, 라
⑤ 나, 다, 라

❚ 해설 ❚

가. (○) 물가안정목표제는 자유재량 정책과 달리 정부의 정책 목표를 민간에 공표하기 때문에 정책의 신뢰 및 투명도가 자유재량 정책보다 높다.

나. (✕) 자유재량 정책이 미래시점에 시행하기로 예상한 정책을 미래에 도달했을 때 예상한 정책을 변경할 유인이 존재하므로 물가안정목표제에 비해 시간 불일치성(time inconsistency) 문제를 증가시킨다.

다. (○) 사전에 제시된 물가 범위나 목표수준을 유지해야 하는 물가안정목표제는 허용가능 범위 내에서 생산과 고용량을 변동시키지만 자유재량 정책은 허용가능 범위의 한계가 없기 때문에 물가안정목표제보다는 더 적절하게 경기 변동에 대응이 가능하다.

라. (✕) 우리나라의 물가안정목표제의 기준 지표는 GDP디플레이터가 아닌 CPI(소비자물가지수)이다.

답 ②

PART 2

거시경제학

08 | $IS-LM$ 모형

01 | IS곡선

구 분	내 용
정 의	생산물시장의 균형을 이루는 이자율과 국민소득의 조합을 나타내는 선
IS곡선 도출	• $Y = AE = C + I + G + (X - M)$ • $C = C_0 + cY_d \ (0 < c < 1)$ • $Y_d = Y - T$ • $T = T_0 + tY \ (t > 0)$ • $I = I_0 - br \ (b > 0)$ • $G = G_0$ • $X = X_0$ • $M = M_0 + mY \ (0 < m < 1)$ $\rightarrow r = -\dfrac{1 - c(1-t) + m}{b}Y + \dfrac{C_0 - cT_0 + I_0 + G_0 + X_0 - M_0}{b}$
기울기 결정요인 $-\dfrac{1 - c(1-t) + m}{b}$	• b(투자의 이자율탄력성)이 클수록 • c(한계소비성향)이 클수록 • t(세율)이 작을수록 • m(한계수입성향)이 작을수록 $\quad \rightarrow IS$곡선이 완만
절편 결정요인 $(C_0 - {}_cT_0 + I_0 + G_0 + X_0 - M_0)$	• C, I, G, X 증가 • T, M 감소 $\quad \rightarrow IS$곡선이 오른쪽 이동
투자의 이자율탄력성(b)	• 케인즈학파 : b 작음 → IS곡선이 수직에 가까움 → 재정정책이 효과적 • 통화주의 학파 : b 큼 → IS곡선이 수평에 가까움 → 통화정책이 효과적
특 징	• 기울기가 음수이므로 IS곡선은 우하향 • 정부지출과 조세가 같은 액수로 증가하면 IS곡선은 우측이동

02 │ *LM*곡선

구 분	내 용
정 의	화폐시장의 균형을 이루는 이자율과 국민소득의 조합을 나타내는 선
*LM*곡선 도출	• 화폐수요함수 : $\dfrac{M_D}{P} = kY - hr \ (k > 0, \ h > 0)$ • 화폐공급함수 : $\dfrac{M_S}{P} = \dfrac{M_0}{P_0} \ (M_0$: 명목통화량, P_0 : 물가 수준$)$ • 화폐시장 균형 : $\dfrac{M_S}{P} = \dfrac{M_D}{P}$ • 화폐수요함수와 공급함수 연립 : $\dfrac{M_0}{P_0} = kY - hr \rightarrow r = \dfrac{1}{h}\left(kY - \dfrac{M_0}{P_0}\right)$ $\rightarrow r = \dfrac{1}{h}k \times Y - \dfrac{1}{h} \times \dfrac{M_0}{P_0}$
기울기 결정요인 $\dfrac{k}{h}k$	• h(화폐수요의 이자율탄력성)이 작을수록 • 마샬 k(화폐수요의 소득탄력성) 클수록 • V(화폐의 유통속도)가 작을수록 ⎫ ⎬ → *LM*곡선은 수직에 가까움 ⎭ (금융정책×)
절편 결정요인 $\left(\dfrac{1}{h} \times \dfrac{M_0}{P}\right)$	• M(통화량) 증가 • P(물가) 하락 ⎫ → *LM*곡선이 오른쪽 이동 • 화폐수요 감소 ⎭
화폐수요의 이자율탄력성(h)	• 케인즈학파 : h 큼 → *LM*곡선이 수평에 가까움 → 재정정책이 효과적 • 통화주의 학파 : h 작음 → *LM*곡선이 수직에 가까움 → 통화정책이 효과적

구 분	내 용
균 형	생산물시장과 화폐시장이 균형이 이루어지는 *IS*곡선과 *LM*곡선이 교차하는 점에서 균형국민소득과 균형이자율을 결정
특 징	• *IS−LM*모형은 수요측 모형 → 결정된 국민소득은 총수요를 의미 • 공급측면 고려 × • 물가고정을 가정하기 때문에 인플레이션 설명 ×
불균형	 • 생산물시장 초과수요 → 생산량 증가, 생산물시장 초과공급 → 생산량 감소 • 화폐시장 초과수요 → 이자율 상승, 화폐시장 초과공급 → 이자율 하락
균형조정	• 생산물시장의 불균형은 *IS*곡선의 좌우이동(생산량)으로 조정 • 화폐시장의 불균형은 *LM*곡선의 상하이동(이자율)으로 조정 • 화폐시장의 조정이 설비규모의 조절이 필요한 생산물시장보다 빠르게 조정

01 보험계리사 2019

☑ 확인 Check! ○ △ ✕

*IS−LM*모형에서 *IS*곡선에 관한 설명으로 옳지 않은 것은?

① 저축과 투자를 일치시켜 주는 이자율과 소득의 조합이다.

② 정부지출이 외생적으로 증가하면 *IS*곡선이 오른쪽으로 이동한다.

③ 투자가 금리에 민감할수록 *IS*곡선은 수평에 가까워져, 기울기의 절댓값은 작아진다.

④ 투자가 케인즈의 주장대로 동물적 본능(Animal spirit)에 의해서만 이루어진다면 *IS*곡선은 수평이 된다.

━━

┃해설┃

투자가 동물적 본능에 의해서만 이루어진다는 것은 이자율의 변화에 상관없이 투자가 이루어진다는 의미로 투자가 동물적 본능에 이루어진다면 투자의 이자율탄력성의 크기는 0으로 *IS*곡선의 기울기는 수직이 된다.

① 투자와 저축이 일치하는 생산물시장의 균형에서의 이자율과 소득의 조합을 *IS*곡선이라 한다.

② 정부지출이 증가시 *IS*곡선은 우측으로 이동한다.

③ 투자의 이자율탄력성이란 이자의 변화율에 따른 투자의 변화율로 투자의 이자율탄력성이 클수록 *IS*곡선의 기울기는 완만해진다. 따라서 투자가 금리에 민감할수록 *IS*곡선의 기울기는 작아진다.

답 ④

02 보험계리사 2015

☑ 확인 Check! ○ △ ✕

*IS−LM*모형에서 *IS*곡선의 이동을 초래하는 변화가 아닌 것은?

① 정부지출의 감소

② 이자율의 하락

③ 소비자의 비관적인 경기전망의 증대

④ 기업의 독립투자의 증가

━━

┃해설┃

• *IS*곡선은 생산물시장의 균형이 이뤄지는 선이므로 균형국민소득을 계산하는 것과 동일한 방법으로 도출할 수 있다.
  $Y = C + I + G + (X - M)$

• 이자율이 하락한다면 *IS*곡선은 이동하지 않고, *IS*곡선 상에서 움직인다.

① 정부지출이 감소한다면 *IS*곡선이 왼쪽으로 이동한다.

③ 소비자가 경기를 비관적으로 전망한다면 소비를 줄일 것이므로, *IS*곡선이 왼쪽으로 이동한다.

④ 기업의 독립적인 투자가 증가한다면 *IS*곡선이 오른쪽으로 이동한다.

답 ②

01 보험계리사 2018
☑ 확인 Check! ○ △ ✕

$IS-LM$모형에서 IS곡선의 기울기가 수직에 가깝고 LM곡선의 기울기가 수평에 가까울 때, 다음 설명 중 옳지 않은 것은?

① 투자가 이자율에 매우 비탄력적이다.
② 확장적 통화정책이 확장적 재정정책보다 국민소득 증가에 더 효과적이다.
③ 화폐수요가 이자율에 매우 탄력적이다.
④ 경제가 유동성함정에 빠질 가능성이 매우 높다.

──

▮해설▮

IS곡선의 경사가 가팔라질수록, 정부의 지출이 증가하면 이자율이 큰 폭으로 하락해서 투자가 크게 늘기 때문에 재정정책의 유효성이 커진다.
① IS곡선이 수직에 가까우므로 투자의 이자율탄력성이 비탄력적이다.
③ LM곡선이 수평에 가까울수록 화폐수요의 이자율탄력성이 매우 크다.
④ LM곡선이 수평에 가까울수록 화폐수요가 증가하므로 이자율이 불변이 되므로 유동성함정의 발생가능성이 커진다.

답 ②

02 보험계리사 2015
☑ 확인 Check! ○ △ ✕

폐쇄경제 하의 $IS-LM$모형에서 균형이자율이 6%라고 한다. 이때 화폐공급은 얼마인가?

- $C = 200 + 0.5(Y-T)$
- $I = 1,600 - 10,000r$
- $G = T = 1,000$
- $M_S = M_D$
- $M_D = 0.5Y - 25,000r + 500$

(단, Y는 국민소득, C는 소비지출, T는 조세, I는 투자지출, r은 이자율, G는 정부지출, M_S는 화폐공급, M_D는 화폐수요)

① 700
② 800
③ 900
④ 1,000

IS곡선	LM곡선
$Y = C + I + G$ $\quad = 200 + 0.5(Y - 1,000) + 1,600 - 10,000 + 1,000$ $\therefore\ Y = 4,600 - 20,000r$	$M_d = M_s$ $0.5Y - 25,000r + 500 = M$ $\therefore\ Y = (2M - 1,000) + 50,000r$

IS곡선 $Y = 4,600 - 20,000r$에 균형이자율 $r = 0.06$를 대입하면 $Y = 4,600 - 20,000 \times 0.06 = 3,400$

LM곡선에 $Y = 3,400$, $r = 0.06$를 대입하면 $3,400 = (2M - 1,000) + 50,000 \times 0.06$

$\therefore\ M = 700$

답 ①

03 공인회계사 **2018** ☑ 확인 Check! ○ △ ✕

통화 수요 함수가 다음과 같다.

$$\left(\frac{M}{P}\right)^d = 2,200 - 200r$$

여기서 r은 %로 표현된 이자율(예를 들어 이자율이 10%라면, $r = 10$)이며, M은 통화량, P는 물가수준, 그리고 d는 수요를 나타내는 첨자이다. 물가수준이 2라고 하면 중앙은행이 이자율을 7%수준으로 맞추고자 할 때 통화 공급량은 얼마인가?

① 1,600 ② 1,400

③ 1,200 ④ 1,000

⑤ 800

■ 해설 ■

• 화폐시장의 균형은 화폐의 수요와 공급이 일치하는 수준으로 결정된다.

• $\dfrac{M^s}{P} = \dfrac{M^d}{P}$ 로 놓고 $r = 7$, $P = 2$를 놓으면 $\dfrac{M^s}{2} = 2,200 - (200 \times 7)$, $\therefore\ M^s = 1,600$

답 ①

01 공인회계사 2022

☑ 확인 Check! ○ △ ✕

다음 (가), (나) 경우의 실질화폐잔고 수요를 고려하자. 다음 설명 중 옳은 것은? (단, 실질화폐잔고 수요의 이자율탄력성과 소득탄력성은 유한하다. 폐쇄경제 $IS-LM$ 분석을 이용하며 IS곡선은 우하향한다)

> (가) 실질화폐잔고 수요가 이자율에 의존하지 않고 소득의 증가함수이다.
> (나) 실질화폐잔고 수요가 소득에 의존하지 않고 이자율의 감소함수이다.

① (가)의 경우 실질화폐잔고 수요의 이자율탄력성이 0보다 크다.

② (나)의 경우 실질화폐잔고 수요의 소득탄력성이 0보다 크다.

③ (가)의 경우 LM곡선은 수평선의 형태를 갖는다.

④ (나)의 경우 통화량을 늘리더라도 총수요가 증가하지 않는다.

⑤ (가)의 경우 재정지출을 늘리더라도 총수요가 증가하지 않는다.

┃해설┃

(가)의 경우 재정지출을 늘리면 IS가 우측이동하지만 LM이 수직이어서 총수요가 증가하지 않는다.

① (가)의 경우 화폐수요는 이자율에 의존하지 않으므로 수요의 이자율탄력성이 0이다.

② (나)의 경우 화폐수요는 소득에 의존하지 않으므로 수요의 소득탄력성이 0이다.

③ (가)의 경우 균형이 Y에 의해서만 결정되므로 LM곡선은 수직선의 형태를 갖는다.

④ (나)의 경우 통화량을 늘리면 화폐시장의 균형을 위해서 LM곡선이 하방으로 이동해야 하며 이에 따라 경제의 총수요는 증가하게 된다.

답 ⑤

폐쇄경제하 중앙은행이 통화량을 감소시킬 때 나타나는 변화를 *IS*−*LM*모형을 이용하여 설명한 것으로 옳은 것을 모두 고른 것은? (단, *IS*곡선은 우하향, *LM*곡선은 우상향한다)

> ㄱ. *LM*곡선은 오른쪽 방향으로 이동한다.
> ㄴ. 이자율은 상승한다.
> ㄷ. *IS*곡선은 왼쪽 방향으로 이동한다.
> ㄹ. 구축효과로 소득은 감소한다.

① ㄱ, ㄴ
② ㄱ, ㄷ
③ ㄱ, ㄹ
④ ㄴ, ㄹ
⑤ ㄴ, ㄷ, ㄹ

┃ 해설 ┃

폐쇄경제하에서 중앙은행이 통화량을 감소하면 *LM*곡선은 좌측으로 이동하고, *LM*곡선의 이동으로 인해 이자율이 상승하며, 이자율 상승은 투자를 위축시키는 구축효과를 유발한다.

답 ④

폐쇄경제 하에서 정부가 지출을 늘렸다. 이에 대응하여 중앙은행이 기존 이자율을 유지하려고 할 때 나타나는 현상으로 옳은 것을 모두 고른 것은? (단, *IS*곡선은 우하향하고 *LM*곡선은 우상향한다)

> ㄱ. 통화량이 증가한다.
> ㄴ. 소득수준이 감소한다.
> ㄷ. 소득수준은 불변이다.
> ㄹ. *LM*곡선이 오른쪽으로 이동한다.

① ㄱ, ㄴ
② ㄱ, ㄷ
③ ㄱ, ㄹ
④ ㄴ, ㄹ
⑤ ㄷ, ㄹ

┃ 해설 ┃

정부지출이 증가하면 *IS*곡선은 우측으로 이동한다. *IS*곡선의 우측 이동으로 소득수준과 이자율 모두 증가하게 된다. 증가된 이자율을 기존 이자율로 낮추기 위해 통화량을 증가시키면 *LM*곡선은 우측으로 이동한다. *LM*곡선의 우측 이동으로 소득은 증가하고 이자율은 기존상태로 낮아지게 된다.

답 ③

PART 2

거시경제학

다음과 같은 폐쇄경제 $IS-LM$모형을 가정하자.

상품시장	화폐시장
• $C=3+\dfrac{3}{4}(Y-T)$ • $I=5-r$ • $G=12$ • $T=4+\dfrac{1}{3}Y$	• $M=900$ • $P=10$ • $L(Y)=3Y$

C, Y, T, I, G, M, P, $L(Y)$, r은 각각 소비, 총생산, 조세, 투자, 정부지출, 화폐공급, 물가수준, 실질화폐수요, 실질이자율(%)을 나타낸다. 정부가 정부지출을 1단위 증가시킬 때, 새로운 균형에서 총생산의 변화는?

① 4단위 증가
② 2단위 증가
③ 변화 없음
④ 2단위 감소
⑤ 4단위 감소

─────────────────────────────

❚해설❚

• IS곡선 : $Y=3+\dfrac{3}{4}Y-\dfrac{3}{4}(4+\dfrac{1}{3}Y)+5-r+12$이므로 이를 정리하면 $Y=34-2r$가 된다.
• LM곡선 : $90=3Y$이므로 $Y=30$이 된다.

이제 IS곡선과 LM곡선을 같이 고려해보면 수직인 LM곡선과 우하향하는 LM곡선이 (30, 2%)인 점에서 교차함을 알 수 있는데, 이 상태에서 정부지출이 1단위 증가하더라도 LM곡선이 수직인 관계로 새로운 균형은 여전히 30단위로 일정하게 된다.

답 ③

다음과 같은 폐쇄경제 $IS-LM$모형을 가정하자.

상품시장	화폐시장
• $C=250+0.75(Y-T)$ • $I=160-15r$ • $G=235$ • $T=120$	• $M=2,400$ • $P=6$ • $L(Y,\ r)=Y-200r$

$C,\ Y,\ T,\ I,\ G,\ M,\ P,\ L(Y,r),\ r$은 각각 소비, 총생산, 조세, 투자, 정부지출, 화폐공급, 물가수준, 실질화폐수요함수, 실질이자율(%)을 나타낸다. 이 경제의 균형 실질이자율과 균형 총생산은?

	균형 실질이자율	균형 총생산
①	7.0	1,800
②	6.5	1,700
③	6.0	1,600
④	5.5	1,500
⑤	5.0	1,400

❙ 해설 ❙

• 상품시장(IS곡선) : 균형국민소득 항등식

  → $Y=C+I+G$ → $Y=[250+0.75(Y-T)]+(160-15r)+235=2,220-60r$

• 화폐시장(LM곡선) : $L=\dfrac{M}{P}$ → $Y-200r=400$ → $Y=400+200r$

• 상품시장과 화폐시장의 두 식을 연립해서 계산해보면 $r=7.0$, $Y=1,800$이 계산된다.

답 ①

06 감정평가사 2019

☑ 확인 Check! ○ △ ✕

다음 거시경제모형에서 생산물시장과 화폐시장이 동시에 균형을 이루는 소득과 이자율은? (단, C는 소비, Y는 국민소득, I는 투자, G는 정부지출, T는 조세, r은 이자율, MD는 화폐수요, MS는 화폐공급이다. 물가는 고정되어 있고, 해외부문은 고려하지 않는다)

- $C = 20 + 0.8(Y - T) - 0.5r$
- $I = 50 - 9.5r$
- $G = 50$
- $T = 50$
- $MD = 50 + Y - 50r$
- $MS = 250$

① 200, 1
② 200, 2
③ 250, 1
④ 300, 1
⑤ 300, 2

┃해설┃
- 생산물시장(IS곡선) : $Y = C + I + G$
  → $Y = 20 + 0.8Y - 0.8T - 0.5r + 50 - 9.5r + 50$ → $0.2Y = 80 - 10r$ → $Y = 400 - 50r$
- 화폐시장(LM곡선) : $MS = MD$ → $50 + Y - 50r = 250$ → $Y = 200 + 50r$
- IS곡선과 LM곡선을 연립해서 계산하면 $r = 2$, $Y = 300$이 된다.

답 ⑤

다음과 같은 $IS - LM$곡선으로 표현되는 폐쇄경제 모형이 있다고 하자.

IS	LM
• $C = 200 + \dfrac{2}{3}(Y - T)$ • $I = 1,000 - 50r$ • $G = 1,200$ • $Y = C + I + G$	• $Y = 2\dfrac{M}{P} + 100r$

C, Y, T, I, G, r, M, P는 각각 소비, 총생산, 조세, 투자, 정부지출, 이자율, 통화량, 물가수준이다. $P=1$, $M=1,200$인 경우 정부가 $Y=4,000$을 달성하고자 r을 설정할 때, 국민저축은? (단, 이자율의 단위는 %로, 이자율이 10%라면 $r=10$이다)

① 50   ② 100

③ 200   ④ 300

⑤ 400

┃해설┃

IS : $Y = 200 + \dfrac{2}{3}(Y - T) + 1,000 - 50r + 1,200$

LM : $Y = 2 \times \dfrac{1,200}{1} + 100r$

$Y = 4,000$이므로 $r = 16$%이다. 국민저축은 결국 I와 동일하므로 $1,000 - 50 \times 16 = 200$이다.

답 ③

PART 2

거시경제학

아래의 $IS-LM$모형에서 균형민간저축(private saving)은? (단, C는 소비, Y는 국민소득, T는 조세, I는 투자, r은 이자율, G는 정부지출, M^s는 명목화폐공급량, P는 물가수준, M^d는 명목화폐수요량이다)

- $C = 8 + 0.8(Y-T)$
- $I = 14 - 2r$
- $G = 2$
- $T = 5$
- $M^s = 10$
- $P = 1$
- $M^d = Y - 10r$

① 2

② 4

③ 5

④ 8

⑤ 10

┃해설┃

균형민간저축 $S_P = Y - C - T$이다. IS곡선과 LM곡선을 도출한 후 균형국민소득을 구해서 S_P 식에 대입한다.

- IS곡선 : $Y = C + I + G = 8 + 0.8(Y-5) + 14 - 2r + 2$에서 $Y = 100 - 10r$이다.
- LM곡선 : $M^s = M^d$, $10 = Y - 10r$에서 $Y = 10 + 10r$이다.
- 두 식을 연립하여 풀면 균형국민소득 $Y = 55$, 균형이자율 $r = 4.5$이다.
  이 값을 균형민간저축 $S_P = Y - C - T$식에 대입하여 값을 구하면 $S_P = 2$이다.

답 ①

다음은 어느 폐쇄경제의 총수요 부문을 나타낸 것이다. 실질이자율을 수직축으로, 총수요를 수평축으로 하여 $IS-LM$곡선을 나타내고자 한다. 기대인플레이션이 0%에서 −1%로 변화할 경우 그 효과에 대한 설명으로 가장 적절한 것은?

- IS 관계식 : $0.25\,Y = 425 - 25r$
- LM 관계식 : $500 = Y - 100i$
- 피셔 방정식 : $i = r + \pi^e$

(단, Y, r, i, π^e는 각각 총수요, 실질이자율, 명목이자율, 기대인플레이션을 나타낸다)

① IS곡선이 하향 이동하며 실질이자율은 하락한다.
② IS곡선이 상향 이동하며 실질이자율은 상승한다.
③ LM곡선이 하향 이동하며 실질이자율은 하락한다.
④ LM곡선이 상향 이동하며 실질이자율은 상승한다.
⑤ IS곡선은 하향 이동하는 반면 LM곡선은 상향 이동하여 실질이자율이 변하지 않는다.

──────────────────────────────

┃해설┃

- 기대인플레이션율이 하락하면 IS곡선은 이동이 없다.
- LM관계식을 피셔방정식으로 나타내면 $500 = Y - 100r - 100\pi^e \rightarrow r = -(\pi^e + 5) + 0.01\,Y$이므로, π^e가 하락하면 LM곡선이 상방 이동한다.
- 따라서 LM곡선이 상방 이동하므로 실질이자율이 상승한다.

답 ④

다음 폐쇄경제 $IS-LM$모형에서 경제는 균형을 이루고 있고, 현재 명목화폐 공급량(M)은 2이다. 중앙은행은 확장적 통화정책을 실시하여 현재보다 균형이자율을 0.5만큼 낮추고, 균형국민소득을 증가시키고자 한다. 이를 위한 명목화폐 공급량의 증가분($\triangle M$)은? (단, Y는 국민소득, r은 이자율, M^d는 명목화폐 수요량, P는 물가이고 1로 불변이다)

- IS곡선 : $r = 4 - 0.05\,Y$
- 실질화폐수요함수 : $\dfrac{M^d}{P} = 0.15\,Y - r$

---

① 0.5

② 2

③ 2.5

④ 3

⑤ 4

┃해설┃

- 화폐시장 균형 : $\dfrac{M^s}{P} = \dfrac{M^d}{P}$

- 주어진 조건에서 $P = 1$이고, 화폐공급(M^s) $= 2$이므로 $2 = 0.15\,Y - r$이 된다.

- IS곡선 함수 $r = 4 - 0.05\,Y$와 연계해서 계산해보면 $r = 2.5$, $Y = 30$이 나온다.

- r을 0.5만큼 낮추어 2를 넣고 다시 계산하면 $Y = 40$이 된다.

- $Y = 40$을 실질화폐수요함수에 넣어보면, M이 4임을 알 수 있다.

- 따라서 현재 명목화폐 공급량(M) 2에서 수정 후 명목화폐 공급량(M) 4로 명목화폐 공급량(M)은 2만큼 증가한다.

답 ②

11 감정평가사 2024

폐쇄경제 $IS-LM$모형에 관한 설명으로 옳은 것은?

① 화폐수요의 이자율 탄력성이 0이면 경제는 유동성함정(liquidity trap) 상태에 직면한다.

② LM곡선이 수직선이고 IS곡선이 우하향하면, 완전한 구축효과(crowding-out effect)가 나타난다.

③ IS곡선이 수평선이고 LM곡선이 우상향하면, 통화정책은 국민소득에 영향을 미치지 않는다.

④ 소비가 이자율에 영향을 받을 때, 피구효과(Pigou effect)가 발생한다.

⑤ IS곡선이 우하향할 때, IS곡선의 위쪽에 있는 점은 생산물시장이 초과수요 상태이다.

┃해설┃

① 유동성함정은 화폐수요곡선이 수평인 구간으로, 화폐수요의 이자율탄력성이 무한대(∞)이다.

③ IS곡선이 수평선인 경우, 통화정책은 LM곡선을 이동시키고 이로 인하여 국민소득 또한 증감하게 된다.

④ 물가 하락에 따른 자산의 실질가치 상승이 소비를 증가시키게 되는 효과를 피구효과라고 한다.

⑤ IS곡선이 우하향할 때, IS곡선의 위쪽에 있는 점이 생산물시장의 초과공급 상태이며 아래쪽이 초과수요 상태이다.

답 ②

---

12 감정평가사 2023

폐쇄경제의 $IS-LM$모형에서 화폐시장 균형조건이 $\dfrac{M}{P}=L(r, \ Y-T)$일 때, 조세삭감이 미치는 효과로 옳은 것을 모두 고른 것은? (단, 초기는 균형상태, IS곡선은 우하향, LM곡선은 우상향하며, M은 통화량, P는 물가, r은 이자율, Y는 국민소득, T는 조세이다)

> ㄱ. IS곡선 우측이동
> ㄴ. LM곡선 우측이동
> ㄷ. 통화수요 감소
> ㄹ. 이자율 상승

① ㄱ, ㄴ   ② ㄱ, ㄷ

③ ㄱ, ㄹ   ④ ㄴ, ㄷ

⑤ ㄴ, ㄹ

┃해설┃

ㄱ. (○) 조세삭감은 국민의 가처분소득과 소비를 늘리므로 IS곡선을 오른쪽으로 이동시킨다.

ㄴ・ㄷ. (✕) IS곡선의 오른쪽 이동으로 국민소득이 증가하면 가처분소득이 증가, 그에 따라 화폐수요가 증가하게 되고, 화폐수요가 증가하므로 LM곡선은 좌측으로 이동한다.

ㄹ. (○) IS곡선이 우측, LM곡선이 좌측으로 이동하므로 이자율은 상승한다.

답 ③

아래의 폐쇄경제 $IS-LM$모형에서 중앙은행은 균형이자율을 현재보다 5만큼 높이는 긴축적 통화정책을 실시하여 균형국민소득을 감소시키고자 한다. 현재 명목화폐공급량(M)이 40일 때, 이를 달성하기 위한 명목화폐공급량의 감소분은? (단, r은 이자율, Y는 국민소득, M^d는 명목화폐수요량, P는 물가수준이고 1로 고정되어 있다)

- IS곡선 : $r=120-5Y$

- 실질화폐수요함수 : $\dfrac{M^d}{P}=3Y-r$

---

① 5

② 8

③ 10

④ 15

⑤ 20

┃해설┃

- 화폐시장의 균형에서는 $\dfrac{M^s}{P}=\dfrac{M^d}{P}$가 성립하고 $M=40$, $P=1$이므로 LM곡선을 도출하면, $40=3Y-r$

- 위의 LM곡선과 IS곡선인 $r=120-5Y$을 연립하면
  균형소득과 균형이자율은 $40=3Y-(120-5Y)$, $Y=20$, $r=20$이 된다.

- 한편 균형이자율을 5만큼 높이므로 $r=25$가 되고, 이를 IS곡선에 대입하면 $25=120-5Y$, $Y=19$이다.

- 이를 LM곡선에 대입하면, $M^s=3Y-r=3\times19-25=32$

∴ 명목화폐공급량은 40에서 32로 8만큼 감소한다.

답 ②

어떤 폐쇄경제가 아래의 $IS-LM$모형에서 A점에 있다고 하자. 이 경제의 재화시장과 화폐시장에 관한 설명 중 옳은 것은?

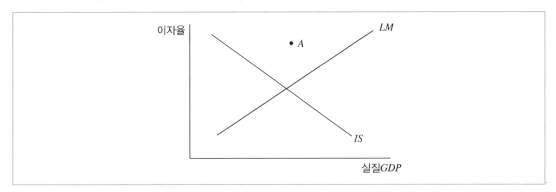

	재화시장	화폐시장
①	초과공급	초과공급
②	초과공급	초과수요
③	초과수요	초과공급
④	초과수요	초과수요
⑤	균 형	균 형

❚해설❚

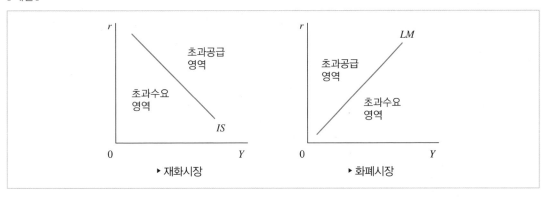

- A점이 IS곡선 상방에 위치하므로 재화시장은 초과공급임을 알 수 있다.
- A점이 LM곡선 상방에 위치하므로 화폐시장은 초과공급임을 알 수 있다.

답 ①

다음은 단기 폐쇄경제 모형을 나타낸 것이다.

상품시장	화폐시장
• $C = 360 + 0.8(Y - T)$ • $I = 400 - 20r$ • $G = 180$ • $T = 150$	• $M = 2,640$ • $P = 6$ • $L = Y - 200r$

C, Y, T, I, G, M, P, L, r은 각각 소비, 총생산, 세금, 투자, 정부지출, 화폐공급량, 물가수준, 실질화폐수요, 이자율(%)을 나타낸다. 정부가 정부지출은 60만큼 늘리고 세금은 60만큼 줄이는 정책을 시행한다. 중앙은행이 이자율을 고정시키고자 할 때 화폐공급량은?

① 2,640 　　　　　　　　　　② 3,240

③ 3,420 　　　　　　　　　　④ 5,160

⑤ 5,880

┃해설┃

• IS곡선 : $Y = C + I + G = 360 + 0.8(Y - 150) + 400 - 20r + 180$

　∴ $Y = 4,100 - 100r$

• LM곡선 : $\dfrac{M}{P} = L$

　∴ $Y = 200r + 440$

• IS곡선과 LM곡선을 연립하면 $Y = 2,880$, $r = 12.2$이다.

정부가 정부지출을 60만큼 늘리고 세금을 60만큼 줄이는 정책을 시행할 경우 변경되는 IS' 곡선을 구하면

IS' 곡선 : $Y = C + I + G = 360 + 0.8(Y - 90) + 400 - 20r + 240$, 　∴ $Y = 4,640 - 400r$

IS' 곡선과 LM곡선을 연립하면 $Y = 3,240$, $r = 14$이다.

중앙은행이 이자율을 IS곡선과 LM곡선에 의해 구해진 12.2로 고정시키고자 할 때

변화된 통화량을 M', 변경된 LM곡선을 LM' 곡선이라 하면

LM' 곡선 $\dfrac{M'}{6} = Y - 200r$에 $r = 12.2$와 IS' 곡선과 LM곡선 연립으로 구한 $Y = 3,420$을 대입하면

$M' = 6 \times \{3,420 - (200 \times 12.2)\} = 5,880$이다.

답 ⑤

폐쇄경제 $IS-LM$모형에 관한 설명으로 옳은 것은?

① 유동성 함정은 화폐수요의 이자율 탄력성이 0인 경우에 발생한다.

② LM곡선이 수직선이고 IS곡선이 우하향할 때, 완전한 구축효과가 나타난다.

③ 피구효과는 소비가 이자율의 함수일 때 발생한다.

④ IS곡선이 수평선이고 LM곡선이 우상향할 때, 통화정책은 국민소득을 변화시킬 수 없다.

⑤ 투자의 이자율 탄력성이 0이면 IS곡선은 수평선이다.

┃해설┃

LM곡선이 수직선이기에 화폐수요의 이자율 탄력성이 무한대(∞)임을 알 수 있다. 화폐수요의 이자율 탄력성이 무한대 (∞)이기에 완전한 구축효과가 나타난다.

① 유동성 함정은 화폐수요의 이자율 탄력성이 무한대(∞)인 경우에 발생한다.

③ 피구효과는 소비가 소득과 부의 함수일 때 발생한다.

④ IS곡선이 수평선이고 LM곡선이 우상향이면 통화정책은 국민소득을 증가시킨다.

⑤ 투자의 이자율 탄력성이 0이면 IS곡선은 수직선이다.

답 ②

PART 2

거시경제학

01 | 재정정책

수 단	정부지출, 조세
내 용	정부지출 증가 → IS곡선 우측 이동 → 국민소득 증가, 이자율 상승 → 이자율 상승으로 인한 투자 감소(구축효과) → 증가된 국민소득 일부 감소
효 과	IS곡선이 수직+LM곡선이 수평에 가까울수록 재정정책이 효과적

02 | 구축효과

정 의	정부지출 증가가 이자율을 상승시켜 민간투자를 감소시키는 효과
특 징	• 정부지출이 증가하면 IS곡선의 우측 이동으로 국민소득 증가와 그에 따른 화폐수요 증가로 이자율 상승 • 이자율 상승으로 인해 민간의 투자 감소・소비 감소로 인해 IS곡선이 좌측으로 이동하여 재정지출로 증가한 국민소득의 일정부분이 상쇄 • IS곡선의 기울기가 완만하고 LM곡선의 기울기가 가파르면 구축효과가 큼 • 유동성함정(LM곡선 수평)구간에서는 구축효과 발생 안함
구입효과	구축효과에 대한 케인즈학파의 반발로, 국민소득의 증가는 가속도 원리로 인해 유발투자를 발생시켜 구축효과가 일어나지 않는다는 주장

03 | 리카도 대등정리

구 분	내 용
정 의	정부의 재정지출 효과는 재원조달방식의 변경과 무관하게 동일하다는 주장
내 용	정부지출규모가 동일하고 국채를 발행하여 조세를 감면시키면, 합리적인 소비자들은 조세의 감면을 부채로 인식하여 저축을 늘리고 소비를 증가시키지 않음 → 실질변수 불변
전제조건	• 모든 경제주체는 합리적 • 유동성 제약의 존재 ✕ • 경제활동인구의 변동 ✕ • 정부지출의 규모 일정

04 | 통화정책

수 단	통화량, 이자율
내 용	• 통화량 증가 → LM곡선 우측 이동 → 국민소득 증가, 이자율 하락 → 민간 투자증가 • 통화정책은 이자율이 하락하므로 구축효과 발생 ✕ • 통화정책은 재정정책에 비해 전달경로가 길다는 단점
효 과	IS곡선이 수평에 가까울수록, LM곡선이 수직에 가까울수록 통화정책이 효과적

01 공인노무사 2024

☑ 확인Check! ○ △ ✕

다음 거시경제모형에서 잠재GDP가 1,500이라면, 잠재GDP를 달성하기 위해 정부지출을 얼마나 변화시켜야 하는가? (단, C는 소비, Y는 GDP, T는 조세, I는 투자, r은 이자율, G는 정부지출, M_S는 화폐공급, M_D는 화폐수요이다)

- $C = 500 + 0.8(Y - T)$
- $I = 100 - 20r$
- $T = 200$
- $G = 300$
- $Y = C + I + G$
- $M_S = 1,000$
- $M_D = 500 + 0.4Y - 10r$

① 80% 감소   ② 50% 감소

③ 20% 감소   ④ 20% 증가

⑤ 40% 증가

┃해설┃

IS곡선	LM곡선
$Y = C + I + G$ $\quad = [500 + 0.8(Y - T)] + (100 - 20r) + 300$ $\quad = [500 + 0.8(Y - 200)] + (100 - 20r) + 300$ $\quad = 0.8Y + 740 - 20r$ $\therefore\ Y = 3,700 - 100r$	$M_S = M_D$ $1,000 = 500 + 0.4Y - 10r$ $0.4Y = 500 + 10r$ $\therefore\ Y = 1,250 + 25r$

IS곡선과 LM곡선을 연립하여 균형국민소득 Y와 균형이자율 r을 구하면 $Y = 1,740$, $r = 19.6$이 된다.

잠재GDP 1,500이 되는 이자율을 구하기 위해 LM곡선을 활용하면
$1,500 = 1,250 + 25r$
$\therefore\ r = 10$

위에서 구한 이자율을 IS곡선에 대입해 잠재GDP 1,500이 되기 위해 IS곡선의 이동 방향 및 이동폭을 구해보면
$(3,700 - x) - (100 \times 10) = 1,500$
$\therefore\ x = 1,200$

따라서 IS곡선이 왼쪽으로 1,200만큼 이동해야 한다.

정부지출 승수는 $5\left(=\dfrac{1}{1-\text{한계소비성향}}=\dfrac{1}{1-0.8}\right)$이므로 정부지출 300에서 240을 줄이면

즉, 80%를 감소하면 IS곡선이 왼쪽으로 1,200만큼 이동하여 잠재 GDP를 달성할 수 있다.
변화된 IS곡선 식은 $Y=2,500-100r$이다.

답 ①

02 공인노무사 2015

☑ 확인 Check! ○ △ ✕

통화정책과 재정정책에 관한 설명으로 옳지 않은 것은?

① 경제가 유동성함정에 빠져 있을 경우에는 통화정책보다는 재정정책이 효과적이다.

② 전통적인 케인즈 경제학자들은 통화정책이 재정정책보다 더 효과적이라고 주장했다.

③ 재정정책과 통화정책을 적절히 혼합하여 사용하는 것을 정책혼합(Policy mix)이라고 한다.

④ 화폐공급의 증가가 장기에서 물가만을 상승시킬 뿐 실물변수에는 아무런 영향을 미치지 못하는 현상을 화폐의 장기중립성이라고 한다.

⑤ 정부지출의 구축효과란 정부지출을 증가시키면 이자율이 상승하여 민간 투자지출이 감소하는 효과를 말한다.

┃해설┃

케인즈 경제학자들은 통화정책이 전달경로가 길고 불확실하여 효과가 매우 미약하며, 유동성함정의 경우 무력하다고 보았다. 그러나 재정정책은 구입효과로 인해 매우 효과적이어서, 정부가 적극적으로 개입하여 재량인 재정정책으로 경제의 안정화를 도모해야 한다고 주장하였다.

① 유동성함정 구간에서는 통화정책을 실시해서 화폐공급이 증가하더라도, 증가된 통화량이 모두 화폐수요로 전환되므로 이자율이 변하지 않는다. 하지만 재정정책을 실시하면 IS곡선을 이동시켜 총수요 곡선도 이동시킨다. 총수요곡선의 이동으로 수요 증가효과를 가져와 국민소득을 증가시킬 수 있다.

③ 경제의 성장과 안정을 동시에 실현하기 위해 재정정책, 통화정책, 외환정책 등의 다양한 경제정책 수단을 종합적으로 운영하는 일을 정책혼합이라 한다.

④ 장기에서 화폐공급량 증가가 물가의 변화만 가져오고 투자지출이나 국민소득같은 실물변수에 영향을 주지 못하는 현상을 화폐의 장기중립성이라고 한다.

⑤ 정부지출 증가 → 총수요 증가 → 국민소득 증가 → 통화수요 증가 → 이자율 상승 → 민간투자 감소 → 총수요 감소 → 국민소득 일부 감소

답 ②

총수요–총공급모형에서 통화정책과 재정정책에 관한 설명으로 옳은 것은? (단, 폐쇄경제를 가정한다)

① 통화정책은 이자율의 변화를 통해 국민소득에 영향을 미친다.

② 유동성함정에 빠진 경우 확장적 통화정책은 총수요를 증가시킨다.

③ 화폐의 중립성에 따르면, 통화량을 늘려도 명목임금은 변하지 않는다.

④ 구축효과란 정부지출 증가가 소비지출 감소를 초래한다는 것을 의미한다.

⑤ 확장적 재정정책 및 통화정책은 모두 경기팽창효과가 있으며, 국민소득의 각 구성요소에 동일한 영향을 미친다.

┃ 해설 ┃

통화량이 증가하면 이자율 하락으로 민간투자가 증가하여 국민소득이 증가한다.

② 유동성함정에 빠진 경우 확장적 통화정책은 총수요에 영향을 주지 않는다.

③ 화폐의 중립성에 따르면, 통화량의 증가는 명목임금에는 영향을 주지만 실질임금에 영향을 주지 않는다.

④ 정부지출의 증가로 총수요가 증가하면 이자율이 상승하게 되고 이자율 상승으로 민간투자가 감소하게 되는데 이를 구축효과라 한다.

⑤ 확장적 재정정책은 이자율 상승으로 인한 구축효과가 발생하지만 확장적 통화정책은 이자율 하락으로 구축효과가 발생하지 않는다.

탑 ①

폐쇄경제 $IS-LM$ 및 $AD-AS$모형에서 정부지출 증가에 따른 균형의 변화에 관한 설명으로 옳은 것을 모두 고른 것은? (단, 초기경제는 균형상태, IS곡선 우하향, LM곡선 우상향, AD곡선 우하향, AS곡선은 수평선을 가정한다)

ㄱ. 소득수준은 증가한다.
ㄴ. 이자율은 감소한다.
ㄷ. 명목통화량이 증가한다.
ㄹ. 투자지출은 감소한다.

① ㄱ, ㄴ
② ㄱ, ㄷ
③ ㄱ, ㄹ
④ ㄴ, ㄷ
⑤ ㄴ, ㄹ

━━━━━━━━━━━━━━━━━━━━━━━━━━━━━━━━━━━━━

▌해설▐

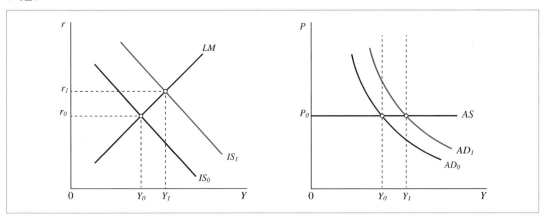

- 정부지출이 증가하면 IS곡선은 우측으로 이동한다.
- IS곡선이 우측으로 이동하면 이자율과 소득이 상승한다.
- 이자율이 상승하면 투자지출은 감소한다.
- IS곡선이 우측으로 이동하면 AD곡선도 우측으로 이동한다.
- AS곡선은 수평선이므로 AD곡선의 우측이동으로 소득은 증가하나 물가는 변동이 없다.
- 물가는 변동이 없기 때문에 명목통화량의 변화는 없다.

답 ③

어느 경제의 IS곡선이 다음과 같이 주어져 있다.

$$Y = 20 + 0.75(Y - T) + I(r) + G$$

Y, T, I, r, G는 각각 총생산, 조세, 투자, 실질이자율, 정부지출을 나타낸다. 정부가 다음과 같은 정부지출 확대와 조세 감면의 조합으로 확장적 재정정책을 실시할 때, 그에 따른 투자감소가 가장 작은 경우는? (단, LM곡선은 우상향하고 투자는 실질이자율의 감소함수이다)

	정부지출	조 세
①	4단위 증가	2단위 감소
②	3단위 증가	4단위 감소
③	2단위 증가	6단위 감소
④	1단위 증가	7단위 감소
⑤	변화 없음	9단위 감소

┃해설┃

- 한계소비성향$(c) = 0.75$

- 정부지출승수 $= \dfrac{1}{1-c} = \dfrac{1}{1-0.75} = 4$, 조세승수 $= \dfrac{-c}{1-c} = \dfrac{-0.75}{1-0.75} = -3$

- 정부지출 증가와 조세 감소의 경우에는 IS곡선이 우측으로 이동한다. 위에서 구한 승수를 이용하여 각 보기별 이동폭을 구해보면

  ① $(4 \times 4) + (2 \times 3) = 22$
  ② $(3 \times 4) + (4 \times 3) = 24$
  ③ $(2 \times 4) + (6 \times 3) = 26$
  ④ $(1 \times 4) + (7 \times 3) = 25$
  ⑤ $(0 \times 4) + (9 \times 3) = 27$

  따라서 이동폭이 가장 작은 ①번의 경우에 투자감소가 가장 작게 된다.

답 ①

중앙은행이 다음과 같은 준칙에 따라 정책금리를 설정하여 통화 정책을 운용한다.

$$i = 0.02 + \pi + 0.5(\pi - \pi^*) + 0.5\left(\frac{Y - Y^*}{Y^*}\right)$$

i, π, π^*, Y, Y^*는 각각 정책금리, 인플레이션율, 목표인플레이션율, 실제총생산, 잠재총생산을 나타내며, $\left(\dfrac{Y - Y^*}{Y^*}\right)$는 총생산갭이다. 이에 대한 설명으로 옳은 것을 모두 고르면?

가. 정부지출의 외생적 증가로 총생산이 증가하면 정책금리가 인상된다.
나. 총생산갭의 변화 없이 인플레이션율이 1% 포인트 높아지면 정책금리도 1% 포인트 높아진다.
다. 소비심리가 악화되어 총생산이 감소하면 정책금리가 인하된다.
라. π^*의 인상은 총수요를 감소시킨다.

① 가, 나   ② 가, 다
③ 나, 다   ④ 나, 라
⑤ 다, 라

∥해설∥

가. (○) 총생산이 증가하면 총생산갭이 증가하므로 정책금리도 인상된다.

나. (✕) 인플레이션이 증가하여도 변수 0.5가 있어서 같은 비율로 증가하지 않는다.

다. (○) 총생산이 감소하면 총생산갭도 감소하여 정책금리가 인하된다.

라. (✕) π^*가 인상되면 정책금리가 낮아져 이자율이 하락하고, 이자율 하락으로 투자가 증가하여 총수요가 증가한다.

답 ②

경기안정화 정책에 관한 설명으로 옳은 것은?

① 재정지출 증가로 이자율이 상승하지 않으면 구축효과는 크게 나타난다.

② 투자가 이자율에 비탄력적일수록 구축효과는 크게 나타난다.

③ 한계소비성향이 클수록 정부지출의 국민소득 증대효과는 작게 나타난다.

④ 소득이 증가할 때 수입재 수요가 크게 증가할수록 정부지출의 국민소득 증대효과는 크게 나타난다.

⑤ 소득세가 비례세보다는 정액세일 경우에 정부지출의 국민소득 증대효과는 크게 나타난다.

┃해설┃

비례세가 존재하면 승수가 작아지므로 재정지출 확대시 국민소득이 작게 증가한다.

① 재정지출이 증가하면 *IS*곡선이 오른쪽으로 이동하여 이자율이 상승한다. 이자율이 상승하면 민간투자가 감소하는 구축효과가 발생한다. 만약 이자율이 감소하지 않는다면 구축효과는 나타나지 않는다.

② 투자의 이자율탄력성이 작다면 이자율 상승에 비해, 민간투자가 크게 줄지 않기 때문에 구축효과가 작게 나타난다.

③ 한계소비성향이 클수록 정부지출승수가 커지므로, 국민소득이 크게 증가한다.

④ 정부지출 증가로 국민소득이 증가하였는데, 수입재의 지출이 증가하면 국내생산물 지출이 줄어들기 때문에 국민소득 증대효과가 작아진다.

답 ⑤

---

*IS − LM*모형에서 균형국민소득을 가장 크게 증가시키는 정책조합으로 옳은 것은? (단, *IS*곡선은 우하향, *LM*곡선은 우상향하며, 해당 곡선들의 수평거리로 측정한 이동 폭은 모두 동일하다)

① 정부지출 증가와 통화량 감소

② 조세 감소와 통화량 증가

③ 정부지출 감소와 통화량 감소

④ 조세 증가와 통화량 증가

┃해설┃

조세가 감소하면 *IS*곡선이 우측으로 이동하고, 통화량이 증가하면 *LM*곡선도 우측으로 이동하기 때문에 균형국민소득이 크게 증가한다.

① 정부지출이 증가하면 확대 재정정책으로 *IS*곡선이 우측으로 이동하지만, 통화량을 감소시키면 긴축 통화정책으로 *LM*곡선이 왼쪽으로 이동한다. 따라서 균형국민소득의 크기를 정확히 알 수가 없지만 효과는 줄어든다.

③ 정부지출이 감소하면 긴축 재정정책으로 *IS*곡선이 좌측으로 이동하고, 통화량을 감소시키면 긴축 통화정책으로 *LM*곡선이 왼쪽으로 이동한다. 따라서 균형국민소득은 줄어든다.

④ 조세가 증가하면 *IS*곡선이 좌측으로 이동하고, 통화량이 증가하면 *LM*곡선은 우측으로 이동하기 때문에 균형국민소득은 알 수가 없다.

답 ②

01 감정평가사 2019

☑ 확인 Check! ○ △ ✕

정부가 지출을 10만큼 늘렸을 때 총수요가 10보다 적게 늘어났다. 그 이유로 옳은 것은?

① 소득변화에 따른 소비증가
② 소득변화에 따른 소비감소
③ 이자율변화에 따른 투자 증가
④ 이자율변화에 따른 투자 감소
⑤ 그런 경우가 일어날 수 없다.

┃해설┃
• 확대 재정정책을 실시했을 경우, 그 실시 효과가 줄어드는 경우가 있는데 이를 구축효과라고 한다.
• 정부지출을 확대하면 IS곡선의 우측 이동으로 국민소득과 이자율이 증가한다. 이자율 상승으로 투자가 감소하면 늘어난 국민소득의 일부가 상쇄된다.

답 ④

02 보험계리사 2017

☑ 확인 Check! ○ △ ✕

$IS-LM$모형에서 완전한 구축효과(Crowding out effect)가 나타나는 경우는?

	IS곡선	LM곡선
①	수 직	우상향
②	우하향	우상향
③	우하향	수 직
④	우하향	수 평

┃해설┃
구축효과란 확대재정정책으로 실질이자율이 상승하여 민간투자와 민간소비가 감소하는 것이다. 완전한 구축효과(100% 구축효과)는 확대재정정책으로 정부지출 증가와 실질이자율 상승으로 인한 민간투자와 민간소비의 감소분이 일치해 총수요의 변화가 없는 것을 말한다.
완전한 구축효과는 LM곡선이 수직선이고 IS곡선이 우하향할 때 발생한다.

답 ③

$IS-LM$모형에서 구축효과에 대한 설명이다. (가), (나), (다)를 바르게 짝지은 것은? (단, IS곡선은 우하향하고, LM곡선은 우상향한다고 가정한다)

- 화폐수요의 소득탄력성이 (가) 구축효과가 커진다.
- 화폐수요의 이자율탄력성이 (나) 구축효과가 커진다.
- 투자의 이자율탄력성이 (다) 구축효과가 커진다.

	(가)	(나)	(다)
①	클수록	작을수록	클수록
②	클수록	작을수록	작을수록
③	작을수록	작을수록	클수록
④	작을수록	클수록	작을수록
⑤	작을수록	클수록	클수록

┃해설┃

IS곡선이 수평에 가까워질수록, LM곡선이 수직에 가까울수록 구축효과는 커진다.

가. 화폐수요의 소득탄력성이 클수록, LM곡선의 기울기가 가팔라지면서 구축효과가 커진다.

나. 화폐수요의 이자율탄력성이 작을수록, LM곡선이 수직에 가까워지면서 구축효과가 커진다.

다. 투자의 이자율탄력성이 클수록, IS곡선은 수평에 가까워져 구축효과가 커진다.

답 ①

03 | 리카도 대등정리

01 공인노무사 2018

☑ 확인Check! ○ △ ✕

리카도의 대등정리가 성립하는 경우 다음 중 옳은 것은?

① 조세징수보다 국채발행이 더 효과적인 재원조달방식이다.

② 정부가 발행한 국채는 민간의 순자산을 증가시키지 않는다.

③ 조세 감면으로 발생한 재정적자를 국채발행을 통해 보전하면 이자율이 상승한다.

④ 조세 감면으로 재정적자가 발생하면 민간의 저축이 감소한다.

⑤ 재원조달방식의 중립성이 성립되지 않아 재정정책이 통화정책보다 효과적이다.

┃해설┃

합리적인 소비자들은 국채를 자산이 아닌 부채로 인식하므로 국채 발행시 소비가 증가하지 않고 총수요에 변화가 없어 순자산도 변화하지 않는다.

① 리카도의 대등정리에 의하여 주장하는 바는 정부지출의 크기가 변화 없다면 정부의 재원조달방식의 변경은 실질변수에 아무런 영향을 미치지 못한다는 것이다.

③·④ 조세를 감면해도 소비자들은 미래의 조세 증가에 대비하여 소비를 증가시키지 않고 저축을 증가시키는 반면에, 정부는 조세 수익이 줄어서 저축이 감소한다. 총 저축이 변화가 없기 때문에 이자율에 영향을 주지 못한다.

⑤ 리카도의 대등정리에 따르면 정부지출 재원조달방식은 실질변수에 아무런 영향을 미치지 못하므로 재정정책을 실시할 때에도 영향을 미치지 못한다.

답 ②

02 보험계리사 2020

☑ 확인Check! ○ △ ✕

리카디언 등가(Ricardian Equivalence)에 관한 설명으로 옳지 않은 것은?

① 정부부채를 통해 조세 삭감의 재원을 충당하는 정책은 소비를 변화시키지 않는다.

② 정부부채는 미래의 조세와 같기 때문에 민간이 미래를 충분히 고려한다면 민간의 소득에는 변화가 없다.

③ 정부가 장래의 정부구매를 축소하기 위해 조세를 삭감했을 경우에도 민간은 소비를 증가시키지 않는다.

④ 리카도(D. Ricardo)는 정부 재정을 부채를 통해 확보하는 것이 조세를 통해 확보하는 것과 같다고 주장했다.

┃해설┃

정부가 장래의 정부구매를 축소하기 위해 조세를 삭감했을 경우에는 이후에 조세 증세 요인이 없기 때문에 민간은 소비를 증가시킨다.

답 ③

리카도 대등정리(Ricardian equivalence theorem)는 정부지출의 재원조달 방식에 나타나는 변화가 민간부문의 경제활동에 아무런 영향을 주지 못한다는 것이다. 이 정리가 성립하기 위한 가정으로 옳은 것을 모두 고른 것은?

ㄱ. 유동성 제약
ㄴ. 경제활동인구 증가율 양(+)의 값
ㄷ. 일정한 정부지출수준과 균형재정
ㄹ. '합리적 기대'에 따라 합리적으로 행동하는 경제주체

---

① ㄱ, ㄴ   ② ㄴ, ㄷ
③ ㄷ, ㄹ   ④ ㄱ, ㄷ, ㄹ
⑤ ㄴ, ㄷ, ㄹ

▌해설▐

ㄱ. (✕) 유동성 제약이 있다면 현재의 가처분소득에 의해서 현재소비가 결정되는데, 조세가 감면된다면 소득이 증가하므로 소비가 늘어날 수 있다. 리카도 대등정리에 위배된다.

ㄴ. (✕) 현재의 조세 감면이 미래에 부채로 돌아올 것이라는 예상으로 소비가 늘지 않는 것인데, 인구가 증가하면 미래에 조세 부담이 줄어든다.

ㄷ. (○) 정부지출의 크기가 일정하지 않고 증가하면 리카도의 대등정리는 성립하지 않으므로, 균형재정이 이뤄져야 한다.

ㄹ. (○) 합리적 경제주체들이 현재의 조세 감면을 미래의 조세 증가로 예상한다.

답 ③

리카디언 등가정리(Ricardian equivalence theorem)가 성립할 경우 옳은 설명을 모두 고른 것은?

> ㄱ. 현재소비는 기대되는 미래소득과 현재소득을 모두 포함한 평생소득(Lifetime income)에 의존한다.
>
> ㄴ. 소비자는 현재 차입제약 상태에 있다.
>
> ㄷ. 다른 조건이 일정할 때, 공채발행을 통한 조세 삭감은 소비에 영향을 줄 수 없다.
>
> ㄹ. 정부지출 확대정책은 어떠한 경우에도 경제에 영향을 줄 수 없다.

① ㄱ, ㄷ   ② ㄱ, ㄹ

③ ㄴ, ㄷ   ④ ㄱ, ㄷ, ㄹ

⑤ ㄴ, ㄷ, ㄹ

┃해설┃

ㄱ. (○) 리카디언 등가정리는 항상소득가설이나 생애주기가설같이 평생소득에 기초한 소비이론이다.

ㄴ. (✕) 만약 소비자가 차입제약 상태에 놓여있다면, 현재의 가처분 소득으로만 소비가 가능하기 때문에 등가정리가 성립하지 않는다.

ㄷ. (○) 만약 조세 삭감이 있다면 경제주체들은 미래 조세 증가가 일어날 것으로 예상하기 때문에 저축을 증가시킬 뿐, 소비에는 영향을 주지 않는다.

ㄹ. (✕) 리카디언 등가정리는 정부지출의 확대재정정책이 경제에 영향을 못 미친다는 것이 아니라, 확대재정정책을 실시할 때 재원조달방식을 바꾸더라도 효과가 달라지지 않는다는 것이다.

답 ①

01 공인회계사 2018   ☑ 확인Check! ○ △ ✕

다음 그림은 폐쇄경제의 $IS-LM$곡선을 나타낸다. 중앙은행은 다음 두 가지 방식 중 하나로 통화정책을 실시한다. 다음 설명 중 옳지 않은 것은?

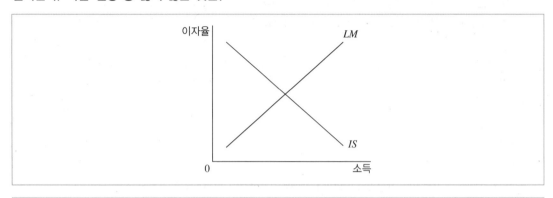

- 방식 (가) : 이자율이 현재 균형 수준에서 일정하게 유지되도록 통화량을 조절하는 방식
- 방식 (나) : 통화량을 현재 균형 수준에서 일정하게 유지하고 이자율이 변동할 수 있도록 허용하는 방식

① 방식 (가)를 실시할 경우, 화폐수요가 외생적으로 증가하면 통화량이 감소한다.
② 방식 (가)를 실시할 경우, 화폐수요가 외생적으로 증가하더라도 소득이 변화하지 않는다.
③ 방식 (가)를 실시할 경우, 재정지출이 증가하면 통화량이 증가한다.
④ 방식 (나)를 실시할 경우, 재정지출이 증가하면 소득이 증가한다.
⑤ 방식 (나)를 실시할 경우, 재정지출이 증가하면 구축효과가 나타난다.

───

▌해설▐

①·② 화폐수요가 외생적으로 증가하면 LM곡선이 왼쪽으로 이동하는데, 중앙은행이 이자율을 유지하기 위해 통화량을 풀어 LM곡선이 다시 오른쪽으로 이동한다. LM곡선이 왼쪽으로 이동했다가 다시 되돌아왔기 때문에 국민소득은 불변이다.

③ 재정지출을 실시하면 IS곡선이 오른쪽으로 이동하는데, IS곡선이 오른쪽으로 이동하면 이자율이 증가하므로 이자율을 유지하기 위해 통화량을 증가시킬 것이다.

④·⑤ 재정지출을 실시하면 IS곡선이 오른쪽으로 이동하고, 통화량의 변화가 없으니 이자율이 상승하고, 국민소득은 증가한다. 이자율이 상승하였으므로 민간투자와 소비가 감소하는 구축효과가 발생한다.

답 ①

02 공인회계사 2019

☑ 확인Check! ○ △ ✕

다음 중 중앙은행이 소득을 안정화하기 위해 확장적 통화정책을 실시해야 하는 경우만을 모두 고르면?

> 가. 인공지능 시스템 도입을 위하여 기업들이 새로운 컴퓨터를 구입하였다.
> 나. 금융불안으로 금융기관의 초과지급준비금이 크게 증가하였다.
> 다. 지정학적 리스크 확대로 투자심리가 악화되어 기업의 투자가 감소되었다.

① 가

② 나

③ 다

④ 나, 다

⑤ 가, 나, 다

┃해설┃

가. 기업의 컴퓨터 구입은 민간투자의 증가로 IS곡선이 우측으로 이동하여 국민소득이 증가한다. 이 경우는 경제가 호황일 경우로 중앙은행은 긴축정책을 실시한다.

나. 금융기관의 초과지급준비금이 크게 증가하였다는 것은 시중에 통화량이 줄어들었다는 것을 의미한다. 따라서 중앙은행이 확장적 통화정책을 실시하여 시중에 통화량의 공급을 늘려야 한다.

다. 투자심리가 악화되어 투자가 감소되면 경기가 침체된다. 따라서 중앙은행이 통화량의 공급을 늘리면 이자율이 하락하여 기업들의 투자가 증가하게 되고, 경기도 활성화시킬 수 있다.

답 ④

03 공인노무사 2016

☑ 확인Check! ○ △ ✕

통화정책의 단기적 효과를 높이는 요인으로 옳은 것을 모두 고른 것은?

> ㄱ. 화폐수요의 이자율탄력성이 높은 경우
> ㄴ. 투자의 이자율탄력성이 높은 경우
> ㄷ. 한계소비성향이 높은 경우

① ㄱ

② ㄴ

③ ㄱ, ㄴ

④ ㄴ, ㄷ

⑤ ㄱ, ㄴ, ㄷ

┃해설┃

ㄱ. (✕) 화폐수요의 이자율탄력성이 클 경우 LM곡선이 수평에 가까워지면서 통화정책의 효과는 적어진다.

ㄴ. (○) 투자의 이자율탄력성이 클 경우 IS곡선이 수평에 가까워지면서 통화정책의 효과는 커진다.

ㄷ. (○) 한계소비성향이 높다면 IS곡선의 기울기가 완만해진다.

답 ④

$IS-LM$모형을 상정하자. 통화정책을 사용하여 경기를 부양하려는 경우 그 효과가 더 큰 경제상태(㉠, ㉡)와 요인(ⓐ, ⓑ, ⓒ)을 바르게 고른 것은? (단, Y는 국민소득, r은 이자율)

㉠ IS : $Y = 500 - 2,000r$

　　LM : $Y = 400 + 4,000r$

㉡ IS : $0.5Y = 320 - 1,600r$

　　LM : $0.25Y = 100 + 100r$

ⓐ 한계저축성향이 증가

ⓑ 화폐수요의 이자율탄력성이 감소

ⓒ 투자의 이자율탄력성이 감소

---

① ㉠ - ⓐ, ⓑ

② ㉠ - ⓑ, ⓒ

③ ㉡ - ⓑ

④ ㉡ - ⓐ, ⓒ

┃해설┃

- 통화정책이 효과를 보기 위해서는 IS곡선은 완만하고, LM곡선은 기울기가 가팔라야 한다.
- 한계저축성향이 작을수록, 투자의 이자율탄력성이 클수록 IS곡선은 완만해지고, 화폐수요의 이자율탄력성이 작을수록 LM곡선의 기울기가 가팔라진다.

㉠ IS : $Y = 500 - 2,000r \Rightarrow r = -\dfrac{1}{2,000}Y + \dfrac{1}{4}$

　　LM : $Y = 400 + 4,000r \Rightarrow r = \dfrac{1}{4,000}Y - \dfrac{1}{10}$

㉡ IS : $0.5Y = 320 - 1,600r \Rightarrow r = -\dfrac{1}{3,200}Y + \dfrac{1}{20}$

　　LM : $0.25Y = 100 + 100r \Rightarrow r = \dfrac{1}{400}Y - \dfrac{1}{100}$

효과적인 통화정책이 되기 위해선 r에 관한 식에서 IS곡선은 완만하고 LM곡선은 급경사이어야 한다.

따라서 ㉠보다 ㉡에서 통화정책이 더 효과를 나타낼 것이다.

ⓐ·ⓒ 통화정책의 효율성을 높이기 위한 IS곡선을 완만하게 하는 방법은 한계저축성향을 작게, 한계소비성향을 크게, 투자의 이자율탄력성을 크게 하는 것이다.

ⓑ LM곡선을 급경사로 만드는 요인은 화폐수요의 이자율탄력성을 작게 하면 된다.

🔲 ③

통화정책에 관한 설명으로 옳지 않은 것은?

① 공개시장 매입은 본원통화를 증가시켜 이자율을 하락시킨다.

② 재할인율 인상은 재할인대출을 감소시켜 이자율을 상승시킨다.

③ 자산가격경로는 이자율이 하락할 경우 자산가격이 상승하여 부(富)의 효과로 소비가 증가하는 경로이다.

④ 신용경로는 중앙은행이 화폐공급을 축소할 경우 은행대출이 감소되어 기업투자와 가계소비가 위축되는 경로이다.

⑤ 환율경로는 이자율이 상승할 경우 자국통화가치가 하락하여 순수출이 증가하는 경로이다.

┃해설┃

환율경로는 통화량의 변화가 환율의 변화를 가져와 그에 따른 순수출의 변화가 실물부문에 영향을 미치는 경로이다. 이자율이 상승하면 원화표시 자산의 수익률이 상대적으로 높아지기 때문에, 자본이 유입되고 환율은 낮아진다(자국통화가치 상승). 그 결과 수출은 감소하고, 수입이 증가하게 된다.

① 공개시장 매입은 중앙은행이 국채 등을 매입하고 돈을 주는 것이므로, 본원통화가 증가하여 이자율을 하락시킨다.

③ 통화정책의 변화가 산출량과 고용 등 실물부분에 영향을 미치는 경로를 금융정책의 파급경로 라고 하며, 이러한 금융정책의 파급경로로 크게 금리경로, 자산가격경로, 환율경로, 신용경로가 있다. 자산가격 경로는 통화량의 변화가 주식, 부동산 등 민간이 보유한 자산가격에 영향을 주어 실물부문에 영향을 미치는 경로로써 옳은 지문이다.

④ 신용경로 중 은행대출경로는 통화량의 변화로 인한 은행의 대출여력의 변화가 기업이나 가계의 대출에 영향을 주어 실물부문에 영향을 미치는 경로로써 옳은 지문이다.

 ⑤

PART 2

거시경제학

01 | 총수요곡선(AD곡선)

정 의	각각의 물가수준에서 총수요의 크기를 나타내는 곡선
도 출	$IS-LM$모형에서 균형국민소득이 총수요를 뜻하므로, AD곡선은 $IS-LM$모형으로부터 도출
우하향의 원인 (P와 Y는 반비례)	• 경상수지 효과 : 물가 하락 → 수출재화 가격 하락 → 순수출 증가 → Y증가 • 이자율 효과 : 물가 하락 → r하락 → I, C상승 → Y증가 • 부 효과(피구효과) : 물가 하락 → 실질 부 증가 → C증가 → Y증가
기울기	• IS곡선의 기울기에 비례 • LM곡선의 기울기에 반비례 • 이자율효과, 부의 효과, 경상수지효과 클수록 AD곡선 완만
이동요인	• C, I, G, X, M^S 증가 • T, M, M^D 감소 $\Big] \to AD$곡선 오른쪽 이동

02 | 기대의 종류

종 류	내 용
완전기대	• $P_t^e = P_t$ • 기대치와 예측치는 항상 일치 • 예측오차, 체계적 오차 없음 • 완전정보 가정 • 수직의 AS곡선 • 고전학파의 주장
정태적 기대	• $P_t^e = P_{t-1}$ • 현재의 경제상태가 미래에도 유지될 것이라는 고정된 예상 • 예측오차, 체계적 오차 발생 • 화폐환상 존재 • 수평 혹은 우상향의 AS곡선

적응적 기대	• $P_t^e = P_{t-1}^e + \alpha\left(P_{t-1} - P_{t-1}^e\right) \ (0 < \alpha < 1)$ • 예측오차를 부분적으로 수정하여 다음기의 물가예상에 반영 • 체계적 오차 발생 • 단기$(P \neq P^e)$: 우상향의 AS곡선 → 정부정책 효과적 • 장기$(P = P^e)$: 수직의 AS곡선 → 정부정책 효과 × • 케인즈학파, 통화주의학파
합리적 기대	• $P_t^e = E[P_t|I_t] \ (I_t$: t기까지 이용가능한 모든 정보$)$ • 이용가능한 모든 정보를 사용하여 미래를 합리적으로 예상 • 합리적 기대 하에서는 체계적 오차 발생 × • 정부의 정책발표(정부신뢰) : 수직의 AS곡선 • 정부의 정책발표(정부신뢰×) : 우상향의 AS곡선 • 새고전학파, 새케인즈학파의 주장

03 | 총공급곡선(AS곡선)

구 분	내 용
정 의	각각의 물가수준에서 경제전체의 재화 공급량을 나타내는 곡선
형 태	• 일반적으로 우상향 • 물가 예상이 정확하다면 수직 • 가격체계가 신축적이라면 수직 • 장기에는 총생산량이 변하지 않으므로 수직
이동요인	• 기술진보 • 인구 증가 • 자본량 증가 • 생산성 향상 → AS곡선 오른쪽 이동

04 | 재정정책

구 분	재정정책	통화정책
특 징	• 정부지출이 증가하면 $IS - LM$모형에서 IS곡선이 우측으로 이동하여 국민소득 증가 • 물가, 이자율 상승 → 구축효과 발생 • 장기에는 재정정책 효과 모두 구축 • 결국 자연산출량 수준으로 복귀	• 통화량이 증가하면 LM곡선이 우측 이동하여 이자율이 하락하고, 국민소득 증가 • 국민소득이 증가하면 이자율 상승 • 물가 상승, 이자율 불변 • 장기에는 통화량이 증가하더라도 실질변수에 전혀 영향을 못 미치는 화폐중립성이 성립 • 결국 자연산출량 수준으로 복귀

01 공인노무사 2019
☑ 확인Check! ○ △ ✕

다음 중 총수요곡선이 우하향하는 이유로 옳은 것을 모두 고른 것은?

> ㄱ. 자산효과 : 물가수준이 하락하면 자산의 실질가치가 상승하여 소비지출이 증가한다.
> ㄴ. 이자율효과 : 물가수준이 하락하면 이자율이 하락하여 투자지출이 증가한다.
> ㄷ. 환율효과 : 물가수준이 하락하면 자국 화폐의 상대가치가 하락하여 순수출이 증가한다.

① ㄱ   ② ㄴ
③ ㄱ, ㄴ   ④ ㄴ, ㄷ
⑤ ㄱ, ㄴ, ㄷ

❙해설❙

ㄱ·ㄴ. 물가가 하락하면 실질통화량$\left(\dfrac{M}{P}\right)$이 증가하므로, 이자율이 하락한다. 이자율이 하락하므로, 민간소비와 투자지출이 증가한다. 물가하락시 민간소비, 투자가 증가하면 소비지출이 증가한다. 따라서 총수요곡선은 물가가 하락할 때 수요가 증가하는 우하향 형태가 된다.

ㄷ. 물가하락으로 인한 순수출 증가로 총수요의 증가를 확인할 수 있다. 따라서 총수요곡선은 물가하락으로 총수요가 증가하는 우하향 형태가 된다.

답 ⑤

02 감정평가사 2019
☑ 확인Check! ○ △ ✕

총수요 증가 요인으로 옳은 것을 모두 고른 것은?

> ㄱ. 정부지출 감소
> ㄴ. 국내 이자율 하락
> ㄷ. 무역 상대국의 소득 증가
> ㄹ. 국내 소득세 인상

① ㄱ, ㄴ   ② ㄱ, ㄷ
③ ㄴ, ㄷ   ④ ㄴ, ㄹ
⑤ ㄷ, ㄹ

ㄱ. (×) 정부지출 감소는 총수요 감소 요인이다.

ㄴ. (○) 국내 이자율이 하락하면 국내의 소비·투자가 증가하여 총수요가 증가한다.

ㄷ. (○) 무역 상대국의 소득이 증가하면 국내 수출품의 소비가 증가하고 국제수지가 개선되어 총수요가 증가하는 요인이 된다.

ㄹ. (×) 국내 소득세가 인상되면 가계의 가처분 소득이 감소하여 소비지출이 감소한다. 소비지출의 감소는 총수요 감소 요인이다.

답 ③

03 보험계리사 2019

☑ 확인Check! ○ △ ×

총수요곡선(AD)−총공급곡선(AS)모형에 관한 설명으로 옳은 것을 모두 고르면?

> 가. 총공급곡선은 단기에서는 수직이며 장기에서는 수평이다.
> 나. 물가가 상승하면 실질통화량이 감소하여 총수요량이 감소한다.
> 다. 총수요곡선은 개별 재화시장의 수요곡선을 수평으로 합한 것이다.

① 가

② 나

③ 가, 다

④ 나, 다

해설

가. (×) 장기에서는 가격변수가 신축적이고, 경제주체들이 물가상승을 완벽하게 예측하고 있음을 가정하므로 총공급곡선이 수직선이다. 단기에는 우상향하는 형태가 된다.

나. (○) 물가가 상승하면 실질통화량$\left(\dfrac{명목통화량}{물가수준}\right)$이 감소한다. 실질통화량이 감소하면 LM곡선이 좌측으로 이동하여, 총수요곡선도 좌측으로 이동한다.

다. (×) 총수요곡선은 $IS-LM$곡선으로부터 도출된다.

답 ②

☑ 확인 Check! ○ △ ✕

총수요곡선이 오른쪽으로 이동하는 이유로 옳은 것을 모두 고른 것은?

> ㄱ. 자율주행 자동차 개발지원 정책으로 투자지출이 증가한다.
> ㄴ. 환율이 하락하여 국내 제품의 순수출이 감소한다.
> ㄷ. 주식가격이 상승하여 실질자산가치와 소비지출이 증가한다.
> ㄹ. 물가가 하락하여 실질통화량이 늘어나 투자지출이 증가한다.

① ㄱ, ㄴ   ② ㄱ, ㄷ

③ ㄴ, ㄷ   ④ ㄴ, ㄹ

⑤ ㄷ, ㄹ

┃해설┃

ㄱ. (○) 투자가 증가하면 IS곡선 우측 이동으로 총수요곡선이 우측으로 이동한다.

ㄴ. (✕) 순수출이 감소하면 IS곡선 좌측 이동으로 총수요곡선이 좌측으로 이동한다.

ㄷ. (○) 소비지출이 증가하면 IS곡선 우측 이동으로 총수요곡선이 우측으로 이동한다.

ㄹ. (✕) 물가하락은 LM곡선을 이동시킨다. 하지만 총수요곡선 상의 점이 이동한다.

답 ②

☑ 확인 Check! ○ △ ✕

장기총공급곡선을 오른쪽으로 이동시키는 요인이 아닌 것은?

① 이민자의 증가로 노동인구 증가

② 물적 및 인적 자본의 증대

③ 기술진보로 인한 생산성 증대

④ 새로운 광물자원의 발견

⑤ 자연실업률의 상승

┃해설┃

장기는 가격변수가 신축적이므로 장기총공급곡선은 노동, 자본, 생산기술 등 실물적 요인에 의해 움직인다. 따라서 실물적 요인이 아닌 자연실업률의 상승은 장기총공급곡선의 이동 요인이 아니다.

답 ⑤

다음 중 총수요곡선을 우측으로 이동시키는 요인으로 옳은 것을 모두 고른 것은?

> ㄱ. 주택담보대출의 이자율 인하
> ㄴ. 종합소득세율 인상
> ㄷ. 기업에 대한 투자세액공제 확대
> ㄹ. 물가수준 하락으로 가계의 실질자산가치 증대
> ㅁ. 해외경기 호조로 순수출 증대

① ㄱ, ㄴ, ㄹ   ② ㄱ, ㄷ, ㅁ

③ ㄱ, ㄹ, ㅁ   ④ ㄴ, ㄷ, ㄹ

⑤ ㄴ, ㄷ, ㅁ

⎮**해설**⎮

IS곡선 혹은 LM곡선이 우측으로 이동하면 총수요곡선(AD곡선)도 우측으로 이동한다.

• IS곡선 우측 이동요인 : 소비 증가, 투자 증가, 정부지출 증가, 조세 감소, 수출 증가
• IS곡선 좌측 이동요인 : 소비 감소, 투자 감소, 정부지출 감소, 조세 증가, 수입 증가
• LM곡선 우측 이동요인 : 통화공급 증가, 통화수요 감소
• LM곡선 좌측 이동요인 : 통화공급 감소, 통화수요 증가

ㄱ. 주택담보대출의 이자율 인하 → 소비 증가 → IS곡선 우측 이동
ㄴ. 종합소득세율 인상 → 조세 증가 → 소비 감소 → IS곡선 좌측 이동
ㄷ. 기업에 대한 투자세액공제 확대 → 투자 증가 → IS곡선 우측 이동
ㄹ. 물가의 변화는 LM곡선의 이동요인이나 AD곡선의 이동요인은 아니다(AD곡선 상에서의 이동요인임).
ㅁ. 해외경기 호조로 순수출 증대 → IS곡선 우측 이동

답 ②

07 보험계리사 2016

총수요(AD)와 총공급(AS)모형에 관한 설명으로 옳지 않은 것은?

① 단기AS곡선은 우상향하고, 장기AS곡선은 수직이다.

② 통화량의 증가는 AD곡선을 오른쪽으로 이동시킨다.

③ 정부지출의 증가는 단기AS곡선을 오른쪽으로 이동시킨다.

④ 장기적으로 화폐의 중립성이 성립하고, 완전한 구축효과가 발생한다.

┃ 해설 ┃

정부지출이 증가하면 IS곡선이 오른쪽으로 이동한다. IS곡선이 오른쪽으로 이동하면, AD곡선이 오른쪽으로 이동한다.

① 일반적으로 단기에는 물가와 명목임금 등의 가격변수가 신축적이지 않으며, 정보도 불완전하므로 단기총공급곡선은 우상향한다. 그러나 장기에는 완전고용산출량 수준에서 수직선의 모습을 나타낸다.

② 통화량이 증가하면 LM곡선이 오른쪽으로 이동한다. LM곡선이 오른쪽으로 이동하면 AD곡선이 오른쪽으로 이동한다.

④ 장기에는 통화량이 증가하더라도 실질변수는 전혀 변하지 않는 화폐의 중립성이 성립하고, 정부지출의 증가에 따라 총수요가 증가하지만 물가와 이자율 상승에 따른 소비와 민간투자의 감소로 전부 구축된다.

답 ③

08 보험계리사 2020

A국 경제는 총수요-총공급모형에서 현재 장기 균형상태에 있다. 부정적 충격과 관련한 설명으로 옳은 것은?

① 부정적 단기공급 충격시 정부의 개입이 없을 경우 장기적으로 물가는 상승한다.

② 부정적 단기공급 충격시 확장적 재정정책으로 단기에 충격 이전 수준과 동일한 물가와 생산으로 돌아갈 수 있다.

③ 부정적 수요 충격시 정부의 개입이 없을 경우 장기적으로 충격 이전 수준과 동일한 물가로 돌아간다.

④ 부정적 수요 충격시 확장적 통화정책으로 단기에 충격 이전 수준과 동일한 물가와 생산으로 돌아갈 수 있다.

┃ 해설 ┃

부정적 수요 충격으로 단기공급곡선이 좌측으로 이동한 상태에서 확장적 통화정책을 시행함으로 인해 단기공급곡선이 우측으로 이동하게 되어 충격 이전과 동일한 물가와 생산으로 돌아간다.

① 부정적 단기공급 충격이 발생하면 단기공급곡선이 좌측으로 이동하여 물가 상승과 생산량 감소가 발생한다. 이러한 상황에서 정부의 개입이 없으면 실업률 증가로 임금 및 생산 비용이 하락하여 단기공급곡선이 점점 우측으로 이동하여 결국 장기에는 장기 균형상태로 돌아온다.

② 부정적 단기공급 충격시 확장적 재정정책을 시행하면 생산량은 단기 충격 이전과 동일하나 물가는 상승한다.

③ 부정적 수요 충격이 발생하면 단기수요곡선이 좌측으로 이동하여 물가와 생산량 모두 하락한다. 이러한 상황에서 정부의 개입이 없으면 실업률 증가로 임금 및 생산 비용이 하락하여 단기공급곡선이 점점 우측으로 이동하여 장기에는 생산량은 충격 이전과 동일하나 물가는 여전히 충격 이전보다 낮은 상태이다.

답 ④

09 공인회계사 2023

☑ 확인Check! ○ △ ✕

전염병과 국제분쟁 등으로 인해 갑국의 경제는 불확실성이 커지게 되었다. 갑국의 은행들은 이에 대응하여 가산금리를 올려 대출금리를 인상하였다. 투자가 대출금리에 의존할 때, (Y, r)평면에서의 IS곡선과 (Y, P)평면에서의 총수요곡선의 변화에 대한 설명으로 옳은 것은? (단, Y, C, I, G, T, R, r, $spread$, M^d, P는 각각 총생산, 소비, 투자, 정부지출, 조세, 대출금리, 실질이자율, 가산금리, 화폐수요, 물가이다)

- $Y = C + I + G$
- $C = 1{,}000 + 0.6(Y - T)$
- $I = 2{,}500 - 200R$
- $R = r + spread$
- $G = T = 100$
- $\dfrac{M^d}{P} = Y - 900r$

① IS곡선은 더 가팔라지고, 총수요곡선은 더 완만해진다.

② IS곡선은 더 완만해지고, 총수요곡선은 더 가팔라진다.

③ IS곡선과 총수요곡선 모두 더 완만해진다.

④ IS곡선과 총수요곡선 모두 더 가팔라진다.

⑤ IS곡선과 총수요곡선 모두 좌측으로 이동한다.

‖ 해설 ‖

(1) 가산금리가 없는 경우

$Y = 1{,}000 + 0.6Y - 60 + 2{,}500 - 200r + 100$이므로, IS곡선은 $r = -0.002Y + 17.7$로 나타내진다.

(2) 가산금리가 있는 경우

$Y = 1{,}000 + 0.6Y - 60 + 2{,}500 - 200(r+1) + 100$이므로 IS곡선은 $r = -0.002Y + 16.7$로 나타내진다.

따라서 IS곡선은 좌측으로 이동하며 기울기에는 변화가 없다. 총수요곡선 역시 좌측으로 이동하게 된다.

답 ⑤

01 감정평가사 2016

☑ 확인Check! ○ △ ✕

어떤 경제의 총수요곡선과 총공급곡선이 각각 $P = -Y^D + 2$, $P = P^e + (Y^S - 1)$ 이다. P^e 가 1.5일 때, 다음 설명 중 옳은 것을 모두 고른 것은? (단, P는 물가수준, Y^D는 총수요, Y^S는 총공급, P^e는 기대물가수준이다)

ㄱ. 이 경제의 균형은 $P = 1.25$, $Y = 0.75$ 이다.
ㄴ. 이 경제는 장기 균형상태이다.
ㄷ. 합리적 기대 가설 하에서는 기대물가수준 P^e 는 1.25이다.

---

① ㄱ
② ㄴ
③ ㄱ, ㄷ
④ ㄴ, ㄷ
⑤ ㄱ, ㄴ, ㄷ

┃해설┃

ㄱ. (○) 시장이 균형을 이루기 위해서는 수요곡선과 공급곡선이 일치하는 점에서 균형이 이루어지므로 $P^e = 1.5$를 대입한 후, 수요곡선과 공급곡선을 연립해본다.

$Y^D + 2 = 1.5 + (Y^S - 1)$ → $Y = 0.75$, $P = 1.25$

ㄴ. (✕) 장기에는 물가예상이 정확해지므로 총공급곡선식의 P와 P^e를 같다고 보고 대입하면 잠재 장기 예상 국민소득은(Y) = 1 이다. 그런데 현재의 균형국민소득은 0.75이므로 현재의 균형국민소득은 장기 예상 국민소득에 미달하는 상태이다.

ㄷ. (✕) 합리적 기대 가설인 경우 주로 예측오차가 없지만, 어느 정도로 정보가 주어지는지에 따라 예측이 달라질 수도 있다. 문제에서 정보의 완전성에 대한 내용이 주어지지 않았으므로 알 수가 없다.

답 ①

경제주체의 기대형성에 관한 설명으로 옳은 것은?

① 합리적 기대이론에서는 과거의 정보만을 이용하여 미래에 대한 기대를 형성한다.

② 적응적 기대이론에서는 예측된 값과 미래의 실제 실현된 값이 같아진다고 주장한다.

③ 새고전학파(New Classical School)는 적응적 기대를 토대로 정책무력성 정리(Policy ineffectiveness proposition)를 주장했다.

④ 경제주체가 이용가능한 모든 정보를 이용하여 미래에 대한 기대를 형성하는 것을 합리적 기대이론이라고 한다.

⑤ 케인즈(J.M. Keynes)는 합리적 기대이론을 제시하였다.

▌해설▌

합리적 기대이론을 사용하더라도 예측오류는 거의 존재하지 않으며, 체계적 오류는 발생하지 않는다.

① 합리적 기대이론에서는 이용가능한 모든 정보를 이용하여 미래 경제변수를 예측한다.

② 적응적 기대이론은 과거의 자료들을 토대로 예상되는 오차를 부분적으로 수정해 나가는 이론으로서 단기적으로 경제상황을 정확히 예측하지 못하나, 장기적으로는 정확한 예측이 가능하다.

③ 새고전학파는 합리적 기대를 사용하였고 리카도의 등가정리 이론을 토대로 예상된 정책은 단기적으로도 효과가 없으며, 예상치 못한 정책도 장기적으로는 효과가 없다는 정책무력성을 주장하였다.

⑤ 케인즈는 적응적 기대이론을 제시하여 단기적으로는 경기변동을 잘 설명할 수 있었으나, 장기적인 경기변동을 예측하는 데에는 한계가 있었다.

🅐 ④

01 공인노무사 2019

☑ 확인 Check! ○ △ ✕

총공급곡선에 관한 설명으로 옳지 않은 것은?

① 유가 상승시 단기총공급곡선은 좌측으로 이동한다.

② 인적자본이 증가하여도 장기총공급곡선은 이동하지 않는다.

③ 생산성이 증가하면 단기총공급곡선은 우측으로 이동한다.

④ 모든 가격이 신축적이면 물가가 하락하여도 장기에는 총산출량이 불변이다.

⑤ 고용주가 부담하는 의료보험료가 상승하면 단기총공급곡선은 좌측으로 이동한다.

❙ 해설 ❙

장기총공급곡선은 자연산출량 수준에서 수직선 형태를 보이지만, 기술발전, 노동력이나 자본 같은 실물적인 요인이 증가하면 우측으로 이동한다.

① 유가가 상승하면 생산요소가격의 상승으로, 기업의 생산비가 상승한다. 기업의 생산비가 상승하면, 단기총공급곡선은 좌측으로 이동한다.

③ 생산성이 향상되면 재화생산에 필요한 생산요소의 양이 줄어들어, 기업의 생산비가 하락한다. 기업의 생산비가 하락하면, 단기총공급곡선은 우측으로 이동한다.

④ 장기는 모든 가격변수가 신축적일 정도로 충분히 긴 시간이다. 장기에는 가격변수가 신축적이므로 물가가 상승하거나 하락하더라도 총생산량은 변하지 않으므로, 장기총공급곡선은 자연산출량 수준에서 수직선이다.

⑤ 고용주가 부담하는 의료보험료의 상승도 결국은 생산요소의 가격상승으로, 생산비의 증가를 가져온다.

답 ②

총수요와 총공급이 다음과 같은 경제의 현재 균형점은 A이다. 이 경제에서 기대 물가가 일시적으로 상승할 경우 단기 및 장기균형점으로 옳은 것은?

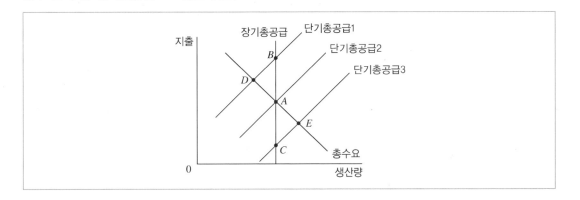

- 총수요 : $P = a - bY$
- 총공급 : $P = P^e + d(Y - Y^n)$

(단, P, Y, P^e, Y^n는 물가, 생산량, 기대 물가, 자연생산량을 나타내며, a, b, d는 양$(+)$의 상수이다)

	단기균형점	장기균형점
①	E	C
②	E	A
③	D	B
④	D	A
⑤	B	A

┃해설┃
- 기대 물가가 일시적으로 상승한다면 노동자들이 임금인상을 요구할 것이고, 기업은 고용량을 줄일 것이다.
- 고용량이 줄면 단기총공급곡선은 왼쪽으로 이동하므로, 단기균형점은 D가 된다.
- D점은 잠재GDP에 미달하므로 실업이 발생할 것이고, 실업이 발생하면 임금이 하락하여 단기공급곡선이 다시 오른쪽으로 이동한다.
- 결국 장기균형점은 A가 된다.

답 ④

PART 2

거시경제학

03 보험계리사 2018

☑ 확인Check! ○ △ ✕

폐쇄경제에서 총수요 총공급모형과 관련된 설명으로 옳지 않은 것은?

① 총수요곡선은 재화시장과 화폐시장으로부터 도출된다.

② 총공급곡선은 노동시장과 생산함수로부터 도출된다.

③ 정부지출 또는 통화량의 변동은 총수요곡선을 이동시킨다.

④ 장기총공급곡선은 우상향하고 단기총공급곡선은 수직이다.

┃해설┃

단기총공급곡선은 우상향하나 장기총공급곡선은 수직선의 형태이다.

① 총수요곡선은 $IS-LM$모형에서 도출되므로 재화시장과 화폐시장이 모두 고려된다.

② 총공급의 크기는 노동과 같은 생산요소의 부존량과 생산함수에 의해 결정된다.

③ 총수요곡선은 $IS-LM$모형에서 도출되므로, IS곡선의 이동요인인 정부지출과 LM곡선의 이동요인인 통화량이 변동하면 총수요곡선도 이동한다.

답 ④

04 감정평가사 2018

☑ 확인Check! ○ △ ✕

총수요-총공급모형에서 일시적인 음(−)의 총공급 충격이 발생한 경우를 분석한 설명으로 옳지 않은 것은?
(단, 총수요곡선은 우하향, 총공급곡선은 우상향한다)

① 확장적 통화정책은 국민소득을 감소시킨다.

② 스태그플레이션을 발생시킨다.

③ 단기총공급곡선을 왼쪽으로 이동시킨다.

④ 통화정책으로 물가 하락과 국민소득 증가를 동시에 달성할 수 없다.

⑤ 재정정책으로 물가 하락과 국민소득 증가를 동시에 달성할 수 없다.

┃해설┃

확장적 통화정책을 실시하면 국민소득이 증가하지만 물가가 상승한다.

②·③ 음(−)의 공급 충격이 발생하면, 단기총공급곡선이 왼쪽으로 이동하여서, 물가와 실업률이 증가하는 스태그플레이션이 발생한다.

④·⑤ 통화정책이나 재정정책을 확대하면 국민소득은 증가하나, 물가가 크게 상승하여 인플레이션의 안정과 경제활성을 동시에 달성할 수가 없다.

답 ①

총수요-총공급모형의 단기 균형분석에 관한 설명으로 옳은 것은? (단, 총수요곡선은 우하향하고, 총공급곡선은 우상향한다)

① 물가수준이 하락하면 총수요곡선이 오른쪽으로 이동하여 총생산은 증가된다.

② 단기적인 경기변동이 총수요충격으로 발생되면 물가수준은 경기역행적(Counter-cyclical)으로 변동한다.

③ 정부지출이 증가하면 총공급곡선이 오른쪽으로 이동하여 총생산은 증가한다.

④ 에너지가격의 상승과 같은 음(-)의 공급충격은 총공급곡선을 오른쪽으로 이동시켜 총생산은 감소된다.

⑤ 중앙은행이 민간 보유 국채를 대량 매입하면 총수요곡선이 오른쪽으로 이동하여 총생산은 증가한다.

┃해설┃

중앙은행이 민간 국채를 대량 매입하면 통화량이 증가하게 되고 통화량의 증가는 LM곡선의 우측 이동요인이다. LM곡선이 우측으로 이동하면 총수요곡선도 우측으로 이동하게 된다. 총수요곡선이 우측으로 이동하면 총생산이 증가한다.

① 물가수준의 변동은 LM곡선의 이동요인이지만, 총수요곡선 자체의 이동요인은 아니다.

② 단기적으로 경기가 호황기에 있어서 총수요곡선이 오른쪽으로 이동했을 때, 물가수준은 상승하고 국민소득도 증가한다. 즉 경기순응적으로 움직인다.

③ 정부지출이 증가하면 IS곡선이 우측으로 이동하므로 총수요곡선을 우측으로 이동시키는 요인이다. 총수요곡선이 우측으로 이동하면 국민소득과 물가가 상승한다.

④ 생산요소가격의 상승 같은 음(-)의 공급충격은 단기총공급곡선을 왼쪽으로 이동시켜 물가는 상승하고, 총생산은 감소시킨다.

답 ⑤

어떤 경제가 장기균형상태(a)에 있다. 중앙은행이 통화량을 감축하는 정책을 시행할 때, $IS-LM$과 총수요 (AD)-총공급(AS) 곡선의 이동으로 인한 균형점의 변화를 나타낸 것으로 옳은 것은? (단, r은 이자율, Y는 총생산량, $\overline{Y}$는 장기균형 총생산량, P는 물가, $LRAS$는 장기총공급곡선, $SRAS$는 단기총공급곡선을 나타낸다)

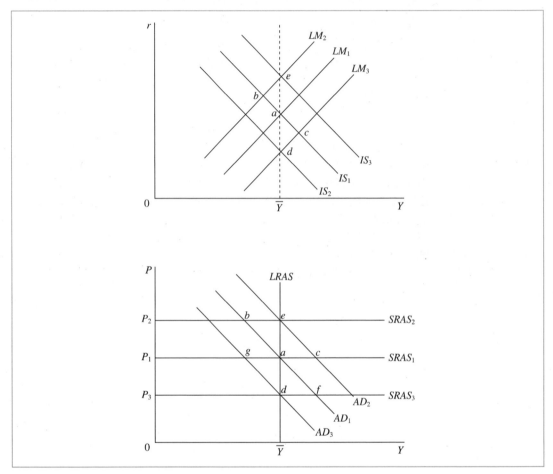

	$IS-LM$	$AD-AS$
①	$a-b-a$	$a-b-e$
②	$a-b-e$	$a-b-e$
③	$a-b-e$	$a-c-e$
④	$a-b-a$	$a-g-d$
⑤	$a-c-a$	$a-b-e$

❚ 해설 ❚

- 중앙은행이 통화량을 감축하는 긴축정책을 시행하면 LM곡선이 왼쪽으로 이동하여, $IS-LM$곡선에서는 균형점이 a에서 b로 이동한다.
- LM곡선이 왼쪽으로 이동하면, AD곡선도 왼쪽으로 이동하여 $AD-AS$곡선에서는 균형점이 a에서 g로 이동한다.
- g점에서는 국민소득이 잠재GDP에 미달하여, 실업이 발생한다.
- 실업이 발생하여 임금이 하락하면, 생산요소 가격의 하락으로 인한 단기총공급곡선이 하방으로 이동한다. 따라서 $AD-AS$곡선에서는 d점에서 장기균형이 이루어진다.
- 단기총공급곡선의 하방이동으로 인해 물가가 하락하면 통화량이 증가하여 LM곡선이 오른쪽으로 이동하고, $IS-LM$곡선에서 장기균형은 다시 a에서 이루어진다.

답 ④

---

07 공인회계사 **2016** ☑ 확인 Check! ○ △ ✕

다음은 단기총공급곡선이 우상향하는 이유에 대한 여러 이론들에서 나오는 주장이다. (가), (나), (다)를 바르게 짝지은 것은?

- 임금이 (가)이면, 단기총공급곡선이 우상향한다.
- 가격이 (나)이면, 단기총공급곡선이 우상향한다.
- 정보가 (다)하면, 단기총공급곡선이 우상향한다.

	(가)	(나)	(다)
①	신축적	신축적	불완전
②	신축적	신축적	완 전
③	경직적	신축적	불완전
④	경직적	경직적	완 전
⑤	경직적	경직적	불완전

❚ 해설 ❚

가. 명목임금이 경직적인 상황에서 물가가 상승하면 실질임금이 하락하게 되고, 실질임금이 하락하면 기업이 고용량을 늘리게 되므로 생산량이 증가한다. 물가상승시 경제전체 생산량이 증가하므로 총공급곡선은 우상향의 형태가 된다.

나. 물가수준이 상승할 경우, 일부 기업들이 총수요를 증가시키기 위해 가격조정을 신축적으로 하지 않는다. 가격조정을 하지 않는 기업들은 생산량을 증가시킨다. 물가가 상승할 때, 경제전체의 생산량이 증가하면 총공급곡선은 우상향의 형태로 도출된다.

다. 불완전정보모형으로 인해 총공급곡선은 우상향의 형태를 나타낸다. 물가상승이 일어났을 때, 자신이 생산하는 재화가격의 상승으로 착각하여 생산량을 늘리게 된다.

답 ⑤

단기총공급곡선에 관한 설명으로 옳은 것은?

① 케인즈(J.M. Keynes)에 따르면 명목임금이 고정되어 있는 단기에서 물가가 상승하면 고용량이 증가하여 생산량이 증가한다.

② 가격경직성 모형(Sticky-price model)에서 물가수준이 기대 물가수준보다 낮다면 생산량은 자연산출량 수준보다 높다.

③ 가격경직성 모형은 기업들이 가격수용자라고 전제한다.

④ 불완전정보 모형(Imperfect information model)은 가격에 대한 불완전한 정보로 인하여 시장은 불균형을 이룬다고 가정한다.

⑤ 불완전정보 모형에서 기대 물가수준이 상승하면 단기총공급곡선은 오른쪽으로 이동된다.

∥해설∥

명목임금이 경직적인 상황에서 물가가 상승하게 된다면 실질임금이 하락하게 되고, 실질임금이 하락하면 기업이 고용량을 늘려 생산량이 증가하게 된다.

② 가격경직성 모형은 $Y = Y_N + a(P - P^e)$ $(Y_N$: 자연산출량, P : 실제물가, P^e : 기대물가)이다. 따라서 실제물가가 기대물가보다 낮다면 현재생산량은 자연산출량에 미달하게 된다.

③ 시장상황에 맞추어 가격을 조정하는 기업도 있지만, 가격조정이 어려워 합리적으로 가격을 예상해 조정하지 않는 기업도 있을 수 있다. 따라서 가격수용자가 아니라 가격설정자로 볼 수 있다.

④ 새고전학파의 불완전정보 모형에서는 가격이 신축적으로 변하기 때문에 시장청산이 이루어진다. 따라서 시장은 균형상태이다.

⑤ 단기에는 정보의 불완전성으로 인해 우상향 형태가 되는데, 기대물가수준이 상승하면 단기총공급곡선은 좌측으로 이동한다.

답 ①

일시적으로 국제원유가격이 하락하였다고 하자. 이것이 장기균형 상태에 있던 원유수입국에 미치는 영향을 총수요-총공급 모형을 이용하여 설명한 것 중 옳은 것은? (단, 총수요곡선은 우하향하고, 단기총공급곡선은 우상향하며, 장기총공급곡선은 수직이라고 가정)

① 단기적으로 물가가 상승하고 국민소득은 불변이다.

② 장기적으로 물가는 원유가격 하락 충격 이전 수준으로 돌아가고 국민소득은 감소한다.

③ 단기적으로 물가는 하락하고 국민소득은 불변이다.

④ 장·단기 모두 물가는 상승하고 국민소득은 감소한다.

⑤ 장기적으로 물가와 국민소득 모두 원유가격 하락 충격 이전 수준으로 돌아간다.

장기적으로 물가와 국민소득 모두 원유가격 하락 충격 이전 수준으로 돌아간다.

① 원유가격이 하락하였으므로, 단기적으로 물가는 하락하고 국민소득은 증가한다.

②·④ 단기적으로는 물가가 하락하고 국민소득이 증가하여 장기총공급곡선이 오른쪽으로 이동하나, 장기적으로는 장기총급곡선이 다시 왼쪽으로 이동하여, 물가는 이전 수준으로 돌아가고 국민소득도 이전 수준으로 돌아간다.

③ 단기적으로 물가가 하락하므로 수요가 늘어나 국민소득이 증가한다.

답 ⑤

10 감정평가사 2023

☑ 확인 Check! ○ △ ✕

A국 경제의 총수요곡선과 총공급곡선이 각각 $Y_d = -P + 8$, $Y_s = (P - P_e) + 4$이다. 기대물가(P_e)가 2에서 4로 증가할 때, (ㄱ)균형소득수준의 변화와 (ㄴ)균형물가수준의 변화는? (단, Y_d는 총수요, Y_s는 총공급, P는 물가, P_e는 기대물가이다)

	ㄱ	ㄴ
①	2	2
②	− 2	2
③	− 1	0
④	− 1	1
⑤	0	0

- $P_e = 2$일 때

  $-P + 8 = P - 2 + 4$, $P = 3$, $Y = 5$

- $P_e = 4$일 때

  $-P + 8 = P - 4 + 4$, $P = 4$, $Y = 4$

따라서 (ㄱ)균형소득수준의 변화 : -1, (ㄴ)균형물가수준의 변화 : $+1$

답 ④

단기적으로 총공급곡선은 우상향하는 것으로 알려져 있다. 이에 대한 근거로 제시될 수 있는 사례를 모두 고르면?

가. 생산성증가율은 0%이고 물가상승률이 6%이었을 때, 명목임금 상승률은 3%였다.

나. 가격 인상 요인이 발생하더라도 기업의 가격조정은 천천히 이루어지는 경향이 있다.

다. 개별 기업은 정보 부족으로 인하여 전반적인 물가수준의 상승을 자사 제품의 상대가격 상승으로 착각하는 경향이 있다.

라. 정부가 규제를 완화하여 해외 노동자들의 유입이 증가하였다.

---

① 가, 나
② 가, 라
③ 다, 라
④ 가, 나, 다
⑤ 나, 다, 라

┃해설┃

가. (○) 명목임금 상승률이 물가상승률에 미치지 못한다면 단기총공급곡선은 우상향한다.

나. (○) 메뉴비용이론에 따르면 기업의 가격조정은 가격 인상 요인이 발생하더라도 곧바로 이루어지지 않으며 이에 따라 단기총공급곡선은 우상향한다.

다. (○) 불완전정보모형에 따르면 전반적인 물가수준의 상승을 자사 제품의 상대가격 상승으로 착각하게 되며 이에 따라 단기총공급곡선은 우상향한다.

라. (✕) 정부의 규제완화로 인한 해외 노동자들의 유입증가는 총공급곡선이 우측으로 이동하는 요인이다.

답 ④

01 공인노무사 2021

☑ 확인Check! ○ △ X

폐쇄경제하 총수요(AD)-총공급(AS)모형을 이용하여 정부지출 증가로 인한 변화에 관한 설명으로 옳지 않은 것을 모두 고른 것은? (단, AD곡선은 우하향, 단기 AS곡선은 우상향, 장기 AS곡선은 수직선이다)

> ㄱ. 단기에 균형소득수준은 증가한다.
> ㄴ. 장기에 균형소득수준은 증가한다.
> ㄷ. 장기에 고전파의 이분법이 적용되지 않는다.
> ㄹ. 장기 균형소득수준은 잠재산출량수준에서 결정된다.

① ㄱ, ㄴ
② ㄱ, ㄷ
③ ㄴ, ㄷ
④ ㄴ, ㄹ
⑤ ㄱ, ㄴ, ㄹ

┃해설┃

ㄱ. (○), ㄴ. (X), ㄹ. (○) 정부지출이 증가하면 단기적으로는 균형소득수준이 증가하지만, 장기에는 물가상승으로 인해 균형소득수준은 감소하게 되고, 결국 잠재산출량 수준으로 복귀한다.

ㄷ. (X) 고전학파의 이분법은 실질변수와 명목변수를 나누는 것으로, 장기에도 그 적용이 가능하다.

🔳 답 ③

02 공인회계사 2024

☑ 확인Check! ○ △ X

어느 폐쇄경제에서 소비와 투자가 이자율에 전혀 의존하지 않고 정부지출이 외생적으로 결정된다면, 다음 중 옳은 것은?

① IS곡선이 수평선이며, 재정정책보다 통화정책이 더 효과적인 총수요관리정책이다.
② LM곡선이 수직선이며, 재정정책보다 통화정책이 더 효과적인 총수요관리정책이다.
③ 총수요곡선이 수직선이며, 통화정책보다 재정정책이 더 효과적인 총수요관리정책이다.
④ 단기총공급곡선이 수평선이며, 정부가 경기안정화정책을 적극적으로 수행하기보다 경제의 자기조정과정에 맡겨야 한다.
⑤ 장기총공급곡선이 수직선이며, 통화정책보다 재정정책이 더 효과적인 경기안정화정책이다.

┃해설┃

IS곡선이 수직의 형태이므로 통화정책은 경기부양효과가 없으며, 반대로 재정정책은 매우 강력한 경기부양효과가 있다. 또한 LM곡선이 이동하더라도 IS가 수직이어서 Y의 변화가 없으므로 총수요곡선은 수직이 된다.

🔳 답 ③

총수요(AD)와 총공급(AS)이 다음과 같은 경제의 현재 균형점은 아래 그래프에서 A이다. 잠재GDP가 $\overline{Y_1}$에서 $\overline{Y_2}$로 증가할 때, 이 경제의 단기 및 장기균형점으로 옳은 것은?

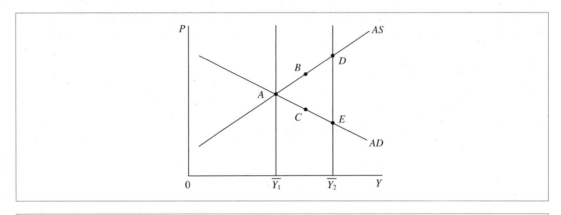

- AD : $P = a - bY$
- AS : $P = P_{-1} + d(Y - \overline{Y})$

(P는 물가수준, P_{-1}은 전기의 물가수준, Y는 실질GDP, $\overline{Y}$는 잠재GDP, a, b, d는 모두 양의 상수)

	단기균형점	장기균형점
①	B	D
②	C	D
③	B	E
④	C	E
⑤	E	E

┃해설┃

- 잠재GDP가 $\overline{Y_1}$에서 $\overline{Y_2}$로 증가하면 장기총공급곡선이 오른쪽으로 이동한다.
- 장기총공급곡선이 오른쪽으로 이동하면 A는 잠재GDP에 미달한 상태가 되므로 실업이 존재하며, 임금을 비롯한 요소가격의 하락으로 단기총공급곡선이 오른쪽으로 이동하게 되어 단기균형은 C가 된다.
- 임금을 비롯한 생산요소가격이 하락하고 물가가 하락하면, 기업의 생산비가 하락하므로 단기총공급곡선이 계속 오른쪽으로 이동하여 새로운 균형점 E가 형성된다.

🏷 ④

11 | 물가와 인플레이션

01 | 인플레이션

구 분	수요견인	비용인상
정 의	총수요 증가로 인한 물가상승	총공급 감소로 인한 물가상승
내 용	물가와 국민소득 모두 상승	국민소득은 감소, 물가만 상승 → 스태그플레이션 현상 발생
원 인	• 고전학파, 통화주의학파 : 통화량 증가가 원인 　(LM곡선의 우측이동) • 케인즈학파 : 과도한 정부지출과 투자가 원인 　(IS곡선의 우측이동)	• 고전학파, 통화주의학파 : 비용인상 인플레이션 부정 • 케인즈학파 : 공급충격이 원인
대처방안	• 고전학파, 통화주의학파 : $k\%$ 준칙 • 케인즈학파 : 긴축적인 재정정책	케인즈학파 : 소득정책 → 단기에만 효과적

02 | 물가지수

정 의	물가의 변동을 측정하는 지수
형 태	물가지수 $=\dfrac{\text{비교연도 물가지수}}{\text{기준연도 물가지수}}\times100$
의 의	• 화폐의 구매력 측정 • 실질가치 계산 • 경기판단지표 • 상품의 수급동향 판단

03 | 라스파이레스 물가지수

구 분	라스파이레스	파 셰
정 의	기준연도의 거래량을 가중치	비교연도의 거래량을 가중치
표 현	$L_P = \dfrac{\sum P_t \times Q_0}{\sum P_0 \times Q_0} \times 100$	$P_P = \dfrac{\sum P_t \times Q_t}{\sum P_0 \times Q_t} \times 100$
적 용	• 소비자물가지수 • 생산자물가지수	GDP디플레이터
특 징	물가변화를 과대평가	물가변화를 과소평가

04 | 소비자물가지수

구 분	소비자물가지수	생산자물가지수
범 위	가계의 소비대상인 모든 재화와 서비스 (원자재, 자본재 제외)	국내에서 거래되는 모든 재화와 서비스 (원자재, 자본재, 소비재 포함)
수입품 가격	포 함	제 외
주택 임대료	포 함	제 외
주택 가격	제 외	제 외
품목 수	500여 개	900여 개
측정 방식	라스파이레스	라스파이레스

05 | 먼델-토빈효과

내 용	• 기대인플레이션율의 상승이 100% 명목이자율 상승에 반영되지 못하여 실질이자율이 하락하는 효과 • 기대인플레이션율의 상승이 실질이자율을 하락시켜 소비·투자가 증가하므로 총수요도 증가

06 | 피셔효과 방정식

내 용	• 피셔방정식 : 명목이자율(i)=실질이자율(r)+기대인플레이션이자율(π^e) • 기대인플레이션율의 상승이 100% 명목이자율 상승에 반영되어 실질이자율에는 영향을 못 미치는 효과 • 통화량이 증가하고 물가가 상승해도 실질이자율은 불변 • 인플레이션이 발생해도 실질이자율이 불변이므로 부의 재분배는 발생 ×

01 감정평가사 2021

☑ 확인Check! ○ △ ✕

예상보다 높은 인플레이션이 발생할 경우 나타나는 효과에 관한 설명으로 옳지 않은 것은?

① 누진세 체계 하에서 정부의 조세수입은 감소한다.

② 채무자는 이익을 보지만 채권자는 손해를 보게 된다.

③ 고정된 화폐소득을 얻는 봉급생활자는 불리해진다.

④ 명목 국민소득이 증가한다.

⑤ 화폐의 구매력이 감소한다.

▌해설▐

누진세란 소득이 클수록 더 높은 세율이 적용되는 방식을 말한다. 예상보다 높은 인플레이션이 발생하면 명목소득이 증가하게 되고 명목소득이 증가하면 누진세 체계에서는 더 높은 세율이 적용되므로 조세수입은 증가하게 된다.

② 예상보다 높은 인플레이션이 발생하게 되면 화폐가치는 하락한다. 화폐가치의 하락으로 인해 채무자가 갚아야 할 금액의 가치는 감소하게 되므로 채무자는 이득을 보지만 채권자는 손해를 보게 된다.

③ 화폐가치의 하락으로 고정된 임금 및 연금을 받는 사람은 손해를 보게 된다.

④ 예상보다 높은 인플레이션이 발생하면 물가는 상승하게 되며 물가상승으로 인한 임금증가로 명목 국민소득은 증가하게 된다.

⑤ 화폐의 구매력 $= \dfrac{1}{물가지수} \times 100$

예상보다 높은 인플레이션 발생으로 인해 물가는 상승하게 된다. 따라서 화폐의 구매력은 감소하게 된다.

답 ①

02 공인노무사 2019
☑ 확인 Check! ○ △ ✕

물가변동에 관한 설명으로 옳지 않은 것은?

① 경기침체와 인플레이션이 동시에 발생하는 현상을 스태그플레이션이라고 한다.

② 디플레이션은 명목임금의 하방경직성이 있는 경우 실질임금을 상승시킨다.

③ 총수요의 증가로 인한 인플레이션은 수요견인 인플레이션이다.

④ 예상한 인플레이션(Expected inflation)의 경우에는 메뉴비용(Menu cost)이 발생하지 않는다.

⑤ 디플레이션은 기업 명목부채의 실질 상환부담을 증가시킨다.

┃해설┃

인플레이션이 예상됐다고 하더라도, 물가상승에 맞춰 재화의 가격을 조정하는 비용이 발생한다.

① 비용인상 인플레이션의 경우, 인플레이션과 경기침체가 동시에 발생하는 현상인 스태그플레이션이 일어난다.

② 명목임금이 하방경직적인 경우, 물가가 하락하면 실질임금$\left(\dfrac{임금}{물가}\right)$이 상승한다.

③ 총수요곡선이 오른쪽으로 이동하면 기존 물가수준에서 초과수요가 발생하므로 물가가 상승하게 된다. 즉, 총수요의 증가로 인한 물가상승을 수요견인 인플레이션이라고 한다.

⑤ 물가가 하락하면 부채의 실질가치가 증가하므로, 가계와 기업이 금융기관에서 차입한 자금을 상환하기에 부담이 커진다.

답 ④

03 공인노무사 2018
☑ 확인 Check! ○ △ ✕

인플레이션에 관한 설명으로 옳은 것은?

① 피셔가설은 '명목이자율＝실질이자율＋물가상승률'이라는 명제로서 예상된 인플레이션이 금융거래에 미리 반영됨을 의미한다.

② 새케인즈학파에 의하면 예상된 인플레이션의 경우에는 어떤 형태의 사회적 비용도 발생하지 않는다.

③ 실제 물가상승률이 예상된 물가상승률보다 더 큰 경우, 채권자는 이득을 보고 채무자는 손해를 본다.

④ 실제 물가상승률이 예상된 물가상승률보다 더 큰 경우, 고정된 명목임금을 받는 노동자와 기업 사이의 관계에서 노동자는 이득을 보고 기업은 손해를 보게 된다.

⑤ 예상하지 못한 인플레이션 발생의 불확실성이 커지면 장기계약이 활성화되고 단기계약이 위축된다.

피셔가설에 의하면 명목이자율은 실질이자율과 물가상승률의 합으로 금융거래에 예상된 인플레이션을 반영하였다.
② 예상된 인플레이션인 경우에도 기업들은 예상된 금액으로 재화의 가격을 조정하는 메뉴비용이 발생할 수 있다. 또한 미래에 인플레이션이 발생할 것이라고 예상되면 경제 주체들은 현금을 최대한 적게 보유하고, 대신 수익이 발생하는 자산의 보유 비중을 늘린다. 현금을 적게 보유하고 있으면 그만큼 자주 은행을 방문하게 되므로 구두창비용도 증가할 수 있다.
③ 예상하지 못한 높은 인플레이션이 발생한 경우, 채무자가 나중에 상환해야 할 원금의 가치가 하락하므로 채권자는 불리해지고 채무자는 유리해진다.
④ 예상치 못한 높은 인플레이션이 발생하는 경우, 고정된 명목임금을 받는 노동자는 불리해진다. 명목임금의 실질 구매력이 하락했기 때문이다.
⑤ 미래에 불확실성이 커지면 장기계약, 장기대출, 장기투자가 위축되고, 단기계약, 단기투자 등이 활성화된다.

🖐 ①

---

04 공인회계사 2017

☑ 확인Check! ○ △ ✕

제로금리에 직면한 A국의 중앙은행 총재가 다음과 같은 기자회견을 하였다고 하자. 이 기자회견에 나타난 정책의 의도로 보기 어려운 것은?

> "앞으로 디플레이션에 대한 염려가 불식될 때까지 양적완화를 실시하고 제로금리를 계속 유지하겠습니다."

① 풍부한 유동성의 공급
② 기대인플레이션의 상승
③ 자국 통화가치의 상승
④ 은행의 대출 증가
⑤ 장기금리의 하락

┃해설┃

양적완화에 따라 통화량이 대규모로 유입되면 금리가 하락하고, 금리가 하락하므로 자본의 해외유출이 일어난다. 자국의 화폐가 해외로 빠져나가면 자국 통화가치의 하락이 발생한다.
① 중앙은행이 양적완화를 실시한다고 발표하였으므로, 대규모로 국채를 사들이면서 막대한 양의 유동성을 시중에 공급할 것이다.
② 통화량 공급이 많아지므로 기대인플레이션율이 상승한다.
④ 제로금리를 유지한다면, 차입금에 대한 부담이 줄어 대출이 증가할 것이다.
⑤ 양적완화에 따라 통화량이 대규모로 유입되면, 금리가 하락한다.

🖐 ③

05 공인노무사 2023

☑ 확인 Check! ○ △ ✕

인플레이션의 비용이 아닌 것은?

① 화폐 보유액을 줄이는데 따르는 비용
② 가격을 자주 바꾸는 과정에서 발생하는 비용
③ 경직적인 조세제도로 인한 세금 부담 비용
④ 기대하지 못한 인플레이션에 의한 부(wealth)의 재분배
⑤ 상대가격이 유지되어 발생하는 자원배분 왜곡

▌해설▐

상대가격이 유지되지 못해 자원배분 왜곡의 문제가 발생한다.
① 인플레이션이 발생하면 화폐가치 하락으로 화폐 보유액이 감소한다.
② 인플레이션이 발생하면 재화가격을 조정하는 메뉴비용이 발생한다.
③ 인플레이션으로 조세가 증가하게 되면 저축이 감소하는 문제가 발생한다.
④ 예상치 못하게 물가가 높아지면 채무자의 실질 부채는 감소하고, 저축자가 실질적으로 받는 금액은 감소한다.

답 ⑤

06 공인노무사 2022

☑ 확인 Check! ○ △ ✕

인플레이션 비용과 관련이 없는 것은?

① 메뉴비용
② 누진소득세제하의 조세부담 증가
③ 상대가격 변화에 따른 자원배분 왜곡
④ 자산 가치 평가 기준의 안정화
⑤ 구두창비용

▌해설▐

인플레이션이 발생하면 사람들은 금융자산보다 실물자산을 선호하게 된다. 따라서 자산 가치의 평가 기준이 불안정하게 된다.
① 물가가 상승하면 물가 상승에 맞추어 기업은 자신이 생산하는 제품의 가격을 조정하게 되는데, 가격 조정과 관련된 비용을 메뉴비용이라 한다.
② 누진소득세제하에서 인플레이션으로 명목소득이 증가하면 이전보다 더 높은 세율을 적용받게 되어 조세부담이 증가한다.
③ 인플레이션이 발생하게 되면 재화의 상대가격이 상승하게 되어 수출이 감소하고 수입이 증가하는 현상이 발생한다.
⑤ 인플레이션이 발생하면 사람들은 화폐 보유를 줄이게 된다. 따라서 인플레이션 이전보다 금융기관에 방문하는 횟수가 증가하게 되어 거래비용이 더 많이 발생하는데, 이를 구두창비용이라 한다.

답 ④

인플레이션에 대한 설명 중 옳은 것을 모두 고르면?

> 가. 인플레이션은 현금 보유를 줄이기 위한 구두창비용(Shoeleather cost)을 발생시킨다.
> 나. 인플레이션이 예측되지 못할 경우, 채권자와 채무자의 부가 재분배된다.
> 다. 인플레이션이 안정적이고 예측 가능한 경우에는 메뉴비용(Menu cost)이 발생하지 않는다.
> 라. 인플레이션은 자원배분의 왜곡을 가져오지만, 상대가격의 변화를 발생시키지는 않는다.

① 가, 나   ② 나, 라
③ 가, 나, 다   ④ 가, 다, 라
⑤ 나, 다, 라

┃해설┃

가. (○) 인플레이션이 발생하면 사람들은 화폐보유를 줄이게 된다. 따라서 금융기관을 자주 방문하고, 거래비용이 증가하게 되는 구두창비용이 발생한다.

나. (○) 예상되지 못한 인플레이션이 발생하면 나중에 상환해야 할 원금의 가치가 하락하므로, 채권자는 불리해지고 채무자는 유리해진다.

다. (✕) 인플레이션 상황이 발생하여 물가가 상승할 때, 기업들이 자신들의 재화의 가격을 상승시키면서 발생하는 조정비용이 메뉴비용이다. 인플레이션을 예상하였든, 못하였든 가격을 조정시키는 비용은 발생한다.

라. (✕) 인플레이션이 발생하면 재화와 서비스의 상대가격 변화로 인해 자원배분이 왜곡되고, 비효율이 초래된다.

답 ①

인플레이션에 관한 설명으로 옳은 것은?

① 예상치 못한 인플레이션이 발생하면 채권자가 이득을 보고 채무자가 손해를 보게 된다.
② 피셔(I. Fisher)가설에 따르면 예상된 인플레이션의 사회적 비용은 미미하다.
③ 예상치 못한 인플레이션은 금전거래에서 장기계약보다 단기계약을 더 회피하도록 만든다.
④ 경기호황 속에 물가가 상승하는 현상을 스태그플레이션이라고 한다.
⑤ 인플레이션 조세는 정부가 화폐공급량을 줄여 재정수입을 얻는 것을 의미한다.

┃해설┃

① 예상치 못한 인플레이션이 발생하면 화폐가치 하락으로 채무자는 이득을 보고 채권자는 손해를 본다.
③ 예상치 못한 인플레이션은 미래의 불확실성으로 장기계약을 회피하도록 만든다.
④ 경기불황 속에 물가가 상승하는 현상을 스태그플레이션이라고 한다.
⑤ 인플레이션 조세는 직접적 조세가 아닌 숨겨진 세금으로 정부가 화폐공급량을 늘려 발생한 인플레이션이 화폐를 보유한 사람에게 조세를 부과한 것과 같음을 의미한다.

답 ②

인플레이션에 관한 설명으로 옳지 않은 것은?

① 수요견인 인플레이션은 총수요의 증가가 인플레이션의 주요한 원인이 되는 경우이다.
② 정부가 화폐공급량 증가를 통해 얻게 되는 추가적인 재정수입을 화폐발행이득(Seigniorage)이라고 한다.
③ 물가상승과 불황이 동시에 나타나는 현상을 스태그플레이션이라고 한다.
④ 예상하지 못한 인플레이션은 채권자에게서 채무자에게로 소득재분배를 야기한다.
⑤ 예상한 인플레이션의 경우에는 메뉴비용(Menu cost)이 발생하지 않는다.

┃해설┃

물가가 상승하면 물가상승에 맞추어 기업들도 자신들의 재화가격을 조정하는데, 그 조정에 소요되는 비용을 메뉴비용이라고 한다. 인플레이션을 예상한다고 하더라도 가격은 조정해야 하기 때문에 메뉴비용은 발생한다.
① 수요견인 인플레이션을 케인즈학파는 IS곡선의 우측 이동으로, 고전주의학파와 통화주의학파는 LM곡선의 우측 이동으로 보았는데, $IS-LM$곡선이 우측으로 이동하면 결국 총수요의 증가가 발생한다.
② 중앙은행이 무이자의 화폐를 발행하여 유이자의 금융자산을 취득함으로써 얻는 이익을 화폐발행이득이라고 한다.
③ 비용인상 인플레이션의 경우 물가상승과 더불어 경기침체가 동시에 나타나는 스태그플레이션이 발생한다.
④ 예상되지 못한 인플레이션이 발생하면 나중에 상환해야 할 원금의 가치가 하락하므로 채권자는 불리해지고, 채무자는 유리해진다.

답 ⑤

인플레이션의 비용에 관한 설명으로 옳지 않은 것은?

① 가격을 변경하는데 따른 메뉴비용이 발생한다.
② 누진세제에서 세율등급 상승이 발생하여 세후 실질 소득이 감소할 수 있다.
③ 현금 보유를 줄이기 위한 비용이 발생한다.
④ 예상치 못한 인플레이션은 채권자에게 이익을 주고 채무자에게 손해를 준다.
⑤ 높고 변동성이 큰 인플레이션은 장기 계획의 수립을 어렵게 만든다.

┃해설┃

예상치 못한 인플레이션이 발생하면 상환해야 할 원금의 가치 하락으로 채권자는 불리해지고 채무자는 유리해진다.
① 물가가 상승하면 기업에서 생산하는 재화가격도 물가상승에 맞춰 조정하는데 이처럼 가격조정과 관련된 비용을 메뉴비용이라 한다.
② 누진세제하에서 명목소득 증가로 더 높은 세율이 적용되면 세후 실질소득은 감소할 수 있다.
③ 현금 보유를 줄이면 자주 금융기관을 방문하게 되어 거래비용이 증가하게 된다. 이를 구두창비용이라 한다.
⑤ 높고 변동성이 큰 인플레이션은 미래를 예측하기 힘들어 장기 계획의 수립을 어렵게 만든다.

답 ④

01 감정평가사 2019

☑ 확인Check! ○ △ ✕

감정평가사 A의 2000년 연봉 1,000만원을 2018년 기준으로 환산한 금액은? (단, 2000년 물가지수는 40, 2018년 물가지수는 120이다)

① 1,000만원

② 2,000만원

③ 3,000만원

④ 4,000만원

⑤ 5,000만원

❚해설❚

• 2018년도의 물가지수는 2000년의 물가지수의 3배로 2018년의 3원은 2000년의 1원의 가치와 동일하다.

• 감정평가사 A의 2018년도 기준 환산 연봉=1,000만원×3=3,000만원

답 ③

02 공인회계사 2023

☑ 확인Check! ○ △ ✕

야구 선수 A는 2003년에 연봉 8억원을 받았고, 20년 뒤 그의 아들인 B 역시 야구 선수가 되어 2023년에 연봉 12억원을 받게 되었다. 소비자물가지수가 2003년에는 80, 2012년에는 100, 2023년에는 150일 때 다음 중 옳은 것은?

① A의 연봉을 2012년도 가치로 환산하면 9억원이다.

② B의 연봉을 2012년도 가치로 환산하면 8억 5천만원이다.

③ A의 연봉을 2023년도 가치로 환산하면 14억원이다.

④ B의 연봉을 2003년도 가치로 환산하면 8억원이다.

⑤ A와 B의 연봉을 각각 2015년도 가치로 환산할 때, 2015년도 소비자물가지수에 관계없이 A의 연봉은 B의 연봉보다 많다.

❚해설❚

어느 연도를 기준으로 하더라도 A의 연봉이 B의 연봉보다 많다.

① $80:100=8:A$, ∴ $A=10$억원

② $80:100=B:12$, ∴ $B=9.6$억원

③ $80:150=8:A$, ∴ $A=15$억원

④ $80:150=B:12$, ∴ $B=6.4$억원

답 ⑤

PART 2

거시경제학

두 재화 X, Y만을 생산하는 A국의 2022년과 2023년의 생산량과 가격이 아래와 같다. 2023년의 전년대비 (ㄱ)경제성장률(실질GDP증가율)과 평균적인 가계의 소비조합이 X재 2단위, Y재 1단위일 때 (ㄴ)소비자물가상승률은? (단, 기준연도는 2022년이다)

구 분	X		Y	
	수 량	가 격	수 량	가 격
2022년	100	10	80	50
2023년	100	15	100	40

	ㄱ	ㄴ
①	10%	0%
②	10%	10%
③	20%	−10%
④	20%	0%
⑤	25%	10%

▌해설▐

• 실질GDP증가율 $= \dfrac{(100 \times 10) + (100 \times 50)}{(100 \times 10) + (80 \times 50)} = 1.2$

  ∴ 2023년의 전년대비 실질GDP증가율은 20%이다.

• 소비자물가지수는 라스파이레스 물가지수로서 그 증가율은 다음과 같다.

  소비자물가상승률 $= \dfrac{(15 \times 2) + (40 \times 1)}{(10 \times 2) + (50 \times 1)} = 1$

  ∴ 2023년의 전년대비 소비자물가상승률은 0%이다.

• (ㄱ) : 20%, (ㄴ) : 0%

답 ④

물가지수에 관한 설명으로 옳지 않은 것은?

① 소비자물가지수는 재화의 품질 변화를 반영하는데 한계가 있다.

② GDP디플레이터는 실질 GDP를 명목 GDP로 나눈 수치이다.

③ 소비자물가지수는 재화의 상대가격 변화에 따른 생계비의 변화를 과대평가한다.

④ 소비자물가지수는 재화 선택의 폭이 증가함에 따른 화폐가치의 상승효과를 측정할 수 없다.

⑤ 소비자물가지수는 GDP디플레이터와 달리 해외에서 수입되는 재화의 가격 변화도 반영할 수 있다.

┃해설┃

GDP디플레이터는 명목 GDP를 실질 GDP로 나눈 수치이다.

① 소비자물가지수를 작성할 때 재화의 품질 변화를 모두 반영하려 하지만 모든 재화의 품질 변화를 반영하는 것은 어렵다.

③ 소비자물가지수는 기준연도의 거래량을 고정하여 계산하는 라스파이레스 방식$\left(L_P = \dfrac{\sum P_t \cdot Q_0}{\sum P_0 \cdot Q_0} \right)$을 활용하므로,

물가 상승에 따른 거래량 감소를 반영하지 못해 생계비의 변화를 과대평가한다.

④ 신제품의 증가로 인해 재화 선택의 폭이 증가하더라도, 소비자물가지수가 갱신되기 전까지는 그 신제품이 소비자물가지수 대상품목에 포함되지 않으므로, 화폐가치의 상승효과를 측정할 수 없다.

⑤ 수입되는 재화의 가격을 제외하고 계산하는 GDP디플레이터와는 달리, 소비자물가지수는 수입품의 가격을 포함하고 계산한다.

답 ②

물가지수에 관한 설명으로 옳지 않은 것은?

① 우리나라의 소비자물가지수는 농촌지역의 물가 동향을 파악하는 지표로는 적합하지 않다.

② 우리나라의 소비자물가지수는 소비자가 소비하는 모든 상품과 서비스를 대상으로 측정되기 때문에 정부 물가관리의 주요 대상지표가 된다.

③ GDP디플레이터는 국내에서 생산된 상품만을 조사 대상으로 하기 때문에 수입상품의 가격동향을 반영하지 못한다.

④ GDP디플레이터는 명목국내총생산을 실질국내총생산으로 나눈 값으로 측정한다.

⑤ 우리나라의 생산자물가지수는 기업 간에 거래되는 일정 비율 이상의 비중을 갖는 원자재 및 자본재의 가격 변화를 반영한다.

┃해설┃

소비자물가지수는 소비자가 소비하는 모든 상품과 서비스를 대상으로 하는 것이 아닌 일상생활을 영위하기 위해 구입하는 재화와 서비스를 대상으로 한다.

① 소비자물가지수는 전체 도시소비자가 상품과 서비스품목을 구입할 때 지불하는 가격의 평균변동을 측정한 수치로 농촌지역의 물가 동향을 파악하는 지표로는 적합하지 않다.

③ GDP디플레이터는 수입품 가격은 제외되어 산출된다.

④ $GDP디플레이터 = \dfrac{명목 GDP}{실질 GDP} \times 100$

⑤ 소비자물가지수는 원자재 및 자본재 가격을 제외하지만 생산자물가지수는 원자재, 자본재 및 소비재를 포함한다.

답 ②

01 7급 공무원 2017   ☑ 확인 Check! ○ △ ✕

다음 표는 A국이 소비하는 빵과 의복의 구입량과 가격을 나타낸다. 물가지수가 라스파이레스 지수(Laspeyres index)인 경우, 2010년과 2011년 사이의 물가상승률은? (단, 기준연도는 2010년이다)

연 도	빵		의 복	
	구입량	가 격	구입량	가 격
2010년	10만개	1만원	5만벌	3만원
2011년	12만개	3만원	6만벌	6만원

① 140%   ② 188%

③ 240%   ④ 288%

┃해설┃

• 라스파이레스 지수는 기준연도 구입량을 기준치로 사용하는 물가지수 측정방식이다.

• 2010년도는 기준연도이므로 라스파이레스 지수는 100이다.

• 2011년도 라스파이레스 지수 $= \dfrac{(3만원 \times 10) + (6만원 \times 5)}{(1만원 \times 10) + (3만원 \times 5)} \times 100 = \dfrac{30 + 30}{10 + 15} \times 100 = \dfrac{60}{25} \times 100 = 240$

• 따라서 2010년과 2011년 사이의 물가상승률 $= \dfrac{240 - 100}{100} \times 100 = 140\%$이다.

 ①

PART 2

거시경제학

01 공인회계사 2024

갑국은 A, B, C 세 가지 품목으로만 소비자물가지수를 구성하고 있으며, 각각의 가중치는 0.5, 0.3, 0.2이다. 2022년, 2023년도 갑국의 품목별 물가지수가 다음 표와 같을 때, 2022년 대비 2023년 갑국의 인플레이션율은? (단, 소수점 둘째 자리에서 반올림한다)

연 도	A	B	C
2022년	110	108	110
2023년	112.2	113.4	121

① 3.0%

② 3.5%

③ 4.0%

④ 4.5%

⑤ 5.7%

┃해설┃

각 품목별 가격 상승률을 구하면 다음과 같다.

A : $\dfrac{112.2-110}{110}=0.02$

B : $\dfrac{113.4-108}{108}=0.05$

C : $\dfrac{121-110}{110}=0.1$

2022년 대비 2023년 갑국의 인플레이션율=$(0.02\times0.5)+(0.05\times0.3)+(0.1\times0.2)=0.045$

답 ④

02 감정평가사 2021

소비자물가지수에 관한 설명으로 옳지 않은 것은?

① 기준연도에서 항상 100이다.

② 대체효과를 고려하지 못해 생계비 측정을 왜곡할 수 있다.

③ 가격변화 없이 품질이 개선될 경우, 생계비 측정을 왜곡할 수 있다.

④ *GDP*디플레이터보다 소비자들의 생계비를 더 왜곡한다.

⑤ 소비자가 구매하는 대표적인 재화와 서비스에 대한 생계비용을 나타내는 지표이다.

┃해설┃

라스파이레스방식으로 작성되는 소비자물가지수는 생계비 변화를 과대평가하는 반면에 파세방식으로 작성되는 *GDP*디플레이터는 생계비 변화를 과소평가한다. 둘 중 어느 것이 생계비 변화를 더 왜곡하는지는 알 수 없다.

① 소비자물가지수 산정 방식인 라스파이레스방식은 기준연도에서는 항상 100이다.

② 일반적으로는 가격이 많이 오른 재화의 구입을 줄이고 가격이 내려간 재화의 구입을 늘리는 것이 일반적이지만 라스파이레스방식은 기준연도와 동일한 재화를 산다고 가정하므로 소비자들이 느끼는 것보다 생계비가 크게 증가한 것으로 계산된다.

③ 품질 증가를 고려하지 못하고 가격 상승만 고려한다면 물가변화를 과대평가한다.

⑤ 소비자물가지수는 소비자가 생활하는데 필요한 재화나 서비스를 구입하는 가격수준을 지수화한 것이다.

📋 ④

03 보험계리사 2019

소비자물가지수 산정의 문제점이 아닌 것은?

① 신규상품을 즉시 반영하기 어렵다.

② 상품의 질적 변화를 완전히 통제하기 어렵다.

③ 소득수준 변화를 반영하기 어렵다.

④ 상대가격의 변화로 인한 상품 구성 대체를 반영하기 어렵다.

┃해설┃

소비자물가지수는 가계가 소비하는 상품의 가격변동을 측정하는 것이지 소득수준의 변화를 측정하는 것이 아니다.

① 신규상품이 등장하면 소비자는 더 낮은 비용으로 동일한 생활수준을 유지할 수 있게 되나, 소비자물가지수에는 신규상품의 등장에 따른 소득의 구매력 변화가 반영되지 않는다.

② 상품가격에는 변화가 없지만 품질이 개선되었다면 소비자의 구매력이 증가한 것과 동일하지만, 소비자물가지수의 대상상품목이 변화할 때까지 신규상품이 소비자물가지수 작성 대상에 포함되지 않는다.

④ 소비자는 가격이 많이 오른 상품의 소비를 줄이고, 상대적으로 가격이 저렴한 상품을 소비한다. 하지만 소비자물가지수는 기준연도와 동일한 재화를 소비한다고 가정하고, 물가지수를 작성한다. 그러므로 소비자물가지수는 소비자가 상대적으로 저렴한 상품으로 대체한다는 가능성을 배제한다.

📋 ③

표는 연도별 X재와 Y재의 생산수량과 가격을 표시한다. 2018년도의 GDP디플레이터와 소비자물가지수(CPI)를 이용하여 계산한 각각의 물가상승률은? (단, 기준연도는 2017년이며 소비자물가지수의 품목 구성은 GDP 구성과 동일하다)

구 분	X재		Y재	
	수 량	가 격	수 량	가 격
2017년	20	1,000	40	500
2018년	50	1,005	30	600

① 5%, 10.00%

② 5%, 10.25%

③ 7%, 10.00%

④ 7%, 10.25%

┃해설┃

- 2017년 GDP디플레이터$=100$(기준연도의 GDP디플레이터는 100이다)

- 2018년 GDP디플레이터$=\dfrac{50\times1,005+30\times600}{50\times1,000+30\times500}\times100=105$, GDP디플레이터는 5% 증가하였다.

- 2017년 $CPI=100$(기준연도의 CPI는 100이다)

- 2018년 $CPI=\dfrac{1,005\times20+40\times600}{1,000\times20+500\times40}\times100=110.25$, CPI는 10.25% 증가하였다.

답 ②

05 보험계리사 2018

☑ 확인 Check! ○ △ ✕

소비자물가지수(*CPI*)와 *GDP*디플레이터에 관한 설명 중 옳은 것은?

> 가. *CPI* 인플레이션은 소비자의 대체가능성을 배제함으로써 생계비 상승을 과대평가하는 경향이 있다.
> 나. *GDP*디플레이터는 고정된 가중치를 사용한다.
> 다. *GDP*디플레이터는 수입물가를 포함한다.

① 가
② 나
③ 다
④ 모두 옳지 않다.

┃해설┃

가. (○) 소비자들은 가격이 인상된 제품의 구입을 줄이고, 가격이 내려가거나 유지된 제품을 많이 구입하는데, 소비자물가지수는 라스파이레스방식으로 측정되므로, 기준연도와 동일한 재화를 산다고 가정한다. 그러므로 소비자물가지수는 실제보다 생계비가 많이 증가한 것으로 계산된다.

나. (✕) *GDP*디플레이터는 파셰방식으로 측정되므로, 매년 가중치가 변화한다.

다. (✕) *GDP*디플레이터에 수입물가(수입품 가격)가 포함되는지 포함되지 않는지는 학자들 사이에서 논란이 있다. 따라서 *GDP*디플레이터에 수입물가(수입품 가격)의 포함 여부는 상대적으로 파악해야 할 것이며, 이 문제에서는 수입품 가격이 포함되지 않은 것으로 정답처리 되었다.

답 ①

06 감정평가사 2018

☑ 확인 Check! ○ △ ✕

물가지수에 관한 설명으로 옳은 것은?

① *GDP*디플레이터에는 국내산 최종 소비재만이 포함된다.
② *GDP*디플레이터 작성시 재화와 서비스의 가격에 적용되는 가중치가 매년 달라진다.
③ 소비자물가지수 산정에는 국내에서 생산되는 재화만 포함된다.
④ 소비자물가지수에는 국민이 구매한 모든 재화와 서비스가 포함된다.
⑤ 생산자물가지수에는 기업이 구매하는 품목 중 원자재를 제외한 품목이 포함된다.

┃해설┃

*GDP*디플레이터는 파셰방식으로 비교연도에 가중치를 두기 때문에 매년 달라진다.

① *GDP*디플레이터는 최종 소비재뿐만 아니라 모든 재화와 서비스의 가격 등도 포함하는 포괄적인 물가지수이다.

③·④ 소비자물가지수는 가계소비지출 중에서 제품 약 500개 품종의 가격변동을 측정하는 지수이다. 따라서 수입품의 가격도 포함된다.

⑤ 생산자물가지수에는 원자재, 자본재, 소비자가 모두 포함된다.

답 ②

PART 2

거시경제학

01 보험계리사 2018

☑ 확인Check! ○ △ ×

다음 설명 중 옳지 않은 것은?

① 화폐의 중립성(Neutrality of money)이 성립하면 명목통화량의 증가는 실질국민소득에 영향을 미치지 못한다.

② 실질잔액효과(Real balance effect)에 의하면 기대인플레이션이 발생할 경우 명목이자율은 기대인플레이션 보다 더 크게 상승한다.

③ 기대인플레이션의 상승은 기대가 추가된(Expectation augmented) 필립스곡선을 위쪽으로 이동시킨다.

④ 리카르도 동등(Ricardian equivalence)정리가 성립하면, 현재의 정액세 감소는 총수요를 증가시키지 못한다.

┃해설┃

먼델-토빈효과로 인해 기대인플레이션이 상승할 경우 기대인플레이션율 상승이 100% 명목이자율의 상승으로 반영되지 못하므로 명목이자율은 기대인플레이션보다 더 작게 상승한다.

① 화폐중립성이 성립하면 명목통화량의 증가는 명목변수에만 영향을 주고, 실질변수인 국민소득에는 영향을 미치지 못한다.

③ 기대부가 필립스곡선 : $\pi = \pi^e - a(u - u_N)$ 에서 기대인플레이션인 π^e 가 상승하면 필립스곡선이 상방으로 상승한다.

④ 합리적인 경제주체들은 조세가 감면된다면, 미래에는 조세가 증가할 것이라고 예상하기 때문에 민간소비가 전혀 증가하지 않는다. 조세감면으로 가처분소득이 증가해도 소비가 전혀 증가하지 않으므로 총수요도 증가하지 않는다.

답 ②

01 보험계리사 2021

☑ 확인 Check! ○ △ ✕

화폐수요함수가 $\dfrac{M^d}{P} = 5{,}000 - 5{,}000i$ 이고, 기대물가 상승률은 10%, 화폐공급은 8,000, 물가수준은 2이다. 피셔효과가 성립할 때 균형실질이자율은 얼마인가? (단, M^d는 화폐수요, P는 물가수준, i는 소수로 표시된 명목이자율이다)

① 8%

② 9%

③ 10%

④ 11%

│ 해설 │

$$\frac{M^d}{P} = \frac{M^s}{P}$$

$$5{,}000 - 5{,}000i = \frac{8{,}000}{2} = 4{,}000$$

$\therefore\ i = 0.2 = 20\%$

$\therefore\ $ 실질이자율 = 명목이자율 - 기대인플레이션 = 20% - 10% = 10%

답 ③

02 보험계리사 2021

☑ 확인 Check! ○ △ ✕

피셔효과가 성립하는 경제에서 실질이자율이 4%, 기대 인플레이션율이 6%이다. 이자소득세율이 20%인 경우 세후 명목이자율과 세후 기대실질이자율은?

	세후 명목이자율	세후 기대실질이자율
①	6%	2%
②	8%	2%
③	6%	4%
④	8%	4%

│ 해설 │

• 명목이자율 = 실질이자율 + 기대 인플레이션
• 세전 명목이자율 = 4% + 6% = 10%
• 세후 명목이자율 = 세전 명목이자율 × (1 - 이자소득세율) = 10% × (1 - 20%) = 8%
• 세후 기대실질이자율 = 세후 명목이자율 - 기대 인플레이션 = 8% - 6% = 2%

답 ②

甲국과 乙국의 실질이자율과 인플레이션율은 다음 표와 같다. 명목이자소득에 대해 각각 25%의 세금이 부과될 경우, 甲국과 乙국의 세후 실질이자율은 각각 얼마인가? (단, 피셔효과가 성립한다)

구 분	甲국	乙국
실질이자율	4%	4%
인플레이션율	0%	8%

① 3%, 1%   ② 3%, 3%

③ 3%, 9%   ④ 4%, 4%

⑤ 4%, 12%

▌해설▐

甲국
- 명목이자율＝실질이자율＋인플레이션율＝4%＋0%＝4%
- 세후 명목이자율＝명목이자율－(명목이자율×명목이자소득 세율)＝4%－(4%×0.25)＝3%
- 실질이자율＝세후 명목이자율－인플레이션율＝3%＋0%＝3%

乙국
- 명목이자율＝실질이자율＋인플레이션율＝4%＋8%＝12%
- 세후 명목이자율＝명목이자율－(명목이자율×명목이자소득 세율)＝12%－(12%×0.25)＝9%
- 실질이자율＝세후 명목이자율－인플레이션율＝9%－8%＝1%

       답 ①

1년간 정기예금의 실질이자율이 5%, 인플레이션율이 3%이고, 이자소득세율이 20%일 때 세후 명목이자율은?

① 1.6%   ② 4.8%

③ 5.0%   ④ 6.4%

⑤ 8.0%

▌해설▐

세후 명목이자율＝(실질이자율＋인플레이션율)×(1－세율)

      ＝(5%＋3%)×(1－0.2)＝6.4%

       답 ④

05 보험계리사 2019

☑ 확인 Check! ○ △ ✕

피셔방정식이 성립할 때, 이자율과 인플레이션율에 관한 설명으로 옳은 것은?

① 실질이자율은 인플레이션율에서 명목이자율을 뺀 것이다.

② 예상보다 낮은 인플레이션율은 채무자에게 유리하고 채권자에게는 불리하다.

③ 예상인플레이션율이 상승하면 예상 실질이자율이 상승한다.

④ 예상인플레이션율이 상승하면 명목이자율이 상승한다.

┃해설┃

피셔방정식 : 명목이자율＝실질이자율＋예상인플레이션율

예상인플레이션율이 상승하면 명목이자율이 상승한다.

① 피셔방정식 : 실질이자율＝명목이자율－예상인플레이션율

② 예상보다 낮은 인플레이션에서는 상환받을 원금의 가치의 하락이 높지 않으므로 채권자에게 유리하다.

③ 피셔방정식 : 실질이자율＝명목이자율－예상인플레이션율이므로, 예상인플레이션율이 상승하면 실질이자율은 하락한다.

답 ④

06 공인회계사 2017

☑ 확인 Check! ○ △ ✕

실질이자율과 명목이자율에 대한 설명으로 옳은 것은?

① 실질이자율이 명목이자율보다 작다면, 기대인플레이션은 양(＋)의 값을 가진다.

② 실질이자율이 명목이자율보다 작다면, 구매력은 채무자에서 채권자로 이전된다.

③ 실질이자율은 음수가 될 수 없다.

④ 실질이자율은 명목이자율에서 제반비용 등을 뺀 이자율이다.

⑤ 실질이자율이 명목이자율보다 크다면, 지속적인 물가상승이 예상된다.

┃해설┃

피셔방정식에 따르면 명목이자율＝실질이자율＋기대인플레이션율이 성립한다. 따라서 실질이자율이 명목이자율보다 작다면 기대인플레이션율은 양(＋)의 값을 가진다.

② 실제인플레이션이 기대인플레이션보다 낮을 때 채무자에서 채권자로 구매력이 이전된다. 명목이자율은 무관하다.

③ 피셔방정식에서 기대인플레이션율이 명목이자율보다 크다면 실질이자율은 음수(－)가 나온다.

④ 피셔방정식 : 실질이자율＝명목이자율－기대인플레이션율

⑤ 피셔방정식에 따르면 실질이자율이 명목이자율보다 높을 경우 기대인플레이션율이 음수(－)가 나온다. 즉, 물가의 하락이 예상된다.

답 ①

통화량의 증가가 이자율에 미치는 효과에 대한 설명으로 옳지 않은 것은?

① 단기적으로 명목이자율이 하락하는 유동성효과가 발생한다.

② 장기적으로 물가상승으로 인해 명목이자율이 상승하는 피셔효과가 발생한다.

③ 피셔(I. Fisher)는 인플레이션율이 1% 포인트 상승할 경우 명목이자율이 1% 포인트 상승하는 피셔효과를 주장하였다.

④ 장기적으로 화폐의 중립성이 성립하므로 실질이자율이 상승한다.

┃해설┃

화폐의 중립성이 성립한다면 통화량의 증가는 실질이자율 같은 실질변수에는 영향을 미치지 못한다.

① 통화량이 증가하면 이자율이 하락하는데, 이자율이 매우 낮은 수준이 되면 유동성함정의 현상이 발생할 수 있다.

②·③ 피셔효과에 의하면 명목이자율은 실질이자율과 인플레이션의 합에 의하여 결정된다. 통화량이 증가하면서 물가가 올라 인플레이션율이 1% 상승하면 명목이자율이 1% 상승한다.

답 ④

명목이자율이 15%이고 예상인플레이션율은 5%이다. 이자소득에 대해 20%의 이자소득세가 부과된다면 세후 실질이자율은?

① 3% ② 5%

③ 7% ④ 9%

┃해설┃

• 피셔방정식에 따르면 명목이자율=실질이자율+예상인플레이션율이 성립한다.

• 명목이자율이 15%의 이자소득에 대한 이자소득세=15%×0.2=3%

• 세후 명목이자율=명목이자율-이자소득세=15%-3%=12%

• 세후 실질이자율=세후 명목이자율-예상인플레이션=12%-5%=7%

답 ③

현재 명목이자율이 0이다. 명목이자율의 하한이 0일 때, 다음 설명 중 옳은 것은?

> 가. 명목이자율 하한이 존재하지 않는 경우에 비해 확장 재정정책은 안정화 정책으로서 유효성이 작아진다.
>
> 나. 명목이자율 하한이 존재하지 않는 경우에 비해 전통적인 확장 통화정책은 안정화 정책으로서 유효성이 작아진다.
>
> 다. 양적완화정책(Quantitative easing)을 실시하여 인플레이션 기대가 상승하면 실질이자율이 하락한다.
>
> 라. 양적완화정책을 실시할 경우 전통적인 통화정책을 실시할 경우에 비하여 중앙은행이 보유하는 채권의 다양성이 줄어든다.

① 가, 나   ② 가, 다

③ 나, 다   ④ 나, 라

⑤ 다, 라

┃해설┃

가. (✕) 확장 재정정책은 정부가 직접 개입하여 재화와 서비스 구입을 통해 총수요를 증가시키는 방법이므로 명목이자율의 하한이 존재하더라도 안정화 정책으로서의 유효성이 감소하지 않는다.

나. (○) 명목이자율의 하한이 존재하여 명목이자율의 하락을 통해 실질이자율을 낮추는 것이 불가능할 경우, 통화량 증대를 통해 총수요를 증가시킬 수 없어 확장 통화정책의 유효성이 작아진다.

다. (○) 중앙은행이 통화량을 대량으로 늘리면, 사람들의 인플레이션율 기대가 상승하여 명목이자율과 상관없이 실질이자율이 하락할 것이다.

라. (✕) 중앙은행이 통화량을 대량으로 늘리기 위해 많은 국채와 채권을 구입하게 되므로, 중앙은행이 보유하는 채권의 다양성이 커진다.

답 ③

01 | 생산가능인구

전체 인구 중에서 만 15세 이상의 인구로 경제활동가능인구를 의미

02 | 경제활동인구

경제활동인구 ＝실업자＋취업자	• 정의 : 생산가능인구 중에서 취업자와 구직활동을 한 실업자의 합 • 생산가능인구에서 비경제활동인구를 차감하여 계산 • 취업자와 실업자의 합으로 계산

03 | 실 업

일할 의사와 능력이 있지만 직업을 갖지 못한 상태

04 | 실업의 종류

1. 자발적 실업

일할 능력을 갖고 있으나 현재의 임금수준에서 일할 의사가 없어서 실업상태에 있는 경우를 말한다.
① **마찰적 실업** : 일시적으로 직장을 옮기는 과정에서 발생하는 실업
② **탐색적 실업** : 보다 나은 직장을 탐색하면서 발생하는 실업

2. 비자발적 실업

일할 의사와 능력을 갖고 있으나 현재의 임금수준에서 일자리를 구하지 못하여 실업상태에 있는 경우를 말한다.
① **경기적 실업** : 경기침체로 인해 발생하는 대량의 실업(케인즈적 실업)으로 경기회복으로 가능
② **구조적 실업** : 일부산업의 사양화 등으로 인하여 발생하는 실업으로 산업구조의 개편과 새로운 인력정책으로 해결이 가능
③ **기타의 실업**
  ㉠ 잠재적 실업(위장실업·가장실업) : 인구과잉의 후진국 농업부문에서 주로 나타나는 실업으로 겉으로 보기에는 취업상태에 있으나 한계생산력이 0인 상태의 실업
  ㉡ 기술적 실업 : 기술진보로 노동이 인간에서 기계로 대체되어 발생하는 실업
  ㉢ 계절적 실업 : 생산 또는 수요의 계절적 변화에 따라 발생하는 실업

05 | 실업률

$$실업률 = \frac{실업자수}{경제활동인구} \times 100 = \frac{실업자수}{취업자수 + 실업자수} \times 100$$

06 | 실업자수

• 조사대상기간을 포함한 4주간 적극적으로 구직활동을 하였으나, 소득활동을 못한 인구
• 구직활동을 계속해 왔으나, 일시적인 질병 등으로 조사기간 중 구직활동을 못한 인구도 실업자로 분류

07 | 취업률

$$취업률 = \frac{취업자수}{경제활동인구} \times 100 = \frac{취업자수}{취업자수 + 실업자수} \times 100$$

08 | 취업자수

- 조사대상기간 중 1주간 1시간 이상 소득활동을 한 사람
- 동일가구에서 경영하는 사업체에서 주당 18시간 이상 일한 무급 근로자도 취업자로 분류
- 질병 등으로 인해 조사기간 중 일시적으로 일을 쉬는 사람도 취업자로 분류

09 | 고용률

$$고용률 = \frac{취업자수}{15세 \ 이상의 \ 인구} \times 100 = \frac{취업자수}{경제활동인구 + 비경제활동인구} \times 100$$

10 | 오쿤의 법칙

- 실업이 존재하면 실제 GDP가 완전고용산출량에 미달하게 되므로 산출량의 손실이 발생
- $\dfrac{Y_N - Y}{Y_N} = \beta(u - u_N)$

  (Y_N : 잠재 GDP, Y : 실제 GDP, β : 상수, u : 실제실업률, u_N : 자연실업률)

01 보험계리사 2018 ☑ 확인 Check! ○ △ ✕

다음의 통계로부터 구한 생산가능인구는?

- 경제활동참가율 : 50%
- 실업률 : 20%
- 취업자 : 2,600만명

① 3,000만명　　　　　　　　　② 3,250만명

③ 6,000만명　　　　　　　　　④ 6,500만명

┃해설┃

- 실업률이 20%이므로 취업률은 80%인 것을 알 수 있다.

- 경제활동인구 $= \dfrac{\text{취업자수}}{\text{취업률}} = \dfrac{2,600\text{만명}}{0.8} = 3,250\text{만명}$

- 생산가능인구 $= \dfrac{\text{경제활동참가인구}}{\text{경제활동참가율}} = \dfrac{3,250\text{만명}}{0.5} = 6,500\text{만명}$

답 ④

01 공인노무사 2021

☑ 확인 Check! ○ △ ✕

2021년 현재 우리나라 통계청의 고용통계작성기준에 관한 설명으로 옳지 않은 것은? (단, 만 15세 이상 인구를 대상으로 한다)

① 아버지가 수입을 위해 운영하는 편의점에서 조사대상주간에 무상으로 주당 20시간 근로한 자녀는 비경제활동인구로 분류된다.

② 다른 조건이 같을 때, 실업자가 구직활동을 포기하면 경제활동참가율은 하락한다.

③ 질병으로 입원하여 근로가 불가능한 상태에서 구직활동을 하는 경우에는 실업자로 분류되지 않는다.

④ 대학생이 수입을 목적으로 조사대상주간에 주당 1시간 이상 아르바이트를 하는 경우 취업자로 분류된다.

⑤ 실업률은 경제활동인구 대비 실업자수의 비율이다.

┃해설┃

아버지가 수입을 위해 운영하는 편의점에서 조사대상주간에 무상으로 주당 20시간 근로한 자녀는 경제활동인구로 분류된다.

② 실업자 중 구직활동을 포기한 실망노동자는 비경제활동인구로 분류되어 경제활동참가율은 하락하게 된다.

③ 통계청에서 정의하고 있는 실업자란 조사대상주간을 포함한 지난 4주간 적극적으로 일자리를 찾아보았으며, 일이 주어졌을 경우 즉시 일할 수 있는 여건이 구비된 사람으로, 질병으로 입원하여 근로가 불가능한 상태의 사람은 즉각 일할 수 있는 여건이 구비된 사람에 해당하지 않으므로, 실업자로 분류되지 않는다.

④ 대학생이 수입을 목적으로 조사대상주간에 주당 1시간 이상 아르바이트를 하는 경우, 그 아르바이트로써 수입이 발생했기 때문에 취업자로 분류된다.

⑤ 실업률 $= \dfrac{실업자수}{경제활동인구} \times 100 = \dfrac{실업자수}{취업자수 + 실업자수} \times 100$

탭 ①

02 공인노무사 2017

생산가능인구가 1,000만명인 어떤 나라가 있다고 하자. 이 가운데 취업자가 570만명이고 실업자가 30만명인 경우에 관한 설명으로 옳지 않은 것은?

① 실업률은 5%이다.

② 비경제활동률은 40%이다.

③ 경제활동인구는 600만명이다.

④ 고용률은 60%이다.

⑤ 이 나라의 전체 인구는 알 수 없다.

▌해설▐

고용률$=\dfrac{취업자수}{생산가능인구수}\times100=\dfrac{570만명}{1,000만명}\times100=57\%$

① 실업률$=\dfrac{실업자수}{경제활동인구수}\times100=\dfrac{30만명}{600만명}\times100=5\%$

② 비경제활동률$=\dfrac{생산가능인구수-경제활동인구수}{생산가능인구수}\times100=\dfrac{400만명}{1,000만명}\times100=40\%$

③ 경제활동인구수 = 취업자수 + 실업자수=570만명+30만명=600만명

⑤ 위의 숫자로는 만 15세 이상의 인구수만 알 수 있다. 또한 현역군인이나 공익근무요원, 교도소 수감자 등은 만 15세 이상의 인구수에서 제외되어 있다.

답 ④

03 감정평가사 2016

A국의 생산가능인구는 500만명, 취업자수는 285만명, 실업률이 5%일 때, A국의 경제활동참가율은?

① 48%

② 50%

③ 57%

④ 60%

⑤ 65%

▌해설▐

• 실업률$=\dfrac{실업자}{취업자+실업자}\times100=\dfrac{실업자}{285만명+실업자}\times100=0.05$

• 실업자수=15만명

• 경제활동참가인구수=취업자수+실업자수=285만명+15만명=300만명

• 경제활동참가율$=\dfrac{경제활동참가인구}{생산가능인구}\times100=\dfrac{300만명}{500만명}\times100=0.6$

답 ④

☑ 확인 Check! ○ △ ✕

A국의 생산가능인구는 3,000만명, 그중에서 취업자는 1,400만명, 실업자는 100만명일 때 생산가능인구에 대한 비경제활동인구의 비율(%)은?

① 30

② 40

③ 50

④ 60

⑤ 70

┃해설┃

• 생산가능인구＝경제활동인구＋비경제활동인구
• 경제활동인구＝취업자수＋실업자수＝1,400만명＋100만명＝1,500만명
• 비경제활동인구＝생산가능인구－경제활동인구＝3,000만명－1,500만명＝1,500만명
• 경제활동인구와 비경제활동인구가 동일하기 때문에 생산가능인구에 대한 비경제활동인구의 비율(%)은 50%이다.

답 ③

☑ 확인 Check! ○ △ ✕

표는 A국의 고용 관련 자료를 나타낸다. 고용률$\left(=\dfrac{\text{취업자수}}{\text{생산가능인구}}\right)$은?

취업자	1,000만명
실업률	20%
경제활동 참가율	80%

① 48%

② 52%

③ 56%

④ 60%

⑤ 64%

┃해설┃

• 실업률＝$\dfrac{\text{실업자}}{\text{취업자}＋\text{실업자}}＝\dfrac{\text{실업자}}{1,000\text{만명}＋\text{실업자}}＝0.2$

  ∴ 실업자＝250만명

• 경제활동참가율＝$\dfrac{\text{경제활동인구}}{\text{경제활동인구}＋\text{비경제활동인구}}＝\dfrac{\text{취업자}＋\text{실업자}}{\text{취업자}＋\text{실업자}＋\text{비경제활동인구}}$

  $＝\dfrac{1,000\text{만명}＋250\text{만명}}{1,000\text{만명}＋250\text{만명}＋\text{비경제활동인구}}＝0.8$

  ∴ 비경제활동인구＝312.5만명

• 고용률＝$\dfrac{\text{취업자}}{\text{취업자}＋\text{실업자}＋\text{비경제활동인구}}＝\dfrac{1,000\text{만명}}{1,000\text{만명}＋250\text{만명}＋312.5\text{만명}}＝0.64$

답 ⑤

01 공인회계사 2018

☑ 확인Check! ○ △ ✕

다음 중 우리나라의 실업률 통계 기준에 따라 실업자로 분류되는 경우는?

① 정규직 일자리를 찾으며 주 40시간 근무하는 38세 슈퍼마켓 비정규직 직원

② 방과 후 아르바이트 자리를 찾고 있는 만 14세 중학생

③ 박사 취득 후 지난 1년 동안 구직활동을 하다가 육아에 전념하기 위해 구직활동을 포기한 34세 여성

④ 20년 동안 근속하던 직장에서 파업이 발생하자 사용자가 직장폐쇄를 하여 현재 집에서 쉬고 있는 42세 남성

⑤ 아버지가 운영 중인 식당에서 매일 2시간 무급으로 일하면서 구직활동을 하고 있는 28세 남성

┃해설┃

가구에서 운영 중인 식당에서 매일 2시간씩 일한다면 일주일로 환산하면 14시간인데, 동일 가구에서 운영하는 식당에서 주당 18시간 이상 일을 해야 취업자로 분류된다. 기준 시간에 미달하고 일을 할 의지가 있으며, 구직활동을 하고 있으므로 실업자로 분류된다.

① 주간에 수입을 목적으로 1시간 이상 일을 하였으므로 취업자로 분류된다.

② 만 14세의 중학생은 만 15세 미만이기 때문에 생산가능인구에 포함되지 않는다.

③ 구직활동 포기자는 비경제활동인구에 포함되기 때문에 실업자로 분류되지 않는다.

④ 직장 내에서 파업이 발생하여 직장폐쇄를 한 경우에도 취업자로 분류된다.

답 ⑤

02 공인노무사 2023

☑ 확인Check! ○ △ ✕

일자리 탐색모형(job search model)**에 관한 설명으로 옳은 것은?**

① 일자리 특성이 아니라 근로자의 특성에 따라 취업할 확률에 미치는 영향을 설명한다.

② 일자리 탐색모형은 채용기준에 적합한 근로자를 찾는 과정을 설명한다.

③ 유보임금(reservation wage)은 근로를 위해 받아들일 수 있는 최저임금이다.

④ 유보임금이 증가하면 예상실업기간은 감소한다.

⑤ 근로자는 탐색과정에서 희망하는 최고의 임금을 받게 된다.

┃해설┃

① 근무 여건과 조직분위기 같은 일자리 특성은 취업에 영향을 준다.

② 기업입장에서 적합한 근로자를 찾는 것이 아닌 근로자 입장에서 일할 기업을 구하는 과정을 설명한다.

④ 유보임금이 클수록 취업에 성공할 확률은 줄어들기에 예상실업기간은 증가한다.

⑤ 시간이 지나면서 근로자의 원하는 임금은 점점 작아지게 되므로 최고의 임금을 받기 어렵다.

답 ③

03 공인노무사 2018

우리나라 고용통계에 관한 설명으로 옳은 것은?

① 부모가 경영하는 가게에서 무급으로 하루 5시간씩 주 5일 배달 일을 도와주는 아들은 취업자이다.

② 학생은 유급 파트타임 노동을 하더라도 주로 하는 활동이 취업이 아니므로 취업자가 될 수 없다.

③ 다른 조건이 모두 동일한 상태에서 고교 졸업생 중 취업자는 줄고 대학진학자가 증가하였다면, 취업률은 감소하지만 고용률은 변화가 없다.

④ 실업률은 '(100% − 고용률)'이다.

⑤ 실업자수는 취업률 계산에 영향을 미치지 못한다.

┃해설┃

부모가 운영하는 가게에서 주당 18시간 이상 일을 하였다면, 무급이라고 하더라도 그 노동자는 취업자로 분류한다.

② 학생이라고 하더라도 주간 수입을 얻기 위한 목적으로 1시간 이상 일을 한다면 취업자로 분류된다.

③ 생산가능인구가 동일한데 대학진학자가 증가하여 비경제활동인구가 늘고 취업자가 줄었다면, 고용률은 감소한다.

④ 실업률은 '(경제활동참가율 − 취업률)'이다.

⑤ 실업자수가 늘어나면 취업률이 낮아지고, 실업자수가 줄어들면 취업률이 높아진다.

답 ①

04 공인노무사 2017

다음 중 실업자로 분류되는 경우는?

① 두 달 후에 있을 공무원 시험을 치기 위해 공부하고 있는 A씨

② 서류 전형에서 거듭 낙방한 후, 산속에 들어가 버섯 재배업을 시작한 B씨

③ 주중 내내 부모님의 식당일을 도와 생활비를 얻어 쓰는 C씨

④ 대학 졸업 후 부모님에 얹혀살면서 취업의 필요성을 느끼지 않는 D씨

⑤ 다니던 직장에 만족하지 못해 사직한 후, 외국계 회사에 면접을 보러 다니는 E씨

┃해설┃

다니던 직장에 불만족해 사직한 경우는 마찰적 실업자로 분류된다.

①·④는 비경제활동인구로 분류되며, ②·③은 취업자로 분류된다.

답 ⑤

05 공인노무사 2017

☑ 확인 Check! ○ △ X

노동시장과 실업에 관한 설명으로 옳은 것은?

① 실망노동자(Discouraged worker)는 실업자로 분류되지 않는다.

② 완전고용은 자발적 실업이 없는 상태이다.

③ 최저임금제도의 도입은 실업 발생과 무관하다.

④ 실업보험이 확대되면 자연실업률이 낮아진다.

⑤ 비자발적 실업은 경기적 실업과 구조적 실업 그리고 마찰적 실업을 말한다.

┃해설┃

실망노동자는 구직포기자라고도 하는데 실업자가 아니라 비경제활동인구로 포함되어 실업자수에서 제외된다. 실망노동자가 발생하면 실업률은 낮아진다.

② 자발적 실업에는 마찰적 실업이 있는데 완전고용은 마찰적 실업과 함께 구조적 실업도 존재하는 상태이다.

③ 최저임금제도를 실시하면, 임금상승에 따라 노동공급이 증가하므로 비자발적 실업이 발생하게 된다.

④ 실업보험이 확대되면 직업 탐색기간이 길어져 자연실업률이 높아진다.

⑤ 비자발적 실업은 경기적 실업과 일부 구조적 실업을 의미한다. 마찰적 실업은 자발적 실업으로 분류된다.

 답 ①

---

06 공인노무사 2015

☑ 확인 Check! ○ △ X

실업에 관한 주장으로 옳은 것은?

① 정부는 경기적 실업을 줄이기 위하여 기업의 설비투자를 억제시켜야 한다.

② 취업자가 존재하는 상황에서 구직포기자의 증가는 실업률을 감소시킨다.

③ 전업주부가 직장을 가지면 경제활동참가율과 실업률은 모두 낮아진다.

④ 실업급여의 확대는 탐색적 실업을 감소시킨다.

⑤ 정부는 구조적 실업을 줄이기 위하여 취업정보의 제공을 축소해야 한다.

┃해설┃

구직포기자가 늘어나면 경제활동인구가 줄어들고, 실업자수가 감소하기 때문에 실업률은 줄어든다.

① 경기적 실업은 경기가 침체함에 따라 발생하는 실업으로 이를 극복하기 위해서는 경기를 활성화시켜야 한다. 따라서 정부의 지출을 늘리고, 세율을 인하하거나, 기업의 설비투자를 장려하고 가계의 민간 소비를 늘려야 한다.

③ 비경제활동인구에 포함되었던 전업주부가 직장을 가지면 경제활동참가율도 올라가고 취업자수가 증가하여 취업률도 올라간다.

④ 실업급여의 확대는 실업급여가 높아지고, 지급기간이 길어지면 노동자들이 높은 임금의 일자리만 찾으려 할 것이므로 탐색적 실업을 증가시킨다.

⑤ 직업정보망이 확대되면 노동자의 구직 기간도 짧아지고, 기업의 구인 기간도 짧아지므로 구조적 실업을 줄이기 위해서는 취업정보의 제공을 늘려야 한다.

 답 ②

01 감정평가사 2018

☑ 확인Check! ○ △ ✕

실업에 관한 설명으로 옳지 않은 것은?

① 균형임금을 초과한 법정 최저임금의 인상은 비자발적 실업을 증가시킨다.

② 실업급여 인상과 기간 연장은 자발적 실업 기간을 증가시킨다.

③ 정부의 확장적 재정정책은 경기적 실업을 감소시킨다.

④ 인공지능 로봇의 도입은 경기적 실업을 증가시킨다.

⑤ 구직자와 구인자의 연결을 촉진하는 정책은 마찰적 실업을 감소시킨다.

┃해설┃

인공지능 로봇의 도입은 산업구조가 변한 것이므로 경기적 실업이 아니라 구조적 실업이 증가한다.

① 법정 최저임금이 균형임금을 초과한다면, 기업이 고용비용이 늘어나서 고용을 줄일 것이므로 비자발적 실업이 증가한다.

② 실업급여가 인상되고 기간이 늘어난다면 실업자가 구직활동을 적극적으로 하지 않을 것이므로 자발적 실업 기간이 증가한다.

③ 정부가 확장적 재정정책을 실시하면 경기가 활성화되기 때문에 경기가 침체하면서 발생하는 경기적 실업은 감소한다.

⑤ 구인·구직 연결의 촉진은 마찰적 실업을 감소시키지만, 마찰적 실업을 완전히 제거하는 것은 불가능하다.

답 ④

02 공인노무사 2022

☑ 확인Check! ○ △ ✕

실업에 관한 설명으로 옳은 것은?

① 구직단념자의 증가는 비경제활동인구의 감소를 초래하여 실업률을 상승시킨다.

② 비자발적 실업이 존재한다는 것은 노동시장에서 실제 임금수준이 균형임금보다 낮다는 것을 의미한다.

③ COVID-19 팬데믹 문제로 산업 활동이 둔화하여 발생하는 실업은 마찰적 실업에 해당한다.

④ 전기차 등 친환경차 생산 증대로 기존 내연기관 자동차 생산에 종사하는 노동자가 일자리를 잃는 경우 구조적 실업에 해당한다.

⑤ 해외 유아의 국내 유입이 증가하는 경우 실업률이 하락한다.

┃해설┃

① 구직단념자는 실망노동자로 실업률 통계에 포함되지 않는다.

② 비자발적 실업이 존재한다는 것은 노동시장에서 실제 임금수준이 균형임금보다 높다는 것을 의미한다.

③ COVID-19 팬데믹 문제로 산업 활동이 둔화하여 발생하는 실업은 경기적 실업에 해당한다.

⑤ 15세 이하의 유아 유입은 실업률과 관련이 없다.

답 ④

03 감정평가사 2017
☑ 확인Check! ○ △ ✕

실업에 관한 설명으로 옳지 않은 것은?

① 일자리를 가지고 있지 않으나 취업할 의사가 없는 사람은 경제활동인구에 포함되지 않는다.

② 실업이란 사람들이 일할 능력과 의사를 가지고 일자리를 찾고 있으나 일자리를 얻지 못한 상태를 말한다.

③ 자연실업률은 구조적 실업만이 존재하는 실업률이다.

④ 실업자가 구직을 단념하여 비경제활동인구로 전환되면 실업률이 감소한다.

⑤ 경기변동 때문에 발생하는 실업은 경기적(Cyclical) 실업이다.

┃해설┃

자연실업률은 마찰적 실업과 구조적 실업만 존재할 때의 실업률을 말한다.

① 경제활동인구에 포함되기 위해서는 만 15세 이상으로 일할 의사와 능력이 있는 사람으로 구성된다. 일자리가 없는데, 취업할 의사가 없는 사람은 비경제활동인구로 분류된다.

④ 실업자수가 줄고, 경제활동인구수도 줄기 때문에 실업률이 감소한다.

⑤ 경기적 실업은 경기가 침체함에 따라 발생하는 실업을 의미한다.

답 ③

04 감정평가사 2016
☑ 확인Check! ○ △ ✕

실업에 관한 설명으로 옳은 것은?

① 만 15세 미만 인구도 실업률 측정 대상에 포함된다.

② 마찰적 실업은 자연실업률 측정에 포함되지 않는다.

③ 더 좋은 직장을 구하기 위해 잠시 직장을 그만둔 경우는 경기적 실업에 해당한다.

④ 경기적 실업은 자연실업률 측정에 포함된다.

⑤ 현재의 실업률에서 실망실업자(Discouraged workers)가 많아지면 실업률은 하락한다.

┃해설┃

실업자가 실망실업자가 되면 비경제활동인구로 분류되고, 실업자수가 줄어들기 때문에 실업률은 하락한다.

① 생산활동가능인구는 만 15세 이상 인구를 측정대상으로 한다.

② 자연실업률은 마찰적 실업과 구조적 실업만 존재하는 실업률을 말한다.

③ 더 좋은 직장을 얻기 위해 잠시 직장을 그만둔 경우는 마찰적 실업에 해당한다. 경기적 실업은 경기가 침체함에 따라 발생하는 실업이다.

④ 경기적 실업과 일부 구조적 실업은 비자발적 실업으로 자연실업률에 포함되지 않는다.

답 ⑤

05 | 실업률

01 보험계리사 **2021** ☑ 확인 Check! ○ △ ✕

A국에서 2019년에 실업자가 일자리를 구할 확률은 20%이며, 취업자가 일자리를 잃고 실업자가 될 확률은 4%이다. 2019년 초의 실업자 수가 500만명인 경우 2020년 초의 실업률은? (단, A국 경제의 생산가능인구는 4,000만명, 경제활동참가율은 75%이다. 또한 생산가능인구와 경제활동참가율은 불변이며, 경제활동인구와 비경제활동인구 사이의 이동은 없다고 가정한다)

① 11.1% ② 14.5%
③ 15.5% ④ 16.7%

| 해설 |

- 경제활동인구＝생산가능인구×경제활동참가율＝4,000만명×0.75＝3,000만명
- 2019년 취업자 수＝경제활동인구－실업자 수＝3,000만명－500만명＝2,500만명
- 2019년 취업자에서 실업자로 바뀌는 수＝2,500만명×0.04＝100만명
- 2019년 실업자에 취업자로 바뀌는 수＝500만명×0.2＝100만명
- 2019년 취업자에서 실업자로 실업자에서 취업자로 변경되는 수는 동일하다. 따라서 2020년 초 취업자 수와 실업자 수는 2019년과 동일하다.
- 2020년 초 실업자 수＝500만명
- 2020년 초 취업자 수＝2,500만명
- 2020년 초 실업률＝$\dfrac{\text{실업자 수}}{\text{취업자 수}＋\text{실업자 수}}＝\dfrac{500만명}{2,500만명＋500만명}≒0.167$

답 ④

다음은 어떤 나라의 고용 관련 자료를 정리한 표이다.

생산가능인구	1,000만명
경제활동 참가율	70%
실업자	35만명
실업자가 일자리를 구할 확률	0.24
취업자가 일자를 잃을 확률	0.01

실업률갭을 실제실업률에서 자연실업률을 차감한 값으로 정의할 때, 이 나라의 실업률갭은? (단, 생산가능인구, 실업자가 일자리를 구할 확률, 취업자가 일자리를 잃을 확률은 일정하고, 경제활동인구와 비경제활동인구 사이의 이동은 없다)

① −0.5%

② 0.0%

③ 0.5%

④ 1.0%

⑤ 1.5%

┃해설┃

- 자연실업률$=\dfrac{실직률}{실직률+구직률}\times100=\dfrac{0.01}{0.01+0.24}\times100=\dfrac{0.01}{0.25}\times100=4\%$

- 생산가능인구가 1,000만명이고 경제활동 참가율이 70%이므로, 경제활동인구는 700만명이다.

- 경제활동인구 700만명 중 실업자가 35만명

  ∴ 실제실업률$=\dfrac{실업자수}{경제활동인구수}\times100=\dfrac{35만명}{700만명}\times100=5\%$

- 실업률갭=실제실업률 5%−자연실업률 4%=1%

답 ④

PART 2

거시경제학

A국의 매 기간 동안 실직률(취업자 중 실직하는 사람의 비율)은 2%, 구직률(실직자 중 취업하는 사람의 비율)은 8%일 때, 균제상태(steady state)의 실업률은?

① 10%
② 12%
③ 16%
④ 20%
⑤ 25%

┃해설┃

$$균제상태의\ 실업률 = \frac{실직률}{실직률 + 구직률} \times 100 = \frac{0.02}{0.02 + 0.08} \times 100 = 20\%$$

답 ④

다음 표는 어느 경제의 노동시장 관련 자료이다. 이 경제의 모든 생산가능인구는 경제활동인구이며, 현재 실업률은 자연실업률과 같다. 취업자 수와 실업률로 가장 가까운 것은? (단, 실업자가 일자리를 찾을 확률과 취업자가 일자리를 잃을 확률은 일정하다)

실업자 수	50만명
신규취업자 수	4만명
취업자가 일자리를 잃을 확률	1.6%

	취업자 수	실업률
①	250만명	16.67%
②	250만명	17.84%
③	250만명	18.32%
④	300만명	16.67%
⑤	300만명	17.84%

┃해설┃

$sE = 0.016 \times E = f \times 50만명 = 4만명$,   ∴ $E = 250만명$, $f = 0.08$

$$\frac{s}{s+f} = \frac{0.016}{0.016 + 0.08} = 16.67\%$$

답 ①

05 감정평가사 2019　　　　　　　　　　　　　　☑ 확인 Check! ○ △ ✕

甲국은 경제활동인구가 1,000만명으로 고정되어 있으며 실업률은 변하지 않는다. 매 기간 동안, 실업자 중 새로운 일자리를 얻는 사람의 수가 47만명이고, 취업자 중 일자리를 잃는 사람의 비율(실직률)이 5%로 일정하다. 甲국의 실업률은?

① 3%　　　　　　　　　　　　　　② 4%

③ 4.7%　　　　　　　　　　　　　④ 5%

⑤ 6%

┃해설┃

- 경제활동인구가 고정되어 있는 상태에서 실업률이 변화가 없다는 말은 실업자수가 동일하다는 의미이다.
- 실업자수가 동일하기 위해서는 실업자 중에서 취업자로 전환된 47만명만큼 취업자에서 실업자로 전환되어야 한다. 따라서 취업자×5%=47만명이다.
- 경제활동인구 1,000만명에서 취업자는 940만명이므로 실업자는 60만명이다.

$$실업률 = \frac{실업자수}{경제활동인구수} \times 100 = 6\%이다.$$

답 ⑤

06 공인회계사 2023　　　　　　　　　　　　　　☑ 확인 Check! ○ △ ✕

어느 국가의 현재 실업률이 30%이다. 현재 실업자가 다음 기에 일자리를 구할 확률은 0.3이고, 현재 취업자가 다음 기에 일자리를 잃을 확률은 0.1이다. 다음 기 실업률은 현재의 실업률과 비교하여 어떻게 변화할 것인가? (단, 생산가능인구는 일정하고, 경제활동인구와 비경제활동인구 사이의 이동은 없다)

① 2% 포인트 하락

② 1% 포인트 하락

③ 변화 없음

④ 1% 포인트 상승

⑤ 2% 포인트 상승

┃해설┃

현재 실업률이 30%라고 하였으므로 경제활동인구를 100명, 실업자를 30명이라고 놓고 계산해보자. 현재 취업자인 70명 중 10%가 다음 기에 실업자가 되므로 실업자가 7명 증가하고 취업자는 7명 감소하게 된다. 그리고 현재 실업자인 30명 중 30%가 다음 기에 취업자가 되므로 취업자가 9명 증가하고 실업자가 9명 감소하게 된다. 따라서 이 둘을 종합하면 취업자는 2명 증가하고 실업자는 2명 감소하게 되므로 실업자는 28명이 된다. 이를 통해 실업률을 계산하면 28%가 되어 전기 대비 2% 포인트 하락한다.

답 ①

다음 그림과 같은 노동시장에서 노동공급곡선이 우측으로 평행하게 이동할 경우 취업자수와 실업률의 변화로 옳은 것은?

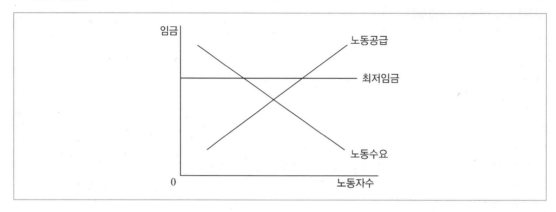

	취업자수	실업률
①	증 가	감 소
②	감 소	증 가
③	불 변	감 소
④	불 변	증 가
⑤	불 변	불 변

┃해설┃

• 노동수요와 노동공급의 접점에서 설정된 균형가격보다 높은 수준에서 최저임금이 설정되었기 때문에, 현재 비자발적 실업이 발생하고 있다.

• 최저임금이 고정된 상태로 공급곡선이 우측으로 움직이면 노동의 수요는 그대로이기 때문에 취업자수는 변화가 없고, 실업자수만 더 늘어나게 된다.

• 노동자수는 일정한데, 실업자수만 더 늘어나기 때문에 실업률이 증가한다.

답 ④

08 공인회계사 2016 ☑ 확인Check! ○ △ ✕

A국 경제의 생산가능인구는 1,000만명이며, 경제활동참가율은 100%이다. 올해 실업자가 일자리를 구할 확률은 0.8이며, 취업자가 일자리를 잃을 확률은 0.1이다. 올해 초의 실업자수가 100만명이면 내년 초의 실업률은? (단, A국 생산가능인구와 경제활동참가율은 불변이다)

① 10%
② 11%
③ 12%
④ 13%
⑤ 14%

┃해설┃

- 생산가능인구가 1,000만명이고 경제활동참가율이 100%인 상황에서 실업자수가 100만명이면, 취업자수는 900만명이다.
- 올해 실업자가 일자리를 구할 확률 : 100만명×0.8=80만명,
- 올해 취업자가 일자리를 잃을 확률 : 900만명×0.1=90만명 → 내년 초 실업자수는 110만명이다.
- 생산가능인구와 경제활동참가율이 불변이므로, A국의 내년 초 실업률은 11%이다.

답 ②

09 공인노무사 2024 ☑ 확인Check! ○ △ ✕

A국의 균제상태(steady state)에서의 실업률이 12%이고, 매 기간 실직률(취업자 중 실직하는 사람의 비율)이 3%일 때, 균제상태를 유지시키는 구직률(실업자 중 취업하는 사람의 비율)은?

① 5%
② 10%
③ 12%
④ 15%
⑤ 22%

┃해설┃

$$실업률=\frac{실직률}{구직률+실직률}=\frac{0.03}{구직률+0.03}=0.12$$

∴ 구직률=0.22=22%

답 ⑤

01 공인노무사 2021

☑ 확인 Check! ○ △ ✕

A국가는 경제활동인구가 1,000만명이고, 매 기간 동안 실직률(취업자 중 실직하는 사람의 비율)과 구직률(실직자 중 취업하는 사람의 비율)은 각각 2%와 18%이다. 균제상태(Steady State)의 실업자수는?

① 25만명

② 40만명

③ 50만명

④ 75만명

⑤ 100만명

┃해설┃

• 균형실업률 $= \dfrac{\text{실직률}}{\text{실직률} + \text{구직률}} = \dfrac{0.02}{0.02 + 0.18} = 0.1$

• 균제상태의 실업자수 $= 1,000$만명 $\times 0.1 = 100$만명

답 ⑤

02 감정평가사 2018

☑ 확인 Check! ○ △ ✕

甲국의 실업률은 5%, 경제활동참가율은 70%, 비경제활동인구는 600만명이다. 이 나라의 실업자수는?

① 30만명

② 50만명

③ 70만명

④ 100만명

⑤ 120만명

┃해설┃

• 경제활동참가율이 70%이므로 비경제활동참가율은 30%이며, 그 수가 600만명이기 때문에 생산가능인구의 총 수는 2,000만명이고, 경제활동참가의 인구는 그의 70%인 1,400만명이다.

• 실업률은 5%이므로 실업자수는 1,400만명의 5%는 70만명으로 계산된다.

답 ③

01 공인노무사 2019

A국에서 실업률이 6%일 때 실업자가 60만명이라면, 취업자수는 얼마인가?

① 60만명

② 940만명

③ 1,000만명

④ 1,060만명

⑤ 1,100만명

▌해설▌

$$실업률 = \frac{실업자수}{취업자수 + 실업자수} = \frac{60만명}{취업자수 + 60만명} = 0.06$$

∴ 취업자수 = 940만명

답 ②

01 공인회계사 2022   ☑ 확인Check! ○ △ ✕

다음 표는 갑국의 고용 관련 자료를 나타낸다. 경제활동인구와 비경제활동인구의 합계가 1,000만명으로 일정할 경우, t기에 비하여 $t+1$기에 취업자 수는 몇 명이나 증가하였는가?

구 분	t기	$t+1$기
실업률	4%	5%
경제활동참가율	60%	70%

① 89만명   ② 99만명
③ 109만명   ④ 119만명
⑤ 129만명

┃해설┃

생산가능인구＝경제활동인구＋비경제활동인구
경제활동인구＝취업자＋실업자
t기의 경제활동인구가 600만명이므로 취업자는 600만명－24만명＝576만명이다.
$t+1$기의 경제활동인구는 700만명이므로 취업자는 700만명－35만명＝665만명이다.
따라서 취업자 수는 665만명－576만명＝89만명 증가하였다.

답 ①

02 공인노무사 2023   ☑ 확인Check! ○ △ ✕

A국의 15세 이상 생산가능인구는 200명이다. 실업률이 10%, 경제활동참가율이 60%일 때, 취업자수는?

① 54명   ② 100명
③ 108명   ④ 120명
⑤ 180명

┃해설┃

• 경제활동인구＝15세 이상의 생산가능인구×경제활동참가율
           ＝200명×60%＝120명

• 실업률＝$\dfrac{\text{실업자수}}{\text{경제활동인구}}×100＝\dfrac{\text{실업자수}}{120명}×100＝10\%$

  ∴ 실업자수＝120명×10%＝12명

• 취업자수＝경제활동인구－실업자수＝120명－12명＝108명

답 ③

다음은 어느 경제의 2017년 노동시장 관련 자료이다. 이 경제의 2018년 초 취업자수는 얼마인가?

- 비경제활동인구의 15%가 경제활동인구가 되었다.
- 경제활동인구의 10%가 비경제활동인구가 되었다.
- 실업자의 20%가 취업자가 되었다.
- 취업자의 5%가 실업자가 되었다.
- 경제활동인구와 비경제활동인구를 합한 수는 1,000만명으로 변함이 없다.
- 경제활동참가율은 변함이 없다.
- 실업률은 변함이 없다.

① 420만명　　　　　　　　　② 480만명
③ 540만명　　　　　　　　　④ 600만명
⑤ 660만명

┃해설┃
- 경제활동참가율이 변함이 없으므로 비경제활동에서 경제활동으로 변한 인구와 경제활동에서 비경제활동인구로 변한 인구수는 같다.
- 비경제활동인구×15%＝경제활동인구×10%
- 경제활동인구와 비경제활동인구의 합이 1,000만명
- 비경제활동인구를 X로 놓고, 경제활동인구를 Y로 두면 $X+Y=1,000$만명, $0.15X=0.1Y$가 성립한다.
  두 식을 연립해서 계산하면, 비경제활동인구 400만명, 경제활동인구 600만명
- 실업률의 변화가 없으므로 $(1-$취업률$)\times 0.2=$취업률$\times 0.05 \rightarrow \therefore$ 취업률=80%
- 취업자수＝경제활동인구×취업률＝600만명×80%＝480만명

답 ②

01 감정평가사 2019

☑ 확인 Check! ○ △ ✕

만 15세 이상 인구(생산가능인구) 1,250만명, 비경제활동인구 250만명, 취업자 900만명인 甲국의 경제활동 참가율, 실업률, 고용률은?

① 80%, 10%, 72%

② 80%, 20%, 72%

③ 80%, 30%, 90%

④ 90%, 20%, 72%

⑤ 90%, 20%, 90%

❚ 해설 ❚

- 생산가능인구가 1,250만명이며 비경제활동인구 250만명이므로, 경제활동인구는 1,000만명이다.

- 경제활동참가율 $= \dfrac{\text{경제활동인구}}{\text{생산가능인구}} \times 100 = \dfrac{1,000만명}{1,250만명} \times 100 = 80\%$

- 실업자수 $=$ 경제활동인구 $-$ 취업자수 $= 1,000만명 - 900만명 = 100만명$

- 실업률 $= \dfrac{\text{실업자수}}{\text{경제활동인구}} \times 100 = \dfrac{100만명}{1,000만명} \times 100 = 10\%$

- 고용률 $= \dfrac{\text{취업자수}}{\text{생산가능인구}} \times 100 = \dfrac{900만명}{1,250만명} \times 100 = 72\%$

답 ①

02 공인회계사 2017

✅ 확인Check! ○ △ X

실업률, 경제활동참가율, 고용률에 대한 설명으로 가장 적절한 것은?

① 고용률은 취업자수를 경제활동인구로 나눈 값이다.

② 우리나라의 인구증가율이 하락하는 점을 감안하면 경제활동참가율 역시 줄어들 것으로 예상된다.

③ 실업자 중 일부가 구직행위를 포기하면 실업률은 감소하게 된다.

④ 경제활동인구 증가율이 실업자수 증가율보다 크다면 실업률은 증가한다.

⑤ 경제활동인구 증가율이 생산가능인구 증가율보다 크다면 경제활동참가율은 감소한다.

┃해설┃

실업자 중 일부가 구직행위를 포기하면 실망실업자로 비경제활동인구에 해당되며, 실업자수가 줄어 실업률이 감소한다.

① 고용률은 취업자수를 생산가능인구로 나눈 값이다.

② 경제활동참가율은 만 15세 이상의 생산가능인구 중에서 경제활동에 참여하는 사람의 비중을 구하는 값으로, 인구증가율과는 무관하다.

④ 경제활동인구와 실업자수가 증가하는데 실업자수 증가율보다 경제활동 증가율이 더 크다면, 취업자가 더 늘었다는 의미이므로 실업률은 감소한다.

⑤ 생산가능인구＝경제활동인구＋비경제활동인구로 구별되는데, 생산가능인구 증가율보다 경제활동인구 증가율이 더 크다면 경제활동참가율은 증가한다.

답 ③

03 보험계리사 2017

✅ 확인Check! ○ △ X

취업자수가 100, 실업자수가 20, 경제활동참가율이 60%일 때 고용률은? (단, 소수 첫째 자리에서 반올림한다)

① 17% ② 50%

③ 55% ④ 83%

┃해설┃

- 경제활동참가율 $=\dfrac{\text{경제활동인구수}}{\text{생산가능인구수}}\times100=\dfrac{100+20}{\text{생산가능인구수}}\times100=60\%$, ∴ 생산가능인구수$=200$

- 고용률 $=\dfrac{\text{취업자수}}{\text{생산가능인구수}}\times100=\dfrac{100}{200}=50\%$

답 ②

04 공인노무사 2016

☑ 확인 Check! ○ △ ✕

경제활동참가율이 60%이고 실업률이 10%일 때, 고용률은?

① 45%

② 54%

③ 66%

④ 75%

⑤ 83%

┃해설┃

- 고용률 $=\dfrac{\text{취업자수}}{\text{생산가능인구수}}=$ 경제활동참가율 $\times (1-$ 실업률$)$

- 실업률이 10%이므로 취업률이 90%이다.

- 고용률 $=60\% \times (1-10\%)=54\%$

답 ②

05 보험계리사 2015

☑ 확인 Check! ○ △ ✕

고용률에 관한 설명을 바르게 묶어놓은 것은?

> ㄱ. 생산가능인구 중 취업자의 비율이다.
> ㄴ. 고용률은 항상 경제활동참가율보다 낮다.
> ㄷ. 경제활동참가율과 고용률의 차이가 실업률이 된다.

① ㄱ, ㄴ

② ㄱ, ㄷ

③ ㄴ, ㄷ

④ ㄱ, ㄴ, ㄷ

┃해설┃

생산가능인구 = 경제활동인구(취업자 + 실업자) + 비경제활동인구

ㄱ. (○) 고용률 $=\dfrac{\text{취업자}}{\text{생산가능인구}}$

ㄴ. (○) 취업률 $=\dfrac{\text{취업자}}{(\text{취업자} + \text{실업자})}$

　　취업률의 분모가 고용률의 분모보다 더 작으므로 취업률은 고용률보다 크다.

ㄷ. (✕) 경제활동참가율과 고용률의 차이는 $\dfrac{\text{실업자}}{\text{생산가능인구}}$ 이다.

　　실업률 $=\dfrac{\text{실업자}}{(\text{취업자} + \text{실업자})}$ 이므로 둘은 같지 않다.

답 ①

01 공인회계사 2019

☑ 확인 Check! ○ △ ✕

다음과 같은 관계식이 성립하는 경제가 있다.

- $\pi_t = \pi_{t-1} - 2(u_t - u^N)$
- $\dfrac{Y_t - Y^*}{Y^*} = -2(u_t - u^N)$

π_t, u_t, Y_t는 각각 t기의 인플레이션율, 실업률, 총생산을 나타내고, u^N, Y^*는 각각 자연실업률, 잠재총생산을 나타낸다. 현재 실업률이 자연실업률과 같을 때, 인플레이션율을 1% 포인트 낮추려는 정책이 실업률과 총생산에 미치는 효과는?

	실업률	총생산
①	0.5% 포인트 상승	0.5% 감소
②	0.5% 포인트 상승	1% 감소
③	1% 포인트 상승	1% 감소
④	1% 포인트 하락	2% 증가
⑤	2% 포인트 하락	4% 증가

┃해설┃

- 현재 인플레이션율을 1% 포인트 낮춘다고 하였으므로 $\pi_t + 1\% = \pi_{t-1}$가 성립한다.
- 이를 $\pi_t = \pi_{t-1} - 2(u_t - u^N)$에 대입해 정리해보면 $1\% = 2(u_t - u^N)$가 된다.
- 현재 실업률이 자연실업률과 동일하다고 하였으므로 실업률이 0.5% 포인트 상승한다.
- 총생산에는 $-2(u_t - u^N) = -1\%$가 되므로 총생산량이 1%가 감소한다.

 답 ②

다음과 같은 폐쇄경제 $IS-LM$모형을 가정하자.

상품시장	화폐시장
• $C=170+0.5(Y-T)$ • $I=100-10(i-\pi^e)$ • $G=\overline{G}$ • $T=60$ • $\pi^e=0$	• $L(Y,\ i)=Y-40i$ • $P=2$ • $M=300$

$C,\ Y,\ T,\ I,\ i,\ G,\ M,\ P,\ L(Y,\ i),\ \pi^e$은 각각 소비, 소득, 조세, 투자, 명목이자율, 정부지출, 명목화폐공급, 물가수준, 실질화폐수요함수 및 기대인플레이션을 나타낸다. 또한 오쿤의 법칙이 다음과 같이 성립한다.

$$u-4=-\frac{1}{50}(Y-500)$$

u는 실업률이다. 정부가 정부지출을 이용한 재정정책을 통해 실업률을 5%로 유지하고자 할 때 정부지출은? (단, 명목이자율과 실업률은 % 단위로 표시된다)

① 50
② 60
③ 70
④ 80
⑤ 90

┃해설┃

$5-4=-\dfrac{1}{50}(Y-500),\quad \therefore\ Y=450$

$IS\ :\ 450=170+0.5(450-60)+100-10i+G$

$LM\ :\ \dfrac{300}{2}=450-40i$

따라서 실업률을 5%로 유지하고자 할 때의 정부지출은 60이다.

답 ②

13 | 필립스곡선이론

01 | 전통적 필립스곡선

개 요	• 영국의 경제학자 필립스가 1950년대에 영국의 실증자료를 분석하여 명목임금 상승률과 실업률 사이에 역의 상관관계가 있음을 발견 • 1960년대에 립시(Lipsey)를 비롯한 학자들이 인플레이션율과 실업률의 관계로 수정 • 필립스곡선의 우하향한 형태는 인플레이션과 실업문제를 동시에 해결하기가 힘들다는 것을 나타냄 • 필립스곡선이 우하향의 형태를 보이는 이유는 총공급곡선이 우상향하기 때문 → 필립스곡선은 총공급곡선의 관계는 거울을 사이에 두고 대칭 관계

02 | 합리적 기대 필립스곡선

개 요	• 물가 예상이 정확할 경우에는 예상된 정책은 단기에도 필립스곡선은 수직선의 형태 • 예상된 정책은 단기적으로 효과가 없고, 예상치 못한 정책은 일시적으로는 효과가 있지만 정부의 신뢰성을 낮추는 부정적인 결과 초래 → 정책무력성 • 예상된 정책은 장기에도 실업률에 영향을 못 미치고 물가만 상승시킴

03 | 기대부가 필립스곡선

정 의	• 프리드만과 펠프스가 주장 • 적응적 기대에 의한 기대인플레이션율을 부가한 필립스곡선 • 기대인플레이션율이 변화함에 따라 필립스곡선도 이동
수 식	$\pi = \pi^e - \alpha(u - u_N)$ (π : 인플레이션율, π^e : 기대인플레이션율, u : 실제실업률, u_N : 자연실업률, $\alpha > 0$)
내 용	• 기대인플레이션율이 상승하면 단기 필립스곡선은 상방 이동 • 예측이 부정확한 단기에는 필립스곡선 우하향 • 예측이 정확한 장기에는 필립스곡선이 자연실업률 수준에서 수직선

04 | 인플레이션 억제정책

정 의	물가의 안정을 위해 인플레이션을 억제하는 정책
내 용	• 점진주의 정책 : 장기간에 걸쳐 조금씩 통화량을 줄여 인플레이션을 낮추는 정책으로 실업문제가 발생하지 않지만, 시간이 오래 소요된다는 단점 • 급진주의 정책 : 일시에 통화량을 크게 줄이는 정책으로 인플레이션은 단기간에 억제되지만, 대량의 실업문제와 경기침체가 발생

05 | 희생비율

• 인플레이션율을 1% 포인트 낮추는데 따르는 국민소득(실질 GDP)의 감소율

• 희생비율 $= \dfrac{\text{실질 } GDP \text{ 감소율}}{\text{인플레이션 하락률}}$

01 보험계리사 2017

☑ 확인Check! ○ △ ✕

필립스곡선에 관한 설명으로 옳지 않은 것은?

① 필립스(W. Phillips)는 명목임금상승률과 실업률 간의 상충관계를 제시했다.
② 프리드만(M. Friedman)은 필립스곡선을 단기와 장기로 구분하여 설명했다.
③ 필립스(W. Phillips)가 제시한 필립스곡선은 1970년대의 스태그플레이션을 설명하지 못했다.
④ 프리드만(M. Friedman)의 모형에서 기대인플레이션의 상승은 단기 필립스곡선을 왼쪽으로 이동시킨다.

┃해설┃

프리드만의 모형에서 기대인플레이션의 상승은 단기 필립스곡선을 오른쪽으로 이동시킨다.
① 필립스는 명목임금상승률과 실업률 간에 역의 상관관계가 있음을 제시하였다.
② 프리드만은 기존 필립스곡선에 기대인플레이션율을 부가한 기대부가 필립스곡선을 제시하였다. 이에 따르면 단기 필립스곡선은 우하향하며, 장기 필립스곡선은 자연실업률 수준에서 수직선이다.
③ 필립스곡선에 따르면 인플레이션과 실업률은 역의 관계인데, 1970년대에 발생한 스태그플레이션은 인플레이션과 실업률이 동시에 상승하는 필립스곡선으로 설명할 수 없는 현상을 보였다.

답 ④

02 감정평가사 2017

☑ 확인Check! ○ △ ✕

필립스(Phillips)곡선에 관한 설명으로 옳은 것은?

① 필립스(A.W. Phillips)는 적응적 기대 가설을 이용하여 최초로 영국의 실업률과 인플레이션 간의 관계가 수직임을 그래프로 보였다.
② 1970년대 석유파동 때 미국의 단기 필립스곡선은 왼쪽으로 이동되었다.
③ 단기총공급곡선이 가파를수록 단기 필립스곡선은 가파른 모양을 가진다.
④ 프리드먼(M. Friedman)과 펠프스(E. Phelps)에 따르면 실업률과 인플레이션 간에는 장기 상충(Trade-off) 관계가 존재한다.
⑤ 자연실업률가설은 장기 필립스곡선이 우상향함을 설명한다.

필립스곡선의 기울기는 공급곡선의 기울기에 의해 결정된다.

① 필립스는 정태적 기대가설을 이용하여, 실업률과 명목임금 상승률의 관계가 역의 관계임을 보여주는 우하향하는 곡선을 도출하였다.

② 1970년대 석유파동 당시에 인플레이션과 실업률이 동시에 상승하는 스태그플레이션이 발생하면서, 전통적인 필립스 곡선 자체가 우상방으로 이동하였다.

④・⑤ 프리드먼과 펠프스의 자연실업률가설에 의하면 장기에는 필립스곡선이 수직선의 형태를 나타내므로 실업률과 인플레이션 간의 상충관계가 존재하지 않는다.

답 ③

03 보험계리사 2016

☑ 확인 Check! ○ △ ✕

필립스곡선과 관련된 설명으로 옳지 않은 것은?

① 필립스(W. Phillips)는 실업률과 실질임금 상승률 간의 역관계를 나타내는 필립스곡선을 제시하였다.

② 프리드만(M. Friedman)은 단기 필립스곡선과 장기 필립스곡선을 구별하였다.

③ 스태그플레이션은 단기 필립스곡선의 이동으로 설명할 수 있다.

④ 프리드만(M. Friedman)은 자연실업률가설을 제시하였다.

필립스는 실업률과 명목임금 상승률 간의 역관계를 나타내는 필립스곡선을 제시하였다.

② 프리드만은 전통적인 필립스곡선에 기대인플레이션율을 부가한 기대부가 필립스곡선을 제시하였는데, 단기에는 경제주체들의 예상인플레이션율이 고정되어 있어서 필립스곡선이 우하향하지만, 장기에는 물가를 정확히 예상하므로 장기 필립스곡선은 수직선으로 도출된다고 주장하였다.

③ 1970년대에 인플레이션과 실업률이 동시에 상승하는 스태그플레이션이 발생하였는데, 이는 필립스곡선 자체가 상방으로 이동하는 것으로 해석할 수 있다.

④ 자연실업률은 경제가 장기균형에 있어서 마찰적 실업과 구조적 실업만 존재할 때의 실업률을 말한다. 자연실업률가 설은 장기 필립스곡선은 자연실업률 수준에서 수직선이므로 장기적으로는 인플레이션율과 실업률 사이에 상충관계가 존재하지 않는다. 또한, 장기 필립스곡선은 수직선이므로 실업률을 낮추기 위한 재량적인 안정화정책은 결국 물가 상승만을 가져온다.

답 ①

01 보험계리사 2021

☑ 확인 Check! ○ △ ✕

실업률 u와 인플레이션 π 사이의 관계식이 다음과 같다. 다음의 설명 중 옳은 것은?

$$\pi = \pi^e + h(u - u_n)$$

(단, π^e는 기대인플레이션, u_n은 자연실업률, 함수 $h(\cdot)$는 $h(0) = 0$, $h'(\cdot) < 0$이다)

① 적응적 기대를 가정하는 경우 장기에서도 화폐의 초중립성이 성립하지 않는다.

② 합리적 기대를 가정하는 경우 $\pi > \pi^e$이면 $u < u_n$이 될 수 있다.

③ 합리적 기대 하에서 통화정책이 예상 가능한 경우에도 화폐의 초중립성이 성립하지 않는다.

④ 적응적 기대를 가정하는 경우 단기에 인플레이션과 실업률은 상충(trade off)관계가 존재하지 않는다.

┃해설┃

합리적 기대를 가정하여 예측하는 경우 체계적 오류는 발생하지 않지만 예측오류는 발생하게 된다. 예측오류가 발생하여 인플레이션이 기대인플레이션보다 큰 경우 실업률이 잠재실업률보다 작은 상황이 발생하게 된다.

① 적응적 기대를 가정하는 경우에는 단기적으로 경제상황을 정확히 예측하지 못하는 오류를 범하지만 장기적으로 경제상황을 정확히 예측하게 된다. 따라서 장기에는 적응적 기대하에서 필립스곡선이 수직선 형태로 통화 증가율의 변화가 인플레이션에만 영향을 줄 뿐 실물경제에는 영향을 주지 못한다. 따라서 장기에 적응적 기대하에서는 화폐의 초중립성이 성립한다고 할 수 있다.

③ 합리적 기대 하에서 통화정책이 예상 가능한 경우에는 단기적으로도 실업률을 낮출 수 없고 물가상승만 가져온다. 따라서 합리적 기대 하에서 통화정책이 예상 가능한 경우에는 화폐의 초중립성이 성립한다.

④ 적응적 기대를 가정하는 경우 단기에는 사람들이 인플레이션을 정확하게 예상하지 못하는 예측오차가 발생하므로 필립스곡선이 우하향 형태를 갖는다. 따라서 적응적 기대를 가정하는 경우 단기에 인플레이션과 실업률은 상충(trade off)관계가 존재함을 알 수 있다.

답 ②

실업률과 인플레이션율의 관계는 $u = u_n - 2(\pi - \pi_e)$ 이고 자연실업률이 3%이다. 보기를 고려하여 중앙은행이 0%의 인플레이션율을 유지하는 준칙적 통화정책을 사용했을 때의 (ㄱ) 실업률과 최적 인플레이션율로 통제했을 때의 (ㄴ) 실업률은? (단, u, u_n, π, π_e 는 각각 실업률, 자연실업률, 인플레이션율, 기대 인플레이션율이다)

- 중앙은행은 물가를 완전하게 통제할 수 있다.
- 민간은 합리적인 기대를 하며 중앙은행이 결정한 인플레이션율로 기대인플레이션율을 결정한다.
- 주어진 기대 인플레이션에서 중앙은행의 최적 인플레이션율은 1%이다.

	ㄱ	ㄴ
①	0%	0%
②	1%	0%
③	1%	1%
④	2%	1%
⑤	3%	3%

┃ 해설 ┃

- 중앙은행이 0%의 인플레이션율을 유지하는 준칙적 통화정책을 사용하게 되면 기대인플레이션율은 0%가 된다. 인플레이션율과 기대인플레이션율이 각각 0%이면 실업률과 인플레이션율의 관계식에 의해 실업률과 자연실업률은 3%로 동일해진다.
- 최적 인플레이션율이 1%로 유지되면 합리적 기대를 하는 민간의 기대인플레이션율은 최적 인플레이션율과 동일한 1%가 된다. 인플레이션율과 기대인플레이션율이 각각 3%이면 실업률과 인플레이션율의 관계식에 의해 실업률과 자연실업률은 3%로 동일해진다.

답 ⑤

03 공인회계사 2019

A국의 중앙은행은 다음과 같이 주어진 손실함수를 최소화하도록 통화정책을 운용한다.

$$L(\pi) = (\pi - 0.03)^2$$

이 국가의 필립스곡선은 다음과 같다.

$$\pi = \pi^e - (u - 0.05)$$

π, π^e, u는 각각 인플레이션율, 기대인플레이션율, 실업률을 나타낸다. A국의 민간 경제주체가 인플레이션에 대한 기대를 합리적으로 형성한다고 가정할 때, 기대인플레이션율과 실업률은? (단, 민간 경제 주체는 중앙은행의 손실함수를 정확하게 알고 있으며, 실업률은 항상 양(+)이다)

	기대인플레이션율	실업률
①	0.03	0.06
②	0.03	0.05
③	0.04	0.05
④	0.04	0.04
⑤	0.05	0.04

┃해설┃

• 손실함수를 최소화하기 위해서 π가 3%가 되면 손실함수는 0이 된다.
• 합리적 기대이론에서는 경제주체들이 인플레이션을 정확히 예측하므로 $(\pi = \pi^e)$가 성립한다. 따라서 실업률이 5%가 될 것이라고 예상할 수 있다.

답 ②

중앙은행이 아래와 같은 손실함수를 최소화하도록 인플레이션율을 결정하려고 한다.

$$L(\pi_t) = -0.5(\pi_t - \pi_t^e) + 0.5(\pi_t)^2$$

중앙은행의 정책결정 이전에 민간의 기대인플레이션율이 0으로 고정되어 있을 때, 중앙은행이 결정하는 인플레이션율은? (단, $L(\pi_t)$, π_t, π_t^e는 각각 손실함수, 인플레이션율, 민간의 기대인플레이션율이다)

① 0   ② 0.5

③ 1   ④ 1.5

⑤ 2

┃ 해설┃

손실함수를 최소화하도록 한다는 것은 $\dfrac{dL}{d\pi_t} = 0$인 지점을 찾는 것이고 $\pi_t^e = 0$이므로,

$$L(\pi_t) = -0.5(\pi_t - 0) + 0.5(\pi_t)^2 = -0.5\pi_t + 0.5(\pi_t)^2$$

$$\frac{dL}{d\pi_t} = -0.5 + \pi_t = 0$$

$$\therefore \ \pi_t = 0.5$$

답 ②

다음의 단기 필립스곡선에 관한 설명으로 옳은 것을 모두 고른 것은? (단, π_t, π_t^e, u_t는 각각 t의 인플레이션율, 기대인플레이션율, 실업률이고 u_n은 자연 실업률, β는 양(+)의 상수, ν_t는 t기의 공급충격이다)

$$\pi_t = \pi_t^e - \beta(u_t - u_n) + \nu_t$$

ㄱ. β가 클수록 희생비율이 커진다.
ㄴ. 유가상승충격은 $\nu_t > 0$을 의미하며 단기 필립스곡선을 상방 이동시킨다.
ㄷ. 오쿤의 법칙과 결합하면 인플레이션율과 총생산 사이에 양(+)의 관계가 도출된다.
ㄹ. 단기적으로 기대인플레이션율이 고정되어 있을 때, 인플레이션 감축 정책은 실업률을 높인다.

① ㄱ, ㄴ, ㄷ   ② ㄱ, ㄴ, ㄹ
③ ㄱ, ㄷ, ㄹ   ④ ㄴ, ㄷ, ㄹ
⑤ ㄱ, ㄴ, ㄷ, ㄹ

┃해설┃

ㄱ. (✕) 희생비율의 크기는 β값에 반비례한다. 즉, β가 클수록 희생비율은 작아진다.

ㄴ. (○) 유가상승충격은 $\nu_t > 0$을 의미하며 이는 필립스곡선의 절편이 상승하여 단기 필립스곡선을 상방으로 이동시킨다.

ㄷ. (○) 오쿤의 법칙과 결합하면 인플레이션율이 증가 시 총생산이 증가하는 인플레이션율과 총생산 사이에 양(+)의 관계가 도출된다.

ㄹ. (○) 인플레이션 감축 정책은 통화량 감소와 같은 긴축적인 정책으로 인플레이션 감축 정책을 시행하면 경기침체와 더불어 실업률이 증가하는 문제가 발생한다.

답 ④

PART 2

거시경제학

갑국의 필립스 곡선은 다음과 같다.

$$\pi_t = \pi_{t-1} - 0.5\left(u_t - u_t^n\right)$$

여기서 π_t, π_{t-1}, u_t, u_t^n은 각각 t기 인플레이션, $t-1$기 인플레이션, t기 실업률, t기 자연실업률을 나타낸다. t기 자연실업률은 이력현상(hysteresis)의 존재로 $t-1$기 실업률과 같아 $u_t^n = u_{t-1}$이 성립한다. 중앙은행의 손실함수(LF)는 다음과 같다.

$$LF = 50\left(\pi_L\right)^2 + \left(u_L - 0.05\right)$$

여기서 π_L, u_L은 각각 장기 인플레이션, 장기 실업률을 나타낸다. 현시점은 1기이고 장기 균형 상태이며, 1기 및 0기 인플레이션은 모두 3%이고, 0기 실업률은 5%이다. 중앙은행이 손실함수가 최소화되도록 2기 이후 인플레이션을 동일하게 설정할 경우 장기 인플레이션은?

① 0%　　　　　　　　　　　　　　② 1%

③ 2%　　　　　　　　　　　　　　④ 3%

⑤ 4%

┃해설┃

$\pi_t = 0.03 - 0.5\left(u_t - 0.05\right)$

$LF = 50\left(\pi_L\right)^2 + \left(0.05 - 2\left(\pi_L - 0.03\right) - 0.05\right)$

$\dfrac{dL}{d\pi_L} = 100\pi_L - 2 = 0, \quad \therefore \ \pi_L = 0.02$

답 ③

01 공인노무사 **2019** ☑ 확인 Check! ○ △ ✕

적응적 기대가설 하에서 필립스곡선에 대한 설명으로 옳지 않은 것은?

① 단기 필립스곡선은 총수요 확장정책이 효과적임을 의미한다.
② 단기 필립스곡선은 희생률(sacrifice ratio) 개념이 성립함을 의미한다.
③ 단기 필립스곡선은 본래 임금 상승률과 실업률 사이의 관계에 기초한 것이다.
④ 밀턴 프리드만(M. Priedman)에 의하면 필립스곡선은 장기에 우하향한다.
⑤ 예상인플레이션율이 상승하면 단기 필립스곡선은 오른쪽으로 이동한다.

┃해설┃

밀턴 프리드만에 의하면 장기에는 사람들이 인플레이션율을 정확히 예측하므로 실제실업률과 자연실업률이 일치하여, 장기 필립스곡선은 자연산출량 수준에서 수직선의 형태로 도출된다.

① 단기 필립스곡선은 수요정책을 효과적이라고 보는 케인즈학파의 지지를 받았다. 실업률을 낮추기 위한 재량적인 총수요관리정책은 단기적으로 실제실업률을 낮출 수 있다고 주장하였다.
② 희생률이란 인플레이션 하락에 따라 증가하는 실업률로서 이는 실업률과 물가상승률간 상충관계를 보여주는 단기 필립스곡선과 관계가 있다.
③ 단기 필립스곡선은 본래 필립스(A.W. Phillips)가 영국의 자료를 분석하여, 명목임금상승률과 실업률 간에 역의 상관관계가 있다는 것을 제시하였다.
⑤ 필립스곡선 : $\pi = \pi^e - \gamma(u - u^n)$, 예상인플레이션율 π^e이 상승하면 단기 필립스곡선은 오른쪽으로 이동한다.

답 ④

甲국 통화당국의 손실함수와 필립스곡선이 다음과 같다. 인플레이션율에 대한 민간의 기대가 형성되었다. 이후, 통화당국이 손실을 최소화하기 위한 목표 인플레이션율은? (단, π, π^e, u, u_n은 각각 인플레이션율, 민간의 기대인플레이션율, 실업률, 자연실업률이고, 단위는 %이다)

- 통화당국의 손실함수 : $L(\pi, \ u) = u + \dfrac{1}{2}\pi^2$

- 필립스곡선 : $\pi = \pi^e - \dfrac{1}{2}(u - u_n)$

① 0% ② 1%

③ 2% ④ 3%

⑤ 4%

| 해설 |

- 필립스곡선을 실업률에 대해 정리하면 $u = u_n + 2(\pi^e - \pi)$

- 이것을 손실함수에 대입해보면 $L(\pi, \ u) = u_n + 2(\pi^e - \pi) + \dfrac{1}{2}\pi^2$가 된다.

- 이를 미분하면 $\dfrac{dL}{d\pi} = -2 + \pi = 0$, $\pi = 2\%$

답 ③

03 보험계리사 2018

☑ 확인Check! ○ △ ✕

프리드먼(M. Friedman)이 주장한 장기적 경제현상에 관한 설명으로 옳지 않은 것은?

① 확장적 통화정책은 장기적으로 실질국민소득을 증가시킨다.

② 필립스곡선은 장기에 수직이다.

③ 실업률은 자연실업률과 같게 된다.

④ 실제인플레이션은 기대인플레이션과 같게 된다.

┃해설┃

장기공급곡선이 수직이므로 확장적 통화정책은 무력하다고 주장하였다.

② 필립스곡선은 장기에 자연산출량 수준에서 수직으로 도출된다.

③ 필립스곡선은 장기에 자연산출량 수준에서 수직이므로, 장기에는 실업률이 자연실업률과 같게 된다.

④ 필립스곡선은 장기에 자연산출량 수준에서 수직이므로, 장기에는 실제인플레이션이 기대인플레이션과 같게 된다.

답 ①

04 7급 공무원 2018

☑ 확인Check! ○ △ ✕

기대인플레이션과 자연실업률이 부가된 필립스(Phillips) 곡선에 대한 설명으로 옳지 않은 것은?

① 실제실업률이 자연실업률과 같은 경우, 실제인플레이션은 기대인플레이션과 같다.

② 실제실업률이 자연실업률보다 높은 경우, 실제인플레이션은 기대인플레이션보다 낮다.

③ 실제실업률이 자연실업률과 같은 경우, 기대인플레이션율은 0과 같다.

④ 사람들이 인플레이션을 완전히 예상할 수 있는 경우, 실제실업률은 자연실업률과 일치한다.

┃해설┃

①·③ 기대인플레이션과 자연실업률이 부가된 필립스곡선은 인플레이션율＝기대인플레이션율－(실제실업률－자연실업률)이므로, 실업률의 차이가 없다면 실제인플레이션과 기대인플레이션이 같다.

② 실제실업률이 자연실업률보다 높은 경우 실제인플레이션이 기대인플레이션보다 낮아진다.

④ 장기에는 사람들이 인플레이션율을 정확히 예상하므로 실제실업률이 자연실업률과 일치한다.

답 ③

PART 2

거시경제학

어떤 경제의 총공급곡선으로부터 도출한 필립스곡선(Phillips curve)은 $\pi = \pi^e - a(u - \bar{u})$ 이며 장단기 필립스곡선을 그래프로 나타내면 아래와 같다. 현재 실업률이 3%, 물가상승률이 3%이다. 이 경우 정부가 재정지출을 축소할 때 나타날 수 있는 단기 실업률과 단기 물가상승률은? (단, u는 실업률, π는 물가상승률, π^e는 기대물가상승률, $\bar{u}$는 자연실업률, a는 유한한 양의 상수이다)

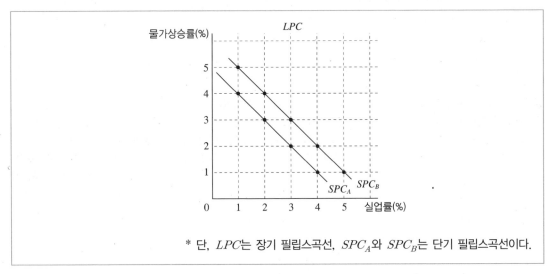

	단기 실업률	단기 물가상승률
①	2%	3%
②	2%	4%
③	3%	2%
④	4%	1%
⑤	5%	1%

▌해설▐

• 현재실업률이 3%이고, 물가상승률도 3%이므로 현재의 상태는 SPC_B의 가운데 점이라고 볼 수 있는데, 긴축정책을 실시하면 물가상승률은 하락하지만 실업률은 증가하게 된다.

• 따라서 예상되는 균형점은 (4%, 2%)나 (5%, 1%)으로 옮기게 될 것이다.

🖐 ⑤

어떤 경제의 실업률(u)과 물가상승률(π) 사이에 다음과 같은 필립스곡선(Phillips curve)이 성립한다고 하자. 주어진 필립스곡선과 관련된 다음 설명 중 옳지 않은 것은?

> • $\pi = \pi^e - a(u - \overline{u})$
>
> • $\pi^e = \pi_{-1}$
>
> (π^e는 기대물가상승률, π_{-1}은 전기의 물가상승률, $\overline{u}$는 자연실업률, a는 유한한 양의 상수)

① π^e는 적응적 기대에 따라 형성된다.
② 가격이 신축적일수록 a가 큰 경향이 있다.
③ 물가상승률을 낮추기 위해 감수해야 할 실업률의 증가폭은 a에 비례한다.
④ 물가상승률이 예상보다 높으면 실업률은 자연실업률보다 낮다.
⑤ 단기에 실업률은 물가상승률의 전기 대비 변화에 의해 결정된다.

∥해설∥

a가 큰 경우 실업률이 조금만 상승해도 물가상승률이 크게 하락하므로, a가 클수록 물가상승률을 낮추기 위해 감수해야 할 실업률의 증가폭은 작아진다. 즉, a에 반비례한다.

① 프리드만과 펠프스는 전통적인 필립스곡선에 적응적 기대를 토대로 기대물가상승률을 부가한 기대부가 필립스곡선을 제시하였다.
② 가격이 신축적이라면 필립스곡선이 수직에 가까워지는데, 실제실업률과 자연실업률이 조금만 차이가나도 인플레이션이 큰 폭으로 변화한다.
④ 실업률이 자연실업률 보다 크다면 물가상승률이 하락하기 때문에, 물가상승률이 예상보다 높을 경우 실업률은 자연실업률보다 낮다.
⑤ $\pi = \pi^e - a(u - \overline{u})$, $\pi^e = \pi_{-1} \rightarrow \pi - \pi_{-1} = -a(u - \overline{u})$ 단기의 실업률은 전기 대비 물가의 상승에 따라 영향을 받는다.

답 ③

PART 2

거시경제학

01 공인회계사 2017

☑ 확인Check! ○ △ ✕

필립스곡선과 고통 없는 디스인플레이션(Disinflation)에 대한 설명으로 가장 적절한 것은?

① 적응적 기대(Adaptive expectation) 하에서는 고통 없는 디스인플레이션이 가능하다.
② 필립스곡선이 원점에 대해서 볼록하면, 필립스곡선 상의 어느 점에서 측정해도 희생률(Sacrifice ratio)은 일정하다.
③ 고통 없는 디스인플레이션이란 단기 필립스곡선 상의 움직임을 말한다.
④ 고통 없는 디스인플레이션이 가능하려면 정부의 디스인플레이션 정책이 미리 경제주체들에게 알려져야 한다.
⑤ 필립스곡선이 우상향하는 스태그플레이션 현상이 나타날 때에 희생률은 더 크다.

▌**해설**▌

경제주체들이 합리적으로 기대를 하는 상황에서 정부당국이 정책을 시행한다고 사전에 발표를 하면, 경제주체들이 정부당국에 대한 신뢰가 높아 빠르게 기대인플레이션율이 낮아진다.
① 고통 없는 디스인플레이션은 경제주체들이 합리적 기대를 가정했을 때 가능하다.
② 필립스곡선이 기울기가 가파를 때에는 희생률이 작지만, 기울기가 완만할 경우에는 희생률이 크다. 즉, 희생률은 일정하지 않다.
③ 고통 없는 디스인플레이션은 물가가 하락하더라도 실업률이 상승하지 않는 경우를 의미한다. 고통 없는 디스인플레이션이 성립하려면 필립스곡선이 수직선 형태를 나타낼 경우에 가능하므로, 고통 없는 디스인플레이션은 장기 필립스곡선 상의 이동을 의미한다.
⑤ 스태그플레이션은 필립스곡선 자체가 우상향하는 것이므로 희생률의 변화는 없다.

답 ④

필립스곡선이 단기에는 우하향하고 장기에는 수직인 경제에서 중앙은행은 테일러 준칙(Taylor's rule)에 의해 통화정책을 시행한다. 중앙은행이 높은 인플레이션율을 낮추기 위해 인플레이션 감축정책(디스인플레이션 정책)을 시행할 때, 이에 관한 설명으로 옳은 것을 모두 고른 것은?

ㄱ. 기대인플레이션이 빨리 조정될수록 장기균형에 빨리 도달한다.
ㄴ. 단기에는 실질이자율이 하락한다.
ㄷ. 단기에는 총생산이 감소하여 경기침체가 나타난다.

---

① ㄱ
② ㄴ
③ ㄱ, ㄷ
④ ㄴ, ㄷ
⑤ ㄱ, ㄴ, ㄷ

┃ 해설 ┃

ㄱ. (○) 경제 주체들이 디스인플레이션 정책을 알고 있고 이것을 기대 인플레이션에 즉각 반영한다면, 그만큼 장기균형에 빨리 도달하고 실업률 상승을 동반하지 않게 된다.

ㄴ. (✕) 디스인플레이션 정책이 시행되면, 명목이자율은 고정된 상태에서 인플레이션율이 낮아지므로 실질이자율은 피셔방정식에 의하여 증가한다.

ㄷ. (○) 단기에 필립스곡선이 우하향하므로 디스인플레이션 정책을 실행할 경우, 실업률이 증가하고 경기침체가 나타난다.

답 ③

05 | 희생비율

현재 인플레이션율 8%에서 4%로 낮출 경우, 보기를 참고하여 계산된 희생률은? (단, Π_t, Π_{t-1}, U_t는 각각 t기의 인플레이션율, $(t-1)$기의 인플레이션율, t기의 실업률이다)

- $\Pi_t - \Pi_{t-1} = -0.8(U_t - 0.05)$
- 현재 실업률 : 5%
- 실업률 1%p 증가할 때 GDP 2% 감소로 가정
- 희생률 : 인플레이션율 1%p 낮출 경우 감소되는 GDP 변화율(%)

---

① 1.5   ② 2

③ 2.5   ④ 3

⑤ 3.5

❚해설❚

- 현재 인플레이션율 8%에서 4%로 낮출 경우 공식에 의해 현재 실업률은 5%에서 5%p 상승한 10%가 된다.
- 실업률 1%p 증가할 때 GDP 2% 감소한다고 가정하였으므로 실업률이 5%p 상승으로 GDP는 10% 감소한다.

$$\therefore \ 희생률 = \frac{GDP \ 감소율}{인플레이션 \ 하락률} = \frac{10\%}{4\%} = 2.5$$

답 ③

A국의 단기 필립스곡선은 $\pi = \pi^e - 0.4(u - u_n)$ 이다. 현재 실제인플레이션율이 기대인플레이션율과 동일하고 기대인플레이션율이 변하지 않을 경우, 실제인플레이션율을 $2\%p$ 낮추기 위해 추가로 감수해야 하는 실업률의 크기는? (단, u는 실제실업률, u_n는 자연실업률, π는 실제인플레이션율, π^e는 기대인플레이션율이고, 자연실업률은 6%이다)

① 5.0%p ② 5.2%p

③ 5.4%p ④ 5.6%p

⑤ 5.8%p

▌해설▐

- 실제인플레이션율(π)과 기대인플레이션율(π^e)이 같다고 가정하였으므로 ($\pi = \pi^e$)이다. 여기에 자연실업률 6%를 식에 대입해 보면 실제실업률(u)이 6%이다.
- 실제인플레이션율(π)을 $2\%p$ 낮춘다고 하였으므로, $\pi - 2 = \pi - 0.4(u - u_n)$ 이다.
- 식에 주어진 값을 넣어서 계산해보면 $4.4 = 0.4u$, 실제실업률(u)은 11%로 계산이 된다.
- 따라서 실제인플레이션율을 $2\%p$ 낮추기 위해서는 실업률이 $5.0\%p$ 높아져야 한다.

답 ①

01 | 고전학파

노동시장	• 완전고용(자발적 실업만 존재) • 임금의 완전신축성 • 화폐환상 없음
생산물시장	• 투자의 이자율탄력성이 크므로 IS곡선 완만 • 저축은 이자율에 탄력적 • 세이의 법칙(공급이 수요를 창출)이 성립
화폐시장	• 화폐기능 : 교환의 매개수단 • 화폐수량설 : $MV = PY$ • 투자와 저축에 의해 이자율 결정 • 화폐수요의 이자율탄력성 0이므로 LM곡선은 수직선 • 생산물시장과 화폐시장의 이분화 → 화폐의 중립성, 고전적 이분성
총수요곡선	• $MV = PY \rightarrow P = \dfrac{MV}{Y}$ • 총수요곡선의 이동요인은 통화량의 변화 • 우하향의 직각쌍곡선
총공급곡선	물가가 상승하거나 통화량이 증가하여도 산출량과 고용량이 불변이므로 완전고용산출량에서 수직
재정정책	완전한 구축효과 → 무력
통화정책	화폐중립성 → 실질변수에는 영향 ×, 물가만 상승
경제관	저축이 미덕
정부의 역할	비개입주의
인플레이션	• 원인 : 과도한 통화량 증가 • 대안 : 통화량의 적절한 공급

노동시장	• 임금의 하방경직성으로 비자발적 실업 존재 • 화폐환상 현상
생산물시장	• 투자의 이자율탄력성이 작으므로 IS곡선 급경사 • 고정된 물가로 생산이 가능하므로 총공급곡선이 수평이 되어 유효수요의 원리(수요가 공급을 창출)가 성립
화폐시장	• 화폐기능 : 가치저장의 수단 • 유동성 선호설 : 화폐의 수요와 공급에 의해 이자율 결정 • 이자율로 인해 생산물시장과 화폐시장의 연결 • 화폐수요의 이자율탄력성이 크므로 LM곡선은 완만
총수요곡선	• $IS-LM$모형에서 도출 • 우하향 • 총수요곡선의 이동요인 : IS곡선과 LM곡선의 이동요인
총공급곡선	• 단기에는 우상향 • 장기에는 수직선
재정정책	확대재정정책을 실시할 때 IS곡선이 급경사이면 총수요가 크게 증가 → 효과적
통화정책	전달경로가 길고 불확실 → 무력
경제관	소비가 미덕
정부의 역할	적절한 개입주의
인플레이션	• 수요측(원인) → 긴축 재정정책(대안) • 공급충격(원인) → 소득정책(대안)

01 감정평가사 2021

☑ 확인Check! ○ △ ✕

화폐의 중립성이 성립하면 발생하는 현상으로 옳은 것은?

① 장기적으로는 고전적 이분법을 적용할 수 없다.
② 통화정책은 장기적으로 실업률에 영향을 줄 수 없다.
③ 통화정책은 장기적으로 실질 경제성장률을 제고할 수 있다.
④ 통화정책으로는 물가지수를 관리할 수 없다.
⑤ 중앙은행은 국채 매입을 통해 실질이자율을 낮출 수 있다.

┃해설┃

① 고전적 이분법이란 실질변수의 균형이 통화량과 관련없이 결정되는 것으로 통화량의 변화가 실물부분에 영향을 주지 않는 화폐의 중립성 하에서는 고전적 이분법이 적용된다.
②·③·④·⑤ 화폐의 중립성이란 통화량의 변화가 실물부분에 영향을 주지 않는 것으로 화폐의 중립성이 성립하면 통화량의 변화가 물가만 변화시킬 뿐 실질GDP, 실질 경제성장률, 실질이자율, 실업률과 같은 실물부분에 영향을 주지 않는다.

답 ②

02 공인노무사 2017

☑ 확인Check! ○ △ ✕

고전학파의 이자율에 관한 내용으로 옳은 것은?

① 피셔효과로 인해 화폐의 중립성이 성립된다.
② $IS-LM$곡선에 의해 균형이자율이 결정된다.
③ 유동성선호가 이자율 결정에 중요한 역할을 한다.
④ 화폐부문과 실물부문의 연결 고리 역할을 한다.
⑤ 화폐시장에서 화폐에 대한 수요와 화폐의 공급에 의해 결정된다.

┃해설┃

피셔방정식 $MV=PY$의 양변을 미분하면, M의 변화율$+$ V의 변화율$=P$의 변화율$+$ Y의 변화율인데, V의 변화율은 0이고, 고전학파의 이분법을 통해 명목변수는 실질변수에 영향을 미치지 못한다는 가정을 통해 Y의 변화율도 0이다. 즉 M의 변화율$=$ P의 변화율이다. 즉, 이것의 의미는 화폐라는 명목변수가 변해도 결국 물가라는 명목변수에만 영향을 미칠 수 있다는 뜻이다. 이것을 고전학파의 화폐중립성이라고 한다.
②·③·⑤ 고전학파 모형에서는 실질부문에서 저축과 투자에 의해 실질이자율이 결정된다고 본다. 통화량의 변화는 실질이자율에 아무런 영향을 미칠 수 없다.
④ 고전학파 모형은 실물시장과 화폐시장이 완전히 분리되어 있다.

답 ①

01 공인노무사 2021

☑ 확인Check! ○ △ ✕

경제학파별 이론에 관한 설명으로 옳은 것을 모두 고른 것은?

> ㄱ. 고전학파는 화폐의 중립성을 주장한다.
> ㄴ. 실물경기변동이론은 임금과 가격의 신축성을 전제한다.
> ㄷ. 케인즈학파는 경기침체의 원인이 총공급의 부족에 있다고 주장한다.
> ㄹ. 가격의 경직성을 설명하는 메뉴비용(Menu Cost)이론은 새케인즈학파(New Keynesian)의 주장이다.

① ㄱ, ㄴ   ② ㄱ, ㄹ

③ ㄴ, ㄷ   ④ ㄴ, ㄹ

⑤ ㄱ, ㄴ, ㄹ

⎪해설⎪

ㄱ. (○) 고전학파에 의하면 통화량 변화는 명목변수에 영향을 미칠 뿐 실질변수에는 그 영향을 미치지 않는데, 이처럼 실질변수가 통화량 변화와 무관함을 화폐의 중립성이라 한다.

ㄴ. (○) 실물경기변동이론은 단기적으로 모든 가격은 신축적임을 전제하고, 경기변동은 화폐적 요인이 아닌 임금, 물가 및 가격과 같은 실물적 요인에 의해 발생한다고 주장하였다.

ㄷ. (✕) 케인즈학파는 경기침체의 원인이 유효수요의 부족에 있다고 주장하였다.

ㄹ. (○) 새케인즈학파는 가격의 경직성을 설명하는 메뉴비용이론을 주장하였다.

답 ⑤

02 공인회계사 2019

☑ 확인Check! ○ △ ✕

고전학파와 케인즈학파에 관한 다음 설명 중 옳은 것만을 모두 고르면?

> 가. 케인즈학파는 동일한 규모라면 정부지출 확대가 조세 감면보다 총수요 증대 효과가 크다고 보았다.
> 나. 고전학파는 정부의 확장적 재정정책이 민간투자를 감소시킬 수 있다고 보았다.
> 다. 고전학파는 재량적인 총수요관리정책이 경기안정화에 효과적이라고 보았다.
> 라. 케인즈학파는 수요측 요인보다는 공급측 요인에 의해 경기변동이 발생한다고 보았다.

① 가, 나   ② 가, 다

③ 다, 라   ④ 가, 나, 라

⑤ 나, 다, 라

가. (O) 케인즈학파는 정부지출의 승수가 조세승수보다 크기 때문에 정부지출의 확대가 조세 감면의 효과보다 크다고 주장하였다.

나. (O) 고전학파는 재정정책을 실시하여 IS곡선이 오른쪽으로 움직여 이자율이 상승하므로, 소비와 투자가 줄어드는 구축효과가 발생하여 재정지출의 효과를 상쇄시킨다고 주장하였다.

다. (×) 재량적인 총수요관리정책을 주장한 것은 케인즈학파이다.

라. (×) 케인즈학파는 수요측의 원인으로 경기변동이 발생한다고 주장하였다.

답 ①

03 공인회계사 2016

☑ 확인 Check! ○ △ ×

케인즈학파와 통화주의자에 대한 설명 중 옳은 것은?

> 가. 케인즈학파는 경제가 내재적으로 불안정하므로 정부가 장기적으로는 경기변동을 완화하는 안정화정책을 실시하고, 단기적으로는 총공급능력을 확충해야 한다고 주장하였다.
> 나. 통화주의자들은 장기적으로 화폐가 중립적일 때 인플레이션과 실업률 간에 역의 관계가 성립한다고 주장하였다.
> 다. 케인즈학파는 낮은 총수요가 낮은 소득과 높은 실업의 원인이라고 주장하였다.
> 라. 통화주의자들은 중앙은행이 통화를 공급할 때에 사전에 명시되고 공표된 준칙을 따라야 한다고 주장하였다.

① 가, 나　　　　　　　　　　② 가, 다
③ 나, 다　　　　　　　　　　④ 나, 라
⑤ 다, 라

| 해설 |

가. (×) 케인즈학파는 단기적으로 경기가 침체한 경우 정부가 개입하여 재량적인 안정화정책이 필요하다는 입장이며, 공급능력보다 유효수요를 증가시켜야 한다고 강조하였다.

나. (×) 통화주의자들은 장기에 통화량은 물가와 같은 명목변수에만 영향을 미칠 뿐, 실질변수에는 영향을 못 미친다고 주장한다. 또한 장기적으로는 인플레이션율과 실업률간의 역의 상충관계가 존재하지 않는다고 본다.

다. (O) 케인즈학파는 유효수요가 완전고용국민소득에 미달하게 되면 높은 실업률이 나타나고, 이를 해결하기 위해 정부가 적극적으로 개입하여 총지출을 조정하는 것이 중요하다고 주장하였다.

라. (O) 통화주의자들은 경제안정화를 위해 준칙에 입각하여 통화공급 증가율을 일정하게 유지하는 것이 중요하다고 강조하였다.

답 ⑤

CHAPTER 15 | 새고전학파와 새케인즈학파

01 | 효율성임금 모형

내 용	기업이 시장균형임금보다 더 높은 효율임금을 지급하면 노동자들의 생산성이 좋아져 기업입장에서는 효율성임금을 지급하는 것이 이윤극대화를 이룰 수 있다는 이론
도 입	새케인즈학파는 기업들이 임금수준을 균형임금보다 높게 유지하여, 근로자에게 높은 임금을 지급하면 이들의 효율이 높아지기 때문에 기업에 이익이 될 수 있다고 주장
특 징	• 기업은 이윤을 높이기 위해 높은 임금을 지급해야 하므로 임금의 하방경직성을 설명 • 노동공급 과잉 시에도 균형임금보다 높은 임금을 지급해야 하므로 실업문제 발생

02 | 가격의 경직성

메뉴비용 이론	• 물가상승시 기업들이 재화의 가격을 조정하는데 드는 비용 • 예상된 물가상승 시에도 발생 • 메뉴비용이 기업의 가격조정의 이익보다 크다면 가격조정 × → 가격경직성
중첩가격설정	• 기업들은 서로 다른 시기에 가격을 조정 • 판매량 하락을 염려하여 소액의 금액만 조정 • 물가의 조정이 서서히 진행 → 가격경직성

03 | 새고전학파와 새케인즈학파 비교

구 분	새고전학파	새케인즈학파
가 정	시장청산, 합리적 기대, 불완전정보	비시장청산, 합리적 기대, 불완전정보
시장청산	시장청산모델 → 왈라스 균형	비시장청산모델
가격변수	신축적	비신축적
시장 종류	완전경쟁시장	불완전경쟁시장
안정화 정책	정책무력성	예상된 정책이라도 단기에는 효과적
경기변동	• 공급측 충격으로 발생 • 경기변동은 균형에서 새로운 균형으로 이동하는 현상	• 수요측 충격으로 발생 • 경기변동은 균형에서 이탈한 불균형 현상이므로 정부개입이 필요

01 공인회계사 2015

☑ 확인Check! ○ △ ✕

효율임금이론(Efficiency wage theory)에 관한 다음 설명 중 옳지 않은 것은?

① 실질임금의 경직성을 약화시킨다.

② 균형임금 수준에서 비자발적 실업이 발생할 수 있다.

③ 근로자들의 이직에 따른 기업의 비용이 클 때 적용될 수 있다.

④ 고용주가 근로자의 노력 정도를 관찰할 수 없을 때 적용될 수 있다.

⑤ 근로자의 영양상태 개선이 노동생산성을 향상시킬 수 있을 때 적용될 수 있다.

┃해설┃

효율임금이론은 내부자-외부자이론, 암묵적 계약이론과 함께 새케인즈학파가 실질임금의 경직성을 설명하기 위한 이론 중의 하나이다.

② 일반적으로 효율임금은 노동시장에서의 균형임금보다 높은 수준으로 지급되므로, 노동시장에서는 비자발적인 실업이 발생할 수 있다.

③ 기업이 새로운 근로자를 채용하고 교육시키는데 많은 비용이 소요된다면, 기존 근로자들에게 높은 임금을 지급하여 근로자들의 퇴사를 줄일 수 있다.

④ 효율임금이론의 임금수준은 노동자의 생산성에 의해 결정되므로, 근로자들의 노력을 극대화 시킬 수 있다.

⑤ 실질임금이 높을수록 근로자들이 영양가 높은 식사를 할 수 있으므로, 영양상태가 양호하게 유지될 수 있어 기업의 생산성이 높아진다.

답 ①

02 공인노무사 2023

☑ 확인Check! ○ △ ✕

암묵적 계약이론(implicit contract theory)에 관한 설명으로 옳지 않은 것은?

① 실질임금이 단기에 노동수요 충격과 노동공급 충격에 민감하게 변화하지 않는 현상을 설명한다.

② 근로자와 사용자가 사전에 구체적인 업무를 명시하지 않고 불완전한 계약을 하는 이유를 설명한다.

③ 비대칭적 정보하에서 근로자가 상황 변화에 따른 임금 조정보다 안정적 임금을 선호하는 이유를 설명한다.

④ 암묵적 계약은 자율적 강제성보다는 법적 강제성이 전제되어야 성립한다.

⑤ 암묵적 계약은 자유의사에 의한 고용원칙(the doctrine of employment-at-will) 하에서 더 효과적으로 집행될 수 있다.

┃해설┃

암묵적 계약은 법적 강제성보다는 자율적 강제성이 전제되어야 한다.

답 ④

효율임금이론에 관한 설명으로 옳은 것은?

① 효율임금이 노동시장의 균형임금과 동일하여 비자발적 실업이 발생하지 않는다.

② 동일한 업무를 수행하지만 서로 다른 기업의 노동자 임금수준이 지속적으로 다른 경우는 효율임금이론으로 설명된다.

③ 효율임금이론은 노동자의 이동이 단기적으로 활발하여 균형임금이 효율적으로 결정되는 경우를 가정한다.

④ 효율임금을 지급하는 경우 소득효과로 인하여 노동의 태만이 증가한다.

⑤ 효율임금을 지급하는 경우 생산성이 낮은 노동자만 남는 역선택 문제가 야기된다.

▌해설▌

① 효율임금은 노동시장의 균형임금보다 높은 수준으로 노동시장에서 비자발적 실업이 발생한다.

③ 효율임금이론은 노동자의 이동이 단기적으로 활발하지 않도록 하기 위해 균형임금이 효율적으로 결정되는 경우를 가정한다.

④ 효율임금은 노동시장의 균형임금보다 높은 임금으로, 효율임금을 지급하면 노동자의 태업을 줄일 수 있다.

⑤ 효율임금을 지급하면 노동자의 평균생산성을 높게 유지할 수 있다.

핵심체크	효율성임금 모형
영양모형	실질임금수준이 높을수록 영양가 높은 식사를 할 수 있으므로 영양상태가 양호하게 유지될 수 있어 생산성이 높아진다.
태업방지모형	노동자들은 취직 후 근무를 태만히 하는 도덕적 해이가 나타나는데, 높은 임금을 지급하면 태업을 줄일 수 있다.
역선택모형	낮은 임금을 지급하면 우수한 노동자는 직장을 그만두고 생산성이 낮은 노동자만 남게 되는 역선택이 발생하는데, 높은 임금을 지급하면 평균생산성을 높게 유지할 수 있어 역선택을 방지할 수 있다.
이직모형	기업이 새로운 직원을 채용하고 교육시키는 데 많은 비용이 소요되므로, 높은 임금을 지급하면 이직비용을 줄일 수 있다.

 ②

04 보험계리사 2015

다음은 효율성임금(Efficiency wage) 가설에 관한 설명이다. 가장 옳지 않은 것은?

① 효율성임금 가설은 노동시장에서 시장청산이 이루어지지 않는 이유를 설명하기 위해 사용된 이론 중 하나이다.

② 임금과 노동자의 노력이 서로 양의 관계가 있다고 본다.

③ 효율성임금은 노동시장에서 결정되는 균형임금보다 낮은 수준으로 결정된다.

④ 기업이 유능한 근로자를 확보하는 방안이 될 수 있다.

┃해설┃

효율성임금은 노동시장에서 결정되는 균형임금보다 높은 수준으로 결정된다.

① 노동시장에서 시장청산이 이루어 지지 않는 이유, 즉 임금의 경직성이 발생하는 이유는 최저임금제, 노동조합의 존재, 효율성임금, 장기임금계약 등이 있다.

② 효율성임금이론의 임금수준은 재화의 가격에 노동생산성을 곱한 값을 임금으로 받기 때문에, 노동자의 노력과 임금이 서로 양의 관계에 있다.

④ 균형임금보다 높은 수준의 임금을 지급하기 때문에 생산성이 높은 유능한 근로자를 고용할 수 있다.

답 ③

05 감정평가사 2020

효율임금이론에 관한 설명으로 옳지 않은 것은?

① 높은 임금을 지급할수록 노동자 생산성이 높아진다.

② 높은 임금은 이직률을 낮출 수 있다.

③ 높은 임금은 노동자의 도덕적 해이 가능성을 낮출 수 있다.

④ 효율임금은 시장균형임금보다 높다.

⑤ 기업이 임금을 낮출 경우 생산성이 낮은 노동자보다 높은 노동자가 기업에 남을 확률이 높다.

┃해설┃

기업이 임금을 낮출 경우 생산성이 낮은 노동자가 기업에 남을 확률이 높다.

답 ⑤

06 보험계리사 2019 ☑ 확인Check! ○ △ ✕

효율성임금(Efficiency-wage) 이론에 관한 설명으로 옳지 않은 것은?

① 균형수준보다 높은 임금은 이직률을 낮출 수 있다.

② 근로자의 평균 자질은 기업이 지불하는 임금수준에 의존한다.

③ 임금이 높을수록 종업원의 노력을 증대시킬 수 있다.

④ 균형수준보다 높은 임금을 지급하면 역선택의 가능성이 증가한다.

┃해설┃

임금이 낮으면 생산성이 높은 근로자들은 떠나고 생산성이 낮은 근로자만 남는 역선택이 발생하지만, 임금수준이 높아지면 생산성이 높은 근로자도 고용할 수 있으므로 역선택의 가능성이 감소한다.

① 효율성임금이 시장의 균형임금보다 높기 때문에 근로자는 이직을 기피하게 된다.

② 임금수준이 근로자의 평균적인 생산성에 기초한다.

③ 생산성이 높으면 더 높은 임금을 받기 때문에 근로자의 노력을 극대화시킬 수 있다.

답 ④

07 공인노무사 2019 ☑ 확인Check! ○ △ ✕

효율임금(Efficiency wages)에 관한 설명으로 옳은 것을 모두 고른 것은?

> ㄱ. 구조적 실업의 한 원인이다.
> ㄴ. 노동자의 태업을 줄일 수 있다.
> ㄷ. 노동자의 이직을 줄일 수 있다.

① ㄱ ② ㄴ
③ ㄱ, ㄷ ④ ㄴ, ㄷ
⑤ ㄱ, ㄴ, ㄷ

┃해설┃

ㄱ. (○) 효율임금은 기업이 노동자의 생산성을 증대시켜 기업의 이윤을 극대화하기 위해 균형임금보다 높은 수준의 임금을 지급하는 것으로 비자발적 실업이 발생한다. 비자발적 실업에는 경기적 실업과 구조적 실업이 해당되는데, 비자발적 실업은 경기가 침체하여 발생하는 실업이 아니므로 구조적 실업에 해당한다.

ㄴ. (○) 효율임금은 노동자의 생산성에 따라 임금수준이 결정되므로, 노동자들은 생산성을 높이기 위해 노력할 것이다. 따라서 효율임금을 지급하면 태업을 줄일 수 있다.

ㄷ. (○) 기업이 새로운 노동자를 채용하고 교육훈련을 하는 데에 많은 비용이 소요되는데, 시장균형 임금보다 높은 효율임금을 지급하면 노동자들의 이직을 줄일 수 있어 경제적으로 효과적이다.

답 ⑤

효율성임금(efficiency wage)**이론에서 기업이 시장균형임금보다 높은 임금을 지급하는 이유로 옳지 않은 것은?**

① 이직률이 낮아져 채용비용 및 교육훈련 비용이 절감되고 노동자의 생산성을 높게 유지할 수 있다.

② 생산성이 높은 노동자를 고용할 수 있어 평균적인 생산성을 높일 수 있다.

③ 노동자가 근무태만으로 해고될 경우 손실이 크기 때문에 근무태만을 줄여준다.

④ 노동자의 체력과 건강이 향상되어 생산성이 높아진다.

⑤ 기업의 브랜드 이미지가 제고되어 매출이 증대되고 이윤이 증가한다.

▌해설▐

기업의 브랜드 이미지 제고는 효율성임금이론과 관련이 없다.

답 ⑤

효율임금이론(Efficiency wage theory)**에 관한 설명으로 옳은 것을 모두 고른 것은?**

> ㄱ. 근로자의 생산성이 임금수준에 영향을 받는다는 사실에 입각해 임금의 하방경직성을 설명하고 있다.
> ㄴ. 높은 임금은 근로자들의 태만을 막아주는 기능을 함으로써 근로자의 도덕적 해이를 막을 수 있다고 설명한다.
> ㄷ. 기업이 제공하는 임금이 낮아지면 역선택의 문제가 발생하므로 이를 해결하기 위해서 기업은 임금을 낮추지 않는다고 설명한다.
> ㄹ. 비자발적 실업이 존재하여도 임금이 하락하지 않는 이유를 설명할 수 있다.

① ㄱ   ② ㄴ

③ ㄱ, ㄴ, ㄷ   ④ ㄴ, ㄷ, ㄹ

⑤ ㄱ, ㄴ, ㄷ, ㄹ

▌해설▐

ㄱ. 임금은 $MP_L \times P$로 결정되는데, 이는 기업이 노동자 1명을 더 고용하였을 때 추가로 얻게 되는 이익과 같다. 재화의 가격(P)은 시장에서 결정되기 때문에 임금은 노동자의 생산성에 따라 달라진다. 따라서 기업은 이윤을 높이기 위해 높은 임금을 지급해야 하므로 임금의 하방경직성을 설명할 수 있다.

ㄴ·ㄷ. 기업이 낮은 수준의 임금을 제시하면 생산성 높은 노동자는 기업을 떠나고 생산성이 낮은 노동자만 그 기업에 남게 되는 역선택이 발생하나, 생산성에 따라 임금을 받는 효율성임금을 지급하면 태만, 역선택을 줄일 수 있다.

ㄹ. 일반적으로 효율성임금은 노동시장의 균형임금보다 높기 때문에 비자발적 실업이 존재하는데, 기업은 높은 생산성을 유지하기 위하여 임금을 하락하지 않는다.

답 ⑤

01 공인회계사 2017

☑ 확인 Check! ○ △ ✕

새케인즈학파(New Keynesian)의 경직적 가격 모형(Sticky-price model)과 관련한 설명으로 옳지 않은 것은?

① 팽창적 통화정책은 단기적으로 생산량을 증가시킨다.

② 가격을 신축적으로 조정하는 기업은 한계비용이 상승하면 가격을 인상한다.

③ 물가가 기대 물가보다 높을 경우 생산량은 잠재 생산량보다 커진다.

④ 가격을 신축적으로 조정하는 기업이 많아질수록 총공급곡선의 기울기가 커진다.

⑤ 가격을 신축적으로 조정하지 않는 기업은 미래의 경제상황보다는 과거의 경제상황에 근거하여 가격을 설정한다.

┃해설┃

새케인즈학파는 합리적 기대하에서 가격을 신축적으로 조정하지 않는 기업은 과거의 경제상황에 근거하기보다는 장래에 메뉴비용이나 장기계약과 같은 미래의 경제상황에 근거하여 설정한다고 하였다.

① 예상된 통화정책의 실시는 단기적으로도 영향이 없다고 주장하지만, 예상되지 않는 통화정책은 단기적으로는 총수요곡선을 오른쪽으로 이동시킨다고 본다.

② 기업이 이윤극대화를 추구한다면 $MR = MC$가 성립한다. 따라서 한계비용이 상승하면 한계수입도 증가해야 하므로, 재화의 가격을 인상시킨다.

③ 실제 물가가 기대 물가보다 높은 경우에는, 경제가 호황기이기 때문에 실업률도 잠재실업률보다 낮다. 고용률이 높기 때문에 생산량도 잠재 생산량보다 커진다.

④ 물가의 상승을 신축적으로 반영할수록 총공급곡선이 수직에 가까워지기 때문에 신축적으로 조정하는 기업이 많다면 총공급곡선의 기울기가 커진다.

답 ⑤

01 공인노무사 2024

☑ 확인 Check! ○ △ ✕

경제학파에 관한 설명으로 옳은 것을 모두 고른 것은?

> ㄱ. 정책무력성정리(policy ineffectiveness proposition)는 새고전학파 이론에 속한다.
> ㄴ. 총수요 외부성(aggregate demand externalities)이론은 실물경기변동 이론에 속한다.
> ㄷ. 케인즈 학파는 경기침체의 원인이 총수요의 부족에 있다고 주장한다.
> ㄹ. 비동조적 가격 설정(staggered price setting)모형은 새케인즈 학파 이론에 속한다.

① ㄱ, ㄴ   ② ㄱ, ㄹ
③ ㄴ, ㄷ   ④ ㄴ, ㄹ
⑤ ㄱ, ㄷ, ㄹ

┃해설┃

ㄱ. (○) 정책무력성정리(policy ineffectiveness proposition)는 새고전학파 이론에 속한다.
ㄴ. (✕) 총수요 외부성(aggregate demand externalities)이론은 새케인즈 학파의 경기변동 이론에 속한다.
ㄷ. (○) 케인즈 학파는 경기침체의 원인이 총수요의 부족에 있다고 주장한다.
ㄹ. (○) 비동조적 가격 설정(staggered price setting)모형은 새케인즈 학파 이론에 속한다.

답 ⑤

고전학파와 비교한 케인즈 이론의 특징과 관련한 설명으로 옳은 것을 모두 고르면?

> 가. 장기적 경제성장 문제보다는 단기적 경기불안 문제를 중요시한다.
>
> 나. 총공급보다는 총수요 측면을 중요시한다.
>
> 다. 물가는 통화량에 비례하여 결정된다고 본다.
>
> 라. 가격이 신축적으로 조정된다고 가정한다.

① 가, 나　　　　　　　　　　　　　　② 가, 다

③ 나, 다　　　　　　　　　　　　　　④ 나, 라

⑤ 다, 라

❚ 해설 ❚

가. (○) 케인즈학파는 단기에 중점을 둔 반면에 고전학파는 상대적으로 장기에 중점을 두었다.

나. (○) 케인즈학파는 총수요 측면을 강조한 반면에 고전학파는 총공급 측면을 강조했다.

다. (✕) 물가는 통화량에 비례하여 결정된다고 보는 화폐수량설은 고전학파의 이론이다.

라. (✕) 케인즈학파는 가격이 경직적이라고 본 반면에 고전학파는 신축적으로 조정된다고 보았다.

답 ①

PART 2

거시경제학

CHAPTER 16 | 경제안정화정책

01 | 정책의 시차

구 분		재정정책	통화정책
내부시차	인식시차	서로 비슷함	
	실행시차	국회의 심의를 거쳐야 함	통화량조절은 즉각적
외부시차		짧 다	여러 단계를 거치므로 길다

- 인식시차 : 문제를 정부당국이 인식하기까지 걸린 시간
- 실행시차 : 정부당국이 정책을 수립하고 집행하는 데까지 걸린 시간
- 외부시차 : 실제로 효과가 나타나기까지 걸린 시간

02 | 테일러 준칙

내 용	이자율이 물가와 산출량에 미치는 영향을 고려한 기준금리 설정방식
공 식	$$i_t = r + \pi_t + \alpha(\pi_t - \pi^*) + \beta(y_t - y^*)$$ (i_t : 명목기준금리, π_t : 실제인플레이션율, π^* : 목표인플레이션율, y_t : 백분율로 나타낸 실제 GDP, y^* : 백분율로 나타낸 잠재 GDP)
기준금리 조정	• 인플레이션 상승시 기준금리가 인플레이션보다 빠르게 상승 • 경제 불황시 기준금리가 낮아짐 • 실질기준금리 = 명목기준금리 − 인플레이션율

01 감정평가사 2018

☑ 확인Check! ○ △ ✕

경제정책에 관한 설명으로 옳은 것을 모두 고른 것은?

> ㄱ. 외부시차는 경제에 충격이 발생한 시점과 이에 대한 정책 시행 시점 사이의 기간이다.
> ㄴ. 자동안정화장치는 내부시차를 줄여준다.
> ㄷ. 루카스(R. Lucas)는 정책이 변하면 경제주체의 기대도 바뀌게 되는 것을 고려해야 한다고 주장하였다.
> ㄹ. 시간적 불일치성 문제가 있는 경우 자유재량적 정책이 바람직하다.

① ㄱ, ㄴ
② ㄱ, ㄷ
③ ㄱ, ㄹ
④ ㄴ, ㄷ
⑤ ㄴ, ㄹ

┃해설┃

ㄱ. (✕) 외부시차는 정책이 시행된 후 정책이 실제로 효과를 나타낼 때까지 걸리는 시간을 의미한다.

ㄴ. (○) 자동안정화장치의 경우 내부시차가 0이다.

ㄷ. (○) 루카스는 정부의 정책이 변하면 경제주체의 기대도 변화하여 소비나 투자성향이 변하게 된다고 주장하였다. 따라서 효과적인 정책을 위해서는 정책의 변화에 따른 경제주체의 변화를 고려해야 한다.

ㄹ. (✕) 시간적 불일치성, 정치가들에 대한 불신 등으로 자유재량적 정책보다 준칙에 입각한 정책이 바람직하다.

답 ④

02 공인회계사 2016

☑ 확인Check! ○ △ ✕

현재 우리나라 중앙은행의 물가안정목표제에 대한 설명 중 옳은 것을 모두 고르면?

> 가. 매년 물가안정목표를 설정한다.
> 나. 중간목표를 명시적으로 설정한 물가안정목표제를 취하고 있다.
> 다. 물가안정목표의 기준이 되는 것은 소비자물가지수의 상승률이 아니라 근원인플레이션이다.
> 라. 예상치 못한 국내외 경제충격, 경제여건 변화 등으로 물가안정목표의 변경이 필요할 경우 정부와 협의하여 물가목표를 재설정할 수 있다.

① 가
③ 라
⑤ 다, 라
② 다
④ 가, 나

┃해설┃

가. (✕) 매년 물가안정목표를 설정하는 것이 아니라 3년을 단위로 설정되는데, 이를 중기물가안정목표라고 한다.
나. (✕) 물가안정목표제는 원칙적으로 통화량이나 이자율 같은 중간목표 없이, 바로 최종목표인 물가상승률 자체를 목표로 설정하고 있다.
다. (✕) 물가안정목표의 기준으로 설정되는 것은 근원인플레이션이 아니라, 소비자물가지수의 상승률이다.
라. (○) 한번 설정한 목표는 그대로 유지되는 것이 원칙이나, 예상치 못한 국내외 경제의 충격, 경제여건 변화 등의 문제가 있을 때, 한국은행은 정부와 협의하여 목표를 재설정할 수 있다.

답 ③

03 7급 공무원 2020

☑ 확인Check! ○ △ ✕

경제안정화정책에 대한 설명으로 옳은 것은?

① 준칙에 따른 정책은 미리 정해진 규칙에 따라 정책을 운용하므로 적극적 정책으로 평가될 수 없다.
② 정책의 내부시차는 대체로 재정정책이 통화정책에 비해 짧다.
③ 시간불일치(time inconsistency) 문제는 주로 준칙에 따른 정책에서 나타난다.
④ 루카스 비판(Lucas critique)은 정책 변화에 따라 경제 주체의 기대가 변화할 수 있음을 강조한다.

┃해설┃

① 미리 정해진 규칙에 따라 정책을 운용하는 준칙에 따른 정책은 상황에 따라 소극적 정책일 수도 있고 적극적 정책일 수도 있다.
② 정책의 내부시차는 대체로 재정정책이 통화정책에 비해 길다.
③ 시간불일치(time inconsistency) 문제는 준칙이 아닌 재량정책을 비판한 것이다.

답 ④

646 공인회계사 1차 객관식 경제원론

01 감정평가사 2020　　　　　　　　　　　　　　　　　　☑ 확인Check! ○ △ ✕

A국에서 인플레이션 갭과 산출량 갭이 모두 확대될 때, 테일러 준칙(Taylor's rule)에 따른 중앙은행의 정책은?

① 정책금리를 인상한다.

② 정책금리를 인하한다.

③ 정책금리를 조정하지 않는다.

④ 지급준비율을 인하한다.

⑤ 지급준비율을 변경하지 않는다.

┃해설┃

테일러 준칙(Taylor's rule)의 기준금리 설정방식은 다음과 같다.

$$i_t = r + \pi_t + \alpha(\pi_t - \pi^*) + \beta(y_t - y^*)$$

（i_t : 명목기준금리, π_t : 실제인플레이션, π^* : 목표인플레이션, y_t : 실제 GDP, y^* : 잠재 GDP）

위 방식에 의하면 인플레이션 갭과 산출량 갭이 모두 확대될 경우에 중앙은행은 정책금리를 인상시키는 정책을 시행하여 경기를 진정시켜야 한다.

답 ①

갑국의 중앙은행은 다음의 이자율 준칙에 따라 명목이자율을 정한다.

$$i = \max\left\{0,\ 0.02 + \pi + 0.5(\pi - \pi^*) + 0.5\left(\frac{Y - Y^*}{Y^*}\right)\right\}$$

이 경제에 대한 다음 설명 중 옳은 것을 모두 고르면? (단, i, π, π^*, Y, Y^*는 각각 **명목이자율**, **물가상승률**, **목표 물가상승률**, **총생산**, **잠재총생산을 나타낸다**)

가. 명목이자율이 0보다 클 때 물가상승률이 1% 포인트 상승하면, 중앙은행은 명목이자율을 0.5% 포인트 인상한다.
나. 실질이자율은 음수가 될 수 없다.
다. 극심한 불황이어도 명목이자율을 더 이상 낮출 수 없는 (π, Y)의 조합이 존재한다.
라. 투자가 실질이자율과 음(−)의 관계에 있을 때, 명목이자율이 0이어도 기대물가상승률을 높일 수 있다면 불황을
   벗어나는데 도움이 될 수 있다.

① 가, 나　　　　　　　　　　　② 가, 다
③ 나, 다　　　　　　　　　　　④ 다, 라
⑤ 가, 나, 다

┃해설┃

가. (✕) 명목이자율이 0보다 클 때 물가상승률이 1% 포인트 상승하면, 중앙은행은 명목이자율을 1.5% 포인트 인상한다.
나. (✕) 만약 명목이자율이 0이고 물가상승률이 양(+)의 값을 가지면 실질이자율이 음(−)의 값을 가지게 된다.
다. (○) 극심한 불황이어도 명목이자율이 0%가 되는 조합이 존재하므로 옳은 내용이다.
라. (○) 이른바 양적완화가 이에 해당한다. 양적완화가 이루어질 경우 불황을 벗어나는데 도움이 될 수 있다.

답 ④

17 | 경기변동이론

01 | 경기변동의 국면과 주기

- 경기변동은 호황 – 후퇴 – 불황 – 회복의 4국면으로 구분
- 정점(저점)에서 다음 정점(저점)까지의 거리를 주기
- 주기는 정점에서 저점으로 이동하는 하강기(수축기)와 저점에서 정점으로 이동하는 상승기(확장기)로 나뉨

02 | 거시경제변수의 분석

변 수	방 향
고용과 실질임금	고용과 실질임금은 경기가 호황일 경우 증가하므로 경기순응적
노동의 (평균)생산성	경기가 호황일 경우 고용량이 증가하여 노동의 생산성이 증가하므로 경기순응적
통화량	통화량을 증가시키면 경기가 활성화되므로 경기순응적이며 선행
민간소비, 투자	경기가 호황일 경우 소득이 증가하여 소비와 투자가 늘어나므로 경기순응적(투자는 소비보다 더 큰 변동폭)
수출, 수입	경기가 호황일 경우 수출과 수입이 늘어나므로 경기순응적

03 | 경기종합지수

선행종합지수	동행종합지수	후행종합지수
• 재고순환지표 • 경제심리지수 • 건설수주액 • 기계류내수출하지수(선박제외) • 수출입 물가비율 • 코스피(KOSPI)지수 • 장단기금리차	• 광공업생산지수 • 서비스업생산지수(도소매업 제외) • 소매판매액지수 • 내수출하지수 • 건설기성액 • 수입액 • 비농림어업취업자수	• 생산자제품재고지수 • 소비자물가지수변화율(서비스) • 소비재수입액 • 취업자수 • 회사채(CP)유통수익률

〈출처〉 통계청

가 정	• 실물적 충격이 경기변동 유발(화폐중립성) • 가격변수가 신축적
충격의 요인	• 총공급곡선에 영향을 미치는 충격 • 생산물시장인 *IS*곡선에 미치는 충격
공급충격과 경기변동	생산성 향상 등 유리한 공급충격 → 생산함수 상방 이동 → 생산량 증가 → 요소수요 증가 → 소득 증가 → 소비, 투자 증가 → 균형산출량 자체가 변동 → 경기호황(경제는 균형상태)

노동의 기간 간
대체
	• 정의 : 상대적으로 임금이 상승하면 노동공급이 증가, 임금이 하락하면 노동공급 감소
	• 유리한 공급충격 → 현재의 실질임금이 증가하거나 실질이자율이 상승(상대임금 상승)한다면,
	  현재의 임금이 미래의 임금보다 유리 → 현재의 노동공급이 증가, 미래에는 노동공급이 감소
	• 생산성 충격으로 노동의 기간 간 대체가 발생한다면, 그 효과가 미래로 파급 → 경기변동이
	  지속적
	• 정부의 확대 재정정책으로도 실질이자율이 상승하므로 노동의 기간 간 대체 발생 가능

건설기간	• 설비, 기계 투자가 완료되는 데는 오랜 시간이 걸림 • 투자가 진행되는 동안 경기변동이 지속
화폐의 중립성	• 화폐중립성 가정 • 통화공급의 내생성 : 생산활동이 증가하면, 그에 맞추어 미리 통화량 증가 • 통화량 변동 이후에 생산의 변동이 일어나지만, 실제로는 생산량의 변화에 의해 통화량이 변화한 다는 것 → 역 인과관계 성립 • 통화공급의 내생성과 화폐의 중립성 양립 가능
실 업	노동시장에서도 시장청산이 성립하므로 자발적실업만 존재한다고 주장

01 공인회계사 **2019** ☑ 확인Check! ○ △ X

금융위기가 발생한 신흥시장국에서 일반적으로 나타나는 현상으로 가장 거리가 먼 것은?

① 자본유출이 발생한다.
② 주가지수가 하락한다.
③ 해당국 통화의 대외 가치가 하락한다.
④ 현금보유성향이 강해져 통화승수가 상승한다.
⑤ 신용경색과 대출축소로 실물경기가 악화된다.

▌해설▐

현금보유성향이 강해지면 통화승수가 하락한다.
① 한 국가의 경제상황이 불안정해지면 안정적인 자산에 투자하기 위해 자본유출이 발생한다.
② 국내에 투자가 줄어들게 되므로 주가지수가 하락한다.
③ 해당 국가에서 자본이 유출되므로 통화의 가치가 하락한다.
⑤ 해당 국가에서 투자가 줄고, 통화가치가 하락하므로 실물경기가 악화된다.

답 ④

02 보험계리사 **2017** ☑ 확인Check! ○ △ X

우리나라의 경기변동에 관한 설명으로 옳지 않은 것은?

① 경기의 저점에서 정점까지의 기간을 확장국면이라 하고, 정점에서 저점까지의 기간을 수축국면이라 한다.
② 현재 통계청이 확장국면과 수축국면의 2분법으로 통계를 공표하고 있다.
③ 제1순환부터 현재까지 확장국면이 수축국면보다 평균적으로 짧은 경기의 비대칭성을 보인다.
④ 경기변동은 지속성과 비대칭성의 특징을 갖는다.

▌해설▐

① 경기변동은 호황, 경기후퇴, 불황, 경기회복의 4국면으로 구분되는데 경기의 저점에서 정점까지의 기간을 확장국면이라 하고, 정점에서 저점까지의 기간을 수축국면이라 한다.
② 2분법은 호황과 경기회복을 하나로 묶어서 확장국면, 경기후퇴와 불황을 묶어서 수축국면이라 구분하는 방법으로서 현재 통계청은 2분법을 이용하여 통계를 공표하고 있다.
③ · ④ 확장국면 또는 수축국면은 한번 시작되면 상당기간 지속되는 지속성의 특징을 갖고 있다. 그리고 확장국면과 수축국면의 반복으로 경제성장이 이루어진 현상이 나타나기 때문에 확장국면이 수축국면보다 긴 비대칭적인 특징이 있다고 할 수 있다. 따라서 경기변동은 지속성과 비대칭성의 특징을 갖는다고 할 수 있다.

답 ③

PART 2

거시경제학

01 보험계리사 2021

☑ 확인 Check! ○ △ ✕

다음 중 시계열 차원의 거시건전성 정책수단으로서 금융의 경기순응성을 완화하기 위한 정책으로 옳지 않은 것은?

① 호황기에 은행의 의무 자기자본비율을 높인다.
② 불황기에 LTV(Loan-to-Value)를 높인다.
③ 호황기에 대손충당금 적립의무를 높인다.
④ 불황기에 은행 자산에 은행세(bank levy)를 부과한다.

▮해설▮

① · ③ 호황기에 대출을 늘리면 경기가 과열되는 현상이 발생되는데 이를 억제하기 위해선 은행의 자기자본비율을 높이거나 대손충당금 적립의무를 높여 대출을 억제하여야 한다.
② · ④ 불황기에 대출을 축소하면 경기가 위축되는 현상이 발생되는데 이를 억제하기 위해선 LTV(Loan-to-Value)를 높여주거나 은행 자산에 은행세(bank levy)를 낮춰 대출 규모를 크게 해주어야 한다.

답 ④

02 보험계리사 2016

☑ 확인 Check! ○ △ ✕

경기변동과 관련된 다음 설명 중 옳은 것을 모두 고른 것은?

> ㄱ. 투자와 실업은 일반적으로 경기순응적이다.
> ㄴ. 경기순환의 국면은 회복, 호황, 후퇴, 불황의 4분법과 확장기, 수축기의 2분법으로 구분된다.
> ㄷ. 기준순환일은 경기의 정점(Peak) 또는 저점(Trough)이 발생하는 시점을 말한다.

① ㄱ, ㄴ
② ㄴ, ㄷ
③ ㄱ, ㄷ
④ ㄱ, ㄴ, ㄷ

▮해설▮

ㄱ. (✕) 경기변수가 경기변동의 지표인 실질GDP와 같은 방향으로 변하는 경우를 경기순응적이라고 하고, 실질GDP와 반대방향으로 변하는 것을 경기역행적이라고 한다. 경기가 호황일 때 독립투자가 증가하여 소득이 증가하면 유발투자가 발생하기 때문에 경기순응적이고, 실업은 경기가 불황일 때 증가하기 때문에 경기역행적이다.
ㄴ. (○) 경기순환은 일반적으로 호황 – 후퇴 – 불황 – 회복의 4분법으로 구분된다. 정점에서 다음 정점까지의 거리를 주기라고 하는데, 이는 수축기와 확장기로 이루어진다.
ㄷ. (○) 기준순환일은 경기순환 변동에서 국면 전환이 발생하는 경기 전환점을 의미하는데, 확장기에서 수축기로 전환하는 경기의 정점과 수축기에서 확장기로 전환하는 경기의 저점이 있다.

답 ②

03 7급 공무원 2020

☑ 확인 Check! ○ △ ✕

경기변동에 대한 설명으로 옳은 것은?

① 케인즈는 경기변동의 원인으로 총수요의 변화를 가장 중요하게 생각하였다.

② $IS-LM$모형에 의하면 통화정책은 총수요에 영향을 미칠 수 없다.

③ 케인즈에 의하면 불황에 대한 대책으로 재정정책은 효과를 갖지 않는다.

④ 재정정책은 내부시차보다 외부시차가 길어서 효과가 나타날 때까지 시간이 오래 걸린다.

❙해설❙

케인즈는 총수요의 변화를 가장 중요한 경기변동의 원인이라 생각하였다.

② 확장적 통화정책 시행시 LM곡선의 우측 이동으로 이자율이 하락과 소득이 증가하며, 긴축적 통화정책 시행시 LM곡선은 좌측으로 이동하여 이자율 상승과 소득이 감소한다.

③ 케인즈에 의하면 불황 시에는 정부가 총수요의 증가를 위해 재정정책에 개입하여 한다고 주장하였다.

④ 일반적으로 내부시차가 외부시차보다 효과가 나타날 때까지의 시간이 오래 걸린다.

답 ①

04 감정평가사 2020

☑ 확인 Check! ○ △ ✕

경기변동이론에 관한 설명으로 옳은 것은?

① 실물경기변동(real business cycle)이론에서 가계는 기간별로 최적의 소비 선택을 한다.

② 실물경기변동이론은 가격의 경직성을 전제한다.

③ 실물경기변동이론은 화폐의 중립성을 가정하지 않는다.

④ 가격의 비동조성(staggering pricing)이론은 새고전학파(New Classical) 경기변동이론에 속한다.

⑤ 새케인즈학파(New Keynesian)는 공급충격이 경기변동의 원인이라고 주장한다.

❙해설❙

② 실물경기변동이론은 물가를 비롯한 가격 변수의 신축성을 가정한다.

③ 실물경기변동이론은 화폐의 중립성이 성립하기 때문에 통화량의 변화는 경기변동에 영향을 주지 않는다.

④ 가격의 비동조성(staggering pricing)이론은 새케인즈학파(New Keynesian) 경기변동이론에 속한다.

⑤ 공급충격이 경기변동의 원인이라 주장한 것은 새고전학파(New Classical)이며, 새케인즈학파(New Keynesian)는 수요충격이 경기변동 원인이라고 주장한다.

답 ①

거시경제학

제17장 | 경기변동이론 **653**

01 감정평가사 2015

☑ 확인 Check! ○ △ ✕

2015년 현재 우리나라 경기종합지수 중 동행종합지수의 구성지표로 옳은 것은?

① 구인구직비율

② 코스피지수

③ 장단기금리차

④ 광공업생산지수

⑤ 생산자제품재고지수

┃해설┃

우리나라 경기종합지수 구성표

선행종합지수	동행종합지수	후행종합지수
• 재고순환지표 • 경제심리지수 • 건설수주액 • 기계류내수출하지수(선박제외) • 수출입 물가비율 • 코스피(KOSPI)지수 • 장단기금리차	• 광공업생산지수 • 서비스업생산지수(도소매업 제외) • 소매판매액지수 • 내수출하지수 • 건설기성액 • 수입액 • 비농림어업취업자수	• 생산자제품재고지수 • 소비자물가지수변화율(서비스) • 소비재수입액 • 취업자수 • 회사채(CP)유통수익률

〈출처〉 통계청

답 ④

01 감정평가사 2016

☑ 확인 Check! ○ △ ✕

실물경기변동이론(Real business cycle theory)에 관한 설명으로 옳은 것을 모두 고른 것은?

> ㄱ. 임금 및 가격이 경직적이다.
> ㄴ. 불경기에는 생산의 효율성이 달성되지 않는다.
> ㄷ. 화폐의 중립성(Neutrality of money)이 성립된다.
> ㄹ. 경기변동은 시간에 따른 균형의 변화로 나타난다.

① ㄱ, ㄴ
② ㄱ, ㄷ
③ ㄴ, ㄷ
④ ㄴ, ㄹ
⑤ ㄷ, ㄹ

┃해설┃

ㄱ. (✕) 실물경기변동이론에 의하면, 고전학파이론에 근거해 임금 및 가격을 비롯한 가격변수가 신축적이라고 가정한다. 가격변수의 조정이 신속히 이루어지기 때문에 산출량은 항상 완전고용 산출량수준이 유지된다고 본다.

ㄴ. (✕) 실물경기변동이론 주의자들은 경기변동이 발생하면, 균형산출량 자체가 변하기 때문에 경기변동이 발생하더라도 경제는 항상 균형상태에 있다고 본다. 생산수준이 어느 규모에 있든지 균형상태에 있으므로 불황기에도 생산은 효율적으로 이루어지고 있는 것이다. 따라서 경기안정을 위해 정부가 개입하는 것을 반대한다.

ㄷ. (○) 실물경기변동이론에 따르면 경기변동은 화폐적인 요인과는 관계가 없고 실물적인 요인에 의해 발생한다고 본다. 이 경기변동이론에서는 화폐적 균형경기변동이론과는 다르게 화폐요인이 경기변동에 아무런 영향을 주지 못한다고 보는 화폐중립성이 성립된다.

ㄹ. (○) 실물경기변동이론에 따르면 경기변동은 주로 생산성에 가해지는 충격에 기인하며, 경제의 실물적인 충격에 대한 경제주체들의 최적화 결과로 나타나는 균형현상으로 본다. 유리한 공급충격이 발생하면 총공급곡선이 오른쪽으로 이동하고, 불리한 공급충격이 발생하면 총공급곡선이 하방으로 이동하므로 균형이 변화한다.

🔲 ⑤

02 감정평가사 2022

경기변동이론에 관한 설명으로 옳은 것은?

① 신케인즈 학파(new Keynesian)는 완전경쟁적 시장구조를 가정한다.

② 신케인즈 학파는 총수요 외부효과(aggregate-demand externality)를 통해 가격경직성을 설명한다.

③ 신케인즈 학파는 총공급 충격이 경기변동의 근본 원인이라고 주장한다.

④ 실물경기변동이론은 실질임금의 경직성을 가정한다.

⑤ 실물경기변동이론에 따르면 불경기에는 비용 최소화가 달성되지 않는다.

┃ 해설 ┃

① 신케인즈 학파(new Keynesian)는 불완전한 시장을 가정하고, 시장의 불완전 요소들이 가격경직성을 가져온다고 주장한다.

③ 신케인즈 학파는 총수요 충격이 경기변동의 근본 원인이라고 주장한다. 총공급 충격을 경기변동의 원인으로 강조하는 것은 새고전학파이다.

④ 실물경기변동이론은 새고전학파 경제학자들의 주장으로 완전 신축적인 물가와 임금을 가정한다.

⑤ 실물경기변동이론은 물가와 임금의 신축성을 가정하므로 불경기에도 비용 최소화가 달성된다.

답 ②

03 보험계리사 2019

실물경기변동(Real business cycle)이론과 신케인지언(New keynesian) 경제학에 관한 설명으로 옳지 않은 것은?

① 실물경기변동이론은 가격이 신축적이라고 가정한다.

② 실물경기변동이론은 경기변동에서 공급충격이 중요하다고 주장한다.

③ 신케인지언 경제학에서는 화폐의 중립성이 성립하지 않는다.

④ 신케인지언 경제학은 경제주체의 최적화 행태를 가정하지 않는다.

┃ 해설 ┃

신케인지언학파에 의하면 경기변동이 경제주체들의 최적화에 따른 결과라고 주장한다.

① 실물경기변동이론은 경기변동은 화폐와는 관계가 없고, 실물적인 요인에 의해 발생한다고 가정하며, 물가를 비롯한 가격변수가 신축적이라고 가정한다.

② 실물경기변동이론은 경기변동의 주요 요인이 공급측 충격이라고 가정한다.

③ 화폐의 중립성은 신고전학파의 실물경기변동이론에서 가정한다.

답 ④

실질임금의 경기순환성에 관한 설명으로 옳은 것은?

① 명목임금경직성 모형에서는 경기변동 요인이 총수요 충격일 때 실질임금이 경기순행적(pro-cyclical)이다.

② 중첩임금계약(staggered wage contracts) 모형에서는 경기변동 요인이 총수요 충격일 때 실질임금이 경기순행적이다.

③ 효율성임금이론은 실질임금의 경기순행성을 설명한다.

④ 실물경기변동이론에 따르면 양(+)의 기술충격은 실질임금을 상승시킨다.

⑤ 실물경기변동이론에 따르면 노동공급곡선이 수평선인 경우 기술충격이 발생할 때 실질임금이 경기순행적이다.

┃해설┃

유리한 공급충격이 발생하면 생산함수는 상방으로 이동하게 되어 노동수요가 증가하고, 그에 따라 고용량이 증가하고 임금도 상승한다.

①·②·③ 명목임금에 경직성이 있는 경우 실질임금은 경기역행적이다.

⑤ 실물경기변동이론에 따르면 노동공급곡선이 수평선인 경우 기술충격이 발생할 때 실질임금은 변하지 않는다.

답 ④

01 | 경제성장의 측정

경제성장의 정의	• 시간의 흐름에 따라 경제규모가 지속적으로 증가하는 현상 • 실질 GDP가 커지는 현상 • 생산가능곡선의 확장
경제성장의 측정	• 경제성장률은 실질 GDP의 증가율로 측정 • 경제성장률 $= \dfrac{Y_t - Y_{t-1}}{Y_{t-1}} \times 100$
1인당 경제성장률 측정	1인당 경제성장률 = 경제성장률 − 인구증가율

02 | 정형화된 사실

경제성장의 정형화된 사실 (N. Kaldor)	• 자본−산출량 비율 $\left(\dfrac{K}{Y}\right)$ 일정 • 자본−노동 비율 $\left(\dfrac{K}{L}\right)$ 증가 : 자본증가율＞노동증가율 → 수확체감법칙 성립 × • 실질이자율은 대체로 일정 • 총소득에서 자본소득과 노동소득이 차지하는 비중 일정 • 1인당 소득 $\left(\dfrac{Y}{L}\right)$ 지속적 증가 • 경제성장률은 나라마다 상당한 차이

03 | 솔로우 모형

가 정	• 재화는 한 가지만 존재 • 인구증가율 n으로 일정 • 저축은 소득의 일정비율이며, 저축과 투자는 항상 일치 • 생산함수는 요소대체가 가능한 1차 동차 생산함수
균제상태	• 정의 : 1인당 자본량이 더 이상 변하지 않는 상태 • 경제성장률＝인구증가율＝자본증가율 • 기본방정식 : $\dfrac{sf(k)}{k}=n \rightarrow sf(k)=nk$ • 1인당 경제성장률＝1인당 자본량 증가율＝0 • $sf(k)$: 1인당 실제투자액 • nk : 현재의 1인당 자본량을 유지하기 위해 필요한 투자액 • 기술진보, 감가상각을 고려한 기본방정식 : $sf(k)=(n+d+g)k$

균형 성장 경로의 변화	저축률	• 저축률 증가 → k 증가 → y 증가 • 일시적인 성장 가능, 장기적으로 원래 수준 복귀
	인구증가율	• 인구증가율 증가 → k 감소 → y 감소 • 1인당 생산량 감소, 경제성장률은 증가
	기술진보	• 기술진보 → k 증가 → y 증가 • 지속적인 경제성장 가능

04 | 황금률

정 의	1인당 소비가 극대화되는 상태 → 사회후생 극대화
상 황	• $f'(k)=n+d$ • 자본소득＝저축＝투자 • 저축률＝자본소득 분배율 • 노동소득＝소비 • 1인당 소비가 극대화

PART 2

거시경제학

05 | 성장회계

신고전학파의 성장회계	• 각 생산요소가 경제성장에 얼마나 기여했는지를 분석 • $Y = AL^a K^{1-a}$의 변형 → $\dfrac{\triangle Y}{Y} = \dfrac{\triangle A}{A} + \alpha \times \dfrac{\triangle L}{L} + (1-\alpha) \times \dfrac{\triangle K}{K}$ • 경제성장률＝총요소생산성 증가분＋a노동증가율＋$(1-a)$자본증가율

06 | 내생적 성장이론

특 징	• 솔로우성장 모형 비판 • AK 모형 : $Y = AK$, K(물적 자본＋인적자본＋지식) → 수익 불변 → 저축률 증가 → 지속적 경제성장 • 학습효과 모형 → 지식 축적 → 수익 체증 → 지속적 경제성장 • 인적자본 모형 → 인적자본 축적 → 외부효과 발생 → 수익 체증 → 지속적 경제성장 • 연구개발 모형 → 기술 개발, 지식 축적 → 생산성 향상 → 생산량 증대 → 경제성장 가속화 • 물적 자본, 인적자본 축적, 연구개발 등에 의해 기술진보가 내생적으로 발생 • 정부의 정책적인 지원

07 | 경제성장이론

헤로드-도마 모형	솔로우 모형
• 가정 : 재화 한 가지만 존재, 인구증가율 n으로 일정, 저축과 투자 일정, 레온티에프 생산함수 • $Y = \min\left(\dfrac{K}{v}, \ \dfrac{L}{a}\right)$ → 균형 : $Y = \dfrac{K}{v} = \dfrac{L}{a}$ (완전고용상태) • 노동, 자본 대체 불가능 • 기본방정식 : $\dfrac{s}{v} = n$ → 자본증가율＝인구증가율 • s, v, n이 외생적으로 주어지기 때문에 일반적으로 불균형성장 • 불안정 : 균형이탈시 → 회복 불능	• 1차 동차 콥-더글라스 생산함수 • 노동, 자본 대체 가능(대체탄력성 1) • 균형성장 가능 • 기본방정식 : $sf(k) = nk$ • 기술진보가 외생적으로 주어짐 • 수렴가설(수확체감의 법칙) → 초기조건이 동일한 서로 다른 국가의 1인당 소득이 동일하게 수렴 • 안정 : 균형이탈시 → 회복 가능 • 한계 : 각 나라의 1인당 소득이 동일한 수준에서 수렴한다고 하였으나, 실제로는 나라 간의 격차가 유지되고 있고, 기술진보에 대해서 설명을 하지 못함

01 감정평가사 **2019**　　　　　　　　　　　☑ 확인Check! ○ △ ✕

명목 GDP 증가율, 물가상승률, 인구증가율은 각각 연간 5%, 3%, 1%이다. 1인당 실질 GDP의 증가율은?

① 1%

② 2%

③ 4%

④ 9%

⑤ 10%

┃해설┃

- 명목 GDP 증가율＝실질 GDP 증가율＋기대물가상승률

  5%＝실질 GDP 증가율＋3%

  ∴ 실질 GDP 증가율＝2%

- 1인당 실질 GDP 증가율＝실질 GDP 증가율－인구증가율

  ∴ 1인당 실질 GDP 증가율＝2%－1%＝1%

답 ①

01 보험계리사 2018

다음 중 경기변동 국면에서 나타나는 정형화된 사실(Stylized facts)과 부합하지 않는 것은?

① 소비와 투자는 경기순응적(Procyclical)이다.

② 투자의 변동성은 소비의 변동성보다 크다.

③ 내구재 소비지출의 변동성은 비내구재 및 서비스 소비지출 변동성보다 크다.

④ 재고투자의 변동성은 설비투자의 변동성보다 작다.

┃ 해설 ┃

재고투자의 변동성은 설비투자의 변동성보다 크다.

① 소득이 늘어나면 소비의 지출이 증가하고, 유발투자가 발생한다. 따라서 경기가 호황일 때 소비와 투자가 증가하므로 경기순응적이다.

② 투자의 변동성은 소비의 변동성보다 크다.

③ 비내구재 및 서비스 소비지출 변동성은 내구재 소비지출의 변동성보다 크다.

답 ④

01 보험계리사 2021 ☑ 확인 Check! ○ △ ✕

솔로우(Solow) 성장모형이 다음과 같이 주어진 경우, 균제상태(steady state)에서 자본 1단위당 산출량은? (단, 기술진보는 없다)

- 총생산함수 : $Y = 2L^{\frac{1}{2}}K^{\frac{1}{2}}$ (단, Y는 총산출량, K는 총자본량이다)
- 감가상각률 5%, 인구증가율 5%, 저축률 20%

① 0.2 ② 0.4

③ 0.5 ④ 0.8

┃해설┃
- 1인당 생산함수 : $y = 2\sqrt{k}$
- 감가상각 존재시 균제상태 : $sf(k) = (n+d)k$

  $0.2 \times 2\sqrt{k} = (0.05 + 0.05)k$

  $\therefore k = 16$

- $k = 16$을 1인당 생산함수에 대입하면 $y = 2\sqrt{16} = 8$

- 자본 1단위당 산출량 $= \dfrac{y}{k} = \dfrac{8}{16} = 0.5$

답 ③

PART 2

거시경제학

솔로우(R. Solow) 경제성장모형에서 1인당 생산함수는 $y = f(k) = 4k^{\frac{1}{2}}$이고, 저축률은 5%, 감가상각률은 2%, 그리고 인구증가율은 2%이다. 균제상태(Steady State)에서 1인당 자본량은? (단, y는 1인당 산출량, k는 1인당 자본량이다)

① 21

② 22

③ 23

④ 24

⑤ 25

┃해설┃

• 1인당 생산함수 : $y = f(k) = 4k^{\frac{1}{2}}$

• 감가상각 존재시 균제상태 : $sf(k) = (n+d)k$

$$0.05 \times 4k^{\frac{1}{2}} = (0.02 + 0.02)k$$

$$\therefore \ k = 25$$

답 ⑤

솔로우(R. Solow)의 경제성장모형에서 1인당 생산함수 $y = 2k^{0.5}$, 저축률은 30%, 자본의 감가상각률은 25%, 인구증가율은 5%라고 가정한다. 균제상태(steady state)에서의 1인당 생산량 및 자본량은? (단, y는 1인당 생산량, k는 1인당 자본량이다)

① $y = 1$, $k = 1$

② $y = 2$, $k = 2$

③ $y = 3$, $k = 3$

④ $y = 4$, $k = 4$

⑤ $y = 5$, $k = 5$

┃해설┃

• 감가상각이 있을 경우 균제상태 : $sf(k) = (n+d)k$

• $0.3 \times 2k^{0.5} = (0.05 + 0.25)k$

$0.6k^{0.5} = 0.3k$

$\therefore \ k = 4$

• $k = 4$를 1인당 생산함수에 대입하면 $y = 2 \cdot 4^{0.5} = 4$

답 ④

다음은 인구증가와 노동부가형(Labor-augmenting) 기술진보를 고려한 솔로우 모형을 나타낸 그래프이다. L, E는 노동량과 노동의 효율성을 나타내고 각각의 연간 증가율은 n과 g이며 모두 양(+)이다. K는 총자본량이며 효율노동(= $L \times E$) 1단위당 자본량은 $k = K/(L \times E)$로 정의된다. 총생산(Y)에 대한 생산함수는 $Y = F(K,\ L \times E)$로 일차동차이며, 효율노동 1단위당 생산량으로 표시된 생산함수는 $y = f(k)$이다. s, δ는 각각 저축률, 감가상각률을 나타내며, 노동량은 인구와 같다.

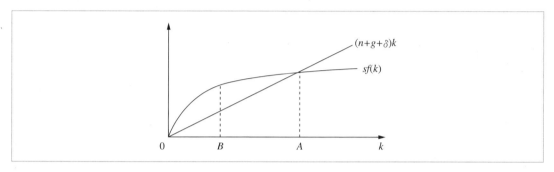

x, y, z를 각각 '$k = A$일 때 1인당 생산(Y/L)의 증가율', '$k = A$일 때 총생산(Y)의 증가율', '$k = B$일 때 총생산(Y)의 증가율'이라고 할 때, 이들 사이의 대소를 비교한 결과로 옳은 것은?

① $x > y > z$
② $y = z > x$
③ $z > x = y$
④ $z > x > y$
⑤ $z > y > x$

┃해설┃

- $k = \dfrac{K}{EL}$, $y = \dfrac{Y}{EL}$일 때, A점에서는 균제상태이므로 자본량과 총자본과 총생산이 고정되어 있다.

- 균제상태의 고정된 y라는 것은 $\dfrac{\triangle Y}{Y} - \dfrac{\triangle E}{E}(g) - \dfrac{\triangle L}{L}(n) = 0 \rightarrow \dfrac{\triangle Y}{Y} = \dfrac{\triangle E}{E} + \dfrac{\triangle L}{L}$ 이므로 총생산량의 증가율(y)은 $(n + g)$만큼 증가한다.

- 기술진보가 존재하는 균제상태에서는 1인당 생산의 증가율(x)이 기술진보율과 동일하므로 (x)는 g와 같다.

- 자본량이 균제상태에 미달할 때에는 총생산의 증가율(z)이 $(n + g)$의 합 보다 크다.

- 따라서 총생산의 증가율(z)이 $(n + g)$이상으로 증가한다. 그러므로 $z > y > x$순으로 계산된다.

🔲 ⑤

05 보험계리사 2018

확인 Check! ○ △ ×

A국가의 생산함수는 $Y=K^{0.7}L^{0.3}$이다(K는 자본, L은 노동, Y는 생산량). 이 국가의 노동증가율은 2%, 저축률은 60%, 감가상각률은 10%일 때, 균제상태(Steady state)에서 자본 1단위당 생산량(Y/K)은?

① 0.2
② 0.4
③ 0.6
④ 0.8

해설

- A국가의 생산함수는 $Y=K^{0.7}L^{0.3}$

  ∴ 1인당 생산함수는 $y=f(k)=k^{0.7}$ $\left(\because y=\dfrac{Y}{L},\ k=\dfrac{K}{L}\right)$

- 균제상태의 1인당 자본량 : $sf(k)=(n+d)k$

  $0.6k^{0.7}=(0.02+0.1)k$

  ∴ $k=5k^{0.7}$

- 1인당 자본량은 $\dfrac{K}{L}=k=5k^{0.7}$, 1인당 생산량은 $\dfrac{Y}{L}=y=k^{0.7}$

  ∴ 자본 1단위당 생산량은 $\dfrac{Y}{K}=\dfrac{Y}{L}\div\dfrac{K}{L}=k^{0.7}\div 5k^{0.7}=0.2$

답 ①

06 공인회계사 2019

확인 Check! ○ △ ×

인구가 일정하고 기술진보가 없는 솔로우 모형을 고려하자. 1인당 생산(y)과 1인당 자본(k)으로 표시된 생산함수는 다음과 같다.

$$y=\sqrt{k}$$

감가상각률이 0.25일 때, 황금률 균제상태(Steady state)의 1인당 자본량은?

① 4
② 5
③ 6
④ 7
⑤ 8

┃해설┃

- $y = \sqrt{k}$

- $MP_k = \dfrac{dy}{dk} = \dfrac{1}{2\sqrt{k}} = 0.25$ ($\because$ 황금률 균제상태에서는 자본의 한계생산물과 감가상각률이 일치)

  $\therefore \ k = 4$

답 ①

07 공인회계사 2017

☑ 확인 Check! ○ △ ✕

다음은 신고전학파의 투자모형이 적용되는 경제이다. 이 경제에서 자본량은 자본 추가에 따른 실질이윤율이 양수이면 증가, 음수이면 감소, 영이면 변함이 없다. 이 경제의 정상상태(Steady state)에서 자본량은 얼마인가?

- 자본 추가에 따른 실질이윤율 : $MP_K - P_K(r + \delta)$

- 생산함수 : $Y = K^{\frac{1}{2}} \overline{L}^{\frac{1}{2}}$

- 시장에서 주어진 자본의 실질가격, 실질이자율 : $P_K = 100$, $r = 2\%$

- 고정된 노동량, 감가상각률 : $\overline{L} = 100$, $\delta = 8\%$

(단, MP_K, P_K, r, δ, Y, K, $\overline{L}$는 각각 자본의 한계생산물, 자본의 실질가격, 실질이자율, 감가상각률, 생산물, 자본량, 고정된 노동량이며 자본의 가격 상승률은 생산물 가격 상승률과 같다고 가정한다)

---

① $\dfrac{1}{4}$ 　　　　　　　　　　② $\dfrac{1}{2}$

③ 1 　　　　　　　　　　　　④ 2

⑤ 4

┃해설┃

- 생산함수 $Y = K^{\frac{1}{2}} L^{\frac{1}{2}}$를 K에 대해 미분하면 $MP_K = \dfrac{1}{2} K^{-\frac{1}{2}} L^{\frac{1}{2}} = \dfrac{1}{2} \sqrt[K]{\dfrac{\overline{L}}{K}}$ 가 도출되는데,

  $\overline{L} = 100$를 대입하면 $MP_K = \dfrac{5}{\sqrt{K}}$ 이다.

- 정상상태에서는 자본량이 일정하므로 자본추가에 따른 실질이윤율을 0으로 두고 식을 나타내면,

  $\dfrac{5}{\sqrt{K}} - 100(0.02 + 0.08) = 0 \rightarrow \dfrac{5}{\sqrt{K}} = 10$, $\sqrt{K} = 0.5$, $K = \dfrac{1}{4}$

답 ①

솔로우(R. Solow) 성장 모형에서 생산함수가 $Y = K^{\frac{1}{2}} L^{\frac{1}{2}}$ 이고, 인구증가율이 0%, 감가상각률이 10%, 저축률이 30%일 경우 다음 설명 중 옳은 것은? (단, Y는 실질GDP, K는 자본량, L은 노동량이다)

① 정상상태(Steady state)에서 자본량(K)의 증가율은 10%이다.

② 정상상태에서 1인당 실질GDP(Y/L)는 9이다.

③ 1인당 자본량(K/L)이 4보다 작을 경우 1인당 실질GDP(Y/L)는 감소한다.

④ 감가상각률이 20%로 증가할 경우 정상상태에서 1인당 자본량(K/L)은 증가한다.

⑤ 정상상태에서 황금률 수준의 1인당 자본량(K/L)을 달성하려면 저축률을 증가시켜야 한다.

┃해설┃

생산함수가 $Y = K^{\frac{1}{2}} L^{\frac{1}{2}}$ 이면, 노동소득분배율이 50%, 자본소득분배율이 50%이다. 황금률에서는 자본소득분배율이 저축률과 일치한다. 따라서 저축률을 20% 더 올려서 50%가 되게 하여야 한다.

① 정상상태에서는 경제성장률＝인구증가율＝자본증가율이 성립한다. 현재 인구증가율이 0%이므로 자본량의 증가율도 0이다.

② 양변을 L로 나누어 1인당 생산함수를 만든다.

　$y = \sqrt{k}$ 정상상태의 1인당 자본량 구하는 방식은 감가상각률이 있는 $sf(k) = (n+d)k$ (s : 저축률, n : 인구증가율, d : 감가상각비) → $0.3\sqrt{k} = (0+0.1)k$, $0.3\sqrt{k} = 0.1k$, $k = 9$

　1인당 자본량이 9이므로, 1인당 실질GDP $y = \sqrt{k}$ 에 의해 3임을 알 수 있다.

③ 1인당 자본량이 4보다 작다면, 정상상태인 9에 미달하고 있다. 1인당 자본량이 정상상태에 미치지 못한다면 1인당 자본량이 서서히 증가한다.

④ 감가상각률이 10%에서 20%로 증가한다면 $0.3\sqrt{k} = 0.2k$ → $k = 2.25$, 따라서 1인당 자본량은 9에서 2.25로 6.75 감소한다.

 ⑤

인구증가와 기술진보가 없는 솔로우(Solow) 성장 모형을 고려하자. 갑국이 균제상태(steady state)에 있었으나 전염병으로 인해 인구의 10%가 갑자기 사망하였다면, 그 이후의 경제에 대한 설명으로 옳은 것은? (단, 전염병은 기술수준과 자본량에 영향을 미치지 않는다고 가정한다)

① 이미 균제상태에 있었기 때문에 인구가 감소한 후에도 일인당 생산량은 변하지 않는다.

② 인구가 감소했기 때문에 일인당 자본량은 점차 증가한다.

③ 일인당 투자는 전염병 이전 수준보다 일시적으로 증가했지만, 점차 감소하여 원래의 균제상태 수준으로 돌아간다.

④ 생산함수가 콥-더글라스(Cobb-Douglas) 함수일 때 노동소득분배율이 자본소득분배율보다 크다면 총생산량은 증가한다.

⑤ 저축률을 감소시키면 원래의 균제상태로 즉시 돌아갈 수 있다.

│ 해설 │

① 인구가 감소하면 일인당 생산량이 증가한다.

② 인구가 감소하면 일인당 자본량은 증가하다가 이후 감소한다.

④ 1인당 소득이 변화하지 않는다면 총생산량 역시 변화하지 않는다.

⑤ 저축률을 감소시키면 원래의 균제상태가 아닌 그보다 더 낮은 새로운 점에서 균형이 이루어진다.

답 ③

한 국가의 총생산(Y) 함수가 $Y = AK^{0.4}L^{0.6}$이고, 총생산 증가율이 0.02, 솔로우 잔차(Solow residual)가 0.05, 노동투입 증가율이 -0.08이라면, 성장회계식으로 계산한 자본투입 증가율은? (단, K는 자본투입, L은 노동투입이며, $A > 0$이다)

① 0.02   ② 0.025

③ 0.03   ④ 0.04

⑤ 0.045

│ 해설 │

주어진 생산함수를 증가율로 나타내어 자본투입 증가율을 구해보면

$$\frac{\Delta Y}{Y} = \frac{\Delta A}{A} + 0.4\frac{\Delta K}{K} + 0.6\frac{\Delta L}{L}$$

$$0.02 = 0.05 + \left(0.4 \times \frac{\Delta K}{K}\right) + [0.6 \times (-0.08)]$$

$$\therefore \ \frac{\Delta K}{K} = 0.045$$

답 ⑤

11 공인회계사 2015

☑ 확인Check! ○ △ ✕

솔로우(R. Solow) 성장모형에 대한 설명으로 옳지 않은 것은?

① 생산함수는 자본의 한계생산이 체감하는 특징을 갖는다.

② 균제상태에서 지속적 기술진보가 1인당 자본량의 지속적 증가를 가져온다.

③ 자본 감가상각률의 증가는 균제상태에서 1인당 자본량의 증가율에 영향을 미치지 못한다.

④ 생산함수는 자본과 노동에 대해 규모수익불변의 특징을 갖는다.

⑤ 균제상태에서 저축률이 내생적으로 결정된다.

┃해설┃

저축률은 외생적으로 주어진 것으로 가정한다.

① · ④ 솔로우 성장모형에서 가정하는 생산함수는 수익불변인 요소대체가 가능한 1차 동차함수이므로, 자본에 대해 수확체감이 성립한다.

② 기술진보가 발생하면 생산함수가 상방으로 이동하고, 그에 따라 저축함수도 상방으로 이동한다. 저축증가로 투자가 증가하면 1인당 자본량과 생산량 모두 증가한다. 일회적인 기술진보는 단기적인 성장만을 가져올 뿐이므로, 지속적인 기술진보가 지속적인 경제성장을 이룰 수 있다.

③ 균제상태에서 1인당 자본량 증가율은 자본증가율에서 인구증가율의 차감한 값으로 나타내므로, 감가상각률의 증가는 1인당 자본량의 증가율에 영향을 미치지 못한다.

답 ⑤

---

12 공인노무사 2024

☑ 확인Check! ○ △ ✕

총 생산함수가 $Y = 2K^{0.5}L^{0.5}E^{0.5}$인 솔로우(Solow) 경제성장모형에서, 인구 증가율과 노동자의 효율성(E) 증가율이 각각 -3%와 5%이다. 균제상태(steady state)에서 도출된 각 변수의 성장률로 옳지 않은 것은? (단, Y는 총생산량, K는 총자본량, L은 총노동량, $L \times E$는 유효 노동 투입량이다)

① 유효 노동 1단위당 자본량 : 0%

② 총생산량 : 2%

③ 노동자 1인당 생산량 : 5%

④ 유효 노동 1단위당 생산량 : 0%

⑤ 노동자 1인당 자본량 : 3%

┃해설┃

노동자 1인당 자본량 성장률=노동자 효율성 증가율=5%

① 균제상태에서는 유효 노동 1단위당 자본량의 변화가 0이다.

② 총생산량 성장률=인구증가율+노동자의 효율성 증가율=−3%+5%=2%

③ 노동자 1인당 생산량 성장률=노동자 효율성 증가율=5%

④ 균제상태에서는 유효 노동 1단위당 생산량이 일정하게 유지된다. 즉 유효 노동 1단위당 생산량 성장률은 0%이다.

답 ⑤

670 공인회계사 1차 객관식 경제원론

01 보험계리사 2018

☑ 확인Check! ○ △ ✕

솔로우(Solow) 모형에서 생산함수는 $Y = K^{0.5}(E \times L)^{0.5}$이다($K$는 자본, L은 노동, E는 노동의 효율성, Y는 생산량). 이 경제에서 저축률은 20%, 노동증가율은 5%, 노동효율성 증가율은 5%, 감가상각률은 10%일 때, 현재 균제상태(Steady state)에 있는 이 경제에 대한 설명으로 옳은 것은?

① 이 경제는 황금률(Golden rule) 자본수준에 있다.

② 황금률 자본수준으로 가기 위해서는 저축률을 높여야 한다.

③ 황금률 자본수준으로 가기 위해서는 현재 효율노동단위당 소비를 증가시켜야 한다.

④ 황금률 자본수준에 도달하면 효율노동단위당 소비가 현재 균제상태보다 낮아진다.

해설

생산함수 $Y = K^{0.5}(E \times L)^{0.5}$을 효율노동 EL로 나누면 $\dfrac{Y}{EL} = \dfrac{K^{0.5}(EL)^{0.5}}{EL} = \left(\dfrac{K}{EL}\right)^{0.5}$이다.

효율노동 1단위당 생산량 $y = \dfrac{Y}{EL}$, 효율노동 1단위당 자본량 $k = \dfrac{K}{EL}$이라 하면

1인당 생산함수 $y = k^{0.5} = \sqrt{k}$ 가 된다.

균제상태에서 1인당의 자본량을 $sf(k) = (n + d + g)k$라 하면 $0.2\sqrt{k} = (0.05 + 0.1 + 0.05)k$

따라서 $k = 1$이 된다.

효율노동 1인당 생산함수를 k에 대해 미분하면 $MP_K = 0.5k^{-0.5} = \dfrac{1}{2\sqrt{k}}$

기술진보가 있을시 황금률의 1인당 자본량은 $MP_K = n + d + g$

따라서 $\dfrac{1}{2\sqrt{k}} = (0.05 + 0.1 + 0.05)$, $\therefore k = \dfrac{25}{4}$

① 균제상태의 1인당 자본량이 1이고, 황금률에서의 1인당 자본량이 $\dfrac{25}{4}$이다. 그러므로 현재는 과소자본 상태이다.

②·③ 과소자본인 현 상태에서 황금률 수준으로 가기 위해서는 저축률을 자본소득분배율과 동일한 50%로 높여야 한다. 저축률을 높일 경우 현재의 소비는 줄어들지만 황금률에 도달하면 효율노동이 1인당 소비가 현재 균제상태보다 높아지게 된다.

④ 현재의 균제상태에서 효율노동 1단위당 자본량 $k = 1$이므로 효율노동 1단위당 생산량 $y = 1$이 된다.

저축률 20%로 현재 균제상태에서 효율노동 1단위당 저축은 $1 \times 0.2 = 0.2$, 소비는 $1 \times (1 - 0.2) = 0.8$이 된다.

황금률에서는 1인당 자본량 $k = \dfrac{25}{4}$이므로 효율노동 1단위당 생산량 $y = \sqrt{\dfrac{25}{4}} = \dfrac{5}{2}$

저축률이 50%이므로 황금률에서 효율노동 1단위당 저축과 소비는 $\dfrac{5}{2} \times 0.5 = 1.25$가 된다.

답 ②

인구증가를 고려한 솔로우 모형에서 1인당 생산(y), 자본(k), 투자(i)로 표시된 생산함수와 1인당 자본축적 방정식이 각각 다음과 같다.

- $y = \sqrt{k}$
- $\Delta k = i - (n + \delta)k$

인구성장률(n)과 감가상각률(δ)은 각각 0.15와 0.05이고, 저축률은 0.6이다. 현재 이 경제는 균제상태이다. 다음 중 이 경제의 황금률 균제상태와 황금률 균제상태로의 이행 과정에 대한 설명으로 옳지 않은 것은?

① 황금률 균제상태에 부합하는 저축률은 0.5이다.

② 황금률 균제상태에서 1인당 생산은 2.5이다.

③ 황금률 균제상태에서 1인당 소비는 현재의 균제상태에서 보다 크다.

④ 황금률 균제상태에 도달하기 전까지 1인당 자본의 증가율은 0보다 작다.

⑤ 황금률 균제상태에 도달하기 전까지 1인당 자본과 1인당 생산의 증가율은 같다.

▌해설▌

한계생산성이 체감하므로 1인당 자본과 1인당 생산의 증가율은 다르다.

① 황금률 균제상태에서의 저축률은 자본소득분배율인 0.5이다.

② $MP_K = \dfrac{1}{2\sqrt{k}} = 0.15 + 0.05 = 0.2, \quad \therefore \ y = \sqrt{k} = 2.5$

③ 황금률 균제상태란 1인당 소비가 가장 큰 상태를 말한다.

④ 현재의 저축률이 더 높은 상태이므로 황금률로 이동하는 과정에서 저축률이 낮아져야 한다. 따라서 1인당 자본량이 감소하게 되므로 황금률에 도달하기 까지 1인당 자본의 증가율은 음수가 된다.

답 ⑤

03 보험계리사 2020

☑ 확인 Check! ○ △ ✕

A국의 생산함수는 $Y = K^\alpha(EL)^{1-\alpha}$이다. 효율적 노동당 자본($K/EL$)의 한계생산은 0.14이고, 자본의 감가 상각률은 0.04이며, 인구증가율은 0.02이다. 만약 이 경제가 황금률 균제상태(golden-rule steady state) 라면 노동효율성(E) 증가율은? (단, Y는 총생산, K는 총자본, E는 노동효율성, L은 총노동을 나타내며 $0 < \alpha < 1$이다)

① 0.08

② 0.10

③ 0.12

④ 0.14

▌해설▐

- 기술진보(노동효율성)가 있을 경우 균제상태에서 효율노동 1인당 소비
  $C = f(k) - (n+d+g)k$ (n : 인구증가율, d : 감가상각률, g : 기술진보율(노동효율성 증가율))
- 효율노동 1인당 소비가 극대가 되는 황금률 균제상태(golden-rule steady state)는 $MP_K = n+d+g$일 때 성립한다.
- $0.14 = 0.02 + 0.04 + g$, ∴ g(노동효율성 증가율) $= 0.08$

답 ①

04 공인회계사 2023

☑ 확인 Check! ○ △ ✕

기술진보가 없는 솔로우 모형을 따르는 어느 경제의 총생산함수는 다음과 같다.

$$Y = \sqrt{LK}$$

Y, L, K는 각각 총생산, 노동, 자본을 나타낸다. 이 경제의 인구증가율과 감가상각률은 각각 0.02와 0.03이고, 저축률은 0.3이다. 현재 이 경제의 1인당 자본이 30일 때, 이 경제에 대한 다음 설명 중 옳지 않은 것은?

① 다음 기에 1인당 자본은 현재보다 더 크다.

② 황금률 균제상태에 도달하기 위해서는 저축률을 높여야 한다.

③ 황금률 균제상태에 도달하면 1인당 소비는 현재보다 높아진다.

④ 현재 이 경제는 균제상태에 있지 않다.

⑤ 이 경제의 균제상태는 동태적으로 비효율적이다.

▌해설▐

균제상태를 구하면 $0.3\sqrt{k} = 0.05k$, $6\sqrt{k} = k$이므로 $k = 36$이다. 즉, 이 경제의 균제상태는 동태적으로 효율적이다.

① $k = 30$에서 $k = 36$으로 증가한다.

② 황금률 균제상태의 저축률이 0.5인데 현재의 저축률이 0.3이므로 저축률을 높여야 한다.

③ 황금률의 정의에 따라 1인당 소비는 현재보다 높아진다.

④ 자본량이 균제상태의 자본량에 미치지 못하고 있으므로 균제상태에 있지 않다.

답 ⑤

1인당 생산함수가 $y = 0.5k^{0.2}$, 자본의 감가상각률이 0.1, 저축률이 0.2인 솔로우(Solow) 경제성장모형에 관한 설명으로 옳은 것을 모두 고른 것은? (단, y는 1인당 생산량, k는 1인당 자본량이고, 인구증가와 기술진보는 없다)

ㄱ. 현재 1인당 자본량이 2일 때, 1인당 투자는 증가한다.
ㄴ. 현재 1인당 자본량이 2일 때, 1인당 자본의 감가상각은 1인당 저축보다 작다.
ㄷ. 균제상태(steady state)에서 벗어나 있는 경우, 현재 1인당 자본량에 관계없이, 1인당 생산량의 변화율은 0으로 수렴한다.
ㄹ. 균제상태의 1인당 자본량은 황금률(Golden Rule) 수준과 같다.

① ㄱ, ㄴ
② ㄱ, ㄷ
③ ㄴ, ㄷ
④ ㄴ, ㄹ
⑤ ㄷ, ㄹ

┃해설┃

균제상태의 조건인 $sf(k) = (n+g+d)k$에 1인당 생산함수를 대입하면,

$0.2 \times 0.5k^{0.2} = 0.1k$

$k^{0.2} = k$

$\therefore k = 1$

ㄱ. (✕) 1인당 자본량이 2라면 균제상태의 자본량보다 크기 때문에(자본 과다축적), 균제상태로 수렴하는 과정에서 1인당 투자는 감소하게 된다.
ㄴ. (✕) 1인당 자본량이 2이면, 과다 자본 상태로 실제투자액보다 필요투자액이 더 크다. 따라서 1인당 자본의 감가상각이 1인당 저축보다 크다.
ㄷ. (○) 균제상태로 수렴함에 따라 1인당 자본량이 더 이상 변화하지 않으므로 생산량의 변화율도 0으로 수렴한다.
ㄹ. (○) 황금률에서는 $MP_k = n+d$이므로, $0.1k^{-0.8} = 0.1$, $k = 1$이므로 균제상태의 1인당 자본량과 황금률 수준은 같다.

답 ⑤

01 보험계리사 2021

☑ 확인 Check! ○ △ ✕

자본, 노동 및 총요소생산성이 성장에 기여한 정도를 측정하는 성장회계식이 다음과 같다. $\alpha = 0.4$, $\dfrac{\Delta Y}{Y} =$ 2%일 때 성장률에 대한 자본의 성장 기여율이 80%라면 $\dfrac{\Delta K}{K}$는?

$$\frac{\Delta Y}{Y} = \frac{\Delta z}{z} + \alpha \frac{\Delta K}{K} + (1-\alpha) \frac{\Delta L}{L}$$

(단, Y는 총생산, z는 총요소생산성, K는 자본, L은 노동, $0 < \alpha < 1$, Δ는 변수의 증가분을 의미한다)

① 2%   ② 4%

③ 6%   ④ 8%

❚해설❚

- 경제성장률$\left(\dfrac{\Delta Y}{Y} \right) = 2\%$, 자본의 성장 기여율 $= 80\%$

- $\alpha \dfrac{\Delta K}{K} = $ 경제성장률 × 자본의 성장 기여율 $= 2\% \times 80\% = 1.6\%$

- $\alpha \dfrac{\Delta K}{K} = 0.4 \times \dfrac{\Delta K}{K} = 1.6\%$, ∴ $\dfrac{\Delta K}{K} = 4\%$

답 ②

모든 시장이 완전경쟁 상태인 경제에서 총생산함수는 $Y = AK^{\frac{2}{3}}L^{\frac{1}{3}}$ 이다. 매년 L, K, A가 각각 3%씩 증가하는 경제에 관한 설명으로 옳은 것을 모두 고른 것은? (단, Y는 국내총생산, L은 노동량, K는 자본량, A는 상수이다)

> ㄱ. 총생산함수는 규모 수익 불변이다.
>
> ㄴ. 노동소득분배율은 $\frac{2}{3}$ 이다.
>
> ㄷ. 경제성장률은 6%이다.

① ㄱ   ② ㄴ

③ ㄱ, ㄴ   ④ ㄴ, ㄷ

⑤ ㄱ, ㄴ, ㄷ

┃해설┃

ㄱ. 총생산함수가 콥-더글라스 생산함수로 1차 동차함수이다. 1차 동차함수는 규모 수익 불변이다.

ㄴ. 노동소득분배율 $= \dfrac{\text{노동소득}}{\text{총소득}} = \dfrac{MP_L \times L}{Q}$

     $MP_L = \dfrac{2}{3} AL^{-\frac{1}{3}}K^{\frac{1}{3}}$, $MP_L \times L = \dfrac{2}{3} AL^{\frac{2}{3}}K^{\frac{1}{3}} = \dfrac{2}{3} Q$

     노동소득분배율 $= \dfrac{\text{노동소득}}{\text{총소득}} = \dfrac{MP_L \times L}{Q} = \dfrac{2}{3}$

ㄷ. 성장회계 방식으로 나타내보면 $\dfrac{\triangle Y}{Y} = \dfrac{\triangle A}{A} + \dfrac{2}{3} \times \dfrac{\triangle K}{K} + \dfrac{1}{3} \times \dfrac{\triangle L}{L}$

     여기서 A, L, K가 모두 3%씩 증가하였으므로 경제성장률 $= 3\% + \dfrac{2}{3} \times 3\% + \dfrac{1}{3} \times 3\% = 6\%$

답 ⑤

모든 시장이 완전경쟁적인 甲국의 총생산함수는 $Y = AL^a K^{1-a}$이다. 甲국 경제에 관한 설명으로 옳은 것은?
(단, Y는 총생산량, L은 노동투입량, K는 자본투입량, A는 총요소생산성이고, $A > 0$, $0 < a < 1$, 생산물 가격은 1이다)

① 총생산량이 100이고 $a = 0.7$일 때, 자본에 귀속되는 자본소득은 70이다.

② A가 불변이고 $a = 0.7$일 때, 노동투입량이 3% 증가하고 자본투입량이 5% 증가하면 총생산량은 3% 증가한다.

③ $A = 3$일 때 노동과 자본의 투입량이 2%로 동일하게 증가하면 총생산량은 2%로 증가한다.

④ 노동의 투입량이 5% 증가할 때 자본의 투입량도 5% 증가된다면, 노동의 한계 생산물은 변한다.

⑤ A가 1% 증가하고 노동과 자본의 투입량이 모두 동일하게 2% 증가할 때, a가 0.5보다 크다면 총생산량의 증가율은 5%이다.

┃해설┃

1차 동차함수에서 노동과 자본투입량이 2% 증가하면, 총생산량이 2%가 증가한다.

① L^a에서 a가 0.7이라면, k^{1-a}의 $(1-a)$는 0.3이다. 즉, 자본의 소득분배율이 30%라는 의미인데, 총생산량이 100이므로 자본에 귀속되는 자본소득은 30이다.

② 경제성장에 어떤 요소가 얼마나 기여하는지를 분석하기 위해 성장회계모형으로 나타내보면,

$$\frac{\triangle Y}{Y} = \frac{\triangle A}{A} + a\frac{\triangle L}{L} + (1-a)\frac{\triangle K}{K} \rightarrow 0 + (0.7 \times 3\%) + (0.3 \times 5\%) = 3.6\%$$

④ $MP_L = (1-a)A\left(\frac{K}{L}\right)^{1-a}$

　노동투입량과 자본투입량이 5% 늘면, 노동의 한계생산물은 변화가 없다.

⑤ $\frac{\triangle Y}{Y} = \frac{\triangle A}{A} + a\frac{\triangle L}{L} + (1-a)\frac{\triangle K}{K} = 1\% + (a \times 2\%) + ((1-a) \times 2\%) = 3\%$

답 ③

甲국의 생산함수는 $Y = AK^{\frac{1}{3}}L^{\frac{2}{3}}$ 이다. 노동자 1인당 생산량 증가율이 10%이고, 총요소생산성 증가율은 7%일 경우, 성장회계에 따른 노동자 1인당 자본량 증가율은? (단, Y는 총생산량, A는 총요소생산성, K는 자본량, L은 노동량이다)

① 3% ② 4.5%
③ 6% ④ 7%
⑤ 9%

❙해설❙

- y(1인당 생산량)$= \dfrac{Y}{L}$ 이고 k(1인당 자본량)$= \dfrac{K}{L}$

- 甲국 전체의 생산함수를 L로 나누면 $\dfrac{Y}{L} = \dfrac{AK^{\frac{1}{3}}L^{\frac{2}{3}}}{L} = \dfrac{AK^{\frac{1}{3}}}{L^{\frac{1}{3}}} = A\left(\dfrac{K}{L}\right)^{\frac{1}{3}} = Ak^{\frac{1}{3}}$ 가 된다.

- 즉, 1인당 생산함수는 $y = Ak^{\frac{1}{3}}$ 이 된다.
- 이를 성장회계 방식에 따르면

    $\dfrac{\triangle y}{y}$ (노동자 1인당 생산량 증가율)$= \dfrac{\triangle A}{A}$ (총요소생산성 증가율)$+ \dfrac{1}{3} \times \dfrac{\triangle k}{k}$ (1인당 자본량 증가율)

    $10\% = 7\% + \dfrac{1}{3} \times \dfrac{\triangle k}{k}$

    $\therefore \ \dfrac{\triangle k}{k} = 9\%$

답 ⑤

표는 A국의 통계자료이다. A국의 생산함수가 $Y = AK^{\alpha}L^{1-\alpha}$일 때, 성장회계(growth accounting)에 따른 노동생산성(Y/L)의 증가율은? (단, A는 총요소생산성, K는 자본, L은 노동, $0 < \alpha < 1$이다)

지 표	값
자본-노동비율(K/L) 증가율	4%
총요소생산성 증가율	1%
노동소득 분배율	0.75
자본소득 분배율	0.25

① 1.75% ② 2.00%
③ 3.25% ④ 4.00%

∥해설∥

$Y = AK^{\alpha}L^{1-\alpha}$

양변을 L로 나누면 $\dfrac{A}{L} = A\left(\dfrac{K}{L}\right)^{\alpha}$

증가율로 표시하면 $\Delta\left(\dfrac{A}{L}\right) = \Delta A + \alpha \times \Delta\left(\dfrac{K}{L}\right) = 1\% + (0.25 \times 4\%) = 2\%$ ($\because \alpha =$ 자본소득 분배율)

답 ②

06 공인회계사 2022 ☑확인Check! ○ △ ✕

갑국 경제의 성장회계와 자본의 한계생산물이 다음과 같다.

- 성장회계 : $\dot{Y} = \dot{A} + \alpha\dot{K} + (1-\alpha)\dot{L}$
- 자본의 한계생산물 : $MPK = \alpha\dfrac{Y}{K}$

여기서 $\dot{Y}$, $\dot{A}$, $\dot{K}$, $\dot{L}$은 각각 경제 전체의 생산량, 총요소생산성, 자본량, 노동량의 변화율을 나타낸다. 이 경제에서 $\dot{Y}$, $\dot{K}$, $\dot{L}$은 각각 3%, 3%, −1%, Y/K는 25%, **자본의 실질임대료는 10%로 일정하다.** 이 경제에 고전학파 분배이론이 적용될 경우 총요소생산성 변화율은?

① 1.4%　　　　　　　　　　② 2.4%

③ 3.4%　　　　　　　　　　④ 4.4%

⑤ 5.4%

∥해설∥

$MP_K = \alpha \times \dfrac{1}{4} = 0.1, \quad \therefore \alpha = 0.4$

$\dot{Y} = \dot{A} + 0.4 \times \dot{K} + 0.6 \times \dot{L}$

$0.03 = \dot{A} + 0.4 \times 0.04 + 0.6 \times (-0.01) = \dot{A} + 0.012 - 0.006 = \dot{A} + 0.006$

따라서 총요소생산성변화율은 2.4%이다.

답 ②

01 감정평가사 2018

☑ 확인Check! ○ △ ✕

경제성장이론에 관한 설명으로 옳은 것은?

① 내생적 성장이론(Endogenous growth theory)에 따르면 저소득 국가는 고소득 국가보다 빨리 성장하여 수렴현상이 발생한다.

② 내생적 성장이론에 따르면 균제상태의 경제성장률은 외생적 기술진보 증가율이다.

③ 솔로우 경제성장모형에서 황금률은 경제성장률을 극대화하는 조건이다.

④ 솔로우 경제성장모형에서 인구 증가율이 감소하면, 균제상태에서의 1인당 소득은 감소한다.

⑤ 솔로우 경제성장모형에서 균제상태에 있으면, 총자본스톡 증가율과 인구 증가율이 같다.

┃해설┃

①・② 수렴현상이 발생하는 모형은 내생적 성장이론이 아니라 솔로우 경제성장모형이고, 외생적 기술진보에 의해 경제가 성장한다고 보는 것 역시 솔로우 경제성장모형이다.

③ 솔로우 경제성장모형의 황금률은 1인당 소비가 극대화되는 균형이다. 1인당 소비가 커지면 사회후생이 커지기 때문이다.

④ 솔로우 경제성장모형에서 인구 증가율이 감소하면, 1인당 자본량이 늘어나 1인당 소득도 증가한다.

답 ⑤

02 감정평가사 2022

☑ 확인Check! ○ △ ✕

경제성장모형인 $Y = AK$모형에서 A는 0.5이고 저축률은 s, 감가상각률은 δ일 때 이에 관한 설명으로 옳은 것은? (단, Y는 생산량, K는 자본량, $0 < s < 1$, $0 < \delta < 1$이다)

① 자본의 한계생산은 체감한다.

② $\delta = 0.1$이고 $s = 0.4$이면 경제는 지속적으로 성장한다.

③ 감가상각률이 자본의 한계생산과 동일하면 경제는 지속적으로 성장한다.

④ $\delta = s$이면 경제는 균제상태(steady-tate)이다.

⑤ 자본의 한계생산이 자본의 평균생산보다 크다.

AK모형에서 자본축적 증가율 $\dfrac{\Delta K}{K} = \dfrac{\Delta Y}{Y} = sA - \delta > 0$이면 지속적인 성장이 가능하다.

① AK모형에서는 자본의 한계생산은 자본이 축적되어도 체감하지 않고 $Y = AK$에서 A로 일정하다.

③ 감가상각률보다 자본의 한계생산이 커야만 경제는 지속적으로 성장할 수 있다.

④ 감가상각률과 저축률이 같으면 그 경제는 균제상태에 있다.

⑤ 자본의 한계생산이 일정하므로 자본의 한계생산과 자본의 평균생산은 같다.

답 ②

03 공인회계사 2015 ☑확인Check! ○ △ ✕

다음 중 내생적 성장이론에 대한 설명으로 옳은 것은?

① 로머(P. Romer)의 R&D모형에 따르면 연구인력 증가만으로도 장기 경제성장률을 높일 수 있다.

② 가난한 나라와 부유한 나라의 1인당 소득수준이 장기적으로 수렴한다고 예측한다.

③ AK모형에 따르면 저축률의 상승은 장기 경제성장률을 높일 수 없다.

④ 로머의 R&D모형에 따르면 지식이 경합성을 가지므로 지식자본의 축적을 통해 지속적인 성장이 가능하다.

⑤ 루카스(R. Lucas)의 인적자본모형에 따르면 교육 또는 기술습득의 효율성이 장기 경제성장률에는 영향을 미치지 못한다.

①·④ 연구인력의 증가는 기술개발과 지식축적을 이루게 되면서, 결과적으로 생산성 증대를 가져온다. 일반적으로 지식은 공공재적인 특징을 가져 다른 부문에도 파급되어, 경제전반의 생산량 증가를 가져와 경제성장을 이룰 수 있다. 경제가 성장하면 연구개발에 대한 투자도 늘어나 지속적인 성장을 이룰 수 있게 된다.

② 가난한 나라와 부유한 나라의 1인당 소득수준이 장기적으로 수렴한다는 것은 솔로우 모형의 가설이다. 내생적 성장이론은 자본의 한계생산성이 체감하지 않으므로 수렴가설이 성립하지 않는다고 본다.

③ AK모형은 저축률이 높아지거나, 기술수준이 향상되면 경제성장률을 지속적으로 높은 수준으로 유지할 수 있다고 본다.

⑤ 루카스는 경제성장이 사회의 인적자본 크기에 영향을 받는다고 주장한다. 인적자본 축적이 외부효과를 발생시키고, 그에 따라 규모의 수익체증이 이루어지면 지속적인 성장이 가능하다.

답 ①

01 보험계리사 2016

☑ 확인 Check! ○ △ ✕

경제성장이론과 관련된 설명 중 옳은 것을 모두 고른 것은?

> ㄱ. 솔로우 모형은 절대적 수렴가설을 주장하였다.
> ㄴ. 내생적 성장이론은 국가간 1인당 경제성장률의 지속적 격차를 설명하고자 도입되었다.
> ㄷ. 솔로우 모형에서 저축률의 상승과 인구증가율의 하락은 단기적으로 1인당 국민소득을 증가시킨다.

① ㄱ, ㄴ   ② ㄴ, ㄷ

③ ㄱ, ㄷ   ④ ㄱ, ㄴ, ㄷ

┃해설┃

ㄱ. (○) 솔로우 모형에 의하면 생산기술, 저축률, 인구증가율 등 초기 조건이 모두 동일하다면 장기에 있어서 모든 국가의 1인당 소득이 일정수준으로 수렴하는 절대적 수렴가설을 주장하였다.

ㄴ. (○) 솔로우 모형에 의하면 수렴가설이 성립하여 국가간 1인당 경제성장률의 격차가 발생하지 않는데, 현실에서는 국가간 1인당 경제성장률의 격차가 발생하는 원인을 설명하지 못하자 등장한 이론이 내생적 성장이론이다.

ㄷ. (○) 솔로우 모형에 따르면 $\triangle k = sf(k) - nk$의 기본방정식이 나타나므로, 저축률(s)이 상승하면 1인당 자본량(k)이 증가한다. 또한 인구증가율(n)이 하락하여도 1인당 자본량이 증가한다. 1인당 자본량이 증가하면 1인당 생산량이 상승하므로 1인당 국민소득도 증가한다.

답 ④

02 감정평가사 2023

장기적으로 경제성장을 촉진시킬 수 있는 방법으로 옳은 것을 모두 고른 것은?

ㄱ. 투자지출을 증가시켜 실물 자본을 증가시킨다.

ㄴ. 저축률을 낮추어 소비를 증가시킨다.

ㄷ. 교육 투자지출을 증가시켜 인적 자본을 증가시킨다.

ㄹ. 연구개발에 투자하여 새로운 기술을 개발하고 실용화한다.

---

① ㄱ, ㄴ　　　　　　　　　　　　② ㄴ, ㄷ

③ ㄷ, ㄹ　　　　　　　　　　　　④ ㄱ, ㄷ, ㄹ

⑤ ㄱ, ㄴ, ㄷ, ㄹ

┃해설┃

ㄱ. (○) 실물자본 증가를 통한 경제성장이다.

ㄴ. (✕) 장기적으로 저축률을 높여 투자증가를 유발, 자본스톡을 증가시켜야 한다.

ㄷ. (○) 인적자원을 통한 경제성장이다.

ㄹ. (○) 연구개발 투자, 기술의 진보를 통한 경제성장이다.

답 ④

PART 2

거시경제학

01 | 무역의존도

$$무역의존도 = \frac{총수출액 + 총수입액}{국내총생산}$$

02 | 리카도의 비교우위

가 정	• 노동만이 유일한 생산요소 • 노동의 질 동일 • 기회비용 일정 • 생산요소의 국가간 이동 불가능
내 용	• 한 나라가 두 재화 생산에 절대우위 혹은 절대열위에 있더라도 각 국가는 상대적으로 생산비가 낮은 재화생산에 특화해서 무역을 하면 상호이익 • 상대적 생산비가 낮은 재화＝기회비용이 낮은 재화＝비교우위의 재화 • 각 국가는 비교우위에 있는 재화에 완전특화

03 | 교역조건

범 위	• 비교우위에 따라 무역이 이루어질 때 무역이익은 교역조건에 따라 결정 • 교역조건은 무역발생 이전 두 나라의 국내가격비 사이에서 결정되어야 무역에 참가하는 양국 모두가 이익

04 | 헥셔-올린 정리

가 정	• 2국, 2재화, 2생산요소 • 국가간 생산요소 이동 불가능 • 국가간 부존자원의 비율이 상이 • 수익체감의 법칙 성립 • 무역장벽 × • 거리비용 × • 완전경쟁시장
비교우위	비교우위의 원인 : 각 국가의 생산요소의 부존도
설 명	• 각 국가는 자국에 풍부한 생산요소를 집약적으로 사용하는 재화생산에 비교우위 • 비교우위 재화에 특화하여 교역하면 양국 모두에게 이익
요소가격 균등화	자유무역이 이루어지면 생산요소가 직접 이동하지 않아도 국가간 요소상대 가격비가 균등화

05 | 산업내 무역

구 분	산업내 무역	산업간 무역
정 의	동일한 산업 내에서 생산되는 재화의 수입·수출	서로 다른 산업에서 생산되는 재화의 수입·수출
무역의 발생원인	규모의 경제, 독점적 경쟁	비교우위
소득재분배	모든 생산요소가 무역의 이득 (소득재분배 크지 않음)	소득재분배 발생

01 보험계리사 2016

☑ 확인 Check! ○ △ ✕

무역에 관한 다음 설명 중 옳은 것을 모두 고른 것은?

> ㄱ. 어떤 나라의 교역규모는 그 나라의 상품 및 서비스의 수출액과 수입액의 합계를 말한다.
> ㄴ. 무역의존도는 수출액과 수입액의 합계를 국내총생산으로 나누어서 얻어지는 비율을 나타낸다.

① ㄱ
② ㄴ
③ ㄱ, ㄴ
④ 모두 옳지 않다.

┃해설┃

ㄱ. 교역규모는 상품 및 서비스의 수출액과 수입액의 합계이다.

ㄴ. 무역의존도$=\dfrac{총수출액+총수입액}{국내총생산}$

답 ③

01 공인회계사 2019

☑ 확인 Check! ○ △ ✕

동일한 노동량을 보유하고 있는 두 국가 A, B는 유일한 생산요소인 노동을 이용하여 두 재화 X, Y 만을 생산한다. 두 국가 각각의 생산가능곡선은 직선이다. 각국은 교역의 이득이 있는 경우에만 자국에 비교우위가 있는 재화의 생산에 완전특화한 후 상대국과 교역한다. 다음 표는 이에 따른 두 국가의 생산 조합과 교역 후 소비 조합을 나타낸다.

구 분	A국		B국	
	생 산	소 비	생 산	소 비
X재	100	80	0	20
Y재	0	20	100	80

다음 설명 중 옳은 것만을 모두 고르면? (단, 교역은 두 국가 사이에서만 일어난다)

> 가. X재 수량을 가로축에 놓을 때, 생산가능곡선 기울기의 절댓값은 A국이 B국보다 크다.
> 나. B국은 X재 생산에 절대우위가 있다.
> 다. 교역조건은 'X재 1단위, Y재 1단위'이다.

① 가
② 나
③ 다
④ 가, 다
⑤ 나, 다

┃ 해설 ┃

가. (✕) A국이 X재에 특화되어 있어 X재에 생산우위에 있으므로, 생산가능곡선의 기울기의 절댓값은 B국이 A국보다 더 크다.

나. (✕) B국은 Y재 생산에 절대우위가 있다.

다. (○) A국 X재 100단위 생산, B국 Y재 100단위 생산이고 각각 100씩 소비되므로 교역조건은 1 : 1이다.

답 ③

표는 A국 노동자와 B국 노동자가 각각 동일한 기간에 생산할 수 있는 쌀과 옷의 양을 나타낸 것이다. 리카도의 비교우위에 관한 설명으로 옳지 않은 것은? (단, 노동이 유일한 생산요소이다)

구 분	A국	B국
쌀(섬)	5	4
옷(벌)	5	2

① 쌀과 옷 생산 모두 A국의 노동생산성이 B국보다 더 크다.

② A국은 쌀을 수출하고 옷을 수입한다.

③ A국의 쌀 1섬 생산의 기회비용은 옷 1벌이다.

④ B국의 옷 1벌 생산의 기회비용은 쌀 2섬이다.

⑤ B국의 쌀 생산의 기회비용은 A국보다 작다.

┃해설┃

• A국이 쌀, 옷 두 재화 모두에 노동생산량이 뛰어나므로 상대적인 기회비용을 고려해야 한다.

재화생산의 기회비용	A국	B국
쌀(섬)	1	0.5
옷(벌)	1	2

• A국은 옷 생산량이 더 뛰어나고, B국은 쌀 생산량이 더 뛰어나므로 A국은 옷, B국은 쌀에 특화해야 한다.

답 ②

두 국가(자국과 외국)와 두 재화(X재와 Y재)로 구성된 리카도 모형을 가정하자. 자국의 X재와 Y재의 단위노동투입량(Unit labor requirement)을 a_{LX}와 a_{LY}로, X재와 Y재의 가격을 P_X와 P_Y로 표시한다. 그리고 외국의 X재와 Y재의 단위노동투입량을 $a_{LX}{}^*$와 $a_{LY}{}^*$ 로 표시한다. 다음 설명 중 옳지 않은 것은?

① $\dfrac{P_X}{P_Y} > \dfrac{a_{LX}}{a_{LY}}$ 이면 자국은 X재만 생산한다.

② 폐쇄경제 균형에서 자국이 두 재화를 모두 생산하는 경우 $\dfrac{P_X}{P_Y} = \dfrac{a_{LX}}{a_{LY}}$ 가 성립한다.

③ $\dfrac{a_{LX}{}^*}{a_{LY}{}^*} > \dfrac{a_{LX}}{a_{LY}}$ 이면 자국은 X재에 대해 비교우위를 갖는다.

④ $\dfrac{a_{LX}{}^*}{a_{LY}{}^*} > \dfrac{a_{LX}}{a_{LY}}$ 이면 자유무역 하에서 X재의 균형 상대가격은 $\dfrac{a_{LX}}{a_{LY}}$ 보다 크거나 같다.

⑤ 자국이 외국과 비교하여 두 재화의 생산에 있어 절대우위를 가질 때 자유무역은 자국의 임금과 외국의 임금을 일치시킨다.

∥ 해설 ∥

자국이 두 재화 모두에 절대우위를 갖고 있더라도 각국은 비교우위에 있는 재화에 특화할 것이고, 임금은 노동생산성에 의해 결정된다.

① X재 한 단위 생산하는데 a_{LX}가 소요되므로 X재 생산의 시간당 임금은 $\dfrac{P_X}{a_{LX}}$ 가 되고, Y재 생산의 시간당 임금은

$\dfrac{P_Y}{a_{LY}}$ 이다. $\dfrac{P_X}{P_Y} > \dfrac{a_{LX}}{a_{LY}}$ 는 $\dfrac{P_X}{a_{LX}} > \dfrac{P_Y}{a_{LY}}$ 이므로 노동자들이 모두 X재로 이동하여, 자국은 X재만 생산할 것이다.

② $\dfrac{P_X}{P_Y} = \dfrac{a_{LX}}{a_{LY}}$ 라면 $\dfrac{P_X}{a_{LX}} = \dfrac{P_Y}{a_{LY}}$ 이므로 X재와 Y재 모두 생산할 것이다.

③ $\dfrac{a_{LX}}{a_{LY}}$ 는 X재 생산의 기회비용이다. 따라서 $\dfrac{a_{LX}{}^*}{a_{LY}{}^*} > \dfrac{a_{LX}}{a_{LY}}$ 라면 자국이 외국보다 X재 생산의 기회비용이 더 작으므로 비교우위를 갖는다.

④ $\dfrac{a_{LX}{}^*}{a_{LY}{}^*} > \dfrac{a_{LX}}{a_{LY}}$ 이면 자유무역 하에서 교역조건은 두 나라 기회비용 사이에서 결정되므로, X재의 균형 상대가격은

$\dfrac{a_{LX}{}^*}{a_{LY}{}^*}$ 보다 낮거나 같고 $\dfrac{a_{LX}}{a_{LY}}$ 보다 크거나 같을 것이다.

답 ⑤

2국 2재화의 경제에서, 한국과 말레이시아는 비교우위를 갖는 상품을 생산하여 교역을 한다. 한국은 쌀 1섬을 얻기 위해 옷 1벌의 대가를 치러야 하고, 말레이시아는 옷 1벌을 얻기 위해 쌀 2섬의 대가를 치러야 한다. 다음 설명 중 옳은 것은?

① 한국이 쌀 생산에 특화하여 수출하는 경우, 양국 모두 이득을 얻을 수 있다.

② 한국이 옷을 수출하면서 옷 1벌에 대해 쌀 2섬 이상을 요구하면, 말레이시아는 스스로 옷을 생산하기로 결정할 것이다.

③ 쌀 1섬의 국제가격이 옷 $\frac{1}{2}$벌보다 더 낮아야 교역이 이루어진다.

④ 말레이시아가 옷과 쌀 모두를 생산하여 수출하는 경우, 양국 모두 이득을 얻을 수 있다.

⑤ 두 나라 사이에 교역이 이루어지기 위해서는 쌀 1섬의 국제가격이 옷 1벌보다 더 높아야 한다.

┃해설┃

한국이 옷 1벌에 쌀 2섬을 요구한다면 지금 말레이시아에서 교역되는 조건과 동일하다. 그러므로 교역이 이루어지지 않고 말레이시아는 옷을 자체적으로 생산할 것이다.

① · ④ 말레이시아는 쌀 1섬을 얻기 위해 옷 0.5벌이 필요한데 한국은 쌀 1섬을 얻는데 옷 1벌의 대가가 필요하므로, 말레이시아는 한국보다 쌀에 비교우위가 있다. 그러므로 말레이시아가 쌀에 특화할 경우 양국 모두 이익을 얻을 수 있다.

③ · ⑤ 두 나라 사이에서 교역이 이루어지려면 두 나라의 쌀 기회비용인 옷 0.5벌과 옷 1벌 사이에서 가격이 결정되어야 한다. 그러므로 쌀 1섬이 옷 1벌보다 높거나, 옷 0.5벌보다 낮으면 교역이 이루어지지 않는다. 한국은 옷 1벌을 얻는데 쌀 1섬이 필요하고, 말레이시아는 옷 1벌을 얻는데 쌀 2섬이 필요하므로 한국은 옷에 비교우위가 있다.

답 ②

2국가 2재화 리카도(Ricardo) 모형을 가정하자. 아래의 표는 A국과 B국이 각각 1시간의 노동으로 생산할 수 있는 X재 및 Y재의 양이다.

구 분	A국	B국
X재	6개	1개
Y재	4개	2개

A국 임금은 시간당 A국 통화 6단위이고, B국 임금은 시간당 B국 통화 1단위이다. B국 통화 1단위당 A국 통화 2단위가 교환될 경우, 다음 중 옳은 것을 모두 고르면?

> 가. 교역 이전, A국에서 X재의 개당 가격은 A국 통화 1단위다.
> 나. 교역 이전, B국에서 Y재의 개당 가격은 A국 통화로 환산하면 A국 통화 1단위다.
> 다. 교역 이전, A국 통화로 환산한 Y재의 개당 가격은 B국에서 더 낮다.
> 라. A국은 X재를 수출하고, B국은 Y재를 수출할 것이다.

① 가
③ 나, 라
⑤ 가, 나, 다, 라
② 가, 다
④ 나, 다, 라

┃해설┃

가. (○) $W_A = 6 = P_X^A \times MP_L^{X_A} = P_X^A \times 6, \quad \therefore P_X^A = 1$

나. (○) $W_B = 6 = P_Y^B \times MP_L^{Y_B} = P_Y^B \times 2, \quad \therefore P_Y^B = \frac{1}{2}, \ P_Y^A = 1$

다. (○) $W_A = 6 = P_X^A \times MP_L^{Y_A} = P_Y^A \times 4, \quad \therefore P_Y^A = \frac{3}{2} > P_Y^B = 1$

라. (○) A국의 상대가격이 B국보다 낮으므로 A국은 X재에 비교우위가 있으므로 X재를 수출하고 Y재를 수입한다.

답 ⑤

어떤 연도에 A국, B국, C국은 옷, 자동차, 컴퓨터를 다음 표에 제시된 금액만큼 생산하고 해당 재화에 대하여 지출한다. 다음 설명 중 옳은 것은? (단, 국가는 3개 국가, 재화는 3개 재화만 존재하며, 각 재화의 가격은 100달러로 동일하고, 각국은 같은 재화라면 자국 재화에 대하여 우선 지출한다고 가정한다)

(단위 : 백만 달러)

구 분	생산액			지출액		
	옷	자동차	컴퓨터	옷	자동차	컴퓨터
A국	6	3	0	3	3	3
B국	0	6	3	3	3	3
C국	3	0	6	3	3	3

① A국의 GDP가 B국의 GDP보다 크다.
② A국은 B국에 옷을 수출한다.
③ B국의 무역수지는 흑자이다.
④ B국과 C국 사이에는 무역이 이루어지지 않는다.
⑤ C국은 A국과의 무역에서 3백만 달러 적자이다.

┃해설┃

B국은 옷에 대한 생산량이 전혀 없는데, 3개의 지출을 하고 있고, A국은 6개의 옷을 생산하는데, 지출을 3개만큼 하고 있기 때문에 A국이 B국에 옷을 3만큼 수출한다고 볼 수 있다.

① A국은 옷과 자동차를 생산하며, B국은 자동차와 컴퓨터를 생산한다. 두 나라 모두 9개의 재화를 생산하고 소비한다. 각 재화의 가격도 모두 동일하기 때문에 두 나라의 GDP는 동일하다.

③ B국은 옷 생산이 없는데 3을 소비하기 위해 옷 3개를 수입하고, 컴퓨터는 국내에서 3개를 생산하고, 동량을 지출한다. 자동차는 6개를 생산하고 3개를 지출하기 때문에, 자동차 3개를 자동차 생산이 없는 C국에 수출한다. 결과적으로 B국은 옷 3개를 A국에서 수입하고, 자동차를 C국에 3개 수출한다. 주어진 조건에서 옷과 자동차, 컴퓨터 3개의 재화가격이 동일하다고 하였으므로 B국 무역에서 흑자도 적자도 보고 있지 않다.

④ B국은 자동차를 6개 생산 후 3개를 소비하고, C국은 자동차 생산이 없고, 3개를 소비하기 때문에 B국으로부터 자동차 3개만큼 수입한다고 볼 수 있다. 즉 B국과 C국 사이에는 무역이 이루어지고 있다.

⑤ A국은 컴퓨터 생산이 없고, 3개를 소비한다. 반면에 C국은 컴퓨터를 6개 생산하고, 3개를 소비한다. 따라서 C국은 A국에 컴퓨터를 3개 수출한다. 즉 C국은 A국과의 무역에서 3백만 달러 흑자이다.

답 ②

두 국가 A, B가 옷과 식료품만 생산·소비한다고 하자. 이 두 국가는 각각 120단위의 노동력을 갖고 있으며, 노동이 유일한 생산요소로서 각 재화 1단위를 생산하는데 소요되는 노동력은 다음 표와 같다. A국에서 옷과 식료품은 완전대체재로서 옷 1단위와 식료품 1단위는 동일한 효용을 갖는다. B국에서 옷과 식료품은 완전보완재로서 각각 1단위씩 한 묶음으로 소비된다. 단, 교역은 두 국가 사이에서만 가능하다. 다음 설명 중 옳지 않은 것은?

국 가	옷	식료품
A	2	4
B	3	9

① 교역전 A국은 옷만 생산·소비한다.

② 교역전 B국은 동일한 양의 옷과 식료품을 생산·소비한다.

③ 교역시 A국은 교역조건에 관계없이 식료품만 생산한다.

④ 교역시 B국은 옷을 수출하고 식료품을 수입한다.

⑤ 교역시 '식료품 1단위=옷 $\frac{7}{3}$단위'는 가능한 교역조건 중 하나이다.

│ 해설 │

• 국가 사이에 상대적으로 생산비가 낮은 재화생산을 특화해 무역을 할 경우 양 국가 모두 이익을 얻을 수 있다. 상대적 생산비는 각 재화생산의 기회비용을 말한다.

〈국가간 재화생산의 기회비용〉

국 가	옷	식료품
A	$\frac{1}{2}$	2
B	$\frac{1}{3}$	3

• A국은 식료품에 특화하고, B국은 옷에 특화해야 한다.

• 교역시 A국이 식료품에 특화하는 것은 맞지만, 식료품 1단위와 교환되는 옷의 양 2~3단위 교역조건 내에서만 교역이 이루어질 것이다.

① 교역전 A국은 옷과 식료품이 완전한 대체재로 1 : 1의 비율이기 때문에 상대적으로 노동력이 덜 들어가는 옷만 생산·소비한다.

② B국은 교역 전에 옷과 식료품이 완전보완재로 한 단위씩 소비해야 하므로 동일한 양의 옷과 식료품을 생산 소비한다.

④ 교역시 B국은 A국에 비해 상대적으로 기회비용이 저렴한 옷을 수출하고, 식료품을 수입한다.

⑤ 옷은 식료품 $\frac{1}{3}$과 $\frac{1}{2}$ 사이의 교역조건을 갖기 때문에, 식료품 1단위=옷 $\frac{7}{3}$단위는 가능한 교역조건이다.

답 ③

2국가(A국, B국) 2재화(X재, Y재) 리카도(Ricardo) 모형을 가정하자. 아래의 표는 A국과 B국이 각 재화를 1단위 생산하는 데 필요한 노동투입량(시간)과 각국의 총노동부존량(시간)을 나타낸다.

구 분	A국	B국
X재	$\frac{1}{6}$ 시간	1시간
Y재	$\frac{1}{4}$ 시간	$\frac{1}{2}$ 시간
총노동부존량	30시간	60시간

각국이 비교우위 재화에 완전특화 후 교역을 할 경우, 다음 중 옳은 것을 모두 고르면? (단, X재 상대가격은 $\dfrac{X재\ 가격}{Y재\ 가격}$ 을 의미한다)

> 가. 교역 이전, Y재 단위로 표시한 X재 생산의 기회비용은 A국이 B국보다 작다.
>
> 나. 교역 이전, B국의 생산가능곡선식은 $Y=-2X+120$이다.
>
> 다. 교역시, X재 상대가격이 $\dfrac{2}{3}$ 보다 커질수록 A국의 교역이익은 작아진다.
>
> 라. 교역시, X재와 Y재를 $1:1$ 비율로 교환한다면 B국은 X재를 최대 120단위 소비할 수 있다.

① 가, 나　　　　　　　　　　② 다, 라
③ 가, 나, 다　　　　　　　　④ 가, 나, 라
⑤ 나, 다, 라

┃ 해설 ┃

가. (○) A국 : $180X=120Y$, $X=\dfrac{2}{3}Y$

　　B국 : $30X=60Y$, $X=2Y$, 따라서 A국이 B국보다 작다.

나. (○) B국의 총노동부존량이 60시간인데, 모든 노동을 Y재 생산에 투입한다면 $X=0$, $Y=120$이 되며, 생산가능 곡선의 Y절편은 120이 된다. 반대로 X재 생산에 투입한다면 $X=60$, $Y=0$이 되며, 생산가능곡선의 기울기는 -2가 된다. 따라서 B국의 생산가능곡선식은 $Y=-2X+120$이다.

다. (✕) X재 상대가격이 $\dfrac{2}{3}$ 보다 커질수록 A국의 교역이익은 커진다.

라. (○) B국의 총노동부존량이 60시간이므로 최대로 생산가능한 Y재는 120개이다. 따라서 X재와 Y재를 $1:1$의 비율로 교환한다면 B국은 최대 120개의 X재 소비가 가능하다.

답 ④

그림은 A국과 B국의 생산가능곡선이다. 비교우위에 특화해서 교역할 때 양국 모두에게 이득을 주는 교환은?

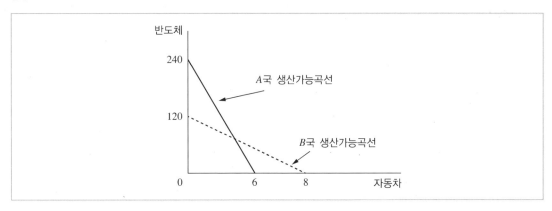

① A국의 자동차 1대와 B국의 반도체 50개
② A국의 자동차 1대와 B국의 반도체 40개
③ A국의 반도체 20개와 B국의 자동차 1대
④ A국의 반도체 14개와 B국의 자동차 1대

▌해설▌
• 생산가능곡선의 기울기 절댓값은 자동차 생산의 기회비용이다.
• A국 생산가능곡선의 기울기 절댓값은 40, B국 생산가능곡선 기울기 절댓값은 15이다.
• 자동차 생산의 기회비용은 B국이 더 낮기 때문에 B국이 자동차 생산에 우위를 갖는다.
• A국과 B국의 교역으로 인한 이득은 양국의 기회비용 사이에서 결정할 때 발생한다.
• 따라서 B국의 자동차 1대와 A국의 반도체 15개 초과 40개 미만 사이에서 결정될 때 이득이 발생한다.

답 ③

A국과 B국에서 X재와 Y재 각 1단위를 생산하는 데 필요한 노동량이 아래 표와 같다. A국의 총노동량이 20, B국의 총노동량이 60이라고 할 때, 이에 관한 설명으로 옳지 않은 것은?

구 분	X재	Y재
A국	2	4
B국	4	6

① A국은 X재와 Y재 각각의 생산에서 B국보다 절대우위가 있다.

② A국에서 X재 1단위 생산의 기회비용은 Y재 $\frac{1}{2}$ 단위이다.

③ A국에서는 X재 6단위와 Y재 2단위를 생산할 수 있다.

④ B국에서 Y재 1단위에 대한 X재의 상대가격은 $\frac{3}{2}$ 이다.

⑤ 완전특화가 이루어지면, B국은 비교우위를 가지고 있는 재화를 10단위 생산한다.

─────────────────────────────

∥해설∥

B국에서 Y재 1단위에 대한 X재의 상대가격은 $\frac{2}{3}$ $(=4 \div 6)$이다.

① A국은 X재와 Y재 각각의 생산에 필요한 노동량이 B국보다 적어 X재와 Y재 각각의 생산에서 B국보다 절대우위가 있다.

② A국에서 X재 1단위 생산의 기회비용은 Y재 $\frac{1}{2}$ $(=2 \div 4)$ 단위이다.

③ A국에서는 X재 6단위 생산에 노동량 12를 투입하고 Y재 2단위를 생산에 노동량 8을 투입하여 총노동량 20을 투입할 여력이 있기에 해당 재화 생산은 가능하다.

⑤ 완전특화가 이루어지면, B국은 Y재에 비교우위가 있으므로 총노동량 60을 Y재 생산에 투입하여 재화 10단위를 생산한다.

답 ④

03 | 교역조건

01 보험계리사 **2018**   ☑ 확인Check! ○ △ ✕

국가 A는 시간당 2톤의 철강을 생산하거나 4대의 자동차를 생산할 수 있고, 국가 B는 시간당 1톤의 철강을 생산하거나 $\frac{1}{3}$ 대의 자동차를 생산할 수 있다. 이 두 국가는 서로 손해를 보지 않는 범위 내에서 하나의 제품에 특화하여 무역을 하고 있다. 국가 B가 무역으로부터 최대의 이득을 얻는 자동차 1대에 대한 철강의 교환비율은?

① $\frac{1}{3}$ 톤   ② $\frac{1}{2}$ 톤

③ 2톤   ④ 3톤

▌해설▐

• A국이 철강과 자동차의 생산 모두 절대 우위를 갖고 있으므로, 교역조건이 A국의 국내생산비율과 같아지면 B국의 이익이 최대가 된다.

• 문제 조건에서 A국이 시간당 2톤을 생산하거나 4대의 자동차를 생산할 수 있다고 하였으므로 A국은 자동차 1대와 철강 $\frac{1}{2}$ 톤의 교환이 가능하다.

• 문제의 조건에 의하면 B국은 자동차 1대에 철강 3톤의 교환이 가능하다.

• 따라서 B국이 무역으로 최대 이익을 얻기 위해선 자동차 1대와 철강 $\frac{1}{2}$ 톤을 교환할 때이다.

답 ②

PART 2

거시경제학

甲국과 乙국의 무역 개시 이전의 X재와 Y재에 대한 단위당 생산비가 다음과 같다. 무역을 개시하여 두 나라 모두 이익을 얻을 수 있는 교역조건$\left(\dfrac{P_X}{P_Y}\right)$에 해당하는 것은? (단, P_X는 X재의 가격이고, P_Y는 Y재의 가격이다)

구 분	X재	Y재
甲국	5	10
乙국	8	13

① 0.45   ② 0.55

③ 0.65   ④ 0.75

⑤ 0.85

┃해설┃

· 교역조건$\left(\dfrac{P_X}{P_Y}\right)$는 상대가격비로 甲국과 乙국의 X재 생산의 기회비용을 의미한다.

〈나라별 재화생산의 기회비용〉

구 분	X재	Y재
甲국	$\dfrac{5}{10} = 0.5$	$\dfrac{10}{5} = 2$
乙국	$\dfrac{8}{13} = 0.62$	$\dfrac{13}{8} = 1.625$

· X재의 교역가능 범위 : $0.5 < \dfrac{P_X}{P_Y} < 0.62$

답 ②

갑국과 을국은 X, Y재만을 생산하며, 교역시 비교우위가 있는 재화 생산에 완전특화한다. 양국의 생산가능 곡선이 다음과 같을 때 이에 대한 설명으로 옳은 것은? (단, 양국의 생산요소 양은 같고 교역은 양국 간에만 이루어진다)

- 갑국 : $4X + Y = 40$
- 을국 : $2X + 3Y = 60$

① 갑국이 X재 생산을 1단위 늘리려면 Y재 생산을 2단위 줄여야 한다.

② 갑국은 X재 생산에 절대우위를 갖는다.

③ 을국은 X재 생산에 비교우위를 갖는다.

④ X재와 Y재의 교역비율이 $1 : 1$이라면 갑국만 교역에 응할 것이다.

──────────────

❚ 해설 ❚

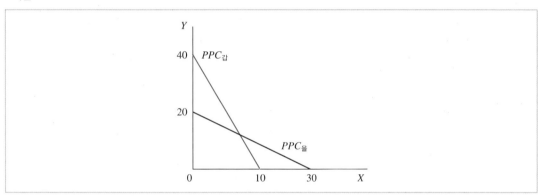

갑국의 생산가능곡선 기울기가 을국보다 더 크기 때문에 갑국은 Y재 생산에 비교우위를 갖는다.

① 갑국의 생산가능곡선 기울기는 4로 X재 생산을 1단위 늘리기 위해선 Y재 생산을 4단위 줄여야 한다.

② 갑국은 Y재 생산에 절대우위를 갖는다.

④ 갑국의 생산가능곡선 기울기 4와 을국의 생산가능곡선 기울기 $\dfrac{2}{3}$ 사이에서 교환한다면 두 국가 모두 교역에 응한다.

답 ③

01 공인회계사 2017

다음과 같이 노동과 토지를 투입하여 하나의 재화만 생산하는 자국과 외국으로 이루어진 경제를 상정해 보자. 국가간 노동이동의 효과에 대한 다음 설명 중 옳지 않은 것은?

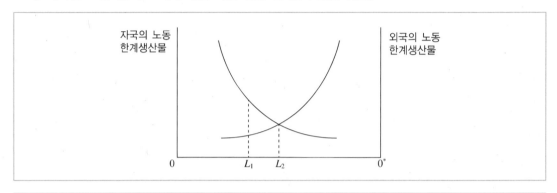

- 두 생산요소 중 노동만 국가간 이동이 가능하다.
- 수평축은 자국과 외국의 노동량을 합한 세계 총노동량을 나타낸다.
- 자국의 노동량은 왼쪽 축(원점은 0으로 표시함)에서부터, 외국의 노동량은 오른쪽 축(원점은 0^*로 표시함)에서부터 측정된다.
- 왼쪽 수직축은 자국의 한계생산물, 오른쪽 수직축은 외국의 한계생산물을 나타낸다.
- 노동의 국가간 이동이 발생하기 이전의 자국의 노동량은 $0L_1$, 외국의 노동량은 0^*L_1 이다.

① 자국의 임금은 하락한다.

② 외국의 임금은 상승한다.

③ 재화의 세계 총생산량은 증가한다.

④ 노동은 외국에서 자국으로 이동한다.

⑤ 자국 토지 소유자의 실질소득은 감소한다.

┃해설┃

외국에서 자국으로 노동 이동이 이루어지면, 자국의 토지 한계생산물이 증가하게 되어 자국 토지 소유자의 실질소득이 증가한다.

①·② 노동 이동이 이루어지기 전에는 자국 노동의 한계생산물이 외국 노동의 한계생산물보다 높으므로, 자국의 실질임금이 외국의 실질임금보다 높다. 노동의 자유로운 이동이 발생한다면, 두 나라의 한계생산물이 일치할 때까지 이동이 이루어진다. 그러므로 자국 노동의 한계생산물과 실질임금은 하락하고, 외국 노동의 한계생산물과 실질임금은 상승한다.

③·④ 한계생산물이 낮은 나라에서 높은 나라로 노동 이동이 이루어지면 세계 총생산량이 증가한다. 따라서 한계생산물이 낮은 외국에서 자국으로 이동하게 된다.

답 ⑤

노동(L)과 자본(K)을 사용하여 X재와 Y재를 생산하는 헥셔-오린(Heckscher-Ohlin)모형을 고려하자. 아래 그래프에 대한 설명에서 (가)와 (나)를 바르게 짝지은 것은? (단, XX와 YY는 X재와 Y재의 등량곡선을 나타내며, 상대임금은 $\left(\dfrac{\text{임금}}{\text{임대료}}\right)$를 의미한다. 등비용선은 각 등량곡선과 한 점에서 접한다)

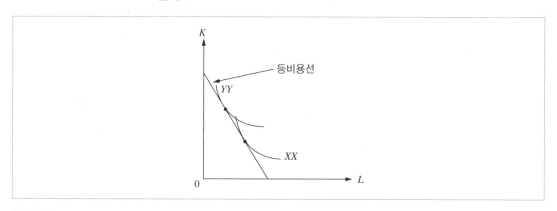

- X재의 가격이 상승하면 상대임금은 (가).
- Y재의 가격이 상승하면 상대임금은 (나).

	(가)	(나)
①	하락한다	하락한다
②	상승한다	하락한다
③	하락한다	상승한다
④	상승한다	상승한다
⑤	변하지 않는다	변하지 않는다

|해설|

- 그래프를 보면 X재는 상대적으로 노동이 많이 투입되고, Y재는 상대적으로 자본이 많이 투입되고 있다. 따라서 X재는 노동집약재, Y재는 자본집약재라고 볼 수 있다.

- X재의 가격이 상승하면 X재의 생산량이 늘어날 것이고, 그에 따라 노동수요도 크게 늘어나 임금이 상승할 것이다. 따라서 상대임금$\left(\dfrac{\text{임금}}{\text{임대료}}\right)$은 증가할 것이다.

- 반면, 자본수요가 늘어나 임대료 가격이 상승할 것이다. 임대료 가격의 상승은 상대임금$\left(\dfrac{\text{임금}}{\text{임대료}}\right)$의 하락을 의미한다.

🔑 답 ②

2국가(A국 및 B국) 2재화(X재 및 Y재) 헥셔–올린 모형을 가정하자. X재는 노동집약재이고 Y재는 자본집약재이다. 만약 A국이 상대적 노동풍부국, B국이 상대적 자본풍부국일 경우, 다음 설명 중 옳지 않은 것은?

① 무역 이전, $\dfrac{X재\ 가격}{Y재\ 가격}$ 은 A국이 B국보다 낮다.

② 무역 이전, $\dfrac{단위당\ 자본사용보수}{단위당\ 노동사용보수}$ 는 B국이 A국보다 낮다.

③ A국은 X재를, B국은 Y재를 각각 불완전특화 생산하여 수출한다.

④ 무역의 결과, 양국 간 단위당 노동사용보수의 격차는 감소하지만 단위당 자본사용보수의 격차는 증가한다.

⑤ 무역의 결과, A국의 자본 소유자의 실질소득은 감소한다.

┃해설┃

요소가격 균등화 정리에 의해 양국의 w와 r은 일치한다.

① 무역 이전, X재의 상대가격은 A국이 B국보다 낮다.

② A국은 노동이 풍부하므로 상대적으로 B국에 비해 단위당 노동사용보수가 낮다.

③ 헥셔–올린의 법칙에 따르면 A국은 X재를, B국은 Y재를 각각 불완전특화하여 수출한다.

⑤ A국의 X재 가격 상승을 가정한다면 요소집약도가 상승할 것이므로 자본 소유자의 실질소득은 감소한다.

답 ④

2국가(A국, B국) 2재화(X재, Y재) 헥셔-올린(Heckscher-Ohlin) 모형을 가정하자. 생산요소는 노동과 자본만을 고려하고, 국가 간 생산요소 부존 비율과 각 재화의 생산요소 투입 비율에 대한 정보는 다음과 같다.

- $\dfrac{A\text{국의 노동보유량}}{A\text{국의 자본보유량}} > \dfrac{B\text{국의 노동보유량}}{B\text{국의 자본보유량}}$

- $\dfrac{X\text{재 단위당 노동투입량}}{X\text{재 단위당 자본투입량}} < \dfrac{Y\text{재 단위당 노동투입량}}{Y\text{재 단위당 자본투입량}}$

다음 설명 중 옳은 것을 모두 고르면?

가. 무역 이전, $\dfrac{\text{단위당 노동사용보수}}{\text{단위당 자본사용보수}}$ 는 B국이 A국보다 낮다.

나. 무역 이후, $\dfrac{X\text{재 가격}}{Y\text{재 가격}}$ 은 A국의 무역 이전 수준보다 낮아진다.

다. 무역 이후, $\dfrac{X\text{재 가격}}{Y\text{재 가격}}$ 은 B국의 무역 이전 수준보다 낮아진다.

① 가
② 나
③ 가, 다
④ 나, 다
⑤ 가, 나, 다

▌해설▐

가. (✕) 무역 이전에 자본풍부국은 상대적으로 풍부한 자본의 상대가격이 더 작으므로 $\dfrac{\text{단위당 노동사용보수}}{\text{단위당 자본사용보수}}$ 는 A국이 B국보다 낮다.

나. (○) A국의 경우 노동풍부국이므로 노동집약재인 Y재를 더 많이 만들어야 모든 요소를 사용할 수 있으므로 Y재가 더 저렴하다. 반대로 X재는 만드는 수량이 더 적을 것이므로 상대적으로 비싸다. 따라서 무역이 이루어지면 A국은 Y재를 수출하고 X재를 수입하게 되는데 이 과정에서 X재의 가격은 하락하고 Y재의 가격은 상승할 것이다. 따라서 $\dfrac{X\text{재 가격}}{Y\text{재 가격}}$ 는 무역 이전 수준보다 낮아진다.

다. (✕) $\dfrac{X\text{재 가격}}{Y\text{재 가격}}$ 는 B국의 무역 이전 수준보다 높아진다.

답 ②

01 공인회계사 **2016**

☑ 확인 Check! ○ △ ✕

A국과 B국의 독점적 경쟁시장에서 생산되는 자동차를 고려하자. 두 국가간 자동차 무역에 대한 다음 설명 중 옳은 것은?

> 가. 무역은 자동차 가격의 하락과 다양성의 감소를 초래한다.
> 나. 산업내 무역(Intra-industry trade)의 형태로 나타난다.
> 다. A국과 B국의 비교우위에 차이가 없어도 두 국가간 무역이 일어난다.
> 라. 각 국의 생산자잉여를 증가시키지만, 소비자잉여를 감소시킨다.

① 가, 나　　　　　　　　　② 가, 다
③ 나, 다　　　　　　　　　④ 나, 라
⑤ 다, 라

┃해설┃

가. (✕) 무역은 자동차 가격을 하락시키지만, 종류의 다양성을 더욱 증대시킨다.

나·다. (○) 두 국가가 동일한 산업에서 생산되는 자동차를 서로 수출입하므로 산업내 무역을 하고 있다. 산업내 무역은 규모의 경제에 의해 발생한다. 규모의 경제가 발생하는 경우 한 재화의 생산에 특화하여 무역하면 이득을 얻을 수 있기 때문이다. 따라서 산업간 무역과 달리, 산업내 무역은 비교우위와 관계없이 발생할 수 있다.

라. (✕) 산업내 무역이 이루어지면 소비자들은 더 낮은 가격으로 다양한 재화의 소비가 가능해지기 때문에 소비자의 후생수준이 증가하게 된다.

답 ③

CHAPTER 20 | 무역정책이론

01 | 무역의 효과

- 각 국이 비교우위에 있는 재화생산에 특화해서 자유무역을 하면 국제적으로 자원배분의 효율성이 제고되고, 양국 모두 소비할 수 있는 양이 많아지므로 후생수준 증대
- 자유무역을 할 경우 후생수준이 불리해지는 계층도 존재

02 | 관세의 효과

관세의 효과	• 국내가격 상승 • 소비량 감소(소비자잉여 감소) • 생산량 증가(생산자잉여 증가) • 관세수입 증가 • 후생손실 발생 • 수입량 감소

03 | 수량할당제

정 의	• 특정재화의 수입을 일정량 이상 금지 • 수입쿼터라고도 함
관세와 비교	• 관세와 경제적 효과는 동일 • 관세의 수입은 정부로 귀속 • 수량할당제의 수입은 수입업자의 이윤으로 귀속 • 실질적인 보호효과는 수량할당제가 더 효과적

04 | 수출보조금

- 수출재화의 생산에 대하여 보조금을 지급하는 것
- 해당 재화의 국내가격이 상승

05 | 경제통합

유 형	회원국	비회원국
자유무역지역	관세철폐	독자관세
관세동맹	관세철폐	공동관세
공동시장	관세동맹＋생산요소의 자유로운 이동	
경제동맹	관세동맹＋생산요소의 자유로운 이동＋경제정책 협조	
완전경제통합	경제적 측면에서 한 국가	

01 공인노무사 **2018** ☑ 확인Check! ○ △ ✕

A국은 세계 철강시장에서 무역을 시작하였다. 무역 이전과 비교하여 무역 이후에 A국 철강시장에서 발생하는 현상으로 옳은 것을 모두 고른 것은? (단, 세계 철강시장에서 A국은 가격수용자이며 세계 철강 가격은 무역 이전 A국의 국내 가격보다 높다. 또한 무역 관련 거래비용은 없다)

ㄱ. A국의 국내 철강 가격은 세계 가격보다 높아진다.

ㄴ. A국의 국내 철강 거래량은 감소한다.

ㄷ. 소비자잉여는 감소한다.

ㄹ. 생산자잉여는 증가한다.

ㅁ. 총잉여는 감소한다.

---

① ㄱ, ㄴ, ㄷ

② ㄱ, ㄴ, ㄹ

③ ㄱ, ㄷ, ㅁ

④ ㄴ, ㄷ, ㄹ

⑤ ㄷ, ㄹ, ㅁ

┃해설┃

ㄱ. (✕) A국의 국내 철강 가격은 세계 철강시장 가격까지 오른다.

ㄴ. (○) 소비자는 철강 가격이 인상되어 수요량을 줄일 것이므로 거래량은 줄어든다. 공급자는 생산량을 늘려서 국내 초과 공급분을 모두 수출해 수출량을 늘릴 것이다.

ㄷ. (○) 무역 이전보다 국내 철강 값이 상승하여 수요가 줄기 때문에 그 만큼 소비자잉여는 감소한다.

ㄹ. (○) 무역 이전보다 국내 철강 값이 올라가 더 많은 이윤을 얻기 때문에 생산량이 늘어나 생산자잉여는 증가한다.

ㅁ. (✕) 생산자잉여가 수출량만큼 더 늘어났으므로 국가 전체의 총잉여는 증가한다.

답 ④

대국 개방 경제인 A국의 X재에 대한 시장수요와 시장공급이 다음과 같다.

- 시장수요 : $Q_d = 100 - 20P$
- 시장공급 : $Q_s = 20 + 20P$

(단, Q_d, Q_s, P는 각각 X재의 수요량, 공급량, 가격을 나타낸다)

X재의 세계시장가격은 3이고, A국은 세계시장가격에 X재를 수출하고 있다. 정부는 수출을 증진하기 위해 수출하는 물량을 대상으로 개당 1의 보조금 정책을 도입한다. 이 정책으로 인해 수출량이 늘어남에 따라 세계시장가격이 2.5로 하락한다면, 다음 설명 중 옳은 것은?

① 수출은 30만큼 증가한다.
② 국내 소비는 20만큼 감소한다.
③ 보조금은 40만큼 지출된다.
④ 생산자잉여는 80만큼 증가한다.
⑤ 사회적 후생은 35만큼 감소한다.

┃ 해설 ┃

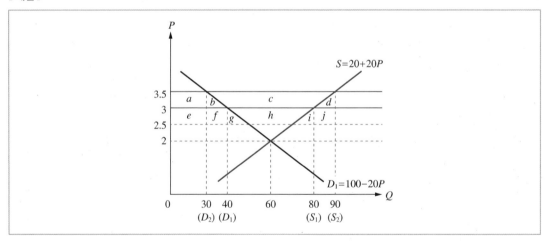

보조금으로 인해 세계시장가격이 2.5로 하락한다. 이때에 외국에서 3.5로 판매가 가능하고 자국에서는 3으로 판매가 가능하므로 생산자는 더 큰 이익을 얻을 수 있는 외국에 물건을 판매하려 할 것이므로 자국에서도 가격이 3에서 3.5로 상승하게 될 것이다. 가격이 3.5로 상승함에 따라 자국의 소비자들은 30만큼 소비하고, 생산자들은 90만큼 생산하게 되므로, 자국에서 소비하지 못한 60만큼은 해외로 수출하게 된다.

① 가격이 3일 때 수출은 $80(S_1) - 40(D_1) = 40$이고, 가격이 3.5일 때 수출은 $90(S_2) - 30(D_2) = 60$으로 수출은 20만큼 증가한다.

② 국내 소비는 가격이 3일 때에는 $40(D_1)$이고, 가격이 3.5일 때에는 $30(D_2)$으로 10만큼 감소한다.

③ 가격이 3.5일 때 수출은 $90(S_2) - 30(D_2) = 60$으로 수출보조금은 60이다.

④ · ⑤ 가격이 3에서 3.5로 증가함에 따라 소비자잉여는 $a + b(= (30 + 40) \times 0.5 \times 0.5 = 17.5)$만큼 감소하고, 생산자 잉여는 $a + b + c(= (90 + 80) \times 0.5 \times 0.5 = 42.5)$만큼 증가하고, 정부의 보조금은 60만큼 지출된다. 따라서 사회 적 후생은 35만큼 감소한다.

답 ⑤

03 보험계리사 2019
☑ 확인Check! ○ △ ✕

소국 개방경제 A국에서 X재의 국내수요함수는 $Q_d = 2{,}000 - P$, 국내기업들의 공급함수는 $Q_s = P$이다. 현재 국제가격 $P = 1{,}200$일 때, X시장에 대한 설명으로 옳은 것은?

① A국은 X재를 수입하고 있다.

② A국이 대외무역을 중지하면 X재의 국내생산은 감소한다.

③ A국에서 X재 국내생산에 대해 보조금을 지급하면 국내소비가 증가한다.

④ A국에서 X재 국내생산에 대해 보조금을 지급하면 사회후생이 증가한다.

┃ **해설** ┃

국제가격이 1,200인 현재 A국의 공급량은 1,200, 수요량은 800으로 400만큼 초과공급이 발생하며 400 초과공급은 무역을 통해 수출하고 있다. 따라서 A국이 대외무역을 중지하면 A국의 기업들은 초과공급량을 수출하지 못하게 되므로 국내생산은 감소할 것이다.

① A국은 초과공급으로 수입하고 있지 않다.

③ 국내생산에 대한 보조금 지급은 국내소비에 영향을 주지 않는다.

④ 국내생산에 대한 보조금 지급은 국내소비에 영향을 주지 않기에 사회후생 증가에 영향을 주지 않는다.

답 ②

01 보험계리사 2017   ☑ 확인 Check! ○ △ ✕

소규모 개방 경제인 K국의 국내 컴퓨터 수요곡선과 공급곡선은 각각 $Q_d = -\dfrac{P}{2} + 3,000$, $Q_s = \dfrac{P}{2}$ 이고, 컴퓨터의 국제가격은 1,50이다. (단, Q_d는 수요량이고 Q_s는 공급량, P는 가격이다) K국 정부가 국내 컴퓨터 생산자를 보호하기 위해 단위당 500의 수입관세를 부과한다면 관세 부과로 인한 경제적 순손실은? (단, 관세 이외의 무역장벽은 없다)

① 62,500
② 125,000
③ 250,000
④ 381,250

❚해설❚

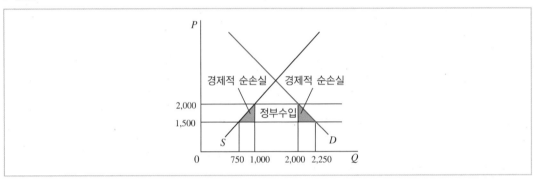

- 컴퓨터의 국제가격이 1,500이므로 이를 국내수요, 공급곡선 $Q_d = -\dfrac{P}{2} + 3,000$, $Q_s = \dfrac{P}{2}$ 에 대입해보면

  수요량은 $Q_d = 2,250$이고, 공급량은 $Q_s = 750$이므로 수입량은 1,500이다.

- 그런데 관세가 500이 부과되어서 가격이 2,000이 된다면
  수요량은 $Q_d = 2,000$이고, 공급량은 $Q_s = 1,000$이므로 K국의 수입량은 1,000이 된다.

- 경제적 순손실은 그래프의 삼각형 면적으로 $250 \times 500 \times \dfrac{1}{2} + 250 \times 500 \times \dfrac{1}{2} = 125,000$이 된다.

답 ②

그림은 어느 대국 개방 경제에서 수입 재화에 대한 관세 부과로 인한 효과를 나타낸다. 관세 부과는 자국내 가격을 P_W에서 P_T로 상승시키지만 세계시장가격을 P_W에서 P_T^*로 하락시킨다. 이에 대한 설명으로 옳은 것은?

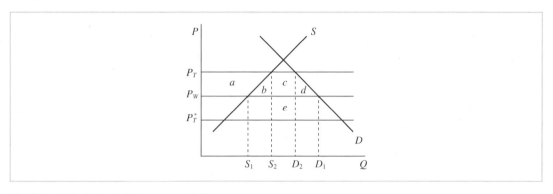

① 관세 부과 후 수입량은 $D_1 - S_1$이다.

② 관세 부과로 인해 소비자잉여는 $a+c$만큼 감소한다.

③ 관세 부과로 인해 생산자잉여는 $a+b+c+d$만큼 증가한다.

④ 관세 부과로 인한 생산의 비효율성은 b로 표시된다.

⑤ $b+d$의 크기가 e보다 크면 관세 부과로 인해 사회적 후생은 증가한다.

▌해설▐

관세 부과로 인해 $S_1 \sim S_2$부분은 자국내 가격이 P_W에서 P_T로 더 비싸게 판매하는 구간으로 b만큼의 생산의 비효율성이 존재한다.

① 관세 부과로 자국내 가격이 P_T로 상승함에 따라 발생하는 수입량은 $D_2 - S_2$이다.

② 관세 부과로 자국내 가격이 P_W에서 P_T로 상승하게 되어 소비자잉여는 $a+b+c+d$만큼 감소한다.

③ 관세 부과로 자국내 가격이 P_W에서 P_T로 상승하게 되어 생산자잉여는 a만큼 증가한다.

⑤ 관세 부과로 소비자잉여는 $a+b+c+d$만큼 감소하고, 생산자잉여는 a만큼 증가하고, 정부의 관세 수입은 $c+e$만큼 증가하여 사회적 후생은 $-b-d+e$가 된다. 따라서 $b+d$의 크기가 e보다 크면 관세 부과로 인해 사회적 후생은 감소한다.

답 ④

수입관세 부과의 효과에 대한 부분균형분석을 고려해 보자. 소국의 수입관세 부과는 X재의 국제가격에 영향을 주지 않으나, 대국의 수입관세 부과는 X재의 국제가격을 하락시킨다. 수입관세 부과의 효과에 대한 다음 설명 중 옳지 않은 것은?

① 소국의 수입관세 부과는 소국의 소비자잉여를 감소시킨다.
② 소국의 수입관세 부과는 소국의 생산자잉여를 증가시킨다.
③ 소국의 수입관세 부과는 소국의 사회후생을 감소시킨다.
④ 대국의 수입관세 부과가 대국의 사회후생에 미치는 효과는 일률적이지 않다.
⑤ 대국의 수입관세 부과는 대국의 교역조건을 악화시킨다.

┃해설┃

대국의 관세 부과로 수입량이 감소하면 국제시장에서 초과공급이 발생하므로 교역조건 $\left(\dfrac{\text{수출재 가격}}{\text{수입재 가격}} \right)$ 은 개선된다.

① 소국의 국내생산 재화의 국내가격이 상승하므로 소비자잉여가 감소한다.
② 국내 재화의 가격이 상승하므로 생산자잉여가 증가한다.
③ 소국은 줄어드는 소비자잉여가 더욱 크기 때문에 전체적인 사회후생이 감소한다.
④ 대국의 수입관세 부과는 대국의 교역조건을 항상 악화시킨다고 할 수 없다.

답 ⑤

01 보험계리사 2018   ☑ 확인 Check! ○ △ ✕

소규모 개방경제에서 관세부과와 수입할당(Import quota)정책이 동일한 수입량을 발생시킨다고 할 때, 이에 대한 설명으로 옳은 것은? (단, 국내 공급곡선은 우상향, 국내 수요곡선은 우하향)

① 수입할당으로 인한 경제적 순손실(Deadweight loss)은 관세부과로 인한 경제적 순손실보다 작다.

② 관세부과의 경우에 비해 수입할당은 수입재 국내가격을 덜 인상시킨다.

③ 관세부과로 인한 소비자잉여 감소는 수입할당으로 인한 소비자잉여 감소보다 더 크다.

④ 관세부과로 인한 정부의 관세수입과 수입할당으로 인한 수입업자의 이익은 동일하다.

──────────────────────────────

┃ 해설 ┃

관세가 부과되면 수입이 정부로 귀속되지만, 수입할당의 이익은 수입업자에게 돌아간다.

① · ② · ③ 관세부과와 수입할당정책이 동일한 수입량을 발생시킨다면 두 정책 중 어느 정책을 시행해도 국내가격은 동일하게 상승한다. 그러므로 두 정책은 경제적 순손실도 같다. 소비자잉여 감소액도 동일하다.

답 ④

02 보험계리사 2015   ☑ 확인 Check! ○ △ ✕

무역과 관련한 정책의 효과에 관한 설명 중 옳은 것은?

① 수요가 탄력적인 제품일수록 정부는 비례관세를 통해 많은 세수를 확보할 수 있다.

② 수요가 완전비탄력적인 제품에 대한 관세는 무역수지를 개선하지 못한다.

③ 쿼터제는 무역을 통한 이득을 전 국민이 공유할 수 있게 한다.

④ 제품간 비교우위는 기술적인 요인들에 의해서 결정되는 것이므로 관세나 수출보조금은 비교우위 패턴을 변경하지 못한다.

──────────────────────────────

┃ 해설 ┃

① 수요가 탄력적이면 관세를 통한 가격 인상으로 판매량이 크게 줄어 정부의 세수는 오히려 적어진다.

② 수요가 완전비탄력적이어도 공급량의 조절을 통해 수입량이 변할 수 있기 때문에 무역수지가 개선 가능하다.

③ 쿼터제를 시행하면 가격 상승으로 소비자잉여가 줄어든다.

④ 관세나 보조금으로 이전에 없던 수입이나 수출이 발생할 수 있다. 따라서 수출보조금과 관세도 비교우위의 패턴에 영향을 미칠 수 있다.

답 정답없음

어느 나라가 kg당 10달러에 땅콩을 수입하며, 세계가격에는 영향을 미칠 수 없다고 가정한다. 이 나라의 땅콩에 대한 수요곡선과 공급곡선은 각각 $Q_d = 4,000 - 100P$ 및 $Q_s = 500 + 50P$로 표현된다. 수입을 500kg으로 제한하는 수입할당제를 시행할 때, 새로운 시장가격과 이때 발생하는 할당지대는? (단, Q_d는 수요량, Q_s는 공급량, P는 가격이다)

① 20달러, 4,000달러

② 15달러, 4,000달러

③ 20달러, 5,000달러

④ 15달러, 5,000달러

┃해설┃

• 수요곡선 $Q_d = 4,000 - 100P$과 공급곡선 $Q_s = 500 + 50P$을 10달러의 가격으로 대입해보면 수요량은 3,000kg이고 공급량은 1,000kg이므로 수입량이 2,000kg임을 알 수 있다.

• 수입량을 500kg로 제한한다면 공급곡선이 오른쪽으로 이동하여, $Q_s = 1,000 + 50P$로 변화한다.

• 수입량 제한 이후에 균형가격을 구하여 보자.
$4,000 - 100P = 1,000 + 50P$, $P = 20$이므로 가격이 10달러 상승하였다.

• 가격인 20달러를 수요·공급함수에 대입해보면 수요량은 2,000kg이고, 공급량은 1,500kg이다. 수입업자는 500kg의 땅콩을 10달러의 차익을 받고 팔 것이므로 할당지대는 5,000달러이다.

답 ③

01 보험계리사 2017

소규모 개방 경제 모형에서 수입 관세 부과와 수출 보조금 지원의 무역정책 효과에 관한 설명으로 옳지 않은 것은? (단, 수요곡선은 우하향, 공급곡선은 우상향한다)

① 수입 관세 부과는 국내 생산량을 증가시킨다.
② 수입 관세 부과와 수출 보조금 지원 모두 국내 생산자잉여를 증가시킨다.
③ 수입 관세 부과와 수출 보조금 지원 모두 국내 소비자잉여를 감소시킨다.
④ 수입 관세 부과와 수출 보조금 지원 모두 정부수입을 증가시킨다.

┃해설┃

수입 관세를 부과하면 정부수입은 증가하나, 수출 보조금 지원은 오히려 정부수입을 악화시킨다.
① 수입 관세가 붙으면 국내공급가격이 상승하므로 공급자들이 생산량을 늘린다.
②·③ 수입 관세가 붙거나 수출 보조금을 지원받으면 국내가격이 상승하므로 소비자잉여는 감소하고 생산자잉여는 증가한다.

답 ④

01 7급 공무원 2017

☑ 확인 Check! ○ △ ✕

다음은 경제통합 형태에 대한 내용이다. **자유무역지역**(Free trade area), **관세동맹**(Customs unions), **공동시장**(Common market)의 개념을 바르게 연결한 것은?

> 가. 가맹국 간에는 상품에 대한 관세를 철폐하고, 역외 국가의 수입품에 대해서는 가맹국이 개별적으로 관세를 부과한다.
>
> 나. 가맹국 간에는 상품뿐만 아니라 노동, 자원과 같은 생산요소의 자유로운 이동이 보장되며, 역외 국가의 수입품에 대해서는 공동관세를 부과한다.
>
> 다. 가맹국 간에는 상품의 자유로운 이동이 보장되지만, 역외 국가의 수입품에 대해서는 공동관세를 부과한다.

	가	나	다
①	자유무역지역	관세동맹	공동시장
②	자유무역지역	공동시장	관세동맹
③	관세동맹	자유무역지역	공동시장
④	관세동맹	공동시장	자유무역지역

┃해설┃

가. 가맹국간 관세 철폐, 역외 국가 개별적인 관세 부과 : 자유무역지역

나. 가맹국간 상품, 생산요소의 자유로운 이동, 역외 국가 공동관세 부과 : 공동시장

다. 가맹국간 상품의 자유로운 이동, 역외 국가 공동관세 부과 : 관세동맹

답 ②

CHAPTER 21 | 환율과 국제통화

01 | 구매력 평가설(PPP)

가 정	• 일물일가의 법칙 성립 • 물가가 신축적
절대적PPP	• 환율은 양국의 물가수준의 비율에 의해 결정 • $e = \dfrac{P}{P_f}$ (e : 환율, P : 자국물가, P_f : 해외물가)
상대적PPP	• 환율변동률은 두 나라의 물가상승률 차이 • 환율상승률＝자국의 물가상승률－해외의 물가상승률 • $\dfrac{de}{e} = \dfrac{dP}{P} - \dfrac{dP_f}{P_f}$
한 계	• 여러 가지 무역장벽으로 인해 일물일가의 법칙 불성립 • 비교역재의 존재(서비스 등) • 환율결정요인으로 물가만 고려
특 징	장기적인 환율의 변화추세 잘 설명

02 | 이자율 평가설

설 명	• 국내투자 수익률과 해외투자 수익률이 같아질 때까지 자본이 이동 → 국내와 해외투자 수익률이 동일해야 함 • 해외투자의 예상수익률＝해외 이자율＋환율의 예상변화율 • 유위험평가설 : $r = r_f + \dfrac{\triangle e}{e}$ (r : 국내투자 수익률, r_f : 해외이자율, $\dfrac{\triangle e}{e}$: 환율변동률, $r_f + \dfrac{\triangle e}{e}$: 해외투자 수익률) • 무위험평가설 : $r = r_f + \dfrac{F-S}{S}$ (F : 선물환율 또는 예상환율, S : 현물환율 또는 현재환율)

환율제도

구 분	고정환율제도	변동환율제도
국제수지 불균형의 조정	정부개입에 의한 해결 (평가절하, 평가절상)	시장에서 환율의 변화에 따라 자동적으로 조정
환위험	작 음	환율의 변동성에 기인하여 환위험에 크게 노출됨
환투기의 위험	작 음	큼 (이에 대해 프리드먼은 환투기는 환율을 오히려 안정시키는 효과가 존재한다고 주장)
해외교란요인의 파급 여부	국내로 쉽게 전파됨	환율의 변화가 해외교란요인의 전파를 차단(차단효과)
금융정책의 자율성 여부	자율성 상실(불가능성 정리)	자율성 유지
정책의 유효성	금융정책무력 (재정정책 효과적)	재정정책무력 (금융정책 효과적)

환율변화

환율의 결정	외환의 수요와 공급으로 결정
환율의 변화	• 국민소득 증가 → 수입 증가 → 외환수요 증가 → 환율 상승 • 물가 상승 → 수출재화 가격 상승 → 순수출 감소 → 외환공급 감소 → 환율 상승 • 물가 하락 → 수출재화 가격 하락 → 순수출 증가 → 외환공급 증가 → 환율 하락 • 물가 하락(해외) → 수입재화 가격 하락 → 수입 증가 → 외환수요 증가 → 환율 상승 • 이자율 상승 → 자본 유입 → 외환 공급 증가 → 환율 하락

01 공인회계사 **2021**   ☑ 확인Check! ○ △ ✕

아래 표는 자국통화 표시 빅맥 가격과 미국 달러화 대비 자국통화의 현재 환율을 나타낸다. 미국의 빅맥 가격이 4달러일 때, 빅맥(PPP ; Purchasing Power Parity)에 근거한 환율 대비 현재 환율이 높은 순으로 국가를 나열한 것은?

국 가	자국통화 표시 빅맥 가격	현재 환율
A	30	5
B	200	100
C	100	20

① *A* − *B* − *C*   ② *A* − *C* − *B*

③ *B* − *C* − *A*   ④ *C* − *A* − *B*

⑤ *C* − *B* − *A*

┃해설┃

*A*국의 현재 환율이 5이므로 *A*국 빅맥 가격 30은 6달러와 같다.

*B*국의 현재 환율이 100이므로 *B*국 빅맥 가격 200은 2달러와 같다.

*C*국의 현재 환율이 20이므로 *C*국의 빅맥 가격 100은 5달러와 같다.

달러로 표시한 빅맥 가격이 가장 낮은 나라의 환율이 가장 높기 때문에 현재 환율이 높은 순서는 *B* − *C* − *A*가 된다.

답 ③

자국과 외국의 화폐시장이 다음의 균형조건을 각각 충족한다.

- 자국 : $\dfrac{M}{P} = kY$

- 외국 : $\dfrac{M^*}{P^*} = k^*Y^*$

M, P, Y는 각각 명목화폐공급, 물가 및 총생산을 나타내며, k는 상수이다. 외국 변수는 별($*$) 표시로 자국 변수와 구분한다. 자국의 명목화폐공급 증가율과 경제성장률이 외국에 비해 각각 7%포인트와 2%포인트 높다. 상대적 구매력평가가 성립한다고 할 때, 명목환율의 변화율은? (단, 명목환율은 외국화폐 1단위에 대한 자국화폐의 교환비율이다)

① 2.0% ② 3.5%

③ 5.0% ④ 7.0%

⑤ 9.0%

┃ 해설 ┃

- 자국 : $\dfrac{\dot{M}}{M} = \dfrac{\dot{k}}{k} + \dfrac{\dot{P}}{P} + \dfrac{\dot{Y}}{Y}$

- 외국 : $\dfrac{\dot{M^*}}{M^*} = \dfrac{\dot{k^*}}{k^*} + \dfrac{\dot{P^*}}{P^*} + \dfrac{\dot{Y^*}}{Y^*}$

$\left(\dfrac{\dot{M}}{M} - \dfrac{\dot{M^*}}{M^*} \right) = \left(\dfrac{\dot{k}}{k} - \dfrac{\dot{k^*}}{k^*} \right) + \left(\dfrac{\dot{P}}{P} - \dfrac{\dot{P^*}}{P^*} \right) + \left(\dfrac{\dot{Y}}{Y} - \dfrac{\dot{Y^*}}{Y^*} \right)$

$0.07 = \left(\dfrac{\dot{k}}{k} - \dfrac{\dot{k^*}}{k^*} \right) + \left(\dfrac{\dot{P}}{P} - \dfrac{\dot{P^*}}{P^*} \right) + 0.02$

$\dfrac{\dot{k}}{k} = \dfrac{\dot{k^*}}{k^*}$ 이므로 $\dfrac{\dot{P}}{P} - \dfrac{\dot{P^*}}{P^*} = 0.05$ 이다.

따라서, $\dfrac{\dot{P}}{P} - \dfrac{\dot{P^*}}{P^*} = \dfrac{\dot{E}}{E} = 0.05$ 이다.

답 ③

자국과 외국의 화폐시장은 각각 아래의 식에 따라 균형을 이루며 P를 제외한 M^s, Y, i는 외생적으로 결정된다고 가정하자.

$$\frac{M^s}{P} = L(Y, i)$$

M^s는 화폐공급, P는 물가수준, $L(Y, i)$는 실질화폐수요, Y는 소득, i는 이자율이다. 실질화폐수요는 소득의 증가함수이고 이자율의 감소함수이다. 장기적으로 외환시장에서 환율은 구매력평가설(purchasing power parity)로 결정될 때, 화폐시장 변수가 환율에 미치는 영향을 설명한 것 중 옳은 것을 모두 고르면? (단, 환율은 외국 화폐 1단위에 대한 자국 화폐의 교환비율이다)

가. 자국 화폐공급의 영구적 증가는 장기적으로 환율을 상승시킨다.
나. 자국 소득의 영구적 증가는 장기적으로 자국 물가수준을 상승시켜 환율을 상승시킨다.
다. 외국 이자율의 영구적 상승은 장기적으로 외국 물가수준을 상승시켜 환율을 하락시킨다.

① 가
② 나
③ 다
④ 가, 다
⑤ 나, 다

┃해설┃

가. (○) 자국 화폐공급이 영구적으로 증가한다면 자국의 물가상승률이 높아지게 되며 외국의 물가상승률이 불변이라면 이는 환율 변화율로 정확하게 반영된다.

나. (✕) 자국소득의 영구적 증가는 실질 화폐수요를 증가시키며, 명목화폐공급이 일정하다면 자국의 물가수준을 하락시켜 환율을 상승시킨다.

다. (○) 외국 이자율의 영구적 상승은 외국의 실질화폐수요를 감소시키며 명목화폐공급이 일정하다면 외국의 물가수준을 상승시켜 환율을 하락시킨다.

답 ④

A국과 B국 사이에 상대적 구매력평가가 성립한다. 다음 표는 A국과 B국의 2010년과 2018년의 물가지수를 나타낸다.

구 분	A국	B국
2010년	100	110
2018년	112	121

2010년에 A국과 B국 사이의 환율(B국 통화 1단위와 교환되는 A국 통화의 양)이 1이었다면, 2018년의 환율은?

① 0.94

② 0.96

③ 0.98

④ 1.00

⑤ 1.02

┃해설┃

• 상대적 구매력 평가설에 의하면 환율변동률＝자국의 물가상승률－외국의 물가상승률이다.

• 2010년에서 2018년 사이에 A국의 물가상승률은 12%, B국의 물가상승률은 10%이므로 두 국가의 물가상승률 차이인 2%만큼 환율이 상승할 것으로 예상된다. 따라서 2010년에 1이었던 환율은 2% 상승하여 2018년에는 1.02가 될 것이다.

답 ⑤

한국과 미국의 연간 물가상승률은 각각 4%와 6%이고 환율은 달러당 1,299원에서 1,260원으로 변하였다고 가정할 때, 원화의 실질환율의 변화는?

① 3% 평가절하

② 3% 평가절상

③ 7% 평가절하

④ 7% 평가절상

⑤ 변화 없다.

┃해설┃

• 실질환율$\left(=\dfrac{\text{명목환율}\times\text{해외물가수준}}{\text{국내물가수준}}\right)$을 증가율로 나타내면

　실질환율 증가율＝명목환율 증가율＋해외물가 증가율－국내물가 증가율

• 실질환율 증가율＝5%＋6%－4%＝7%

• 실질환율은 7% 증가(평가절하)한다.

답 ③

현재 한국과 미국의 햄버거 가격이 각각 4,800원과 4달러이고, 명목환율(원/달러)이 1,300이며, 장기적으로 구매력평가설이 성립할 때, 이에 관한 설명으로 옳은 것은? (단, 햄버거는 대표 상품이며 변동환율제도를 가정한다)

① 실질환율은 장기적으로 1보다 크다.
② 양국의 현재 햄버거 가격에서 계산된 구매력평가환율은 1,250이다.
③ 양국의 햄버거 가격이 변하지 않는다면 장기적으로 명목환율은 하락한다.
④ 미국의 햄버거 가격과 명목환율이 변하지 않는다면 장기적으로 한국의 햄버거 가격은 하락한다.
⑤ 한국의 햄버거 가격이 변하지 않는다면 장기적으로 명목환율과 미국의 햄버거 가격은 모두 상승한다.

∥해설∥

양국의 햄버거 가격이 변하지 않는다면 장기적으로 명목환율은 1,200으로 하락한다.
① 구매력평가설이 성립하면 실질환율은 장기적으로 1이 된다.
② 양국의 현재 햄버거 가격에서 계산된 구매력평가환율은 1,200(=4,800÷4)이다.

④ 미국의 햄버거 가격과 명목환율이 변하지 않는다면 장기적으로 한국의 햄버거 가격은 5,200원$\left(= \dfrac{1,300원}{달러 \times 4달러} \right)$

으로 상승한다.
⑤ 한국의 햄버거 가격이 변하지 않는다면 장기적으로 명목환율은 1,200으로 하락하거나 미국의 햄버거 가격이 3달러 하락할 것이다.

답 ③

자국의 물가지수는 $P = (P_N)^{\alpha}(P_T)^{1-\alpha}$, 외국의 물가지수는 $P^* = (P_N^*)^{\beta}(P_T^*)^{1-\beta}$로 정의하자. P_N과 P_N^*는 각각 자국과 외국의 비교역재 물가지수, P_T와 P_T^*는 각각 자국과 외국의 교역재 물가지수로서 $P_T = P_T^*$이다. α와 β는 상수이고, $0 < \alpha < 1$, $0 < \beta < 1$이다. **구매력평가설**(purchasing power parity)**이 성립할 경우, 다음 설명 중 옳은 것을 모두 고르면?** (단, 환율은 외국 화폐 1단위에 대한 자국 화폐의 교환비율이다)

> 가. 자국 물가지수 대비 외국 물가지수가 높아질수록 환율은 높아진다.
>
> 나. $\alpha = \beta$인 경우, P_N이 P_N^*보다 높아질수록 환율은 높아진다.
>
> 다. $\alpha = \beta$인 경우, P_N과 P_N^*의 상승률이 모두 5%이면 환율상승률은 1%이다.

① 가
② 나
③ 다
④ 가, 나
⑤ 나, 다

┃해설┃

가. (✕) 자국 물가지수 대비 외국 물가지수가 높아질수록 환율은 낮아진다.

나. (○) 자국 물가지수와 외국 물가지수의 가중치가 같은 상황에서는 국내의 물가가 상승할 경우에 환율이 높아진다.

다. (✕) $\alpha = \beta$인 경우 자국과 외국의 비교역재 물가지수의 상승률이 모두 5%이면 환율상승률은 0%이다.

답 ②

인천공항에 막 도착한 A씨는 미국에서 사먹던 빅맥 1개의 가격인 5달러를 원화로 환전한 5,500원을 들고 햄버거 가게로 갔다. 여기서 A씨는 미국과 똑같은 빅맥 1개를 구입하고도 1,100원이 남았다. 다음 설명 중 옳은 것을 모두 고른 것은?

> ㄱ. 한국의 빅맥 가격을 달러로 환산하면 4달러이다.
> ㄴ. 구매력평가설에 의하면 원화의 대미 달러 환율은 1,100원이다.
> ㄷ. 빅맥 가격을 기준으로 한 대미 실질환율은 880원이다.
> ㄹ. 빅맥 가격을 기준으로 볼 때, 현재의 명목환율은 원화의 구매력을 과소평가하고 있다.

① ㄱ, ㄴ   ② ㄱ, ㄷ

③ ㄱ, ㄹ   ④ ㄴ, ㄷ

⑤ ㄴ, ㄹ

┃ 해설 ┃

ㄱ. (○) 한국에서 빅맥을 구입할 때 5,500원을 내고 1,100원이 남았으므로 한국의 빅맥 가격은 4,400원이고, 명목환율이 1달러에 1,100원이므로 한국의 빅맥 가격을 달러로 환산하면 4달러이다.

ㄴ. (✕) 미국에서는 빅맥 가격이 5달러이고, 한국에서는 4,400원이므로,

$$구매력평가환율 = \frac{국내물가수준}{해외물가수준} = \frac{4,400원}{5달러} = 880원/달러$$

ㄷ. (✕) $실질환율 = 명목환율 \times \frac{외국물가}{자국물가} = 1,100원/달러 \times \frac{5,500원}{4,400원} = 1,375원/달러$

ㄹ. (○) 빅맥 가격기준 구매력평가환율은 1달러=880원인데, 명목환율이 1달러=1,100원이므로 현재 명목환율은 원화의 구매력을 과소평가하고 있다.

답 ③

갑국의 야구 선수 A는 1993년에 계약금 5천만원을 받았고, 그의 아들인 B는 을국에서 야구 선수가 되어 2024년에 계약금으로 50만달러를 받게 되었다. 다음은 갑국과 을국의 소비자물가지수와 환율이다.

구 분		1993년	2024년
소비자 물가지수	갑 국	40	120
	을 국	50	125
환율(원/달러)		800	1,350

이와 관련된 설명 중 옳은 것을 모두 고르면? (단, 갑국의 화폐는 원화, 을국의 화폐는 달러이며, 양국의 모든 물가지수에 대한 기준연도는 동일하다)

> 가. 2024년 환율을 이용해 B의 계약금을 갑국에서의 구매력으로 평가하면 B의 계약금은 A의 계약금의 6배이다.
> 나. 1993년 환율을 이용해 A의 계약금을 을국에서의 구매력으로 평가하면 B의 계약금은 A의 계약금의 3.2배이다.
> 다. 2024년 환율을 이용해 B의 계약금을 1993년 기준 원화가치로 환산하면 2억 4천만원이다.

① 가　　　　　　　　　　　　　　② 나
③ 다　　　　　　　　　　　　　　④ 가, 나
⑤ 나, 다

┃해설┃

가. (✕) B의 계약금 : 50만달러×1,350원/달러=6억 7,500만원

　　A의 계약금 : 5천만원×3=1억 5천만원

　　따라서 B의 계약금은 A의 4.5배이다.

나. (○) B의 계약금 : 50만달러×$\frac{50}{125}$=20만달러

　　A의 계약금 : $\frac{5{,}000만원}{800원/달러}$=6.25만달러

　　따라서 B의 계약금은 A의 3.2배이다.

다. (✕) B의 2024년 계약금 : 50만달러×1,350원/달러=6억 7,500만원

　　B의 1993년 기준 계약금 : $\frac{6억\ 7{,}500만원}{3}$=2억 2,500만원

답 ②

현재 1개월 만기 달러화 선물환율이 1,000원/달러이다. 은행 A, B, C는 각각 990원/달러, 1,010원/달러, 1,080원/달러로 1개월 후 환율을 예측하고 있다. 1개월 후 달러화의 현물환율이 1,020원/달러인 경우 다음 설명 중 옳은 것을 모두 고르면? (단, 거래 비용은 존재하지 않는다)

가. 예측환율에서 실제환율을 차감한 예측오차의 절댓값이 가장 큰 곳은 C이다.

나. 현재 A가 선물로 달러화를 매도하고 1개월 후 현물로 달러화를 매입하면 달러당 20원의 손해가 발생한다.

다. 현재 B가 선물로 달러화를 매입하고 1개월 후 현물로 달러화를 매도하면 달러당 10원의 이익을 얻는다.

라. 현재 C가 선물로 달러화를 매입하고 1개월 후 현물로 달러화를 매도하면 달러당 60원의 이익을 얻는다.

① 가, 나
② 가, 다
③ 나, 다
④ 나, 라
⑤ 다, 라

┃해설┃

가. (○) 예측오차의 절댓값이 가장 큰 곳은 C은행이다.
- A은행 예측오차 = 1,020원/달러 − 990원/달러 = 30원/달러
- B은행 예측오차 = 1,020원/달러 − 1,010원/달러 = 10원/달러
- C은행 예측오차 = 1,020원/달러 − 1,080원/달러 = −60원/달러

나. (○) 현재 1개월 만기 달러화 선물환율이 1,000원/달러인데, 1개 후에는 현물환율이 1,020원/달러가 되므로 현재 A가 선물로 달러화를 매도하고 1개월 후 현물로 달러화를 매입하면 달러당 20원의 손해가 발생한다.

다. (✕) 현재 1개월 만기 달러화 선물환율이 1,000원/달러인데, 1개 후에는 현물환율이 1,020원/달러가 되므로 현재 B가 선물로 달러화를 매도하고 1개월 후 현물로 달러화를 매입하면 달러당 20원의 손해가 발생한다.

라. (✕) 현재 1개월 만기 달러화 선물환율이 1,000원/달러인데, 1개 후에는 현물환율이 1,020원/달러가 되므로 현재 C가 선물로 달러화를 매입하고 1개월 후 현물로 달러화를 매도하면 달러당 20원의 이익을 얻는다.

답 ①

01 공인회계사 2022

☑ 확인Check! ○ △ X

국제평가이론(international parity theorem)이 성립할 경우, A, B, C에 들어갈 숫자로 옳은 것은? (단, 환율은 외국화폐 1단위에 대한 자국화폐의 교환비율이다)

- 외국과 자국의 연간 기대인플레이션이 각각 3%와 (A)%이다.
- 외국과 자국의 1년 만기 국채금리가 각각 (B)%와 7%이다.
- 현물환율이 100이고, 1년 만기 선물환율이 (C)이다.

	A	B	C
①	4	6	102
②	5	5	102
③	5	6	103
④	5	6	102
⑤	4	5	103

┃해설┃

$R - \pi = R^f - \pi^f$, ∴ $0.07 - A = B - 0.03$

$R = R^f + \dfrac{F - E}{E}$, ∴ $0.05 = B + \dfrac{C - 100}{100}$

따라서 이 두 식을 만족하는 것은 ②이다.

답 ②

02 공인회계사 2019

☑ 확인Check! ○ △ X

한국의 물가상승률은 2%로 향후에도 동일할 것으로 예상되고 있으며, 한국의 명목이자율은 3%이고 한국과 미국의 실질이자율은 동일하다고 하자. 또한, 현재 미달러 대비 원화의 현물환율은 1달러당 1,100원이며, 1년 선물환율은 1달러당 1,111원이라고 하자. 피셔효과, 화폐수량설, 이자율평가설(Interest rate parity theory)이 성립한다면 다음 중 옳은 것은?

① 한국의 실질이자율은 2%이다.
② 미국의 명목이자율은 4%이다.
③ 미국의 향후 1년 동안 물가상승률은 1%로 예상된다.
④ 한국의 실질 GDP 증가율이 2%라면 한국의 통화증가율은 3%이다.
⑤ 한국의 명목 GDP 증가율이 5%라면 한국의 통화증가율은 4%이다.

- 피셔효과에 의해서 실질이자율은 명목이자율에서 물가상승률을 차감한 것으로, 한국의 명목이자율이 3%이고 물가상승률이 2%이므로 실질이자율은 1%이다.
- 미국의 실질이자율과 한국의 실질이자율이 같다고 하였으므로 미국의 실질이자율도 1%이다.
- 환율상승률＝자국의 물가상승률－외국의 물가상승률인데, 환율이 1% 상승했고 한국의 물가상승률은 2%이므로 미국의 물가상승률은 1%로 예상된다.
- 물가상승률이 1%이므로 미국의 명목이자율은 2%이다.

답 ③

---

03 공인회계사 **2023**   ☑ 확인Check! ○ △ ✕

상대적 구매력평가설(relative purchasing power parity)과 유위험이자율평가설(uncovered interest rate parity)이 항상 성립할 때, A와 B에 들어갈 수 있는 숫자로 옳은 것은? (단, 각국에서 피셔방정식이 성립한다)

> 자국의 명목이자율은 4%이고 예상물가상승률은 (A)%이며, 외국의 명목이자율은 (B)%이고 예상물가상승률은 4%이다.

	A	B
①	1	4
②	2	6
③	2	8
④	4	5
⑤	6	5

$4\%-A=B-4\%$의 관계가 성립해야 하는데, 이를 정리하면 $A+B=8\%$가 되므로 이를 만족하는 것은 ②뿐이다.

답 ②

04 공인회계사 2018

☑ 확인 Check! ○ △ ✕

이자율평가설(Interest rate parity theory)**과 구매력평가설**(Purchasing power parity theory)**이 항상 성립할 때, 같은 값을 갖는 두 변수는?**

① 외국의 명목이자율과 자국의 명목이자율
② 외국의 실질이자율과 자국의 실질이자율
③ 외국의 물가상승률과 자국의 물가상승률
④ 자국의 명목이자율과 자국의 실질이자율
⑤ 명목환율과 실질환율

┃해설┃

- 구매력평가설에 의하면 환율상승률＝자국의 물가상승률－외국의 물가상승률이고,
  이자율평가설에 의하면 환율변동률＝국내의 명목이자율－외국의 명목이자율이다.
- 자국의 물가상승률－외국의 물가상승률＝국내의 명목이자율－외국의 명목이자율
  → 국내의 명목이자율－자국의 물가상승률＝외국의 명목이자율－외국의 물가상승률
  → 자국의 실질이자율＝외국의 실질이자율

답 ②

05 공인회계사 2017

☑ 확인 Check! ○ △ ✕

다음은 이자율 평형조건(Interest rate parity condition)**에 대한 설명이다. (가)와 (나)를 바르게 짝지은 것은?**

> 이자율 평형조건이 성립할 때, 가로축을 환율(외국통화 1단위에 대한 자국통화의 교환비율), 세로축을 국내이자율로 하는 그래프를 그리면, 우하향하는 형태로 그려진다. 이때 이 그래프는 팽창적 통화정책으로 인하여 지속적으로 인플레이션이 발생한 경우에 (가), 단기에 상환하여야 할 외화부채가 증가한 경우에 (나).

	(가)	(나)
①	왼쪽으로 이동하고	왼쪽으로 이동한다
②	왼쪽으로 이동하고	오른쪽으로 이동한다
③	움직이고 않고	움직이지 않는다
④	오른쪽으로 이동하고	왼쪽으로 이동한다
⑤	오른쪽으로 이동하고	오른쪽으로 이동한다

가. 국내물가의 상승은 자국 화폐가치의 하락을 의미하므로, 자본의 유출이 발생한다. 자본의 유출이 발생하면 환율이 상승한다. 주어진 이자율에서 환율이 상승하면 곡선이 오른쪽으로 이동한다.

나. 단기에 상환하여야 할 외화부채가 증가하면 외환수요가 증가하므로 환율이 상승한다. 이자율이 일정하므로 곡선이 오른쪽으로 이동하게 된다.

답 ⑤

06 공인회계사 2023 ☑확인 Check! ○ △ ✕

자국과 외국의 예상실질이자율은 아래의 식과 같이 명목이자율과 예상인플레이션의 차이로 표현된다.

- 자국 : $r^e = i - \pi^e$
- 외국 : $r^{*e} = i^* - \pi^{*e}$

r^e는 예상실질이자율, i는 명목이자율, π^e는 예상인플레이션이며, 외국 변수는 별(*) 표시로 자국 변수와 구분한다. 실질환율을 명목환율$\times \dfrac{외국물가}{자국물가}$로 정의하고, 유위험이자율평가설(uncovered interest rate parity)이 항상 성립할 경우, 다음 설명 중 옳은 것을 모두 고르면? (단, 각국에서 피셔방정식이 성립하며, 명목환율은 외국 화폐 1단위에 대한 자국 화폐의 교환비율이다)

가. 예상실질환율변화율은 자국과 외국 간 예상실질이자율의 차이로 설명된다.
나. 양국 간 명목환율이 구매력평가설에 의해 결정된다면, 예상실질환율변화율은 0이다.
다. 양국 간 명목환율이 구매력평가설에 의해 결정된다면, 자국과 외국의 예상실질이자율은 같다.

① 가   ② 나
③ 가, 다   ④ 나, 다
⑤ 가, 나, 다

가. (○) 실질환율변화율은 (자국 이자율 − 자국 물가변화율) − (외국 이자율 − 외국 물가변화율)로 나타낼 수 있으므로 자국과 외국 간 예상실질이자율의 차이로 설명할 수 있다.

나. (○) 구매력평가설이 성립하는 경우에는 실질환율이 1이 되어 예상실질환율변화율은 0이 된다.

다. (○) 유위험이자율평가설과 구매력평가설이 모두 성립하는 경우에는 예상실질이자율이 같다.

답 ⑤

☑ 확인Check! ○ △ ✕

다음은 이자율 평형조건(Interest rate parity condition)과 환율(외국통화 1단위에 대한 자국통화의 교환비율)에 대한 설명이다. (가)와 (나)를 바르게 짝지은 것은?

이자율 평형조건이 성립하고, 미래의 기대환율이 주어지며, 외국의 이자율도 고정되었다고 하자. 이때, 국내이자율과 환율의 조합을 그래프로 그리면, 국내이자율이 높을수록 환율은 (가)하는 형태로 나타난다. 만약, 미래의 기대환율이 상승할 경우, 이 그래프는 (나). (단, 그래프의 가로축은 환율, 세로축은 이자율을 나타낸다)

	(가)	(나)
①	하 락	오른쪽으로 이동한다
②	상 승	오른쪽으로 이동한다
③	하 락	왼쪽으로 이동한다
④	상 승	왼쪽으로 이동한다
⑤	하 락	움직이지 않는다

해설

가. 국내 이자율이 높아지면, 국내에 투자할 때의 수익률이 상승하므로 자본의 유입이 많아지므로 환율이 하락한다.
나. 국내에 투자할 때의 기대수익률이 상승하면, 국내로 자본의 유입이 이루어지므로 환율이 하락하고 그래프는 오른쪽으로 이동한다.

답 ①

☑ 확인Check! ○ △ ✕

자국과 외국 간 상대적 구매력평가설과 유위험 이자율평가설이 모두 성립한다고 하자. 예상인플레이션율과 명목이자율이 다음과 같고 현재환율이 100일 때, 외국 명목이자율과 예상되는 1년 후 환율은? (단, 환율은 외국화폐 1단위에 대한 자국화폐의 교환비율이다)

- 자국 예상인플레이션율=4%
- 외국 예상인플레이션율=3%
- 자국 명목이자율=5%

	외국 명목이자율	예상되는 1년 후 환율
①	4%	99
②	4%	101
③	4%	102
④	5%	101
⑤	5%	102

$\dfrac{\dot{E}}{E} = \dfrac{E^e - E}{E} = \pi_A - \pi_B = 0.04 - 0.03 = 0.01$ 이므로 예상되는 1년 후 환율은 101이다.

또한 $0.05 = R^f + \dfrac{E^e - E}{E} = R^f + 0.01$ 이므로 외국 명목이자율은 4%이다.

답 ②

09 공인회계사 2020 ☑ 확인 Check! ○ △ ✕

현재 원/달러 환율이 1,000원/달러이다. 달러로 예금할 경우 연 1% 수익을 얻고 원화로 예금할 경우 연 2% 수익을 얻는다. 금융시장에서 환율변동을 고려할 경우 달러 예금과 원화 예금의 1년 투자 수익률이 동일하다고 기대된다. 금융시장에서 기대되는 1년 후 원/달러 환율은? (단, 소수점 이하는 반올림하며 거래비용은 존재하지 않는다)

① 980

② 990

③ 1,000

④ 1,010

⑤ 1,020

■ 해설 ■

무위험이자율 평가이론 : $i = i_t + \dfrac{f_t - e_t}{e_t}$ (i : 국내 명목이자율, i_t : 해외 명목이자율, f_t : 선물환율, e_t : 현재환율)

$i = i_t + \dfrac{f_t - e_t}{e_t} = 0.01 + \dfrac{f_t - 1,000}{1,000} = 0.02$

$\therefore f_t = 1,010$

답 ④

한국과 미국의 인플레이션율이 각각 3%와 5%이다. 구매력평가설과 이자율평가설(interest parity theory)이 성립할 때, 미국의 명목이자율이 5%라면, 한국의 명목이자율은? (단, 기대인플레이션율은 인플레이션율과 동일하다)

① 1%   ② 2%

③ 3%   ④ 4%

⑤ 5%

┃해설┃

- 구매력평가설이 성립하므로 $\dfrac{\Delta e}{e} = \dfrac{\Delta P}{P} - \dfrac{\Delta P_f}{P_f}$ 에서, 한국과 미국의 인플레이션율이 각각 3%와 5%이므로 환율은 2% 하락한다.

- 이자율평가설이 성립하므로 $i = i_f + \dfrac{\Delta e}{e}$ 에서, 미국의 명목이자율이 5%, 환율이 2% 하락하므로 한국의 명목이자율은 3%이다.

답 ③

01 감정평가사 2017
☑ 확인Check! ○ △ ×

원/달러 환율의 하락(원화 강세)을 야기하는 요인으로 옳은 것은?

① 재미교포의 국내송금 감소
② 미국인의 국내주식에 대한 투자 증가
③ 미국산 수입품에 대한 국내수요 증가
④ 미국 기준금리 상승
⑤ 미국인 관광객의 국내 유입 감소로 인한 관광수입 감소

해설

미국인의 국내주식투자 경우 국내로 외환이 유입되어 들어오기 때문에 환율이 하락하게 된다.
① 재미교포의 국내로 송금하는 금액이 줄었다면 국내에 공급되는 외환이 감소됐다는 의미로 환율이 상승한다.
③ 외국물품에 대한 수요가 늘어나면 수입이 증가하게 되므로 외환수요가 증가하게 되고, 환율은 상승한다.
④ 미국이 기준금리를 높이면 미국 내에서 국외로 유출되는 외환의 거래액이 감소하게 되고 자연히 국내에 유입되는 외환도 줄게 되어 환율의 상승이 이루어진다.
⑤ 미국인 관광객 상승의 긍정적 효과 중의 하나가 외환의 확보인데, 외환의 국내 유입이 줄어든다면 외환의 공급도 역시 줄어든다.

답 ②

02 보험계리사 2015
☑ 확인Check! ○ △ ×

원화의 대미달러 환율이 1,100원에서 1,200원으로 상승함에 따른 효과로 옳은 것은?

① 수출이 증가하여 무역수지가 악화된다.
② 수입이 증가하여 경상수지가 악화된다.
③ 원화의 가치가 상승하여 해외여행이 증가한다.
④ 미국으로 자본이 유출되어 자본수지가 악화된다.

해설

자국화폐의 가치가 떨어졌으므로 해외로 자본이 유출되어 자본수지가 악화된다.
① 환율이 상승하였으므로 수출이 증가하여 무역수지가 개선된다.
② 환율이 상승하였으므로 수입이 감소한다.
③ 환율이 상승하였으므로 원화의 가치가 하락하여 해외여행이 감소한다.

답 ④

01 | 국제수지

정 의		• 일정기간 동안의 일국의 거주자와 외국의 거주자 사이의 모든 경제적 거래를 분류한 것 • 유량의 개념 • 복식부기의 원리	
국제수지	경상수지	상품수지	수 입
			수 출
		서비스수지	운 수
			여 행
			서비스
			특허권 등록 사용료
		소득수지	직접투자소득
			증권투자소득
			기타투자소득
		경상이전수지	이전수입
			이전지출
	자본수지	투자수지	직접투자
			증권투자
			기타투자
		기타자본수지	자본이전
			특허권 등 기타자산
	준비자산증감	중앙은행의 대외준비자산의 증감	보정적 요소
	오차 및 누락	–	

02 | 경상수지

상품수지	• 정의 : 거주자와 비거주자 사이의 상품거래 • 가장 기본적이며, 중요한 항목
서비스수지	• 정의 : 거주자와 비거주자 사이의 용역거래 • 운수, 여행, 보험서비스, 통신서비스, 정보서비스, 금융서비스, 특허권 등의 사용료 등
소득수지	• 정의 : 근로자 이동, 직접·증권 투자 등에 의한 소득이전 • 외국인 근로자·해외파견 근로자 임금, 직접투자, 증권투자에 따른 이자나 배당 등
경상이전수지	• 정의 : 대가없이 주고받은 거래 • 무상원조, 출연금 등

03 | $IS-LM-BP$ 모형 변동환율제도

구 분	재정정책	통화정책
확대정책 (자본이동 완전) 먼델-플레밍 모형	IS곡선 우측 이동 → 이자율 상승 → 자본 유입 → 환율 하락 → 순수출 감소 → IS곡선 좌측 이동 → 국민소득 불변, 이자율 불변	LM곡선 우측 이동 → 이자율 하락 → 자본 유출 → 환율 상승 → 순수출 증가 → IS곡선 우측 이동 → 국민소득 증가, 이자율 불변
확대정책 (자본이동 불완전)	IS곡선 우측 이동 → 이자율 상승 → 자본 유입 → 환율 하락 → 순수출 감소 → BP곡선 상방 이동 → IS곡선 좌측 이동 → 국민소득 증가, 이자율 상승	LM곡선 우측 이동 → 이자율 하락 → 자본 유출 → 환율 상승 → 순수출 증가 → BP곡선 하방 이동 → IS곡선 우측 이동 → 국민소득 증가, 이자율 하락

04 | $IS-LM-BP$ 모형 고정환율제도

구 분	재정정책	통화정책
확대정책 (자본이동 완전) 먼델-플레밍 모형	IS곡선 우측 이동 → 이자율 상승 → 자본 유입 → 통화량 증가 → LM곡선 우측 이동 → 국민소득 증가, 이자율 불변	LM곡선 우측 이동 → 이자율 하락 → 자본 유출 → 통화량 감소 → LM곡선 좌측 이동 → 국민소득 불변, 이자율 불변
확대정책 (자본이동 불완전)	IS곡선 우측 이동 → 이자율 상승 → 자본 유입 → 통화량 증가 → LM곡선 우측 이동 → 국민소득 증가, 이자율 상승	LM곡선 우측 이동 → 이자율 하락 → 자본 유출 → 통화량 감소 → LM곡선 좌측 이동 → 국민소득 불변, 이자율 불변

05 | 불태화정책

정 의	국제수지가 불균형(흑자, 적자)일 경우 국내의 통화량을 일정하게 유지하기 위해 조절하는 정책
국제수지 흑자	통화량 증가 → 긴축 통화정책
국제수지 적자	통화량 감소 → 확대 통화정책

06 | 개방경제하 균형

- 개방경제에서 국가의 경제 달성 목표 : 완전고용과 물가안정, 국제수지균형
- 대내균형 : 완전고용과 물가안정
- 대외균형 : 국제수지균형
- 틴버겐 법칙 : 정책목표의 달성을 위해서는 달성하려는 목표의 수만큼의 정책이 필요, 개방경제 하에서는 대내 균형과 대외균형의 두 가지 목표이므로 정책수단도 두 가지가 필요
- 먼델 모형 : 고정환율제도에서 대내외의 균형을 달성하기 위한 적절한 정책배합(정책할당)을 의미하고, 정책 수단으로는 재정정책과 통화정책이 있음

01 감정평가사 2018
☑ 확인Check! ○ △ ✕

국제수지표의 금융계정(Financial account)에 포함되는 거래가 아닌 것은?

① 한국 기업이 외국인 투자자에게 배당금을 지불한다.
② 한국 기업이 베트남 기업에 대해 50% 이상의 주식지분을 매입한다.
③ 외국 금융기관이 한국 국채를 매입한다.
④ 한국 금융기관이 외화자금을 차입한다.
⑤ 한국은행이 미국 재무성 채권을 매입한다.

┃해설┃

배당금 지불은 경상수지계정의 소득수지이다.
②·③·⑤ 금융계정의 증권투자이다.
④ 외화자금의 차입은 금융계정의 기타투자이다.

답 ①

02 공인회계사 2018
☑ 확인Check! ○ △ ✕

다국적 기업과 해외직접투자에 대한 다음 설명 중 옳은 것을 모두 고르면?

> 가. 다른 조건이 일정할 때, 규모의 경제가 클수록 기업은 수출보다는 해외직접투자를 선호한다.
> 나. 독립된 기업으로부터 중간재를 조달(Outsourcing)할 때 발생하는 거래비용은 기업들로 하여금 해외직접투자를 선호하게 만드는 요인이다.
> 다. 다른 조건이 일정할 때, 한 국가의 수입관세가 높을수록 그 국가로의 해외직접투자가 일어날 가능성은 커진다.

① 가　　　　　　　　　　　　　② 나
③ 다　　　　　　　　　　　　　④ 가, 나
⑤ 나, 다

┃해설┃

가. (✕) 규모의 경제가 성립한다면 기업은 외국에 투자하는 것보다 국내에서 대량으로 생산하는 것이 더 유리하다.
나. (○) 위험과 거래비용 등을 절감하기 위해 기업들은 해외에 직접 공장을 세워서 생산하기도 한다.
다. (○) 외국의 수입관세가 높을 경우 자국 재화의 가격 경쟁력이 떨어지므로, 수입관세를 피하기 위해 관세 부과가 높은 국가에서 직접 생산하면 관세 부과를 피해 가격경쟁력을 유지하게 된다.

답 ⑤

甲국의 국민소득(Y)은 소비(C), 민간투자(I), 정부지출(G), 순수출(NX)의 합과 같다. 2016년과 같이 2017년에도 조세(T)와 정부지출의 차이($T-G$)는 음(−)이었고 절대크기는 감소하였으며, 순수출은 양(+)이었지만 절대크기는 감소하였다. 이로부터 유추할 수 있는 2017년의 상황으로 옳은 것을 모두 고른 것은?

ㄱ. 국가채무는 2016년 말에 비해 감소하였다.
ㄴ. 순대외채권은 2016년 말에 비해 감소하였다.
ㄷ. 민간저축은 민간투자보다 더 많았다.
ㄹ. 민간저축과 민간투자의 차이는 2016년보다 그 절대크기가 감소하였다.

① ㄱ, ㄴ
② ㄱ, ㄷ
③ ㄴ, ㄷ
④ ㄴ, ㄹ
⑤ ㄷ, ㄹ

┃해설┃

$NX = (S_P - I) + (T - G)$

ㄱ. (✕) 정부재정 $(T-G)$는 (−)로 적자이기에 국가채무는 증가한다.

ㄴ. (✕) NX가 양(+)이므로 순대외채권이 증가한다.

ㄷ·ㄹ. (○) $(T-G)$가 음인데도 NX가 양이라면 $(S_P - I)$가 양이고, $(S_P - I)$의 절댓값의 크기가 $(T-G)$의 절댓값 크기보다 크다. 즉, 민간투자보다 민간저축이 더 많다는 의미이다. 다만 2016년에 비해 $(S_P - I)$의 크기가 줄었다.

답 ⑤

01 공인회계사 **2021**　　　　　　　　　　　　　　　　　　☑ 확인 Check! ○ △ ✕

다음 그림은 어느 개방경제의 BP곡선을 나타낸다. C점은 경상수지와 자본수지가 모두 균형인 상태다음 그림은 자국통화의 평가절하에 따른 경상수지 변화를 나타낸다. 구간 (가), (나)에서 나타나는 외화표시 수출가격 및 수출물량 변화에 대한 설명으로 가장 적절한 것은?

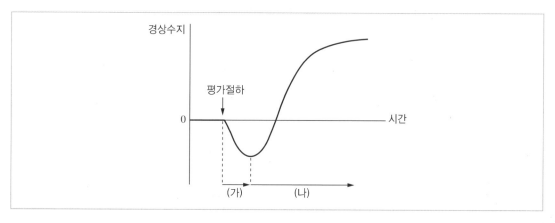

	(가)		(나)	
	수출가격	수출물량	수출가격	수출물량
①	상 승	불 변	상 승	불 변
②	하 락	불 변	상 승	증 가
③	하 락	불 변	하 락	증 가
④	불 변	감 소	하 락	증 가
⑤	불 변	감 소	불 변	증 가

┃해설┃

• 단기 : 평가절하 → 수출가격 하락, 수출물량 불변 → 국제수지 악화
• 장기 : 평가절하 → 수출가격 하락, 수출물량 증가 → 국제수지 증가

핵심체크　　**J-Curve 효과**

• 개념 : 평가절하를 실시하면 일시적으로는 경상수지가 악화되지만 점차 시간이 지나면서 개선되는 효과를 말한다.
• 발생과정 : 평가절하시 단기에는 수출가격이 하락함에도 불구하고 수출물량이 증가하지 않아 수출액이 감소하여 경상수지가 악화되지만 점차 수출물량이 증가하여 장기적으로 경상수지가 개선된다.

🗎 답 ③

02 보험계리사 2021

국민계정에서 투자가 전년도와 동일할 때 다음 설명 중 옳은 것은?

① 국민저축이 증가했다면 순자본 유입이 증가했을 것이다.

② 균형재정 하에서 민간저축이 증가했다면 순자본 유출이 감소했을 것이다.

③ 경상수지 균형 하에서 민간저축이 증가했다면 재정수지가 악화되었을 것이다.

④ 민간저축은 변화가 없고 재정수지가 악화되었다면 경상수지가 개선되었을 것이다.

┃해설┃

$$Y = C + I + G + (X - M)$$
$$(X - M) = (Y - T - C) + (T - G) - I = S_P + S_G - I$$

(단 Y는 국민소득, C는 소비, I는 투자, G는 정부지출, X는 수출, M은 수입, S_P는 민간저축, S_G는 정부저축)

민간저축이 증가하였다면 순수출 증가로 재정수지는 악화된다.

① 민간저축과 정부저축의 합인 국민저축이 증가하면 순수출의 증가로 재정수지는 악화된다.

② 민간저축이 증가하였다면 순수출 증가로 자본유출이 증가한다.

④ 재정수지 악화, 즉 순수출 증가시 민간저축에 변화가 없다면 정부저축의 증가 또는 투자 감소로 이루어져 경상수지는 악화될 것이다.

답 ③

03 공인회계사 2021

다음 중 우리나라 국제수지상의 경상수지 흑자로 기록되는 것은?

① 한국은행이 IMF로부터 10억 달러를 차입했다.

② 외국 투자자들이 국내 증권시장에서 1억 달러어치의 국내 기업 주식을 매입했다.

③ 국내 기업 A가 특허권을 외국에 매각하고 20만 달러를 벌었다.

④ 외국에서 1년 미만 단기로 일하는 우리나라 근로자가 근로소득으로 받은 10만 달러를 국내로 송금했다.

⑤ 우리나라 정부가 개발도상국에 2천만 달러의 무상원조를 제공했다.

┃해설┃

급료 및 임금으로 인한 소득은 경상수지 중 본원소득수지에 해당하는 것으로 ④번 보기는 경상수지 흑자에 해당한다.

① 대출 및 차입은 금융계정 중 기타투자로 기록된다.

② 주식, 채권 등에 대한 투자로 발생하는 거래는 금융계정 중 증권투자로 계상된다.

③ 상표권, 영업권 등 무형자산의 취득 및 처분은 자본수지 중 비생산·비금융자산에 해당한다.

⑤ 무상원조나 기부금 등으로 인한 지급은 경상수지 중 이전소득수지에 해당한다.

답 ④

A국의 2018년 국제수지표의 일부 항목이다. 다음 표에서 경상수지는 얼마인가?

- 상품수지 : 54억 달러
- 서비스수지 : −17억 달러
- 본원소득수지 : 3억 달러
- 이전소득수지 : −5억 달러
- 직접투자 : 26억 달러
- 증권투자 : 20억 달러

① 35억 달러 흑자   ② 40억 달러 흑자

③ 60억 달러 흑자   ④ 61억 달러 흑자

⑤ 81억 달러 흑자

┃해설┃

- 경상수지＝상품수지＋서비스수지＋본원소득수지＋이전소득수지
  ＝54억 달러−17억 달러＋3억 달러−5억 달러＝35억 달러 흑자
- 직접투자와 증권투자는 자본수지의 투자수지 계정에 포함된다.

답 ①

다음 그림은 어느 개방경제의 BP곡선을 나타낸다. C점은 경상수지와 자본수지가 모두 균형인 상태이다. D점에서의 경상수지와 자본수지 상태로 옳은 것은?

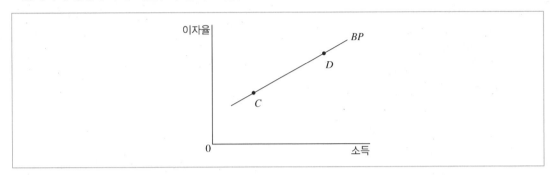

	경상수지	자본수지
①	적 자	적 자
②	적 자	흑 자
③	흑 자	적 자
④	흑 자	흑 자
⑤	균 형	균 형

┃해설┃

- C점보다 D점이 오른쪽에 있으므로 국민소득이 증가하고, 수입이 늘어나 경상수지는 적자가 된다.
- 이자율이 상승하였으므로 자본유입이 발생해 자본수지는 흑자가 된다.

답 ②

국민소득 항등식을 기초로 하여 경상수지가 개선되는 경우로 옳은 것을 모두 고른 것은?

> ㄱ. 민간소비 증가
> ㄴ. 민간저축 증가
> ㄷ. 민간투자 감소
> ㄹ. 재정적자 감소

① ㄱ, ㄴ　　　　　　　② ㄴ, ㄷ
③ ㄴ, ㄹ　　　　　　　④ ㄱ, ㄷ, ㄹ
⑤ ㄴ, ㄷ, ㄹ

┃해설┃

- 국민소득 항등식 : $Y = C + I + G + (X - M) \rightarrow Y - C - G - I = (X - M)$
- 국민소득 항등식에서 보듯이 경상수지의 흑자요인으로는 민간소비 감소에 따른 민간저축 증가, 재정흑자에 따른 정부저축 증가, 투자지출 감소 등이 있다.
- 따라서 민간저축이 증가하거나 민간투자·재정적자가 감소하면 경상수지가 개선된다.

답 ⑤

한국의 경상수지에 기록되지 않는 항목은?

① 한국에서 생산된 쌀의 해외 수출
② 중국인의 한국내 관광 지출
③ 한국의 해외 빈국에 대한 원조
④ 한국 노동자의 해외 근로소득 국내송금
⑤ 한국인의 해외주식 취득

┃해설┃

내국인의 해외주식 취득은 경상계정이 아닌 금융계정의 증권투자에 해당한다.
① 국내에서 생산한 상품의 수출 : 경상계정의 상품수지
② 외국인의 국내 관광 : 경상계정의 서비스수지
③ 해외원조 : 경상계정의 이전소득수지
④ 해외근로자의 국내송금 : 경상계정의 이전소득수지

답 ⑤

08 공인노무사 2016

국제수지표상 경상계정(Current accounts)에 속하지 않은 항목은?

① 정부 사이의 무상원조
② 해외교포로부터의 증여성 송금
③ 해외금융자산으로부터 발생하는 이자 등의 투자 소득
④ 내국인의 해외여행 경비
⑤ 내국인의 해외주식 및 채권 투자

┃해설┃

내국인의 해외주식 및 채권 투자 : 금융계정의 증권투자
① 정부 사이의 무상원조 : 경상계정의 이전소득수지
② 해외교포로부터의 송금 : 경상계정의 이전소득수지
③ 해외금융자산으로부터의 투자소득 : 경상계정의 본원소득수지
④ 내국인의 해외여행 경비 : 경상계정의 서비스수지

답 ⑤

09 감정평가사 2015

국제수지표의 경상수지에 포함되는 거래가 아닌 것은?

① 외국인의 국내주식 구입
② 해외교포의 국내송금
③ 재화의 수출입
④ 정부간 무상원조
⑤ 외국인의 국내관광 지출

┃해설┃

외국인의 국내주식 구입 : 금융계정의 증권투자
② 해외교포의 국내송금 : 경상수지의 이전소득수지
③ 재화의 수출입 : 경상수지의 상품수지
④ 정부간 무상원조 : 경상수지의 이전소득수지
⑤ 외국인의 국내관광 지출 : 경상수지의 서비스수지

답 ①

다음은 A국의 2019년 3월 경상수지와 4월에 발생한 모든 경상거래를 나타낸 것이다. 전월 대비 4월의 경상수지에 대한 설명으로 옳은 것은?

경상수지(2019년 3월)	100억 달러
상품수지	60억 달러
서비스수지	20억 달러
본원소득수지	50억 달러
이전소득수지	−30억 달러

〈2019년 4월 경상거래〉
• 상품 수출 250억 달러, 상품 수입 50억 달러
• 특허권 사용료 30억 달러 지급
• 해외 투자로부터 배당금 80억 달러 수취
• 국내 단기 체류 해외 노동자의 임금 20억 달러 지불
• 지진이 발생한 개도국에 무상원조 90억 달러 지급
• 외국인 여객 수송료 10억 달러 수취

① 상품 수출액은 150억 달러 증가하였다.
② 경상수지 흑자 폭이 감소하였다.
③ 서비스수지는 흑자를 유지하였다.
④ 본원소득수지는 흑자 폭이 증가하였다.

▌해설▌

본원소득수지는 3월 50억 달러에서 4월 60억 달러(해외 투자로부터 배당금 80억 달러 수취, 국내 단기 체류 해외 노동자의 임금 20억 달러 지불)로 10억 달러 증가하였다.

① 상품수지는 3월 60억 달러에서 4월 200억 달러(상품 수출 250억 달러, 상품 수입 50억 달러)로 140억 달러 증가하였다.
② 경상수지는 3월 100억 달러에서 4월 150억 달러로 50억 달러 증가하였다.
③ 4월 서비스수지는 −20억 달러(특허권 사용료 30억 달러 지급, 외국인 여객 수송료 10억 달러 수취)로 적자이다.

달 ④

01 감정평가사 2018

☑ 확인 Check! ○ △ ✕

甲국은 자본이동이 완전히 자유로운 소규모 개방경제이다. 변동환율제도 하에서 甲국의 거시경제모형이 다음과 같을 때, 정책효과에 관한 설명으로 옳지 않은 것은? (단, Y, M, r, e, p, r^*, p^*는 각각 국민소득, 통화량, 이자율, 명목환율, 물가, 외국이자율, 외국물가이다)

- 소비함수 : $C = 1,000 + 0.5(Y - T)$
- 투자함수 : $I = 1,200 - 10,000r$
- 순수출 : $NX = 1,000 - 1,000\epsilon$
- 조세 : $T = 1,000$
- 정부지출 : $G = 2,000$
- 실질환율 : $\epsilon = e\dfrac{p}{p^*}$
- 실질화폐수요 : $L^D = 40 - 1,000r + 0.01Y$
- 실질화폐공급 : $L^S = \dfrac{M}{p}$
- $M = 5,000$, $p = 100$, $p^* = 100$, $r^* = 0.02$

① 정부지출을 증가시켜도 균형소득은 변하지 않는다.
② 조세를 감면해도 균형소득은 변하지 않는다.
③ 통화공급을 증가시키면 균형소득은 증가한다.
④ 확장적 재정정책을 실시하면 e가 상승한다.
⑤ 확장적 통화정책을 실시하면 r이 하락한다.

⏐ 해설 ⏐

• 확장적 통화정책을 실시하면 *LM*곡선의 우측 이동으로, 이자율이 하락하여 자본유출이 발생한다.
• 자본유출이 발생하면 환율이 인상되고, 환율이 인상되면 수출이 증가하게 된다.
• 수출이 증가하면 *IS*곡선이 우측으로 이동하면서 결국 다시 이자율은 원래대로 돌아오게 된다.

①·② 변동환율제도에서는 재정지출의 효력이 전혀 없다.
③ 변동환율제도에서는 통화정책은 매우 효과적이다.
④ 재정지출의 증가는 e의 상승을 야기한다.

🗊 ⑤

자본이동이 완전히 자유로운 소규모 개방경제를 가정하는 먼델-플레밍(Mundell-Fleming) 모형을 고려하자. 교역상대국에서 발생한 지진으로 교역상대국의 소득이 감소하여 수출이 외생적으로 감소하였다. 다른 모든 조건이 동일할 때, 기존의 균형환율을 계속 유지하기 위한 정책으로 적절한 것은? (단, 소비는 처분가능소득의 증가함수이고, 투자는 실질이자율의 감소함수이며, 순수출은 자국 화폐가치의 감소함수이다)

① 소비세율을 인상한다.

② 통화량을 감소시킨다.

③ 수입규제를 완화한다.

④ 정부 재정지출을 감소시킨다.

⑤ 교역상대국의 소득감소는 환율에 영향을 미치지 않기 때문에 새로운 정책이 필요하지 않다.

❚ 해설 ❚

통화량을 감소시키게 되면 이자율이 상승하게 되어 결국 기존의 균형환율을 계속 유지할 수 있게 된다.

① · ③ 소비세율의 인상과 수입규제의 완화 모두 *IS*곡선을 좌측으로 이동시키는 요인이다.

④ 정부재정지출을 감소시킬 경우 이자율이 하락하게 되어 환율이 상승하게 된다.

⑤ 교역상대국의 소득감소는 환율의 상승을 가져온다.

🄰 ②

PART 2

거시경제학

다음 그림은 변동환율제를 채택하고 있는 어떤 소규모 개방경제의 $IS-LM-BP$곡선을 나타낸다. 중앙은행이 팽창적 통화정책을 실시할 경우 환율 및 총수요 변화로 옳은 것은? (단, 환율은 외국통화 1단위에 대한 자국통화의 교환비율을 의미한다)

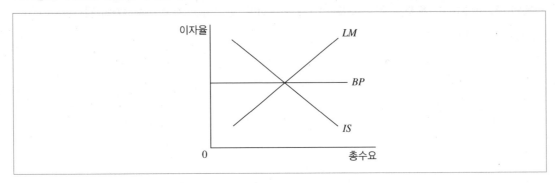

	환 율	총수요
①	상 승	증 가
②	하 락	감 소
③	상 승	감 소
④	하 락	증 가
⑤	불 변	불 변

▌해설▐

- 팽창적 통화정책을 실시하면, LM곡선이 우측으로 이동하면서 이자율이 하락한다.
- 이자율이 하락하면 국외로 자본이 빠져나가고, 국내에서 외환의 수요가 증가하면서 환율이 상승한다.
- 환율이 상승하면 순수출이 증가하고, IS곡선이 우측으로 이동한다.
- IS곡선과 LM곡선이 우측으로 이동하므로 총수요가 증가한다.
- 이자율은 다시 원상태로 돌아온다.

답 ①

어떤 소규모 개방경제 모형이 다음과 같을 때, 이와 관련된 설명 중 옳은 것은? (단, Y, C, I, G, NX, M, P, L, r, r^*, θ, e는 각각 소득, 소비, 투자, 정부지출, 순수출, 통화량, 물가, 실질 화폐수요, 이자율, 해외이자율, 국가 위험할증, 환율(외국통화 1단위에 대한 자국통화의 교환비율)이고, 변수에 아래 첨자 0이 붙여진 것은 외생변수이다)

- 재화시장 : $Y = C(Y) + I(r_0) + G_0 + NX(e)$
- 화폐시장 : $M_0/P_0 = L(r_0, Y)$
- 이자율 : $r_0 = r_0{}^* + \theta_0$

(소비는 소득의 증가함수, 투자는 이자율의 감소함수, 순수출은 환율의 증가함수이다. 아울러 실질 화폐수요는 이자율의 감소함수이고 소득의 증가함수이다)

---

① 정부지출이 증가하면 환율이 상승한다.
② 정부지출이 증가하면 소득이 증가한다.
③ 정부지출이 증가하면 실질 화폐수요가 감소한다.
④ 국가 위험할증이 높아지면 순수출이 증가한다.
⑤ 국가 위험할증이 높아지면 소득이 감소한다.

┃ 해설 ┃

국가의 위험할증이 높아지면 BP곡선이 상방이동하는데, 이는 원래 균형점의 이자율이 매우 낮은 상태였음을 의미하므로, 자본의 유출이 발생하게 되고, 환율은 상승한다. 환율이 상승하면, 순수출이 증가하게 된다.

① 정부지출이 증가하면 IS곡선의 우측 이동으로 이자율이 상승한다. 이자율이 상승하면 자본의 유입이 이루어지므로 환율이 하락한다.

② 환율이 하락하면 수출이 감소하므로 IS곡선이 좌측으로 이동하여 다시 제자리로 돌아오게 된다. 따라서 소득과 이자율은 변화가 없다.

③ 소득과 이자율 같은 실질변수가 변화가 없으므로 실질 화폐수요는 변화가 없다.

⑤ 순수출이 증가하면 IS곡선이 우측으로 이동하므로, 국민소득도 증가한다.

답 ④

변동환율제도를 채택하고 있는 A국 중앙은행이 보유하던 미국 달러를 매각하고 자국 통화를 매입하였다. 이에 대한 다음 설명 중 옳은 것을 모두 고르면?

> 가. A국 통화 가치가 미국 달러 대비 하락한다.
> 나. A국 통화 공급량이 감소한다.
> 다. A국 외환보유액이 감소한다.
> 라. A국 물가가 상승하고 실질 GDP가 증가한다.

① 가, 나　　　　　　　　　　　　　　　② 나, 다
③ 다, 라　　　　　　　　　　　　　　　④ 가, 다, 라
⑤ 나, 다, 라

┃해설┃

가·나. A국 중앙은행이 달러를 매각하면, A국의 통화 가치가 미국 달러 대비 상승하고(환율이 하락하고), 달러 매각 대금이 A국 중앙은행으로 유입돼 통화 공급량이 감소한다.

다. A국의 중앙은행이 시중에 달러를 매각했으므로 외환보유고가 감소한다.

라. A국 내의 통화 공급량이 감소했으므로, 물가는 하락한다. 환율이 하락하였으므로, 순수출이 감소하여 실질 GDP가 감소한다.

　　　　　　　　　　　　　　　　　　　　　　　　　　　　　　　　　　　　　답 ②

01 공인노무사 **2021**   ☑ 확인 Check! ○ △ ✕

먼델-플레밍모형을 이용하여 고정환율제하에서 정부지출을 감소시킬 경우 나타나는 변화로 옳은 것은? (단, 소규모 개방경제하에서 국가 간 자본의 완전이동과 물가불변을 가정하고, *IS*곡선은 우하향, *LM*곡선은 수직선이다)

① *IS*곡선은 오른쪽 방향으로 이동한다.

② *LM*곡선은 오른쪽 방향으로 이동한다.

③ 통화량은 감소한다.

④ 고정환율수준 대비 자국의 통화가치는 일시적으로 상승한다.

⑤ 균형국민소득은 증가한다.

Ⅰ해설Ⅰ

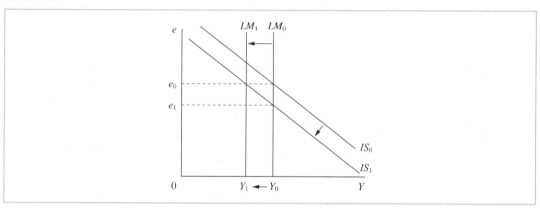

- 정부지출 감소 → *IS*곡선 좌측 이동(IS_0 → IS_1)
- *IS*곡선 좌측 이동(IS_0 → IS_1) → 이자율 하락(e_0 → e_1)
- 이자율 하락(e_0 → e_1) → 자본 유출 (∵ 통화가치 하락)
- 자본 유출 → 통화량 감소
- 통화량 감소 → *LM*곡선 좌측 이동(LM_0 → LM_1)
- *LM*곡선 좌측 이동(LM_0 → LM_1) → 균형국민소득(산출량) 감소, 이자율 불변

답 ③

자본이동이 완전한 먼델-플레밍(Mundell-Fleming)모형에서 A국의 정부지출 확대정책의 효과에 관한 설명으로 옳은 것은? (단, A국은 소규모 개방경제이며, A국 및 해외 물가수준은 불변, IS곡선은 우하향, LM곡선은 우상향)

① 환율제도와 무관하게 A국의 이자율이 하락한다.
② 고정환율제도에서는 A국의 국민소득이 증가한다.
③ 변동환율제도에서는 A국의 국민소득이 감소한다.
④ 고정환율제도에서는 A국의 경상수지가 개선된다.
⑤ 변동환율제도에서는 A국의 통화가치가 하락한다.

┃해설┃
① 환율제도와 무관하게 A국의 이자율은 일정하다.
③ 변동환율제도에서는 A국의 국민소득이 변하지 않는다.
④ 고정환율제도에서는 A국의 경상수지가 악화된다.
⑤ 변동환율제도에서는 A국의 통화가치가 상승한다.

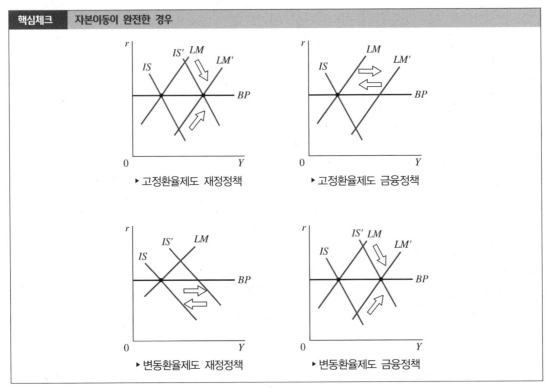

핵심체크 **자본이동이 완전한 경우**

▶ 고정환율제도 재정정책 ▶ 고정환율제도 금융정책

▶ 변동환율제도 재정정책 ▶ 변동환율제도 금융정책

답 ②

다음 그림은 고정환율제를 채택하고 있는 어느 소규모 개방경제의 $IS-LM-BP$곡선을 나타낸다. 해외 이자율이 상승할 경우 통화량과 소득의 변화로 옳은 것은? (단, 중앙은행은 불태화정책을 사용하지 않는다)

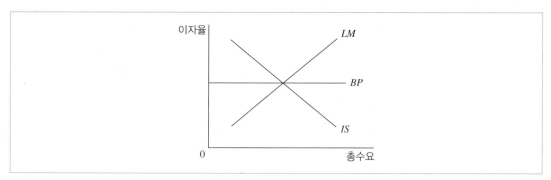

	통화량	소 득
①	증 가	증 가
②	감 소	감 소
③	증 가	감 소
④	감 소	증 가
⑤	불 변	불 변

┃해설┃

- 해외이자율이 상승하면 BP곡선이 상승하고, 해외로 자본이 유출된다.
- 해외로 자본이 유출되면 외환의 수요 증가로 환율이 상승하려 하기 때문에 환율유지를 위해 중앙은행은 외환을 매각할 것이다.
- 외환 매각으로 통화량이 감소하여 LM곡선은 좌측으로 이동한다.
- LM곡선의 좌측 이동으로 국민소득이 감소한다.

目 ②

PART 2

거시경제학

고정환율제를 채택하고 있는 정부가 시장균형환율보다 높은 수준의 환율을 설정했다고 할 때, 즉 자국통화 가치를 균형수준보다 낮게 설정한 경우, 옳은 것을 모두 고른 것은?

> ㄱ. 투기적 공격이 발생하면 국내 통화공급이 감소한다.
> ㄴ. 투기적 공격이 발생하면 외환보유고가 감소한다.
> ㄷ. 자본이동이 완전히 자유로운 경우, 중앙은행은 독립적으로 통화공급을 결정할 수 없다.
> ㄹ. 투자자들이 국내통화의 평가절상을 기대하게 되면, 국내통화로 계산된 외국채권의 기대수익률이 하락한다.

① ㄱ, ㄴ
② ㄱ, ㄹ
③ ㄴ, ㄷ
④ ㄷ, ㄹ
⑤ ㄴ, ㄷ, ㄹ

┃해설┃

ㄱ. (✕) 현재 시장균형환율보다 높은 수준이여서 자국통화가 약세이므로 투기세력 입장에서는 해당국의 통화가치가 상승하리라고 예상, 달러를 공급하여 해당국 통화로 교환하고자 한다. 투기적 공격으로 달러공급이 늘어나면 환율의 하락 우려가 발생하고, 이에 정부는 달러를 매입하게 되므로 국내 통화량은 증가한다.

ㄴ. (✕) 투기적 공격으로 달러공급이 늘어나면 환율의 하락 우려가 발생하고, 이에 정부는 달러를 매입하게 되므로 외환보유고는 증가한다.

ㄷ. (○) 불가능의 삼각정리(Impossible Trinity)로, 환율의 안정, 통화정책의 독립성, 자본이동의 자유화 이 세 가지 목표는 동시에 달성하는 것이 불가능하며, 따라서 이 세 가지 목표 중에서 적어도 어느 하나는 포기해야 하는 현상을 말한다.

ㄹ. (○) 국내통화의 평가절상은 환율의 하락을 기대하게 된다는 것이므로, 국내통화로 계산된 외국채권의 기대수익률이 하락한다.

답 ④

감정평가사 2022 ☑확인Check! ○ △ ✕

자본이동이 완전한 소규모 개방경제의 먼델-플레밍(Mundell-Fleming) 모형에서 변동환율제도인 경우, 긴축 통화정책을 시행할 때 나타나는 경제적 효과를 모두 고른 것은? (단, 물가수준은 고정이다)

> ㄱ. 소득 감소
> ㄴ. 경상수지 개선
> ㄷ. 자국 통화가치 절하
> ㄹ. 해외자본 유입

① ㄱ, ㄴ   ② ㄱ, ㄷ

③ ㄱ, ㄹ   ④ ㄴ, ㄷ

⑤ ㄷ, ㄹ

┃해설┃

ㄱ · ㄹ. (○) 먼델-플레밍(Mundell-Fleming) 모형은 국가간 자본이동을 고려한 $IS-LM-BP$ 모형이다. 변동환율제도인 경우 통화량을 줄이면 이자율이 상승하므로 투자가 감소하여 소득은 감소하고, 해외자본이 유입된다.

ㄴ · ㄷ. (✕) 통화량을 줄이면 자국통화의 대외가치는 상승(절상)하고 경상수지는 악화된다.

답 ③

---

06 **공인노무사 2024** ☑확인Check! ○ △ ✕

자본이동이 완전히 자유롭고 물가수준이 고정되어 있는 먼델-플레밍(Mundell-Fleming) 모형에서 고정환율제를 채택하고 있는 소규모 개방경제에 관한 설명으로 옳은 것을 모두 고른 것은?

> ㄱ. 정부지출이 증가하면 국민소득이 증가한다.
> ㄴ. 정부지출이 증가하면 정부가 외환을 매입하여 외환보유고가 증가한다.
> ㄷ. 확장적 통화정책은 국민소득을 증가시킨다.
> ㄹ. 통화가치의 평가절상은 순수출을 증가시킨다.

① ㄱ, ㄴ   ② ㄷ, ㄹ

③ ㄱ, ㄴ, ㄷ   ④ ㄱ, ㄴ, ㄹ

⑤ ㄴ, ㄷ, ㄹ

┃해설┃

ㄱ·ㄴ. (○) 정부지출 증가는 IS곡선을 오른쪽으로 이동시킨다. 이 이동은 이자율의 상승을 초래하고, 따라서 높은 이자율에 끌려 해외 자금이 유입됨에 따라 환율상승 압력을 초래한다. 그러나 환율은 고정환율제의 틀 안에서 지역 통화 당국에 의해 통제된다. 환율을 유지하고 그에 대한 압력을 제거하기 위해 통화 당국은 국내 자금을 사용하여 외환을 매입함으로써 LM곡선을 오른쪽으로 이동시킨다. 결과적으로 이자율은 동일하게 유지되지만, 경제의 전반적인 국민소득은 증가한다.

ㄷ. (×) 확장적 통화정책은 LM곡선을 오른쪽으로 이동시킨다. 이 이동은 국민소득 증가와 이자율의 하락을 초래한다. 이자율 하락에 의해 해외로 자본이 유출됨에 따라 통화량의 감소가 발생한다. 통화량의 감소는 LM곡선은 왼쪽으로 이동하게 하는데 LM곡선의 왼쪽 이동으로 국민소득 감소와 이자율 상승이 발생하게 되어 결국은 확장적 통화정책 이전과 비교하여 국민소득과 이자율에는 변화가 발생하지 않는다.

ㄹ. (×) 통화가치의 평가절하는 순수출을 증가시킨다.

답 ①

07 공인회계사 2015

✅ 확인Check! ○ △ ×

자본이동이 완전히 자유로운 소규모 개방경제의 $IS-LM-BP$모형에서 대체지급수단의 개발로 화폐수요가 감소할 때, 고정환율제와 변동환율제 하에서 균형국민소득의 변화로 옳은 것은? (단, IS곡선은 우하향하고 LM곡선은 우상향한다고 가정)

	고정환율제	변동환율제
①	증 가	증 가
②	불 변	증 가
③	불 변	감 소
④	감 소	불 변
⑤	감 소	감 소

┃해설┃

- 고정환율제도 하에서 $IS-LM-BP$모형은 물가가 고정되어 있다고 가정하므로 물가변화로 인한 BP곡선이동은 일어나지 않는다.
- BP곡선이 이동하지 않으므로 국민소득도 불변이다.
- 변동환율제도 하에서는 화폐수요감소로 인한 이자율 하락으로 자본유출이 발생하여 환율이 상승한다.
- 환율이 상승하면 순수출이 증가하므로 IS곡선이 우측으로 이동하여 국민소득이 증가한다.

답 ②

01 공인회계사 2017

☑ 확인Check! ○ △ ✕

환율상승(자국 통화가치의 하락)을 유도하기 위한 중앙은행의 외환시장개입 중 불태화 개입(Sterilized intervention)이 있었음을 나타내는 중앙은행의 재무상태표(대차대조표)로 가장 적절한 것은? (단, ⇧는 증가, ⇩는 감소를 의미한다)

①
자 산	부 채
국내자산	본원통화 ⇧
외화자산 ⇧	국내부채
	외화부채

②
자 산	부 채
국내자산 ⇩	본원통화
외화자산 ⇧	국내부채
	외화부채

③
자 산	부 채
국내자산	본원통화 ⇩
외화자산 ⇩	국내부채
	외화부채

④
자 산	부 채
국내자산	본원통화 ⇧
외화자산	국내부채 ⇩
	외화부채

⑤
자 산	부 채
국내자산 ⇧	본원통화 ⇧
외화자산	국내부채
	외화부채

┃해설┃

• 환율상승을 유도하기 위해 중앙은행이 외환을 매입하면 외화자산이 증가하고, 부채인 본원통화가 증가한다.
• 중앙은행이 통화량 변화를 상쇄하는 불태화 개입정책을 실시하였으므로, 국채를 매각하여 본원통화를 회수하면 국내 자산인 국채가 줄어들 것이다.

답 ②

PART 2

거시경제학

06 | 개방경제하 균형

01 보험계리사 2021

☑ 확인 Check! ○ △ ✕

세계적인 기상이변으로 전 세계 포도의 수확량이 감소하여 포도주의 국제가격이 상승하였다. 포도주 수입국인 A국의 포도주 시장에서 발생하는 현상으로 옳은 것은? (단, A국은 소국개방경제이고, A국의 포도주 수요곡선과 공급곡선은 각각 우하향, 우상향하며 기상이변으로 인해 이동하지 않았다고 가정한다)

① 소비자잉여 증가
② 생산자잉여 감소
③ 총잉여 감소
④ 국내생산 감소

┃해설┃
• 기상이변으로 전 세계 포도 수확량이 감소하면 포도주의 국제가격은 상승한다.
• 포도주의 국제가격이 상승하면 포도주의 수입가격도 상승한다.
• 수입가격이 상승하면 수입량이 줄어들고 <u>국내생산량이 증가</u>한다.
• 수입량 감소로 <u>소비자잉여는 감소</u>하지만 국내생산량 증가로 <u>생산자잉여는 증가</u>한다.
• 감소하는 소비자잉여의 크기가 증가하는 생산자잉여보다 <u>크므로 총잉여는 감소</u>한다.

답 ③

02 보험계리사 2019

☑ 확인 Check! ○ △ ✕

대국 개방경제 모형의 대부자금시장 및 외환시장에서 국내 금리와 환율$\left(\dfrac{\text{국내통화}}{\text{외국통화}}\right)$ 결정에 관한 설명으로 옳은 것은?

① 국내 정치 상황이 불안정해지면 금리와 환율이 상승한다.
② 국내 투자 수요가 증가하면 금리와 환율이 상승한다.
③ 수입 쿼터 부과로 수입이 감소하면 금리는 상승하고 환율은 하락한다.
④ 해외 투자의 예상 수익률이 상승하면 금리와 환율이 하락한다.

┃해설┃
국내 정치 상황이 불안정해지면 해외로 자본이 유출되므로 외환의 수요가 증가하여 금리와 환율이 상승한다.
② 투자 수요가 증가하면 국내로 자본이 유입되므로 금리와 환율은 하락한다.
③ 수입이 감소하면 통화가 유출되지 않으므로 금리와 환율은 하락한다.
④ 해외 투자의 예상 수익률이 상승하면 해외 투자를 위해 자본이 유출되므로 금리와 환율은 상승한다.

답 ①

소규모 개방경제의 재화시장 균형에서 국내총생산(Y)이 100으로 고정되어 있고, 소비 $C = 0.6Y$, 투자 $I = 40 - r$, 순수출 $NX = 12 - 2\epsilon$이다. 세계 이자율이 10일 때, 실질환율은? (단, r은 국내이자율, ϵ은 실질환율, 정부지출은 없으며, 국가간 자본이동은 완전하다)

① 0.8

② 1

③ 1.2

④ 1.4

⑤ 1.5

┃해설┃

개방경제의 국민소득을 구해보면

$Y = C + I + G + X - M = 0.6Y + (40 - 10) + (12 - 2\epsilon)$

∴ $Y = 105 - 5\epsilon = 100$

∴ $\epsilon = 1$

답 ②

나는 젊었을 때, 10번 시도하면 9번 실패했다.
그래서 10번씩 시도했다.

- 조지 버나드 쇼 -

2025 시대에듀 공인회계사 1차 객관식 경제원론

초 판 발 행	2024년 10월 10일(인쇄 2024년 09월 06일)
발 행 인	박영일
책 임 편 집	이해욱
편 저	시대공인회계연구회
편 집 진 행	김현철 · 서정인
표 지 디 자 인	김지수
편 집 디 자 인	표미영 · 채현주
발 행 처	(주)시대고시기획
출 판 등 록	제10-1521호
주 소	서울시 마포구 큰우물로 75 [도화동 538 성지 B/D] 9F
전 화	1600-3600
팩 스	02-701-8823
홈 페 이 지	www.sdedu.co.kr
I S B N	979-11-383-7619-8 (13320)
정 가	25,000원

나는 이렇게 합격했다

당신의 합격 스토리를 들려주세요
추첨을 통해 선물을 드립니다

베스트 리뷰
갤럭시탭 / 버즈 2

상/하반기 추천 리뷰
상품권 / 스벅커피

인터뷰 참여
백화점 상품권

이벤트 참여방법

합격수기

시대에듀와 함께한
도서 or 강의 선택 > 나만의 합격 노하우
정성껏 **작성** > 상반기/하반기
추첨을 통해 선물 증정

인터뷰

시대에듀와 함께한
강의 **선택** > 합격증명서 or
자격증 사본 **첨부**,
간단한 **소개 작성** > 인터뷰 완료 후
백화점 상품권 증정

이벤트 참여방법
다음 합격의 주인공은 바로 여러분입니다!

QR코드 스캔하고 ▷ ▷ ▷ ▶
이벤트 참여하여 **푸짐한 경품받자!**

합격의 공식
시대에듀

세무사 1차 시험

기출문제해설 도서로 단기간 합격을 안내합니다.

1차 시험 이렇게 준비하라!

회독과 반복	선택과 집중(8-8-4-4 전략)	오답 + 암기노트

- 생소한 개념, 어려운 용어 반복적 학습
- 계산문제는 반드시 손으로 풀어보기

- 선택과목과 재정학에서 80점 이상 득점
- 세법학개론과 회계학개론에서 40점 이상 득점

- 시험 전날 꼭 봐야 할 암기사항 정리
- 자주 틀리는 오답사항 정리

시대에듀 세무사 1차 시험 기출문제해설 도서가 합격을 안내합니다.

연도별 문제풀이

최근 10년간 연도별
기출문제로 실전연습

상세한 해설

혼자서도 학습이 가능한
정확하고 상세한 해설

동영상 강의 예정

전문강사의 기출문제해설
유료 동영상 강의

1차 시험 합격을 안내하는 시대에듀 기출문제해설 도서

2025 시대에듀 세무사 1차
상법 10개년 기출문제해설

10개년 기출문제 + 상세한 해설 + 판례&조문

- 2025년 제62회 세무사 시험 대비
- 최근 10개년(2015~2024) 기출문제 수록
- 최신 개정법령 및 관련 판례 완벽 반영

세무사 1차 시험
시험의 처음과 끝

시대에듀 세무사 1차 시험 기출문제해설 도서

세무사 1차 회계학개론
기출문제해설(4×6배판)

세무사 1차 세법학개론
기출문제해설(4×6배판)

세무사 1차 재정학
기출문제해설(4×6배판)

세무사 1차 행정소송법
기출문제해설(4×6배판)

세무사 1차 상법
기출문제해설(4×6배판)

※ 본 도서의 이미지는 변경될 수 있습니다.